U0121201

中华学术 · 有道

# 儒教中国及其现代命运

（三部曲）

［美］列文森 JOSEPH R. LEVENSON——著

季剑青 译

中华书局

**图书在版编目（CIP）数据**

儒教中国及其现代命运：三部曲/（美）列文森著；季剑青译. —
北京：中华书局，2024.6（2024.8重印）
（中华学术·有道）
ISBN 978-7-101-16209-7

Ⅰ.儒…　Ⅱ.①列…②季…　Ⅲ.儒家-研究-中国-现代
Ⅳ.B222.05

中国国家版本馆 CIP 数据核字（2024）第 093588 号

译自加州大学出版社（University of California Press）1968 年合订版
（Combined Edition）

---

| | | |
|---|---|---|
| 书　　名 | 儒教中国及其现代命运（三部曲） | |
| 著　　者 | 〔美〕列文森 | |
| 译　　者 | 季剑青 | |
| 丛 书 名 | 中华学术·有道 | |
| 责任编辑 | 李世文　李洪超 | |
| 责任印制 | 管　斌 | |
| 出版发行 | 中华书局 | |
| | （北京市丰台区太平桥西里 38 号　100073） | |
| | http://www.zhbc.com.cn | |
| | E-mail：zhbc@zhbc.com.cn | |
| 印　　刷 | 北京盛通印刷股份有限公司 | |
| 版　　次 | 2024 年 6 月第 1 版 | |
| | 2024 年 8 月第 2 次印刷 | |
| 规　　格 | 开本/920×1250 毫米　1/32 | |
| | 印张 19¼　插页 2　字数 500 千字 | |
| 印　　数 | 6001-12000 册 | |
| 国际书号 | ISBN 978-7-101-16209-7 | |
| 定　　价 | 98.00 元 | |

献给

罗斯玛丽·蒙特菲奥雷·列文森（Rosemary Montefiore Levenson）

# 目　录

## 第二卷　君主制的衰败问题

# 第三卷　历史意义问题

# 译者导言

也许所有英年早逝的天才都免不了被误解的命运。生前他们的杰作已经备受争议，死后更只能任人评说。然而，若一部作品在作者去世后仍不断地激发争论和思考，而不是被盖棺论定安然进入学术史或思想史，也未尝不是一件令人感到安慰的事：这是对作者短暂生命的补偿，是其不竭的生命力和创造力的最好见证。列文森的《儒教中国及其现代命运》就是这样一部著作，他在这本书中所提出的那些重要的问题，直到今天仍是任何一个关心现代中国——乃至现代世界——的人无法回避的挑战。

## 一

约瑟夫·里奇蒙德·列文森（Joseph Richmond Levenson, 1920–1969）出生于波士顿的一个犹太家庭。我们对列文森的家世所知甚少，只知道列文森的父亲和其兄弟一起合伙从事法律方面的业务。列文森在大家庭的氛围中长大，与其诸多堂兄弟一起度过了美好的童年时光。对家庭生活的珍视是犹太社区的传统，在当时美国主流生活方式趋向个人主义的潮流中，显得有些不合时宜。根据列文森的堂兄弟 J. C. 列文森的回忆，列文森把家庭生活看作一种值得保护的价值，通过家庭的纽带，列文森得以与古老的犹太传统建立起鲜活的联系。① 如果说童年经验在某种意义上触发了列文森后来对传统在现代中的命运这一思想命题的不懈思索，也许并不为过。

　　1931年列文森进入波士顿拉丁学校（Boston Latin School），在这里度过了六年时光，接受了西方学术的基本训练。1937年他考入哈佛学院（Harvard College，哈佛大学下属的本科教育机构），1941年以优异的成绩毕业。大二和大三学年，费正清曾担任列文森的本科导师，对他的勃勃生气和广博兴趣产生了极为深刻的印象，然而此时列文森并未表现出对中国的特别兴味，实际上他修习的专业是欧洲现代史。太平洋战争的爆发改变了他的人生轨迹。1942年3月，他应征加入美国海军后备队，先是在海军设在加州大学和科罗拉多大学的日语学校学习了一年，随即被派往太平洋前线，在情报和技术部门服役，亲历了所罗门群岛和新西兰的战事。1946年3月列文森以海军高级上尉的军衔退役。

　　太平洋战场上的经历显然激发了列文森对东亚的兴趣。退伍后的列文森回到哈佛，继续攻读历史学，很快于1947年获得历史学硕士学位，1949年获得历史学博士学位。此时哈佛的中国地区研究项目刚刚启动，列文森参与其中。1948年他入选哈佛学者学会（Society of Fellows at Harvard），成为其青年会员（Junior Fellow），为期三年。在此期间列文森协助费正清讲授现代中国方面的课程，同时开始在修订博士论文的基础上，撰写他的第一部专著《梁启超与现代中国的心灵》（*Liang Ch'i-ch'ao and the Mind of Modern China*）。尽管列文森最初接触的是日语，但他很快就决定将中国作为他的研究对象，这一方面是因为他认识到日本的遗产多数源于中国，更重要的原因

---

① J. C. Levenson, "Remarks at the Memorial Service in Cambridge, April 25, 1969", in *The Mozartian Historian: Essays on the Works of Joseph R. Levenson*, eds., Maurice Meisner and Rhoads Murphey (Berkeley and Los Angeles: University of California Press, 1976), pp. 48−49.

则在于，列文森发现中国历史独具魅力。他后来回忆自己投身于中国研究的初衷时说："中国历史的吸引力在于它的独特性。在研究某个我们所知甚少的对象时，不会感到无聊。投身于诸如美国史这样非常成熟的领域，没有什么吸引力，在这样的领域中，我们不得不让自己适应一种就细枝末节或翻案文章吵来吵去的讨厌的环境……无论是历史学，还是我的气质，都不适宜做这样的工作。而在中国史中有大片开阔的处女地，很有可能在里面找到一条把我们引领回家园的漫长道路（the long way home）。"① 从这段话中可以看出，列文森不愿把自己局限在已经高度专业化的欧美历史研究的藩篱中，前景广阔充满未知数的中国史为他提供了更大的舞台；但同时他又意识到，中国研究有可能为西方认识自身提供有价值的参照。列文森早年所接受的西方主流学术的训练使他不为传统的汉学眼光所囿，从一开始他就形成了某种自觉的比较视野，正是这样的视野赋予他的研究以同时代汉学家难以比拟的高度和广度，并对此后美国的中国研究产生了深远影响。

　　费正清对列文森极为赏识，1948年2月，他向加州大学伯克利分校历史系推荐列文森，在给该校John D. Hicks教授的信中，费正清称赞列文森在远东领域具有真正的天分，"大体而言，是战后以来我见到的这个领域中最有希望的人"。大约同时，他还给社会科学研究委员会（Social Science Research Council）写信，希望该委员会资助列文森前往中国访学，与钱端升、胡适、傅斯年等北大教授共事。此时中国正处于巨变的前夜，共产党的胜利在美国国内也引起了巨大的震动，反共的麦卡锡主义浪潮甚嚣尘上。费正清本人被怀疑与共产党有牵连，列文森也受到审查，加州大学伯克利分校历史系聘

① Augus McDonald, Jr., "The Historian's Quest", in *The Mozartian Historian: Essays on the Works of Joseph R. Levenson*, p.77.

用列文森的决定迟迟未能获得通过，他前往北大的计划自然也成为
泡影。终其一生列文森都未能踏上中国大陆的土地。1950年12月，
列文森受哈佛历史系的派遣来到香港，进修中文的同时为哈佛燕京
图书馆购买中文图书。在列文森抵达香港前两天，美国政府在香港
的办事机构要求所有美国人撤离。动荡中的香港谣言四起，列文森
真切感受到"赤潮"袭来。他还在香港认识了研究太平天国的历史
学家和艺术品收藏家简又文，两人的交流启发列文森对中国现代思
想史展开更宏观的思考。

　　1951年9月，列文森终于得以入职加州大学伯克利分校历史系。
根据他的学生魏斐德（Frederic Wakeman）的回忆，阻碍列文森入职
的除了麦卡锡主义，还有加州的反犹倾向。列文森是率先打破伯克
利历史系的反犹屏障的学者之一。[1]1953年，列文森的第一部著作
《梁启超与现代中国的心灵》出版，虽然受到若干批评，但列文森此
后在伯克利的学术生涯大体上可谓一帆风顺，直到1969年4月6日，
一次泛舟旅行意外地夺走了他年轻的生命。[2]


　　二


　　《梁启超与现代中国的心灵》出版的时候，列文森已经着手撰写
《儒教中国及其现代命运》。1958年，该书第一卷《思想连续性问题》

---

　　[1]《我与中国史学——罗格·埃德尔森采访魏斐德》，［美］魏斐德著、梁禾编：
《远航：魏斐德演讲访谈录》，北京：新星出版社，2018年，第259页。
　　[2]本节有关列文森生平的叙述，主要参考了费正清的回忆文章以及Don J. Wyatt
为"国际思想史家名录"（International Directory of Intellectual Historians）撰写的条目。
见John F. Fairbank, "J.R.L－Getting Started", in *The Mozartian Historian: Essays on
the Works of Joseph R. Levenson*, pp. 27–37; Don J. Wyatt, "Joseph Richmond Levenson",
International Directory of Intellectual Historians（http://www.idih.org/wiki/Joseph_
Richmond_Levenson）。

问世，引起学术界广泛关注，王赓武称其为"首次从思想史的角度对现代中国的困境做出全面探讨的严肃尝试"①。1964年和1965年，后面两卷相继出版。全书以其宏大的架构和所讨论的问题的重要性，成为中国研究领域无法回避的巨著，然而列文森处理问题的独特方式又使得它从一开始就备受争议。它是以一种挑战的姿态进入到美国中国学研究者的视野之中的。

　　要了解这种挑战的意义和力度，我们需要回到战后至50年代初美国中国研究的学术史语境中。简单地说，随着1949年新中国的成立，美国的中国研究要回答的一个极为重要而又具有现实意义的问题是：美国是怎么失去中国的？费正清在1948年指出，美国人犯的最大错误是仅仅把中国共产主义运动看作苏联影响的结果，而忽视了中国自身语言、文化、制度的历史连续性在这场革命中扮演的重要角色。他提醒道："我们需要知道他们（按：中国人）的思想行动的主要方式和政治经济的主要形式，这些都是中国的悠久历史所深深渗透到中国社会里的。我们还须看到它们与当前中国局势的关系。没有对于这些传统的了解，没有懂得究竟是什么造成了和维系着它们，我看美国人没有办法了解现代中国。"②出于对美国战略失误的反思，在当时的中国学研究界形成了一种被称之为"汉学决定论"（Sinological Determinism）的主流观点，即认为中国的共产主义革命很大程度上可以通过传统的制度和传统的文化与思想模式来理解和解释。③

　　①Wang Gungwu, "Confucian China and Its Modern Fate: A Trilogy by Joseph R. Levenson" (Review), *Journal of Southeast Asian History*, Vol. 10, No. 2 (Sep. 1969), p. 385.

　　②［美］费正清：《美国与中国》，孙瑞芹、陈泽宪译，北京：商务印书馆，1971年，第4—5页。

　　③参见迈斯纳（Maurice Meisner）给《儒教中国及其现代命运》第三卷写的书评：Maurice Meisner, "A Review Article: Sinological Determinism", *The China Quarterly*, No. 30 (Apr. –Jun. 1967), pp. 176–177.

    列文森对这种"汉学决定论"提出了有力的批评（第三卷，第63页）[1]。有一个细节颇能说明列文森的特立独行的态度。1949年列文森第一次接受加州大学伯克利分校的面试时，就被问到了"美国是怎么失去中国的"这样的问题，他的回答是："我从来不知道我们曾经拥有过中国。"[2]这句话显示出列文森冷静的智性精神，他当然也关心现代中国的革命问题，可是他并不愿意让自己的思考受刚刚兴起的冷战思维的束缚。列文森在一个更高的层面上探索现代中国的走向，在他的眼界中，汉学的局限性暴露无遗。在一篇带有挑衅色彩的题为《人文学科：汉学够用么？》（"The Humanistic Disciplines: Will Sinology Do?"）的文章中，列文森指出汉学家认为自己研究的是"自成一体的思想难题"（self-contained intellectual puzzles），但凡属于中国的事物，都属于汉学家的禁脔，这是一种危险的幻觉。在列文森看来，汉学作为一个概念不敷应用，不是因为中国应该被祛除其独特的意义，而是因为中国作为一个独特的个体，如今属于普遍性的世界话语。与西方进行比较是有必要的，"因为我们如果不知道某物不是什么的话，就永远也不会真的知道某物为何。汉学自身无法实现汉学的要求。我们必须模模糊糊地看过许多文化，才能看清楚某一种文化"。[3]列文森与汉学家之间的鸿沟，在堪称美国汉学之祭酒的恒慕义（Arthur William Hummel）对《梁启超与现代中国的心灵》一书的批评中表露无遗。恒慕义批评列文森未能准确评估梁启超所表述的那些关于中国的"永恒真理"（timeless truth）——诸

---

    ①为标注简明起见，文中凡引用《儒教中国及其现代命运》原文，均用文中夹注的形式，所标页码为原书页码，即本书边码。

    ②参见列文森的儿子Thomas M. Levenson的回忆，见Thomas M. Levenson, "Joseph R. Levenson: A Retrospective", April 6, 1979, https://www.thecrimson.com/article/1979/4/6/joseph-r-levenson-a-retrospective-pithis/?page=1。

    ③Joseph R. Levenson, "The Humanistic Disciplines: Will Sinology Do?", *The Journal of Asian Studies*, Vol. 23, No. 4 (Aug. 1964), pp. 507−512.

如中国是一个无阶级社会这样的论断[1]，殊不知它们正是列文森批判的对象。

《儒教中国及其现代命运》的一个重要贡献，就是破除了当时弥漫于中国研究领域中的"关于静止的、不变的中国的过时的古老神话"和那种"认为中国历史太过特殊独此一家因而无法与西方的思想和制度经验进行比较的自满观点"。[2]列文森以其广博的西方历史知识，通过对儒教与基督教，对君主、贵族和官僚三者间关系在中国古代、普鲁士和法国表现出的不同形态，对中国革命与法国革命及俄国革命等等做出的一系列比较，揭示出儒教文明与中国革命的特质及其世界史意义。正是列文森对内含于中国的独特性之中的普遍性的认识，使得他能够"将中国历史的书写从其汉学殿堂的限制中解放出来"，让中国经验与世界范围内更广阔的关切联系了起来。[3]

然而，这并不意味着列文森不关心历史连续性的问题。事实上，《儒教中国及其现代命运》的核心论题正是共产主义中国与儒教中国之间的关系问题，列文森对中国共产主义革命的胜利给出了自己的不同于"汉学决定论"的独特解释，其中提出的若干命题，确实超越了单纯的中国史的范围，而具有普遍的思想史意义。

为了真正理解列文森对"儒教中国"与其"现代命运"之间关系的思考，让我们从列文森身为历史学家的某种自觉说起。列文森

---

[1] Arthur W. Hummel, "Liang Ch'i-ch'ao and the Mind of Modern China" (Review), *The Far Eastern Quarterly*, Vol. 14, No. 1 (Nov. 1954), p. 112.

[2] Harold L. Kahn, "Confucian China and Its Modern Fate. Vol. Two. The Problem of Monarchical Decay by Joseph R. Levenson; Confucian China and Its Modern Fate. Vol. Three. The Problem of Historical Significance by Joseph R. Levenson" (review), *Bulletin of the School of Oriental and African Studies*, Vol.29, No. 1 (1966), p.185.

[3] Maurice Meisner and Rhoads Murphey, "Editors' Introduction", in *The Mozartian Historian: Essays on the Works of Joseph R. Levenson*, pp. 6−7.

相信相对主义是对历史学家的一种伦理要求，即历史学家并不是简单地对历史下价值判断，而是必须设身处地地去理解：过去的某事物是为何、在哪里、出于什么目的而发生或被表达出来的。然而这是否意味着历史学家要放弃他们自身的价值标准呢？绝非如此。列文森写道：

> 他必须清楚地表达出他自己的标准，为的是发现他的研究对象的原理，通过提出那些如果他缺少自己的信念就永远也不可能认识到的问题，去发现是什么让更早的一代人背离后来历史学家的理性标准成为一件合理的事情。只有那些公正地对待现在的人，才能真正地领会公正地对待过去的相对主义。认识到自身标准的历史相对性，跟放弃标准并不是一回事，也不一定就会导致后者。目的是保持真诚（以求得真理），即便真理不可能获知。（第三卷，第89页）

这是过去与现在之间的辩证的往复运动，历史学家由此得以将他自身当下所持有的价值标准相对化，与此同时又能够在过去的历史中发现真正的价值，而不是如历史主义者那般提供纯粹的历史诠释而已："历史学家的任务，他那黄金般珍贵的机会，就是把看上去没有价值的事物变成无价之宝"（第三卷，第90页），这是犹如炼金术士（alchemist）般的工作。[①] 列文森试图从他的研究对象——儒教文明——中发现具有普遍性的"原理"，它本身就构成了一种价值标

---

[①] 同为犹太人的历史学家舒衡哲（Vera Schwarcz）注意到列文森赋予自身的这一角色，并由此将其与本雅明相提并论，认为两人都有意识地借助犹太教对历史的特殊关注，将过去作为当下的真理资源来挖掘。见 Vera Schwarcz, "The Mozartian Historian. Essays on the Works of Joseph R. Levenson by Maurice Meisner and Rhoads Murphey" (review), *History and Theory*, Vol. 17, No. 3 (Oct. 1978), pp. 350–351。

准，其核心是列文森称之为"业余性"的精神。

在列文森看来，儒家追求的是一种圆融而完整的人格。"业余性"意味着"抵制专业化，抵制那种仅仅把人作为工具来使用的职业化的训练"（第二卷，第33页），"君子不器"是儒者处世的指针，他的目标是通过各种世俗事物上的磨练——包括绘画这样的技艺——不断提升自己的修养，直至达到道德上完善的境界，并以自身为楷模来教化民众，影响统治者。[1] 即便是在君臣关系之中，儒者也努力维持自己身为"人"的尊严，君臣关系如同父子关系一般，仍是一种自然的人伦关系，"臣的忠诚并不意味着皇上可以任意地处置他，而是意味着臣是一个人，而不是一件东西——不是不断运转的官僚机器中的一个齿轮"（第二卷，第62页）。他拒绝充当君主手中的专业化的工具。

然而儒者同时又在行政机关中扮演着官僚的角色。"官"本身就意味着一种专业化的职能，这跟儒者的自我定位是相冲突的。儒者的双重身份既在他自身内部的思想层面上造成某种张力，也在外部的社会层面上造成官僚制与君主制之间的张力。列文森认为，这种张力正是儒教中国能够长期保持活力的源泉。然而，晚清以降，在西方和太平天国的冲击下，儒教逐渐丧失了应付外部事物的能力。儒教从内外合一体用不二的整体变成了"内"和"体"，"正是这种

---

[1] 费正清在《东亚：伟大的传统》一书中亦曾论及明清文人的"业余理想"，或对列文森有所启发，但他并未提升到原理的高度。见 Edwin O. Reischauer and John K. Fairbank, *East Asia: The Great Tradition* (Boston: Houghton Mifflin Company, 1960), pp. 384-385。列文森思想的另外一个来源是韦伯，韦伯在《儒教与道教》中分析了儒家追求多面性的人格理想，他对"君子不器"一语做出了这样的解释："他是自我目的，而不像工具那样只能派一种专门用场的手段。"见［德］韦伯《世界宗教的经济伦理·儒教与道教》，桂林：广西师范大学出版社，2008年，第198-199页。列文森在《儒教中国及其现代命运》中引用了韦伯的看法（见第一卷，第42页）。关于列文森对儒教伦理的分析与韦伯思想之间的传承关系，参见叶斌《儒教政治的内在性：韦伯与列文森的传承线索》，《史林》2013年第4期。

让儒教在思想上变得平淡无奇，让儒教完全成为内在的东西而非内外合一的整体的转变，使得儒教在社会上失去了效用。它越来越成为一种感伤主义者迷恋的对象，某种远离官僚制运作的领域的东西，于是它不仅失去了儒教内部的张力，也因此失去了与君主制之间的外部的张力。"（第二卷，第114页）儒教于是从为"天下"提供秩序原理的普遍性价值，沦为代表一个国家之特殊历史传统的"国粹"。

在这里，我们碰到了列文森思想中的一个核心命题：即"历史"与"价值"之间的紧张关系。事实上，在《梁启超与现代中国的心灵》一书中，列文森就提出了这个命题。值得注意的是，列文森是在普遍性的话语层面而非中国历史的特殊语境中处理这一命题的："每个人都在情感上诉诸历史，而在理智上诉诸价值，他努力让这两种诉求协调一致……"① 或许这是古老文明现代转型过程中无法回避的难题。现代中国人面临的艰难任务，就是在寻求新的普遍性价值的同时，安顿已成过去的历史，或者说重新建立自己与历史的关系，这两个方面彼此牵扯，相互交织，构成了现代中国思想辩证运动的进程。"历史/价值"并非如批评者所言只是一个二元对立的简单公式，而是包含着具体历史进程中复杂的相互转化的关系。

三

当儒教从普遍性价值体系的位置上滑落的时候，中国现代知识分子把目光投向了西方。然而，理智上服膺现代西方的价值，却对他们身为中国人的认同构成了情感上的挑战，现代中国人不得不面对这样一个难题："他怎样才能把自己同时看作一个现代人和一个现

---

① Joseph R. Levenson, *Liang Ch'i-ch'ao and the Mind of Modern China* (London: Thames and Hudson, 1959), p. 1.

代中国人?"(第一卷,第xxxiii页)现代中国的思想家们做出了一系列的探索,努力将追求普遍性与建立现代中国人自身的主体性两方面的实践协调起来,贯穿其中的一个重要的情感和思想上的动力便是对中西之间"对等"(equivalence)地位的寻求。

在《梁启超与现代中国的心灵》一书中,列文森就将梁启超思想演变的主线概括为以不同方式确认中西之间的对等地位。[①]这一理路在《儒教中国及其现代命运》中得到了极大的扩展与深化。从张之洞等自强派提出的"体用"方案,到康有为用今文经学包裹的改革主张,直至蔡元培提出的融合东西精华的构想,都可以看作寻求中西之间对等地位的努力的种种表现。现代中国人尝试淡化现代价值的西方起源,"通过把处于困境之中的历史上的中国融入中性的普遍价值的潮流之中,来努力巩固这个中国的地位"(第一卷,第114页)。

民族主义者提供了另外一条思路。当中国无法挽回地失去其"天下"的光环而不得不转变为一"国"的时候,也许在万国竞争之世把自己打造成一个堪与列强匹敌的强大的民族国家,即"从中国作为'天下'的失败中夺取作为'国'的胜利"(第一卷,第100页),是一种更可行的证明中西"对等"的策略。民族主义同时也提供了安顿历史的方案,即将儒教文明转化为建构民族认同的历史资源。

如果说西化论者暗中仍以西方为普遍性价值的标准,民族主义者则不得不面对一个棘手的疑问:富强能够充当现代中国的价值地基么?在对历史的处理上双方也都不尽如人意:前者基本上对传统持否定态度(除了从中捡取若干符合现代价值的碎片外),后者则将儒教相对化为只具有历史意义的"国粹"(第三卷,第15页),实际上也脱离了当下的现代世界。历史与价值之间的紧张并未得到解决。

正是从这里,列文森切入了他对中国革命的理解。在列文森看

---

① Joseph R. Levenson, *Liang Ch'i-ch'ao and the Mind of Modern China*, pp. 2–3.

来，马克思主义之所以能在中国取得胜利，之所以能对现代中国知识分子产生如此大的吸引力，很大程度上正因为它在思想上解决了困扰现代中国人的历史与价值之间的紧张与冲突。简而言之，马克思主义提供了一个新的不同于西方主流价值的普遍性框架，这一框架所提供的社会历史分期图式，又帮助现代中国人重新建立了历史的连续性，"它用一系列据称有普遍性（而不是西方独有）的历史阶段将中国的过去贯穿了起来"（第三卷，第106页），同时将这个过去安然送入博物馆，化解了情感上的依恋所造成的痛苦。列文森指出，"马克思主义的吸引力就在于它为失落的儒教文明的价值提供了补偿"（第三卷，第116–117页），让现代中国人既不必为儒教的失落耿耿于怀，又不必屈从于现代西方的主流价值，"共产主义者既反封建又反帝国主义，他们夹在被拒斥的儒教中国和被抵抗的现代西方之间，在两者的综合中安顿自己的位置"（第三卷，第54页）。更有意味的是，1965年前后，当列文森完成这部巨著的时候，他发现新中国正展现出一种新的普遍性的前景。在该书的总序中，列文森写道："对当代中国人而言，唯一可能具有普遍性的是革命的模式……新中国宣称自己是典范，是因为它找到了同类，彼此拥有共同的受害者地位和共同的命运，这样中国解放的道路就应该能满足其他民族的需要。"（总序，第xvii页）革命的中国不仅可与西方抗衡，更具有世界史的意义。

　　从以上概括性的描述中，我们或许能够大致领略这部杰作的体大思精，亦可粗浅地体会到列文森思想史研究的某种方法论上的特色，即他始终关心的是具体历史进程中思想者的思考和选择，而非观念自身的逻辑演进。列文森有意区分了"思想"（thought）和"思考"（thinking），前者是定型化的观念，后者则是一种心理上的行动。思想史是人们思考的历史，不是思想的历史（总序，第x–xi页；第一卷，第163页）。而人们总是在具体的历史语境中，针对特定的问题而思考。列文森援引柯林武德的概念，将观念界定为一种"问答综合"(question-answer synthesis)（第一卷，第165页），换言之，思想家的观念是对具体的社会语境和历史情势中特定问题的回答，因此语境的变化会导致问题的变化，观念也会随之变化。有时候随着语境的变化，看似不变的观念实际上表达了不同的内涵，这也是一种观念的变化。"一个观念既在它的废弃中变化，也在它的持存中变化"（第一卷，第xxvii页），因此，必须结合社会的语境，才能真正把握思想者的观念及其改变。①对此列文森有着充分的自觉，于是我们在《儒教中国及其现代命运》中读到的便是中国现代知识分子因应时代巨变和心灵困境而不断调整、选择和筹划的丰富的精神历程，观念的演变在其中获得了某种戏剧性的强度。

在中国现代转型的巨变当中，某些观念的变化有时候达到了这样的程度，它们从包含着真实历史内容的思想命题，蜕变成了某种隐喻。诸如"体用"、"经史"、"天下/国"、"天命"、"井田"这些古典思想中的核心命题，仍然被晚清以降的知识分子拿来应对世变，用作思想资源或合理性论证的工具。它们失去了原先的效力，成了用来比附新的现实论题的隐喻。这本身就标示出这场变革的幅度，《儒教中国及其现代命运》在这方面做了大量的深入分析，例如第三卷第二章就是对"井田"概念之转化的极为精细的个案研究。事实上，列文森是在分析工具的层面上理解"隐喻"的："我发现（在诸多如'天命'这样的词汇的效力的转变中）从字面意义向隐喻的转变（literalness-to-metaphor）乃是历史自身当中某种具有深刻意义的过程。"②列文森的这番自白，有助于澄清那种认为列文森著作中经常

---

①列文森的这种结合社会语境探讨思想变迁的方法，对艺术史家高居翰（James Cahill）启发很大，他在后来回忆列文森的文章特地强调了这一点，见高居翰《列文森与我的研究模式》，《读书》2010年第5期，第85—88页。

②Joseph R. Levenson, "The Genesis of *Confucian China and Its Modern Fate*", in L. P. Curtis, Jr., ed., *The Historian's Workshop* (New York: Knopf, 1970) p. 281.

使用的隐喻只是某种修辞手法的惯常误解。

## 四

这种误解并不奇怪，列文森的著作中充满了隐喻、双关和对句，独特的学术文体即便对专业读者而言也构成了极大的挑战。康无为（Harold L. Kahn）怀疑列文森是不是在用修辞弥补他论述中的缺陷[1]，范力沛（Lyman P. Van Slyke）说他总是直指本质，但本质是复杂的，因而"每一个单词都承载（有时是过度承载）了意义、细微的差异和双关"，这就是为什么那么多同行在尝试解释他著作中的思想和观点的时候倍感困难。[2] 另一方面，从全书的论述结构来看，《儒教中国及其现代命运》也与一般的专题性著作迥然不同。每一卷都不是按照惯常的方式，以人物、事件或年代顺序为线索，而是扣住若干核心的思想命题来组织，读者必须跟随列文森的思路，在古今中西间做大跨度的穿梭与跳跃；而这些思想命题本身包含了若干主题，它们如交响乐的乐章一般，在展开的过程中混合交织，"摇荡着形成新的主题；直到最后，一支长长的一气呵成的曲调，从孕育它又宣告它的到来的饱满的音色中摆荡出来"（第三卷，第85页）。我在前文中所做的概述，只是全书一个极为粗浅甚至不免扭曲的缩编而已。

列文森的学术风格，是对高度专业化的美国学院体制的有意背离。诚如叶文心所言："列文森虽然身处学院，但是他所作的显然不是饾饤式的专业性文章，他的大文挥洒自如，不类为了升等或者稿

---

[1] Harold L. Kahn, "Confucian China and Its Modern Fate. Vol. Two. The Problem of Monarchical Decay by Joseph R. Levenson; Confucian China and Its Modern Fate. Vol. Three. The Problem of Historical Significance by Joseph R. Levenson" (review), *Bulletin of the School of Oriental and African Studies*, Vol.29, No. 1 (1966), p.185.

[2] Lyman P. Van Slyke, "Joseph Levenson's Approach to History", in *The Mozartian Historian: Essays on the Works of Joseph R. Levenson*, p.92.

费而'应制'生产出来的候审文章。"① 他的学生麦克唐纳（Angus
McDonald, Jr.）对此有更深切的体会，他在纪念老师的文章中写道：
"作为美国大学中的一位中国史教授，列文森尊重19世纪的专业人
士"，但真正吸引他的是"启蒙运动中的通人（generalists）"。② 这让
我们想起列文森对儒教文明中"业余"精神的礼赞，这正是他著作
中的核心论题。"儒教文明是业余性的顶峰，而现代的时代精神（无
论好坏）则主张专业化。"（第三卷，第108页）列文森如是说。生活
在现代的列文森，追摹着前现代的儒家文人或启蒙哲人的业余精神。
这种对专业化潮流的抵拒姿态，亦体现在列文森的教学实践中。麦
克唐纳回忆说，列文森热爱人与人之间非专业化的接触，尝试去跨
越教师和学生之间的屏障。他不喜欢他的许多研究生觉得必须要写
的那种狭窄的技术性的专论，他鼓励学生们开阔眼界，但这种努力
很少奏效。③ 确实，在列文森之后，这种风格殆同绝响。

在著述文体和学术风格之外，《儒教中国及其现代命运》广受
批评的一点涉及方法论的设计。许多论者都注意到列文森喜欢使用
抽象的成对概念——如"历史/价值"、"传统/现代"之类，认为这
不免会造成对历史的过度简化。高慕轲（Michael Gasster）就明确
反对列文森那种"坚持二元对立的倾向（his tendency to insist upon
polarity）"④。黄宗智的批评则更加不留情面，他指出"列文森的高度
概念化和理论化而不是扎根于经验证据的研究所反映的其实是，西

---

① ［美］叶文心：《重读西洋汉典：从列文森的〈儒家中国及其现代命运〉谈起》，
见许纪霖、刘擎主编《何谓现代，谁之中国？——现代中国的再阐释》，上海：上海
人民出版社，2014年，第13页。

②Augus McDonald, Jr., "The Historian's Quest", in *The Mozartian Historian: Essays
on the Works of Joseph R. Levenson*, p.86.

③同上。

④Michael Gasster, "The Death and Transfiguration of Confucianism", *Philosophy East
and West*, Vol. 18, No. 3 (Jul. 1968), p. 208.

方长期以来把西方和非西方截然划分为二元对立的思维框架——这是个贯穿西方启蒙时代以来关于中国的思考的基本框架","列文森的研究显示的则是这个非此即彼的二元框架对美国的中国研究的强大和深层的影响",因此他的著作虽然被广为阅读,却并没有那么持久的学术价值。①类似这样的批评还有很多,毋庸逐一枚举。

这些批评者似乎都没有注意到,列文森在《儒教中国及其现代命运》的总序中已经对自己的方法论做出过这样一番解释:

> 当我想到一系列的两分法——客观/主观,思想/情感,历史/价值,传统/现代,文化主义/民族主义,儒者/法家等等——它们不是作为真的在历史"那里"存在的鲜明对立的事物,而是作为用来解释(不是符合)生活情境的启发性的装置被提出来的。只有范畴,那些解释的范畴,才会相互冲突,而用它们来解释的对象则是重叠、混杂、不具有范畴性质的心灵、情境和事件。二元对立是抽象,提出它们只是要让我们了解,它们定义中的严格性是怎样以及为何在历史中得到了中和。(第一卷,第xi页)

显然,列文森完全意识到具体历史过程的混沌、复杂和暧昧的性质,他很明确地提出,这一系列两分法只是作为用来理解历史的概念工具,它们为我们思考历史进程、思考历史中具体的人的行动与选择提供了坐标,而绝非实际存在历史中的现实事物。列文森所使用的这一系列概念,非常接近于韦伯所说的"理想典型"(Idealtypus)。韦伯特别强调,"理想典型"不是对现实的描述,而

---

①黄宗智:《我们的问题意识:对美国的中国研究的反思》,《开放时代》2016年第1期。

是"要为描述提供清晰的表达手段","就其概念上的纯粹性而言，这一理想画卷不能经验地在现实中的任何地方发现，它是一个乌托邦，而对于历史工作来说就产生了一个任务，即在任何具体场合都要确认现实离那个理想画卷有多近或者多远"。人们必须借助"理想典型"所提供的清楚明白的概念，才能考察历史中具体事件的意义，"为了廓清现实的经验内容的某些重要的成分，人们借助这一概念对现实作出衡量，把它与现实作出对比"。① 实际上，列文森曾在回复一位论者的批评时，承认自己读过韦伯有关新教伦理和儒教伦理的著作（按：即韦伯的《儒教与道教》，列文森为此书写过书评），而且特别关注韦伯书中"典型"（type）的概念。不过也许是为了澄清自己的立场，列文森认为自己的思路与韦伯并不相同，他批评《儒教与道教》中"理想典型"的运用有非历史化之嫌，而他自己则是用"典型"来阐明现代历史的过程。② 撇开实践中的操作不谈，列文森的方法论受到韦伯的影响是很明显的。

## 五

在《儒教中国及其现代命运》的结尾，列文森回到了现代中国对于儒教传统的处理这一核心论题上来。儒教文明已成为民族遗产，被安放在博物馆中。这不只是"儒教中国"的"现代命运"，也几乎是所有古老文明的现代命运。列文森似乎看到了全球化时代文化多元主义的图景："当过去所有的成就都放在没有墙的博物馆之中的时

---

① ［德］韦伯：《社会科学方法论》，李秋零、田薇译，北京：中国人民大学出版社，1999年，第27—29页。

② Harold L. Kahn, "An Unreconstructed Review of Levenson's Trilogy", in *The Mozartian Historian: Essays on the Works of Joseph R. Levenson*, p. 51. 列文森对韦伯的批评，见 Joseph R. Levenson, "The Religion of China" (review), *The Journal of Economic History*, Vol. 13, No. 1 (Winter 1953), p. 128。

候，每一个人的过去都是其他人的过去；这其中包含了完全非儒教的意味，即传统感的丧失"，这种丧失，"与其说是因为我们没有传统，不如说是因为我们把如此之多的传统混杂在一起"（第三卷，第123页）。在中国，儒教文明当然仍是建构民族身份和文化认同的主要资源，但是有一天我们领会孔子的圣哲，跟我们体悟苏格拉底的智慧的方式别无二致，这并不是不可能的，某种程度上它在今天正在成为现实。这一切是如何发生的？全球资本主义正在把一切传统商品化，使之成为供我们随意选择和消费的文化产品（如同遍布全球的麦当劳会根据当地消费者的偏好添加地方性的传统风味），与之相伴随的是对建构民族历史连续性和文化传统过程中所付出的艰苦努力的遗忘。不要忘记，中国共产党人是通过漫长的求索和不懈的努力才建立起属于自己的博物馆的。"过去确实保存下来了。当文化通过变得具有历史意义而发生改变的时候，历史记忆就成了对遗忘的某种补偿"（第三卷，第124页），反过来说，传统感的丧失也正是这种遗忘的后果。因此，列文森用一则关于犹太人忘记祷告的仪式的寓言来结束全书，就显得如此意味深长。

　　我们必须重视列文森的犹太人身份，才能更深切地理解列文森对包括儒教和犹太教在内的古典文明之现代命运的深切忧思。列文森的弟弟说，"他的所有研究，关心的都是我们如何才能够说自己拥有了过去的问题"[1]，对于身为犹太人的列文森来说，历史问题是具有根本性的问题。同为犹太人的史华慈敏锐地意识到："列文森对现代中国人与其文化遗产之间的关系的兴趣，与他自己毫不掩饰的对他所属的犹太人的过去的关切，是紧密地联系在一起的。"[2]作为虔诚的

----

[1]J. C. Levenson, "Remarks at the Memorial Service in Cambridge, April 25, 1969", in *The Mozartian Historian: Essays on the Works of Joseph R. Levenson*, p. 47.
[2]Benjamin I. Schwartz, "History and Culture in the Thought of Joseph Levenson", in *The Mozartian Historian: Essays on the Works of Joseph R. Levenson*, p. 101.

犹太教徒，列文森似乎从儒教中国走向没落的命运中看到了犹太文化的暗淡前景，据说"他的学生常常说他曾为儒家文化悲泣流泪"，背后则是对犹太文化的一种忧心如焚的终极关怀。①

犹太教在现代确实面临着比儒教更大的挑战。新中国可以将儒教送入博物馆，同时以一种自信的世界主义的态度，拥抱各国（包括西方）的进步的文化遗产，并在此基础上寻求创造新的普遍性。这是因为即便儒教中国已经衰亡，作为民族共同体和政治实体的中国仍然存在和延续。而缺少传统意义上的国族和文化的犹太教，只能在宗教中存活下来。只有通过作为宗教的犹太教，犹太人才能作为犹太人生存下来，这与中国在现代进程中面临的境遇完全不同。②如果犹太教只是文化多元主义市场上任何人都能买到的消费品，只是世界主义菜单上的一点调料，还有谁需要做一个犹太人呢？犹太人需要做犹太人，不是要为多元文化做出一点"贡献"，是因为"犹太教不是溶解在某种综合体中的一滴水，不是生活的调味品，不是历史中的某个主题。它是生命的选择"。③对列文森来说，犹太教不是一种可以被相对化到历史之中的文化：

> 我想成为一名犹太人——我感到了犹太教的内在强迫性压力——原因并不在于"犹太人对人类做出的贡献"。这也并不表明我认为那些贡献是微不足道的：因为我作为一位主张信仰多

---

① 参见杜维明《现代精神与儒家传统》，北京：生活·读书·新知三联书店，1997年，第301页。关于列文森对犹太传统的理解在其中国思想史研究中扮演的角色，董玥和张平有更深入和精彩的分析，见 Madeleine Yue Dong & Ping Zhang, "Joseph Levenson and the possibility for a dialogic history", *Journal of Modern Chinese History*, 8:1 (May 2014), pp. 6–23。

② Lyman P. Van Slyke, "Joseph Levenson's Approach to History", in *The Mozartian Historian: Essays on the Works of Joseph R. Levenson*, pp.97–98.

③ Joseph R. Levenson, "The Choice of Jewish Identity", in *The Mozartian Historian: Essays on the Works of Joseph R. Levenson*, pp.182–183.

元的现代人，我完全可以接受和承认犹太人对人类做出的这些
贡献……但原因在于，如果人们将犹太教"放在"这样的位置，
也即将其"放在"历史中，那么，他们就会失去他们正处身其
中的意义。①

　　无论是成为历史的一部分，还是文化多样性拼盘的一部分，都
意味着犹太教被现代世界所同化，这是列文森无法接受的。犹太教
必须是一种活着的宗教，犹太人必须能够被看见（remain visible），
被辨认出来。犹太教不是历史中的某个主题，相反，历史是犹太教
中的主题。犹太民族正以其无法抹去的存在，以其独特的历史和历
史观，声明了一种普遍的立场。②

　　在完成《儒教中国及其现代命运》之后，列文森有两个未能实
现的写作计划。他计划写一本关于犹太教的书，同时还在准备一个
有关世界主义的全新的三部曲。前者只留下若干笔记和单篇文章，
后者中的最后一部在列文森去世的时候已大体成型，后经魏斐德整
理，于1971年由加州大学出版社出版，题为《革命与世界主义：中
西舞台之间》（*Revolution and Cosmopolitanism: The Western Stage and
the Chinese Stages*）。这两部同时进行的书稿，反映了列文森思想关
切中特殊性与普遍性之间持久的张力。在后者中，列文森密切注视
着新中国所展现出来的世界主义气象，他断言，"现在，我们对中国
历史的兴趣是基于对普遍秩序的关注之上的"，"这个新中国已是普

――――――――――
　　①选自列文森一组题为"论犹太教"的笔记，见Frederic E. Wakeman, Jr., "Foreword",
in Joseph R. Levenson, *Revolution and Cosmopolitanism: The Western Stage and the
Chinese Stages* (Berkeley and Los Angeles: University of California Press, 1971), p. xviii。
（译文参考了何吉贤译《革命与世界主义：中西舞台之间》，《中国现代文学研究丛刊》
2020年第4期）
　　②Joseph R. Levenson, "The Choice of Jewish Identity", in *The Mozartian Historian:
Essays on the Works of Joseph R. Levenson*, pp.182–183.

遍世界的一部分，而不是自身自足地构成了一个世界"。他发现，至少在20世纪50年代，"中国是相当世界主义的。几乎全世界所有的东西都可以丰富中国的舞台，至少是欢迎进行翻译的"。① 然而，列文森同时也注意到，刚刚开始的"文革"似乎正在改变这一切。自信的世界主义态度正在消退，中国重新表现出内缩的倾向，与之伴随的是已被安放在博物馆中的过去又开始搅扰人们的心灵，历史的幽灵又游荡在中国的大地上，召唤着新的斗争。② 这一切表明，现代中国并没有一劳永逸地解决历史与价值、特殊性与普遍性之间的冲突，当犹太教努力为自己争取现代世界中的一席之地的时候，儒教在现代中国的命运，似乎也依然存在变数。

如果我们把《革命与世界主义：中西舞台之间》放置在《儒教中国及其现代命运》的延长线上来看待的话，就会发现列文森对儒教之现代命运的思考，并没有随着这部巨著的出版而结束。在列文森随着生命的戛然而止而不得不停止思考的地方，他所关心的问题仍然向未来敞开，并随着时代的变化而获得新的意义。今天我们如何安放儒家文明，它在当代中国新的价值认同的重建中将扮演什么样的角色，仍旧是迫切而重要的问题。我相信，那些关心这些问题的人们，依然可以从五十多年前出版的这部著作中得到丰富的教益和启示。

---

① Joseph R. Levenson, *Revolution and Cosmopolitanism: The Western Stage and the Chinese Stages*, pp.2–3, 6. （译文参考了何吉贤译《革命与世界主义：中西舞台之间》，《中国现代文学研究丛刊》2020年第4期）

② Joseph R. Levenson, *Revolution and Cosmopolitanism: The Western Stage and the Chinese Stages*, pp. 53–54.

# 总　序

问题，问题。我是怎么把这个万花筒般的主题引进来的？也许我应该在我自己的研究中处理"思想连续性的问题"，在《梁启超与现代中国的心灵》(*Liang Ch'i-ch'ao and the Mind of Modern China*)这本书中找到《儒教中国及其现代命运》的出发点。在那本书的中间和结尾，我把早期耶稣会士和后来维新派的中西融合的主张联系了起来。这些融合的努力（第一次是在 17 世纪，第二次是在 19 世纪90 年代）相互间是可以比较的，但并不类同：

> 这几百年的动荡衰败非同小可。在耶稣会士的年代，为了能进入中国人的心灵，融合对西方思想是必要的；而当梁启超著书立说的时候，为了减缓西方思想无法阻挡的冲击，融合对中国人的心灵是必要的。在第一种情况下，中国的传统坚固有力，西方的侵入者用这个传统的外衣掩盖自己，来寻求进入的机会；在第二种情况下，中国的传统分崩离析，它的继承者为了拯救传统的碎片，不得不用从西方输入的精神来解释它们……
> 当 19 世纪 90 年代正统的儒者把维新运动简单地看作儒家"德治"与法家"法治"之间的传统斗争的一个新阶段的时候，当他们把西方的入侵等同于以前"传统"的蛮夷入侵的时候，他们的智慧不过是过时的秘要。新的文明正潮水般涌进中国，年轻的梁启超知道，儒教要么主导这个过程，要么折戟沉沙。

但是耶稣会士知道，就他们的侵入而言，儒教要么主导它，要么阻止它。然后，在利玛窦和梁启超之间的某个时候，儒教失去了主动性。僵化的正统儒家逐渐被淡忘。一开始，他们的观念是一股力量，是一个活生生的社会的产物和它的思想支柱。到最后，这种观念则成了影子，只活在许多人的心中，因其自身而被珍爱，而那个产生它也需要它的社会早已开始解体……

这就是我处理它的方式——并不是很令人满意。我们可以用一对陈腐的词汇来概括它（从《梁启超与现代中国的心灵》到《儒教中国及其现代命运》）：儒教从"客观"意义滑向了"主观"意义。随着世界的改变，世界观失去了它的完整性和与当代的关联。儒者一直都是富于历史感的；现在他们自己变成了历史。现代人仍然能够说出儒家思想，但是儒教体系的复杂性已不复存在。哲学家冯友兰在共产主义中国仍在谈论"仁"，在共产主义的"斗争"中谈论人性的善和仁爱。理念是永恒的（希望如此）；但在中国，它是和那些旧的上层文化中与它相联系的事物一起被**永久化**的呢，还是正因为不再通行才只是被**保存**下来的呢？冯友兰站在孟子一边，而毛泽东则站在和他相对立的位置上。如果他认为毛泽东是错的（完全可以理解，他显然不会说毛泽东是错的），那么他就会认为——他只能认为——孟子是对的。

孟子和冯友兰很可能是对的。但是"思想"（thought）和"思考"（thinking），"真理"和"生活"不必等同。活的历史充满了"错误"，死亡和真理也绝不是不相容的。逻辑上看似有道理的，可能在心理上并不愿接受。理论上站得住的，可能在历史上是靠不住的。当我们说历史不是道德故事，当我们因为失去了奋斗目标——失去了对目标的把握——而感到痛苦，而不是冷漠地就像钟表那样记录着消失的变动的岁月的时候，我们要表达的就是这个意思。

在第一卷的结尾，我说思想史是人们思考的历史，而不是思想的历史。"思想"是恒定的，观念或观念的体系永远意味着它们自身所意味的事物，就像逻辑的构造一样。但是"思考"是一种心理上的行动，暗示着（变化的）语境，而不是脱离实体的存在。当人们在不同的整体环境中思考思想的时候，他们想表达的是不同的事物。因而，作为思想史研究，这几卷著作哪怕在它们看上去最为玄妙的时候，也至少隐含着社会的语境。《君主制的衰败》有一个"制度性"的论题，这一卷应该说是全书的中心。"业余理想"，这个在儒教中国和《思想连续性问题》中如此突出的主题，被制度化和概念化了。实际上，我对儒家"知行合一"的优良原则充满敬意，没办法将两者区分开来。愉快地告别帝制中国，就好像官僚君主制是无足轻重的（或者说共产主义政权保存了它的精华），然后假装儒教在本质上并未受到侵扰，这样做毫无用处。儒教的一整套态度并没有构成一个完整的结构形态（gestalt），即便人们认为它们没有受到侵蚀。毕竟，思想史只是人们书写的历史的一种类型，只是一种方法，一个进入的途径，而不是目的。在人们创造的历史中，"在那里"，复杂的网络从未被撕裂，思想、社会、政治、经济和文化的线索交织在一起。在专门的领域，人们会打乱自然的整体性；但最后的目的是要以可理解的形式恢复整体。

因而，当我想到一系列的两分法——客观/主观，思想/情感，历史/价值，传统/现代，文化主义/民族主义，儒者/法家，等等——它们不是作为真的在历史"那里"存在的鲜明对立的事物，而是作为用来解释（不是符合）生活情境的启发性的装置被提出来的。只有范畴，那些解释的范畴，才会相互冲突，而用它们来解释的对象则是重叠、混杂、不具有范畴性质的心灵、情境和事件。二元对立是抽象，提出它们只是要让我们了解，它们定义中的严格性是怎样以及为何在历史中得到了中和。

于是，当早期耶稣会士遇到那些依然保有主动性和"客观意义"的早期现代儒者的时候，儒者让他们反感的是"价值"上的反对态度，是那些像是来自笛卡尔或启蒙运动的反对基督教的观念。当然这些观念是普遍性的，并不是特定的"历史"的反应。但是在锻造这些逻辑的武器的过程中存在着心理上的满足。一个传统总是可以在思想的地基上被攻击或被捍卫。然而，捍卫本土立场的情感也一直存在。"历史"和"价值"（作为二元对立的一个例子）始终都是——一起——在那里的。

这里，我并不是说一些中国人（"情感"上）的心灵纯粹系于历史，而另一些（"思想"上）的心灵则纯粹系于价值："传统主义者"属于第一种，"反传统主义者"属于第二种。在以传统主义和反传统主义为两极的光谱上，无论人们站在哪个位置上，对历史和对价值的关切都充满了他们的论述。

即便情况颠倒过来，对基督教的攻击有助于中国人抛弃而非捍卫儒教，历史/价值的两分法还是有意义的。思想上对伟大的中国传统的幻灭，在情感上产生了反响；情感上的驱动力则被转化为思想的表达。（达尔文是答案吗？还是杜威？克鲁泡特金？马克思？）如果儒教让他们反感，就得有**某种**替代物来吸引他们。因为对曾经以一种冷静的笛卡尔式的精神来捍卫的东西的拒斥，本身不可能是冷静的。即便在清理地基的时候，中国人仍然渴望拥有他们自己的地基。他们想要继续创造**中国**的历史，即使他们是在使中国历史的产物成为……**历史**，或者不如说，他们就是这样来继续创造**中国**的历史的。

从写作《梁启超与现代中国的心灵》到写作《儒教中国及其现代命运》，到阅读史华慈（Benjamin Schwartz）的杰作《寻求富强：严复与西方》——至少这最后一步支撑起了摇摇欲坠的进步理论。

在严复（1854—1921）的生平中，以及在史华慈研究严复的岁月里
（严复是赫胥黎、斯宾塞、孟德斯鸠等人的著名译者），现代命运有
着充分的表现，人们由此可以推断，这里面有大量跟我的三部曲有
关的东西。和19世纪中晚期那些努力发展工业却搞砸了的官员，即
自强运动中的人物不一样，严复的推论是，体和用（物质功能和精
神本质）似乎都能追溯到西方。但如果说严复比这些先驱者中的任
何一位在背离儒家传统的道路上都走得更远，他却不像那么多他的
年轻读者和后继者看上去的那样数典忘祖。传统在他的个人品性上
打下了无法磨灭的印记。他对传统的片断（儒家的**个人**品性本身就
是公与私构成的整体中的一个片断）进行了改造，使其适应他反儒
教的真实立场。前后不靠是他的自然归宿——既对儒家传统感到不
自在，又不属于完全陌生的革命国度。他在上古中国仔细寻找新思
想价值的暗示——例如，荀子对应斯宾塞，老子对应达尔文。然而
无论是严复从中国历史中继承下来的东西，还是他从中看到的东西，
他都从来没有宣称其中有持久延续的"国粹"（"Chinese essence"），
也没有给出这方面的例证。在他之前，或许可以认为中国思想充满
了引人联想的隽语，它们可以与特定的现代普遍性的结论类比，或
者说预示了这样的结论。但是清楚地阐明这些结论的思想系统却是
西方的；而且正是依照这些系统，尤其是18世纪法国和19世纪英国
的思想系统，这些隽语才能被认识到。

　　既不是孔子也不是儒者而是赫伯特·斯宾塞，说服严复相信中
国是一个有机体，中国人所应该致力的就是这个有机体的生存和发
展，而不是任何过去某个阶段所预设的"道"。严复以一种保守的态
度，看到儒教作为一种道德防腐剂的地位，与此同时向前发展的道
路已经准备好了。儒教可以抵挡种族主义、革命和不负责任的自由
主义，他把这些看作通向无力状态的死胡同。但这是作为社会凝合
剂的儒教，而不是作为真理的儒教。"道德防腐剂"的道德是工具性

的，不是决定性的。作为进化的某个阶段的产物，以及恰好在最后阶段之前的那个阶段中使用的工具，它肯定会被取代，最终变得无法捍卫（undefendable），从而站不住脚（indefensible）。

因为某个事物无法捍卫而说它站不住脚根本是不道德的。把严复——在他并不完全理解的情况下——导向这样的等式（或者说导向从中可以推导出这种等式的立场）的，是社会达尔文主义，它让严复信服关于进化阶段的学说。社会达尔文主义的决定论只是一种道德的溶剂。斯宾塞曾试图用内在的道德感来调和达尔文式的盲目自负，结果格格不入。但严复没有看到这一点。在自由的问题上，他打算把斯宾塞看作一个道德家（对斯宾塞本人来说，这完全不合逻辑），把密尔看作一个国家主义者（不顾密尔的本意）。这让严复可以轻松地与他自身内部的儒者决裂，不必明确地站在与之对立的立场上。

严复内部的这种张力，有时候表现在他对西方思想家独特的解释中，有时候表现在他对他们自身独特性的浮光掠影的接受上。带着这个张力问题，这里我们面对的是一个解释上的问题。"他自身内部的儒者"有多重要？严复对中国显而易见的不够成功感到怨恨，这个面向回应的是革新中国的要求。但严复（以及很多其他人）对西方显而易见的成功也感到怨恨，这另一个面向为中国的过去说话，或者等着为中国的过去说话，反抗的是抛弃过去的压力。对一战期间和一战后的严复来说，达尔文式的"生存竞争"在西方军事方面，已经变成了一种道德上的赘疣，进化过程中的一个失败。对社会的有机的界定能够直接赋予某种传统主义的特殊主义（"国粹"）——这种特殊主义是一种心理的而非实际的保守主义——以权威，就跟对进化变革的偏爱与希望一样直接。严复在他生命的最后阶段，比他翻译成绩卓著的时期更接近这种保守主义。这仍然不是真正的对儒教的信奉；他从根本上是"现代"的，再也不可能真的回到故土。

但他不是确实一直在渴望只有这场大战才给他的东西么？那就是一个看到中国价值捍卫得住（defendable）因而也站得住（defensible）的机会。

因为严复和他那一代其他中国知识分子都有一点心神不安。严复书写的中国，明显是一个病人，而不是能动者，只能被施加作用而不能行动，因为它在富强方面落后了。但他写的也是他自己。在翻译和阐释孟德斯鸠、密尔、赫胥黎、斯宾塞的时候，他觉得自己是在处理思想界的行动者，那些改变了历史的人。但严复是个被动的回应者。他不得不去他们那里寻找他的论断，即便在这个过程中他对他们做了改动，这个事实意味着任何翻译和阐释严复的人，都是在解释中国历史，而不是去严复那里寻找**他自己的**论断。达尔文——甚至他的追随者——原本是有趣的，这种有趣是超越历史的。严复的兴趣却在于他能把他们变成什么。现代中国的弱点并不简单地只是严复用他的社会达尔文主义视野发现的东西，同时也是他在对这个视野的依赖中反映出来的东西。中国所缺乏的——这也是推动严复的思想历程的东西，这一历程正是这种缺乏的证明——不只是人们惯常理解的富强，而且是那种使得严复具有普遍意义而非将其拉低到仅仅具有历史意义的力量，而他通过对他视之为普遍性事物的回应，创造了一个特殊的中国的记录。

到了严复去世的1921年，"科学主义"（这种假说认为，借助自然科学的方法，宇宙的所有方面都是可知的）正弥漫于中国的思想界。正如郭颖颐（D. W. Y. Kwok）在《中国思想中的科学主义，1900–1950》一书中所描述的，科学主义尽管大获全胜，但实际上充满了情感，而在思想上则是肤浅的。但与之对抗的"精神"努力甚至更幼稚。整个的图景是单调乏味的，似乎印证了严复的不安和现代中国令人沮丧的状态，从一开始，正是这种状态驱使这么多的思想家置身于这一图景中。现代中国的弱点不只是科学主义小团体所发现的科学的贫乏，而且是科学主义本身反映出来的东西，某种表面上看是普遍的最终却只具有历史意义的事物：作为脱离实体的**思想**，它太陈腐平庸，除了充当了解中国人的**思考**的指引，很难还有更多的内涵。任何对中国历史感兴趣的人都能从郭颖怡对1923年"科玄论战"的讨论中获益，任何对科学和形而上学有兴趣的人却不必对之投以一瞥。

然而，如今人们对中国历史的兴趣是对一种普遍秩序的兴趣，是世界主义者对一种正在蓬勃兴起的世界主义的兴趣，这种世界主义正从世界主义的灰烬中重生。"科学主义"的那种反传统主义，它对儒家"精神"的蔑视，乃是一张从中国人的世界进入世界**之中**的中国的假释许可证（ticket-of-leave）。中国人的世界原先有它自己的内部的地方性的空间，世故精明的儒家统治其中。正是在这个世界走向衰落，国家开始浮现的时候，旧的世故精明也开始失灵了。儒者是中国帝制世界中的世界主义者，但在更宽广的由列国构成的世界中，他们就带上了地方的色彩。他们完成了历史，进入到历史中。儒家的理念也许还能活下去。比如说，在新的世界主义的复杂体系中，在怀特海称之为"超时间性"（out-of-time-ness）的历史之外的虽死犹生之物（life-in-death），或者说不朽里，还有对"仁"的希望。但是对冯友兰来说，仁和所有的一切，已经完全脱离了儒者的时代。儒者以其自身的消逝，把他们所属的那个特殊的（对他们来说却是普遍的）世界——在那个世界里，他们已经成了特殊的历史学家——留给了一般意义上的历史学家。

并不仅仅只有与毛泽东相对峙的冯友兰似乎代表了一个仍然有活力的儒教。毛泽东自己也要求"马克思主义的中国化"，他也被看作一个典型的总是从中国人的需要出发的领袖。但是当毛引经据典来给他的文稿增添风趣的时候，这些经典的引文看上去只有主观的意义，就像19世纪90年代梁启超的那些表达维新主张的经典引文一样。早期耶稣会士发现儒家的权威不能等闲视之：这里有一个（对自信的儒者来说是唯一的）必须被视为——从儒家的角度来看——客观存在的世界。然而，如今在毛泽东不得不转圜其中而又以普遍性自居的世界中，经典无足轻重，那些引文如果有什么作用的话，只会削弱对普遍性的主张。对当代中国人而言，唯一可能具有普遍性的是革命的模式，这是一种政治和经济的模式。文化方面，在涉及具体的中国历史文化的时候，毛泽东并没有什么要对世界说的。旧中国宣称自己是典范，是因为其他民族不一样故而低劣。新中国宣称自己是典范，是因为它找到了同类，彼此拥有共同的受害者地位和共同的命运，这样中国解放的道路就应该能满足其他民族的需要。

或者，退路正是出路：这些经典引文也许可以中国化（Sinify），但这和儒化（Confucianize）是背道而驰的。因为在一个真正的儒教中国，一个**曾经是**世界的中国，引用经典正是普遍性的论说采用的方法。儒家经典是抽象价值的宝库，对任何人都是确凿无疑的，而不只是仅仅与中国相关的中国人的价值。当这些经典使得中国成为特殊的而不是普遍的，中国就成了世界**之中**的中国——仍然是中国，但确实是新的中国，即便它让人想起（实际上，恰恰是由于它让人想起）那些将它和旧中国联系在一起的事物。

这个三部曲的各卷最初是由劳特里奇和科根·保罗出版社（Routledge & Kegan Paul）和加州大学出版社分别于1958、1964和1965年联合出版的；关于每一卷出版过程的细节都写在各卷单独的前言里了。

J. R. L.    xvii

# 第一卷　思想连续性问题

# 前　言

　　尽管这本书的主题起初显得零散混杂，时间的线索也不规整，但它处理的却是一个连续变化的过程。变化在于：在中国历史上的大部分时间里，新的观念要被接受，就必须证明自己和传统是相容的；而到了更近的时期，传统要保持下去，就必须显得和新的、自身具有说服力的观念是相容的。中国价值继续受到青睐，但青睐者是那些看上去较为"传统主义"而不是传统的思想者，他们是怀念过去的现代思想者，不是带着过去的真正思想底色的思想者。当然，其他思想者已经抛弃了很多更陈旧的中国价值。

　　所有这些思想者创造的思想史有其广度和深度，广度上包括各个主要观点之间的变化，深度上表现为潜藏在这些观点自身背后的变化。这就是为什么，当我们似乎是在愉快地从19世纪行进到20世纪，描述从强调体用到强调今文经学的转变，或者从早期民族主义到共产主义的转变的时候，我们可能会突然涉及几百年左右的历史；因为对旧观念之现代转型的叙述，给对旧观念在现代被放弃之过程的叙述，增添了一个重要的维度。例如，从政治上的民族主义的观点批评传统中国文化，是最近这几十年发生的事情。而那些中国传统中用来关联政治和文化问题的术语的内涵的变化，却是几百年里发生的事情。但这两件事指向的是同一个结论，应该被放到一起，不管这会给那种进展平顺一往无前的理想叙述造成多大的损失。

　　任何思想史家都不得不面临一个来自疑虑重重的"民粹主义者"

的挑战：少数受教育者的文字遗留物真的与整个社会的历史相关么？最近有一位批评家对一堆关于中国正统思想的研究成果不以为然，认为它们实际上只和"官僚的亚文化"（mandarin sub-culture）有关。但只是因为1900年的义和团民对西方新事物表现出农民式的敌意，我们就要得出结论说，儒家知识分子中的自强派和维新派——虽然他们对西方新事物的认可程度有所不同——是在玩一种幻想的哲学游戏，完全远离中国历史的基本情形么？相反，"官僚"的思想潮流是和中国社会的命运息息相关的，向下直接影响到中国社会最缺少教育和最少被记录的阶层。思想史家相信这一点，并不是因为他秉持一种简单的信条，以为文字记录中的精神自然弥漫于整个社会，甚至渗透到那些没有能力表达它的人的心灵中，而是因为（就中国的情形而言）中国知识阶层扮演着中国社会之楷模的传统角色。在文人士大夫日益增长的反传统的倾向中，他们只有在不仅彻底改变他们自身的"亚文化"还要改变整个中国的图景的情况下，才可能放弃这个传统角色，从而在他们自身和明显停滞不动的大众（这些大众以传统的态度，期盼文人士大夫去体现他们自己的平常愿望）之间拉开情感上的鸿沟。

　　这本书的计划和大部分内容是为1952和1954年召开的第一次和第二次中国思想研讨会苦心经营的。我要特别感谢芮沃寿（Arthur Wright）和费正清（他们是两次研讨会各自的主持人），感谢所有参会的学者，感谢芮玛丽（Mary Wright）和舒尔曼（H. F. Schurmann），感谢他们提出的批评和建议。但是关于这本书的主题还有很多讨论的空间，读者绝不应该认定，那些帮助过我的朋友一定会接受我的结论。

　　这本书的部分内容曾以不同形式在下列著作和期刊中发表过：《中国思想研究》（*Studies in Chinese Thought*），芮沃寿编，芝加哥大学出版社1953年出版；《中国思想与制度》（*Chinese Thought and Institutions*），费正清编，芝加哥大学出版社1957年出版；《远东季刊》（*The Fast Eastern Quarterly*）；《太平洋事务》（*Pacific Affairs*）；《汉学研究》（*Sinologica*）以及《亚洲研究》（*Asiatische Studien*）。我要感谢它们的编者和出版商允许我在这里使用这些内容。

　　我还要特别感谢华盛顿弗利尔美术馆的高居翰（James Cahill），他建议我使用安柯尔版本（Anchor edition）中的图片，并且帮助我找到这些图片，用来说明第二章的论述，当然这些论述都是我自己的。

J. R. L.　　xxii

# 导论：特殊和一般的历史求索

> 一个迷路的旅行者不应该问："我在哪儿？"他真正想知道
> 的是，别的地方在哪儿？他自己没丢，但他找不到其他地方了。
> ——怀特海（A. N. Whitehead）《过程与现实》

时间流逝，观念也随之变化。这样的表述含混不清，不像看上去的那样平淡无奇。它既指向某个社会中的思想家，也指向思想。若是前面那层意思，几乎就是老生常谈：人们会改变他们的想法，或者至少和他们父辈的想法不一样。观念终究会不再流行，新的观念会取而代之。如果我们看到在19和20世纪，中国人破除和废弃了中国传统信条，我们会说我们看到了观念的变化。

但是某种观念的变化不仅发生在某些思想家相信它已经过时的时候，也发生在另一些思想家继续保持它的时候。一个观念既在它的废弃中变化，也在它的持存中变化，观念不仅仅在它对人们心智的吸引力方面发生变化，它"自身"也发生变化。反传统主义者把传统观念贬黜到过去，与此同时，传统主义者却将它们转化到现在。

这样一种明显悖论式的通过保存来转化传统观念的行为，源于传统观念世界的变化，即思想家选择的可能性的变化。因为（用道家式的说法）一个思想包含了被思想家排除掉的东西；一个观念的特殊性源于这样一个事实，即在其他地方被表达的其他观念，可以想见是另外的可能的选择。一个观念总是在相对的关联中——而不是在绝对的隔绝中——被把握的，历史上没有哪个观念能保持毫无变化的自身同一性。领会到莫扎特不是瓦格纳的听众，听的绝不是18世纪的《唐璜》(*Don Giovanni*)①。一颗怀旧的欧洲中世纪专家的心灵，尽管有可能通过最熟悉最准确的细节来仿效一颗中世纪的心灵，也很难成为它的镜像；当简单的断言被信以为真，就会出现缜密的抗议。一位置身于现代中国的反传统主义者之中的备受折磨的儒者，不论他多么一丝不苟地尊重过去，严格地恪守传统，都已经绝望地把那些自足的儒家先贤远远地留在了身后。[1]

因而，词汇和句法可能还跟以前一样，但或早或迟，随着它所在的世界发生变化，陈述的意义发生了变化。随着时间的流逝，在那些字面意思保持不变的陈述中，除了不断变化的世界这个前提条件外，还有另外的前提条件来证实这种意义的变化吗？

另外的前提条件是存在的，它是这样一种逻辑原则，该原则指出，"一种知识体不是由'命题'、'陈述'，或'判断'构成的……而是由所有这些加上它们想要回答的问题一起构成的"[2]。由此看来，一个命题的意义是相对于它所回答的问题的。[3] 这样，观念背后的问题的变化，就像在它之外其他选择的可能性的变化一样，给观念自身持久存在的实际内容带来了变化。

例如，我们可以考虑一下欧洲对亚洲文明价值的承认问题。在18和19世纪，都有一些欧洲人否认西方优越于中国的教条。但是这种否认，这种对偏狭心态的摆脱，在这两个世纪中是完全不同的观念；在18世纪，它在本质上是一种理性主义的表达，而在19世纪，它却是反理性主义的。

伏尔泰对中国的倾慕源自他的自然神论，这是对特殊启示的一

---

① 译者注：《唐璜》是莫扎特创作的两幕歌剧，初演于1787年。按：本书页下脚注均为译者注，以下不再标注说明。

种普遍的怀疑。他对欧洲的自命不凡的否定，是对这样一个问题的否定性的回答："拥有基督教是文化优越性的标准吗？"而19世纪欧洲中心主义的反对者不是受伏尔泰而是受赫尔德的启发，后者的浪漫主义原则认为，每一个时代和每一个民族都有其自身的独特性。在杜尔哥（Turgot）和孔多塞那里，理性主义发展出一种文明进步阶梯的理论，于是从对非欧洲世界不加分析的仰慕转向了不加分析的责难；孔多塞把中国在各民族中的位置下降到原始农业社会国家的水平。对理性主义者来说，"文明"现在就单指欧洲文明。因而，浪漫主义者对欧洲的自命不凡的否定，是要对这样一个问题给以否定性的回答，即："'世俗的进步'是文化优越性的标准吗？"这样，前后相续的"同样"的观念，同样的西方世界主义式的同情的表达，随着背后问题的变化，发生了变化。[4]

于是，一个观念既是对另外的选择可能性的否定，也是对一个问题的回答。[5] 一个人真正想要表达的意思并不能只从他确认的东西那里获得；他所问的和其他人所确认的，也赋予他的观念以意义。没有哪个观念的意义简单地内在于其自身，只取决于它和某种不变的客观现实相一致的程度，而与它的思想者的问题无关。

在19世纪的中国，思想家的问题给此前中国的观念带来了变化。大多数思想家具有一种在中国人（如果不是一般意义上的全人类）身上表现得很强烈的献身于他们自身特定文化的倾向，仍旧认为他们的奉献具有普遍的效力。但是有一些思想家没有这么做，随着时代的推移，他们中间越来越多的人也做不到这一点了。西方式的社会在中国被证明具有颠覆性的危险，西方的思想被证明是蛊惑人心的。在这种物质变革和传统面临被破坏的挑战的环境下，固执的传统主义者似乎变成了这样一种人，他们不是简单地相信理智上有说服力的观念——这些观念恰巧是中国历史的产物——的一般意义上的人，而是仅仅因为这些观念来自中国的过去就怀有一种相信的意愿，怀有一种要去感受理智上的压力的情感需要的中国人。当儒教的传统主义不是出于对其普遍效力的信念，而是出于一种要宣示这种信念的**传统主义**的压力才被接受的时候，儒教就从一个基本的哲学式的追求转变成了一个次要的浪漫主义的追求，而传统主义也从一个哲学原则转变成了一个心理学装置。[6]

xxix

然后，这种持久观念的内在变化，这种通过思想家的忠诚而发生作用的变化，又进一步推动了另外一种随时间而发生的思想变化的趋势，这就是疏离（alienation）。

在受到西方影响的这一时期，中国现代思想史可以概括为两个相互作用的过程，一个是反传统主义者逐步地放弃传统，另一个是传统主义者对传统的固化。但这两个过程——不论是传统主义的还是破坏传统的——都显示了中国人想要让中国和西方对等（equivalence）的关怀。在现代中国，人们做出了许多不同的思想选择，但选择者的考虑并不是——也不可能是——完全基于思想的；除了对正确的答案或任何人都能接受的观念的寻求，总有一种对**中国人**能接受的观念的不断寻求。对一般性的追求，对特殊性的追求，以及一系列为使这些追求看上去协调一致而采取的思想上的权宜之计——在我看来，这些似乎就是现代中国思想的特点。

在前现代的中国，对先例的尊重是儒家的一个基本态度，渗透在知识生活之中。在现代中国——也许这是西方侵入中国文化的一个表征——先例开始被当作不独是一个儒家的问题，还是一个西方语境中很常见的问题：在何种程度上，先例会妨碍人对理性的自由运用，如果这种妨碍存在的话？某一种历史的产物能够参照其他历史的产物来判断吗？对那些想要革新文化的人来说，这是一个真问题。这就是为什么18世纪欧洲的理性主义者，在试图依据纯客观的标准来批评西方文化中的变态和缺陷的时候，感到必须冲破他们自己的特殊历史的牢笼，于是发明了一批旅行家的人物形象——土耳其人、波斯人、摩洛哥人、休伦人、易洛魁人、秘鲁人、暹罗人、中国人——来完成这样的工作。[7] 这些人物没有卷入到西方历史中，自然能够评估它的果实，能够以抽象的、超越历史的态度处理普遍性的问题。

与此相反的一种观点则把历史看作是有机的，不能随意修正。一个人不是作为苍白的、普遍的人类中的一员（"1795年的宪法是……为人类设计的。但世界上没有这样的人类……"），而是作为他引以为自豪的特殊而有活力，且有其自己的民族精神的人民中的一员（"我一生中看到过法国人，意大利人，俄国人……但是我敢断言，我从未见过一个'人'……"），来做出选择的。[8] 缅甸的一位总理说："只有世界观而没有身为缅甸人所必不可少的观念，就像越过自己母亲的额头去巴望远方的姨妈。"[9] 因为从这个相对主义的视角来看，一个民族（黑格尔特别强调这一点），就是一个在其成员出生之前就已存在的有机体。[10] 蒙田在他对文化相对主义或历史偶然性的认知中，表达了对教条主义的憎恶之情；他觉得这就是对理性的自负的实在而具体的反驳，这种自负要在历史之外创造一个秩序，在时空之外创造理想的哲学国度。[11] 尽管蒙田出于其个人性格，没有把这个观念推得过远，但其内涵却完全是历史主义的；比起热衷于秘传教义的黑格尔，蒙田更通情达理，却显得没有那么理性主义，他实际上让历史自行其是，任它吞没人类，既然人类扭转潮流朝向自由选择的目的的努力是如此地不受待见。

如果与"人民的精神"相抵触的思想选择是不敬或不可能的话（根据其彻底程度，历史主义会判定是哪种情况，或者两者兼具），那么在一个绝不是某个个体思想家创造的世界中，受限于本人视野的他，不可能拥有使得他能够自由地判断他所属民族的历史所提供给他的事物的标准。然而事实上，历史是由他的判断构成的，因为某种完全被束缚住的传统主义会让一个民族远远地被抛在后边，永远也进入不了历史。判断对传统主义所起的某种调和作用是一定会发生的，否则历史就会被法则冻结住，什么东西也无法添加到已有的生活方式上去，倘若它似乎会违背已经过去的一切。绝对的传统主义是一个完全出于假设的自我毁灭的概念；如果对"现在之所是"的某种原初的、全然的敬畏一直妨碍它成为过去的话，那么对过去的感知永远也不会形成。

换言之，只有在一个取代对"永恒昨日"之尊崇的另外选择已经被清晰地呈现出来的世界中，传统主义才会表现出它的主观色彩。一个传统主义者也许会坚持说，"我的还是你的"，我的历史还是你的历史，是人们在对诸文化成分加以选择之前能够问出的唯一重要的问题。但是，那种有意识地去窄化视野的意愿（正是这种意愿，而不是盲目地践履过去的足迹，构成了传统主义的本质）是不可能存在的，除非人们认识到另外一个总是被提出的问题："真的还是假的？"

我前面说过的现代中国人对一般性的追求，就是要致力于寻求那些"真的"答案；而这些思想家对特殊性的追求，就是对那些某种程度上是"他们的"答案的需求。第一项要求让许多人在理智上疏离中国传统，第二项却让他保持着与它在情感上的联系。理智上的疏离和情感上的联系彼此强化。随着前者的发展，继续把一般的有效性归结为特殊的遗产的做法，就更多地是出自思想家要调和两种追求的情感需要，而不是出自一种真正的理智上的确信，即他拥有两个世界中最好的事物。最终这种联系的纽带会断开。只是迫于特殊性的追求说必定是真的，而完全不是出于明确的普遍的信心说它**是**真的，这样的观念是不可能持久的。

不过，相反的情况也同样不可能。归根结底，价值依赖于它们在特定时空中的自然源泉。[12] 一个人也许宁愿拒绝他的历史所提供给他的制度、科学、道德或美学，但是他知道，他接受的任何事物

xxxi

都处于某个人的历史之中。没有人会如此超凡脱俗，如此干干净净
地从哺育他的本地土壤和有限的文化中解脱出来，以至于他能完全
冷眼旁观它的相对的缺陷。人不是中立的机器，能够平静地记录下
正确的答案；如果一个外来的答案在理智上被承认是正确的，那么
本土文化在情感上的主张就必须以某种方式与之达成一致。

　　我相信了解了这个原则，中国现代史的时间序列在逻辑上就可
以理解了。当传统的观念不再能够在理智上被毫无疑问地接受，而
传统主义者也因而不能保持特殊与一般、"我的"与"真的"之间的
和谐关系，反传统主义便滋生成长。然而不管是最温和还是最强烈
的反传统主义者，都面临着同样的失败的危险。在他们寻求一个心
平气和的方案的过程中，他们的观念经历着接受、拒绝和转而接受
新事物这一系列的变化。对这个方案的追求，已经成为鸦片战争以
来中国思想中所有新潮流的共同基础。思想家如何可能一面废弃在
西方冲击下显得捉襟见肘的中国观念，一面又保持他对中国能与西
方抗衡的信心？他怎样才能把自己同时看作一个现代人和一个现代
中国人？[13]

　　在现代中国，这个问题的提出真的是不可避免的吗？只有在中
国此前和最近持守的价值之间出现了显著的区别，而且是西方的影
响而非中国历史中的本土趋势才能说明这一转变的条件下，才会出
现这样的情况。人们会说，上个世纪中国思想家面临的重大问题，
是去调和他们理智上对一般性的公开认同和他们作为中国人的特殊
情感，但在此之前，他必须反思早期现代的"前西方"的中国思想
的历史。因为如果这个历史是一个现代价值萌发的历史（诸如科学
精神的增长这一类属于现代思想的主脉的历史），那么后来对中国连
续性的没完没了的质疑就是没有必要的；另一方面，如果现代价值
不能追溯到中国前西方历史中的根源，这样的质疑就是不可避免的。

　　我们现在就来讨论这个问题。

# 第一部分 早期现代中国思想文化的色调

## 第一章 清初思想中经验主义的流产

在宋明的知识生活中，唯心主义哲学声势显赫。后来，到了17世纪和18世纪，对一些中国思想家来说，唯心主义的主导地位似乎成了一种灾难，他们公开表示了拒绝的态度：这些早期的唯物主义者的存在意味着什么？它是不是表明，那个看上去稳定的传统主义的中国社会，无须西方工业文明侵入的催化作用，也有可能通过自己的力量，发展出一个具有科学取向的社会？

### 1. 对唯心主义的批判

在朱熹（1130–1200）的新儒学所描述的自然世界中，事物是作为理和气的复合物而存在的，前者是理想的形式，后者是可变的物质。对可感知的气来说，理是规范性的原则；对可理解的理来说，气是它借以呈现自身的载体。理是理智能理会而感官却无法触及的普遍性，形而上学的秩序就是从普遍到特殊，从存在到个别事物。

宋明两代，就有思想家看到了朱熹理学的严重局限。但批评来自唯心主义的另外一端，来自陆象山（1139–1193）和王阳明（1472–1529）的主观唯心主义的心学。当朱熹寻求现象背后的不动的实体时，他是一个唯心主义者，但在他看来，现实至少是客观存在的，是外在于想要去理解它的心灵的。但对陆王学派来说，心灵本身就是真理的世界，直觉是打开它的钥匙。根据新儒家的理学，一个人的错误表现为他无法经由感官经验的幻影来抵达绝对之物（最终抵达唯一的绝对物，理之理，即"太极"）。根据心学，一个人的错误正在于他对这些幻影的意识，或者说对主客体之间的分界——它构成了任何感官经验的最初条件——这一错觉的意识。[1]

到了17世纪，开始有人反对这两种贬低感觉抬高假定的超验之物的思辨倾向。黄宗羲（1610–1695）写道："天地之间，只有气，更无理。……理气之名，由人而造，……盖一物而两名，非两物一体也。"因而，黄宗羲认为理仅仅是名，而非实。[2] 黄宗羲的同时代人王夫之，也强调具体可感的事实相对于抽象概括的分类的优先性。他指出名从实起，一般的形式的术语源于特殊的可认识的例证。[3] 李塨（1659–1733）也同样维护粗朴质实的特殊事物，反对唯心主义者对高蹈无形之域的玄虚的关切，他表示："《诗》曰：'有物有则'，离事物何所为理乎？"指责理学家犯下了离开实际事物以求理的错误。[4]

宋代唯心主义的清代批评者以这样的方式，捍卫了感知世界在形而上学中的优先性。他们坚称气并不像宋儒所说的那样在道德上次于理，由此支撑起他们的唯物主义立场。气在主观上的产物——欲望，也是好的，王夫之、颜元（1635–1704）和戴震（1724–1777）都这么认为。王夫之说，只有佛教而不是真正的儒教才把天理和人欲区分开来。[5] 颜元认为，宋儒声称人之气禀本有恶，正是佛教或道家的教义（当然是错的）；佛氏以耳、目、口、鼻为"六贼"，所言正是此意。[6] 戴震也同意这一点，他把理学家周敦颐（1017–1073）看作佛老中之人物加以谴责，因为他鼓吹泯灭物质欲望的必要性。[7]

如果说这些人会从唯物主义的立场攻击理学，心学作为比理学还要坚定的唯心主义，当然肯定也会受到攻击。那些强调客观物质的重要性——不管是以明确否定形式之现实性的方式，还是以含蓄地为主观欲望（其对象是可感知的事物）辩护的方式——的二元论哲学家自然会封杀王阳明强调心灵和直觉的一元论。按照王夫之的看法，主观唯心主义的心学是"外儒内老"[8]，或"阳儒阴释"[9]。反对神秘主义和"玄妙"的黄宗羲，发现了禅宗对陆王的致命的不良影响。[10]顾炎武也持同样的意见，[11]此外，为了说明个人改变历史进程的作用，他指责王阳明几乎一手导致了明帝国的衰败和崩溃。[12]

这些唯心主义的反对者为了阻止这种腐败而开出的药方是什么呢？黄宗羲说，道德不离事功。[13]顾炎武说，记录空洞的言辞不如见诸行动[14]①，他还说，优秀人物治学是为了"救世"[15]②。戴震则云，古人的学问表现在实际的事务上。[16]③他们都认为，中国的思想家应该放弃出世的清静无为，摆脱抽象，重视实事。

## 2.科学与清代的经验主义：它们相合的程度

这些要求从外部而不是从内部观察，专注于事物而非本质的教诲，与科学有什么关联呢？我们可以说，它们是和现代科学的发展相**兼容**的，这种发展表现为一种反对反经验论或理性主义的形而上学的斗争，在这个意义上，它们和科学是相关的。就像清代那些心学的控诉者一样，科学家也肯定认为，物质世界不是一种心理状态。而且，就像清代那些朱熹理学的批评者一样，科学家还会认为，获取有用知识的入手方法，是把握物质实例的特征，而不是摸索虚无缥缈的理念。因为关于事物本质的问题（用新儒学的术语来说，即理的问题）只能产生同义反复的答案；有人说："往下挖再往下挖，上帝还是上帝，人还是人，世界还是世界。"[17]但一个科学的陈述却有一个真实的谓语。它开始于事物，就像反理学的清代唯物主义者会从事物入手一样，然后它会陈述某物，称其为事物的品质、性质

---

① 中文原文为"载诸空言，不如见诸行事"。
② 中文原文为"君子之为学，……以救世也"。
③ 中文原文为"古人之学，在行事"。

或属性。

当然，科学并不以这种对个体事物之品质的陈述而告终。实际上，在处理**类型**上，它和哲学上的唯心主义一样严肃认真，它认为有意义的陈述是对逻辑理解有贡献的陈述，是那种确认单个例证对所有同类都真实无误的陈述。但科学家的类型是他自己的建构，是他从对个体事物之行为的详细经验中做出的概括；作为一个科学家，一个使用归纳方法的经验主义者，他不能用这个概括来解释那种行为。正如洛克所言，种和属是"理解的技艺"，不是心智的发现。[18]

康德在他的《判断力批判》中，或许对柏拉图或新儒家的唯心主义与他们各自在早期现代时期的反对者所持的经验论之间的区别，做了最清楚的界定。他说，"原型的知性"（*intellectus archetypus*）是这样一种理性的形式，它"由于不像我们的知性那样是推论性的，而是直觉的，它就从综合的普遍（对一个整体本身的直观的普遍）进向特殊，也就是从整体进向部分"。按照康德的理解，这样一种理性存在于人类的可能性之外。人类特有的理性是"模仿的知性"（*intellectus ectypus*），它仅限于借助感官获取世界本身的单个的细节，然后构建它们总体的图景，但这些图景只有一种假定性，本身并不具有现实性。"我们的知性在判断力方面有其特别之点，即在认识中特殊凭借知性并未被共相所规定，因而特殊不能单从共相中推导出来。"[19]①

因而，根据康德对人类所可能拥有的理性设定的标准，即那种能够为人类获取某些自然知识的理性的标准，黄宗羲所谓理是名而非实的看法，李塨"离事物何所为理乎"的疑问，以绝对严肃的态度来看，就能被归入任何一种对科学精神的真正的表述之中。

————————
①这里两处康德原文的译文，见康德《判断力批判》，邓晓芒译，杨祖陶校，北京：人民出版社，2002年，第259–260页。

### 3.科学与清代的经验主义：它们的非同一性

　　但是我们能说的也就这么多了。这些清初思想家的经验主义态度，虽然与科学对唯心主义的批评若合符节，但其本身既不是科学的，也不一定有助于科学的诞生。在欧洲历史上，对唯心主义的偏离可能表现为阿伯拉尔（Peter Abelard, 1079−1142）的前科学的唯名论的形式，也可能表现为培根（Francis Bacon, 1561−1626）的归纳法的经验主义科学的形式；从整体上看，我们的中国思想家似乎更像阿伯拉尔而不是培根。

　　阿伯拉尔的唯名论（或者更准确地说，他所谓的"概念主义"〔conceptualism〕，即他的老师洛色林〔Roscelin〕的唯名论的某种改装过的版本）否认共相的客观存在。他拒绝了那种把个体实物简单地看作永恒理念的影子之极端的奥古斯丁式的"唯实论"，认为共相是由心灵通过抽象创造出来的，真实的现实是物体，不是理念，不是"名"。[20]王夫之和他的中国同行差不多也会这么说。

　　不过，培根说的比这更多。他走得更远，不止于简单地将最终的实在归结为现象世界而非假定的纯粹存在之域。他想要做的不只是界定现实世界，还要处理它。对他来说，驱逐只能被沉思的抽象概念，倾心于可观察的有形事物还是不够的，因为光有观察还不够。人们必须带着方法和目的去观察。培根的方法就是对经验上得到证实的"无法化约和坚硬的事实"进行归纳，他的目的就是引出可将事实组织成科学的一般法则。[21]

　　清代的经验主义者没有这么大的雄心，这一点我们前面已经略微提及。要用实际的行动投身于这个真实的现象世界中——这就是他们对沉思的唯心主义者发出的全部挑战，对他们来说，他们的实践伦理暗示了一种简单的认识论，一种常识性的意见，即当心灵置身于事实之中的时候，知识就出现了。但根据培根（还有笛卡尔）

的看法，使得一个人成为自然科学家的不是他对有关自然的事实的知识，而是他提出关于自然的问题的能力；知识只能通过回答问题来获得，这些问题必须是正确的问题，以正确的方式提出。[22]

我们这些中国的唯心主义的批评者可能会同意培根的看法："人的智慧和心灵，如果致力于物质……就会依据材料来工作，并因而受到限制；但如果致力于它自身，就像蜘蛛做它的网一样，那么它就是无穷无尽的，真正造出不具实体或实利的……学问之网。"他们也许会——用培根的话——说，他们的方法是"认真地专注于事物"，但尽管他们也许会以旁搜博讨"验于事物"而自傲，就像顾炎武那样，却很少系统地提出那些会让他们看到某些事理与其他事理之间的本质关联的问题，他们从未企望像培根那样去"永久建立实验能力和理性能力之间真实而正当的联合"。[23] 虽然一个经验主义式的清代儒者，在反对寻求特殊事物之普遍永恒的形式方面，差不多走到了文艺复兴时期科学家的地步，他有一种显著的唯名论的倾向，在科学精神面前，这种倾向无须自惭形秽，但它绝不可与科学精神等量齐观，也不是科学精神可靠的先导。[24]

### 4.骚动和稳定：对之前一个论断的回顾

这样，似乎没有必要把清初的经验主义者看作萌芽阶段的科学家。这个结论——即他们的思想并不必然预示着中国本土会出现那种确立科学在现代思想中之卓越地位的潮流——意味着一个明确无疑的推论。我们必须承认，这些哲学家对他们声望卓著的宋明前贤提出了真正的批评，其批判性足以让一些历史学家乐于称他们具有科学精神。但是这些异议或许仍是中国传统世界**内部**的异议，是其稳定性的见证，并非在与西方无关的情况下它发生转变的征兆。不是吗？

培根曾这样表达他对传统权威的不信任和对科学的信念："以确

信开始者，将得到疑问；但若他愿意以疑问开始，并且有耐心，他将得到确信。"[25]清代的经验主义者表达了某种疑问，但他们以确信开始，身为传统中国人的他们确信，现代的意见要取得正当性，须符合古代儒家经典中的真理。清儒对之前信奉理学和心学（特别是心学）的儒者步入所谓释老歧途的大量申斥，不仅仅是修辞，而且是对儒家权威的严肃信守。戴震尤其热衷于攻击披着儒家外衣的老庄之学和佛学，[26]但即便这个我们认为的最晚近和最独立的思想家戴震，在我看来，也没有借口去使人相信，没有理由去猜疑，他会暗中攻击儒家权威本身。在他就当时的需要和方便做出结论之前，他要求的是当时的证据；但他说过，为了保证他的结论最终的可靠，他需要来自古代的证明。[27]

因而，就接受传统对其本人研究的验证而言，戴震是一个传统主义者。而他研究的外在的社会的目的，也赋予其以传统的性质。在中国传统里一直存在的务实和神秘两种思想倾向之间的冲突中，戴震和其他的经验主义者采取的是一个古已有之的立场，一种实事求是的方法。

对于反智的神秘主义，儒家提供了显而易见且具有历史意义的替代性选择，这就是考证学。清代一些学者，尤其是颜元和李塨，对神秘主义如此反感，他们毫不含糊地投身于经验主义，而他们又鄙视繁琐的文献研究，认为它也妨碍了实际观察。颜元指出"今之学者有三弊"，其中两条是"溺于文辞"和"牵于训诂"（另外一条是"惑于异端"，指的是佛教和道家的不良影响）。[28]他还带着警告的语气指出，汉晋两代学者忙于"章句"之学，与此同时社会却走向毁灭。[29]① 李塨区分了"纸上之阅历"与"世事之阅历"，悲叹宋

---

①颜元原文为"全以章句误乾坤"，乃指当时的学术空气可能带来的危险，并未提及汉晋学术，作者此处引用可能有误。

明两代"笔墨之精神"胜过"经济之精神"所招致的亡国的后果。[30]

　　然而宋学真正的大敌是汉学（顾炎武是其先驱）而非颜李学派。对汉学来说，经验主义和实际观察似乎并不是一种实证哲学，而是反对神秘内省的态度的一种象征；汉学真正的重点是提出用另一种经典的路径来取代内省，那就是儒家最基本的实践，即文本研究。汉学可能会用**自然**（科学所认为的真理之所在，尽管也许很难达到）的名义，来攻击**心灵**（主观唯心主义所认为的真理之所在），而其真正的旨趣却在**书本**（儒家文人所认为的真理之所在）。

　　那么，这是一种破坏的征象，一种对宋学全体的全新的挑战呢，还是一种稳定的征象，实际上是宋学的一翼向另一翼发出的挑战的老调重弹呢？毕竟朱熹本人也曾将他的客观唯心主义的理学和沉思冥想的心学区分开来，他因而主张"格物"，这种准经验主义的诉求，就像经验主义一样，以某种方式否定了心学，但只是为朱熹确立文本上的正统扫清障碍，这又以另一种方式否定了心学。我们知道朱熹并不是汉学家心目中的英雄。然而，尽管他们摈弃了他的理学的形而上学，但从结果来看，很难看出他们的"务实"比朱熹的"格物"，对古书崇拜提出了更大的挑战。顾炎武宣称的"格物"的目的，不是新儒学去发明"理"的那种目的，但他还是和新儒学殊途同归，对儒学经典致以中国传统的礼赞。从科学发展的立场来看，这完全是一条死胡同。

　　有时候人们会说，清代的小学（例如，顾炎武和其他学者为找出汉字的古音而做出的努力）是中国本土致力于科学方法的证据。然而，无论清代的小学多么适合拿来跟18和19世纪琼斯（Sir William Jones）、穆勒（Max Müller）及其他欧洲人的"科学语文学"比较，都很难看出它对儒家的反科学主义有什么颠覆作用。严格地说，科学方法实际上是适用于语言研究的，就像它适用于恒星的研究一样。但在"科学的"这一形容词通常的用法中，或许包含着优先考虑历史上何种事物作为其修饰对象才算恰如其分的意味。在该词与诸如语文学这样的学科联系起来使用的场合，它在本质上是一种比喻，这个比喻是从自然科学那里引申过来的；当这个形容词应用于其他领域的时候，自然科学是赋予它以意义的参照系。人们也许会从对自然科学的沉思那里，发展到对语文学问题进行"科学的"思考，就像欧洲学者做过的那样，但是我们没法把这个比喻翻转过来，指望中国人能够从完善的小学，发展到对自然科学的基本领域进行"小学式的"思考。如果说清初最成功的思想探索——成功到足以为他们赢得我们现代的"科学"荣誉——实际上出现在离儒家对文本和历史的关切如此接近的小学领域，那么这个事实恰恰说明，清初的思想家距离对自然之谜的任何深度关切是多么遥远。

不过，当现代科学最终开始被中国接受和欢迎的时候，汉学扮演了某种角色。但这不是一个对顾炎武的经验主义作过度解读的人所期待的那种角色。19世纪后期所谓的今文维新派（详见下文）利用了汉学，他们歆羡现代科学，但为其外国的背景所困扰，于是不得不自作主张地解释正统的古代经典——宋代朱熹的经典，既然这些经典自身没法符合现代主义的解释。因而，不是汉学反对唯心主义的运动，而是它对文本真实性的关切，使得它通过维新运动和中国的现代科学联系在一起。这种联系之所以存在，不是因为清初反宋学的考证学本身指明了道路，而是因为看上去有可能从考证学中想办法得到儒家对科学信念的认可，这种信念是通过臣服于另外的权威而获得的。

现代中国的一些历史学家试图找出一个令人信服的现代科学的中国谱系；具有悖论意味的是，他们的努力似乎是对这个谱系并不存在这一事实的主观反应。科学的声望和进展来自西方，它在上个世纪被中国人从理智上勉强接受，在这种情况下，就发展出一种情感上的需要，要捍卫中国的思想史，抵挡任何关于失败的暗示。梁启超（1873-1929）、萧一山（1902-1978）①和其他一些学者，对清代的经验主义做了过度的阐释，他们时而含蓄地表示，现代中国的科学意识是中国历史的自然产物，西方的榜样和它对传统中国的破坏绝不是必不可少的。[31]但是这些异议或许正是从中国文化的连续性发生断裂的处境中产生出来的，而他们质疑的也正是这种连续性发生断裂的处境是否真的存在。

### 5. 结论

进入现代时期之前，中国取得了重要的科学成就；最近的研究开始向我们表明，这一成就有多么广大。[32]但从总体上看，儒家文人对科学始终不感兴趣，思想上对科学有亲和感的主要是道家和非正统派。正如李约瑟所言，科学没有社会地位，宣布发明创造可以获得荣誉的事情，永远也不会发生在传统的中国学者身上。[33]

当这种事情发生在现代中国学者身上的时候，是西方科学传统的稳步发展提供了重新评价中国过去思想的标准。站在20世纪科学的高度，朱熹的哲学完全有可能被看作一种有机论的自然哲学——这种自然哲学与西方科学家经过三百年的机械唯物主义之后才得到的看法非常相似——而不是清代经验主义者反驳的唯心主义学说。[34]然而，正是这三百年的机械唯物主义才赋予有机论哲学以内容，一切都隐含在对那几百年来的结论的颠覆之中。这个不断积累的探索的传统，在中国是找不到的，因而是必须去追求的对象。由于这个传统具有普遍的说服力，它就促使人们去寻求中国与之类似的事物；它也提供了辨认的标准；后来在中国获得的发现被拿来和它相对照，

①书中提及的诸多现代人物，在列文森写作此书的年代尚健在，译文中均依照后来的实际情况补足其生卒年。古代人物的生卒年，亦依据今天公认的说法予以订正。

结果这些发现被鉴定为科学见解的精彩集合，却不是一个汇入普遍潮流的连贯的科学传统。

　　当然，这里关键的不是能力而是趣味。如果现代中国人不得不去考虑他们继承下来的遗产中，哪些可以归入科学，那不是因为他们的祖先根本没办法培育一个不断生长的科学传统，而是因为他们并无此意；清初的经验主义者志不在科学，也没有达到科学的要求，而是践行着他们的文化的价值。不能傲慢地提出中国文明的"失败"这种西方式的问题，只能承认中国人有自己的某种文化格调上的趣味，这种格调既不是现代西方的，也不是现代中国的。

　　这种西方进入之前的中国格调，除了对科学不温不火的态度外，还有其他的成分。各种文化偏好组合在一起，构成了一个整体模式，所有的偏好都彼此相合，且合乎一个特定的社会秩序，这个秩序很快就将陷入危险的境地。许多表面上看似狭窄的通道都能引导我们进入那整个连贯却又不稳定的思想世界。我们将选择考察中国绘画这条道路。

13

14

# 第二章　明代和清初社会中的业余理想：
来自绘画的证据

子曰："君子不器。"

——《论语·为政》

这些功能的另外一个共同和重要的特点是它们的**政治**性格：它们要求的不是特别的专门知识，而是**良好的教养和处世的才干**……

——白乐日（Etienne Balázs），《中国社会的重要方面》，《亚洲研究》（Asiatische Studien）6（1952），83

当外来的蒙古人统治中国（元朝，1279–1368）的时候，儒家文人的社会地位相对较低。明朝再次提高了他们的地位，作为处于统治地位的知识阶层，他们自然怀有社会稳定的理想。[1] 结果在趣味方面，他们轻视变化的观念和对原创性的追求。[2] 大体而言，这些文人都是古典主义者，就像英格兰的斯威夫特那样。在斯威夫特捍卫古人反对现代人的立场中，在他较之自然科学更看重人文学的明显偏好中，在他对作为价值标准的物质功利表现出的贵族式的不自在之中，我们非常清楚地看到了文人文化的形态。[3]

斯威夫特在巨大的愤懑和精神错乱中去世。现代人正在占领他的世界，他知道这一点。科学、进步、商业、功利，他所谴责的一切，很快就会成为现代西方文化的主旋律。但明代和清初的中国离西方人大举侵入还有四五百年，此时科学无足轻重，进步受到阻碍，商业受到轻视和限制（可能难度越来越大）；这三条都是斯威夫特想要的，接下来是第四条：反职业化的怀古的人文主义学问。公认的古代经典作品的文雅风格和教化知识，古典人文热情的"甜美与光明"——这些非专业的"有用"的技艺训练，是思想表达的工具和掌握社会权力的关键。[4] 这些是科举考试考察的主要品质，它们使优胜者有资格获取声望和机会。[5]

简而言之，精英们不能（如白乐日所言）"在专业活动中丧失他们的个性"[6]。明代的风格是业余的风格；明代文化是业余文化的典范。

## 1.社会与艺术中的明代风格

### i.社会中的明代风格

正如明代八股文的那种极端审美主义所显示的，明代官僚可能比此前任何朝代的官僚都像是官场上的业余爱好者。他们受过学术上的训练，（大部分）经历过书面考试的测试，但他们所受的训练并不是直接服务于他们从事的公务的；无论衙门里的书吏——即那些仅仅受雇而没有正式儒者的领导地位的人员——忙于什么事情，级别更高的拥有功名的官僚（亦即出类拔萃的统治阶级）都不会被看作专家。[7] 官员的声望即系于此。学者纯文学式的教养是一种与他因此而有资格处理的公务相分离的学问，这种教养对于以技术效率来行使公务职能无关紧要（毋宁说会妨碍这些职能），但对于在文化上赞美这些职能却至关重要。

如果说官员特有的知识成了一种职业的、技术性的"有用的"知识，那么它就会只是一种专业的手段，不具备赋予官僚政治的目的以尊严的内在品质。但当公职能够被用作高等文化的象征，用作知识自身和文明的终极价值的象征的时候，显然获得公职就比其他任何社会角色都要重要。人们可能会认为其他类型的成功（商业、军事、技术等方面的）依靠的是一套专业知识，它们被发明出来充当获得成功的逻辑手段，在声望方面，这些成功都不能与赢取公职的成功相提并论；因为为这种成功所做的特殊的准备，就其审美上的独立性而言，就其在逻辑上恰恰与官僚体制的目的——至少是在专业的技术的意义上，如果说不是在更宽泛的道德的意义上的话——不相关而言，使得这一目的本身成为生活的目的。[8] 在理想的情况下，古典学问的课程或许可以训练官员去效仿道德楷模来统治，仿佛他自己成了艺术和思想最完美的产物，把和谐播撒到社会中，但这离达到社会和谐所需的专业技术上的训练还很远，这种和谐不是靠神奇的同情心，而是靠逻辑上的结果来达到的。

当然在中国，由于其体制的特性，知识的这种美学特色实际上是为某种事物——即公职——服务的，但它是一种象征性而非逻辑上的前提条件。要明白这种区别的真正意义，不妨比较一下明代和现代英国两种环境。因为在英国，古典训练也经常是进入公务机构的敲门砖。最近有一篇写给一位英国公务员的悼文，作者在表彰了他在古典学术上的造诣之后，似乎用一种强烈的辩解的口吻，试图在他的古典训练与公职身份之间建立一种日常的逻辑的关联：

> 他在马尔文（Malvern）修读经典，成为一位人文主义者……然后在1932年，他进入了英国文官系统，就像在他之前的许多古典学者一样……他当然是一位伟大的公务员，我毫不怀疑他所具有的一切品质都归功于他的人文主义。正是人文主义使得他的意志温和，心智训练有素，足以应对人类关系的微妙之处。[9]

作者当然生活在一个高度专业化的社会，在这样的社会里，业余人士几乎在所有方面都屈从于专家，事实上，"业余"这个词已经发展出一种技术上有缺陷的含义，而没有不受利害关系左右的热情的意思。因而作者在为古典课程发出如此"专业"的呼吁的时候，他必须要用一种像是申辩的口吻来打动我们（在类似的情况下，没有哪个明代的古典学者会这样）：他这么写就好像他觉得公众——这是实际的抱着职业心态的公众，他们对华而不实的教育表现出一种出自常识的漠不关心——一定会怀疑古典研究和现代职业工作之间有什么真正的关联。他不能简单地假定，一般公众会同意，古典教育与行政职务之间存在明显的密切关系。确实，学问的声望给英国的高级官僚机构带来的声望比它给西方其他国家的同等机构带来的声望要大。但是和中国不同的是，在英国，尽管官僚机构的形象因此得到了提升，但这并不能给它本来的地位带来荣耀。因为如果说中国历史的社会事实使得官僚机构成为权力的中心，英国历史的社会事实却将官僚机构降低到为国家中的其他权力服务的地位。社会上"商业"的兴起（这令斯威夫特痛心不已），以及它反传统、反人文主义的偏见，令官僚机构相形失色，而在思想上，它迫使古典学陷入孤芳自赏的境地。当然，19世纪牛津和剑桥的理想是像儒家那样，培养出有教养的绅士，通过人文学术的课程为世间事务做好准备，并预备在统治阶级中占据一席之地，不包含任何粗鄙直接的功利意图；然而维多利亚时期的这种理想已经被称作"抵抗着吞噬一切的物质主义和专业主义的几乎唯一的一道屏障"[10]。在英国没有明代那种最高的文化价值与最高的社会权力之间的美妙而具有象征意义的一致性，我们最后发现官僚制更像只是一种有用的雇佣制度而已，而就古典学术还残存着与权力的联系而言，它的趋势是把成为实现某种目的的、逻辑上有用的手段当作自己的存在理由，而这个目的本身也不过是手段。

　　**文化**是"已经知道和想到的最好的事物"（用阿诺德的话来说，是"甜美与光明"[11]），但它在功利主义的世界里却处境不妙。当斯

18

威夫特小说中的"耶胡"①和阿诺德笔下的"非利士人"②统治社会的时候，对文化的辩护可能会倒向俗人的标准。业余爱好者对人文艺术的热爱，他对人文艺术本身具有正当性的那种信念，可能会因为社会要求他在这些人文艺术的培养中找到职业性的目的而变得复杂化。但在中国，明代和清初那些有社会影响的人却很少是文化上的俗人；他们的人文研究中的职业性目的就在于，他们找不到任何专职的目的。他们是名副其实完完全全的业余爱好者，是一种富于人性的文化的文质彬彬的新成员，对进步毫无兴趣，对科学兴味索然，对商业缺乏同情，对功利也没有偏爱。虽然他们由于艺术上的训练而供职于政府，他们却对艺术本身怀有一种业余的成见，因为他们的职业是治理国家。

早在宋代，王安石（1021–1086）尝试的一系列举措中，就包括改变科举考试的美学意味，让它变得更加实用。尽管王安石毫无疑问是一个热诚的儒者，而且他还尝试着复兴儒家对政治学说的原初关切，他同时代的那些优雅的官僚和学士起初大体上还认同他的信念，最后却都掉头而去，而那些普通的儒者更是对他恨之入骨。他们在他彻底的改革方案中看到的只是不切实际呢，还是他对经典的注释中的争议，抑或是对他们特权的一种直接的物质上的挑战？或者他们也意识到了儒家地主官僚制的统治者是思想上的业余爱好者，还是对此毫无察觉？难道王安石发出了错误的讯息，可能给那些全权在握、社会地位高人一等的世故官僚敲响了丧钟，而这些人既不是封建国家里的纯粹文士，也不是商业国家里的职业公务员？

苏轼（1037–1101）是王安石最值得认真对待的对手之一，他似

①《格列佛游记》中出现的人形怪物，是野蛮和卑劣的象征。
②指中产阶级，见阿诺德《文化与无政府状态》。

乎也是最早谈及"士大夫画"——即绘画中的士大夫风格——的画家，这个术语到明代变成了"业余风格"的几个同义语之一。[12]

19

### ii. 绘画中的明代风格

到了明代末期，绘画领域已经牢固地确立起了一种规则：官员本人成了画家，而他们也最喜欢他们自己的画。**职业**画师受到轻视。明代皇帝恢复了宫廷画院，这种画院主要是和宋徽宗（1101–1120年在位，北宋最后一个掌握实权的皇帝）以及他的南宋继承者的名字联系在一起的。[13]但明代的画院有一点和宋代不同，宋代的画院里都是拥有官衔享受尊宠的画家，而明代的画院里却是真正按照具体要求作画的宫廷画师。[14]因而，跟徽宗的画院不同，明代的画院从来没有获得跟翰林院（级别最高的文人学士的机构）同等的地位，明代画院的画师也从未拥有翰林学士的地位和声望。[15]锦衣卫里面也有宫廷画师，表面上看这令人诧异，但如果考虑到锦衣卫是一个收罗各类官僚体制外人员的机构，而且代表了皇帝和他手下的宦官群体，具有与官僚士大夫的利益相抗衡的特征，也就不奇怪了。[16]

文徵明（1470–1559）是一个拥有翰林头衔的学者，同时也是一位著名的画家，他清楚地表达了业余爱好者的信条："高人逸士，往往喜弄笔作山水以自娱。"[17]或者是为他的那些有教养的朋友之"娱"，如拥有堪称典范的闲适精雅趣味的文人画家沈周（1427–1509）。沈周看到自家堂上有一幅泼墨山水画，知道是他一位同道中人登门不值，一时兴起，随手在一匹素绢上挥笔而作，用作拜访的名刺。后来沈周找到了他，留他在家里住了三个月。[18]①晚明非常重要的批评家莫是龙，高度赞赏了早先一些艺术家视绘画本身为乐趣而非职业的态度。[19]他的朋友董其昌（1555–1636）也表达了类似

---

① 此处提到的沈周的朋友是明代画家史忠。

20　的看法，称赞14世纪元代一位大师第一次提出画家的愉悦和表达一样是艺术的目的。[20]董其昌本人是画家和书法家，也是当时首屈一指的批评家，他完全不在乎自己作品的命运。据说如果一个有地位的人直接向他索要作品，他就会随便拿点东西来打发对方——也许是别人的画作，上面有董其昌的题款，或者他题写的诗。如果人们想要董其昌的原作，他们知道从他家里的女佣那里下手，董其昌闲下来的时候经常给她们画画或写字。[21]

很简单，董其昌鄙视职业做派。他认为职业做派有一种文化狭隘性的含义。真正的文人是业余爱好者，他对自然怀有感情，在绘画和诗歌方面具有天分。[22]对画家来说，通过展现自己圆融的个性来淡化专业禀赋的意义，是很常见的事情。例如，16世纪的画家徐渭就说他自己（虽然批评家并不同意）"书第一、诗二、文三、画四"[23]。清代学者沈宗骞（约活跃于1780年前后）总结了业余爱好者对狭窄的专业化的根深蒂固的成见："画与诗皆士人陶写性情之事。故凡可入诗者，皆可入画。"[24]

业余爱好者对职业人士的轻蔑还有一个侧面，表现为贵族对不属于士绅阶层的贪婪的夤缘附势者的鄙视。正派的艺术家对财货漠不关心，在文人学士对这一主张的强调中，包含着反商业情绪的弦外之音。以直觉著称的宋代著名艺术家米芾（1051–1107）是明代的业余流派顶礼膜拜的大师，他写道："书画不可论价，士人难以货取。"[25]①那位前来拜访陆治（1496–1576）的倒霉的豪贵也发现了这一点。他带着陆治一位朋友的信，以为凭借其效力弄到一幅画不在话下，然后又犯下了拿出一大笔钱的可怕的愚蠢错误。有关陆治激动的

21　拒绝行为的叙述近乎神话，好像是碰到了文化的要害神经。[26]很久以后，《芥子园画传》也在职业做派和缺乏文人风雅的品味之间画上

---

①中文原文见米芾《画史》，《米芾集》，武汉：湖北教育出版社，第156页。

了同样的等号。这是一部百科全书式的绘画手册，以分集的形式出现于1679至1818年间（其最早的稿本可追溯至晚明）。它以清高的口气宣称："市则多俗。"[27]① 清代画家邹一桂（1686-1772）给业余风格的士大夫画家定下了规矩："无求于世，不以赞毁挠怀。"[28]

简而言之，在明代和清初的业余文化中，作为批评家的士大夫把作为画家的士大夫推荐给作为鉴赏家的士大夫。"王昱，字日初，号东庄老人，擅山水，得司农精髓"[29]，像这样的评论在当时司空见惯，现代读者读起来，会感到一种诙谐古怪的愉悦；他很难更鲜活地感受到那种文化视之为常识的独特品质了。

## 2. 学者反学院主义的悖论

### i. 画坛的北宗和南宗

画坛精英既然同时是思想界和社会上的领袖，他们就同时形成了思想流派和业余爱好者的联盟。到明代末期，一个在美学上富于表现力的概念"南画"，逐渐与另外两个在社会学上富于表现力的概念——"文人画"和"士大夫画"——相融合。反对职业做派的董其昌虽不是"南画"的发明者，却是将北方风格与南方风格之间的区分变成鉴赏中的经典准则的学者。董其昌是晚明书法、绘画和批评界公认的元老，被尊为"艺林百世之师"，他作为优雅画风的典范的声誉，远播至琉球和朝鲜。[30]

22

他将当时的北宗和南宗，经由不同的大师，分别追溯到唐代的李思训（651-716或720）和王维（699或701-761）。所谓"北"和"南"不是指画家的籍贯，而是指唐代禅宗的两派，有一种说法认为

---

① 中文原文见《芥子园画传》（第一集：山水），北京：人民美术出版社，1960年，第26页。

这两派的哲学理路影响了两种审美趣味。[31]然而，"禅画"一词专用于南画，和北方的"院画"恰成对照。[32]南宗的山水意境源于艺术家在"顿悟"（这个概念在西方通常被称作satori，源于日本的佛教语汇）中获得的灵感，这种顿悟是对现实自然的直觉性的震惊体验；董其昌认为这种风格的绘画要优于北宗，北宗的绘画是理智的而非直觉的，更拘泥于细节，兴趣集中于对象形式上的关系而非它们的精神。他说，真正的"高雅，不在斤斤细巧"[33]①。

这种对勤勉而刻意为之的工匠技艺的拒斥，是南宗审美趣味中的第一要求。按照南宗的理论，文人画家无须经营，就可将他内心的山水泼洒在画绢上。[34]一切出于自然，"气韵"这个来自谢赫（约活跃于500年前后）著名的"六法"之首的简奥名词，被南宗拿过来表达画家与其对象之间的直觉性的交融；理智的把握是院画一派的，因而受到鄙视。董其昌说"……气韵不可学，此生而知之，自有天授"[35]②，越追求技艺，气韵越孱弱，而莫是龙虽然承认院画风格"精妙"，但在无价的"自然"方面相应地就会欠缺。[36]他说："画家以古为师，已自上乘，进此当以天地为师。"[37]③"胸中意气"是文人画家的座右铭[38]——它不是冷冰冰的知识，而是灼然的洞见。

### ii. 儒者对佛教美学的选择

现在出现了一个问题，它对理解明代文化非常重要：明代的儒家知识分子在人文素养方面是最博学的一群人，他们致力于保存传世的智慧，而且这种智慧主要涉及文明中的人际关系，这样一个群

---

①中文原文见董其昌《画禅室随笔》，上海：华东师范大学出版社，2012年，第65页。

②中文原文见董其昌《画禅室随笔》，第61页。

③中文原文见莫是龙《画说》（《丛书集成初编》本），北京：中华书局，1985年，第2页。

体如何能够拒绝一种与学问联系在一起的绘画理论，转而青睐一种从文明的观点来看是神秘抽象的反智理论？人们也许会以为，主张对社会中的人施以循序渐进的教育的儒家传统主义者，会对北宗的院画美学感到亲切，反对南宗的禅画；因为后者从一开始就强调自然中的人的顿悟，毕竟对整个儒家的生活观和艺术观构成了挑战。纯粹从美学角度来解释文人画流派对院画的轻蔑——如有一种门户之见认为，明清的大家只是没能抓住画院艺术的精神和价值[39]——引出的问题比回答的问题还要多。因而，即便我们接受这种趣味上的简单失误的假设，又怎么去说明文人的这种盲点呢？

　　然而，逻辑上奇怪的现象，在社会学上却是可以理解的。我们前面已经指出，一个观念的意义不只取决于思想家确认了什么，也取决于他否认了什么。对具有业余倾向的明代儒者来说，直觉性的禅宗不一定意味着反智主义，对这些守护着一个知识传统的学究来说，它不可能有这样的意味；[40]它意味着的是**反职业主义**。一闪念的直觉洞见如果不是"自然的"就什么也不是，而一个循规蹈矩的职业画家又怎么可能是自然的呢？刻意经营、小心从事的院画画家怎么可能是自然的呢？[41]"美术"作为专门行当的观念，在禅宗神秘主义者和儒家文人那里一样地可鄙；"自然"和"技艺"相对立，后者有一股令人恶心的职业的味道。[42]

　　因而，南宗的美学趣味在文人圈子里长盛不衰，不是因为他们在**哲学上**信赖逸出传统的灵感，而是因为他们在**社会上**遵守超越职业做派的文雅的业余主义。不止一位作者提到过，正是实际的压力让士大夫热衷于南宗，在清初尤其如此；精深的文人文化是分内之事，绘画作为业余的消遣，只能退居次席。文人学士既然不可能经受真正严格的绘画训练，干脆诉诸直觉倒也痛快。[43]当然，这种观点并不周全——毕竟，许多文人画家也是具有精湛造诣的行家里手——但是，即便是考虑到不那么实际而具有象征意味（肯定不是哲学意味）的理由，反学院主义的美学仍然是出于业余兴趣的流行选择。明代儒者对禅宗并不认真。

　　一般而言，早在宋代，儒家文人对佛教就不再认真信奉了。朱熹所做的思想综合是儒家对佛教的一种进犯，磨去了佛教作为思想上的对手的棱角；而有组织的佛教——有教法和偶像的佛教，在社会的层面上总是令士大夫阶层感到厌恶的佛教——被贬黜到农民大众中去，最终失去了它一度拥有的思想上的诱惑力。禅宗的观念是反教法和反偶像的，因而从反儒家的社会组织中脱离了出来，在士人的世界中仍保留一席之地，并且推动了山水画的发展（佛教的人物画曾经是中国艺术的一个重要分支，到了明代，随着佛教的衰落和业余画家的兴起，差不多完全绝迹了）。[44] 但是佛教这最后一线却不是儒家士人环境中的异物。明代画家那种来自禅宗的直觉性的自然崇拜，不是儒家人文主义的对立面，而是儒家人文文化中一种内化了的温和成分——不是对教诲的大胆挑战，而是那些受过教诲的有教养的人所拥有的文化财产。

### iii. 直觉的常规化

　　看上去明显属于佛教的学说，一旦被儒家精神所接纳，自身一定会发生改变。明代美学的真正悖论不在于对两种针锋相对的信条的调和，而在于两者中的一方表现出的自相矛盾。若相互对立的双方中有一方否定了自身，那么就很容易保持相安无事的局面。归根到底，那些拥有博学传统的士大夫画家非常轻松自在地适应了富于个人灵感的南宗风格，因为南宗也有制造灵感的惯常套路。在社会的层面上，反学院主义的取向对秉持业余精神的士大夫非常重要，但在思想上却是异端，而今它已经被安全地学术化了。

　　明代南宗的直觉理论中，被植入了一种矛盾的性格，因为它是一种通过学习而非直觉获得的理论。宋代文人在以儒教驯服佛教方面是明人的先驱，他们已经确立了明人称之为南宗的基本理论。院画对外在形式的摹拟是没有用的；直接的感知和直接的付诸笔墨必须合为一体；"气韵"不可学，只能来自内在的知识——所有这些都是宋人留给董其昌以及他在明清两代的批评家同道的经验之谈。[45]

　　而宋人的背后是谢赫，他的流传下来的六法（特别是第一条："气韵生动"）是为不可规定之事制定的指针，是对不受约束的直觉天赋加以约束的规则。一部明代画论如此平淡无奇地开篇："画有六法……"[46]这是法则——剩下的是评注。有人说王昱（约活跃于1680–1724年间）的画暴露了他"靠模仿他人为生"的面目，他本人则严肃认真地大讲"不用心"的创造活动的道理。[47]他的审美趣味反对类型化，本身却是一种类型化的审美趣味；他的画作没能实现他的审美趣味，却又与之相一致。

　　这是一种无所逃于天地之间的境遇。文人业余画家率意自然的南宗气质，充满了传统主义的精神。据说董其昌（不经意间会发现他出现在清人挑选的明代八股文大师的名单上）[48]曾经废寝忘食地临摹古代大师的作品，特别是他宋代的本家——禅宗画家董源的画作。[49]① 晚明有一则史料记载，沈周曾以真正的业余精神，作过一幅精彩的画卷，当作礼物送给他一位出门旅行的朋友。这幅画卷完全取法董源，后来成为一位著名鉴赏家的珍藏。[50]显然，在反院画风格的明清批评家那里，没有一幅画不带着明显的师法前人的光环。模仿古人是正当合理的，因为古人是自然的。

　　明代和清初的士大夫虽然持反对职业做派的立场，但从来不反传统，这就是为什么在他们那里，反学院主义的内涵跟在西方如此不同。就其定义而言，任何地方的反学院主义都依赖于共通的天才

26

---

　　①此处作者有误，董源是五代南唐画家，且与禅宗关系不大。董源的弟子巨然是禅僧，作者可能将两人弄混了。

观念：天才作为一种普遍的品质，只为那些自发选择其独特的表达方式的艺术家所拥有。"一件好的艺术品一定是**用来感觉而不是评判的**[51]①……摹仿神圣的《伊利亚特》的人，摹仿的不是荷马[52]……那些在四轮马车和赛艇'美国'②中，把运动简化为最简单的因素的人，比起那些每次都把希腊神庙改作他用的人来，此刻更接近雅典……"[53]

　　诸如此类关于天才的声明，似乎在中国跟在西方一样会有。找到了《伊利亚特》却丢失了荷马，这样的警告实际上1589年中进士的王肯堂也表达过："川岑树石，只是笔尖拖出，了无古法。"[54]③恽寿平在17世纪对南宗直觉式的写意——即对观念的再现，对有形物体之内在形式的再现——技巧发表过如下的看法：

　　　　宋人谓"能到古人不用心处"，又曰"写意画"。……不知
如何用心，方到古人不用心处。[55]

恽寿平所说的"宋人"也许就是欧阳修（1007-1072），他在一首诗中写道："古画画意不画形。"[56]由此可见，想必只有直觉洞见的火花而非模仿者的才气，才能让一个艺术家接近古代天才的作品。

　　在西方这些反思是先锋派的论点，但在中国它们却出自传统主义者之口。考虑到中国反学院主义的社会语境，其思想上的逻辑顺序发生了扭曲。自发的创造力在中国和在西方都受到青睐，但在中国它不是达到古人的天才这一目标的手段，而是成了借助古人的天

---

①黑体字原文为德文。

②"美国"（America）是19世纪的一艘赛艇，是首届美洲杯国际航海锦标赛的冠军。

③中文原文见王肯堂《郁冈斋笔麈论画》，俞剑华编著《中国古代画论类编》下册，北京：人民美术出版社，2004年，第754页。

才手段而达到的目标。那些称赞中国古人之自然的词句，事实上称赞的是在古人那里得到体现的自然。在欧阳修的诗句中，与"意"形成对照的"形"的单薄，是通过"古画"与"意"的联结传达出来的。

在西方的反学院主义那里，对天赋的内在之声的忠实，让抛弃古人的形骸变得顺理成章。而在中国的反学院主义那里，却是对经由古人之形骸发出的外在之声的忠实，使得内在之声的表达获得了正当性。难怪南宗的理论似乎是在循环论证，而董其昌一边求助于大师的典范，一边却一本正经地说天赋不可教。

明代的反学院主义怎么会具有西方反学院主义的形态呢？在西方，与外部公众的陈腐趣味极力抗争的艺术先锋派，是一个一般来说地位摇摇欲坠的知识阶层的一部分，它以其离经叛道的立场，在一个自身无法主宰的世界中躁动不安。而在中国，知识阶层（艺术家是其中的一部分）作为士大夫占据着支配地位，最起码他们不大可能看不起长辈，瞧不上公众。在西方，反学院主义很容易和青年的个人主义结合起来，这种情况在这里是不可能出现的。董其昌或其他南宗批评家要是说一个画家完全进入了某个古代大师的境界，那没有比这更高的赞誉了。[57]

这并不是说他应该直接复制大师的作品，那样就会表现出学究气和匠气，完全不合体统。不过，如清代一位文人画家意味深长之言，他必须以特定的方式来模仿古老的典范，就像一个书生必须精读过去流传下来的文献一样。[58]他应该以"临摹"的态度来摹拟，这样就会领悟到大师之作的精神，而不是重复其形迹。有一位明代的批评家提到一则轶事，四位大画家研究董源的一幅画并动手临摹，临摹出来的画作彼此完全不同。这位评论家说，如果是"俗人"（即学院派的画匠，而非文人）来做这件事，他们的作品就会跟原作一

28

模一样。[59]①

　　这其间发生了什么呢？显然，儒家文人已经巧妙地把佛教的艺术直觉从自然领域转移到了艺术领域自身之中。院画风格依旧受到批评。按照南宗的原则，亦步亦趋地模拟可见的表象当然是一件令人嫌恶的事。但是在一个伟大的传统中与大师相交融的观念（这符合儒家的观念），已经取代了佛教的与自然相交融的理想。古老的山水画主题的连绵存续，并没有减弱业余爱好者反学院主义的信条。自王维的时代以降，中国的画家（至少那些大体受到文人尊崇的画家）就已经抛弃了题材方面的个人主义，以求激发和揭示他们精神上的独特个性，即他们对已经存在之美的个人化的直觉。[60]但到了明代，文人画家开始让传统的洞见来适应传统的题材。画家的"气韵"不必应和山峦，但要应和擅画山峦的经典画家。南宗画家通过山水画沉浸于自然之中，这不是禅宗对精致文化的弃绝，而是儒家对它的延展。

　　一旦艺术横亘于艺术家和自然之间，对直觉知识的追求就完全被牺牲了。如果认知行为不是直接经验**某事物的知识**，它就不是直觉性的；另一种唯一可能的认知形式，即相关性的**关于某事物的知识**，则是理智性的，它破坏了南宗美学理论上所设想的经验的整一性。[61]在真正的"顿悟"的艺术家那里，艺术和沉思是难以区分的，他所看到的并非外在之物，他所再现的就是他自身。[62]这种顿悟的对象是"物自体"（thing-in-itself），一种超越感觉和感官之上的现实；因为物自体是持存的理念，隐含在绝对必然的直觉理解之中，只能通过康德所说的"艺术对规则的自由遵守"才能被把握。"把规则强

----

①这里"明代的批评家"指董其昌，中文原文为："……盖临摹最高，神气难传故也。巨然学北苑，黄子久学北苑，倪迂学北苑，元章学北苑。一北苑耳，而各各不相似。使俗人为之，与临本同，若之何能传世也？"见《画禅室随笔》，上海：华东师范大学出版社，2012年，第78页。

加给艺术"不是直觉，塞尚完全同意这一点，并且做出了一个重要的推论："**谈论艺术差不多是徒劳的**。"①[63]

　　然而明代和清初正是**谈论**艺术的伟大时代，这些论述恰恰把规则强加于艺术。[64]《芥子园画传》是一部体现这一趋势的画谱，在其最后一集（1818）的序言中，作者庄重地承诺，天才是能够教出来的，"气韵"和"生气"就浓缩在解释之中，如此"以入于神品妙品，追踪顾（恺之）吴（道子）诸家"[65]②。

　　在这篇序言的另一个段落中，作者从另外一个角度，清晰地揭示了理智对直觉过程的败坏。在一场对话中，提问者提了一个有关人物画的问题。为什么这种难度最大的艺术形式没有画谱，而似乎其他所有的艺术形式都有画谱？回答者说，其他所有的艺术形式——山水、草木、鸟兽、虫鱼题材的画作——都有固定的形式。如果人们刻苦地钻研这些题材的画作，能够达到中规中矩地复制它们的程度。然而人的面部却有着最多变的形态，不宜于模式化，要用语言来表达这些形态也很困难。[66]

　　由此可见，**固定的形式**是易于用语言的程式来表达的。但固定的形式又让我们想起事物本身，即潜藏在生活现象可感知的表面之下的理念。正是这种类型的观念与直觉把握的观念有着根本的关联。这是理智把握的反题，它是说教式的论述的产物，或者说恰恰是《芥子园画传》让艺术家在其中找到的东西。

30

　　当然，仅仅是处理技术上的画法问题，研讨解决方案，这种意图本身并不一定会妨碍直觉式的洞察。每一门艺术都有技法语言，哪怕是最有个性的艺术家也要依赖它来交流，甚至有可能用它来观看。当技艺熟练到无须意识控制的程度，心便无须考虑手的活动，

---

①此处原文为法语。
②中文原文见嘉庆二十三年（1818）小酉山房刊本《芥子园画传》四集倪模序。

可以自由地发挥想象力，在这个解放的过程中，技艺知识的规范化能够起到协助的作用。

因而，以知识的形式确立下来并得到传播的技艺在中国绘画中所扮演的角色，时而被拿来与富有创造性的音乐家在和声或赋格曲中所运用的标准手法做比较。[67]不过，在很大程度上，明清画家的秘技在其艺术中所占的比重，似乎要更大一些，就像从音乐引申出来的另一个类比所表明的那样："当中国艺术家以自己的风格复制一位古代大师的构图或画作的时候，蹈袭的程度并不甚于霍洛维茨演奏勃拉姆斯的作品。"[68]这样的表述非常恰当地把跟临摹有关的"道德"问题，削减到荒谬的程度。然而在美学问题方面，如果说明代之于宋代好比演奏家之于作曲家，那么明人的技法知识和类型语汇之类就不是创造性活动的简单的前提条件，而是阐释者进入已被创造出来的作品的钥匙。后来的山水画家所掌握的技法知识，打开的不是从心灵直接通往自然的道路，而是通向前人那里心灵与自然之突然遇合的道路。对音乐中必定存在的无声处的洞察，和对音乐自身的洞察并不是一回事。

概括而言，明代和清初美学中的反学院主义，因其学院化的形式而得以持续存在。虽然这里面有内在的矛盾，但它作为"思想"对思想家来说却是很合适的，这些思想家是一个居于统治地位的社会阶层的一部分，是传统主义者和人文主义者，根本上反对专业化。对学院的死敌——天才来说，表面上看，没有哪个社会拥有比这儿更令人满意的审美趣味了；也没有哪个社会比这儿更不可能实践它所鼓吹的那些道理了，甚至鼓吹它说它曾经做过的那些事情也不大可能。这个社会不是在哲学意义的逻辑上，而是在社会学的逻辑上，自然地形成其反学院主义的取向的，它是权威、规定和惯例的家乡，对天才限制重重，却鼓励陈陈相因的学问。阿诺德从斯威夫特那里找到了具有特出之才而又不名一技（manqué）的明代学士，用作他对"甜美与光明"的文化的定义。他说出了明代的士大夫画家绝不会说的话（尽管在实际生活中他们这么做了），即文化的连续性依赖于智性，这种智性比天分更容易传递，学院会促成它的繁荣。[69]

### iv. 官僚制和类型美学：从反面对两者间联系的一个证明

17世纪涌现出了三位不同寻常的画家，他们远比一般的南宗画家，更加不受约束地沉迷于对禅宗的热爱之中，他们的作品也远没有同时代人那么循规蹈矩。他们就是僧人石涛（道济）、石溪和八大山人。

有人曾以敬畏的口吻说起二石，称他们为"散僧入圣者"，即那些一旦离开僧界即进入圣域的人。[70]也就是说，他们作为画家，不是一步一步地循序渐进，而是在一刹那的顿悟中达到顶峰的。石溪曾在一幅画上题道，"每欲作山水为晤对"[71]①。据说石溪自幼"思慧"（佛教用语），从未读过儒家典籍。[72]

石涛说："受与识，先受而后识也。识然后受，非受也。"[73]②又云："我之为我，自有我在。"[74]③学派和模版对艺术来说是致命的。他想要建立的是一种自然的绘画方法，自然到看不出方法的程度。[75]郑板桥（1693–1765）评论道："石涛画竹好野战，略无纪律，而纪律自在其中。"[76]④（"……艺术对规则的自由的遵守"）

32

他对八大山人有一种真切的亲切感，异乎寻常地称赞他是前所

①中文原文见康熙七年（1668）石溪为周亮工所作《山水图》之题跋，见吕晓《髡残绘画研究》，南昌：江西美术出版社，2010年，第253页。

②中文原文见石涛《石涛画语录》，南京：江苏美术出版社，2007年，第3页。

③中文原文见石涛《石涛画语录》，第3页。

④中文原文见郑燮《板桥题画》，潘运告主编《清人论画》，长沙：湖南美术出版社，2004年，第363页。

未有的画家，"书法画法前人前；眼高百代古无比"<sup>[77]①</sup>。八大山人一旦受到激情的驱遣开始作画的时候（另一位差不多同时代的作者写道），就会赤膊握笔，四处泼墨，像一个狂人一样大声呼喊。<sup>[78]</sup>八大山人是明代宗室后裔，1644年明亡后出家。有一天他在自己的门上写了一个"哑"字，从此不再与人说话。其画"笔情纵恣，不泥成法"<sup>[79]</sup>。

这些自由不羁的心灵有着纯正地道的南宗审美趣味，他们过着特异的平民生活确实不是偶然的。他们不是标准的知识分子，传统的儒家官僚（如董其昌），或退休的士绅（如沈周），这些人文雅的闲适品味要归功于他们与官场的密切联系，其高贵典雅的气质几乎和疯狂格格不入。如果说他们的绘画理论和实践有一种不同寻常的逻辑上的一致性，那么他们自身就处在一个不同寻常的社会地位上。他们是社会上的异类，也是艺术上的异类，证明了学者士大夫的统治地位和业余的、未经承认的学院主义之间的关联。

不过，这些清初的怪人，并没有给绘画领域带来令人不安的影响，因为满族的征服并没有伤及士大夫和文人的社会地位。确实，满族统治下的第一代学者中的许多人——所谓"遗老"或"遗臣"，即那些拒绝入仕或无法入仕的人——心神不定，愤愤不平。其中有一些是我们前面提到的经验主义者，他们反对唯心主义的内省，逃离文人的反职业做派，强烈要求将农事、水利、兵法、军械的实际技术问题列为认真研究的科目。他们还呼吁**实用性的**历史与经典研究。所有这些杂乱的主题中，只有文献学经过主流教育的冲刷仍然存留了下来，此时征服者的统治大局已定，而官僚社会连带其正统的文化理念，已经显示了它持久不衰的特质。<sup>[80]</sup>像八大山人这样的

---

① 中文原文见石涛《题八大山人大涤草堂图》，陈洙龙编著《山水论画诗类选》，北京：人民美术出版社，2014年，第34页。

少数幻灭的明代遗民，可能会逃离世事，在绘画中表现他们的隐逸情怀。但文人阶层的主体接受了清朝的统治，把它看作传统类型的王朝，基于他们的世故和分寸感来维持自己的生计，并且保持了他们反职业做派的传统主义的文化连续性，包括其南宗风格的全部内涵。

事实上，甚至这些绘画领域的反叛者的独立性也可能被高估了。比如，石涛就很像一个文人，经常在他自己的题画诗中引用李白、杜甫和其他早期作家的语句。[81] 不管怎么说，如果说他真的复兴了纯粹的南宗精神，那么他同时代以及后来的那些心态平和的传统主义者却没有理解它。他对"纪律"的反感，他关于"法"的那种直觉式的感觉，在另外一位17世纪的画家王概的《画学浅说》那里得到了呼应（"有法之极，归于无法"）。[82]① 而王概却是以为初学者说法之人的身份，出现在《芥子园画传》这部经典的绘画手册之中的。还有一位19世纪初年的学者问道："（石涛）非与唐宋诸家神会心领，乌克臻此？"[83]②

### 3. 折中主义与鉴赏力

#### i. 偏向的弱化

董其昌在南方和北方之间所做的美学上的区分，隐含了直觉和理智、自然和书本之间的张力。但是由于南宗直觉理论的拥护者是高度理智的知识分子，他们的社会担当让这一理论打了折扣，南北之间的张力便不可避免地松弛下来了。[84] 尽管董其昌完全站在南宗一边，他还是相信，南北之间的融合是可能的，在某种程度上，这种融合的现实不能仅仅去把握，而是要通过学习来获得。"读万卷书，

34

---

① 中文原文见《芥子园画传》（第一集：山水），北京：人民美术出版社，1960年，第17页。

② 中文原文见钱杜《松壶画忆》，杭州：西泠印社出版社，2008年，第170页。

行万里路，胸中脱去尘浊，自然丘壑内营……"[85]①

　　甚至17世纪南宗风格最强烈的画僧之一石溪，也在一幅画的题跋中注入了北宗的调子："静谈禅旨及六法之微……必多览书史，登山穷源，方能造意。"[86]②他的同时代人恽寿平也主张调和直觉和理智。他重申了南宗大师元四家之一倪瓒（1301-1374）的名言，倪瓒说，"作画不过写胸中逸气耳"。恽寿平接下来写道，"此语最微"，恭维了公认的直觉观念之后，他又说，"然可与知者道也"。[87]

　　与这种理论上的灵活性相对应的是某种趣味上的包容性。董其昌发现自己很欣赏宋徽宗的一幅画卷，而宋徽宗是北宗的泰斗，宋代院画的创立者。看到自己的偏好胜过了原则，董其昌感到有点尴尬，他对画风之归属发出了疑问。[88]而莫是龙表面上和董其昌一样坚守自己的鉴别标准，同样也是鉴别体系的构造者，但他有时候会坦率地承认他的趣味基本上是兼收并蓄的。他在理论上拒斥北宗，但实际上，当碰到宋代李唐和明代戴进这些他称之为北宗的大师的真迹时，他只有不吝赞词。[89]

　　不过，明代和清初美学上的争论不算热烈，不仅体现在鉴别标准的放宽上，也体现在鉴别标准的混乱上。有一则清人关于明代画家胡仲厚的笔记记载，这位画家既善画青绿山水（毫无疑问属于院画的范围），笔法又以董源（宋代大师，其南宗资格无可挑剔）为师。[90]蓝瑛（约活跃于1660年前后）总是被归入浙派，这是继承宋代院画的北宗传统的一个画派，据说他很像吴派（"吴"指吴县，即今苏州，又可称整个江苏）的文人画大家沈周，而吴派是十足的南宗。事实上，蓝瑛就像很多其他人一样，无法被严格地归类。南宗北宗的二

---

　　①中文原文见董其昌《画旨》，潘运告主编《明代画论》，长沙：湖南美术出版社，2002年，第173页。

　　②中文原文见髡残（石溪）《山居图》题跋，见胡文虎选编《中国历代名画题跋集》，杭州：浙江人民美术出版社，1999年，第153页。

分法是由于美学之外的原因被强加到中国绘画史上的一种形式上的抽象，它对鉴别不同的风格要素是有启发性的，但它无法契合单个艺术家的作品整体。实际上，蓝瑛的画作涵盖了从浙派到吴派的各种风格。按照抽象的南宗标准，他和许多其他画家都是折中派。[91]

比蓝瑛更有名的是他的前辈仇英（约1522—1560）和唐寅（1470—1524）。他们通常也被列入院画一派，有时候又被看作南宗的大家。[92]因为他们能被依次贴上北宗、南宗或融汇南北的标签。特别是仇英，被认为在临摹方面具有卓越的天赋，尤其是在他摹仿著名的严氏①收藏中的杰作的时候，展现了这方面的才能。据说唐宋元各代的著名画作，无论其风格如何，他都能抓住其中的精髓。[93]他根本不受某种风格的束缚，例如，他曾画过一组十六幅的唐人诗意图，展示了各种画法。按照后来批评家的标准，他的作品兼有南北二宗的风格，在线条类型上，行家所言的"粗狂"和"精雅"二者皆备。[94]唐寅也随兴致所至变换画法和范型。[95]而被公认为吴派旗手和南宗泰斗的文徵明，也像其他几个人一样，游走于从宋代到元代诸多风格的广阔天地之间，而且据说样样精通。[96]

不过，折中主义不只意味着南宗北宗风格上的分道扬镳，它还意味着单个作品中两种风格的融合。例如，仇英的唐人诗意图册页中的一幅画的是皇帝视察一座新建的楼阁，这部分是以精细的院画风格，作为前景出现在画的右边，而在左边背景中，则是令人浮想联翩的迷蒙的淡墨山色，渐渐消隐于无边无际的南方。[97]这种风格上的混杂非常普遍。鉴赏家这样描述晚明画家盛茂烨（约活跃于1635年前后），说他在南方的山石之间画上了精细而风格鲜明的北方松树。[98]

这种融合两种风格的趋势，在王翚（1632—1717）那里达到了

36

---

① 即严嵩。

顶峰。王翚生前就被推崇为"画圣"，后来又被尊为清初"六大师"中最伟大的天才。撇开所有关于潮流和画派的问题不谈，王翚毫无疑问是一位卓越的画家，是艺术史中最引人注目的人物之一，不过他一开始被仰慕的理由，更多地反映了他的时代，而不是他自身的个人才具。关于他的优点和他所受到的特别的欣赏，有一种公认的说法："画有南北宗，至石谷而合焉。"[99] 他公开承认自己融汇各家，大量借鉴古代大师（他的建议是，笔墨取法元人，山水效仿宋人，精神则追摹唐人），尤为意味深长的是，他最心仪的楷模是前代画风多样不拘一格的唐寅。[100]

有人指出，唐寅的折中主义是一种过渡时期画家的折中主义，在时间上，唐寅位于浙派（其领袖戴进〔1388—1462〕被视为"今之马远"，该画派因为复兴了南宋院画的风格而受到明初皇室的欣赏）盛期和吴派（业余画家的大本营）之间。[101] 如果说唐寅如此，那么王翚的折中主义则属于另外一种，具有特别的含义。不管唐寅是不是应该真的被当作一个不自觉的人物，在一种风尚向另一种风尚的质的转变过程中游移不定，王翚都只能被看作是一个有意识地兼收并蓄的人物，他把第一种风尚重新整合到第二种之中，自觉地追求两者的和谐，消除可能会引起革新和变化的冲突（不管这种冲突是多么温和）。

### ii. 能手与鉴赏家

融合就其定义而言（在王翚这里毫无疑问）并不意味着艺术上的贫乏。通过把曾用于不同目的的技法结合起来，当然有可能表达美学上的真正洞见。然而晚明和清初的融合不是源于对新的洞见（之前的技法要适应这一洞见）的发现，而是源于绘画能手对各类技法的着迷。

起初，融合论者拼凑起来的各种绘画技法是各自存在的，因为画家是以特定的方式来看待他的主题，想方设法用画笔来传达这一主题。然而，到了17世纪，折中的精神主导了中国的绘画，在这种精神中，对笔墨自身的兴趣超过了对主题的兴趣，而主题按理说是笔墨应该想要去实现的美学视景。18世纪一位中国艺术家如此评论西方绘画："笔法全无。"他以典型的文人态度对之不屑一顾："虽工亦匠，故不入画品。"[102]对鉴赏家来说，笔法的变化成为一个重要的评价标准，批评家习惯于分析单个的笔法，就像他们习惯于思考整个作品那样。他们用模糊晦涩的语言来表达他们精雅的鉴别力（"行笔极秀润缜密而有韵度，惟小弱耳"），似乎在暗示他们审美欣赏能力的细腻微妙。[103]

　　渗透在这种折中主义的鉴赏力之中的精神——不管艺术家的原则被认定是属于南宗、北宗还是两者之间——乃是中国人步趋前代典范的传统倾向。我们已经看到像仇英这样的艺术家是如何把画家的精力从领悟自然精神转向领悟前代画作的精神。不追求风格实际上成为一种优点；所有的风格简直就像自然特征一样，它们的本质为天才所把握。董其昌以其几乎是一言九鼎的论断，使得拟古这种风尚蔚然流行，他称赞折中派的方法，即通过把来自不同大师的作品的细节融合在一起，来创造杰出的画作。[104]这是能手胜任之事，也是鉴赏家的愉快所在。

　　晚明清初的画家蓝瑛应朋友的请求为他作了一幅画，他的这位朋友是山西巡抚，拥有为他所欣赏的鉴赏力，这幅画结合了董源、黄公望、王蒙和吴镇的不同风格。[105]风格虽然不同，但都属于南宗；这就意味着画家需要精致的鉴别力，既能把它们混合起来，又能够区分它们。这种理智上的敏锐在重要性上超过了直觉（即便是鉴赏家精妙地感受到的那种直觉），于是南宗的典范能够为一位北宗画家——我们还记得，蓝瑛追随的是浙派的传统——所用，成就一幅精致的业余风格的集锦之作。

38

当画家的注意力集中在对典范的忠实而非对视景的忠实——正是后者鼓舞了那些创造典范的人们——的时候，就找不到风格和美学上的理由来说，过去发展出来的诸多技法不能被混合在一起。因而现代画家能把所有东西都扔到锅里乱炖，包括所有曾经被发明出来的技巧元素，而发明它们的人们在美学上是很严肃的，在他们使用的技巧手段的背后是对某种目的的追求。到了晚明时期，受到推许的艺术家的目的就是展示他对手段的掌握。风格成为艺术家自我表现的游戏中的筹码，而文人士大夫及其同道就是自我欣赏的幸福的少数人，他们认识规则，洞悉秘要。[106]

### 4.结论：作为业余理想之腐蚀剂的现代化

#### i.对"衰败"的判断的相对性

艺术史家有时候会把他们的主题从人的世界转移到艺术自身的世界中来，在这个世界里，变化的原则似乎内在于艺术，而不是受艺术家的决定的支配。于是，我们相信17世纪荷兰的风景画与勃鲁盖尔毫无共同之处，因为到了17世纪，风格独特的勃鲁盖尔风景画传统已经耗尽了活力。[107]或者我们说的乃是无谓的重复：当艺术"达到其特征的极限"时，它就"注定会变得死气沉沉"，"绽放出它最后的花朵"就表示"它再也变不出什么花样了"——结果18世纪欧洲的华丽风尚和19世纪的浪漫主义运动都一去不复返了。[108]

美学价值是如何真正地被取代的呢？这样的说法意在寻求对某种原因的揭示，寻求问题的答案，却留下了仍有待提出的问题。因为根据任何"内在"的标准，远在清代中期以前的中国绘画，在其表现出对兼收并蓄的能手和鉴赏家的顶礼膜拜之时，就已经达到它的特征的极限，开出了最后的花朵。然而过去的价值却仍然持续了数代人，对摹仿的担心，那种创造性要求艺术家有新鲜的意图这样的想法，对中国人的心灵来说仍很陌生。王翚在他作于1692年的一幅山水画的题跋中，很高兴地说它是一幅宋画的摹本的摹本；[109] 而他的同侪花鸟画家恽寿平，则受到清代一位编纂者的称许，说他回到了11世纪画家徐崇嗣的"没骨"画法，其画作也带有徐崇嗣的风格。[110]（事实上，恽寿平经常在他自己的作品上题写"徐崇嗣没骨花"的名款。[111]）另外一位花鸟画家邹一桂则努力为他的艺术寻求传统的渊源，他在一篇画论的开头作了如下的申辩：

> 昔人论画，详山水而略花卉，非轩彼而轻此也。花卉盛于 　40
> 北宋，而徐〔熙〕、黄〔筌〕未能立说，故其法不传。[112]

中国经验提供的教益是，一种艺术形式是在它的实践者认为其活力已被"耗尽"的时候才被"耗尽"的。循环论证是不成立的——他们如此认为，并不是在艺术自身中发生了某种假定的客观存在的耗尽现象的时候，而是在越出纯粹审美领域的外部环境，改变了他们的主观标准的时候；否则，怎么解释不同的群体抛弃他们那些过时的形式所用的时间长度会各不相同呢？清代也有采用西方式透视法的实验，但这些仍只是猎奇；中国现代绘画中对贫乏单调的怀疑，对传统荫庇的范围之广所感到的尴尬（而不是欣然加以接受），只是到了19世纪晚期才开始出现，此时中国社会已经在西方的压力下，开始按照西方的路线发生变化，现代西方的价值判断——如对"原创性"的表彰——也相应地必然会施加它们的影响。我们已经看到早期现代的文人士大夫阶层对业余性的追求是如何把中国绘画发展到明末清初的状态的。直到官僚阶层的角色迫于外力发生了突然的变化，这个阶层的教育以及它的业余理想广为接受的状态也发生了变化，人们才开始重新评价这种状态。

### ii. 民族主义：文化变迁与官僚的职业化

西方侵入前早期现代中国的绘画世界，源于且反映了一个更广阔的社会情境的世界。在业余画家和南宗批评家背后是反职业做派的官僚，他所拥有的高级社会身份是其深受尊重的人文主义文化的标志，而不是专业技术文化的标志。当然，我们会觉得儒家的道德学问尤其适合于政府公务，因为行政事务要更多依照榜样而非法律来施行。然而，官员的教育没法让他成为职业官僚，这种教育不是职业教育，这里面有一个重要的原因：他的学问不是仅仅对职务有价值，而是恰好构成了**整个**学问的主体，既包括艺术也包括道德，这种学问自身就有价值，并且出于科举考试的需要，它更容易用于美学论述而非实际功用。正是官僚制与对高级文化的精通之间这种密切的联系，受到了现代西方的压力及其伴生物——中国民族主义——的破坏。

当中华民族开始取代中国文化，成为效忠的焦点对象的时候，[113]改革乃至最终放弃科举制度的情绪不断增长（1905年科举制度被废止）。"君子不器"的时代也是过去业余爱好者的黄金时代，彼时神圣不可侵犯的教育制度，到了19世纪末开始遭到越来越多的批评，被认为太过于受到文人的主导——也就是说，未能让官员获得国防所需的有用的专业知识。[114]中国正在改变它的身份，从一个世界，一个培育了繁盛的官僚文化的环境，转变为一个国族，它的需要将会影响到官僚阶层的教育目标。这就意味着儒教官僚制下"君子"的自足性和"美学价值"的终结，这种"君子"曾经处在与（韦伯所说的）清教徒——以及资本家——的"天职"相对立的另一极上。[115]

于是，伴随着西方现代工业主义（我们已经注意到，那些随之而来的概念——科学、进步、商业和功利，在明代的文人文化中并不受重视）对中国社会和中国人意识的压力，人们开始指责科举考试以及它所支撑的知识理想是一种形式主义。但是客观地说，在这一类责难产生效力的时候，科举考试在根本上并不比明代和清初时期更形式主义，那时现代人视之为丑恶事物的八股文，达到了规范和完美的境地。[116]

42

　　只有在这个时候（差不多也是现在），学者士大夫对文人画和文学性散文中的形式以及精妙风格的强调，才普遍被当作轻视内容的表现。[117]之前有这种想法的是少数人：17世纪的顾炎武称八股文比古代的焚书之祸更有害，因为它通过突出形式技巧，实际上导致学子废书不观。[118]在理性主义的缺少历史意识的现代人看来，这样的批评是无可辩驳的，对他们来说，顾炎武的观点未被普遍接受这一事实，似乎是一个糟糕的意外，或者是满族统治者玩弄权术的结果。但是与这些解释相比，一个不那么斩钉截铁或成问题的解释在于意识到这一点，即业余理想是一种中国思想中绵延长久的状态。只有当现代西方侵入中国，动摇了文人士大夫的地位的时候——这些人曾经像确定税率和地租率一样确定艺术和表达的风格——只有在这个时候，"业余"的观念才悄然获得了表示不那么"专业"的现代意义。曾经被传统主义者和古典主义者视为珍宝的一切，在生活在一个科学和革命的新世界之中的新青年看来，似乎大部分都成了矫揉造作的东西。

43

# 插曲：儒教以及它与道家的联系的终结

　　在现代中国历史中，过去的道家在哪里呢？当业余理想和塑造这一理想的世界日渐消失的时候，儒教的制度和对它的忠诚却存留了下来。但是儒教在它的存续过程中发生了变化，转变的征象之一就是那些放弃它的人们转而用新的西方标准而不是道家的标准来评价它。当从对科学、进步、商业和功利的确信中生发出对仕宦功名及其特有的知识背景的疑问的时候，这些指控针对的是某种形式的行动和教育，而不是（像道家那样）针对行动本身和抽象层面上的教育。

　　先前，正如老话所说，一个人可以"入世为儒，出世为道"，他的生命的一部分沉浸于整顿社会秩序的儒家激情，另一部分则寻求（或装作寻求）道家隐没于自然之中的和谐状态，这与儒家的那种人与人之间的和谐迥然不同。儒家和道家合在一起，构成了一个完整的人，一个意味着对文明和社会生活之价值与目标的印证，另一个则意味着从社会和社会关怀中解脱出来。共同的和谐主线把它们联系在一起，而在儒家统治群体的高级艺术中，道家的直觉美学成为禅宗的先导（与此同时，道家的出世精神则有助于儒家发展出业余爱好者对职业追求的冷淡态度）。但是道家重自然，儒家重社会，侧重点上的针锋相对使得道家有潜力成为儒家的替代性选择，而不是对儒家的补充，尤其是在社会的官僚制结构分崩离析的时候。民间的道教可能意味着农民的叛乱，如汉代末年反抗儒家官僚地主的黄巾军起义。而精致的道家则可能意味着文人从社会生活中隐退，投身于公元3世纪的清谈，或"竹林七贤"的旷放，或唐代诗人对太古之人的怀旧：

> 有人多似愚。婴孩寄树颠……[1]①

传统上，儒家官僚的角色就是这样被鄙视的。

　　但是叛乱导致儒教国家的重构，精致的批评家则以逃避现实的形式来表达他们的不满，实际上把社会生活和行动的真实世界让给了儒家，唯独让给了儒家。现代的不满是多么不同啊——既不是道教盲目的反抗，也不是道家弃世的无为，而是有意识的革命，是19和20世纪对儒家的弃绝，它根本不是对整个世界的弃绝，而是对另外的社会行动理念的选择。中国文化的色调被改变了，知识生活出现了新的紧张，因为做出新的选择并不容易，而要捍卫旧的选择也同样困难。　　　　　　　　　　　　　　　　　　　　　　45

---

①中文原文见元结《系乐府十二首·思太古》，《元次山集》，北京：中华书局，1960年，第18页。

# 第二部分 中国文化的现代变形：
思想选择的张力

## 第三章 中国本土选择中的折中主义

### 1.时间的考量变成空间的考量

在儒家传统内部的思想争论中，每一个学派都试图通过宣称自己是圣贤的正宗传人来争胜，对手差不多总是受到背离古代正道的指责。旧的胜过新的，17和18世纪宋明思想的批评者对宋明思想的指控主要不是说它没能满足今天的需要，而是说它偏离了过去的真理。

例如，顾炎武批评了明代的阳明心学，指责它实际上是4世纪臭名昭著的清谈的复活，但是最初的清谈显然属于道家，而其近代的后裔则伪装成儒者。顾炎武说，他们事实上远离了孔孟思想，"未得其精而已遗其粗"，"举夫子论学论政之大端一切不问"。[1]陆世仪（1611–1672）也指出，思想界中他的许多同时代人实际上就像晋代那些为害甚剧的清谈派一样。他指责他们是空谈家，犯下了偏离孔门之道的过错，而他在孔子的《论语》中看到的是付诸实际行动的要求。[2]① 我们还记得，清代那些批评新儒家之"宋学"的杰出人物，被称为"汉学"家而非"清学"家。从这里可以看出中国思想家热衷于在古人的掩护下活动。

因而，某种思想取向的谱系是评价其价值或真理性的主要标准

---

① 此处中文原文为"教人就实处做"。

之一。对西方侵入前的传统思想而言是如此，在西方侵入后同样如此。在19世纪，古代仍旧是中国人的价值标准，但此时西方迫使中国人修正了他们对旧的哲学论辩的判断。对所有的中国事物而言，西方文化都构成了强烈的反差，在这种反差面前，中国不同学派之间琐碎的差异和冲突就显得无关紧要了。所有这些学派面对着一个新的来自西方的替代性选择，一个比它们相互间所能提供的选择更实实在在的替代性选择，此时区分这些中国学派的理由就变得模糊了。受到震动的中国思想，表面上形成了一个统一体；当西方成了一个强劲的对手的时候，中国的对手们紧密团结了起来。人们仍旧提出"新还是旧"的问题来衡量价值，但这个问题从中国人的世界挪到了包含西方和中国在内的一个更大的世界中。中国的学者明白，西方文化必须严肃对待，这造成的第一个后果就是他们不再那么计较他们中哪一派是旧的了。他们都是旧的（在西方到来之前就已存在），新的是西方。

　　为什么是19世纪的西方第一次提供了充分有力的替代性选择，迫使中国的各个学派团结了起来？为什么17世纪博学的耶稣会士呈现给中国的西方，没有产生这种效果？当然首先，作为西方人的代表，耶稣会士在人数上比他们在现代的后继者要少得多，而且早期对西方文化的阐述一定会显得不那么咄咄逼人。不过，在这两次相遇各自给中国人带来的思想挑战的意识之间的差异背后，大概不全是简单的西方人数量上的区别。在某种程度上，可以确定的是（就像我们在本书后面的章节所要讨论的），耶稣会士是把他们的西学当作一种精心设计的刺激物来使用的，但就总体而言，他们是用西学来建立他们自身作为有教养的士绅的形象，从而取得与儒家文士打交道的资格。耶稣会士基本上满足了儒家对置身于中国社会之中的有智识的外国人合宜的处世之道的期待：他们使自己的行动合乎中国人的规范，尽最大的努力让他们自身的观念去适应中国文明。但

50

在鸦片战争（1839−1942）之后，住在19世纪通商口岸的欧洲人却是独立的人群，对中国人的敏感漠不关心。如果说早期耶稣会士向中国发出了彬彬有礼的请求，让自己去装饰和丰富它既有的广受尊敬的文明，那么后来的欧洲人给中国展示的就是一个没有讨价还价余地的外来的替代性选择。

耶稣会士在文化上取调和的态度，因为当时中国社会是稳定的，他们要么成为这个社会预备的一员，这样他们的声音就多少能被听见，要么就谁也听不到。但是那些听见他们说话的中国人，只是偶尔会对耶稣会士提供的如此显白的西方知识感兴趣。因为，既然17世纪的欧洲还不能威胁到中国社会的稳定，西方知识对中国文人来说就是多余的；它与权力或成功不相干。一个中国人要能够从中国人的生活和国家中获取最大的利益，掌握传统的中国学问不仅是必要的，而且也就足够了，至少就知识因素所能起到的作用而言是如此。

换言之，传统的中国学问是科举考试基本的知识内容；考试是通向官僚阶层的传统路径，也是唯一真正被认可的路径；官僚阶层是拥有最高社会和经济权力的光芒四射的中心。耶稣会士只带来了欧洲的观念，身后并没有欧洲的军事或经济力量，他们在居于统治地位并掌握权力的官僚体系里毫无影响力，结果科举道路仍是实现抱负的通常道路，古典的文人文化仍是教育的核心内容。因为，不管耶稣会士提供的知识有什么内在的价值，或者它表面上的活泼有趣多么有吸引力，这些知识主要还是科学和技术知识（即便在艺术领域，也是文艺复兴透视法的几何学幻术，让耶稣会士的油画在中国人的眼中显得有几分趣味）。在社会的层面上，并没有发生什么事情，会让中国的文人没法或不愿去守着他们的业余立场。他们属于人文主义绅士的类型，掌握一个业已成型的文化和一种博雅教育的遗产，乃是他们的典型追求；表面上科学与他们格格不入，内在而言也是如此——因为科学精神只会颠覆传统主义，就他们的社会性格而言，这种传统主义对他们来说是如此地自然，而就他们所遵循的正统儒家准则而言，这种传统主义在思想上又是如此地明确清晰。

因而，在17和18世纪，西方科学在观念的层面上，对儒家文人是一种潜在的威胁，但还不是一种现实的威胁，这是因为儒家士大夫的社会地位，虽然在观念的层面上受到了商业权力（这种权力在西方的增长与科学领域的发展齐头并进）的潜在威胁，[3] 但实际上还没有受到威胁。商业价值就像科学价值那样，仍然暗淡无光。没有一个抽象的、非个人化的法律关系体系，商业永远是不安全的。儒家士大夫的道德偏见妨碍了这种体系的出现，在不存在西方干预的情况下，儒家士大夫掌管着赋税经济的命脉。通过某种威胁（官僚制的压榨）和诱惑（算不上完全开放的科举考试体系，为社会流动提供了通道）的结合，他还是能够把具有原始资本主义因素的革命动力扼杀在襁褓之中。在这样一个官僚主导的社会中，儒家学说虽不是功利的，却是极为有用的，而且绝对需要付出很大的努力才能掌握。

然而，鸦片战争以后，欧洲的工业主义和商业企业开始在传统中国社会中起到一种催化剂的作用。1842年通商口岸的建立为西方法律在中国土地上的运作提供了条件，在此之前就已经出现了充当商业中间人的中国人群体，即和西方的商业公司打交道的"买办"。他们成为中国新的商业社群的核心，虽然从中国旧社会的观点来看，他们属于来自下等阶层的落魄分子，但在遭到来自清朝官僚的政治和经济上的不利待遇的时候，却相对地能受到保护。通商口岸成为个人安全和商业安全的避风港，在这里，资金能免于有权势的官员的掠夺，商业氛围和法律准则鼓励把商业利润重新投资到商业中去，而不是照传统的做法，把资本拿走，永久地投入到土地上，不像传统的商业家族那样表现出对上流官僚社会的渴望。西方强权借助武力攻击，加速了清王朝的败落，从而使得士大夫仕宦生涯的好处出了问

52

题，与此同时，西方的政治渗透则为非正统的另类选择指明了道路。

这是发生在19世纪中叶的一个微小的开端，从数量和声响上来看都是微小的。儒教、科举考试、行政事务和帝制国家在口岸城市仍然维持着正常的运转，保持着它们的威信。直到今天，如果有人说儒家的心态已经被完全取代，那也是错误的。但是随着条约的签订，腐蚀的环境已准备就绪。19世纪60年代，太平天国起义（1850-1864）被镇压下去以后，上海地区恢复了科举考试，中国一些不安的观察者注意到，应试的士子异乎寻常地寥寥无几。[4]而上海正是西方商业网络的中心。

于是，人们开始隐约地看到中国人通往权力的新的道路，这些道路是由西方知识铺就的。中国思想的有用性遇到了挑战，当中国思想是否有用的问题能被提出来的时候，它是否是真理的问题就凸显出来。中国思想以及它所有的派别，有了一个真正的需要严肃对待的西方对手。

## 2. 曾国藩的折中主义

把注意力从纯粹属于中国的思想论争转移开来的倾向，在那些真正意识到西方入侵的人们中间是很典型的。但是，事实自然会远远走在意识之前。在19世纪，特别是19世纪早期，还有许多见识狭隘的人，仍坚持把中国看作一个世界，坚持依照中国思想的传统精华来分析它。例如，唐鉴（1778-1861）在他出版于1845年的《国朝学案小识》中，就对清代哲学家做了一个系统而又全然出于门户之见的区分。他抬高宋代新儒家学者程颐和朱熹的理学，贬斥了宋代陆九渊和明代王守仁的心学。[5]

不过，太平天国时期和同治年间（1862-1874）最有实力的总督曾国藩（1811-1872）则被卷入到与西方的交往中，接触了西方的观念，他同时代的中国文人中很少能达到这一步。他仍确信中国精神价值的普遍性，然而，他的中国族裔中心主义并不是一个其自满心态从未受到挑战之人的族裔中心主义，而是一个已经了解对手的主张并把它打发掉的人的族裔中心主义。尽管曾国藩直截了当地拒斥了西方对手的主张（且痛斥世纪中叶出现的反儒教的、伪基督教的太平天国叛乱，因为叛乱者似乎接受了这一主张），他直面它的态度却影响了他对他所捍卫的遗产的看法。

他开始钦佩西方的实用技术，并相应地认为中国的特别卓越之处（他一直确信这一点）不必以传统中国在那个实用技术领域中的实践为特色。而在文明的终极价值领域——这是留给曾国藩，让他作为中国人而感到深深的骄傲的领域——他变得越来越像一个综合性的中国人，一个西方人的对立面，而越来越不像一个持门户之见的宗派分子，一个西方侵入前中国某个排斥异己的学派的追随者。作为一个忠诚的中国人，同时又是一个置身于西方人中间的中国人，他似乎没有心思去琢磨内部的分野。在更广大的意义上，他是一个折中主义者，愿意把西方文明的某些因素输入到中国文明中来，在中国自身选择的范围内，他也能掌控全局，想要让传统中国的敌对各方和平共处。　　54

他强调，要把所有思想体系的最好的观点综合起来。晚周形形色色的哲学家不像孔子那么伟大，是因为他们都带有偏见，或偏重某一面。但如果偏见能得到纠正，缺陷能被弥补，如果这些哲学家愿意参与某种综合的工作——如果以老庄的虚空清静来放松心灵，以墨子的勤勉俭朴来规范自我，以管子和商鞅的峻厉整饬来统一人民——那么他们所有人都是值得效法和不可缺少的。[6]①

①此处中文原文为："周末诸子各有极至之诣，其所以不及孔子者，此有所偏至，即彼有所独缺，亦犹夷、惠之不及孔子耳。若游心能如老、庄之虚静，治身能如墨翟之勤俭，齐民能如管、商之严整，而又持之以不自是之心，偏者裁之，缺者补之，则诸子皆可师，不可弃也。"

以禹墨之"勤俭",兼老庄之"静虚",庶于修己、治人之术,两得之矣。[7]

以庄子之道自怡,以荀子之道自克,其庶为闻道之君子乎![8]

曾国藩用这种调和的精神来对待古典中国的冲突,他对晚近的思想争论也持类似的看法。(实际上他那完全忠于父道的儿子曾纪泽〔1839—1890〕也是这样做的,他看不上当时盛行的对陆王心学的批评,并以他父亲的口气,暗示说近代作者喜欢琢磨朱陆异同,只是出于门户意气。[9])曾国藩写到宋学及其后来的对手汉学的时候,对它们都持赞许的态度。汉学"摈有宋五子之道",认为其"荒诞不经",汉学家反过来也受到"背道"的攻击,"以为破碎害道",导致真正的道受到无休止的损害。然而,在和事佬曾国藩看来,它们之间并没有什么区别,他劝说它们的支持者不要不知变通。宋学和汉学之间的差异能够很容易校正,两个学派可以整合起来,为什么要彼此讨伐?[10]① 曾国藩本人则笃信桐城派(这是一个暮气沉沉的思想流派,以安徽省桐城县命名,曾国藩重振了它在思想上的影响)创立者姚鼐(1732—1815)包罗至广的格言:"义理、考据、词章三者并重。"[11]

曾国藩主张,他所说的"礼学"[12]会统一汉学和宋学,终结思想界的争斗。[13]礼学实际上是一种整体性的哲学,它把互相补充的成对的经典概念聚合在一起,所有这些概念都是古人对某种功能性的"内""外"两分法的表达。这里面有"体"和"用",即实质和

---

① 此处作者似对曾国藩原文理解有误,曾原文为:"乾隆中,闳儒辈起,……号曰'汉学',摈有宋五子之术,以谓不得独尊。而笃信五子者,亦屏弃汉学,以为破碎害道,断断焉而未有已。"并无"荒诞不经"(loosely fanciful)、"背道"(renegade)等义,所谓"无休止的损害"当是对"断断焉而未有已"一句的误读。但此处的误解并不影响作者论述的逻辑。

功能，某物之所是和某物之所为；有"圣"和"王"，即精神界的圣
人和行动界的帝王，其"体"表现为"修己"，即自我的内在修养，
其"用"表现为"治人"，即外在世界中对人群的治理。"礼"是修
身平天下的圣王的存在和行动下面的共同本体，从内在的立场看，
没有"礼"就没有"道"或"德"；从外部的立场看，没有"礼"就
没有"政事"，没有治理。[14] ①

在曾国藩看来，往最坏处说，中国哲学的各派别仍代表了儒家
整体观念的各个部分。而"礼学"则把它们都涵盖了，因为"礼学"
重新抓住了整体。

当曾国藩把这个整体跟西方的原则（不管这些原则是欧洲人的
表述还是太平天国叛乱者的表述）进行对比时，他称其为"名教"，
即圣人的教导，它是在最宽泛的中国的意义上对文明的界定。卫德明
（Hellmut Wilhelm）认为，曾国藩的特点是他不用"儒教"（*ju-chiao*）
或"正教"这些人们通常用来理解宋代儒教的术语。[15] 曾国藩生活
在另一个时代，他颇感欣慰地注意到基督教中新教与天主教的分裂，
于是他把儒教的历史做了过分的简化，把它变成了一个稳定不变的
巨大实体，既没有裂缝也不会衰败，和基督教形成了对比。[16] 当西
方的观念被看作一个替代性选择的时候，对像曾国藩这样的人来说，
中国的信条就不得不近乎无所不包。[17]

56

## 3."中国"在普遍价值判断上遭受的侵犯

为什么在曾国藩及和他类似的人那里，中国内部不同选择之间
的区别在日渐消失，而对他们的前辈和同时代不太洞明世事的人来

①此处中文原文为："自内焉者言之，舍礼无所谓道德；自外焉者言之，舍礼无
所谓政事。"

说，这种区别却是自然而又重要的？比如说，宋学和汉学的实际内
容并没有发生变化，但有一些变化发生了——依照新的选择可能性
对中国观念做出的重新界定，以及随之而来的中国思想家心态的重
新调整。曾国藩与其他一些思想家不同，他宣称中国内部的这些争
论在思想上是无足轻重的，或许他之所以这样做，部分是因为对他
而言，至少这些争论在情感上是令人不快的。

　　他始终有一种身为中国人的笃定的自信，尽管如此，他却认识
到西方是一个对手，这个对手是如此强大，以至于他感到有必要去
鼓励人们把西方的物质文化输入到中国的文明中来。这样一种对西
方的推举，对作为价值中心的西方的含蓄的尊重，是包裹在一种保
全自己的合理化行动之中的，这种合理化保留了中国具有根本的优
越性的主张。于是，如果我们在这种宽泛的折中主义（我们不久就
要对它加以考察）中发现，曾国藩没法简单地把西方价值当作思想
上有说服力的事物来接受，而是出于与一般意义上的思想探索无关
的考虑，想要把它变成似乎具有合法性从而**中国人**可以接受的事物，
那么同样的特定诉求，不就有可能在他那较为狭隘的本土的中国折
中主义中占据一席之地了吗？我们很容易看到，这种折中主义是怎
样满足中国传统主义者（无论他们属于何种类型）团结起来一致对
抗西方对手的愿望的，这些西方对手在他们中间引发了对怀疑的忧
惧。因为团结一致似乎有可能支撑起中国思想界的防卫力量。那些
能够哪怕只是朦朦胧胧地看出西方的进攻是怎么回事的文人，很难
再有同室操戈的想法。这不仅仅是没道理——这让人厌恶。无论他
们在过去安稳的日子里是如何自由地沉浸于无休止的争吵之中，如
今当西方对孔子本人发出挑战的时候，所有吵来吵去的以继承孔子
衣钵自命的人，都处在真正的危险之中，而且是一起处在这种危险
之中。

　　然而，就对中国观念的接受开始变得越来越出于情感上的意愿

而言，这种接受在理智上却变得越来越没有力量。当对中国遗产的维系——以及与它们潜在的情感上的联系——还没有受到威胁的时候（在中国社会似乎还没有遇到被撕裂的危险之前），人们是在自由地探索理智可以接受的答案，并创造出以独特而严肃的努力去描述世界之道的中国哲学。但是当中国的哲学家对西方严阵以待，开始不加鉴别地体味中国的思想，对所有的花朵都浅尝辄止的时候，他们的折中主义就成了思想上很纤弱的东西；因为要不是之前严肃的思想家开辟了各自的园地，独树一帜地发展出他们自己的观念，这些花朵根本就不会存在。

因而，对与中国联系在一起的特殊事物的考虑，侵入到中国人在处理中国观念时对普遍判断的考量之中，西方的观念随之就在某种程度上被强加给了不情愿的中国人。由这种强加和不情愿所激发的中西融合论，抢占了中国思想史的领地。

58

# 第四章 体和用

## 1.合理化

19世纪40年代，英国人在鸦片战争中展示了技术上的威力之后，一些忠诚的儒者逐渐开始大声呼吁中国文化的变革，到19世纪末，这一势头愈发迅猛。充满悖论意味的是，他们坚持变革，是因为他们对变革有一种传统主义的成见。他们与顽固的传统主义者的分歧，不在目的——即让中国文明成为价值的归属地——问题上，而在保存中国文明的手段问题上。这些胆子大一些的人声明，容许特定生活领域中的革新只是手段。

而那些毫不妥协的反西化论者则持一种极为简单的态度：保持中国之为中国的方法，就是在文化的所有方面都保持中国的特点。但谨慎的折中主义者在声明他们完全忠于中国基本的价值的同时，相信凝固不动是一个自掘坟墓的策略，也是一个不可能实现的理想。在中国文明由于外国征服而完全毁灭之外，唯一的选择就是由富于献身精神的传统主义者进行有选择的革新。为了让他们的建议在具体的意义上获得正当性，为了满足他们对中国的优越性并未受到挑战这一点的信念，他们强调这些从西方引入革新事物的领域，只是具有**实用**价值的领域，而不是根本价值的领域。西方的知识只会用来保卫中国文明的内核，而不会冲击到这个内核。

如果在这一点上有所争论的话，如果一些传统主义者怀疑仅

59

用中文的修辞就可以给西方的观念消毒，或者单靠法令规章就能将其转变成消极的工具，那么实际上任何一个西化论者都会像李鸿章（1823–1901）那样，用绝对无可置疑的申辩——"知己知彼，百战百胜"[1]——来打断讨论，做出回应。

西方文化的某些事物借助这种合理化，能够在中国获得一席之地，但仍然要被约束在给它们安排好的位置上，这种合理化是整个儒家士大夫中的西化派——即从林则徐（1785–1850）到张之洞（1837–1909）的自强派——所秉持的信条。张之洞大力鼓吹铁路和重工业，正是他给出了他们所有人都认可的最明确的哲学表述，即既然西方文化的因素被引入进来只是为了实用，那么就能对"实用性"采取一种极为居高临下的态度，而中国在借鉴西法的过程中，似乎也能够表现得甚至像皇后那般高贵，而不是乞丐式的低三下四。张之洞借用朱熹的术语，主张中学为体，西学为用。就文化产品的普遍精良而言，中国似乎仍能够超出西方之上。没有必要为中国事物的特殊性而感到紧张。[2]

## 2. 谬误

为什么这种合理化不能达到它的目的？为什么中国人没法倚仗这条中间的路线？体用的两分法作为一种为了让外国价值渗入——至少是在科学领域——而采取的符合心理学的掩饰策略，看上去似乎很适合中国人自我意识的状况。在科学这个领域，考虑到它和文明的其他领域是分离的，现代中国人最没有希望把他们的特殊追求和普遍追求连接起来，最没有希望建构一种理智上有说服力的情感上的中国特殊主义。因为科学的有效结论属于经验上可验证的范围，它们最终会迫使人们接受它们的论断，不管它们源于什么文化。但科学价值之所以不同于道德及美学价值，不仅仅因为它们是经验上可以验证的，也是因为它们普遍且明显地"有用"。如今，既然中国人被迫接受成熟于西方的现代科学，还有什么比张之洞的态度更有可能说服他们接受它的呢？这种态度强调不是西方的科学比中国的科学更有价值，而是西方的科学不如中国的道德和美学有价值，不如后者是因为它有用。作为有用之物，西方的科学是一种手段，而手段不如目的。

然而，这种合理化意味着调和先锋派和蒙昧主义者之间的差异，它在这两派中间都受到了攻击，而且这种攻击相当有力。顽固的传统主义者和急进的革新派都开始认识到，在特殊性和普遍性上都要获得保证的需要，对"我的"和"真的"的双重需要，实际上并没有被"体用"的公式接合在一起。既然这个公式似乎并不能让革新获得正当性，传统主义者就拒斥了革新，而革新者则寻求新的公式。

"体用"的合理化未能让身处现代西方科技世界之中的中国人下定决心献身于中国文化，它的失败可以用它自身的说法来解释：在新的综合文化中，中学是"体"，而中学又是一个一直把它当作"用"的社会的学问，这里的"用"是指它是所有职业中最好的那个职业的必需的敲门砖。而西学被当作"用"来追求的时候，它不是像那个漂亮的公式设想的那样去补充中学，而是要去替代它。因为在现实中，中学被抬高到本体的地位，乃是因为它的功用，它的功用一旦被侵占，中学也就衰败了。[3] 西学越是被接受为生活和权力的实际工具，儒教就越不成其为"体"，越不成其为无可匹敌的、自然被信奉的文明价值，而变成了一种历史遗产，即便完全被保存下来，也是一种不向外国对手低头的态度的浪漫象征，而这个对手已经改变了中国人生活的实质。

俞樾（1821－1907）愤恨不平地注意到："今士大夫读孔子之书，而所孜孜讲求者则在外国之学"[4]，孔子之道日渐黯淡无光，只是在形式上被苟延残喘地保存了下来，而另一种道则接替它，被尊为必须掌握的知识。

正如人们可能会预料到的那样，"体用"的西化取向在中国刚出现的时候，强调的仅仅是军事防卫的手段，即用船炮来"驱鳄屏鲸"①，师夷长技以制夷。[5]很快，这个不可缺少的先进技术的清单就扩展到工业、商业、采矿、铁路、电报等领域，基本的传统态度几乎不经意间就被热衷于实用技术的人们忘到九霄云外了，这些技术是要来护卫中国的本体的。冯桂芬（1809−1874）建议将举人和进士的功名至少是一视同仁地授予外国的工匠。[6]薛福成（1838−1894）明显属于那些只侧重物质的革新者之列，他们在精神方面的理想则"万古不易"[7]，但薛福成却表露出对商业的热情，把它看作国家财富的来源和指标，这并不符合旧的儒家官僚和士绅的气质。同治年间（1862−1874），薛福成有机会阅读海关贸易册，读后写了三篇文章。海关贸易册本身是由西方负责编制的统计报告，因为海关是1858年依据条约建立起来的，它在较高的层级上是一个外国的官僚机构。在这三篇文章中，薛福成指出，征收关税之所得反映了土地隔绝或开放，人民的贫穷或富裕，物质福利的繁荣或衰落，岁入的丰收或萎缩的程度。[8]②

技术对精神，"用"对"体"的这种侵染（按照那些认为两者能够隔离开来的人的说法），乃是中国人的经验里所感受到的某种来自洋人的新奇性的结果，正是洋人把这些技术带到了中国。中国人依据历史的经验，希望外国的征服者（如果他们是来统治而不是简单地袭扰的话）付出某种努力，在不同的程度上变成中国人。传统中

---

①林则徐语出自杨国桢编《林则徐书简》（增订本），福州：福建人民出版社，1982年，第182页。

②中文原文见薛福成《海关出入货类叙略》："核其所征之税，而地之冲僻、民之贫富、物之旺衰、岁之丰歉，俱可借以考镜焉。"见原刊第89页。

62 国人面对外国侵略者的自我防卫的态度，乃是一点平常的民间智慧的变体——"如果你干不过他们，就加入他们"——或者更准确地说，"让他们加入你们"。但是中国人与19世纪欧洲人打交道时碰到的问题，不同于以前［中原王朝］和突厥人或满族人打交道时碰到的问题；因为用中国人现有的装备打不过西方的征服者，而这些征服者用他们自己的工业和商业的装备，却能够**远远地**操纵中国，获得对他们有利的结果。他们用来维持其在中国的权力的那种力量的基础，保存在中国之外。他们没有任何必要去变成中国人。

怀着传统心理的中国人急切地想要保持中国的自主性，为此他们要么转化外国人要么驱逐他们，把他们要么同化进来要么赶出去。如今这些中国人的唯一办法就是放弃对前者的指望，[9] 转而努力去发展新的安全的物质装备，用武力来保卫中国——此处的"安全"是说，免于精神上背叛中国的顾虑。之前一些顽固不化的外来征服者——比如13世纪的蒙古人，非常不情愿加入汉人，汉人却不可能以其人之秘技还治其人之身；因为对方的秘技，蒙古人制胜的技巧，不过是他们游牧部落的军事化的生活方式，而牺牲汉人定居文化来扩散蒙古人的这种文化，恰恰是文人阶层所要阻止的。（明朝曾尝试过在边境地区养马的政策，不过清朝最终采取的策略是通过宗教和政治政策改变**蒙古的**文化，目的是想办法让蒙古人采取定居的方式，生活在永久的居住地中。）但如果说蒙古军事力量的源泉，相当明显地构成了文化上的禁忌，那么西方的技术——被想当然地看作一些温驯的机器——却提供了可加利用的幻觉。使得征服者不必与中国人达成最低限度的妥协乃至变成一个中国王朝（这是早期中国人的一条解决之道）的那些装备，恰恰给中国人提供了存在另外一条解决之道的致命的幻景，即为了"用"，为了某种危险的"纯粹的功用"来发展作为自我防卫之手段的西学。

实证主义历史学家空想他们能"把一桩新发现安放到旧世界里

面，不让它转变那整个旧世界，从而减缓这个新发现带来的冲击"，　63
为此他们已经受到了批评。[10]"体用"二元论者恰好抱有这种错误的
观念。他们觉得，如果一个人同时阅读孟子和工程手册，孟子会和
他对话，就像他跟他父亲讲话一样，而他的父亲是读孟子和杜甫的。
然而他们错了，因为在新的语境中，孟子的意义发生了变化，人们
要孟子回答的问题发生了变化，而那被作为"用"接受的西方观念
并不是温驯的，也不是死的，而是充满了活力。因为：

> 无论我们知道什么，我们是把它当作一个整体，把它放到
> 我们整个经验世界中给定的位置上来认识的……知识的过程并
> 不是一个单纯的积累的过程。"增加我们的知识"这句话让我们
> 误入歧途。因为知识的获得总是整个观念世界的转变和再创造。
> 它是通过转变给定的世界来创造新的世界。如果知识存在于单
> 纯的观念序列之中，那么在这个序列上添加新的观念，只会触
> 及新生成的那一端……但是，既然知识是一个系统，每一项进
> 展都会反过来影响全部的整体，因而它就是新世界的创造。[11]

中国的"新世界"是什么呢？不是把西方技术带来的好处拿过
来的儒家思想世界，而是被西方的好处转变了的儒家世界，在这个
世界中，经典在功能上显得无关紧要了。这是我们在社会的层面上
已经看到的那一切——在西方的庇护下，商业崛起（从历史上看，
这种崛起是和"实用"科学的兴起联系在一起的）到有可能和儒家
士大夫的地位平起平坐的地步——在思想上的表现。文人阶层拥抱
的西方之"用"，败坏了文人的思考方式，最终削弱了他们对儒家学
说之必不可少的完满信念；而西方人挥舞的西方之"用"，在社会上
推动了一种替代性选择，即工商业的生活方式的出现，从而对文人
阶层的生活方式形成了挑战。前者同样也使得儒家学说显得越来越

无关紧要了——而儒家的规束（就像儒家背后的家族体制的规束那
样）也显得越来越不可能了。[12]

### 3.“体用”概念哲学意义的弱化

因而，“体用”论的革新主张蕴含着这样的看法，即中国在纯粹
的生活实用领域（西方人在这个领域中占有优势）中的“自强运动”，
将会捍卫而不是危及中国文明的核心和它的精神价值。然而，这样
一种心理上有吸引力的方案却未能产生它所许诺的结果。不可能在
文化的物质部分和精神部分之间划出清晰的分界线，尽管现代的“体
用”两分法完全属于传统儒家的谱系，它实际上掩盖的却是根本性
的变化和传统的衰退。

但我们不能简单地说，那些怀着最强烈的儒家取向的传统主义
者，是用“体用”论来缓和西方工业主义进入他们的世界时的刺激
作用，从而为废弃传统扫清了障碍；这个悖论包含了比这更丰富的
内容。因为“体用”一词在19世纪的用法，不仅意味着儒家由于外
部因素而出现了问题，而且意味着儒家的问题发生在其内在的核心。
儒家的这个方案没能容纳工业主义，同样也没能表达真正的儒教。
张之洞挪用的“体用”概念，是对宋代儒家原理的庸俗化。传统主
义者试图让他自己确信西方的机器是温驯的，但当他为了安心而使
用的词语是如此奇怪地扭曲了它们的正统意义的时候，西方侵入者
所带来的破坏就表露无遗，而不是被掩盖了起来。

张之洞暗示说他所维护的是宋代朱熹的新儒学，但在朱熹的新
儒学中，“用”被描述为“体”在功能上的相关物。本体和功能内在
于单个的物体之中；“体”和“用”是辨识存在的两种模式，而被辨
识的存在物乃是一个整体。这种“体用”之间的相互关联是一个相
当平常的命题，人们可以在中国之外的哲学中找到新儒家使用的词

汇的意义。歌德把功能界定为"在活动中构想的存在"[13]，怀特海
提出功能性活动的概念（"每一个实际存在的事物都是由于其活动
而存在的事物"[14]），似乎都暗示了朱熹所理解的"用"的概念，尽
管或许在强调的程度上有所差别。而亚里士多德和那些重要的亚里
士多德派学者说到作为某个体的存在和统一之原因而呈现于其中的
事物的时候，[15] 或者说到某个名字——这个名字的意思表达在它的
定义里面——的时候，[16] 或者说到直觉——即单靠理智在科学上无
法论证的领悟——的对象的时候，[17] 他们实际上都是在描述"体"。
某物既**存在**（is），便有所**为**（does）。本质或本体——"体"——不
容分说地必然意味着动作或功能——"用"；当阿奎那写到某物倾向
于与它相适应的活动的时候，也许他和朱熹是很接近的。"……没有
哪个事物会缺乏适宜于它自身的活动。"[18]

　　朱熹对事物的本质与适宜于它自身的活动之间的关联也有类似
的认识，这在他对古典儒学的特征的分析中表现得很明显。例如，
他在跟他的弟子解释《论语》中"礼之用，和为贵"[19] 这句话的时
候，他把这里的"用"看作是在"和"（"和谐"或理雅各所理解的"自
然平和"）与"礼"（规范人与人之间关系的原则）之间建立功能性
的联系。他认为"礼"显现于"和"的形成过程中。"和"的存在从
外部验证了"礼"的存在（"礼"的内核是"敬"）；如果"礼"确
实存在的话，"和"的活动就自然且必定包含于其中。[20]

　　朱熹强调这种内在本质与外在表现之间的关联的绝对自然性。
孟子在列举大丈夫的德性的时候，用了这样的说法："居天下之广居，
立天下之正位，行天下之大道"[21]，而朱熹在这里则把这三句话和
"仁"、"礼"、"义"分别对应起来，他接下来说：

　　　　论上两句，则"居广居"是体，"立正位"是用；论下两句，
　　　　则"立正位"是体，"行大道"是用。要知能"居天下之广居"，

65

自然能"立天下之正位，行天下之大道"。[22]①

　　这段话中的"自然"强调了连接"体"和"用"的纽带存在的必要性，在这里，"仁"、"礼"和"义"三者之间，第一个带出了第二个和第三个，因为"用"也可以是"体"，并且必然有它自己的与它相关的"用"。在《孟子》的原文中，似乎这些品质累加起来成就了一位大丈夫，而在朱熹的"体用"论思想中，他显然认为这些品质不是彼此独立和一个一个累加起来的，而是彼此依存的，表现了相互间的关系，没有这种关系就很难想象这些品质。[23]因而，"爱"作为一种"情"，就必然是一个人内在性情或气质（"性"）在行动中的表现，简而言之即"用"；指向"爱"的内在性情即"仁"。或者说，"爱"是"仁"之用，在朱熹看来，它是与这个特殊的"体"内在地联系在一起的功能性的相关物。[24]②

　　这是新儒家对"体用"的真正阐释，它仍然保留在曾国藩的思考中。曾国藩大力鼓吹中国引入西方的科技成就，沿着他的思路，"体用"的两分法很快就被错误地应用于其中；但曾国藩还只是中国西化史上的一位早期人物，他的"礼学"保留了"体用"这一用语，试图对中国哲学进行综合，把"体"和"用"这两个概念都限制在"精神"领域中，而不是把其中一个分派给"物质"领域。我们已经看到，曾国藩的"礼"意在填充"内""外"两个世界连接的部分，体现两者的联合。圣与王、德与治交织为一体，体用合一。[25]

　　因而，对曾国藩来说，"体用"仍然是一种正统观念，体现的是本体与功能之间中性的对等关系，而不是目的与手段之间标准的区分。"用"**只是**"用"而已，就像手段相对于被珍视的目的**只是手段**

---

　　①朱熹《孟子集注》对这三句话的注释是："广居，仁也。正位，礼也。大道，义也。"

　　②此处对应的中文原文应是："仁者，爱之体；爱者，仁之用。"

而已，这是张之洞的观念，它给人一种背离新儒家的世界的不祥之感，而曾国藩仍然徘徊在那个世界中。对于从物质上保卫中国精神价值的故土而言，西方技术是某种有用之物，张之洞为了超越性的"体"而接受了西方技术的这种"用"。朱熹绝不会赞成这样的观点。　67

　　因为在朱熹那里，有一个词用来表示这样的工具、手段而非目的的意思，这个词不是"用"，而是"器"。在解释《论语·为政》中"君子不器"[26]这句话的时候，朱熹说君子的德就是他的"体"，才就是他的"用"。若只是接近于合乎君子要求的"体"，其"用"（或其在行动中的表现）就是不周全的，此时人们就因为达不到君子的标准，而只能停留在"器"的层面。[27]①因而，在这个例子里，对朱熹来说，从"体"和"用"的范畴来看，使得一个事物成为"器"、手段或工具的，不是"用"的存在，而是"用"的"不周"。这里的"用"显然不同于张之洞所理解的"用"的概念；它不是等同于"工具"之物，而是克服工具化的必备良方。

　　张之洞寻求保卫精神价值的物质盾牌，他对那些比他保守的儒者说，"体"和"用"是一体的。在这个意义上，他听起来像是朱熹，朱熹曾经批评佛家"徒守空寂，有体无用"，批评他们守护着完全的抽象。[28]张之洞热诚地主张有"体"还不够，经典**和**铁路都是中国所需要的，在这方面，他也许会把他自己看作朱熹的传人。但他似乎在暗示，"体"和"用"就在人们发现它们的地方，他在中学里面发现了"体"，在西学里面发现了"用"，这个时候就显出新儒学的逻辑是多么不符合他所说的情况了。因为张之洞把从这里找到的"体"和从那里找到的"用"加到一起，绝不会成为朱熹所说的不可分的整体，即"体"中之"用"或"用"中之"体"。张之洞对他提

---

　　①朱熹的原文是："器者，各适其用而不能相通。成德之士，体无不具，故用无不周，非特为一才一艺而已。"

出的一对概念的声辩，靠的是它与早先的两分法之间并不确切的类比关系所带来的权威，而早先的两分法实际上指的是自然的、内在的共生关系，而不是人为设计的、外在的叠加。

简而言之，张之洞在没有自觉地认识到他所做的事情的情况下，以一种非常重要的方式改变了"体用"两分法。朱熹的重点是形而上学："体"和"用"，本体和功能，合在一起确定了一个对象。而张之洞的重点是社会学。他关心的不是事物的性质而是文化的性质，"体"和"用"在客观体现上是分离的（这跟在朱熹那里不同），它们只是在心灵中融合在一起。也就是说，人们把某些（中国的）事物当作"体"，把某些（西方的）事物当作"用"；而对朱熹来说，所有的事物都既有"体"也有"用"。

这就是张之洞对一个正统公式的运用，它是张之洞通过中西融合来保存正统的努力的特色所在。这种运用透露出一个传统主义者为传统的消逝所做的贡献。事实上，正统不是通过中国人在"体用"的旗号下采取的行动来保存的；正统只能被随意摆弄，这样人们才能在幻想中仍对它的保存怀有信念。

在中国人的思想中，中国精神加上西方物质这一药方是一种很容易想到的、常见的自负心态的表现，自从张之洞用他的"体用"术语开出这个药方以来，它从来没有完全失去其吸引力。（一些西方的观察者也还在用有一点随意的措辞来泛泛地谈论中国，例如："把新的科学文化嫁接到古老文人传统的枝干上……"[29]）但是若做更为严密和慎重的思考，以"体用"观念来捍卫中国文化这一行为中蕴含的自我毁灭的意味很快就暴露出来了。有一些思想家开始认为，如果存在着与西方应用科学之"用"相结合的"体"的话，这个"体"乃是西方的纯粹科学，以及西方的哲学、文学和艺术，而不是它们在中国的对应物。或者说，更精细地来分析，从学术观点来看应用科学和工业主义是"用"，从一般的社会改革的观点来看它们就是

"体"。[30] 科学和工业主义的催化力量就是这样开始得到承认的，当
张之洞要求它们来保卫他的精神遗产的时候，他忽视了这种催化力
量；而这种力量的颠覆性后果之一，恰恰就是对它的承认。

### 4.拒斥"体用"和拒斥革新：倭仁

19世纪中叶，那些一开始就没有被官僚中的西化论者说服的传
统主义者，按照"体用"两分法原来的意义来认识它，认为赋予这
个公式以革新的内涵是自欺欺人的做法。如果任由西学进入中国，
中学就不能安全地保持免受侵袭和玷污的状态。如果西学的进入是
因为中国人欺骗自己，以为一个文化可以由两个分离的部分组成，
那么西学就会很快地终结这种分离，戳穿这种自我欺骗——新的
"用"就会同样变成新的"体"。

倭仁（1804–1871）是19世纪中国那些位高权重的反西化论者
中最为顽固的一个，他不是通过把西方文化当作一个补充，当作
"体"之"用"来接受，而是通过拒绝把西方文化当作一个对手，拒
绝把它当作对传统之"体"的替代性选择，来捍卫中国文化的。这
就是为什么我们看到倭仁把西方价值（另一些人是希望把这些价值
作为"用"来接纳的）的源头追溯到中国的历史，并且说它们实际
上原本有机会成为中国的"体"的，但是被拒绝了。

换言之，倭仁宣称所有可能的价值选择在中国历史上都已经被
提出和解决了，由此他否认在特殊的中国事物和普遍有效的事物之
间存在任何的冲突——或者甚至说——区别；他坚持认为中国的遗
产是好的，应该保持下去，不只是因为它具有特殊的"中国性"，而
且是因为它具有普遍的正确性。他的观念符合这样一种理解，即如
果西方文化的因素被引入，执着于中国文化的理由最终就会显得越
来越具有排他的特殊主义的性质，而意在保持对中国的认同感不受

69

外国心态损坏的"体用"之合理化，只会让这种损害成为现实。

因而，张之洞认为西学和中学在源头上有根本的分别，倭仁却认为它们是同一的。对张之洞来说，西学是在外国发展起来的，它有希望被中国人当作"用"来接受；对倭仁来说，"西"学是在本土发展起来的，作为中国人有可能接受的"体"它已声名扫地。张之洞的想法是西学可以作为手段来接受，而倭仁却担心它会篡取中学作为目的的特权，因而，他判定西学作为一种目的已经在中国历史的进程中受到了裁决和拒斥。在倭仁看来，西方科学家不可能成为孔子的帮手——他是被孔子驱逐出去的堕落的天使，他们之间的关系不是合作而是斗争。

所以倭仁强调中国的"人心"理念与西方的"技艺"理念之间的区别和不可调和的关系。他明确否定任何要把它们当作互补的两方联合起来的努力，因为中国人以前就拥有过技艺，但放弃了它们。他说，中国学者去学习数学和天文学是一种耻辱，即便要学，也不应该用外国教师，因为中国人对这些科目知道得跟外国人一样多。[31]他和类似心态的文人乐于强调，古代中国人已经知道了那些西方人如此顶礼膜拜的科学知识的原型。据说，天文学和数学源于《周髀算经》（一部被认为出自周人之手的书）和《春秋》。化学源于《尚书》——特别是《洪范》一篇——和道家的《淮南子》。物理学中涵盖固体、液体和气体问题的部分，《亢仓子》（8世纪道士王士源作的一部书，虽然它伪托为周人的著作）已做了大略的描述。矿学在《尚书》中，光学和力学在《墨子》中都有详细的解释，电学的说明则出自关尹子之手，这是一位道家人物，据称是老子的门徒。[32]

倭仁的思想立场当然是由社会因素塑造的。当他拒绝解除中国的保守派对西方科学的封禁的时候，人们听到的不是抽象逻辑学家倭仁在讲话，而是翰林院的领袖、最受尊崇的古典学问大师的代言人倭仁在讲话，而这些大师的声望和仕途依靠的就是败坏西学这个潜在对手的名誉。或许正是这种对从背后吹来的冷风的社会敏感性，解释了倭仁对"体用"之合理化的弱点的认识。儒家官僚士大夫的社会位置是和儒家在思想上的优越地位紧密联系在一起的；某种威胁到儒家对思想的垄断的方案，无论用什么样的虔诚的儒家行为来装点它，都不可能指望得到旧的官僚阶层的普遍支持。

撇开所有既得利益的问题不谈，西方的"物质"事实上也不可能被介绍进来，服务于中国儒家的"精神"。"体用"方案在旧社会的中坚力量中受到了普遍的拒斥，这最好不过地说明了它作为一种可行的融合原则在思想上的缺陷。因为说倭仁在"体用"的合理化中看到了逻辑上的谬误，不过是说他看到了它在社会上的危险；文人的优越地位就像他们守护的经典一样，属于**中国人**的传统，如果按照"体用"的方案——这个方案表面上是保护传统的——做出的革新真的威胁到了文人，那么这个方案实际上就是不合逻辑的。

就对现代技术的抗拒而言，像倭仁这样的文人（或者在这方面态度一样的文化程度较低的穷人，比如1900年义和团的团民）真的与同情乡村的牛津大学教师，或者卢德派（Luddite）的劳工[1]有什么区别吗？后面这两类人以不同的方式谴责19世纪英格兰的工业革命。换言之，我们是不是需要在"体用"和围绕它的争论中，找到某种恒久不变的对于文化竞争的敏感心态，某种挥之不去的对危及中国文明自主性的外来威胁的意识？对物质革新的抗拒不是什么中国特有的事情，并不牵扯文明之间的冲突，而仅仅是普遍存在的反动或怀旧形态的地方样本而已，也许这么解释也就够了。如果是这样的话，那么"体用"理路宣称的基本假设就是合理的：当西方的技术作为"用"被带到中国的时候——在事情发展的自然进程中，不管

---

①指19世纪初年英国的手工业者集团，他们反对使用并捣毁机器。

它们如何让蒙昧主义者感到震惊（我们身边始终存在着这些蒙昧主义者，对他们来说新鲜事物总是令人不安的）——这些技术并不会牺牲中国本质的个性。如果说欧洲并没有因为铁路的普及而不像欧洲了，尽管有些欧洲人哀悼着阿卡狄亚①的逝去或对他们的堕落生活感到恐惧，那么中国也不会因为铁路的普及而变得不像中国，即便同样有些中国人——如优雅的文士或害怕的农民——会表示反对。

　　当然，这种说法有很大的真实性。早期中国人对机器的敌意，有一部分只是前工业社会的人民对工业时代的奇观的一种合乎情理的反应，不见得是中国人对西方化的威胁的反应。许多职业中机器对人的取代所引起的社会动荡，刺激了恐惧的情绪，这种恐惧的情绪随处可见，它们并不是中国人特有的。从理性的考虑出发，人们对铁路的价值发起了攻击（例如，嘲笑"自强派"宣称的铁路有助于国防的观点，转而指出它们有可能原本是为侵略者服务的英国王室之路②），这种论辩并不涉及铁路被允许进入中国这段历史中所包含的情感内涵。[33]中国既有的文化确实会受到现代工业制度的震动，但是西方文化最近已经被作为原料输入到同样的机器中，也已经变得面目全非了。在这种比较的基础上，"体用"理论似乎不应被看作防御性的方案，因为中国人没有必要——哪怕是模模糊糊地——觉得西方文化高人一等。

　　然而，如果一个答案令人信服地说明了完全没有必要提出这样的问题，这个答案又有多少说服力呢？中国是否正在屈服于西方化的问题，不能用这种方式打发掉。这个问题顽固地存在着；它**已经**被提了出来。因为，即便很多反对革新的意见，能够用普遍存在的反现代的说法来解释，对革新的**捍卫**却一直都不止于应付那个普遍

----

①古希腊中部山区，其居民过着田园牧歌式的淳朴生活。
②"铁路"（railroad）和"英国王室之路"（royal road）发音相近。

存在的抗议态度。"体用"论以及我们后面将会看到的其他更晚一点的融合论，是中国人在与西方的对话中所作的自我申辩（包括论证中国人不需要申辩）。

　　说到申辩并不是说中国思想家在论证中国文化的价值以对抗西方的自负的时候，说了什么不真实的东西。真实的事情并不会因为申辩者对它的坚持就减少其真实性。但申辩者也不会因为他们坚持的东西是真实的就不像申辩者；重要的正是坚持本身。

　　简而言之，正如我们已经提及的，我们可以说"体用"的合理化是一个谬误，因为现代技术之"用"不可能像宣传的那样捍卫中国之"体"，而只会改变社会，由此旧的"体"得到的乃是一个对手而不是盾牌；我们可以把这个谬误称为一种合理化，一种文化借用的解释，这种解释还是提到了表面上死的物质所具有的这种"活"的性质，从而为随之而来的受恩惠的感觉做出了辩解。因为工业体制里里外外都是有社会含义的。要植入工业体制，必须有一个合适的社会基体，而提供这个基体的是西方，绝不是中国。中国的官僚结构及其反科学和反资本主义的思想氛围，从来没有像西方的封建主义那样，从内部受到过损害。因为西方能够培育出工业体制，由这个怪兽带来的变化所引起的震动，就没有中国人受到的震动那么厉害，或者说至少是减缓了，在这个过程中西方遇到了与中国不一样的问题，除了一些相同的问题之外。

　　倭仁和斯威夫特——回到前面的论述里找一个例子——都能从各自自身的文化出发，宣称实验科学并没有很高的传统价值。但是只有倭仁有可能把对这种公认的价值的最终接受描述为来自外部的人为安排的结果，以此来支持他的抗议（不出所料，他就是这么做的）。而反现代主义的斯威夫特却几乎不可能否认，是西方自己最终孵出了那种对科学成就的可鄙的激情，不管他如何贬低这个事实。无论欧洲的科学家需要争论别的什么东西，他们都不必做出那种严

73

重的具有排外性质的断言，即科学是带着异文化的印记而来的。然而，倭仁在不无揶揄地声称拥有科学成就的同时，又能振振有词地以中国本土文化的名义，否认那种激情。倭仁的对手多多少少感受到这种激情，他们不得不拒斥他的否认态度，要求给中国人的科学实践赋予正当的地位。科学实践的外国属性这个问题却没法被打发掉。[34]

因而，"体用"公式在中国是被当作为工业化提供掩护的思想上的旗号而得到广泛使用的，这说明在中国社会历史的内部，还没有为把工业化当作一种价值来接受准备好基础。这种准备的不足及其背后的社会因素，是19世纪中国物质上的"自强运动"失败的原因。大体而言，中国的官僚，无论是"体用"观念的热心拥趸还是怀疑的保守分子，在致力于现代化的过程中总体上都显得步履蹒跚，即便是在他们基本的军事力量的领域也是如此，就像中国在甲午海战中的惨败所证明的那样。

因此，"体用"观念在双重意义上是一个谬误。中国之"体"磕磕绊绊的维持阻碍了中国对"用"的接受，而这个"用"原本是要帮助这个"体"在没有磕绊的情况下维持下去的；西方之"用"令人烦躁的输入尽管意味着社会的混乱而非新的平稳的工业社会秩序，却宣告了本土社会秩序的灭亡，而这个本土社会秩序乃是中国之"体"的基础。[35]但并不是思想理论中的谬误使得社会上的希望成为笑柄；毋宁说，是中国的社会状况要求某种理论被发明出来，是这种社会状况必然导致第一个这样的理论无论如何都会许诺中西将很容易地融合在一起，而这种融合却是不可能发生的。

## 5. 拒斥"体用"和寻求新的合理化：经典的认可

倭仁拒绝满足于融合中国目的和西方手段的论述，想要通过把所有赌注都押在中国传统上，来拯救这个传统。他觉得，人们已经认识到，凡是被当作中国文明的补充物，由狂妄到一定程度的西方人提供而又被盲目到一定程度的西化论者接受下来的事物，正是这个文明觉得不够好的事物；而且，若这个文明是通过直接贬低科学技术来塑造它现在的精神形态，它要接纳这些科技就很难不受其影响。

现在，倭仁为现代西方科学发明中国先例的做法，是我们更加熟悉的对立阵营即融合论者的策略。现代中国思想史上最常见的主题，莫过于在前现代的中国历史中骄傲地发现了现代西方的价值。当中国思想家觉得他们必须承认特定的西方价值的声望，但又不想因此对中国历史加以反思的时候，他们发现不管从哪个方面来看，这都是最容易的办法。例如，孙诒让（1848—1908）虽然是一个传统主义者，却屈从于西方科学的说服力，他跟倭仁一样，相信墨子的观念非常接近于现代物理学的概念，[36] 而薛福成则很高兴地谈到中国在天文学、数学和其他发明创造方面的领先地位。[37]

当持"体用"论的革新者求助于这种寻求先例的做法的时候，他们在论证的一贯性方面就不如倭仁一派的蒙昧主义者，这表现在两个方面。首先，他们坚持认为西方科学实际上不管怎么说都是中国的，以此来为他们的创新主张提供支持，这样他们就让自己陷入了矛盾；因为他们的基本观点当然是，不是中国的但却可以为中国人掌握的科学，能够被中国人毫无尴尬地接受，因为它纯粹是实用的。其次，那些寻找先例的人找回来的样本是混杂的，这个特征有利于改革的反对者而不是进步分子。如果中国的例子是零零散散碰运气找到的，而且主要发现于中国思想中古怪偏僻的领域，那么这就坐实了倭仁的论断，即它们缺少价值，而且很早就被搞清楚了。但是当西化论者站在他们的立场上，不得不翻遍中国历史去找他们的发现（其中有些发现显然处理起来很费事），他们就得把他们调查时所遇到的困难轻描淡写地搪塞过去，而他们的对手却能抓住这一点不放。人们可以追问（19世纪的中国人确实这么问了），如果西方的观念是通过它们的中国谱系被推荐给中国人的，那么为什么这个谱系如此地难以追踪？如果科学像西化论者所承认的那样是有价值的，如果古代中国已经知道了西化论者努力去确立的这种价值，那么显然中国人批判性思考的能力在半道上就已经变得非常迟钝了，这是很令人尴尬的。要不然，19世纪的中国为什么还得创造一个如此之新的开端？

如果"体用"合理化的支持者诉诸于先例而让他们的推理打了折扣，那么他们就永远也回答不了这个问题。站在他们自身特定的立场上，他们不像改革的反对者那样对仅仅被当作"用"而引入的西学方法所具有的潜在危害有所察觉。然而，尽管反对者完全可以因为他们认识到那个主张革新的独特的合理化方案在逻辑上的欠缺而沾沾自喜，他们的结论——即革新必须停止，而不是合理化必须改变——却是站不住的。因为他们这些蒙昧主义者没有意识到革新是不可避免的，某种合理化——不管是不是符合逻辑——是一种心理上的必需。这一点也许在19世纪60年代还不是非常清晰，当时像倭仁这样的保守分子还在折磨像曾国藩这样的"自强派"，后来张之洞把曾国藩的理论前提加以系统化了。但是到了19世纪90年代，经过了这些年沉痛的教训，很难否认中国正面临着剧烈的变革，即便没有中国人的支持，它们也会在外国人的支持下到来。

在那些清楚地看到这一点的人们中间，有19世纪末的康有为（1858-1927），今文学派的维新者。康有为想要达到"体用"派的目标——即有尊严地实行西化——同时又避免"体用"公式中的基本缺陷。今文学派不打算把"体"和"用"分开（从而使中国陷入中国之"体"被西方之"用"消耗殆尽的厄运中），而是试图在中学内部把"体"和"用"联结起来。维新派不会把中学当作毫无"用"处的"体"孤零零地留下来，并对其加以声讨；他们反而要重新振兴中学，让现代西方的价值不是充当中国传统的补充物，而是成为它不可缺少的一部分。简而言之，康有为要维护西方价值（倭仁不会这么做），但要在儒学**内部**找到这些价值（张之洞不会这么做）。

今文学派不会像蒙昧主义者那样说中国传统无需西方价值，或者像"体用"派那样说中国传统应该用西方价值来补充，他们说的是中国传统应该拥有西方价值。在今文维新家看来，中国传统确实拥有这些价值，只要中国人回到那长期以来可悲地处于被遮蔽状态的**真正的**儒教，他们就会意识到这一点。

# 第五章　今文学派和经典的认可[1]

## 1. 给中国历史注入新价值：康有为

尽管康有为一派的维新家和蒙昧主义者一样几乎不相信一个中西合璧的文明能清楚地被分成中国本体和西方功用两个部分，他们却和主张西化的"体用"派官僚同样愿意去朝着那样一种文明迈进。实际上，他们这方面的意愿有过之而无不及。在19世纪中国对待西化的态度的光谱上，今文学派处在一个中间的位置上，但不是处在冥顽不化的反西化派与"体用"派的儒家官僚的中间，而是处在后者与新教传教士的中间。[2]

官僚阶层认为他们自己是在用有用的西方观念来填充他们的文明，这种文明乃是无价之宝。他们认为中国在拥有内在价值方面仍然一枝独秀。然而，传教士虽然完全乐意去传播有用的观念，但却绝不打算接受中国人对作为一个整体的西方文化的苛责。毕竟，富于宗教热情的传教士几乎不可能同意西方是物质至上的，实用技术是唯一值得尊敬的西方历史的产物这样的观点。如果说儒家官僚在非物质的领域贬损西方价值，基督教的教育家则回敬以对这些价值的赞美。他们主张，不仅科学，还有西方的政治和伦理价值，都必须进入中国，并且取代它们在中国的对应物。

站在这两个群体中间的是维新派。1898年夏天他们曾短暂地获得了政治上的影响力，当时他们为皇帝起草好了要颁发的谕旨（慈禧太后很快把它们废止了），在此之前他们就建起了既非官办也非教会的学堂和学会，虽然这两方面都给他们提供了援助。[3] 维新派既不贬低西方精神，也不贬低中国精神，而是对两者都给以褒奖，并且努力去相信它们是一回事。他们在思想上疏离于中国人视之为理想的大部分事物，但他们本身又确确实实是中国人，在这种情况下，他们竭力去确立这样一种观念，即在中国，理智和心灵并没有由于东方和西方的相遇而被分开，尽管表面上好像是这样。

　　比起"体用"派的开明官僚，维新派显然有更多的不满情绪需要化解。前者对中国文明本体的价值和持久力充满信心，他们只是比彻底反对改革的人们略少一点自满。老派的现代化论者简单地认为中国是弱者，而这种弱点只是相对于邪恶的西方强者而言的。但是一旦他们把"自强"当作一个中国的理想，完全是"中国的"是因为它对中国的本体应该不会构成损害，那么这个本体自身就要开始经受批判的审查，如果它有可能阻碍意在保护它的计划的话。年轻的一代并不比他们的长辈更急于斩断历史的联系，但却更为痛苦地经历了19世纪后期中国遭受的一连串外交和军事上的灾难的折磨，于是他们得出了一个具有悖论意味的结论：要保存中国的精神，他们必须同时改变他们所拥有的中国文明的精神和器具。甚至在今文学派兴起之前，这种必要性就已经被模模糊糊地认识到了。早在1878年，中国第一位驻英公使郭嵩焘（1818–1891）就已经发现，日本的留学生似乎更看重政治学而不是科学研究，他鼓动他那些古板保守的同僚，提醒他们注意有比舰船和军队更有"用"的东西，自强也许不仅必须应用于基本的物质技术的领域，也必须应用于中国的政治体制（一般认为政治体制是中国精神的表现）。[4]

　　维新派有可能调和他们的传统主义和他们对中国人生活方式的谴责的唯一方式，是从后者身上剥去传统的外衣。他们认为，中国在某种意义上不仅是弱者，还是错误的一方。为了回避承认这一点

80

所带来的后果，他们试图去表明错的并不是中国文化的真正原则。这些原则已经被败坏、扭曲和压制下去了。如果这些真正的原则得到重申，中国就有可能拥有西方所拥有的一切，并且仍然忠实于自己。传教士视之为欧洲进步和基督教信仰的关键的那些价值，在康有为这里成了中国的价值。

　　中国所有的传统主义者，不管他们对西化有什么样的看法，都必须承认孔子是中国文化的圣人，儒教是中国文化的精华。但如果对自欺欺人的、打着儒家旗号蔑视西方的人们有利的形势被扭转过来，如果当下的中国文化有可能被描述为非儒家的文化，那么大规模的绝不仅仅限于物质领域的革新，就也许不会损害中国本体的声誉，反而会有助于它的重新发现。因此，当康有为建议在中国社会实行彻底的变革的时候，他写了三部儒家经典解释的力作来表达他的观点。在《新学伪经考》一书中，他对儒家经典（特别是《左传》）中特定文本的真实性提出了挑战，他希望用其他更"值得挖掘"的文本（特别是《公羊传》，这是《左传》之外另外两部长期隐而不彰的经典之一，它对理解《春秋》的意义很关键）来取代这些文本。在《孔子改制考》一书中，他利用经他修订的儒家经典，把孔子理解为他生活的时代的进步分子而非保守派。在《大同书》一书中，他把孔子塑造成了预言人们会朝着一个儒家乌托邦未来迈进的先知，而背负现代价值的西方也走在通向这个未来的道路上。康有为在西方乐观主义的潮流中给中国历史确立了航程，他把它称为中国潮流。当康有为在17和18世纪"汉学"的基础上建立自己的论述，似乎让儒家正统经典中的古文经书（包括刘歆〔死于23年〕伪造的《左传》）声名扫地的时候，当他对他相信是经他之手得以恢复的汉代早期的今文经书——比如《公羊传》（"公羊学派"和"今文学派"是很接近的可以互换的标签）——做出了严重的过度阐释的时候，所有那些令人印象深刻的西方价值，都在中国找到了它们的位置。[5] 而科学作为进步的孪生兄弟特别受到青睐，它会让戈壁成为中国的一部分，让山顶变成城市，消除疾病和劳累带来的痛苦。[6]这里没有源自外国的为中国人屈尊俯就地接受的"用"，只有自认是儒教体系的生命血脉。

## 2.今文经学认可的失效

另外一个带有折中色彩的乌托邦思想家是受到康有为提供的视野启发的谭嗣同，他是戊戌六君子之一，百日维新之后，于1898年9月就义。谭嗣同试图融合基督教、佛教华严宗和今文经学。如果人们用基督之爱——"仁心"是它的中国形式——来处理社会问题，那么今文学派最看重的经典《公羊传》所展望的"太平"就会出现，随之而来的是自由和平等，人群之间没有分别，各民族也彼此不分离。[7]就像康有为一样，谭嗣同的普遍主义略微倾向于中国一方。在他的代表作《仁学》一书中，他让一个无所不包的佛教引领世界各宗教走向统一，让古代的"井田"观念引领世界各政体走向统一，而非表音的中国文字可以对所有人传达出所有的声音，从而有助于一个单一的学问世界的形成。[8]①

在这部著作中，谭嗣同在中西历史之间建立起了一个引人注目的平行关系。他说，教皇在西方杀死了基督教，路德又复兴了基督教。而在中国，被君主专制的假学术杀死的儒教，也需要一个路德。[9]中国的维新派有其西方的对应物，这种说法在维新派的论著中反复出现。1901年，梁启超在给康有为写的表达敬意的传记中，就简单明

————————

①此处中文原文为："故言佛教，则地球之教，可合而为一。……故尽改民主以行井田，则地球之政，可合而为一。……故尽改象形文字为谐声，各用土语，互译其意，朝授而夕解，彼作而此述，则地球之学，可合而为一。"作者此处对谭嗣同的语言文字观念理解有误。

了地表达了这样的看法："先生者，孔教之马丁·路得也。"[10]

　　但是把康有为称作中国的路德是一个模棱两可的表述，今文经学的维新派一开始把它提出来，是针对他们的保守派对手，后来转而关起门来孤芳自赏。一方面，这种表述用比喻的形式证明了今文学派的根本地位；因为，就像路德声称只有他才恢复了长期以来被自命代表基督教的人扭曲了的福音书和早期教父的纯洁基督教义一样，康有为也可以强调，他同样穿透了多少世纪以来的迷雾，恢复了最早的真正的儒教教义。如果在康有为那里以进步的预言家形象出现的孔子是真实的，那么看似只在西方生长出来的进步的果实，也能从中国传统的根上生长出来。

　　但是另一方面，康有为和路德之间的类比关系意味着中国是以相当不同的方式与西方平起平坐的。这种类比关系不是要强迫中国人去思考西方的成功，去通过迂曲的推理，在"真正的"中国的过去中找到这种成功的原则，而是能够引导中国人去考虑西方的失败，考虑路德之前的黑暗时代，并且得出这样的认识，即中国以同样的方式发展并没有什么不光彩。换言之，不必太看重中国对正确道路的偏离，而是要更多地强调中国走向这条道路的进展，欧洲人有他们自己的黑暗时代，他们也是迫不得已才痛苦地取得这样的进展的。康有为可以是中国的路德，但不是以古代真理的重新发现者的形象，而是以打破令人窒息、单调乏味的正统观念之禁锢的思想自由的英雄形象出现的。[11]

　　当经典的认可失去了效力的时候，这种发展阶段的类同还担负着弥补中国人对中国传统价值的牺牲的任务。如果西方曾经陷入到中国陷入的那种黑暗，而对中国提出的全部要求就是"宗教改革"和"文艺复兴"，那么这里就暗含了平行的历史，意味着中国从与中国相联系的特殊事物和普遍信服的观念的力量之间的紧张冲突中解脱了出来。中国既没有出于维护中国历史的尊严的考虑而变得思想

僵化，也没有直截了当地屈从于欧洲，这样它就能充满自尊地发展
到现代时期。进步的观念既是与传统儒家概念的决裂，也是解释这
种断裂的工具。

　　在谭嗣同从今文经学中清晰地推导出社会进步的学说——这个
学说大概会说儒教秩序已经无关紧要了——之前，他就去世了。而
康有为终其一生都从未失去他对今文经学的信念：进步的阶段是儒
教的阶段，现代的进步的价值之所以是真正的价值是因为圣人已经
想到了它们。但是在梁启超那里，我们看到儒教逐渐在衰弱，到了
20 世纪便成了废墟；因为他开始接受康有为和路德之间的类比关系
的第二层意义，坚持认为中国所需要的和能够不失尊严地拥有的，
**不是**对纯粹儒教的追求，而是与它的断裂。[12]

　　就今文经学家的基本原则而言，历史进化乃是从孔子所说的
"据乱世"到"太平世"的普遍进步的过程。这似乎表明孔子允许中
国接受新的思想。但是新的思想如此之多，并对稳定的儒家社会有
如此明显的颠覆作用，以至于现代人宣称孔子认可接受新思想很快
就仅仅成了一种幻象。

　　因而，经典的认可似乎只是在很短暂的时间里起到了否认现代
中国内部本土和世界之间的冲突的作用。但是它却给中国人指出了
一个新的方向，让他们去寻求有可能成功的新模式。既然儒教既不
能排除又不能消化西方的观念，既然无论是"体用"方案还是今文
经学都不能真正拯救中国的"体"，那么中国的思想家就必须放弃
把中西之间的平等押在儒教上面的想法。而新的捍卫中国的可能性，
对革新的新的认可，可以从今文经学的教义中抢救出来。因为如果
像今文经学教导的那样，进化乃是世界之道，那么古代的"体"就
应当被取代。如果人们对比较欧洲和中国的价值感到灰心，他们也
许可以转而比较它们的历史，在中国和欧洲各自的生命历程之间发
现形态学上的类似性。当它们不堪回首的过去被更光明的未来所取

84

代，当它们所受的正统观念的束缚让位于思想自由，它们的历史也许有可能会依照相似的顺序向前发展。

# 第六章 现代古文经学对今文维新学说的反对、反动和革命

## 1.反动的古文经学的攻击

就像今文学派的名字所暗示的，它在本土选择的范围内并不是兼容并蓄的。尽管维新派比曾国藩更清楚地意识到西方的入侵，但他们却未能像他那样做出回应，而且远远没有平息古人思想内部的冲突，反而激活了这种冲突。汉代学术最终把古文经书当作真正可靠的文献接受了下来，而其对手今文经书在公元3世纪日渐失势。在很大程度上，清初的汉学逆转了这种判断，而康有为则在他那一代人中间又重新激起了论争。

然而，康有为的好战与曾国藩平和的折中主义并不矛盾。因为曾国藩把西方看作所有中国学派的共同敌人，有意把西方和中国区分开来，就像把物质和精神区分开来一样。而康有为对这种区分不抱希望，他更愿意看到文明之间的和平共处，以及中国和西方共享共同的价值。外部的和平有可能带来内部的争斗。而为了造成外部平静的表象，内战就不可避免。正统的古文经学似乎根本不可能庇护西方的价值。

而正是这种容纳西方价值的需要，促使维新派去复兴今文经学。既然如此，既然维新派的学术很难说是"纯粹的"，它就不会受到古文经学保守派的纯学术的攻击的影响。当经典的认可逐渐失效，当

中国的反叛者不再坚持说孔子是他们的祖师，影响时势发展的就不是古文经学的学者了。因为现在的问题跟之前几百年里今古文之间的冲突已经不是一回事了。社会事实而非文本考证，成了现代今文学派厉害的对手。

对这些后来的今文经学家来说，严峻的问题是他们的学说是否真的能与西方经验相容。他们不是作为只想知道他们的圣人说了什么真理的单纯的儒者来运用今文经学的，而是作为西化论者来行动的，对他们来说今文学说**必须**是真理，如果他们还打算做儒者的话。西方价值俘获了年轻一代的心灵，他们发现越是难以把他们的新知识塞进康有为的儒教中，他们就越不关心什么孔子，无论是通过古文经文说话的孔子，还是通过今文经文说话的孔子。

于是，当反动的古文学派的传统主义者在文本的基础上攻击维新派的时候，他们就是在参加一场无关紧要的战斗。"无关紧要"并不意味着不正确。就文本而言，像孔子编纂六经、刘歆伪造《左传》这一类的论断，当然会受到严重的责难。[1] 但是康有为的谬误比其他人的纠正更重要，而那些责难对未来的中国历史来说也没有什么意义。因为古文经学家从来没有回答过今文学派提出的真正的问题，这个问题不是"孔子说了什么"，而是"我们如何才能让我们自己相信，孔子说的就是我们依照**另一个权威**所接受的东西"。

因而，虽然今古文之间的分野此前就划分出来了，但文本的冲突却给人一种不切实际的感觉。因为今文经学在西方入侵中国之前和之后是两种不同的观念，而充满敌意的古文经学的论辩，可能一直针对的是18世纪某个今文经学的汉学家，它是对一个死问题的迟到的回答。儒家经书根本不是问题所在。梁启超的做法就证明了这一点，1902年，他在其宣传维新主张的著述中，突然不再劝说读者去关注经书。[2] 而古文阵营中较为敏锐的分子也认识到了这一点。叶德辉（1864–1927）把孔子说了什么的问题一笔带过，相当确切地抓住了康有为的意图，尽管康有为本人总是秘而不宣：

> 康有为隐以改复原教之路得自命，欲删定六经而先作《伪经考》，欲搅乱朝廷而又作《改制考》。[3]

## 2.革命的古文经学的攻击

今文学派在政治行动上是维新派，但绝不反对清王朝，他们指责中国人扭曲了真正的中国传统。但帝国晚期另外一些异议分子则是革命者。对他们来说，篡夺汉人权力的满族人无论在文化上还是在政治上都理应受到抨击。如果人们不得不承认当代西方在思想和政治上都远远超过中国，那么应该备受指责的是满族人，汉人不受其咎。[4]

因而，排满的民族主义革命者不必为中国人的不幸而责难儒家的"异端分子"，而且他们有充分的理由认为康有为的分析和判断是反革命的。激烈的排满革命家章太炎（1869–1936）在他的《驳建立孔教议》一文中，针对今文经学的考证，为古文经书做了巧妙的辩护。[5]

然而，尽管古文经学作为否定维新主张的象征，在革命派里看起来似乎很合时宜，但绝大多数古文经学的学者都是一贯的保守派，他们对正统古文经书的忠诚，乃是对现状的肯定。而章炳麟的立场却有一种独特的复杂性。因为他真心诚意地服膺古文经学的见解，作为一个文化保守派，他守护着旧的文学风格和古老科举考试所用的传统材料。[6]他是上海出版的《国粹学报》（1904–1911）月刊很重要的撰稿人，这份杂志保护中国文化遗产免受"欧风美雨"即西方观念风潮的侵害，痛斥那些"扬西抑中"的"无识陋儒"。[7]①章太

88

---

① 中文原文见《国粹学报发刊辞》，《国粹学报》第1期，1905年2月23日。

炎不是从他政治上的革命观点中推出他在经学上的保守见解的。相反，他的革命观点似乎得自他对保存"国粹"的关切。在这一点上，他与大多数传统主义者同伴分道扬镳了。

他比这些人更清楚地看到中国的现状必定会发生变化；他知道，如果传统主义不想仅仅成为一种思想上站不住脚的情怀，他就必须持有某种理性的理论，这种理论会让中国的过去不至于因为变化而显得声名扫地。但是他错误地认为排满是一种适用于20世纪的理论。这种理论似乎能保护传统中国文化的声誉，但也会推动它的终结。

因为排满革命运动的最终目标君主体制，和儒教本身一样属于中国的传统。确实，今文学派在攻击公认的儒家经典的时候，表现出文化上的颠覆性，为文化上的偏离开辟了道路；当经书能够被质疑的时候，任何事物都可以被质疑。但拒绝今文学派的邪说，放过经书来谴责君权，却很难说是对传统的维护。当帝制能够被质疑的时候，任何事情都可以被质疑了。当一切统治形式中差不多是最古老的一种都被打破的时候，谁还能相信不管是哪种统治形式呢？

> 我的伯父是个醉鬼，大部分时候对革命都是充满愤怒……他会盯着家人，用反讽的口气说："但是，对不起，我们已经革命了。家里谁最年长有什么区别呢？我弟弟邓齐普（音）的婚姻跟我能有什么关系呢？"[8]

### 3.经书与历史

归根到底，章炳麟有没有放过经书呢？他觉得他当然有，因为他重新确认了古文经书作为正典的真实性，公开表达了他对汉代学者刘歆的尊敬，而康有为及其今文学派的追随者则诋毁刘歆，视其为古书的伪造者。[9] 章炳麟始终不渝地强调，古文经书是**历史**，不是虚构，也不是隐晦的神秘的预言，而在对手的阐释中，经书就变成了这种预言。今文学派选择《公羊传》而不是《左传》作为他们的核心文本，这部经书的特色在于它是一种哲学性的注释，它与事件的进程几乎没有什么明显的联系；而《左传》在形式上则是一种历史的叙述。[10]

廖平（1852-1932）说"六经皆空言非史"①，他是最后或许也是最富于奇思幻想的今文经学家，把孔子当作空想而非严谨的传统主义者来尊敬。[11] 廖平认为经书远远不是历史，以至于他眼中的《春秋》完全不是其外在的形态，即古代鲁国的编年史，而是现代世界的投影，其中郑代表中国，秦代表英国，鲁代表日本，鲁哀公代表明治天皇。[12] 但是，章炳麟反驳道，"六经皆史"[13]，他谴责（就像汉末以来正统学者所做的那样）今文经学把汉代可疑而隐晦的纬书当作理解经书所谓的预言启示性质的关键来援引。[14] 他注意到今文学派主张孔子创作（而非祖述）原始经书的看法，而在他看来，即便是所有的儒者一直都归在孔子本人名下的《春秋》，也不是孔子新创作的，而是建立在鲁国史家左丘明的记载的基础之上。[15]

90

章炳麟在很多方面都是一个传统主义者，在用词上也不例外："六经皆史"这个说法并不是他的发明。然而，不管他是多么地不自觉，当他重复章学诚（1738-1801）的这句话的时候，[16] 他就使它成了儒教解体史的一部分。因为在中国传统思想中，"经"与"史"有一种精心调节过的关系，早先有关经史的说法，即便后来原封不动地重复出现，在不同的现代语境中也会有一种不同的意味。

历史研究曾经是儒家最富于特色的知识活动。"中国于各种学问中，惟史学最发达。史学在世界各国中，惟中国为最发达"，梁启超

---

① 中文原文见冯友兰《中国哲学史》下册，上海：华东师范大学出版社，2011年，第262页。

以某种修辞式的夸张，如此强调了历史思维在中国文化中的极端重要性。[17] 但是这种思维的独特之处在于，它关心的不是过程，而是永久性，是对儒家道德世界的恒定观念的阐释。著名诗人、画家和政治家苏轼的父亲苏洵（1009—1066），对这个观点有非常好的表述。他问道：史和经有什么不同呢？

> 经以道法胜，史以事辞胜。经不得史无以证其褒贬，史不得经无以酌其轻重；经非一代之实录，史非万世之常法。体不相沿，而用实相资焉。[18]

因而，按照这种理解，普遍的、无时间的和抽象的道德是从历史记载中，从特定的、一时和具体的事件中提取出来的。经书典籍是这些抽象原则的储存库，而正是这些原则又使得这样一种对历史的解读成为可能。苏洵讨论这个主题的论文是以探究历史的性质的形式呈现出来的，显然他只能说经与史是相互关联的，而不是等同的：并非所有的历史都是经书。但是若苏洵把经书的性质作为他的出发点，就像后来章学诚在讨论经史关系的时候所做的那样，他就会发现"六经皆史"是一个可以接受的表述。因为苏洵跟章学诚一样，把经书看作在行动（历史）中得到"证"明而不是在"空言"中得到表达的永恒原则。"史"的观念对于"经"的观念来说是不可或缺的；"经"则是批评判断的古代源头，因而就不受对它的评价的支配，这种"经"的观念对于儒家的知识生活来说也是不可或缺的。在20世纪以前，称经为史，绝不会被理解为是对经的限制，而是被理解为哲学性的描述。

因而，在前西方的儒家语境中，人们对历史的看法并无含混之处；它是绝对智慧在其中得以形成的形式，尚未包裹着相对主义。由此，18世纪的章学诚在强调经的历史特征的时候，他不是将其简化为（用现代相对主义的术语来说）"历史意义"，而是在界定永恒真理被传达出来的方式。他说，"道"是不能从其具体的实现之中抽象出来的，孔子不能用言辞来表述"先王之道"，而只能通过他们的历史和文献来说明它。[19] 经是由历史材料构成的，但经本身却不仅仅是某个时代的史料，而是流传万世的文字。[20]

当对经书的永恒意义的信念在中国的知识界几乎未曾受到挑战的时候（不管围绕经书的注释发生过什么争论），人们处理经与史的问题不会对经的典范性产生怀疑。章学诚确认了这种典范性，受到今文学派观点的吸引并因而很自然地攻击章学诚"六经皆史"的论断的龚自珍，[21] 也确认了这种典范性。但是当康有为开始提出他的今文经学的观点，并在其中夹带了西方价值——这些价值随后滑出了儒家的套子，公然赢得了它们自己的追随者——的时候，用经书即历史这种陈旧的说法来表示反对，在恢复人们对经书的忠诚方面比不起作用还要糟糕——今文学说已经损害了这种忠诚，而这种学说又进一步加重了这种损害。因为一旦人们愿意倾听外国人的声音，不考虑它们是否符合儒家的什么标准，经与史的关系式就会显出某种不祥的暧昧意味来。如果经书在现代不是最高的仲裁者，它们就不是万世不变的；因而，说经书是历史就不是确定它们的永恒品格，既然它们头上的永恒光环是虚假的。相反，这么说是要把经书安放到它们被创作出来的时代——单单安放到那个时代——把它们当作处于变化过程之中的历史的某个阶段的文献来解读，而不是当作古代确立的内在于事件之中的最终真理——这种真理由此从历史观念中去除的正是过程的内涵——来解读。

晚年的章炳麟曾苦涩地承认，经书已经从持久的指南沦为历史的资料，它们不能再被用来从始至终地支配人，反而不得不接受人的审查，这些人只容许它们在历史中享有一时之地。他说，现代今文经学本身虽然在民国时期已经奄奄一息，但却曾经是现在仍不断加剧的堕落的致命原因。古代典籍的真实性已经受到质疑，像尧、舜和禹这样的经典人物都被认为是儒家学者发明出来的，而中国人民正在遗忘他们的起源。[22]①

因而章炳麟认为，主要的异端邪说就是今文学家以及随后必然出现的思想解放的非儒家学者对经书讲述了历史真理这一点的否认；而仍然宣称六经皆史的他，乃是真理孤独的捍卫者。他在这么想的时候，太过明显地撇清了自己和现代儒学的崩溃之间的关系。20世纪20年代的年轻学者顾颉刚（1893–1980）就是持这种异端邪说的代表人物，他力图证明经书在很大程度上乃是被热衷于争论的人们制造出来的，用来表达他们自己的宗教和政治观点，而不是如实地呈现古代中国的真实历史；[23]顾颉刚承认受惠于章炳麟，当然，他也承认受惠于康有为。[24]这样，章炳麟原来是想战胜康有为，现在却苦恼地成了他的同伙。实际上，他们的经学理论必然是被重新加以解释过的。

章炳麟和康有为这两位古文经学和今文经学的斗士，都是在一块古老的园地里打转，他们都输掉了这场战争。他们正面的主张受到冷落；后儒家的知识分子在他们那里找到的是一种负面的价值。顾颉刚受康有为的启发，在经书典籍中看到的是一种倾向于制造神话的精神，其中包含的客观的历史精神是被想象出来的。但是，与康有为和今文学派不同，顾颉刚批评"伪经"并不是要把它剥离掉，呈现那具有永久至高的重要性的"真经"。康有为今文经学的前驱龚自珍，"读经主通大义"，认为虚构故事的"传记不当称经"。[25]而顾颉刚虽然能欣赏这种辨别伪书的眼光，却拒绝接受这样的暗示，即

---

① 中文原文见诸祖耿《记本师章公自述治学之功夫及志向》（《制言》第25期，1936年9月）："民国以来，其学（按：指今文学）虽衰，而疑古之说代之，谓尧舜禹汤皆儒家伪托，如此惑失本原，必将维系民族之国史全部推翻，国亡而后，人人忘其本来，永无复兴之望。"

伪书底下某个地方隐藏着一层最基本的超历史的真理。[26] 正是在这个地方，章炳麟的思想趁机而入，强化了顾颉刚非正统的疏离态度。因为在顾颉刚看来，虽然康有为正确地指出公认的经书大体上都是可疑的历史，但章炳麟也同样正确地提出，经书**本来**就是一种历史，是关于古代中国的丰富——尽管有时候处理起来很麻烦——的真实史料，而不是具有宗教性的约束力的预言文本。古文学派赢得了惨淡的胜利——没错，经书都是历史——但（换句话说）经书也不再是经书了。

# 第七章　民族主义在脱离过去中的作用

## 1.对满族的攻击

当20世纪初年民族主义席卷中国的学生界的时候，满族不可避免地感受到了强烈的仇恨。他们是如此明显的目标，而且有两个罪名：一个是篡夺了汉族的权力，一个是在其统治下中国处于国族衰退的黯淡时期。但是排满情绪只是民族主义的效果和表征，而不是它的原因或内核。

中国民族主义的原因和内核，是思想上与中国传统文化的疏离。[1]民族主义作为一个意蕴丰富的概念用于中国时，既有正面的也有负面的意义；民族主义者在把国族当作中国人忠诚的正当对象的时候，就拒绝了具有历史意义的另一种选择，即对"中国人生活方式"的那种"文化主义"的尊崇，这种尊崇超越了所有其他的忠诚。理论上说，民族主义者可以自由地做出任何思想上的选择，不管从中国文化的角度来看这种选择有多么异端，只要它对国族有用就行。中国文明已经非常落后，必须采用欧洲文明——这是1894年孙中山给实力派元老李鸿章的上书的要点，孙中山是一个民族主义者，他建立了第一个政治团体兴中会。[2]

在20世纪以前，满族几乎没有受到基于文化主义立场的攻击，因为他们已经变成了中国人生活方式的拥护者。在17世纪，他们似乎有可能对中国构成文化上的威胁（尽管事实上，甚至在1644年他们征服中原以前，他们的汉文化修养就已经很发达了）。但是随着时间的流逝，西方文化成了唯一且充满危险的另一种选择。存留下来的满族文化独特性主要是人为设计出来的，目的是让满族保持足够的活力和特性来享有他们的权力，从更大的方面来看，他们在文化上的归顺态度有助于他们维持这种权力；[3]只要满族反对西方，中国的文化主义者就会团结在清王朝周围。在他们的前辈高喊"扶明灭清"口号的这块土地上，1900年的那些排外和文化主义取向的"拳民"，奋起疾呼"扶清灭洋"。[4]

　　于是，满族的目标和传统的目标就成了一回事了。但是中国还有一类传统主义者，他们不像义和团那样自高自大，而是像章炳麟那样的失败主义者，宁愿相信清王朝压制了汉族的天赋。对他们来说，这种类型的传统主义是一颗救命稻草，使得他们免于受到冷冰冰的反传统主义或贫乏的传统主义的裹挟。因此，他们称自己是民族主义者，以表示他们对中国文化的尊重。与此同时，他们重新发动了17世纪那种早就过时的针对满族的文化主义的谩骂，视其为民族主义的分内之事。[5]

　　康有为曾援引《史记》，称汉族和古代的匈奴（可引申为"北人"，即满族）拥有共同的祖先，章炳麟谴责了这种观点。无论是把满族等同于匈奴，还是把匈奴等同于汉族，他都不接受。他还拒斥了康有为把清朝类比为春秋时的楚国的看法，按照这种看法，明代的满族和春秋时的楚人可以说在种族上接近于汉族，但在文化上仍是野蛮人。前者在清代，后者在汉代，都完全汉化了。康有为原本希望在这里一锤定音，因为汉朝是第一个用自己的名字给后来所有世代的汉民族命名的伟大王朝，而它的创立者恰恰是一个楚人。但是章炳麟一方面不可能承认汉代的皇帝和清代的皇帝跟他们统治的汉族有同样的关系，另一方面他也不愿意接受汉王朝——甚至它和汉民族之间的对应关系也可能是被建构出来的——作为真实的汉民

96

族精神的真正守护者的地位。他试图给早期儒教提供一个种族主义的解释，宣称（正是以他的今文学派的对手那样的方式，推出另一个不同的论点）中国正是在汉代失去了对《春秋》的**真正理解**，当时那种排斥异族的民族观念从儒教中被过滤掉了，像后来的满族那样的异族也堂而皇之地沐浴在被曲解的儒教普遍性的光芒之中。[6]

然而，对也好，错也罢，在中国整个帝制的历史当中，对中国真正重要的那个孔子，乃是区分文化上的野蛮（barbarism）和种族上的野蛮人（barbarians）的孔子；前者无可挽回地遭到拒绝，后者则有获救的可能，因为人是可以教育的。按照传统的文化标准，如果不是按照革命派对中国之为中国提出的国族标准的话，满清王朝早就获得了中国王朝的资格，因而章炳麟从种族主义出发对清王朝的攻击，不是对中国过去的辩护，而是对它的弃绝。

自1902年以来，梁启超就一直在宣扬中国需要新的人民（"新民"），像他这样严谨的民族主义者，反对轻易主张排满之人的那种似是而非的民族主义，因为这些人似乎在宣称（或者说他们的结论倾向于支持这样的信念）旧的人民已经足够好了，只要满族的桎梏从他们的脖子上取下来就行了。因而尽管梁启超预计，如果民族主义扩展开来，满族必将走向灭亡，他还是拒绝承认他自己得出的是排满的结论，因为那些"正式的"、主张共和的排满分子似乎并不接受他的前提。然而，1912年新建立的共和国应该属于新的人民的历史。章炳麟是一个破坏传统的人，而梁启超则是革命者，不管他们本人怎么想。

## 2.文化主义和民族主义在争取忠诚上的竞争

20世纪初年，当民族主义开始盛行于中国的思想界的时候，它体现了一种大胆的努力，要把通常为中国传统所做的辩护里所有太过直白的空话一扫而空。知识分子一方面疏离于传统，另一方面和它又有情感的维系，这种困境依然存在。但是通过用某种方法把传统正当化来了结这种困境，这样的努力不在民族主义者的考虑之内。他仍然希望中国能够在文化上与西方平起平坐；但是他为了实现这个目标而采取的聪明的办法，是否认文化是合适的比较单位。

合适的比较单位是国族（nation）。当今文学派所做的儒家的努力消沉下去，把"平行历史"的图式[①]留给融合论者去处理的时候，中华民族就成了民族主义者的首要关切。进步和思想自由的观念是他的新财富，但这些观念本身并不能引导他做出思想上的选择。"何种进步，什么思想？"在他介入传统之前，他一定会问这样的问题。变革的目的应该是什么？

他一定会说，变革的目的是国族的富强。因为如果是国族而不是文化拥有对个人的最高权利，那么放弃传统价值——如果它们看上去站不住脚的话——就是一项愉快的任务，而不是痛苦的诀别。现在进化的法则不是儒家的而是社会达尔文主义的法则，这些法则把国族提升为生存竞争中的最高单位，并且宣称过去必须死去，绝不应为之感到哀恸。[7]中国人逐渐接受了中华民族的存在和权威，这就启动了对中国文化的尼采式的"价值重估"。

我们已经看到，17世纪的中国人批评了当时占主导地位的形而上学，但他们在批评的时候无须变成哲学上的革命者。他们也曾经是当时社会状态的批评者，但作为社会批评家，他们同样是彻底的儒家，批评人们已经偏离了中国文明恒定的理想。他们的中国是一个世界，是"天下"，在这里传统的价值拥有权威。但是在20世纪初年，反儒教的中国现状的批评者们，不是把灾难的源头追到对那些恒定理想的藐视上，而是追到对它们的盲目卑屈的尊崇上，追到这种恒定本身；他们的中国是一个国族，一个"国"，在这里传统的

98

---

　①参见本卷第五章第二节。

价值被抨击为专制。

一个文明的这种不断变化的命运，这种广阔而令人困惑的历史，在"天下"和"国"这两个概念之间不断变化的关系中得到了具体而微的表现。"天下"和"国"是中国政治思想中源远流长的坐标。它们现在还是坐标，但越来越多的中国历史的继承者们对它们的价值提出了疑问。

"天下"意思是"（中华）帝国"（Empire）——或者说是"世界"（world）；中国作为"天下"，就是世界。"国"是一个地方性的政治单位，在古典时期是"帝国"的一部分，而在现代世界则是"国族"。但"天下"和"国"各自的意义，在这些简单自足的英文对应词里并没有真正地揭示出来；因为在这段历史首尾的任何一端，给这两个词中的任何一个下定义，都要涉及另一个词，都要和另一个词进行比较。在中国历史的早期，正是"天下"跟"国"这一权力体系的对比，界定了"天下"作为价值体系的意义。但是价值拥有的权利是绝对的，如果它们的正当性开始受到质疑，那么对这些权利的尊重就似乎成了奴性而非文明的标志。而在中国历史的晚期，正是"国"跟作为先入之见和律令的"天下"的对比，界定了"国"作为一个非传统的、可以自由探索的领域的地位。就像中国始终存在却同时在变化一样，"天下"和"国"之间的联系也始终存在，而它们的内涵及各自所受重视的程度也发生了变化。

引起这些变化的是某种本身不变的事物，即中国人那种不容许中国被打败的心态。在17世纪，满族夺取了汉族的政治权力，于是作为"天下"的中国，那毫无瑕疵的以抽象的文明形态存在的中国，成了被征服的人们极为赞扬的中国。但后来中国开始面临一种新的征服，同时还在旧的征服者的统治之下。到了19世纪和20世纪之交，对许多中国人来说，中国似乎正在失去她头上的"天下"冠冕，她作为一种文化的尊严。他们强烈要求放弃毫无希望的权利，通过改变文化上的价值来增强政治上的权力，从中国作为"天下"的失败中夺取作为"国"的胜利。

这里只是简短的开场白，下面让我们去探讨具有颠覆性的"国族"概念在中国过去的传统中的存在形式。

### i. 传统

绝对唯我论的那种无意义的权力会受到文明的遏制，因为每一个文明都有其价值标准，有需要服务的目标。在中国传统文明中，君主——即"天子"——也有服务的目标，有超越他之上的理想。反对满族统治的学者黄宗羲在他的《明夷待访录》（1662）中，提醒君主注意这个理想和目标的内容：

> 有生之初，人各自私也，人各自利也。天下有公利而莫或兴之，有公害而莫或除之。有人者出，不以一己之利为利，而使天下受其利；不以一己之害为害，而使天下释其害……
>
> 后之为人君者不然。以为天下利害之权皆出于我，我以天下之利尽归于己，以天下之害尽归于人，亦无不可。使天下之人不敢自私，不敢自利，以我之大私为天下之公。始而惭焉，久而安焉，视天下为莫大之产业，传之子孙，受享无穷……
>
> 古者以天下为主，君为客，凡君之所毕世而经营者，为天下也。今也以君为主，天下为客，凡天下之无地而得安宁者，为君也。是以其未得之也，屠毒天下之肝脑，离散天下之子女，以博我一人之产业，曾不惨然！曰："我固为子孙创业也。"
>
> 其既得之也，敲剥天下之骨髓，离散天下之子女，以奉我一人之淫乐，视为当然，曰："此我产业之花息也。"然则为天下之大害者，君而已矣。向使无君，人各得自私也，人各得自利也。呜呼！岂设君之道固如是乎？[8]

100

如果不是在儒教中国，几乎不可能提出这样的问题。黄宗羲以如此尖锐的措辞，向天下——即帝国，中国人的世界——的统治者提出了道德的律令。因为评判天下治乱的标准是黎民百姓的悲欢，而非统治者家族的兴亡。[9]

顾炎武也同意这些看法，他在1670年发表了类似的观点。但是他的论述带有更深刻的哲学色彩。因为在顾炎武的《日知录》中，道德不只是理想的天下统治者的一种属性；它是天下本身的标志和必要条件。

"天下"是与"国"相对立的。后者不仅包含土地和人民，还意味着用军事力量来保卫它们。但是"天下"是一个文明社会的概念；其意义比不过是以实际权力来维持的政治单元要丰富得多。顾炎武说："有天下而欲厚民之生，正民之德。"[10]

101　　　　　有亡国，有亡天下，亡国与亡天下奚辨？曰："易姓改号，谓之亡国。仁义充塞而至于率兽食人，人将相食，谓之亡天下。"[11]

因而，文化与道德，即整个价值世界，属于天下。如果人们把命运完全寄托在国上，那只关乎政治上的利益——"保国者，其君其臣，肉食者谋之"，但是文明人之为人，就其真正的人性而言，则必须献身于天下："保天下者，匹夫之贱，与有责而焉耳矣。"[12] 文明而非国族，才在道德上有权利要求人们的忠诚。

这完全是经典的中国学说。顾炎武说，"不仁而得天下，未之有也，虽百世可知也"[13]。这句话最初是孟子说的，前面他说的是"不仁而得国者有之矣"。[14]① 不管这句话看上去多么像只是一个富于

————————

① 《孟子》原文为"不仁而得国者有之矣。不仁而得天下，未之有也"。

远见的忠告，告诫那些贪婪的渴望天下的国君，暴政只会让他们走到这一步，从孟子的角度来看，它可能更像是在表达人生的目标而非政治科学的真理。其中的内涵留待后来人去思索，即人们要么屈从于权力，要么屈从于标准。如果他们选择前者，他们就是生活在"国"之中的平常人；如果他们选择后者，他们就是以中国人的方式生活在"天下"之中的中国人。

顾炎武非常清楚这一点，他无须明言，很自然地重复了孟子的话，写下了我们前面刚刚引用的那个句子；他本人还写下了下面这段文字：

> 君子得位，欲行其道；小人得位，欲济其私。欲行道者，心存于天下国家；欲济私者，心存于伤人害物。[15]

这段话是说，要让"国家"成为"天下"的"国家"，要取得国家这个政治权力的单元，并用价值把它变成一种文明；或者说，要按照那些懂得"天下"和中国就是一回事的儒家所希望的那样去对待生活，使之成为理想的中国人的生活。

政治的中国是中央之"国"。但是处于什么的中央呢？这是一个经典的问题。传统的答案是"天下"，一个提供标准和规范的世界，不管它是上古时期狭小的世界，还是顾炎武的时代隐隐约约的宽广的世界，这个世界是中国人满怀理想地维护的世界，也是野蛮人满怀理想地渴望的世界。顾炎武写道："古之天子常居冀州，后人因之，遂以冀州为中国之号。"他还引用古人的记述，说冀州位于天下之中央。[16]① 当时的"天下"，即由所有的"国"组成的整个中国，如今是处于一个更大的世界中的"中国"。但理想的"天下"依然存在，

---

① 中文原文为"《正义》曰：'冀州者，天下之中州'"。

构成那整个世界的更大的中国依然存在，只要"中国"的人民作为文明理想的忠实的仆役而非漫不经心的主人，有成为中心的资格。中国人在他们的"国"里，乃是生活在野蛮人中间的野蛮人，除非他们担负一种理想的生活方式，即中国人的生活方式，并为其他人做出表率。这样世界就会成为"天下"，而非"国"的集合体。

黄宗羲和顾炎武可以告诫一个中国皇帝什么是他应该做的，说明一个中国的帝国应该是什么样子。理想是恒定的，儒家的维新派只能要求遵守这些理想，除此之外他们再也做不了别的了。但是19世纪把外面的"国"急剧地带入中国，一些中国人开始心神不定。也许中国的帝国应该与传统标准所设定的样子不同。也许那些用来判定西方的成功和中国的需要的新标准拥有更大的发言权。也许，难道"天下"的视野不应该消退，以便中国有可能在其传统文化消逝之后依然生存下来吗？

### ii. 转变

在很大程度上，现代中国的思想史就是把"天下"变成"国家"的过程。确实，"天下"的观念曾经被认为是一种道，一种儒家之道，是中国本土主导的传统。而当由于某些原因，现代中国人转向有助于中国的外国之道的时候，将国族提升至文化之上，将"国家"提升至"天下"之上，就成了他们策略之一。他们说，文化应该改变，只要这种改变有利于国族。这样一种标准在思想上和情感上都是有用的。使用这种标准，人们在提出与传统断裂时就会感到心安理得，在思考传统的衰败时也会心平气和。

因而，例如梁启超在20世纪初年，就竭力主张中国进行革新，变成一个国族，不再固守过去，只尊崇它的文化。梁启超说，文人士大夫把文化看作他们的禁脔，在他们的影响下，中国人开始认为中国就是其中不存在其他高级文化的"天下"，而不是一个需要大量学习的"国家"。民族主义和爱国主义已经被毁坏无余。[17] 简而言之，中国必须认识到自己不是一个世界，而是世界中的一个单元。如果它不放低身段，放弃视自己为"天下"的观点，作为"国"与其他"国"并立，它就会遭受灭顶之灾。作为"国"，它并没有被强加给什么标准。一个特定的文明要坚守特定的价值，否则它就会变成别的东西；然而一个国族却可以自由选择，只要这种选择有助于它的生存。民族主义侵入中国人的生活世界，文化主义随之无可挽回地退出舞台。

因此，如果说"天下"意味着恒定的标准，意味着传统上公认的文明理想，就像从孟子到顾炎武及他之后的儒者所认为的那样，那么伴随着"国"（它与"天下"一直形成了对比）而来的，就是自由的选择和实用主义的认可，以及对"天下"所意谓的一切的否定。旧秩序就是这样被改变的，新的内容披着旧外衣，古老的另一种选择的可能性掩盖的是这种选择的崭新性。以"国"的名义，"天下"受到了挑战，中国传统受到了挑战；但是这场战斗的逻辑却是严格的中国传统意义上的逻辑。因为旧的儒者和新的折中主义者都相信——文化与"天下"共存，文化在"国"中改变。

104

### 3. 传统被重新整合入民族主义

当民族主义作为对文化主义的否定在中国发展起来的时候，文化主义本身也在改变；因为如今文化主义反过来把中国民族主义当作某种需要否定的新事物。此前中国的文化主义认定自己是用来代替外族的蛮夷状态的。但是现在随着民族主义的兴起，当思想舆论的倾向使得中国的"蛮夷状态"成为实实在在的可能性的时候，一种蓄意的过甚其辞似乎要取代那种为传统代言的陈旧的自满。徐桐（1819-1900）说"宁可亡国，不可变法"，而对辜鸿铭（1857-1928）

来说（对徐桐来说也一样），义和团民在文化方面表现出的那种实际上是想象出来的排外精神，比他们政治上的无可救药更为重要，他坚持认为缠足作为中国精神的重要组成部分是神圣不可侵犯的。[18]人们可以从中感受到一种挑衅的味道，一种故作惊人之语的姿态，以及一种严肃的坚持原则的决心，尽管这种原则已经不合时宜了。

这些人相信民族主义和文化主义是不可调和的，民族主义的兴起某种程度上是和中国文明的解体联系在一起的，在这方面他们无疑是正确的。但是情形比他们说的要复杂。

我们已经指出，民族主义无须顾虑文化上的忠诚，这种忠诚乃是文化主义的主旨所在。于是民族主义似乎就变成了一种冷峻的反传统主义的基础；躁动不安的现代中国一代人，感受不到他们与之前的中国价值有什么特别的联系，于是他们就有可能去信守他们心目中的普遍标准，这些标准把他们引向西方的榜样。因为传统的文化没有必要再保护了，它所提出的要求已经被随随便便打发掉了。当民族主义继文化主义而兴起的时候，必要性而非先例就获得了主导人们选择的权利。

然而，如果我们考察一下中国民族主义表达的实际内容，我们就会发现这种界定太抽象了。[19]"教"和民，"体"和国族之间，并未发生截然的绝对的分裂。相反，有些民族主义者仍坚持对旧事物的忠诚。他们要求忠于历史中形成的中国事物。他们绝不会承认，一个不关心中国传统的中国人会是一个中国民族主义者。例如严复就反对那种指责传统家庭对中国社会产生不良影响并且和国族争夺人们的忠诚的民族主义观点。严复在1914年明确表示，对国家的爱源于"家庭主义"，后者的基本原则是"孝"，而"孝"是儒家美德的核心之一，证明了旧价值在国族精神中的持久地位。[20]

因而，传统主义在民族主义中仍占有一席之地。但是在这种情况下，中国民族主义和中国文化主义之间细微的区别在哪里呢？当对过去的忠诚如此明显地构成了民族主义的特征之一，民族主义真的还能帮助人们摆脱过去吗？下面这段出自1934年国民党的一份手册（同年国民党重新恢复了祭孔仪式）中的话所表达的情感，是怎么与张之洞的文化主义发生冲突的？

> 一个民族要保持它在世界上的独立地位，必须一直忠于它自己的历史和文化。一个民族要保持自信心，勇敢前进，就不应该背弃自己的古老文明，免得让自己变成无源之水或无本之木。我们希望吸收西方文明的新知识，但我们应该把它建立在孔子学说的基础上。全体人民都要学习孔子的教义，遵守孔子的思想。[21]

这样的表述表面上重新确认了文化主义的"体用"哲学，它实际上却表明了同样礼赞传统生活方式的**民族主义**和**文化主义**之间的差别。因为当张之洞确信儒家为西方知识提供了基础的时候，他是一个绝对主义者而非相对主义者。他在中国的"体"之中看到了价值，一种绝对的价值。在他继承下来的生活方式（或者说，这种生活方式里他屈从于西方"实用"世界而单独保留下来的那部分）之中，他所发现的不仅是亲和感带来的吸引力，还有安全感带来的吸引力。这种生活方式不仅是**属于他的**——它本身就是正当的。正是它的正当性，使得他不由得要去坚持的那种忠诚之情合法化了。张之洞就像所有真正的文化主义者那样，并不认为"体用"模式加以适当变动就能普遍适用；并不是**任何**国族的国粹（"**体**"）都有保存下来的资格，这种保存或许要倚仗外来之"用"的防护。对张之洞来说，中学要保存的不仅是传统主义而已。

　　因而，张之洞对儒教这个中国之"体"的核心仍然保持着一种哲学性的依恋，而民族主义者对儒教的态度是一种浪漫主义的依恋，

106

他们对儒教没有基本的信仰，而是相信需要表达这种信仰。上面引用的这段民族主义的话语，表面上看非常接近文化主义（这种文化主义赋予它所指称的文化以绝对的价值），实际上是一种文化相对主义的表述；而文化相对主义是浪漫主义的信条，它否认理性主义者那种认为抽象价值应该成为思想选择中的唯一标准的观点。浪漫主义真正坚持的是（就像一位作者所指出的那样），不必以某个单一的卓越典范为取舍进退的标准，不同的选择可能都是有效的。[22]

我们必须注意到国民党那段声明中的匿名性。谁应该忠于它自己的历史和文化？"一个民族"——也就是说，所有的民族。就像一个与国民党关系密切的民族主义文学团体在1930年主张的那样，一件艺术作品必须强调"活泼泼的种族良心"[23]。中国必须忠于自己的文化，只是像其他的民族忠于它们自己的文化一样。

在帝国四海升平的时代，这种相对主义的调子对中国人的心灵来说是非常陌生的，但它在梁启超的笔下却得到了清晰的表达。1915年，作为民族主义者的梁启超在文章中写道，一个国家若与其过去断绝关系，后果是灾难性的。国家必须保持它的国性，这种国性表现于语言、文学、宗教、习俗、仪式和法律。国性被摧毁，国家即亡。梁启超说，这就是朝鲜和安南所遭遇的命运。它们的文化接受了如此之多的中国因素，以致它们的国性一直未能发育成熟。因此它们就陷于被征服的境地。[24]①

我们很容易看出这种对传统主义的呼吁与之前文化主义的呼声之间的差别。在过去，中国文明有一个假定，即如果安南和朝鲜接

---

① 中文原文见梁启超《大中华发刊辞》："国之成立，恃有国性。国性消失，则为自亡。剥夺他人之国性，则为亡人国。国之亡也，舍此二者无他途矣。国性之为物，耳不可得而闻，目不可得而见。其具象之约略可指者，则语言、文字、思想、宗教、习俗，以次衍为礼文法律。……国如安南，朝鲜者可亡也。彼其千余年来仅为我附庸之邦，羁縻之属，无完全独立之语言文字、礼教习俗，既不能与我同体，欲孵化为一别体而未成，而猝遭横逆攫噬，亡其宜也。"

受了一定分量的中国文明，它们就会在相应的程度上变得文明。传统主义不是对中国人提出的非理性的要求，不是一种命令（"我们必须如何如何"），而是一种原理（"一个通情达理的人怎么能不这么想呢"）。而对现代的民族主义者来说，传统主义不必再是其本来意义上的原理，但在激励的意义上却是必要的：如果要实现某个目的，就必须要有传统主义。传统主义本身不再是自明的目的。

传统主义的目的是民族主义。它必须存在于民族主义之中，要剥夺它对价值自身的要求，这样民族主义才会存在。对民族主义至关重要的共同体的意识，依赖于人民对一个共同的过去的承认。如果一个人要让共同的过去来锻造他自己和他的同胞之间的纽带，这个共同的过去就一定要倍受珍视。否则，它有什么作用呢？

然而，传统主义必须在中国民族主义内部"启动"而不是发挥其自然的魅力这样一个事实，提醒我们去思考民族主义为何会风行一时。原因是传统已经失去了它的自然魅力，中国的思想家无论如何不情愿，都已经对其价值的延续失去了信心。而民族主义在情感上把对传统的背离正当化了，很明显，这种正当化在思想信念上早已完成了。

因此，中国的民族主义从一开始就是个悖论，一种包含着日益明显的内在张力的论述。民族主义者保护传统，是为了他能够**成为**一个民族主义者，并且能够去攻击它。一个要求得到保护而不是激发信仰的传统，变得越来越容易受到攻击。在现代中国，人们寻求一种能把特殊和普遍的需求合成一条思想脉络，能够让无法取代之物和无可辩驳之物不会发生剧烈对抗的信条。在寻求这种信条的努力中，简单的民族主义无法提供最终的稳定的立足点；因为试图保存日益没落的儒教的权威同时又攻击并取代了儒教的民族主义，本身就处于躁动不安之中。

# 第八章　对普遍有效性的强调：(1) 维护传统

## 1. "择东西之精华"

中国民族主义形成之时就包含着两个要求，对中国思想家来说，这两个要求是很难调和的。他既要对中国的过去抱一种特殊的同情，又要以超越利害的批判的诚实态度来评判中国的过去。满足这样一种复杂观点之需求的最合适的方式，看来就是下决心把中国和西方所能提供的最好的东西结合起来。这种从两个文明中汲取资源的意愿应该说是很真诚的，不存在那些文化主义取向的"体用"西化论者的保留态度，这些西化论者总是不得不补充说，西方最好的东西也是比较差的。

这种模式似乎激发了民族主义的反传统潜能。表面上看，价值应该是思想家唯一关心的事情。用来描述思想家努力目标的是"最好"这样一个文化上中性的价值术语，这个事实就很清楚地说明了这一点。传统作为一种影响判断的因素的重要性已经被完全否定了，因为无论西方"最好"的东西所取代的是中国遗产中的哪个部分，站在传统的立场上来看，它都跟留下来的那些部分同样可贵。

然而，就像过去在中国的民族主义中仍然保持着重要性那样（尽管民族主义旨在否定过去），过去同样也侵入到这种模式之中，从而使得"最好"一词变得暧昧不清。当明显需要明确说明价值的起源的时候，普遍和特殊之间持续不断的冲突就会被心照不宣地考

慮进来，虽然表面上会被否认。人们当然只是根据普遍理性的指令　　109
来做出选择，然而不断地会出现强烈的暗示，即我们客观的思想家
毫无疑问地会发现，东方跟西方一样是一个他可以取用的价值宝库。

　　于是，如果价值判断被严格地运用于一种简单的不偏不倚的寻
求最好事物的努力之中，那么这种坚持中国和西方都会催生崭新的
文化世界的态度就会变得无关紧要了。因为一个现代人能够重新确
认的那些中国传统价值，就会是那些符合他自己的标准的价值，也
就是那些即便他对传统一无所知也会赞同的价值。因而，一个中国
人在称颂多元价值调和之美的时候，他所能拥有的唯一动机就是希
望能看到中国和西方平起平坐，而价值领域是完全排斥这种愿望的。
在所谓对价值自身，对普遍公认之物的追求下面，是对其具体的历
史起源的关切。

## 2. 蔡元培的例子

　　对20世纪最初二十年来说，著名教育家蔡元培（1868–1940）
是一个影响很大的海外价值的鼓吹者。他的基本信念是真理无国界。
也就是说，真理属于了解它的人，这个人可能是也应该是中国人，
即便真理的某个特别条目或许是在欧洲发现的。普遍的价值更应该
成为中国的价值；如果中国人只"择取精华"，他们就是忠实于自己
的信念。

　　因而，蔡元培在只要求对真理持一种欣赏态度的时候，就已经
准备好接受一种复合文化了，这种复合文化表面上看是建立在一种
对抽象有效性的纯粹追求之上。翻译过许多西方哲学著作的保守主
义者严复，只愿意承认这一点，即假如古代的圣人能够活到现代，
无论是西方的学问和文化，还是中国的"格物""致知"的理想，他
们都不会置之不顾。[1] 但是蔡元培在呼吁中西融合的时候，他的意

思是真理的地位完全是由其自身来保证的。真理在中国获得自由，无须"圣人"的同意；真理自然就拥有这种自由。1918年，蔡元培把约翰·杜威介绍给中国听众的时候，称他是"比孔子更伟大的思想家"[2]，他说这话的时候并无丝毫的顾虑。

因而，当蔡元培强调法国大革命所确立的原则——即自由、平等和博爱——的重要性的时候，特别有意味的是他把自由和古代"义"的原则联系起来，把平等和"恕"的原则联系起来，把博爱和"仁"联系起来；谈到自由的时候，他撷取孔子和孟子的格言，将其拼合到一处；谈到平等的时候，他援引的是孔子、子贡和《大学》；谈到博爱的时候，他援引的是孔子、孟子和宋代的新儒家学者张载，以及《尚书》中的各种圣王贤相。[3]因为蔡元培的哲学跟今文学派不同，不需要通过引用经典的方式来把文化借用加以合法化。他所寻求的只是东西方之精华——不过还是抱着一种视东方为西方真正平等之伙伴的愿望。

人们在蔡元培对"世界教育"的鼓吹背后，也能看到这种愿望。"世界教育"是他极力主张的某种足够宽泛能够表现人类之精华的事物。[4]他说，尽管存在着政治上的边界，但学术是相互关联的网络，是公共的，因而没有知识上的边界。[5]他暗示，生活在一个特定的文化中，受到的局限是太严重了。由此，他对中国人的族群中心主义和自卑心理同时发起了攻击。因为，如果说中国应该将她的价值汇入一个共同的池子里，西方也应该这么做，它的文化也一样是有局限的。出于这种心态，他提出了"世界公民"的设想，这种"世界公民"兼有权利和义务，用孟子和墨子的利他主义来调和尼采的唯我主义。[6]应该取中道，必须选取每种文化的精华，并把它们结合起来。[7]

这是一个传统中国人对"和谐"的吁求呢，还是一个看到自己的传统陷入危境之中的人的求助之道呢？我认为是后者，即蔡元培对普遍性的热情，他那种希望西方和中国都牺牲其个性的渴望，乃是对文化上的失败主义的一种慰藉。如果普遍的效用就是一切，那么思想上的选择就不会对个别的历史进行反思，就无所谓文化的成功或失败。中国可以从它过去的库存或者西方的库存中精心挑选，不会因此就陷入对它自身习俗的僵化的模仿，或对西方习俗的单调乏味的模仿之中。

但是在蔡元培对美妙理性之统治的吁求所依据的前提中，却存在着一个缺点。他宽宏大量地愿意牺牲西方已经毁掉的东西，即中国传统文化俘获中国人心灵的那种能力。中国的西方化正在成为一个事实；而欧洲的"中国化"却绝无可能。蔡元培宣称各种文化应该相互结合，但他的意图只实现了一半。西方也得牺牲。西方人应该承认中国事物的价值，这种承认并非仅出于他们的批判性的眼光（就像西方那些宋代山水画的收藏家那样），而是出于他们的创造性的眼光（就像前往巴黎向马蒂斯学习绘画的中国人那样）。然而，只有当中国遗产中有相当分量被现代人的心灵普遍认可的时候，西方才会心甘情愿地做出牺牲。普遍的现代人性公认的那些价值，**必须**在中国的特殊过去中找到。只关心宽泛意义上的品质——从不那么宽泛的个别历史中获得解放——乃是一种幻觉。

于是，当蔡元培把现代描绘为一个东西方文化融合的时代，说到中国自当采用"西洋之所长"的时候，他接下来就给自己提出的在当代中国画中采用"西洋"观点的呼吁，配上了一个明显具有平衡意味的论点，即（假定）早期西方艺术曾从中国获得灵感（"……彼西方美术家能采用我人之长，我人独不能采用西人之长乎"）。[8] 单单这么一个简单的论述，就包含了两个有趣的要点：首先是在价值的尺度上，要让中国能和现代西方相匹敌；其次，这样的要求诉诸的是古代而非现代的西方。

因而，蔡元培的理论——"择东西之精华"——表面上追求的只

111

112　是普遍的有效性，但其内核或许是失败主义者要求历史中形成的中国事物在有效性中占据一席之地的努力，它是一种咒语，某些民族主义者常常用它来躲避那种怀疑中国传统文明正走上穷途末路，且无法自我调整的声音。如此，它就加速了传统的败落掩饰不下去的那一天的到来。因为，在某种外力的推动下赞赏某种遗产，甚至是被推向自我怀旧的态度，这种情形就会逐渐引发对该遗产是否靠自己的优点产生吸引力的怀疑。当中国人对旧价值的重新肯定完全变成有意为之，带有做作的意味时，他们就被迫做出其他的调整来适应现代世界，或者被现代世界所征服。

　　当然，问题并不在于中国传统文化中没有什么值得赞赏的东西。没有比这更奇怪的说法了。讨论一个文化的现代转型不是要否认它过去伟大成就的光荣，更不是要否认在它的过去中也会发现永恒的真理。所谓文化的现代转型只是说，新的一代人发现不可能按照他们前人的先例——尽管这些先例可能还会受到尊崇——来施展他们的行动，而且在这种情形下，随着传统主义者变得越来越自觉，他们对过去价值的推崇似乎变得越来越没有说服力了。简单地说，事实上，一个仰慕传统中国所取得的成就的欧洲人仍然只是一个具有世界主义趣味的欧洲人，而不是蔡元培所设想的融合中国和欧洲两种文化之人；而仰慕西方成就的中国人有可能经由世界主义和融合论，变成西方的皈依者。这是两种不同的状况。当图卢兹-罗特列克①或高更以东方情调作画时，其作品属于刻意模仿之作，描绘的是异域风味的故事（a foreign-dialect story）。而当一位自署赵无极（1921–2013）的画家临摹一幅保罗·克利②的画作时，其作品就成了严肃追求的象征，是用外国语言讲述的故事（a story in a foreign

---

① 图卢兹-罗特列克（Toulouse-Lautrec，1864–1901），法国后印象派画家.
② 保罗·克利（Paul Klee，1879–1940），瑞士现代主义画家。

language)。[9] 无论是西方人还是中国人，都没有运用蔡元培满怀希望推荐的世界语。

　　就像融合中西文明的"体用"药方一样，"择东西之精华"这种纯粹价值取向的方案，也有一种持久的情感上的吸引力，这种吸引力不会因年深月久而衰退，也不会因习俗的熏染而陈腐。被迫在西方的思想氛围中活动的中国思想家越多，他们就会越发强烈地要求那种自由——内含于价值判断之中的自由——的幻觉，在某些方面，这是对武力主导的现实的一种补偿。在一个实际上失去平衡的世界，平衡感或许有可能通过意愿的表达，通过自由地建构一种道德上令人愉快的东西方之间的对称关系来恢复。于是，冯友兰（1895-1990）就主张把（欧洲的）理性主义和（中国的）神秘主义冶为一炉，这样一种普遍的哲学就有可能由两种特殊的、历史的哲学的结合而被创造出来，它具有两种哲学各自的优点，又克服了对方的弱点。[10]

　　那么，在中国哲学家冯友兰——中国哲学这一片段就体现在他身上——这里，重点在哪儿呢？他主要是一个想要调和神秘主义和理性主义的哲学家呢？还是一个在更深层的意义上，敏感于不断增长的文化渗透，想要调和中国和西方的中国人呢？对一个像冯友兰这样取得卓越哲学成就的人来说，对中国和西方哲学作如此直截的过于简单的比较，一定是有文化上的意义的。这仍然是蔡元培式的心态，即通过把处于困境之中的历史上的中国融入中性的普遍价值的潮流之中，来努力巩固这个中国的地位。

　　在一个比蔡元培或冯友兰更扎眼的同时代作者那里，我们看到这种心态所包含的紧张和悖论得到了最充分的表现。政治的、经济的和文化的，古代和现代的，中国和外国的，所有的智慧的精华，以孙中山的"三民主义"的形式，不仅仅是被推荐给中国——它们就是属于中国的，而且只属于中国。[11] 于是普遍的综合给独特的中国增添了光荣，而显然，这个独特的中国正是在这种综合中丧失了自我。

### 3.“物质”与“精神”：“体用”合理化方案的末路

114

对许多中国人来说，第一次世界大战完全延误或阻碍了人们意识到这一点，即价值评估上的折中主义，无论多么明智和精明，都不过是一种文字游戏，而非对西方文化潮流的实际扭转。在价值的层面上，西方开始受到毁灭性的审查；在价值选择的棋盘上，中国的机会似乎一下子增多了，有望在中西融合的理想中占据优势，这种理想认为西方入侵的问题，似乎有可能通过对西方进行有理有据的谴责来解决，而实际上这个问题处理起来还是非常棘手，因为历史绝不是由选择题制造的。西方文化深层次的问题或许已经暴露无遗（这些问题经常被归结到西方文化自身），但中国传统还是没有逃脱在西方影响下转型的命运。

即便如此，西方的崩溃还是让中国的传统主义者极为欢欣鼓舞。战后中国出现了大量为传统辩护的声音，它们在一度是进化论者的严复那幸灾乐祸的表述中得到了扼要的表达。严复以其固守的古典文体，声称欧洲三百年的进步，只带来“利己、杀人、寡廉、鲜耻”[12]。但是中国传统主义者自信心的恢复，并不能驱除现代的挑战。传统主义者想要重新确信正在发生的一切都是不应该发生的，这或许能把他从失败的焦虑中拯救出来，但还是没有触及造成这种失败的最终的外部的原因。

不过，民族主义者在致力于不偏不倚地寻求东西方之精华的时候，他们似乎能够做到对中国不偏不倚，这一点还是让人精神一振。在一战爆发前，许多最为坚定地强调中国和西方在最适合现代人的所有事物上都拥有平等的权利的民族主义者，已经更多的是在悲哀而非愤怒之中放弃了他们的过去。一战以后，他们又满心欢喜地重新发现了这个过去，而且一反那种防御性的祈求"无竞"的心态，他们同样满心欢喜地再次宣称，他们取得了对机械性的西方的胜利。20年代初期，在一场波及甚广的"科学与人生观"论战中，许多学者互相攻击，或者奉科学为神明，或者将其贬低为虚假因而危险的觊觎绝对统治权的僭越者。这就构成了对立的立场，西方是物质，而中国是精神。[13]

物质是用，精神是体，抱着"体用"方案的分析家们又开始在这片土地上大力耕作，他们培育出的最精致的花朵出现在陈立夫（1900-2001）的著作以及被归在蒋介石名下的《中国之命运》一书中。在这些著述中，西方得到高人一等的权力来公开纯粹物质力量的秘密，而中国则因其在有意不去追求这种物质力量的传统上所取得的精神成就而受到美化。

然而，我们在前面已经提到，民族主义对中国之"体"的歌颂，只是文化主义对中国之"体"的信心的赝品。对中国人来说，民族主义暨传统主义的冲动表现为儒家的形态，是因为孔子是中国人，而不是因为他说的是纯粹的真理。如果说抱着新版"体用"方案的民族主义者，仍然声称他们拥有的特殊的中国精神具有绝对的普遍有效性（就好像是把它推荐给全人类），而他们同时又呼吁着**国粹**，在一个借鉴外国的时代强调**中国**对已被证明属于中国的事物负有义务，他们与文化主义的血脉联系还是暴露在了这种呼吁所体现的相对主义之中。正是一种寻求与富于侵略性和诱惑性（他们称之为物质主义）的西方相抗衡的冲动，推动了关于中国精神的（准文化主义或普遍性的）信念，而不是这种信念导致了与西方的抗衡。

因而，像陈立夫和蒋介石这样的人所怀抱的"体用"方案，与张之洞的"体用"方案相比，意义已经发生了变化，因为语境已经变了。张之洞的"体用"方案极力主张把西学作为物质之"用"引入进来，它让张之洞把注意力集中到传统主义者身上，这些人对西

115

学是否真的会保护中国之体提出了严肃的质疑。他们的怀疑是有道理的。因为当后来的民族主义者重新激活了"体用"合理化方案的时候，他们不得不面对反传统的"中国文艺复兴"的"新青年"，这些人质疑的是"体"是否值得保护。

# 第九章 对普遍有效性的强调：(2) 攻击传统

## 1.儒教、基督教以及中国的选择

19世纪中国思想中最具有攻击性的流派不是把科学和中国精神区分开来的"体用"派的传统主义，而是鼓吹科学为现代人提供了适当的新的精神基础的反传统主义。尽管他们反对儒教，反传统主义者和他们的对手即敌视西方文明的批评者一样，服务于特定的中国语境。无论多么不情愿，这些批评者中的大部分都勉强接受了科学和现代技术，而且他们在把东西方之精华结合起来的时候，将中国的精神遗产纳入其中（或者说，实际上是强调这份遗产在这种结合中的重要性），他们有意用这种做法来保持文化间的平衡。而中国的这一精神遗产的反叛者也是要保持文化间的平衡，但是他们的平衡是一种缺陷而非好处上的平衡。如果说他们以其反儒教的立场，对旧中国感到伤心失望，那么他们同样以反基督教的态度来羞辱西方。现代中国反传统主义的发展，以及中国人的心灵如何有可能渐渐疏远中国的历史价值，这整个过程可以从基督教会在现代中国的历史中得到说明。

### i.基督教未能渗透有活力的儒教

16世纪末年，基督教来到唯我独尊的儒教中国，尽管以普世宗教自居，它却因自身属于西方体制的性质而陷入困境。自利玛窦（他于1610年逝世于北京）以来，许多站在基督教立场上宣称它具有普遍有效性的人，都曾尝试突破那由特殊的中国情怀发起的抵抗，或者说不是突破而是希望这些情怀自行消散，他们否认普遍性的特殊起源具有重要性，否认那使得普遍性失去光彩和打了折扣的特殊来源具有重要性。他们暗示，绝对的理性超越了历史的相对性，基督教会不会疏远任何人。欧洲对教会没有占有的权利，中国也不应反对教会。教会既没有文化上的偏见，就不应遭到情感上的抵触。因为并不是中国人受到西方信条的感召，而是人受到真理的感召。

所以马利坦（Maritain）今天说，教会并不了解某个单独的文明，"没有哪个民族是纯洁无瑕的"[1]。而在三个世纪以前，传信部（Sacred Congregation of the Propaganda）如此教导天主教传教士：

> ……不要以任何理由去说服各民族改变他们的习俗，只要这些习俗并不公开地反对宗教和道德。实际上，还有什么能比把法国、西班牙、意大利或欧洲的其他某个部分移植到中国更为荒谬的呢？你们要输入的东西不是这个，而是信仰，它既不拒斥也不嘲笑任何民族的习惯和风俗——只要这些习惯风俗并不乖戾——而是希望以它们应得的全部尊重去保卫它们。[2]

因而，有一种基督教的假说认为，任何特定的文化包装，都可以裹着普遍真理的内核。这种假说原本应该防止中国人对来自外国的基督教产生畏缩之情，然而它却只是一张捕风之网。它本意在说服中国人接受真理属于所有人的观点，但这个假说却有可能只是强化了中国人那种在属于他的事物中发现真理的固有倾向。

于是，来到中国的早期耶稣会士，因为担心他们的宗教被当作来自西方的一时的东西而受到致命的指控，满怀希望地将它表述为一种"永久性的哲学"。只要中国人去找，它所表达的真理在中国的

经典中应该也能清楚明白地看到。强调基督教之独特性的启示，被
有意掩盖在神秘主义，以及那种认为真理不受暂时的历史的语境限
制的坚定主张的面纱之下。这种策略虽然源于那种视某种策略为必
不可少的正当本能，却造成了弄巧成拙的结果；实际上，它使得潜
在的皈依者有理由认为，他在外国的教会组织及其用外文书写的经
文中所发现的，最多不过是真理的载体，而这种真理一定也存在于
他自己的历史遗产中。这样，人们就很难对下面这个事实感到惊讶，
一位17世纪的耶稣会士不得不如此记述中国人的观点——这个观点
比大多数中国人的观点都要友好，但对教会来说，也没有给出更有
希望的前景：

> 无论是从他们性情的善良还是从他们的勤勉来看，中国
> 人差不多都是最完美的，最好地体现了基本原理的普遍性质，
> 他们的优长也具有这种普遍性。由此人们必须得出这样的结
> 论：耶稣代表的是欧洲，孔子代表的是中国，而在印度则是佛
> 陀……你们的法律就像是孔子赠予我们的礼物……[3]

概括地说，最初基督教的问题是：将一种普遍真理的主张从西
方带到中国。但是西方人发现，中国人对一个特殊的历史的中国的
认同感，会妨碍中国人接受外来的普遍性的主张，除非这种中国认
同变得无关紧要；因为人们不会仅仅因为所谓的抽象理性的光芒四
射就改变他们的心智。所以基督徒就强调，西方历史虽然在某种意
义上很明显是基督教的历史，却只是超历史的价值的体现之一（而
非其**唯一**的体现）。西方人说，中国历史也同样体现了这种超历史的
价值。这样，一个渴望调和真理与传统，又讨厌普遍和特殊的思想
诉求之间的裂痕的中国人，就有可能对这种保持双方相安无事的提
议表示欢迎；然而在他看来，也正是这个提议，正是这种把基督教

建立在其内在的普遍性基础上的要求，使得他宁可维持现状的选择正当化了。如果普遍性内在于特殊事物之中，如果特殊事物的本质不是它们的表面特征而是现象下面的整全的本体，那么**在基督教的普遍性侵入以前**，中国的特殊性和中国的历史就必定拥有那种价值，它披的是中国的外衣，不带基督教的色彩。归根结底，基督教的文化相对主义乃是基督教的宗教绝对性的差劲的仆人。西方人为了用他的宗教上的证词对抗中国人的族裔中心主义，或者简单地说，为了让这种证词成为本质，便把西方文化看作短暂和肤浅之物，此时中国人注意到了西方人所做的这种牺牲，欣然加以接受，打定主意不再改变。没有皈依，也没有外在的转向。如果中国人真要去寻找西方人视为真理的事物，他也是从内部寻找。

### ii. 基督教未能取代垂死的儒教

尽管基督徒会否认基督教在本质上是西方的宗教，针对这一点教会在中国也没有拿出什么好办法来。然而如果不容许基督教与中国文化和平共处，西方基督教的传教士们还有一条路可走。他们可以停止调和的策略。他们不必再提心吊胆地努力保持基督教文化上的无毒无害（目的是避免与中国人在历史中形成的忠诚相冲突），可以公开地炫耀他们的"蛮夷"身份，认定中国的传统实际上是其不可调和的敌人，推动它的毁灭并为此幸灾乐祸。如果中国的文化阻碍他们，或许中国的文化变革会扫除这些障碍。

攻击中国的文化或者尝试把基督教的启示植入中国文化内部，在这两种策略之间做选择的压力，在整个现代中国的历史上，始终伴随着基督教在中国的传教活动。其中一个策略的缺陷就会让人想起另一个策略。于是，一开始我们看到鼓吹基督教–儒教融合论（这种融合论可以安抚中国人的历史意识）的先驱者利玛窦，他并不仅仅依赖这种策略；他也试图对中国人那种认为中国文化具有无可争辩的普遍有效性的自大态度发起猛烈的批评，想要迫使中国知识分子承认——不管他们情感上有多么不愿意——西方文化以及作为西方文化一部分与之俱来的基督教具有更高的价值。利玛窦首先用儒家的术语来解释他的宗教，承认中国文明的声望，偷偷地把基督教的私货掺杂其中。但是另一方面，利玛窦又吹嘘西方的艺术与科学，动摇中国人对任何外国事物的偏见，让基督教有可能不受中国人先入为主的判断。根据他的记载，一位友好的中国人曾向他提出忠告："不要从宗教辩论开始"。他们对他说："你的数学知识就足以让他们（中国人）对自然现象所怀有的那种荒唐无稽的幻想信誉扫地……；至于来世的事情，他们又怎么会信赖那些在现世的事情上受到如此严重的蒙骗的人们呢？"[4]

为什么这种期望——即世俗的西方化在中国会给西方宗教启示的传入铺平道路——迄今为止是以失望告终呢？为什么反基督教的情绪在20世纪20年代会变得特别突出，特别是在那些对中国的传统生活方式最为不满的阶层中间？应当承认，17世纪——当时传统中国社会尚完好无损——处于不利地位的基督教，原本是应该有可能从后来对传统社会的攻击中，从随之出现的反儒家的反传统主义中获益的。但是当基督教不再因为来自外国而受到谴责（因为现代中国已经接受了如此之多的外国事物）的时候，为什么它还是没有摆脱被拒斥的命运？"考虑到投入到中国教会学校之中的巨大资金、人员、精力和奉献精神，我们在思想上的失败是惊人的"[5]，一位西方基督教传教士在共产主义胜利的时刻调查传教事业之悲惨结局的时候如此写道。

这里面可能有一些因素发挥了作用，但要说明这种情况，或许一条理由就足够了。我想，到目前为止，基督教在任何一般的意义上都未能取代儒教，是因为躁动不安的中国人尽管转而走向西方的道路，但仍然感到必须要有他们自己的立足之地。反传统主义只有

在它保证中国人在文化上与西方平起平坐的意识不会被削弱的条件
下才是可能的。只有中国儒教的老对手——西方的基督教——跟它
同归于尽，它才能被现代西方摧毁。

文化涵盖了人类选择的所有领域，包括那些涉及价值判断的
领域和涉及科学判断的领域。科学的有效结论（就像人们在别处已
经注意到的那样）在经验上是可以验证的，因而根本上是不可抗拒
的。但是现代西方的科学实践——它是西方作为**工业文明**的关键所
在——基本上必定会取代现代中国的科学实践，这一点促使中国人
通过试验另外的选择可能性来寻求补偿。在一个普遍的价值判断无
法在经验上被证实、选择仍然有可能的领域，中国人特殊的追求就
表现出来了；既然基督教（西方作为**基督教文明**）是可以拒绝的，
基督教就被拒绝了。

儒教必须退出。但是如果基督教——可以牺牲掉的基督教——
被挑选出来充当儒教的西方对应物，那么中国历史在与西方历史进
行比较时就不必感到难堪了；如果基督教不过是儒教的对应物，那
么儒教屈服于工业主义就不必看作是中国屈服于西方——只要基督
教也同样屈服于工业体制。现代中国人在拒绝基督教的时候，也希
望西方的核心传统如其所愿地消耗殆尽，正如他放弃了他自己的核
心历史传统一样。因为若中国的儒教和西方的基督教被捆绑在一起
付诸遗忘，中国似乎就能够获得救赎。

这样，作为"现代"文明，而不是作为"西方"文明的科学和
工业主义，对超越了儒教的中国和超越了基督教的欧洲来说，似乎
是一个普遍的归宿，在终点处等待着它们。如果这个归宿真的是普
遍的，它也自然是中国的。尽管普遍的信念是新的，但中国的特殊
情感毕竟没有受到伤害。

20世纪20年代中国对基督教的敌意经常出现在民族主义的语境
中，这种敌意把传教士的活动等同于来自外国的政治压力。民族主

义在很大程度上包含了对中国传统的拒斥，"反帝国主义"的攻击则暗示了基督教与西方之间的联系：这里非常清楚地显示出一幅中国"精神"和西方"精神"在同样遭到拒斥方面达成了平衡的图景，中国人由此获得了渴望已久的平衡感。而现代中国的一些传统主义者转向基督教这一点也印证了这幅图景。这些传统主义者对反传统主义者日益增长的力量越来越忧虑，对反传统主义者的世俗的现代主义持抵抗的态度，他们倾向于接受他们的对手很早以前确立的另类现代选择的定义：一方面是科学的物质主义，另一方面是没有多少差别的基督教和儒教。早在1902年，一位曾经的儒者就曾以揭示这一点的方式来呼吁思想自由：

122

> 保教之论何自起乎？惧耶教之侵入，而思所以抵制之也。吾以为此之为虑亦已过矣。……科学之力日盛，则迷信之力日衰，自由之界日张，则神权之界日缩。今日耶稣教势力之在欧洲，其视数百年前，不过十之一二耳。[6]

### iii. 小结

17世纪，中国人反对基督教是因为它是非传统的。而在20世纪的中国，特别是在第一次世界大战之后，反基督教的主要呼声则认为基督教是非现代的。因而，在前者那里，基督教因为不是儒教而受到批评，在中国文明看来，这种批评是理所当然的。而在后者那里，基督教因为不是科学而受到批评，这是从西方文明的立场出发做出的批评。

因此，中国反对基督教之立场的性质的前后变化，反映了传统中国文明的逐渐瓦解。但这种变化不仅表明了瓦解的事实，它本身就是这个过程的例证。在中国历史上，基督教在经过早期现代时期

123　并不起眼的开端之后，扮演了一个重大的角色——一个虽然重要却是替代性的角色。中国人需要它充当的不是信仰的对象而是拒绝的对象。现代基督教传教士为中国的西化做出了杰出的贡献，他们取得了世俗的次要的成功，但在这种成功中，他们的宗教事业失败了，至少在一段时间内，在传统日趋衰落消亡最后只供人凭吊的过程中是这样。因为人们不会冷静地改变他们的思想信仰。当中国的传统主义崩溃坍塌，变成反传统主义的碎片的时候，它让中国人付出了昂贵的代价；而只要有可能，中国人都会选择用外国的资产来偿付这种代价。

　　在这里，看上去似乎基督教只对中国的知识分子才构成一个问题，不论他们在人们所期望的对儒家的忠诚上是坚定不移还是疏忽怠慢。这些思考对于中国的大众来说会不会显得学究气呢？毕竟，当（与文人截然不同的）农民在太平天国起义中表达他们的反儒教的情绪时，他们的领袖教给他们一种经过篡改的基督教，它当然是对原来的基督教的歪曲，但还不是为了反儒教而有意拿基督教开刀的**反**基督教立场的表现。

　　确实，在整个历史上，人们倾向于在儒家统治集团和与之发生有意识的社会冲突的中国人之间，建立一种思想上的平行关系；反叛者往往在意识形态上带有道教、佛教或基督教的色彩，它们是拥有高等文化和地位的士大夫阶层的儒教信念之外的流行选择。但如果基督教全面渗透中国的机会具有的是这种象征的性质，依赖的是中国社会的分裂，那么由于知识分子的困境，这种机会就变得更加渺茫了。因为由于知识分子在中国所占有的特别关键的地位，对于发动一场成功的革命来说，将知识分子逐出统治秩序在中国比在其他任何国家都要更为至关重要。于是反儒教因而也反基督教的领导角色，就落到了20世纪那些反儒教因而可能信奉基督教的自下而上的反叛者身上。而基督教的可能性并没有得到充分的发育。基督教

对社会抗议的象征性表达，在吸引力方面可能永远也比不上彻底的
物质上的承诺，这种承诺来自一战、俄国革命和五四运动时期特定　　124
的思想界。

## 2.反传统主义对民族主义的压力

我们已经看到有一些民族主义者想要革新，但是他们最热切的
愿望是让传统体面地落幕。民族主义还涵盖了这么一群人，他们在
民族主义的旗号下，认为有可能完全放弃传统。在他们看来，如果
一个人出于清晰冷静的普遍判断，诚实地面对现实的话，那么他摆
脱传统乃是一种无条件的选择。

聚集在《新青年》和《新潮》这些意义深远的杂志麾下的青年
知识分子的领袖和导师陈独秀（1879—1942），是一位最杰出的反
传统主义者。他说，尽管有些事物可能是从古人那里传下来的，尽管
它为圣人所赞许，为政府所强加，为人民所接受，如果它不切实际，
那么它就毫无价值，就应该被废弃。陈独秀把这一点作为普遍原理，
对中国文化横加抨击，严厉地指控他的同胞，要求矫正国人的奴性、
怠惰、不思进取、无知和迷信。[7]①

但是作为一个热心于欧洲文明的人，陈独秀拒绝让民族主义来
主导他脱离中国传统的选择。他对以传统之敌人的面目出现的民族
主义很警惕，因为他担心民族主义会让传统从后门又溜进来。[8] 然
而，他的许多学生和追随者，在五四运动时期确实将政治上的民族
主义和文化上的反传统主义结合了起来（在政治上，五四运动是对
接收山东权利的日本人，对日本的一战盟国，对中国政府里的亲日

---

①中文原文见陈独秀《敬告青年》（《青年杂志》第1卷第1号）："若事之无利于
个人或社会现实生活者，皆虚文也，诳人之事也。诳人之事，虽祖宗之所遗留，圣贤
之所垂教，政府之所提倡，社会之所崇尚，皆一文不值也！"

派的愤怒情绪的喷发；而在文化上，则是对中国的国民性和体制——据说是它们让中国变得如此容易吃亏上当、束手无策——的愤怒情绪的喷发）。在政治危机的后期，爱国学生仍旧将这些民族主义的政治思潮和反传统主义思潮联系在一起。在20世纪30年代反日的学生中间，旧教育被冠以"封建遗毒"的污名。[9]

这种类型的爱国主义在官方的民族主义者中间并不受欢迎，他们怀疑学生亲近共产主义。这种怀疑是有根据的。因为抗战时期，年轻一代的知识分子很明显地转向了共产主义，这种转向的迹象在20年代就已经显而易见了。

至于那些对中国传统的真实看法跟陈独秀一致的民族主义者，他们给民族主义负载了过多的反传统主义的内容，从而变成了准共产主义者或真正的共产主义者。因为正如我们将要看到的，共产主义似乎能比简单的民族主义吸收更高程度的反传统主义，并且还能让中国人在情感或历史意识上心安理得地与中国的过去在思想上决裂。他们也正是在共产主义这一点上与中国共产党的创立者之一陈独秀相遇了。陈独秀的反传统主义拒绝民族主义的认可，但他作为一个中国人，不可能不需要任何认可。

### 3.民族主义面对的社会压力：既要推动传统的僵化，又要否定传统的僵化

只要一个反传统主义者能够相信，民族主义毫无保留地认可反传统主义，视其为国族富强的先决条件，那么他就甘心做一个民族主义者。但是如果他看到民族主义似乎鼓励把传统当作博物馆中的藏品保存下来，他就不得不重新考虑自己的立场。有一件事是很清楚的，那就是民族主义者总之用某种方式杀死了传统，不管他们是把它抛弃还是封存了起来。那么反传统主义者就一定会问，像他们

这样的现代人为什么还要跟一个所有的民族主义者实际上都肯定对
之丧失信心的传统周旋呢？

126

　　实际上，反传统主义者对传统思想和艺术做出僵化——这种僵
化的状况一直延续到民族主义盛行的时期——的诊断的时候，就意
味着对其原因做出了判定。这种对传统之僵化的指控认为，新传统
主义者对他们所做的事情并没有最基本的思想或美学上的担当，只
有社会层面上的担当。这就是他们的产品缺少价值的原因，同时
也是他们继续鼓吹和制造这种产品——尽管它在美学或思想上很贫
弱——的原因。

　　认定传统古典文学在阶级斗争中起到了某种作用的看法，至少
可追溯到一战时期的刊物《新青年》，它提出了"反对封建的贵族文
学，赞成平民的、写实的社会文学"的口号。[10]① 这里一连串的形容
词表明，现实主义已经不是美学议题而是社会议题。《新青年》群体
所特有的对白话文的热情就是这一点的证明；它在很大程度上就是
那种让社会危机所要求的新鲜观念成为文学之内容的热情，日常语
言能够很自然地传达这些观念，而古典的文人语言由于把艺术和生
活分离开来，则会将这些观念拒之门外。陈独秀曾用鄙夷的口气谈
到古典风格的现代实践者，说他们的伎俩"惟在傲古欺人"，其作品
乃是"八股"，或者说空洞无物，与现在的社会或文化毫无关系。[11]
而新的语言（这里所说的"新"是就将其用作严肃文学的正当媒介
的主张而言）则服务于新的主题，适用于对新社会的探求。1916年，
胡适（1891–1962）刚在《新青年》上发表他的白话文学的宣言②，

---

　　①这句话当是撮述陈独秀《文学革命论》中的下述文字而成："曰推倒雕琢的、
阿谀的贵族文学，建设平易的、抒情的国民文学；曰推倒陈腐的、铺张的古典文学，
建设新鲜的、立诚的写实文学；曰推倒迂晦的、艰涩的山林文学，建设明了的、通俗
的社会文学。"

　　②此处作者有误，胡适发表《文学改良刍议》是在1917年。

像沈尹默的《人力车夫》这样把现代的社会内容注入反古典的文学形式之中的诗歌就开始出现了。[12]

于是，20世纪20年代，像20世纪最负盛名的中国作家鲁迅这样深刻敏锐的反传统主义者，在指导艺术中出于道德动机的自然主义和他们所谴责的"为艺术而艺术"——特别是中国传统艺术——的观念之间的这场论战的时候，就运用了社会分析的方法。风格上的精心考量被解释为对内容的重要性的否定，以及拒绝去说关于急切的社会问题的不得不说的话。茅盾（1896-1981）说过，科学作为现代的时代精神，推动着作家去寻求社会的真实。[13]据称，在现代语境中沿用传统的表达方式，作为一种建立堪与内容相匹敌的形式的努力是具有社会层面上的意义的，但却不能作为坚持传统形式是内容的最好载体这一观点的努力而具有美学上的意义。自然主义者说，思想家和艺术家必须大胆放言，但当带有传统主义偏见的思想家和艺术家抱怨说大胆放言是粗俗之举的时候，他们也是在大胆放言他们自己的立场。他们出于美学纯洁性的考虑，在社会议题上的立场是不承认这些议题是他们应当关心的主题。[14]

反传统主义者相信现代中国的文化传统主义者有其社会目的，他们当然是正确的。但是，很难说扶持传统只是一种社会政策上的愤世嫉俗的举动。实际上，就民族主义者的反共产主义立场而言，传统主义在社会的层面上对他们是有用的。而就民族主义者不是共产主义者这一点而言，传统主义也是他们心理上所需要的，由于他们的社会要求，他们不可能采取共产主义者那种与垂死的体制一刀两断的方式。

在社会的层面上，民族主义是一种用来否认阶级斗争应该存在的方案。民族主义者会说，中国人身为中国人一定要团结起来，对中国文化完全有权利要求中国人的忠诚这一点的肯定，将是团结的象征。既然反传统主义是和社会抗议联系在一起的（还有谁比民族主义者对此了解得更清楚呢？他们就是以来自传统社会控制之外的通商口岸权势阶层的文士批评家的身份起家的），那么传统主义若成功地培育起来，就会起到缓和的作用。就像我们前面所提到的，这种民族主义的传统主义不像更旧的儒家传统主义那样是普遍主义的，而是相对主义和浪漫主义的；就此而言（借用曼海姆对柏克及法国大革命后几十年内出现的其他欧洲人所持的浪漫主义的传统主义之特征的分析），它是对系统的、反传统的"进步主义"运动的一个有意识的反思性的反抗运动。[15]

　　于是，非共产主义者的民族主义者在思想选择的范围上已经受到了中国人内部的社会冲突的限制，因而他们不得不充分利用处于中西文化冲突中的传统主义。民族主义者深深地感到他们与传统文化的疏离，他们要想获得某种补偿，除了转向共产主义别无他途，而在社会层面上，他们又不可能接受共产主义。因此，对他们来说，疗救疏离所产生的心神不宁的唯一办法就是否认这种疏离。他们必须努力去相信中国传统的当代价值，而且是真心实意地相信，不是出于某种策略的需要。现代中国的传统主义者不是烟雾缭绕的房间里的政治密谋家，而是说服自己献身于一个日渐枯竭的文化的热心人。

### 4. 对传统精神中创造力僵化的指控

　　没错，这种文化脱离了这些热心人士就不存在，它不是那种在其自身内部日渐衰老、独立于那些愿意生活于其中的人们的自主抽象概念。正是那赋予它生命的事物导致了它的衰败，迫使人们去转变观念，即便这些观念存留了下来。因为其他人感觉到了一股具有普世性和革新性的工业文明的新潮流，他们想要抛弃较为陈旧的中国观念，用新式教育教授的新学来取而代之，这种教育与其说是家族声望的基础（就像过去的儒家科举考试那样），不如说是一种从家

128

庭中获得解放（一种革命性的自由）的手段。传统主义者生活在这种不断变化的社会环境中，加上反传统主义者又提出了别样的信条和引人思考的问题，他们没办法让传统万古长青。让我们再次回到绘画的领域，可以从中看到传统被缓慢侵蚀的过程。

当科学尽管受到轻视，却在"体用"或"物质–精神"模式的认可下被引人的时候，人们就不得不慎重地考虑，中国实际上应该在精神领域保存其传统。绘画界有一个例子，1913 年，一个革命团体就在上海创办了一所致力于西法油画的画院。因为他们第一次在中国画（地下流行的色情画除外）中大胆地采用室外写生和静物画乃至裸体画，传统的艺术家格外起劲地大肆中伤，甚至导致几个人被捕。但传统主义者知道关键的问题不在公共道德，因为这些触犯众怒的采用裸体模特的画家，是通过一份反传统的宣言来强调他们的主要观点的。他们提倡的是摹仿自然的绘画，而非师法前代大师的风格化的绘画，他们把中国艺术的堕落归咎于后者。[16]

为了努力抵制这种对中国文化的伤害，似乎比工厂或轮船引发的任何情绪都要更为深重和残酷的观点，1919 年在北京成立了中国画学研究会。研究会得到了具有学者风度和传统主义倾向的政治人物徐世昌的资助，[17] 其生机勃勃的精神在稍后一位作者对普遍标准的辛辣讽刺中得到了非常清晰的表达；这位作者认为，富于个性且传承自历史的中国艺术技法乃是中国人民之个性的必然结果：

> 近见稍稍学习中国画和西洋画的人，辄喜变易中国画面目使肖西洋画，自诩是现代中国画或革新中国画，并力诋中国画持重笔墨之非，忘却世间既有如此面目的中国人，就应有如此面目的中国画。可惜他们本领能变易中国画面目使肖西洋画，却不能变易他们自己面目使肖西洋人，革新不彻底，也许成他们的千古恨吧！[18]

当一种传统美学作为它自身所属领域之外的某种事物的象征而被永久化的时候，它会面临怎样的命运呢？画家吴湖帆（1894—1968）热心于宋、明和清初艺术，他给我们留下了一些有用的证言。他说，他对新的或西方的绘画技法并无兴趣，因为他认为新事物只能从旧事物中生长出来。它们必须要有根。[19]

这样的说法是无可非议的。就像萨丕尔评论的那样，显然，没有文化遗产的作用，个人是无能为力的：

> 他不可能仅凭他的精神力量，编织出一个充溢着他本人个性的强有力的文化结构。创造是让形式服从于人们的意志，而不是无中生有地制造出形式……从文化废墟上走出来的创造者，很少能给我们带来比某种姿态或蠢话更多的东西……[20]

因而，在传统内部从事艺术活动的吴湖帆，做出的是一个合情合理的决定，而且，较之别的现代艺术家开始采取的缺少训练的折中主义，这个决定可能更有价值一些。我们都很熟悉那种给美学目的赋予社会色彩的做法，这种做法让如此之多的中国画家尽各自之力去择取东西方之精华，目的是把中国从对其自身过去的毫无生气（sterile）的模仿或对西方毫无骨气（servile）的模仿中拯救出来。[21]（"于是我选取西方艺术最精妙之处，将其运用于我的中国技法中……从而把东西方融合为一个和谐的整体……"[22]）

然而越来越明显的是，吴湖帆本人远没有摆脱社会动机的考虑，这使得他对传统形式的看法，与他所师法的传统大师们对传统形式的看法有相当大的差别；他是以那种毫无生气的模仿的对象的代言人形象出现的，这种模仿驱使别的同代艺术家走向毫无希望的象征性的融合，又驱使另外一些艺术家走上彻底的反叛之路。因为，尽管吴湖帆对"根"的关切隐含着对发展以及过去与现在之间的关系

的兴趣，他的兴趣却是在过去本身，而在他看来，这个过去是和现
在截然不同的。

131　　他有一幅山水画，前景是一位身着古代中国服饰的女子。当有
人问起为什么这个女子不能穿上当时中国女性的服装，他回答说：

> 如果我让她穿上今天的衣服，画的风格就会走样，过不了
> 几年，这幅画就会显得过时和荒诞。我的画不只是给今天的人
> 画的，还是给那些过一千年都会看它的人画的。[23]

这样的信条揭示了西方在中国传统艺术——潜在地也包括一般
意义上的中国传统思想——中造成的破坏。就像怀特海说的，创造
力要求把对社会符号的尊重和修正的自由结合起来；[24]它是以新鲜
的想象力与传统的负担之间的张力状态为先决条件的，这种张力推
动了传统内部的发展。"甚至在手做出改动的时候，耳朵还在倾听遥
远的过去……"[25]但是当西方横亘在中国艺术传统的道路上的时候，
这个传统内部又怎么会有发展呢？西方似乎已经预先决定了可能的
新途径，那些本来有可能有兴趣把他们的新鲜想象力运用于中国的
传统，有兴趣在无往不胜的中国文化的历史潮流中创造他们自己的
价值理念的中国画家们，猝不及防地意识到他们现在的成果有可能
证明了中国文化的落幕。他们回到自己习惯的套路中，过去他们普
遍把传统视为创造力的刺激因素，现在他们赋予传统以普遍的价值，
因为只有在传统那里他们才能找到他们特殊的中国气派，特殊的联
系和普遍的保证似乎必须要统一起来。

因而，寻根实际上意味着对旧日繁华的寻求。对过去的理想化，
牺牲的是发展以及随之而来的对创造力的希冀，这只是出于美学
上的理由。吴湖帆关于服饰的论述似乎完全不合逻辑，除非人们注
意到在他那里，过去是被理想化的，而且远离现在的阶段。因为如

果明天时尚的变化就足以让描绘穿着今天服饰的女子的绘画变得荒诞，那么除了对过去的理想化，还有什么原则能够保证描绘昨天服饰的绘画具有正当性？现在必定是过眼烟云，而过去，真正中国的古代的过去，则必定永恒不朽。

当传统主义者失去了发展传统的意愿，转而寻求去重复这个传统，他们就改变了它的内容。他们不再以一种自然而然的美学视野，把它看作一个能够刺激他们做出新发现的美的世界，而是把它看作西方的对立面，而发展只会削弱它在这方面的地位。传统原本应该带给他们的力量已经消失了，因为他们自己禁止传统这么做：

> 将标准化的价值自动地永久化，不顾那些想要把他们自身的某些部分融入他们从前人那里接受下来的形式之中的个人不断地脱胎换骨的状态，导致的是非个人的模式的支配地位。个人被打入冷宫；文化变成了一种姿态而非生活方式，它就不再是真正的文化了。[26]

因此，当西方的先驱者似乎横跨所有发展的路径的时候，中国的传统思想日趋陈腐。传统主义者努力避免历史情感和价值承认之间的冲突，于是他们就抽空了他们永久保存的事物的当代价值。冲突越来越激烈，一些中国人开始不可避免地想要尝试一条完全反传统主义的道路（"……我们在任何一个时代的结尾都会碰到这种诗人，他们只对过去有意识，或者反过来，他们对未来的希望建立在弃绝过去的努力之上……"[27]），看看它会把他们引向何处。它把他们中的某些人引向了共产主义。

# 第十章　共产主义

## 1.共产主义对痛苦的中国知识分子的吸引力

当保守的中国民族主义者感到某种社会压力迫使他们尽其所值地利用他们的传统遗产的时候，他们也就削弱了传统所声称的它在思想上的说服力，并且让西方提供的替代性选择变得比以往任何时候都更加令人信服。但是朴素的思想信念从来不足以支撑一个西方导向的中国反传统主义，如果民族主义无法补偿对中国传统价值的无情拒绝的话，那些在社会层面上可以自由选择共产主义的人就会走向共产主义。共产主义者的反抗呼声的西方源泉，恰恰没有给中国人对共产主义的接受设置心理上的障碍，反而为这种接受铺平了道路，因为它担保那个侵害中国的前共产主义的西方，也为其自身的批评者所拒绝，态度之坚决跟最顽固的中国传统主义者并无二致。因而，一个希望自己对中国与西方的平起平坐怀有信心的中国人，就不必回过头去倚仗孤注一掷的传统主义，既然共产主义庇护之下的反传统主义就能达到他的目的。一个共产主义的中国非但不是落后的跟在西方后面亦步亦趋的国家，反而跟苏俄一道，似乎有可能跻身前列。

134

## 2.残余的传统主义

但是共产主义者发现，完全否定旧中国即便对他们而言在心理上也是不可能的。有一些偶尔出现的表述证明了这一点。诗人艾青评论说，五四运动在破坏过去的形象方面走得太远了。[1]哲学家艾思奇号召在中国传统哲学中寻找辩证唯物主义存在的证据。[2]共产党重要的政治家刘少奇写道，毛泽东思想是将马克思主义运用于一个特定民族的最出色的表现，又加上一句："（它）是完全马克思主义的，又完全是中国的。"[3]①

　　刘少奇这么说的时候，似乎显示出某种个人的倾向，它与那种公开表达的似乎言之成理的论证的效力没有关系。因为从逻辑上看，这个表述并非源于刘少奇本人所确认的共产主义假说，按照这种假说，只要中国共产主义学说的马克思主义普遍真理被确立下来，它的"中国性"和特性就是无关紧要的。

　　这个刘少奇所表述的、让毛泽东的"中国性"变得无关紧要的假说，也是我们所熟悉的那些恰恰通过否认文化冲突而暴露自己与文化冲突有特定牵连的人们的惯常假说：即只有普遍的有效性才是重要的。因为刘少奇说过：

　　　　对于中国的与外国的历史遗产，我们既不是笼统地一概反对，也不是笼统地一概接受，而是以马克思主义的辩证唯物主义与历史唯物主义为基础，批判地接受其优良的与适用的东西，反对其错误的与不适用的东西。[4]

　　此后，这大致就是忠实的中国人对共产国际有关文化世界主义的声明的反应所依据的原则。1952年，纪念阿维森纳、达·芬奇、雨果和果戈理"四大文化名人"的活动在北京举行，同时也在华沙和布拉格举行。[5]然而到了1953年，当这种一年一度的纪念文化名

---

①中文原文见刘少奇《论党》，北京：人民出版社，1950年，第28页。

人的大型活动把一个中国人——古代诗人屈原（共产党总是称赞他是"爱国诗人"）——列入纪念对象的时候，中国人对这种超越国界的庆祝活动明显投入了更多的热情。[6] 1949 年 7 月，周扬在第一次全国文艺工作者代表大会上做的报告中，也有类似的将普遍与特殊混合在一起的调子，他说共产党人尊重并且谦虚地欢迎一切中外传统的优良和有用的遗产。[7]① 这里尽管以普遍的用语"有用"取代了对传统的表彰，他接下来还是特意把与中国的特殊联系重新提了出来；他说，任何外来形式一旦被用来表现中国人民的斗争，被群众所接受，就必然会转变为中华民族和人民的艺术形式。[8]②

### 3. 对传统主义的让步：理性的策略还是情感的投入？

这样一种对"中国精神"的关切是不是应该理解为并非一种情感的表达，而只是一种引诱人民——那些思想较简单的人们——的策略？

我们必须一开始就注意到，对可行性的考虑确实是共产党人对革新问题的分析的一部分。周扬指出旧戏（"封建艺术"的主体）仍然有很大的市场。他评论道，这种戏剧是中国民族艺术的重要遗产。它和熟悉并热爱它的群众有密切的联系，而旧的统治阶级却把它用作欺骗和毒害群众的工具。因此，共产党人的任务就是既要保存它，又要对它进行改革。随着群众政治觉悟的提高，他们对旧剧的爱好

---

① 中文原文为"重视而且虚心接受中外遗产中一切优良的有用的传统"，见周扬《新的人民的文艺》，《周扬文集》第 1 卷，北京：人民文学出版社，1984 年，第 520 页。

② 中文原文为"任何外来的艺术形式，一经用来表现中国人民的生活与斗争，而且为群众所接受，那末，它们必然逐渐变形为自己民族的人民的艺术"，见《周扬文集》第 1 卷，第 520 页。

就会逐渐减弱，但改革的口号必须是"从实际出发"。[9]①

　　因而，这里的表述似乎意思很清楚，即就事实本身而言，中国属性并非为旧形式所独有，但是出于策略上的原因，共产党人应该保存它们，改善它们的内容。周扬建议，可以利用旧剧让群众获得对旧剧通常所包含的历史知识的新的科学的解释，而不是那种浸透着"封建统治阶级的意识"的解释。[10]②（就像一本供农民阅读的流行的"鸡蛋书"③记载了武松打虎的老故事，毛泽东则用它来发出警告，说帝国主义就像伺机报复的老虎，"或者把老虎打死，或者被老虎吃掉，二者必居其一"。[11]④）

136

　　周扬在报告中还提到，最受群众欢迎的解放区文艺作品是那些与民族和民间的传统文艺保持了密切联系的作品。[12]⑤周恩来也主张传统形式可以为共产党所用，凡是在群众中有基础的旧文艺，都应当存留下来，共产党应当对它们加以改造。他相信，任何想要消灭和取代旧的表现形式的努力肯定都要失败。

　　周恩来并不认为旧文艺中的所有东西都是好的，因而都应该保存下来。他绝不主张所有的中国人都应该以保守的态度赞美过去。但他也不认为旧文艺中的所有东西都是坏的，因而都应该抛弃。他

---

　　①周扬评论的原文是：这种戏剧是"中国民族艺术重要遗产之一，和广大群众有密切联系，为群众所熟悉所爱好，同时旧剧一般地又是旧的反动的统治阶级用以欺骗麻醉劳动群众的一种阶级斗争的工具"，见《周扬文集》第1卷，第526－527页。

　　②中文原文见《周扬文集》第1卷，第527页。

　　③"鸡蛋书"指农村流行的说唱故事书，价格像鸡蛋那样便宜，故而得名。50年代初，宝文堂书店曾大量印行这类书籍，"他们还根据实际情况，灵活掌握，在某些贫困地区采取了鸡蛋换书的形式，人们戏称之为'鸡蛋书'，既扩大了发行，又满足了需要"，见侯式亨编著《北京老字号》，北京：中国环境科学出版社1991年版，第356页。

　　④毛泽东语见《论人民民主专政》，《毛泽东选集》第4卷，北京：人民出版社，1991年，第1473页。

　　⑤中文原文为"和自己民族的、特别是民间的文艺传统保持了密切的血肉关系"，见《周扬文集》第1卷，第519页。

说，这种态度完全不考虑中国的民族传统和中国人的感情，因而是错误的。说它错误，是因为它让共产党人远离了他们普及文艺的第一目标。

由此看来，周恩来似乎是在说，共产党人对传统主义的让步说到底不过是一种有意识的策略。但是他接下来就打破了这种幻觉。因为他认为，毫不留情地谴责旧事物在第二层意义上也是错误的：它不符合中国共产党人的历史观点。[13]①

因此，中国共产党的理论，从本质上看，并不是与对传统的要求无关紧要的事物。我们不能把共产党人小心翼翼地处理关于中国过去的特定主张的态度，简单地解释为对传统主义情感的一种巧妙的操纵，最终的目的是把有过这种情感的人们，吸引到冷冰冰的功利主义的反传统主义之中。相反，周恩来的表述证明，共产党的理论要求对中国的过去做出让步，不是为了让这种理论取得胜利，而是把这种让步当作它存在下去的条件。这种理论关心的是传统本身，而不是把传统当作安慰落后者情感的玩意。

## 4.阶级分析

中国的共产主义就像单纯的民族主义一样，在容许反传统主义的同时又保留了恢复与过去的关系的冲动。但正是这一点构成了中国共产主义的力量源泉，即这种冲动对它来说并非某种令人尴尬之物，某种令人心烦给人以不协调之感的、需要被压制或者不情愿地容忍的事物。正如周恩来所表明的，共产党的理论不仅仅承受这一关系的恢复，它还要求这种恢复。

---

① 中文原文见周恩来《在中华全国文学艺术工作者代表大会上的政治报告》，《周恩来选集》上卷，北京：人民出版社，1980年，第354—355页。

在共产党以阶级斗争理论对历史所做的解释中，观念被呈现为意识形态，这些观念不是因其抽象价值而不得不被接受，而是其自身被迫以阶级利益之表现的形式存在。这样，中国共产主义就能够把它对历史遗产内容的拒绝正当化，同时又把继承这一遗产的强烈愿望保存了下来。**整个**中国传统可以被废弃，但某个具体的值得称赞的中国传统却可以存在。

共产党人以批判的态度，把反士大夫、反儒教的太平天国起义（活跃于1850–1864年）看作不成熟的早产儿，[14] 而正是太平天国开始尝试着对中国社会进行阶级分析，并且引入了儒教传统并非中国传统而是士大夫传统这一观念或者说意识。基于这样的心理，太平天国就能鼓吹输入轮船、铁路以及其他诸如此类的西方物质文化产品，而无须求助于对同时期一些知识分子——儒家士大夫的自强派——具有吸引力的"体用"模式的学说。不难理解，后者不承认中国社会中存在任何分裂，他们把中国人（华）或蛮族（夷）看作文化上的两种选择，同意把卫护中国精神的西方物质作为儒教文化的补充。但是疏离于这些人的太平天国起义军则情愿放弃儒家文化，他们把中国人或士大夫看作两种选择——前者是他们所属的民族，后者则是将他们拒之门外的阶级——觉得他们所摆脱的是并不属于他们自己的东西。

太平天国以来中国文化的变化的一个表征，就是中国知识分子在多大程度上转向太平天国的立场并使之明确化。反传统主义的表述里面听起来最清晰的一直都是咄咄逼人的控诉社会不公的调子，而不是因思想上的迷梦被打破而感到伤痛的调子。当儒教传统（以及许多其他与之相伴的事物）被丢给一个阶级的时候，作为一个国族而非阶级的中国对它也就不必承担历史的义务了。中国自然是对它自身的历史承担历史的义务。

谁是中国？共产党人说，士大夫不是中国；它是一个阶级，士

138

大夫文化是一种阶级文化。在过去两三千年的封建社会中（这是共产党所做的相当粗略的分析），存在着两种相互对立的思想派别：儒家和道家。儒家思想是统治阶级的教育工具，因而注重礼仪。道家思想是逃避现实的，为封建社会中的失败者提供了出路。[15] 在中国文学中（按照共产党的另外一个观点），真正的传统是民间传统，而不在于那些被当作传统的宫廷文学或士大夫阶级的帮闲文学。[16] 因为中国不是士大夫的中国，它包括所有那些被共产党松散地界定为"人民"的人们，而根据他们数量上的主导地位，"人民"可以把中国等同于他们自身。中国的传统，那应该被赞赏而非弃绝的传统，同时也不会被反传统主义损害的传统，是非士大夫的传统，这个传统始终存在却始终遭到埋没和鄙视，或者说它的意义始终遭到篡改和歪曲，只要士大夫在社会和文化上的统治地位一直持续下去。

　　于是，对中国历史的"新的正确的解释"就让唐代诗人白居易成了"人民至上"传统的代表人物，尽管这个传统有时候会受到遮蔽，但它在中国却一直存在。[17] 更早的诗人嵇康是3世纪的"竹林七贤"之一，20世纪的鲁迅编校过他的集子，从而使他获得了人民性的保证。（"封建时代……专制政府……儒家正统/爱国诗人……人民精神……"，鲁迅的一位仰慕者提到这位诗人的时候如此写道。[18]）所有这些最久远的原点是传统的《诗经》，如今它已经被取消了原来意义上的经典地位，但又在新的意义上，和通俗小说（而非礼仪法典）一起被重新确立为典范。一个共产主义者会把它看作人民文学的精华，认为它表达了人民的挣扎和愤怒；尽管儒家的解释者刻意地采取无动于衷的态度，他（按：共产主义者）还是在那些反映了人民反对买卖婚姻和"封建礼教"等内容的诗歌中，发现了保存下来的民间抗议呼声的印记。[19] 当然毛泽东不会忘记提及《诗经》，1939年他在给斯大林祝寿时（适逢这位来自格鲁吉亚的多情善感的先生六十岁寿辰）引用了其中一句关于中国需要朋友的富

于田园风味的诗：“《诗经》上说的：‘嘤其鸣矣，求其友声。’我们正是处在这种时候。”[20] ①

因而，人民的传统就是可以被重新利用的中国的过去，而曾经代表中国的过去的事物（那时候它只是士大夫性质的）要么被直截了当地弃绝，要么经受了巨大的变化。对共产党人来说，太平天国本身变成了活的中国传统的一部分，这个传统取代了官方的、站在士大夫立场上的虚假的中国传统。

跟社会抗议的领域一样，科学的领域自然也是共产党向中国的过去发起攻击的一个领域。古代中国的发明或对未来的预想，如指南针、地动仪、测距仪、浑天仪等，被自豪地强调为中华民族的成就。[21] 对中医药知识进行了专门的整理，以丰富西医科学。[22] 这是一个构建之中的人民传统。因为在儒家士大夫传统中如此不受重视的科学，不用说是属于“人民”的。

## 5. “反传统主义—本土主义”的融合

这就是共产党人为了将特殊和普遍的诉求合在一起而采用的方案。一个另类的中国传统介入到古典中国传统（这是他们大加挞伐的）和西方传统之间；因为后者很快就会填补传统（士大夫）中国的消逝所留下来的真空，如果这个“人民中国”没有被发掘出来填补它的话。把传统中国价值当作“士大夫”或“封建”价值打发掉的阶级分析方法，把可能取而代之的西方价值当作“资产阶级”价值也给打发掉了。

实际上，共产党人想要找到一个能取代与被拒绝的儒家主题相

140

--------

① 中文原文见毛泽东《斯大林是中国人民的朋友》，《毛泽东选集》第2卷，北京：人民出版社，1991年，第657页。

对立的西方反题的合题。中国既不应该拥抱传统上受到赞美的中国价值，也不应该拥抱现代西方价值，前者最初遭到攻击正是以后者的名义。因此，著名的文学家郭沫若既批评中国封建社会蔑视小说这种文学形式的态度，也批评五四运动后资本主义文明进入小说时资产阶级对小说的欣赏态度。[23]"陈腐的半帝国主义和半封建"的文学艺术的影响应该被根除。[24]五四运动仍然是一个光荣的传统，但必须把它的革命思想和"反动思想"——比如说胡适和蔡元培的观点——区分开来。[25]他们的观点也就是自由主义知识分子的观点，从共产党的世界观来看，这些知识分子的反传统主张（或许对那些之前与他们在五四运动中并肩作战的共产党人来说，这些主张本身是完全可以接受的）可能会被描绘成向西方"文化侵略"——帝国主义在文化上的对应物——的一味投降。周扬把共产党的理论表述得非常清楚。他说，之前中国人把封建文学看作旧形式，这是对的，但是把资产阶级文学看作新形式却是错误的。后面这种观念来自于盲目崇拜西方的倾向，坦白地说，这种倾向是半殖民地思想的反映。[26]①

　　同样，在美术领域，完全的传统主义者和完全的西化论者也受到了谴责。传统中国画被称为"士大夫画"（在这里，该词并非用作旨在追求技术上的准确性的学术分类概念，而是带有明显的倾向性），并且和"八股文"这一旧的帝制中国所有程式化和刻板的事物的象征联系在一起。[27]而现代西方艺术运动则被称为资产阶级意识形态的产物，它的基本原理是否认这一意识形态的存在，认为美术、文学、哲学和科学是"精神"的表现，与社会的物质条件没有关系。[28]

141

---

　　①中文原文为："过去我们把封建阶级的文艺看成旧形式，是对的，但把资产阶级的文艺堪称新形式，却错了。后一种看法是来源于盲目崇拜西方的心理，而又反过来助长了这种心理；说得不客气，这是一种半殖民地思想的反映。"见周扬《新的人民的文艺》，《周扬文集》第1卷，第519—520页。

毛泽东谈到过（他不是第一个谈论这个话题的人）共产党对这个观点的看法。1942年，在一次公认实际上是官方对美学问题的指示的讲话中，毛泽东指出：

> 在现在世界上，一切文化或文学艺术都是属于一定的阶级，属于一定的政治路线的。为艺术的艺术，超阶级的艺术，和政治并行或互相独立的艺术，实际上是不存在的。[29]①

正是这种思路让共产党人能够——用他们的话来说——"看透"传统中国和现代西方，或者用旁观者可能得出的结论来说，能够从传统中国和现代西方中获得解放。因为共产党的批评家认为，恰恰是以纯艺术的名义，中国人把传统中国艺术固化了（他引用了这一派的口号："仿宋拟元"），要么就是追逐欧洲的现代派。[30]

五四运动后（这位作者继续论证道），"资产阶级的美术家"或者表现出极端的"复古"精神，为的是扑灭革命运动，或者（作为印象主义者的走狗?）向资本主义国家的艺术投降。1927年国民党发动政变后的二十年间，这种反动精神表现得格外强烈。"宋元家法"被大力提倡；在共产党看来，体现这种倾向的重大事件是1936年在伦敦伯灵顿美术馆举办的由中国政府赞助的中国美术展览。至于投降西方，作者提到了天马会的创立，这是1921年在上海倡导印象主义的一个社团。1931年，对后印象主义派画家、野兽派画家、超现实主义者的激情席卷中国大城市的艺术圈，但当抗日战争的爱国热情开始兴起的时候，这阵风就衰歇下去了。[31]

当中国共产党的美学在这两个浅滩之间小心翼翼地航行时（阶

142

---

① 中文原文见毛泽东《在延安文艺座谈会上的讲话》，《毛泽东选集》第三卷，北京：人民出版社，1991年，第865页。

级分析帮它划出了这两个浅滩并引导它躲开它们），它看重的价值是什么呢？对于那些用传统中国笔法绘制现实主义画作或试图画出"气韵生动"的油画的折中主义者，它只会投以轻蔑的目光。它指责这些想象着自己创造出一种既非中国亦非西方的新艺术的画家，只不过陷入到了徒劳无益的"体用"改良思想的泥潭之中。[32] 这不是共产党想要的妥协。

　　他们在绘画领域看重的是现实主义。[33] 对现代中国人来说，现实主义似乎有一种介于传统中国典籍中最值得称耀的古典中国画的理想主义价值和西方现代运动之中非表现的、符合建筑学原理的价值（除了其他价值之外）之间的优点。共产党人给"现实主义"唱赞歌，这样他们就能回过头来把经过挑选的古典艺术洗刷成人民艺术，而人民艺术显然是非西方的，也可以称为"非封建"的艺术。有时候那种把"社会主义现实主义"看作中国画伟大传统的发展顶峰的强烈愿望，会让一个共产党的批评家对写意的潮流抱以宽宏大量的态度，一般而言，中国的山水画被认为体现了基本的现实主义原则，或至少是体现了朝着这个方向的努力。[34] 但现实主义的救赎性质也可以被（应该说富于典型意义地）更有选择性地归于某种珍贵的现实主义名作遗产的启迪，就像一位作者在向宋代院画的"北宗"传统——徽宗本人也受到称赞——致敬的时候所做的那样。[35] 现在看来，院画画家在表现对象时确实比其他画家更精细。但在前现代中国画的北宗和南宗那里，现实主义事实上都是从属于形式上的考虑的。因为院画画家虽然在超越细节方面，在对自然内在形式的处理上，不如他们的注重直觉的"南宗"同行专注，但他们并不是带着自然主义的意图去处置他们笔下的精细的自然对象的，而是把它们安放在抽象形式的框架里，在这样的框架中，法度严密的人或物的图像有一种让它们周边的空白获得形式化的特征的效果。因而，徽宗那种类型的"现实主义"，确实与现代具象派画家的"社会

主义现实主义"有天壤之别。但是在某种意义上，这种宫廷传统确 143
实可以为了人民而被拯救出来：它的传统对手（至少在理论上——
我们已经看到折中主义的包容性如何会让他们的判断变得较为温和）
一直是士大夫画家。

要把人民这个花朵从过去的荆棘中采摘下来，还有一种更直接
的方法：手工艺品——连同出身卑微的手工艺者的神圣的匿名性——
可以被挑选出来充当传统的主线。[36]正是在这种联系中，敦煌石窟
佛寺中的壁画（从北魏到唐代）充分地得到了共产党的诚挚对待，
包括两套面额最通行的纪念邮票（列入"伟大的祖国"系列邮票中）
的发行。[37]画家徐悲鸿早年曾赴敦煌寻求绘画灵感，[38]他之所以受
人仰慕，理由很有趣：据说他既反对来自域外的形式主义或抽象艺
术，也对抗中国文人画家的流毒。[39]

在那些不像绘画那么引人注目的艺术形式中，表现日常场景
的木刻获得了巨大的推动和发展；它们在战争时期一下子变得非常
流行，特别是在那些离开中国传统并受到苏联木刻而非宋代木刻范
本影响的年轻的艺术家中间。[40]共产党也培育较为简单的农民艺
术——被称为"剪纸"的技艺，即表现花鸟、昆虫、人物或人们熟
悉的故事场景的剪影图案。一位共产党的评论家对它们做了如此的
评判："它们没有受到中国旧式文人或所谓的'现代派'的颓废风格
的污染。"[41]


这样一种在旧华夏和新巴黎之间寻找艺术上的中间立场的冲动，
象征了现代中国的普遍冲动。既要在本土找到一个新传统，又要在
域外找到一种批判性选择的新原则，这种双重的需要表明，中国人
拆毁本土旧的传统同时把西方引入进来是要付出代价的，无论是中
国共产党人还是其他任何人都要付出这种代价。补偿的需要意味着 144
对旧传统的依恋，就共产党这方面而言，他们对这个旧传统的否认

不是掩饰而是揭示了这种依恋。他们引入阶级分析，不是要欢欣鼓舞地消灭中国传统文化，而是以其最后的努力——之前所有的努力都失败了——来驱除衰败这个幽灵。

中国的共产主义很难被界定为一种为逃离自我反省的失望和沮丧而躲进去的纯粹的思想避难所；它背后的原因是人世间的社会抗议。但中国传统社会的崩溃是西方冲击的结果，同样是这种西方的侵入扰乱并最终毁灭了中国人对中国思想自足性的信心。文化忠诚的问题只有随着社会剧变问题的出现才变得鲜活真切起来。

因而，说中国共产主义在帮助知识界努力摆脱思想上的困境方面发挥了作用，并不是否认中国共产主义是因为令人惊骇的社会压力才走上历史舞台这一事实，反而确认了这一事实。与中国传统的疏离是和中国社会的动荡不安分不开的；治疗这种疏离所导致的痼疾的革命性的努力，是通过革命来渡过社会动荡达到社会安定的努力，在思想史中的必然对应物。

145

# 第十一章　西方列强与中国革命：文化变革的政治面向

　　过去一百年间西方引起了中国思想上的回应，也同样引发了政治上的回应。条约口岸既为中国民族主义建立了文化上的条件，也成了它政治上的目标。而中国人走向民族主义的共产主义经历了一个漫长的历程，从思想和政治上的自足，经过西方在这两方面的支配地位所带来的不断加深的困境，到有望重新与西方平起平坐乃至超过西方的解脱。但过去不会失而复得，西方入侵的体验永远也不可能抹除。此刻中国人的政治和文化都是新的，因为现在出现的不是传统的秩序，而是一种弥补这一秩序之丧失的补偿感。

　　在条约签订之前的时代，中国的文人已经确立了对西方思想的态度，但是他们无法稳定地保持这种态度。19世纪40年代以来西方侵入的这一百年间，中国文化传统遭受的侵蚀逐渐导致共产主义思想的登场。中国的文人也确立了反对西方强权的立场，但这一立场同样半途而废，而他们外交实践的被迫改变则导致了共产主义政体的登场。中国的领导者的这种外交实践，已经成为他们文化传统的一部分。一方的变化构成了另一方的变化的一部分。中国变成"人民共和国"，与共产主义苏联联合起来对抗西方国家的政治强权和中国以前的领导者，这个过程跟中国文化变成"人民文化"，用来反对西方思想上的强权和中国的文人传统，是同一个过程。这就是中国文化变革的政治面向。

146

据说古罗马三执政之一克拉苏有一个私人消防部门和一个私人纵火队，他费尽心机地把这两者精巧地结合起来使用。有趣的是，在某种程度上，19世纪西方列强在中国（也许还有其他地方）似乎扮演的就是克拉苏的角色。当中国政府坐在火堆——至少一部分是西方煽起来的内乱之火——上的时候，列强的物质利益似乎最有保障；因为在如此不稳定的情势下，无论中国的统治者平常是多么不情愿对外国人做出让步，他们还是不得不做出让步或者确认已经做出的让步，为的是有资格得到外国的援助，单靠这种援助他们就能保住自己在国内的地位。对双方来说，要让这种保护体系平稳运转需要一个条件，即中国政府在其国内的敌人面前不能变得太过无能，以至于那种有效的援助肯定会让外国人负担过重，或者太过拖累他们在中国的代理人；前者不会花费超出他的投注所值的金钱，后者也不会偿还超出他所能忍受的损失程度的费用。

1860年建立起来的这个保护体系是一个理想的状态，构成了我们理解它后来进行修正的一个参考点。反抗清王朝的太平天国运动已经如火如荼地持续了十年。然而，满清政府很自然地想要按照古人的成例，在反对外来威胁和内部反叛方面同时取得成功，它一直不愿意扩大甚至确认外国在中国的特权，这些特权是19世纪40年代鸦片战争后得到承认的。但尽管对中国的统治集团来说，传统中国人的世界似乎应该是所有世界里边最好的，这个世界却不可能再继续存在下去了。因为当清政府在第二次鸦片战争（1856—1860）中被英法联军击败，并因此减弱了它抵挡太平天国运动的能力的时候，在下一个世纪里，就得想办法容得下国内的异议分子或者外来的入侵者，这一点确然无疑。同时消除来自内部和外部的双重破坏的威胁是不可能的。

由于1860年外国人要求的只是清王朝的投降，而太平天国要求的却是消灭它，清王朝所能指望的就是忍受外国势力以损害中国为代价的扩张这一不幸，同时想办法利用这种损失；当清王朝很明确地认识到他们没有希望取得两方面的胜利的时候，他们就开始很不情愿地勉强接受其中一方面的（损失较小的）失败，这个失败能够被用来延缓另一方面的失败。1860年，清王朝和西方国家签署了新的条约，它们比旧的条约更有利于外国人的利益。这些西方国家——特别是英国——实际上有义务按照他们在中国政府那里享有的权利的份额来帮助它。英国很快就介入到内战中。一个西方强权保护这个它总算教训得服服帖帖的政府是很值得的。

　　太平天国从来没有成为外国人的盟友，虽然他们和西方有满族这个共同的敌人，如今太平天国是通过坚持他们对满族的敌意来服务于外国人的利益的，但西方却放弃了它对满族的敌意。因为不管英国人自己可以多么轻易地摧毁清王朝的军事力量，甚至取清政府而代之，一个代理人政府——具有依附性，但还能够在自身的防卫上发挥较大的作用——比起打一场有可能联合起来一致对外的全民战争的前景，还是更有利于他们。如果不是顶着压力，没有哪个中国政府会把丰厚的利益出让给外国人。英国人已经施加了他们的压力（他们还会继续施加压力，如果可被利用的叛乱分子不是那么唾手可得的话），但一旦他们想清楚了，就会发现把逼迫清王朝的任务交给干得漂亮的太平天国，似乎要更明智一些，很有可能也更有利可图。太平天国的力量用起来很危险，但绝非无懈可击，而且清政府绝不可能去安抚太平天国，除非它要自取灭亡。因此，英国人用一笔数额相对较小的、以援助中国代理人的形式支出的费用，而非用一大笔以镇压中国之独立的形式支出的费用，就能够实现他们在中国的意图。而陷入太平天国所引发的绝境之中的清政府，则把它曾经极力要保持的东西出卖给了外国人。

　　由此，有关外国在中国的权益的形势可以**初步**概括如下：

148

外国在中国享有的权利可能会得到那些不受欢迎的政府的尊重，这些政府可以被利用；也可能会得到受欢迎（也就是受到普遍承认）的政府的尊重，而这些政府却必须加以威吓或胁迫。因为一个代表中国普遍民意的政府必然会反对外国的入侵，而一个不受欢迎的政府则相对会温驯些，既然对它来说，要从外国资源那里获取对付国内反对势力所需的武力，答应外国人的条件乃是唯一的关键。因此，自由的西方国家虽然经常给反对中国统治者的国内抗议活动提供灵感，但它们却倾向于支持不得人心的中国政权；看到一个政权不得人心，然后介入进来充当它的唯一希望，这就是收买它的办法。西方从中国的统治阶层那里抽取权力，这样西方就能以之为交换条件把权力再还给他们。

这就是西方施展手段来对付中国政府的理想模式（这个模式依靠的是事件的逻辑，而非外国驻华使馆人员具有无懈可击的理性而又狡黠的先见之明这一假设）。但是这个模式随着时间的流逝逐渐解体了，因为形势永远都在变化。要么是中国政府很好地利用了它所购买的保护，缓和了国内的危机，因而就不大愿意继续支付保护费；要么反过来，恰恰由于政府受到外国人的主宰，危机进一步加剧，那种列强可以轻易且永久地利用的温顺而忠诚的反对派和持久但却温和地抵抗现政权的运动将不复存在。他们更愿意在一个一直处于稍稍有点不平稳的状态之中的中国政府身上投资。但中国政府要么最后想要摆脱西方，自行解决问题（例如1900年的义和团运动），要么就威胁完全破罐子破摔，向西方要求似乎比它的西方庇护者给它提供的服务所承诺的更多的救助，以免它垮台。

后一种情况适用于20世纪20年代国民革命时期军阀与外国的关系。从外国的角度来看，中国各派政治力量处于不稳定的平衡状态之中。中国人对军阀操纵的北京政权的敌视态度，让这些军阀必然依赖外国列强，因为他们不得不从国外不断获取支援以供他们在国内挥霍。然而——尤其是在1925年的五卅事变后——外国人对北洋军阀的支持点燃了民族主义者对这些军阀的怒火，这种愤怒的增长大大超过了外国为抑制它而向北京政府提供的援助所容许的范围。

显然对列强来说，局势已经发展到回报开始递减的拐点。外国人发现他们自己很可能会成为一个完全破产的政权的接收者，面对的是团结起来严阵以待地反对他们的中国人民，以至于外国人只有发动对中华民族的全面战争才能保护西方的特权。军阀可能会只剩下立锥之地，而外国人也不再享有充当一场内战的仲裁者的有利地位，他们发现自己面对的是一场完完全全的民族战争。

一些外国人愿意看到这种前景。当这种前景在20年代中期出现时，他们看到中国存在着两个阵营：民族主义者或"布尔什维克"（即在一个反帝国主义的民族主义统一战线中联合起来的国共两党），以及反民族主义者。看到自己不可能加入第一个阵营即统一战线，这些外国人随时准备救助军阀，不管付出什么代价。另一些外国人认为中国人（就像他们的同胞一样）的民族主义是不可能退让的，他们怀疑实质上很有限的西方力量能否挫败它，这些力量很有可能被要求承担这项任务。只要对中国民族主义的坚定不屈的估计是如此令外国人感到悲观，换言之，只要《北华捷报》继续咒骂愤怒的布尔什维克、国民党领导人蒋介石，那么外国人团体实际上就只能看到两种可能性，要么彻底侵占中国，要么长痛不如短痛，从中国脱身。

但是到了1927年春天，当他们明白并非所有的民族主义者都是布尔什维克——简单干脆地说，当外国人意识到内战仍有可能——的时候，第三种（也是最旧和最好的）可能性出现了。西方可以支持这样一个中国政府，它既强大到可以承担维持自身的部分责任，来自其内部的威胁又足以让它需要外国的援助。当1927年，国民党在外国人的默许下和共产党决裂的时候，西方列强就有了一个新的代理人，它既没有软弱到毫无用处的程度，就像军阀已经变成的那样，也没有在全国范围内安枕无忧（这样就很难打交道），就像蒋介石似乎会发展成的那样。

　　然而，蒋介石和西方之间达成的安排并不完全跟过去一样。外国人不得不退而求其次，以保留他们的条约权利为满足，但还是会出现违反条约的情况和可能性。这并不仅仅是听命于外国人的人——随着外国人从一个内部危机重重的政权转向另一个内部危机重重的政权（例如，1912年中华民国诞生时，他们就这么做过）——发生了变化。因为蒋介石是一个货真价实的民族主义者，而在与军阀和外国人斗争的过程中，中国民族主义在经历了20世纪里中国文化的这些危急时刻之后，作为道德上的必然要求已经占据了如此强有力的位置，以至于一个新政权不得不表现出遵从民族主义的律令的态度。外国人要么改变不可能实行的控制系统，要么不改变。如果他们改变，他们就得向中国政府做出一些让步，这些让步会防止共产党把民族主义的名号一下子夺过去。如果他们不改变，他们就会把国民党政权完全变成一个孤立的依附性的军阀政权，就跟他们之前放弃的那些破产的政权一样。

　　西方可以通过其他的方式拒绝给中国的统治者撑腰帮助他们对付中国的异议分子，来缓和这些统治者的排外主义；这像是过去的老办法。但中国的统治者也可以通过其他的方式拒绝打破他们和异议分子（最坚定的反帝国主义者）之间的联合——对外国人来说，这种联合可以说是代价最昂贵的损害——来迫使外国人放低他们的要求；这是新情况。实际上，西方打出共产主义这张牌来扼制国民党，国民党也打出同样的牌来扼制西方。

　　国民党和外国人相互之间的条件，用打比方的形式可以说得很清楚。外国人好像在对国民党说："如果你想得到什么，就不要想着什么都得到，所以你就得和左翼极端分子断绝关系；要不然我们就全力封锁你，或者最好的情况也是让你拿不到我们的援助，最后自己去对付共产党。"国民党好像在对外国人说："如果你想保住什么，就不要想着什么都保住，逼着我们跟共产党联合，这样会让你们付出沉重的代价。"1927年2月，英国人交还了他们位于长江上游的汉口①的租界，他们似乎注意到了对方的警告。3月，在距离海洋更近的南京，国民党似乎也注意到了外国人的警告，它把自己跟它所描述的那种共产党针对外国公民的暴力行为撇清了关系。4月，在上海这座同时是外国人的大本营和民族主义者夺取的目标的城市，必须要做出一个明确的了断，国民党和外国人坐到了一起，极端的对立得到了缓和，而共产党则根据共同的协议被摧毁了。

共产党的残余势力存活了下来，在接下来的十年中又成为一股不可小视的力量。国民党政府与反政府的共产党作战，但是到了1937年，这两个党派又建立了第二次的统一战线。因为出现了日本人的威胁，这个来自外国的威胁是如此严重，在这种情况下内战不能被外国人利用，只能搁在一边。

1925至1927年间，英国人是中国民族主义的主要攻击目标，他们所希望的最多就是维持他们在华的利益，绝不会真的冒险与中国全面开战，倘若中英关系真到了那个时候。因而，国民党就可以跟他们讨价还价，某种程度上中国民族主义在政治方面得到了满足，但是以牺牲其团结为代价的。但是当日本人而非英国人对中国民族主义构成挑战的时候，国民党与日本人的讨价还价就几乎行不通了。因为日本为发动对中国的战争做了充分的准备，他们是要完全独占权力而不是与别人分享它，中国的民族主义不可能通过讨价还价而只有通过抵抗才能甘心；而真正抵抗就要停止内战。英国人和国民党都能给对方提供点好处，那就是不必担心被共产党征收财产了。

152

---

①原文如此。

但日本人和蒋介石却没什么好处能提供给对方。蒋介石不能强迫日本人收回自己的意志，因为无论他拿什么去出卖，他们都会抢过去，而不会承担任何义务。日本人对蒋介石也没有影响力，因为无论他们有可能从共产党的袭击中为他挽救回多少权力，他们都是要将其占为己有。

因此，尽管日本人明目张胆地把共产党的威胁当作一种勒索的武器，胁迫蒋介石站到他们一边，最后还是失败了，因为他们改变了干预中国革命的规则。他们想要的（并且在其他地方已经找到的）是一个有利于战时的外国征服和实行赤裸裸的外国统治的中国代理人，而不是一个有利于和平时期外国的远程控制的中国代理人。蒋介石为了保留在下一个回合粉碎共产党（这是基于他自己而非日本人的利益）的机会，不得不和共产党联合起来清除日本人的势力。作为一个反共的民族主义者，他不能让日本把爱国的大旗交到中国共产党手里，把中国的民族主义和共产主义变成同义词。

简而言之，蒋介石最大的愿望是同时消灭中国土地上的共产党和日本人。他之所以暂时搁置其中的一个目标是为了实现另一个目标，后面这个目标的延误将是致命的。

但是随着美国加入到对日战争中来，第一次出现了这两个目的似乎能够同时达到的情况。统一战线的破裂未必再会把蒋介石送到日本人手里，也不一定会给他的民族主义带来致命的损害，既然击败日本这个全民族的目标的实现，似乎就要指日可待了。于是在40年代，甚至在全民族的抗战结束之前，中国的内战又预备重演了。

就像现代中国发生的其他内战以及异议分子对中央政府施加的压力一样，这次内战关系到外国权益在中国的保留问题。但这一次的形势很复杂，因为涉及的权益更多是政治而非经济上的。随着日本的战败，美国成为远东地区最强大的西方列强，而美国想要的是一个可靠的中国政府的支持。按照美国人的理解，这就是说一个非共产党的政府。

　　但如果说这种支持是美国努力寻求的待遇，那么无论对积极备战的国民政府给以什么样的援助，都不能保证他们能获得这种待遇。对蒋介石来说，由于涉及的外国权益的性质不同，美国似乎缺少1927年英国人对付他的手段：英国人可以做出他无法承受的选择，即收回对他与左派决裂的支持。在20年代初期，英国完全有可能给共产党和国民党都制造麻烦，当时两个党似乎都打算没收英国的资产。但是美国在中国的财富属于不同的性质，无法想象它会放弃蒋介石，把他丢给共产党。

　　因此，对蒋介石来说，抵挡美国人要求国民党改革的压力并不难。因为中国革命对于美国跟对于中国的统治者一样是邪恶的眼中钉肉中刺，而改革被认为可以阻止这场革命。中国的统治者并不愿因为改革而使得他们在对抗革命中有望保住的好处烟消云散，而是认定充足的外援总是唾手可得，不管由于国内的腐败加强了反对者手中的筹码，这种对外援的需要增长到什么样的程度。

　　于是国民党在充当外国人工具的角色上，就重蹈了差不多二十年前北京政府的旧辙，它也因此丧失了民心，到最后它能拿出来向外国庇护者效劳的唯一之力，也是外国人给它的。但是这一次外国人已经没有退路了，没有其他的中国代理人可以选择，而反对西方认定的候选人的力量并不受他们的控制。美国支持的唯一竞争者如果获胜，它将为美国的目标服务，然而这个竞争者获胜的希望，却恰恰被美国援助的不可避免无可挽回地葬送了。

　　到了1950年，历史的车轮转了一圈又回到了原地。西方曾经利用中国政府所面临的国内的威胁，以重新恢复国内的均势，并由此获得相应的补偿。但部分是因为西方的干预，国内的威胁发展到如此强有力的程度，以至于最后反叛者变成了政府，而原先的政府以及它的美国盟友却成了威胁。国民党——或者说在它背后若隐若现的美国——转变成了某种不祥的威胁，这种威胁使得苏联在一段时间内不可避免地向中国提供援助，作为对这个受到威胁的政权的支持；同样不可避免的是中国支付的相应的补偿，它表现为一种政治的屈从（如果不包括其他什么东西的话），不再屈从于西方，而是屈从于苏联。

# 结语：新词汇还是新语言

也许民国初年的军阀只是汉末或唐末军阀的近代翻版。也许蒋介石的南京政府是秦朝或隋朝那种统一而短暂的王朝，为一个更长命的集权官僚制政权铺平了道路。也许正如俗话所说，中国永远是中国，所有人都融入其中，在纷繁嘈杂的一百年间，没有什么是新鲜的，除了溢出中国历史的不变范式之外的转瞬即逝的细节。

如果这些假设成立的话，那么中国共产党人就不只是有点儿传统主义，而是传统的了；传统主义绝不一定意味着根深蒂固的价值继续保持其有效性（它的意思可能正好相反，正如我们已经看到的那样），而传统才意味着这一点。中国文明是有可能得到拓展的（按照这种历史解读），在现代中国和现代西方的对话过程中，它的词汇是有可能得到丰富的，但是中国文明还是它的老样子，人们仍然用它自己的语言来表达它。

然而，如果受到影响的只是中国的词汇，只是细节而非知识生活的样式，那么中国和欧洲的相遇所产生的影响，在质的方面对各自都是一样的；因为文化的传播是双向的，欧洲和中国都从对方那里吸取了观念。但是这个结论是有问题的——我认为我们必须意识到问题所在。李约瑟在他的一部著作中指出前现代的中国拥有丰富的科学，他用语言这个词的本义来讨论现代文化的问题（"……世界的进步已经迫使中国的科学家和技术专家掌握两种语言，而相反的事情则几乎不成立……"[1]），这里语言的比喻具有无法抗拒的表现

156

力：西方对中国所做的事情很可能是改变中国的语言，而中国对西方所做的事情则是扩大西方的词汇。

## 1.欧洲和中国的词汇变化：艺术与观念

现代欧洲已经把远东的因素吸收进它的艺术史之中，或者呈现为异域情调，或者将其同化，而不会受到任何强有力的外部诱惑的吸引而失去自我。伦勃朗带有拉其普特（Rajput）风格①的画作或图卢兹·罗特列克的"日本"版画好像整个地吸纳了亚洲风格，但实际上这些异域情调的画作所达到的效果取决于艺术家的本土传统；这些作品的关键之处在于它们的新奇性，它们展现出来的新鲜活泼的技巧，而不在于它们纯粹的美学品质，只有在它们自己的环境中才有可能对它们做出这种美学品质的评判，在这样的环境里面，这一类的作品就不是游戏之作了。在较为重要的同化型的流派中，伟大的法国印象主义画派受到了日本浮世绘所代表的东方版画的强烈影响，浮世绘体现的追求高超画技和戏剧化的表现手法的理想，经由德加（他对芭蕾舞场景的描绘有葛饰北斋的影子）影响到了龚古尔兄弟、马奈和惠斯勒等人。[2]

然而，印象主义毫无疑问是欧洲的。也就是说，它的美学风格的形成和它在欧洲的流行都是欧洲人之间交流的结果。背景里包含各种意味深长的宣言，是古典主义者、浪漫主义者和现实主义者的趣味之间富于生产性的交锋。印象主义是经由安格尔、德拉克洛瓦和库尔贝发展而来的，而浮世绘只是一条支流，它给印象主义者提供了可供吸收的观念，这些观念有助于他们扩展欧洲史的范围。

---

①拉其普特是北印度的一个部族，拉其普特细密画是16世纪兴起的一个绘画流派。

这是主动的求变和公平的竞争。葛饰北斋在透视法和明暗对比上也受到过西方的影响。[3] 但是日本艺术并没有因为葛饰北斋发生颠覆性的变化。他从西方那里引入了一些词汇，但他说的还是中国和日本美学的语言，并且发展了这种美学的主题。跟幕府时期的日本一样，在早期现代的中国，也有少数中国艺术家借鉴西方的画法，有些人是追求异域的情调，有些人是为了丰富自己的技巧，他们仍旧继续着身为中国艺术家的事业，割断了那看不见却四处延展的根系，而正是这些根系让这些表层的有趣的观念引起了他们的注意。"迨后获与泰西郎学士（译者按：即郎世宁）数相晤对，即能以西法作中土绘事。"[4]① 这是在公认的中国秩序中引入一个显而易见的技巧所带来的乐趣，而不是转而投身于潜在的不是那么容易接近的外国美学志业。

同样，在一般的观念领域，我们发现伏尔泰承认了儒家世俗主义经过耶稣会士关于中国的报告的过滤后对他发生的影响，但伏尔泰的反教权主义是一个西方议题；他所提出的来自中国的证据在一场冲突中显出了分量，而这场冲突的双方在欧洲史中早已确定了。[5] 而在另一方面，就利玛窦的基督教符合对他有好感的中国文人的胃口而言，这种基督教通常是被拿来证明儒家对佛教徒的贬损是正确的。就像伏尔泰那里的中国人一样，对利玛窦的许多钦慕者来说，他是一个可靠的中间人，是来自异域的不偏不倚的见证者，为一场本土的论争增添了活力。[6]

## 2.语言的变化和连续性问题

在直到一个世纪之前关于西方对中国和日本的影响，以及任何

---

① 中文原文见年希尧《视学》序言二，转引自金观涛、毛建波主编《中国思想与绘画：教学和研究集》（三），杭州：中国美术学院出版社，2014年，第276页。

一个世纪里关于中国和日本对西方的影响的所有例子中，有一个共同的特征：即这种接触主要是思想上而非社会上的。观念传播的效果，它们在多大程度上扰乱了新遇到的思想环境，似乎不是取决于它们作为抽象观念所具有的非实体的性质，而是取决于它们把多少母体社会的东西拖带到异国的土地上。只要一个社会归根结底没有被另一个社会所撼动，外国的观念就可以充当附加的词汇，在本土的思想情境中得到利用。但如果正在发生的不啻是由外国推动的颠覆社会的活动（在中国就是如此，在西方则不然，而在中国也只是19世纪及以后才出现这种情况），那么外国的观念就开始取代本土的观念了。这种一个社会中发生的语言的变化，客观上看，也许可以描述为在整体入侵而非纯粹的思想渗透的情况下做出的新选择。主观上看，这种变化也许可以描述为在思想张力不断增长的情况下做出的新选择，这种张力来自为了将异质的真理自然化和将本土的遗产合理化而做出的重大努力，来自普遍的思想追求和特殊的思想追求之间永恒的分歧。

如果说这种张力在现代中国比在现代日本更加剧烈，因此日本的现代化受到的阻力远较中国为轻的话，这也许恰好证实了一个完全外来的社会的破坏性冲击和来自外国的思想渗透所造成的令人震惊的心理效应（此时这种效应就是由此产生的）两者之间的联系。因为封建的日本社会向本土资本主义的演进，毋宁说受到了西方的推动，并没有因为西方而偏离了轨道；而官僚制的中国社会，自身向资本主义发展的潜力要小一些（相应地，它的政治领导人在思想上也不如日本的政治领导人灵活，后者的封建出身使得他们的地位建立在对血统而非对掌握某种给定的思想体系的认定上），它受到了出其不意的沉重一击。

鸦片战争发生后，中国人日渐担忧西方社会的入侵，在此之前，西方观念当然也有可能与再平常不过的儒家对新奇性的疑虑发生冲突，或者与生活在自己社会中的文人的纯粹不同的、尚未经过重建的价值标准发生冲突。不过，如果西方观念克服了这些风险，它们就会被当作有价值的借鉴被平静地接受下来，这些观念与它们原初的语境分离开来，成为中国的传统可以完全吸收的东西。这正是现代中国许多借鉴西方的人所表达的理想。但是正是这种理想如此经常地被反复表达，表明它在现代并未实现——这说明中国社会事实上已经不再处于旧的、未经侵扰的形势下，那时候偶尔出现的革新所引发的思想上的骚动可能还没有这么严重。

159

　　在旧的形势下，来自西方的新发明——如17世纪的大炮或具有战斗力的西方军舰或哥白尼的天文学——可能仅仅作为新的词汇被悄悄地夹带到中国的语言中。但是到了19世纪，当西方社会紧紧地跟在侵入中国的西方科技后面的时候，那些仰慕西方科技的中国人似乎害怕语言会发生变化，为了减轻这种恐惧，他们有时候会搬出17世纪的先例来。[7] 然而，这些著名的先例本身不需要煞费苦心地搬用更早的先例就可以存在（顾炎武的《日知录》丝毫没有显出后来那些承认外国价值的表述所表现出的紧迫感，在涉及天文学的时候只是简单地说，"西域人善天文，自古已然"；他平静地评论道，"虽其术不与中国古法同，然以其多验，故近代多用之"[8]① ）。实际上，正是中国人那个安稳完满的过去中的这些先例所表现出的从容不迫的容纳能力，使得19世纪中国那些忧心忡忡的革新者们敢于说他们的心情是平和的。

　　而实际上，他们心潮澎湃，备受折磨，沉浸于热情中，不愿意困守本土。在西方全面入侵之前，价值的变化可以是词汇的丰富，无须求诸历史为其正当性辩护。[9] 而这个西方入侵前的时期（此时

---

　　① 《日知录》原文中，后面那句话出自《王忠文集》中的《阿都剌除回回司天少监诰》"，非顾炎武本人语。

从外国借鉴的和本土所有的一切，都完全是中国的），却可以成为后来一个时期所需要的历史正当性的资源库。这个时候社会和语言都在发生变化，外国来的东西必须被当作有价值的事物接受下来，同时又要尽可能地涤除掉它们的异质意味。

所以，正是社会状况的差异决定了借鉴外来事物时不同的心理状况，因此依据现代西方对特定原理的表述来衡量古代中国对某种思想原理的表述是不准确的，但却是可以理解的。西方对中国表述的承认和中国对西方表述的承认，两者的反响是不同类型的。也许一位对中国感兴趣的西方科学家，在扩展他的文化视野的同时，注意力仍然始终如一地集中在他手头正在处理的科学问题上，这些问题是从他自己的思想史而非中国的思想史上传到他那里的，他有可能会听说现代的"互补性原理"（按照这一原理，针对同一个事物可以有效地做出两个完全对立的陈述）在吉藏（549–623）的"二谛"说那里就得到了阐发。[10] 但如果想办法让一个现代中国的思想家注意到"互补性原理"和"二谛"说之间的类似性，他也不大可能只是对文化上的一致感兴趣。他会信服现代发现所享有的声望，信服这一发现产生于其中的非中国的思想传统所享有的声望。他的文化视野没有得到扩展，却被迁移到了另外一个平台上。

也正因为此——语言的变化和词汇的丰富是如此不同的两个过程——依据六朝和唐代佛教的经验做出任何有关现代中国的共产主义的预测似乎都是错误的。佛教的发源地印度没有侵犯过中国社会，接触只是思想上的。佛教刚刚进入中国的那几百年间——从汉末到中唐——中国社会正处于它自身的某种困境之中。外来的信条似乎构成了对儒教的严重威胁，而儒教是适用于一个正常运转的中国官僚制社会的。但这种正常运转的恢复又确立了中国儒教作为发源于印度的佛教之主宰者的地位，佛教在一个经过调整但却绝对不可能改变其中国属性的背景下安顿了下来。[11] 而另一方面，共产主义观念是从一个确然无误地侵犯过中国社会的西方世界传入中国的，那种关于中国融化所有事物的陈旧说法应该被彻底埋葬。现代中国出现了从外部强加并被植入其自身内部的工业主义，坦白地说，似乎很难相信现代中国会成为不为外界所动的行动者。

在许多地方似乎都存在着某种冲动，即实际上并不把中国共产主义看作一种被驯化为中国传统规范的外国信条（当然更不是一种未经驯化而成功地保留其毁灭性的外国信条），而是看作改头换面的却具有同样恒久不变的精神的儒教。两者都有经典文本，都有官僚制的知识精英，据说什么都没改变，但可能什么都变了。

因为两种学说的正统的实际内容必然各有其意义，儒家的和谐不是马克思主义的斗争，儒家的不朽不是马克思主义的过程，儒家的道德主义不是马克思主义的唯物主义。而它们对知识分子阶层的权力的合理化也各有其不同的意义，孟子对世道的冷静解释——劳心者治人，劳力者治于人[12]——不同于忠诚的毛主义者的表白，后者认为工人启发了知识分子，知识分子只是在一个大部分人不识字的社会中碰巧有机会接受教育，他们自然最先在一个复杂的体系中占据了政府的职位。儒家社会中作为业余者的士人的声望，也不是中国共产主义教育所寻求的掌握专业技术的生产者的声望。马克思主义经典、共产党的官僚制乃至淮河的水利治理，并没有让人们只联想到旧中国，否则鸦片战争以来中国的全部历史，包括它经历的社会剧变和思想上的痛苦，就会被认为不过是喧哗与骚动罢了。中国共产主义思想的范畴不是传统的，这是显然的事实。这一点既不会被共产党对传统所取得的成就（如敦煌壁画或儒家经典中的只言片语）的某种偏爱所掩盖，也不会被共产党所扮演的某种传统式的角色所掩盖。

那些有意强调中国共产主义政权的传统性格的人们常常想反驳这样一种论断，即共产主义只是由外国的武力和默许强加给中国的。

他们意在强调中国历史的连续性，反对那种把莫斯科的金钱和美国的教授看作现代中国的制造者的理论，在这一点上他们是完全正确的。然而，中国历史——包括它当前的共产主义阶段——的连续性，不需要把后者解释为儒家的永恒回归也能够得到确认。对地主土地所有制、家族制度和儒家教育的痛恨在中国已经酝酿了很长的时间，当然不是从昨天开始才在教条主义的指示中表现出来的。尽管掌权的共产党促进了这些观念的传播，但它们的来源却深植于一百五十年间西方对此前中国社会结构的漫无计划的冲击之中，而中国的社会结构在这种接触中则任由对方宰割。那么中国历史的连续性在思想方面又表现为什么呢？包含着真正新内容的旧形式（如"体"和"用"，"天下"和"国"，"经"和"史"等二分法）令人信服地建立起了思想上的连续性，至少不亚于那些被认为包含着旧内容的新形式在建立连续性上的表现，而且比后者更好地表达了变革的真实性。如果——就像我在整本书中想要做的那样——我们把思想史不是解释为"思想"（thought）的历史，而是人们"思考"（thinking）的历史，那么我们看到的就不是毫无生气的儒教硬要把自己等同于同样抽象的共产主义，而是一代代的儒家不断退让，体验、感受和舒缓这种紧张的状态。被转化和被放弃的儒家传统，直接导向中国思想变革的共产主义形态，但它不是通过把自己内在地保存到共产主义学说之中来做到这一点的，而是通过放弃自我保存，让自己的继承者处于被剥夺的地位，让他们在自己的土地上成为潜在的陌生人，由此把那最新的共产主义学说推举为应时之需的答案来做到这一点的。

# 注 释

## 导论

[1] 参见怀特海对"把握"（prehension）（所有事物以某种方式将外在于它之物吸收到它自身之中的过程）和"简单位置谬误"（fallacy of simple location）（即"这样一种信念，它认为通过说明少量物质所在的时空关系，就足以指出它在特定的有限空间区域中，以及在特定的有限时间段落上的位置，而不必实质性地涉及这些物质与其他空间区域和时间段落之间的关系"）的讨论，见 Alfred North Whitehead, *Science and the Modern World* (New York, 1937); *Process and Reality* (New York, 1929) 和 *Adventures of Ideas*(New York, 1933) 各处。在 *Modes of Thought* (New York, 1938) 一书第 26 页，怀特海提到，每一个"真实事物""其性质在于它和其他事物的关联，其个体性在于它它对那些与它相关的其他事物的综合"。

[2] R. G. Collingwood, *An Autobiography* (Harmondsworth, 1944), 25.

[3] 同上，27。参见 Susanne K. Langer, *Philosophy in a New Key* (New York, 1948)，1−2："问题实际上是模棱两可的命题；答案在于对它所下的决断……因而哲学的特征更在于对哲学问题的**构想**而不是它对这些问题的回答。答案建立了一大堆事实，而问题则提供了事实的图景得以成形的框架……我们的问题里面包含了我们**分析的原则**，我们的答案或许表达了这些原则所能产生的任何结果。"

[4] 关于伏尔泰和孔多塞两人作为理性主义者的这个区别，参见 Duncan Forbes, "James Mill and India", *The Cambridge Journal*, V, No. 1 (Oct. 1951), 20−21。关于赫尔德，见 Ernst Cassirer, *The Problem of Knowledge* (New Haven, 1950), 203−204。

[5] 柯林武德强调了观念的本质是问答的综合这一观念，他同时也提出了补充的概念(the complementary concept)，即通过可能性的选择来界定观念。见 *An Essay in Philosophical Method* (Oxford, 1933), 106−109，在这里，他指出每一个哲学陈述都意

在表达对某种陈述者认为错误的确定命题的拒绝。哲学上的断言，在它确认某个确定事物的任何时候，也在否定某个确定事物。"……如果我们不理解某个叫柏拉图或巴门尼德的人想要否认的学说是什么，那么在同样的程度上我们肯定也抓不住他想要肯定的是什么。"

　　[6] 参见 Anthony Thorlby, "The Poetry of *Four Quartets*", *The Cambridge Journal*, V. No. 5 (Feb. 1952), 298："泰特(Allen Tate)先生很好地表达了这一代人的危急困境，他重复了基督教教义，作为对他相信什么这个问题的回答，然后又补充说，真正的问题是相信这个意味着什么。"

　　[7] Paul Hazard, *European Thought in the Eighteenth Century, from Montesquieu to Lessing* (New Haven, 1954), 4-6.

　　[8] 引文出自德·迈斯特(de Maistre)，转引自 Karl Mannheim, "Conservative Thought", *Essays on Sociology and Social Psychology* (New York, 1953), 148-149。

　　[9] Kingsley Martin, "Rangoon Reflections", *The New Statesman and Nation*, XLV, No. 1142 (Jan. 24, 1953), 84-85.

　　[10] Jean Hippolyte, *Introduction à l'étude de la philosophic de l'histoire de Hégel* (Paris, 1948), 20. 参见 Oswald Spengler, *The Decline of the West* (New York, 1934), 105："……历史不是没有内在秩序或内在必然性的过去事物的单纯集合，而是……一个由严格的结构和有意义的表述构成的有机体，当这个有机体触及观察者偶然的当下的时候，它不会突然分解成一个无定形和含混不清的未来。文化是有机体，世界历史是它们的集体传记。"

　　又见 Cassirer, *The Myth of the State* (New Haven, 1946), 73, 在这里，卡西尔把黑格尔看作传统主义的历史主义的代言人，把柏拉图看作西方思想中与之对立的哲学派别的创立者，并对两人做了比较。黑格尔坚持认为："努力追求一个人自己的道德是徒劳的，就其本质而言，也是不可能实现的。关于道德，古代最智慧的人们的说法是唯一真实的说法——有道德就是按照一个人自己的国家的道德传统去生活。"柏拉图的观点是，传统所遵循的法则是它既不能理解也不能加以正当化的；传统中隐含的真理不可能是真实的道德生活的标准。

　　在另外一处，即《知识问题》(*The Problem of Knowledge*)的第13页，卡西尔把历史看作一个特殊主义的范畴，这里他把笛卡尔的"非历史的气质"和他在构建"建立在数学基础上的普遍科学"(mathesis universalis)方面取得的成就联系了起来。

　　[11] Herbert Luthy, "Montaigne, or the Art of Being Truthful", *Encounter*, I, No. 2 (Nov. 1953), 43.

[12] Richard McKeon, "Conflicts of Values in a Community of Cultures", *The Journal of Philosophy*, XLVII, No. 8(April 13, 1950), 203.

[13] 见 Franz Boas, *The Mind of Primitive Man* (New York, 1938), 236–238,249，博厄斯在这里提到隐含在寻求变革的意愿之中的有意识的理性，和隐含在对变革的抗拒之中的情感韧性两者之间普遍存在的张力。这就是（用我们的话来说）对一般性的追求和对特殊性的追求之间的张力，当人们面对这样一个事实，即存在着一些他们除了接受无法给出任何解释的特定观念的时候，这样的张力就出现了。博厄斯指的是"伴随着心灵摆脱具有某种情感价值的传统意见而获得解放这一过程而出现的心智上的痛苦"。"我们试图把我们从前人那里继承下来的或者是以其他形式受到限定的原则加以正当化，采取的办法是努力说服自己相信这些原则是正确的。"

鲍德温（James Baldwin）在 *Notes of a Native Son* (Boston, 1955)第6–7、165页中以动人的笔触写到同样的问题，角度略有不同；他描写的不是因意识到某个人所属的历史可能不是以理性选择的价值为归宿而感到的震惊，而是一个人珍视的价值可能存在于他所属的历史之外这样一种令人不安而又无法抑制的意识。当一个人自己的历史联系似乎无法提供选择，选择就似乎成为外在的了："……我不得不承认，我是一个西方的杂种；当我追踪我的过去，我发现自己身处之地不是欧洲而是非洲。这意味着在某种很微妙而又确实很深刻的意义上，我对莎士比亚、巴赫、伦勃朗，对巴黎的建筑，对沙特尔大教堂，对帝国大厦，产生了一种特别的态度。这些并不是真的属于我的创造，它们没有包含我的历史；也许我要寻求任何反映我自己的事物的努力，永远都是徒劳的。我是一个闯入者；这不是属于我的遗产……"

"因为这个村落，即便它无比地更为遥远，不可思议地更为原始，是西方，是我已经被如此奇怪地嫁接上去的西方。从权力的角度看，这些人在世界任何地方都不可能是陌生人；他们实际上创造了现代世界，就算他们并不了解它。他们中间最没有文化的人，也以一种我不具备的方式，和但丁、莎士比亚、米开朗基罗、埃斯库罗斯、达·芬奇、伦勃朗和拉辛联系在一起；沙特尔大教堂会跟他们说一些它没法跟我说的事情，就像纽约的帝国大厦一样，要是这里随便什么人见过它的话。从他们的圣歌和舞蹈里产生了贝多芬和巴赫。回到几个世纪前，他们正荣耀至极——而我却在非洲，注视着征服者的到来。"

167

# 第一章

[1] 关于对这些学派的比较分析，以及中文书目文献及其翻译，参见Siu-chi

Huang, *Lu Hsiang-shan, a Twelfth Chinese Idealist Philosopher* (New Haven, 1944).

〔2〕谭丕谟，《清代思想史纲》（上海，1940），第10—11页。

〔3〕侯外庐，《近代中国思想学说史》（上海，1947），上册，第5页。

〔4〕谭丕谟，第53页。

〔5〕同上，第33页。

〔6〕颜元，《存学编》，《畿辅丛书》（1879），第275册，卷一，第12页。

〔7〕戴震，《孟子字义疏证》，《安徽丛书》第6期（上海，1936），第10册，卷一，第11页。

〔8〕侯外庐，第8页。

〔9〕梁启超，《中国近三百年学术史》，《饮冰室合集》（上海，1936），专集第17册，专集之七十五，第6页。

〔10〕钱穆，《中国近三百年学术史》（重庆，1945），第20页。

〔11〕顾炎武，《日知录》（上海，1933），第1册，第18、108、114页。

〔12〕同上，第121页。

〔13〕谭丕谟，第1页。

〔14〕同上，第2页。

〔15〕顾炎武，第1册，作者自序，第1页。

〔16〕谭丕谟，第2页。

168 〔17〕Franz Rosenzweig, "The New Thinking", *Franz Rosenzweig, His Life and Thought*, trans, Nahum Glatzer (Philadelphia, 1953), 192.

〔18〕R. I. Aaron, *The Theory of Universals* (Oxford, 1952), 25. 音乐学家托维（Donald Tovey）在讨论音乐"形式"和音乐"作品"的时候，对概括和特殊事例之间的这种关系，做了一个有趣的说明。参见 Aaron Copland, *Music and Imagination* (Cambridge, 1952), 63。

〔19〕Ernst Lehrs, *Man or Matter* (London, 1951), 65—66.

〔20〕参见 George Sarton, *Introduction to the History of Science* (Washington, 1931), II, 194; A. C. Crombie, *Augustine to Galileo* (London, 1952), 11; Paul Sandor, *Histoire de la dialectique* (Paris, 1947), 65。应该注意的是，最近一些学者对阿伯拉尔思想中唯名论的成分提出了疑问。不过，就我们这里的意图而言，重要的是界定前培根时期的唯名论，而不是把它归结到任何特定的思想家身上，为了说明的目的还是可以引用阿伯拉尔的。

〔21〕John U. Nef, "The Genesis of Industrialism and of Modern Science, 1560—

1640", *Essays in Honor of Conyers Read*, ed. Norton Downs (Chicago, 1953), 217;
Whitehead, *Science and the Modern World*, 62.

　　[22] Collingwood, *An Autobiography*, 22.

　　[23] 关于培根，参见 Basil Willey, *The Seventeenth Century Background* (London, 1950), 25。关于顾炎武，参见侯外庐，上册，第181、186页。

　　[24] 把培根引入这里的讨论中，不是因为他作为科学哲学家的稳固地位，而是因为他赋予唯心主义批判一种科学的转向。因而，他很合适拿来跟中国思想家比较，这些思想家跟他一样拒绝前辈知识分子的唯心主义，但却没能朝着他的方向前进。当然，今天的科学思想是培根望尘莫及的，已经有人指出，他的《新工具》中阐明的科学方法错得离谱（Lawrence J. Henderson, *The Order of Nature*〔Cambridge, 1917〕, 27），爱因斯坦也曾含蓄地批评过培根式归纳法的极端表现，他称之为"哲学偏见"——这种偏见相信，无须自由的概念建构，事实自身就能而且应该能产生科学知识。（Albert Einstein, "Autobiographical Notes", *Albert Einstein: Philosopher-Scientist*, ed. Paul Arthur Schilpp〔Evanston, 1949〕, 49）但是我们可以引用怀特海对培根温和的评价，来证明他作为唯心主义之后科学最早的代言人的地位，这与清代的经验主义者大相径庭："经院哲学家演绎的理性主义和现代人归纳的观察方法，对这两者之间的对立的明确认识，必须主要归功于培根……现在已经证明，归纳是某种比培根预想的更为复杂的过程……但就算你做出所有必要的推论，培根依然是构建现代世界的心智的最伟大的建筑师之一。"（Whitehead, *Science and the Modern World*, 62-63）

　　[25] Margaret L. Wiley, *The Subtle Knot, Creative Scepticism in Seventeenth Century England* (Cambridge, 1952), 18.

　　[26] 关于这方面的例证，参见注 [7]；《孟子字义疏证》，《序》，第1b页；《东原文集》，《安徽丛书》第6期，第10册，卷八，第13页。

　　[27] 戴震，《东原文集》，第35册，卷九，第9页。

　　[28] 颜元，卷四，第8页。

　　[29] 同上，卷一，第1页。

　　[30] 谭丕谟，第55页。

　　[31] 例如梁启超在《戴东原生日二百年纪念会缘起》（《饮冰室合集》，文集第14册，文集之四十，第38页及以下）一文中就表彰戴震和现代科学精神上是一致的。梁还把颜李学派与詹姆斯和杜威的实用主义相比附，后者又和科学方法的运用联系在一起，参见梁启超《颜李学派与现代教育思潮》（同上，文集之四十一，第3页）。徐世昌（1855-1939）的论述更极端，认为颜李之学具有永恒和普遍的意义；见 Mansfield

Freeman, "Yen His Chai, a Seventeenth Century Philosopher", *Journal of the North China Branch of the Royal Asiatic Society*, LVII (1926), 70。

　　萧一山在清代学术——尤其是顾炎武和汉学——中发现了非常接近现代科学的精神，见《清代通史》（上海，1927），上卷，第763、797页。侯外庐也在顾炎武和颜李学派中发现了强烈的现代科学的倾向，见侯外庐，上册，第165页。

　　［32］Joseph Needham, *Science and Civilization in China*, 共七卷，仍在出版中。

　　［33］Needham, I (Cambridge, 1954), 43.

170　　［34］李约瑟也这么看，见I, 4。

## 第二章

　　［1］参见柏拉图的《理想国》对一种永恒不变的社会秩序之一贯模式的描述。柏拉图认为，哲学一旦从对自然的研究转向为人间事务确立标准，就会潜在地与国家发生冲突；为了消除拥有权威的国家和不谋其政的哲学家之间发生冲突的机会，他让哲学家成为理想国的统治者。见 Werner Jaeger, *Paideia: the Ideals of Greek Culture* (New York, 1943), II, 71。

　　［2］关于社会结构的恒久性与趣味的恒久性之间的联系，见 Leyin L. Schücking, *The Sociology of Literary Taste* (New York, 1944), 64。

　　［3］关于斯威夫特从人文主义角度对"原创性"的攻击，见其《书的战争》（*An Account of a Battle between the Ancient and Modern Books in St. James' Library*, 初版于1704年）中关于"现代"蜘蛛（身上带着脏东西和毒素，边织网边吐口水）和"古代"蜜蜂（虚怀若谷，却穿梭于大自然中，创造了蜜与蜡，或甜美与光明）的著名段落。关于他对科学的反感，参见《格列佛游记》第三卷第五章（"伟大的拉格多科学院"），这一章直接攻击了皇家学会，它是当时的科学重镇，挑战了知识界时尚的人文学术。科学与人文之间的冲突已经成了一个文学主题，例如，在沙德韦尔(Shadwell)一部17世纪的剧作《鉴赏家》（*The Virtuoso*, 指科学家）中，修辞学家佛马尔(Samuel Formal)爵士评论吉姆克拉克（Nicholas Gimcrack）爵士时说："他跟所有的鉴赏家一样，是智慧的敌人"，见 C. S. Duncan, "The Scientist as a Comic Type", *Modern Philology*, XIV, No. 5 (Sept. 1916), 92。17和18世纪文学业余主义和科学业余主义的**结合**必然昙花一现（一方面因为牛顿物理学的复杂性，它预示了一般具有良好教养的人文主义者与必然专业化的自然科学家之间的科学交流的终结；另一方面则是因为牛顿物理学的哲学内涵，它使得绅士阶层对牛顿的敬意更像是对秩序而非对科学的敬意），关于这一点，

参见 B. Ifor Evans, *Literature and Science* (London, 1954), 22−25, 72, 及 J. Bronowski, *William Blake, 1757−1827* (Harmondsworth, 1954), 145。关于斯威夫特对功利标准的厌恶，以及在这个问题上斯威夫特与像培根及洛克这样的反传统主义的"现代人"和科学信徒之间的对比，见 Miriam Kosh Starkman, *Swift's Satire on Learning in "A Tale of a Tub"* (Princeton, 1950), 72, 79, 及 Walter E. Houghton, Jr., "The English Virtuoso in the Seventeenth Century" (part 2), *Journal of the History of Ideas*, III, No. 2 (April 1942), 215；关于他对商业利益的顺理成章的鄙视，见 Bronowski, 40。关于对所有这些不同的反感的内在连贯性的论证，见 W. Arthur Lewis, *The Theory of Economic Growth* (London, 1955), 70−71。该书在这里分析了贸易对专业分工的刺激，专业分工对思想多样性（伴随着个人思想上的狭隘）的刺激，以及思想多样性对公共的思想进步的刺激。

　　[4] 参见 Fei Hsiao-tung, *China's Gentry: Essays in Rural-Urban Relations* (Chicago, 1953), 75："在中国传统社会，知识分子是一个不懂技术知识的阶级。他们垄断了建立在过去智慧基础上的权威，在文学上花费时间，并且努力通过艺术来表达自己。"

　　[5] 应该指出的是，极力强调修辞技巧和文学教养的形式主义的八股文，成了明初科举考试的显著特色。顾炎武认为正化（1465–1487）以后八股文才定型，但现存的一篇写于 1385 年的文章就具备了八股文成熟形态的所有特征。见铃木虎雄，「股文比法的前驱」，『支那学』第 4 卷第 1 号，1926 年 7 月，第 35−37 页；关于这种文体的样本，同上，第 30−31、35−36 页；关于其唐宋的前身，见《辞海》，第 1 册，第 325 页。

　　[6] Etienne Balázs, "Les aspects significatifs de la société chinoise", *Asiatische Studien*, VI (1952), 84.

　　[7] Albert Chan 在他未发表的哈佛大学博士论文《明代的衰败和崩溃：内部因素的研究》(*The Decline and Fall of the Ming Dynasty, a Study of the Internal Factors*, 1953 年 10 月) 第 113−114 页中，提到"吏"是一个与"官"截然不同的阶层。官员雇佣吏来处理公共事务等工作。永乐年间（1403–1424），禁止吏参加乡试。

　　[8] 关于中国公职的文化声望（其经济价值是另一个问题）依赖于官僚制的外部关联这一点，可参考 C. Wright Mills, *White Collar: the American Middle Classes* (New York, 1951), 247："办公室和商店的理性化削弱了建立在经验和教育基础上的专门技能。通过缩短雇员的训练时间，替换他变得很容易：这不仅减弱了他的议价能力，也降低了他的声望。白领的职位开始向教育程度较低的人们开放，于是就破坏了白领工作在教育上的声望，因为任何工作的性质中都不包含内在的声望；斯佩尔（Hans Speier）评论说，从事某项工作的人们所享有的那种尊敬，常常赋予这项工作本身以声望。"

　　[9] Kenneth Bradley, "Personal Portrait: Sir Andrew Cohen", *London Calling*, No. 745

(Feb. 11, 1954), 13.

［10］Noel Gilroy Annan, *Leslie Stephen: His Thoughts and Character in Relation to His Time* (Cambridge, 1952), 36–38. 这个观点来自扬（G. M. Young）。

［11］Matthew Arnold, *Culture and Anarchy* (London, 1920), 31.

［12］Victoria Contag, "Tung Ch'i-ch'ang's *Hua Ch'an Shih Sui Pi* und das *Hua Shuo* des Mo Shih-lung", *Ostasiatische Zeitschrift*（以下简称 OZ）, IX, Nos. 3–4 (May–Aug. 1933), 86. "士大夫"一词源于上古时期充当贵族阶层的助手的特定术士的头衔。

［13］宋代宫廷画院的全称是"翰林图画院"，它实际上是由南唐（923–936）小朝廷建立起来的。参见瀧精一，「支那畫の二大潮流」，『國華』第458號，1929年1月，第3頁。不过，需要指出的是，温利（A. G. Wenley）对所谓"画院"或其变体是否真的在宋代存在过表示怀疑，尽管当时及其前后的各种资料都提到过它。温利从对《宋史》的研究中推断，当时存在的不是正式的独立于其他政府机构的"院"，而是"学"，即隶属于各种上级部门的学校。参见 A. G. Wenley, "A Note on the So-called Sung Academy of Painting", *Harvard Journal of Asiatic Studies*, VI, No. 2 (June 1941), 269–272.

［14］Contag, 92.

［15］Osvald Sirèn, *A History of Later Chinese Painting* (London, 1938), I, 24.

［16］Charles O. Hucker, "The '*Tung-lin*' Movement of the Late Ming Period", *Chinese Thought and Institutions*, ed. John K. Fairbank (Chicago, 1957), 137–138. 明代有一位宫廷画家刘杰（音）(1522–1566)[①]，画作为宋代院画风格，官至锦衣都指挥，关于这位画家的简述，参见 Sirèn, *Early Chinese Paintings from the A. W. Bahr Collection* (London, 1938), 91.

［17］祐曼，《中国美术史》（上海，1950），第151页。

［18］Herbert A. Giles, *An Introduction to the History of Chinese Pictorial Art* (London, 1918), 181. 16世纪及其后的观点认为，沈周的画作体现了"吴派"的优雅趣味，参见今關天彭，「沈石田事蹟」，『國華』第457號，1928年12月，第349–350頁。

［19］Contag, 88.

［20］Sirèn, *Later Chinese Painting*, I, 7

［21］《故宫书画集》（北平，1930），第1册，第15幅。

173

①此处疑为刘俊之误，刘俊生卒年不详，活动于宣德弘治年间。

［22］Contag, OZ, IX, 5(Oct. 1933), 178.

［23］Sirèn, *A. W. Bahr Collection*, 103.

［24］沈宗骞，《芥舟学画编》，于海晏编《画论丛刊》（北平，1937），第3册，卷二，第1页。

［25］田中豊藏，『東洋美術談叢』（東京，1949），第69頁。关于董其昌对米芾的仰慕，见《故宫书画集》第1册，第15幅，及Contag, "Schriftcharakteristeken in der Malerei, dargestellt an Bildern Wang Meng's und anderer Maler der Südschule", OZ, XVII, Nos. 1−2 (1941), 49.

［26］「陸治筆蓮花圖」，『國華』第315號，1916年8月，第38頁（英文）。在翟尔斯（Giles）书第187页，也有一个关于文徵明和商人的类似故事。

［27］Raphael Petrucci, tr., *Encyclopedie de la peinture chinoise* (Paris, 1918), 48. 关于这部著作的年代，见introduction, vi−viii。

［28］邹一桂，《小山画谱》，张祥河辑《四铜鼓斋论画集刻》（北京，1909），第3册，卷下，第4b页。

［29］Sirèn, "An Important Treatise on Painting from the Beginning of the Eighteenth Century", *T'oung Pao*, XXXIV, No. 3 (1938), 154. 这里的"司农"指的是王原祁（1642−1715）。

［30］关于这些对董其昌崇高地位的评价，参见内藤湖南，「董其昌蔡文姬畫像」，『東洋美術』第1號，1929年4月，第64頁；田島志一编，『東洋美術大観』，第11册（東京，1912），第16幅。

［31］有关中国绘画中南北二宗的最权威的表述，出自董其昌《画禅室随笔》，汪汝禄辑（北京，1840），卷二，第14b−15页。几乎每一部严肃的现代中国艺术史著作都会引用或重述这一段。在这部著作稍前的一个段落中，董其昌写道："文人之画，自王右丞始"（同上，卷二，第14页），从中可以看出，董其昌将南画与业余风格等同起来。"文人画"一开始被视为"士大夫画"的同义语，后来又被视为"南画"的代名词，现存资料中，该词似乎最早出现于唐寅的《画谱》中，据该书记载，元人王思善提出了"文人画"的概念①。见伊勢專一郎，『支那山水畫史：自顧愷之至荆浩』（京都，1934），第147页。

宋代以降，绘画风格和画家个人地位之间的关联日趋紧密，关于这方面的讨论，以及有关莫是龙（董其昌的好友，最早讨论南北宗及其起源的原创性的理论家）的论

174

———————————
①唐寅《六如画谱》所辑录的王思善的画论，标举的是"士夫画"而非"文人画"。

述，见吉澤忠，「南畫と文人畫」1，『國華』第622號，1942年9月，第257-258頁。

后来被推举为明代以前南北宗的代表画家包括：北宗——擅长设色山水的赵伯驹和他的兄弟赵伯骕，院画画家刘松年、李唐、马远和夏圭，他们都是宋代人；南宗——宋代画家李成、范宽、董源和巨然，以及"元四家"，即黄公望、吴震、倪瓒和王蒙。见滕固《关于院体画和文人画之史的考察》，《辅仁学志》第2卷第2号，1930年9月，第68页。

［32］瀧精一，「沈啓南九段錦畫册に就て」，『國華』第495號，1932年2月，第33頁。

［33］Contag, "Schriftcharakteristeken", 49.

［34］Contag, "Tung Ch'i-ch'ang", OZ, IX(3-4), 96.

［35］Sirèn, *Later Chinese Painting*, I, 182.

［36］吉澤忠，「南畫と文人畫」3，『國華』第624號，1942年11月，第346頁。"精妙"似乎已经完全成了得体地赞扬院画风格的标准术语。一份元代画谱的清代增订本提到通常被归到院画风格的"浙派"之中的17世纪画家蓝瑛（见下），说他是出色的取法宋元的山水画家，其画作无处不"精妙"。见夏文彦《图绘宝鉴》，"借绿草堂"编，卷七，第29页。

［37］Contag, *Die Beiden Steine* (Braunschweig, 1950), 37.

［38］伊勢專一郎，「文人畫——南畫より文人畫への推移」，『東洋美術』，III，1929年9月，第7頁。

［39］史岩，《宋季翰林图画院暨画学史实系年》，《中国文化研究汇刊》（成都）第3卷，1943年9月，第327页。

［40］这一描述甚至也适用于著名的陆王学派中的大部分学者，比起被官方列入科举科目的朱子学，陆王学派更重视内省，但仍然处于文化标准的传统之中，不管正统批评家对它的反社会内涵提出了什么样的指控。只有很少的明代文人似乎真正严肃地信奉禅宗，全盘接受它对儒家道德的背离和对儒家文本基础的拒斥。关于这些人的情况，参见贺凯（Charles Hucker）对李贽受迫害经过的叙述。见Hucker, 144-145。显然，那些鼓吹南宗美学趣味的画坛领袖并不符合这么严格的要求。

［41］关于学院派画家那种以画一系列素描作为准备工作的倾向，见Aschwin Lippe, "The Waterfall", *Bulletin of the Metropolitan Museum of Art*, XII (Oct. 1953), 60。

［42］这种美术观念因为包含了刻意经营的意味而受到了16世纪后期学者高濂和屠隆的贬低，见Contag, "Tung Ch'i-ch'ang's", IX (3-4), 95。

［43］秦仲文，《中国绘画学史》（北平，1934），第150页。「伊孚九筆山水圖」，『國

華』第174號，1904年11月，第108頁，及图幅5。

［44］潘天寿，《中国绘画史》（上海，1935），第161-162页；刘思训，《中国美术发达史》（重庆，1946），第98页。明代确实曾经出现过一些精美的佛教人物画，特别是在明初时期；但这些作品似乎源于明初模仿唐画的热情，而不是出自对佛教的虔信。

［45］这些是宋人对苏轼等人的评论，分别参见 J. P. Dubose, "A New Approach to Chinese Painting", *Oriental Art*, III, No. 2 (1950), 53; Louise Wallace Hackney and Yau Chang-foo, *A Study of Chinese Paintings in the Collection of Ada Small Moore* (London, New York, and Toronto, 1940), 197; 及 Alexander Coburn Soper, *Kuo Jo-hsü's "Experiences in Painting"* (Washington, 1951), 15。

176

［46］唐志契，《绘事微言》（上海，1935），第1卷，第1页。

［47］Sirèn, "An Important Treatise", 155, 161.

［48］卢前，《八股文小史》（上海，1937），第44页。

［49］Friedrich Hirth, *Native Sources for the History of Chinese Pictorial Art* (New York, 1917), 11; Florence Wheelock Ayscough, *Catalogue of Chinese Painting Ancient and Modern by Famous Masters* (Shanghai, n.d.), 19.

［50］「沈石田筆贈吳寛行畫卷解」，『國華』第545號，1936年4月，第113頁。

［51］歌德语，转引自 Nikolaus Pevsner, *Academies of Art* (Cambridge, 1940), 191。

［52］Edward Young, "Conjectures on Original Composition", *Criticism: the Foundations of Modern Literary Judgment*, ed. Mark Schorer, Josephine Miles, and Gordon McKenzie (New York, 1948), 15.

［53］Harold A. Small, ed., *Form and Function, remarks on art by Horatio Greenough* (Berkeley and Los Angeles, 1947), 22.

［54］Contag, "Tung Ch'i-ch'ang's", IX (3-4), 96.

［55］恽寿平，《瓯香馆画跋》（《瓯香馆集》卷十一至十二），蒋光煦辑《别下斋丛书》（上海，1923），第16册，第4页。

［56］滕固，第80页。

［57］Yukio Yashiro, "Connoisseurship in Chinese Painting", *Journal of the Royal Society of Arts*, LXXXIV, No. 4399 (Jan. 17, 1936), 266.

［58］沈宗骞，卷三，第2-3b页。

［59］田中豊藏，第81页。

［60］Serge Elisséev, "Sur le paysage à l'encre de Chine du Japon", *Revue des Arts Asiatiques*, 2 (June 1925), 31-32.

〔61〕关于这两者的区别，见 Michael Oakeshott, *Experience and Its Modes* (Cambridge, 1933), 21-23。

〔62〕Ananda K. Coomeraswamy, "The Nature of Buddhist Art", *Figures of Speech or Figures of Thought* (London, 1946), 177. 参见克罗齐对直觉和理智活动之间的区分，前者是通过把自己放到某个事物之中来思考，通过把它的生命变成自己的生命，来把握它的独特性；后者是从一个外在的观点来分析它，或将它归类："你希望理解一片草叶的真实历史吗？试着把自己变成一片草叶；如果你做不到，就满足于分析它的结构吧……"见 Collingwood, *The Idea of History* (Oxford, 1946), 199。

〔63〕H. W. Cassirer, *A Commentary on Kant's "Critique of Judgment"* (London, 1938), 19; 以及 Christopher Gray, *Cubists Aesthetic Theories* (Baltimore, 1953), 47-49. 关于理念和直觉之间关系的铁律，还可注意《伊翁篇》(在这篇对话里，艺术是"神通过人在讲话"，因而艺术是无法传授的) 在伟大的唯心主义者柏拉图诸对话录中的位置；关于硬币的另一面，即艺术家愿意接受可传授的法则的规训，以及他否认艺术和沉思的直觉同一性的必要性，参见瓦雷里对"阻力最小的路线的诱惑"的警告（即"反学院派"对规定程式的大胆妄为的拒绝），以及他由此推出的如下教诲："美丽的线条是在灵感到来之后才成熟的"。见 Paul Valéry, *Reflections on the World Today* (London, 1951), 60, 145。

〔64〕艺术批评的文献在明代出现了爆炸式的增长，因而没有人想过要把它们都收集起来；见 Hirth, 25-26。

〔65〕Contag, "Das Mallehrbuch für Personen-Malerei des Chieh Tzu Yüan", *T'oung Pao*, XXXIII, No. 1 (1937), 18. 批评家依据天赋将画家划分为三类，这种做法至少能追溯到唐代。

〔66〕同上，20。

〔67〕Elisséev, 32. 关于对明清两代记载的抽象语汇——自然形式的典型特征和永恒特征的缩略语，以及表现这些特征的构图法则——的描述，又见 Victor Rienaecker, "Chinese Art (Sixth Article), Painting—I", *Apollo*, XL, No. 236 (Oct. 1944), 81-84; Benjamin March, *Some Technical Terms of Chinese Painting* (Baltimore, 1935), xii-xiii; Fang-chuen Wang, *Chinese Freehand Flower Painting* (Peiping, 1936), 98-99; William Cohn, *Chinese Painting*(London and New York, 1948), 18，等等。

〔68〕Laurence Sickeman, in *Great Chinese Painters of the Ming and Ch'ing Dynasties* (展览图录, March 11-April 2, 1949, at Wildenstein Galleries, New York)；同时见 Benjamin Rowland, in *Masterpieces of Chinese Bird and Flower Painting* (展览图录, Oct.

30–Dec. 14, 1951, at the Fogg Art Museum, Cambridge), 4。

〔69〕Arnold, "The Literary Influence of Academies", *Essays in Criticism* (Boston, 1865), 47–51.

〔70〕内藤虎次郎，『清朝書畫譜』（大阪，1917），第3頁。

〔71〕Contag, *Die Beiden Steine*, 10.

〔72〕《明人书画集》（上海，1921），第4册，第2幅。

〔73〕Sirèn, *The Chinese on the Art of Painting* (Peiping, 1936), 188.

〔74〕Werner Speiser, "Ba Da Schan Jen", *Sinica*, VIII, No.2 (March 10, 1933), 49.

〔75〕Sirèn, "Shih-t'ao, Painter, Poet and Theoretician", *Bulletin of the Museum of Far Eastern Antiquities*, XXI (Stockholm, 1949), 55.

〔76〕青木正兒，「石涛の畫と畫論と」，『支那學』第1卷第8號，1921年4月，第583頁。

〔77〕八幡關太郎，『支那畫人研究』（東京，1942），第170頁。

〔78〕Herbert Franke, "Zur Biographie des Pa-Ta-Shan-Jen", *Asiatica: Festschrift Friedrich Weller* (Leipzig, 1954), 130.

〔79〕《中国人名大辞典》，转引自Speiser, "Ba Da Schan Jen", 46。

〔80〕山井湧，「明末清初における経世致用の學」，『東方學論集』（東京，1954），第140–141、149頁。

〔81〕墨友莊主人编，『石涛と八大山人』（神奈川縣，1952），第3頁。

〔82〕青木正兒，第586頁。对石涛不守陈规的"无法"原则的固守，在17世纪初年对沈周的一则评价中也得到了体现："其如禅家言，优游不迫，不拘成法。"[①] 沈周当然完全属于南宗文人画的主流；见Kojiro Tomita and A. Kaiming Chiu, "An Album of Landscape and Poems by Shen Chou (1427–1509)", *Bulletin of the Museum of Fine Arts* (Boston), XLVI, No. 265 (Oct. 1948), 60。

〔83〕Sirèn, "Shih-t'ao", 41.

〔84〕应该注意的是，宋代既是儒家地位得到巩固的时代，又是儒者对禅宗理念发生兴趣的时代，此时在禅宗内部，随着经典修习的回潮，出现了一个"禅教一致"的过程，即直觉和学问的融合。见Heinrich Dumoulin, *The Development of Chinese Zen after the Sixth Patriarch in the Light of Mumonkan* (New York, 1953), 35。

---

① 这则评价出自1604年王穉登在沈周《诗画册页》上所作的题跋，该册页现藏美国波士顿美术馆，题跋原文未见，此处据英文直译。

〔85〕Sirèn, *The Chinese on the Art of Painting*, 164. 我们在莫是龙同时期所写的画论及后来的《芥子园画传》中，也能找到"读万卷书，行万里路"的引文，这是文人对原创性缺少兴趣的一个例证。见吉泽忠，「南畫と文人畫」1,『國華』第622號，1942年9月，第260頁。以及Petrucci, 4–5。

赫伯特·里德爵士（Sir Herbert Read）有意忽视董其昌所付出的使他成为如此显赫的人物的心力，转而强调另一层面，他写道："但是明代最伟大的艺术家之一董其昌，说出了也许包含着明显真理的话，即没有人能达到如此优雅的状态，即便他读万卷书，行万里路；艺术家是天生的，不是造就的。"见Herbert Read, "Modern Chinese Painting", *A Coat of Many Colours* (London, 1945), 266。

〔86〕Contag, *Die Beiden Steine*, 10.

〔87〕恽寿平，第16册，第8–8b页。

〔88〕Hackney and Yau, 56.

〔89〕吉泽忠，「南畫と文人畫」3,『國華』第624號，1942年11月，第346頁。

〔90〕徐沁，《明画录》，《丛书集成》（上海，1926），第27页。

〔91〕见「藍瑛筆飛雪千山圖解」,『國華』第477號，1930年8月，第228頁。关于浙派（继承马远、夏圭的南宋院体墨色山水画传统）、院体（特指人物画和装饰性的青绿山水画等，比浙派更精细）和吴派（对其而言，前面两派都是院体）之间的区别，以及它们相互交融的情况，见祐曼，第150–151页；潘天寿，第167–170页。

〔92〕关于明清时期对这些画家所属画派的不同看法，见田島志一编,『東洋美術大観』，第11册（東京，1912），第16幅；八幡關太郎，第68–69页；一氏義良,『東洋美術史』（東京，1936），第215頁；黄宾虹，《古画微》（上海，1931），第30–32页；Speiser, "T'ang Yin" (Part 2), OZ, XI, Nos. 3–4 (May–Aug. 1935), 109。

〔93〕米澤嘉圃，「仇英筆白描賺蘭亭圖」,『國華』第708號，1951年3月，第122頁；林风眠，《艺术丛谈》（上海，1937），第121页；Arthur Waley, "A Chinese Picture", *The Burlington Magazine*, XXX, No. 1 (Jan. 1917), 10。

〔94〕雲山生，「仇英の畫冊に就て」,『國華』第475號，1930年6月，第159–160頁；「仇英唐人詩意畫解」,『國華』第481號，1930年12月，第344–345頁。沈周也画过一部类似的册页，九开，每一幅摹仿一个以前的艺术家，见瀧精一，「沈啓南九段錦畫册に就て」，第35頁。

〔95〕Sirèn, *Later Chinese Painting*, I, 133–134; Speiser, "T'ang Yin" (Part 1), OZ, XI, Nos. 1–2 (Jan.–April 1935), 21. 参见16世纪著名收藏家王世贞对唐寅的评论，其中很自然地提到了唐寅画风的来源（王世贞的笔记中，画家生平简述的开头都有对其

画风源流所自的叙述）。王世贞承认唐寅对前人完全持兼收并蓄的态度，既取法李唐、马远等宋代院画画家，也师承像黄公望这样以直觉见长的元代大师。见王世贞《艺苑卮言附录》，《弇州山人四部稿》，世经堂刊本（未注明出版日期），卷一五五，第16b–17页。

[96] 田島志一编，『東洋美術大観』，第11册，第6幅。

[97] 见『國華』第481號，插图第5幅。参见晚明一则关于仇英某幅画作的评论，论者在仇英画作中的山石、树木、人物和色彩中认出了不同大师的风格，并且称赞仇英综合了这些风格。见Sirèn, *Later Chinese Painting*, I, 146。

[98] 「盛茂燁筆山居訪問圖」，『國華』第543號，1936年2月，第53頁。蓝瑛也以渲染米家（南宗的米芾）山水的背景著称，而前景中的松树却是北宗的马夏风格；见「藍瑛筆夏山雨後圖」，『國華』第232號，1909年9月，第95–96頁（英文）。

[99] 和田幹男编，『東洋美術大観』，第12册（東京，1913），图幅6。Contag, "Tung Ch'i-ch'ang", OZ, IX(5), 181–182。引文出自张庚《国朝画徵录》（1739）。

[100] 「王石谷筆扇面山水圖」，『國華』第614號，1942年1月，第24頁；「王翬筆山水圖」，『國華』第250號，1911年3月，第283頁（英文）；「王石谷筆観瀑圖」，『國華』第702號，1950年9月，第306頁。

[101] 相見繁一，『群芳清玩』（東京，1914），第2册，图幅5；中村不折・小鹿青雲，『支那繪畫史』（東京，1913），第163頁；潘天寿，第167頁。

[102] 邹一桂，转引自全汉昇，《清末反对西化的言论》，《岭南学报》第5卷第3、4期合刊，1936年12月，第129页。"画匠"是一个鉴赏术语，指纯粹的"职业特性"，见Gustav Ecke, "Comments on Calligraphies and Painting", *Monumenta Nipponica*, III (1938), 569。

[103] 王世贞论唐寅，见王世贞，卷一五五，第17页。

一般而言，关于明清鉴赏家对笔墨的崇拜——对细微差别的敏感，对画家笔触中审美之外的意味的感觉，精致的分类系统，在本来应该是真正南宗风味的留白之处添加细节（笔墨的主题）的倾向，以及重心从受到理智规范的作品中的典型动机，逐渐转向自由挥洒之作中更加个人化的动机，转向更宜于精湛技艺的施展，可依次参考如下论著：A. Bulling and John Ayers, "Chinese Art of the Ming Period in the British Museum", *Oriental Art*, III, No. 2(1950), 79; Contag, *Die Sechs Berühmten Maler der Ch'ing-Dynastie* (Leipzig, 1940), 17; Tomita, "Brush-strokes in Far Eastern Painting", *Eastern Art*, III (Philadelphia, 1931), 29–31; Waley, *An Introduction to the Study of Chinese Painting* (London, 1923), 247; Fang-chuen Wang, 102; Rienaecker, "Chinese Art (Seventh

Artical), Painting—II", *Apollo*, XL, No. 237 (Nov. 1944), 109; 邹一桂，第3册，卷下，第6页；Arthur von Rosthorn, "Malerei und Kunstkritic in China", *Wiener Beiträge zur Kunst-und Kultur-Geschichte*, IV (1930), 22; George Rowley, "A Chinese Scroll of the Ming Dynasty: Ming Huang and Yang Kuei-fei Listening to the Music", *Worcester Art Museum Annual*, II (1936—1937), 70—71; Cohn, 92; John C. Ferguson, *Chinese Painting* (Chicago, 1927), 62; Edouard Chavannes and Raphael Petrucci, *La peinture chinoise au Musée Cernuschi, Avril—Juin 1912* (Ars Asiatica I)(Brussels and Paris, 1914), 49—50; Edgar C. Schenck, "The Hundred Wild Geese", *Honolulu Academy of Arts Annual Bulletin*, I (1939), 6—10。

[104] 参见董其昌等人这方面规范性论述的细节。关于综合不同图画而成的画作，参见董其昌，卷二，第5—8页；Alan Houghton Broderick, *An Outline of Chinese Painting* (London, 1949), 32; Waley, *An Introduction*, 246—250; Contag, "Schriftcharakteristeken", 48, 及 *Die Sechs*, 20; Sirèn, *The Chinese on the Art of Painting*, 143, 及 *Later Chinese Painting*, I, 187; Ferguson, "Wang Ch'uan", OZ, III, No. 1 (April—June 1914), 58—59。

[105] Paul L. Grigaut, "Art of the Ming Dynasty", *Archaeology*, V, No. 1 (March 1952), 12.

[106] 韦利（Arthur Waley）举过一个例子来说明这一点，他提到文学研究的理念以如下的方式被挪用到艺术领域中：《诗经》中提到的某条河流是和秋天联系在一起的，画家在再现这条河流的时候，一定是把它放在秋天的场景中。见 Waley, *An Introduction*, 246。喜龙仁（Oswald Sirèn）也说到明代的一种趣味，即要求绘画题跋的文字风格，要符合与这幅画的画风相对应的主题和笔法，即工笔画要用楷书题跋，写意画要用草书题跋；见 Sirèn, "Shih T'ao", 35—36。

[107] Kenneth Clark, *Landscape into Art* (London, 1949), 30.

[108] C. M. Bowra, *The Creative Experiment* (London, 1949), 2.

[109] Speiser, "Eine Landschaft von Wang Hui in Köln", OZ, XVII, Nos. 1—2 (1941), 170.

[110]「圖版解説　惲南田筆花卉册」,『美術研究』第92號，1939年8月，第306頁。

[111]「圖版解説　惲南田筆果品清供圖」,『美術研究』第7號，1932年7月，第237頁。

[112] 邹一桂，第3册，卷上，第1页。

[113] 关于对这个过程的讨论，见 Joseph R. Levenson, *Liang Ch'i-ch'ao and the*

*Mind of Modern China*(Cambridge, 1953)，全书各处，尤其是109–128页；以及本书第七章。

[114] 19世纪和20世纪初年的功利主义批评了科举考试制度所显现的美学面相，并提出了改良的建议，关于这方面的讨论，见Ssu-yü Teng and John K. Fairbank, *China's Response to the West* (Cambridge, 1954)，特别是第139、145、148及205页。此前已有学者论及此类意见初露端倪时的类似心态，见房兆楹所作的龚自珍（1792–1841）传记，载Arthur W. Hummel, ed., *Eminent Chinese of the Ch'ing Period* (Washington, 1943), I, 432–433；龚自珍因为书法拙劣未能进入翰林院，深感痛苦，便开始贬低这种为选拔公职人员设立的美学测试，以至于痛斥清政府的腐败，鼓吹废除当时实行的科举考试制度。

正如鲍威尔（Ralph Powell）在 *The Rise of Chinese Military Power, 1895–1912* (Princeton, 1955)一书第338页指出的，为训练职业军官而新建立的晚清军事学校中的专业化取向，让那种认为中国官僚无所不能的理论变得站不住脚了。

[115] Max Weber, *The Religion of China* (Glencoe, 1951), 248.

[116] 张仲礼(Chung-li Chang)在 *The Chinese Gentry: Studies on Their Role in Nineteenth-Century Chinese Society* (Seattle, 1955)一书第174–176页指出，清代前半叶科举考试题目的范围比以前扩大了，但引经据典形式圆熟的阐述一直都是必不可少的。除了1663年出现了一次非常短暂的中断之外，八股文始终是这一时期明清科举考试制度的核心所在（晚清维新派的奏议专门以科举制度的这一特色为目标，就是一个证明）。清代八股文的变化不是发生在日渐增长的形式主义特征方面，而是对形式的细节的改动，即八股文的字数从顺治（1644–1661）年间确定的450字变成康熙年间的550字，后来又扩展到600字和600字以上（见《辞海》，第1册，第325页）。

晚清时期的形式主义实际上比以前更明显（这不只是科举考试特有的特征，如我们前面提到的），就此而言，这一时期的形式主义不应该被看作一种现代的畸变，而应视为一直以来内在于科举制度中的某种潜力的表现；参见Waley的 *The Life and Times of Po Chü-I, 772–846 A. D.* (New York, 1949)一书第28页对唐代试策文"策论形式"的讨论。导致1905年科举制度废除的现代批判精神，说到底是一种完全理解不了整个科举制度的心态，而不是在科举制度的早期和后期之间做出区分的心态，即认为早期的科举制度强调的是言之成理的内容，后期的侧重点则放到了可以矫正的风格上的华而不实上。

[117] 正是鉴于现代中国的这一进展，中国共产党才把"八股"用作一种贬义词，1940年，在共产党自己的组织里，"党的形式主义"受到了公开的抨击，这种形式主

义被描述为八大罪状（如空话连篇，言之无物；装腔作势，借以吓人），每一条罪状对应八股文的一股<sup>①</sup>；见 Albert Borowitz, *Fiction in Communist China*（油印），Centre for International Studies, MIT (Cambridge, 1954), 5。

［118］《辞海》，第1册，第325页。

## 插曲

［1］Yüan Chieh (723–772), "Civiliazation", in Waley, *Chinese Poems* (London, 1946), 118.

## 第三章

［1］顾炎武，第2册，卷七，第32页。

［2］《思辨录辑要》，张伯行编《正谊堂全书》，左宗棠增刊，第109册，卷一，第10b–11页。

［3］关于现代科学的发展和欧洲商人阶级的兴起之间的这种关联，见Needham, "Thoughts on the Social Relations of Science and Technology in China", *Centaurus*, III (1953), 特别是45–48。

［4］*North China Herald*, April 14, 1866.

［5］徐世昌，《清儒学案》（天津，1938），卷一百四十，第9b–11页。

［6］曾国藩，《日记》，《曾文正公全集》（上海，1917），第44册，卷一，第6b页。

［7］同上，第6b页。

［8］同上，第6页。

［9］曾纪泽，《曾侯日记》（上海，1881），第6b页。

［10］曾国藩，《圣哲画像记》，《曾文正公全集》，第27册，卷二，第3页；萧一山，《曾国藩》（重庆，1944），第30页。

［11］姜书阁，《桐城文派评述》（上海，1930），第68、74页。

［12］虽然这里对"礼"的考虑在很大程度上是遵照宋代哲学的观点，但按照韦利的描述，作为"自然"的"礼"是人要复归的"礼"，只要他能够克服人心的个人欲望，复归到属于道心的非个人状态中。见Waley, *The Analects of Confucius* (London,

---

① 此处当指毛泽东《反对党八股》对文风的批评。

1949), 75。

　　[13] 萧一山，第31–33页。正如卫德明（Hellmut Wilhelm）所指出的，曾国藩声称，他尊重宋代儒学，但也不希望排斥汉学，他提出"礼"的概念，意在整合社会，调和先前的对立。见 "The Background of Tseng Kuo-fan's Ideology", *Asiatische Studien*, Nos. 3–4 (1949), 95–97。

　　[14] 萧一山，第37、46页。

　　[15] Wilhelm, 97.

　　[16] Teng and Fairbank, 67.

　　[17] 曾国藩的门生以同样的折中主义精神写出了一些著作，例如朱次琦（1807–1882）论"国朝儒宗"的著作，见徐世昌，卷一百七十一，第1b页；以及陈澧（1810–1882）的《东塾读书记》（上海，1898）。后者与曾国藩的折中主义尤为接近，它试图调和宋学和汉学，依据是一些汉学家也做过像宋学家那样的形而上学研究（尽管汉学通常强调的是文本考据），而高度形而上学的宋学的领袖朱熹，则是汉学考据的源头，见卷十五。

## 第四章

　　[1] 这句话出自《孙子·谋攻》，1863年李鸿章在奏请设外国语言文学馆疏中引用了这句话，1894年马建忠在建议设立翻译书院的奏折中也引用在这句话；见任时先著，山崎達夫譯，『支那教育史』（東京，1940），下卷，第95–96页。卫德明（Hellmut Wilhelm）评论说，这个革新派群体中的每个人都把西化想象成一种防卫措施，见 "The Problem of Within and Without, a Confucian Attempt in Syncretism", *Journal of the History of Ideas*, XII, No. 1 (Jan, 1951), 50。

　　关于有代表性的儒家西化论者——林则徐、徐继畬、曾国藩、薛福成等——各自观点的英文翻译，见 Teng and Fairbank 全书各处。

　　[2] 张之洞，《劝学篇》。Samuel I. Woodbrige 曾以 *China's Only Hope* (New York, 1900)为题翻译（或者不如说撮述）了这本书，该书第63页写道："今欲强中国，存中学，则不得不讲西学。然不先以西学固其根柢，端其识趣，则强者为乱首，弱者为人奴。" ①

　　同书第137–138页："中学为内学，西学为外学，中学治身心，西学应世事……

_____

　　① 中文原文见《劝学篇》"内篇""循序第七"。

186  如其心圣人之心，行圣人之行，以孝弟忠信为德，以尊主庇民为政，虽朝运汽机，夕驰铁路，无害为圣人之徒也。"①

关于对19世纪这种合理化之用途的讨论，见 Wilhelm, "The Problem of Within and Without, a Confucian Attempt in Syncretism", 48−60, 特别是59−60; 及 Teng and Fairbank, 50, 164。

[3] 怀特海一直强调，在现代新的职业出现之前，个人雄心是古希腊罗马经典在西方教育中占据主导地位的那部分的主要和基本的原则，而对这些新职业来说，其他方面尤其是科学的训练乃是必需的。见他那篇富于同情心但又并不感伤的文章："The Place of Classics in Education", *The Aims of Education and Other Essays*(New York, 1949), 特别是第69页。

[4] 全汉昇，第134页。

[5] 分别出自1842年的林则徐和魏源（1794−1857）之口，转引自 Teng and Fairbank, 28 及34。

[6] 同上，53。

[7] 藤原定，『近代中國思想』(東京，1948)，第95页。

[8] 赵丰田，《晚清五十年经济思想史》，《燕京学报》专号第18种（北平，1939），第88−89页。

[9] 看看耆英的领悟吧，1840年他在南京与英国举行谈判时，认识到了新的事物即将来临。他依照传统向皇帝报告说外夷已得到遏制，但他接下来注意到，用于藩属部族的那些礼节对他们并没有约束力——他们不同意撤退和安于像安南和琉球那样的地位。见 Teng and Fairbank, 39−40。

[10] Oakeshott, 98.

[11] 同上，41。

[12] 工业化——哪怕只是微不足道的工业化——能够对中国的传统制度及崇奉的价值起到什么作用，Marion J. Levy, Jr.在*Family Revolution in Modern China* (Cambridge, 1949) 一书中已经做了分析。

[13] R. W. Meyer, *Leibnitz and the Seventeenth-Century Revolution* (Cambridge, 1952), 51.

[14] Whitehead, *Modes of Thought*, 26.

[15] Aristotle, *Metaphysics*, 1041b.

――――――――――

① 中文原文见《劝学篇》"外篇""会通第十三"。

［16］同上，1071b; Maimonides, *Guide of the Perplexed*, tr. M. Friedlander (New York, n.d.), 178; Aquinas, *Concerning Being and Essence*, tr. George G. Leckie (New York and London, 1937), 7.

187

［17］W. D. Ross, *Aristotle's Prior and Posterior Analytics* (Oxford, 1949), 284, 660; Aquinas, 44. 与注释［14］至［16］有关的是《中庸》（这是朱熹特别看重的一部经典）里的一段话（英文译文取自 James Legge, *The Chinese Classics*〔Oxford, 1893〕, I, 397）："鬼神之为德，其盛矣乎! 视之而弗见，听之而弗闻，体物而不可遗。"这段话的意思很晦涩，但人们应该能注意到它暗示了"体"和感知对象之间的矛盾。"体"在这里用的是动词形式，它的含义相当于"使得某物成为它通常之所是"。

［18］Aquinas, 5.

［19］《论语·学而》；Legge, I, 143。

［20］《朱子全书》，李光地编（1714），卷十，第 37—38 页。

［21］《孟子·滕文公下》；Legge, II (1895), 265。

［22］《朱子全书》，卷二十，第 76b 页。

［23］在《孟子》的另外一个段落中（朱熹不止一次以赞许的口吻讨论过这个段落），孟子似乎从功能的角度界定了本质——它是对"体用"的阐释，尽管没有使用这样的术语。这一段的原文如下（英译文见 Legge, II, 313—314）："孟子曰：'仁之实，事亲是也。义之实，从兄是也。智之实，知斯二者弗去是也。礼之实，节文斯二者是也。'"见《朱子全书》，卷十，第 13b 页，及卷二十一，第 8 页。不能确定的是，至少对朱熹的阐释而言，英文把"实"译作"最丰富的果实"(the richest fruit) 是否能完全表达出"实"的作用；它在这里更像是"使某物获得实际的存在"的意思。

［24］《朱子全书》，卷十，第 13b 页。

［25］参见第三章。曾国藩与朱熹的相似之处是惊人的，见《朱子全书》卷十三，第 2b—3 页，其中被确定为"用"的"外面"，与"心中"相并列，并且朱熹认为，外部平衡的建立必然与内在平衡的存在相关联。朱熹从功能的角度把内在的品质"仁"界定为完美地调节外部世界即"天下"的力量。

188

另见《大学》（这是一部对宋代新儒学非常重要的经典）中的一段："古之欲明明德于天下者，先治其国……"这是一段著名的循环连锁的论述的开头，这句话从"体用"逻辑的观点来看，似乎比从其他任何观点来看都好理解：好的政府是光明的道德这一本体的必然的外在表现；"明德"在"治国"中得到了证明。

［26］Legge, I, 150.

［27］《朱子全书》，卷十二，第 24 页。

［28］《朱子全书》，卷二十二，第37—37b页。这里对"体用"的专门讨论是从《孟子·告子上》中发展出来的："孟子曰：'仁，人心也；义，人路也。'"(Legge, II, 414)

［29］J. D. Bernal, "A Scientist in China", *The New Statesman and Nation*, XLIX, No. 1255 (March 26, 1955), 424.

［30］冯友兰，《新事论》（长沙，1940），第50—51页。

［31］Knight Biggerstaff, "The T'ung Wen Kuan", *Chinese Social and Political Science Review*, XVIII, No. 3 (Oct. 1934), 321.

［32］任时先，第107页。

［33］全汉昇，第143、147—148页。

［34］事实上，斯威夫特确实偶尔会对科学发出"英国的"抗议，他把笛卡尔挑出来当作恶棍，把科学看作法国和天主教的时尚。但是科学的进展是欧洲人的共同追求，处于国际合作的网络之中，这一点是如此明显，以至于斯威夫特提出的这个反科学主义的借口，不可能与倭仁在中西之间做出的区分有任何关系。

［35］见上，注［12］。

［36］陈登原，《西学来华时国人之武断态度》，《东方杂志》第27卷第8期，1930年4月，第61页。

　　［37］Teng and Fairbank, 145.

## 第五章

［1］我在《梁启超与现代中国的心灵》一书中对今文维新派学说的来源、内容和内涵做了一个大致的描述。见 *Liang Ch'i-ch'ao and the Mind of Modern China*，特别是34—51。

［2］到了19世纪，在世俗化的西学教育的领域，新教传教士要比天主教传教士活跃得多；见 Kenneth Scott Latourette, *A History of Christian Missions in China* (New York, 1929), 478。

［3］传教士与维新派之间的合作是众所周知的，例如威尔士传教士李提摩太(Timothy Richard)在读了康有为的一封以现代化为主题的奏疏后，给他写了一封信，表示他对康有为和他得出同样的结论感到惊讶，认为他们的目的似乎是相同的，建议就此进行磋商。康有为和李提摩太在北京见了面，康的学生梁启超很快就成了李提摩太在中国的书记。见陈恭禄，《中国近代史》（上海，1935），第439—440页。

维新派和主张西化的官僚在"自强"这一点上也站在共同的立场上。"自强"一词出现在主张西化的官方文件中，最早可追溯至1863年李鸿章主张学习外国语言的一封奏折，维新派特别喜欢使用这个词，他们的主要组织叫"强学会"，1895–1896年间活跃于北京和上海。关于李鸿章奏折这方面的内容，见舒新城，《近代中国教育思想史》（上海，1929），第25–26页。

　　［4］吴世昌，《中国文化与现代化问题》（上海，1948），第55–56页。

　　［5］《大同书》最明确地显示了康有为在勾画他的行动计划并让孔子成为其守护人方面所做的努力，关于《大同书》的概要，见板野长八，「康有爲の大同思想」，仁井田陞编，『近代中國研究』（東京，1948），第165–204頁。

　　［6］實藤惠秀，『新中國の儒教批判』（東京，1948），第55、59頁。

　　［7］田内高次，『支那教育學史』（東京，1942），第520頁。

　　［8］谭嗣同，《仁学》，《谭嗣同全集》（北京，1954），第69页。

　　［9］同上，第55页。

　　［10］梁启超，《南海康先生传》，《饮冰室合集》，文集第3册，文集之六，第67页。

　　［11］这种将路德等同于思想自由的表述，参见梁启超，《论学术之势力左右世界》，《饮冰室合集》，文集第3册，文集之六，第111页及他处。梁启超用这样的方式来描写路德，是在放弃了今文学派援引经典以赋予革新以正当性的做法之后。

　　［12］到了20世纪第一个十年，在梁启超的著作中，反传统主义取代了今文经学，对这种反传统主义的描述与分析，参见Levenson, 92–101。

## 第六章

　　［1］见Ch'I Ssu-ho, "Professor Hung on the Ch'un-ch'iu", *Yenching Journal of Social Sciences*, I, No. 1 (June 1938), 49–71，特别是55–56。

　　［2］见梁启超，《清代学术概论》，《饮冰室合集》，专集第9册，专集之三十四，第63页。其中云，"启超三十以后，已绝口不谈'伪经'"。

　　［3］魏应麒，《中国史学史》（上海，1941），第243页。

　　［4］例如孙中山在被革命党人推举为中华民国首任大总统后，于1912年1月5日发布的《对外宣言书》称："溯自满洲入主，据无上之威权，施非理之抑勒，裁制民权，抗违公意。我中华民国之智识上、道德上、生计上种种之进步，坐是迟缓不前。识者谓非实行革命，不足以荡涤旧污，振作新机"，"满夷入主，本其狭隘之心胸，自私之僻见，设为种种政令，固闭自封，不令中土文明与世界各邦相接触，遂使神明

之裔，日趋僿野，天赋知能，艰于发展"。<sup>①</sup> 见 Benoy Kumar Sarkar, *The Sociology of Races, Cultures, and Human Progress* (Calcutta, 1939), 177—178。

191　　　[5] Chan Wing-tsit, *Religious Trends in Modern China* (New York, 1953), 9; 郭湛波，《近五十年中国思想史》（上海，1926），第64—65页。

　　[6] Henri Van Boven, *Histoire de la littérature chinoise moderne* (Peiping, 1946), 11.

　　[7] Roswell S. Britton, *The Chinese Periodical Press, 1800—1912* (Shanghai, 1933), 122; 戈公振，《中国报学史》（上海，1927），第140页。

　　[8] S. Tretiakov, ed., *A Chinese Testament, the Autobiography of Tan Shih-hua* (New York, 1934), 83.

　　[9] 本田成之著，江侠庵译，《经学史论》（上海，1934），第365页。

　　[10] 关于这一点，见 Ch'I Ssu-ho, 50—51。

　　[11] Derk Bodde, "Harmony and Conflict in Chinese Philosophy", *Studies in Chinese Thought*, ed. Arthur J. Wright (Chicago, 1953), 34.

　　[12] 小島祐馬，「六變せる廖平の學説」，『支那學』第2卷第9號，1922年5月，第714頁。

　　[13] 章炳麟，《国故论衡》，卷二，第73b页，《章氏丛书》（浙江图书馆，1917—1919）。

　　[14] 吴景贤，《章太炎之民族主义史学》，《东方杂志》第44卷第4号，1948年4月，第40页。

　　[15] 章炳麟，卷二，第67b页。

　　[16] 这句话见章学诚《文史通义》的卷首。章学诚在许多文本——包括正式的论文和私人书信——中表达和阐述了同样的看法。见 David Shepherd Nivison, *The Literary and Historical Thought of Chang Hsüeh-ch'eng (1738-1801): A Study of His Life and Writing, with Translations of Six Essays from the "Wen-shih t'ung-I"*, 未刊博士论文, Harvard University (May 1953), 67, 114, 127—130, 190; 及 Nivison, "The Problem of 'Knowledge' and 'Action' in Chinese Thought since Wang Yang-ming", in Wright, 127。

　　[17] 梁启超，《中国历史研究法》，《饮冰室合集》，专集第16册，专集之七十三，第9页。

　　[18] 苏洵，《史论上》，《嘉祐集》，《四库备要》（上海，未注明出版日期）本，卷

　　① 中文原文见中国社科院近代史所等编《孙中山全集》第2卷，北京：中华书局，2011年，第8、9页。

八，第1b页。

［19］Nivison, *The Literary and Historical Thought of Chang Hsüeh-ch'eng*, 130.

［20］Nivision, 同上，202。作者在此处指出，胡适认为章学诚把经书看作"史料"，从而视其为在他之前的具有现代批判精神的学者，是错误的。

［21］周予同，《经今古文学》（上海，1926），第32页。

［22］吴景贤，第40–41页。

［23］Tjan Tjoe Som, *Po Hu T'ung: the Comprehensive Discussions in the White Tiger Hall* (Leiden, 1949), I, 119. 顾颉刚的大部分研究刊于《古史辨》（北京和上海，1926–1941），第1至7册。

［24］见 *The Autobiography of a Chinese Historian: Being the Preface to a Symposium on Ancient Chinese History (Ku Shih Pien)*, trans. Arthur W. Hummel (Leiden, 1931), 特别是40–47。

［25］齐思和，《魏源与晚清学风》，《燕京学报》第39期，1950年12月，第222页。

［26］可参考顾颉刚对崔述（1740–1816）有所保留的评价，但除此之外，顾颉刚对他评价很高。崔述在辨伪方面做了出色的工作，特别是发现了古代文献中层累的传说的时间顺序。然而，顾颉刚又说，"他著书的目的，是要替古圣人揭出他们的圣道王功，辨伪只是手段。他只知道战国以后的话足以乱古人的真，不知道战国以前的话亦足以乱古人的真"，"所以他只是儒者辨古史，不是史家的辨古史。……因为经书与传记只是时间的先后，并没有截然不同的真伪区别"。见魏应麒，第244页。

## 第七章

［1］当然，这不是中国民族主义产生的首要原因。我在这里说的是逻辑上的次序，而非社会层面上的结果。

［2］藤原定，第136页。

［3］满族刚开始统治中原的时候，皇帝曾下谕旨警告满洲的王公贵族不要采用汉人的服饰和语言，以免满族失去他们的个性，出现清王朝崩溃的局面；见 Schuyler Cammann, *China's Dragon Robes* (New York, 1952), 20。

［4］市古宙三，「義和團の性格」，仁井田陞編，『近代中國研究』，第252頁。翦伯赞等编《义和团》（上海，1953）第1册卷首有一幅写有"扶清灭洋"口号的义和团旗帜的图片。

［5］例如，章炳麟曾将反满学者王夫之（1619–1692）的著作加以汇编整理。王

夫之确实激烈地抨击了满族，但他的重点是文化而非政治，是反对蛮夷而非反对满族自身。在《春秋家说》（1646）一书中，王夫之（以隐喻的形式）暗示，满族不仅是外族，而且是与文明的中华文化格格不入的顽固不化的异种，注意书中如下段落的语调：

"中国于四夷不言战。……殄之不为不仁，欺之不为不信，斥其土、夺其资不为不义。"

"殄之以全吾民之谓仁；欺以诚、行其所必恶谓之信；斥其土则以文教移其俗，夺其资而以宽吾民之力之谓义。"（见《春秋家说》，《船山遗书》〔上海，1933〕第29册，卷三，第16b–17页）

在这里，王夫之特意区分了天下各国（即文明国家）之间的纷争与一个华夏国家和蛮夷之间的纷争。因而，判定纷争是遵照荣誉的法则还是残忍无情地来进行的，所依据的就是文化的而非政治的标准。

[6] 小野川秀美，「章炳麟の民族思想」（中），『東洋史研究』第14卷第3號，1955年11月，第46頁；吴景贤，第39页。

[7] 关于对中国早期民族主义中的社会达尔文主义的论述，参见Levenson, 115–121；小野川秀美，「清末の思想と進化論」，『東方學報』第21册，1952年3月，第1–36頁。

[8] 黄宗羲，《明夷待访录》，顾湘辑《小石山房丛书》（1874），第5册，第1b–2b页。这一段的部分英译可见 Teng and Fairbank, 18。

[9] 黄宗羲，第4页。

[10] 顾炎武，第1册，卷一，第13页。

[11] 同上，第1册，卷十三，第41页。

[12] 同上，第1册，卷十三，第42页。

[13] 同上，第1册，卷七，第27页。

[14]《孟子·尽心下》；英译文见 Legge, II, 483。

[15] 顾炎武，第1册，卷十二，第9页。

[16] 同上，第1册，卷二，第41页。

[17] 梁启超，《新民说》，《饮冰室合集》，专集第3册，专集之四，第20页。

[18] 蔡尚思，《中国传统思想总批判》（上海，1949），第13–14页。参见 Emile Durkheim, *Sociology and Philosophy* (London, 1949), 59："社会……首先是由各种观念、信仰和情感构成的。这些观念中最重要的是道德理想，它是社会主要的存在理由。人们爱社会就是爱这种理想，人们爱这种理想，所以他们宁愿看到社会作为一个物质实体而消逝，也不愿放弃它所体现的理想。"

[19] 但不会仅仅因为这种界定不适用于实际的单个事例，它就变得毫无意义。

参见 Ernst Cassirer, "Einstein's Theory of Relativity Considered from the Epistemological Standpoint", *Substance and Function* 附录 (Chicago, 1923), 419: "哲学家……总是会再次碰到这个事实，即存在着最终的理想的决定性因素，没有它们就不可能思考和了解具体的事物。"

[20] 中山久四郎，「現代支那の孔子教問題について」，『東亞論叢』第2辑（東京，1940），第4頁。

[21] Henri Bernard-Maitre, *Sagesse chinoise et philosophie chrétienne* (Paris, 1935), 260.

[22] M. H. Abrams, *The Mirror and the Lamp: Romantic Theory and the Critical Tradition* (New York, 1953), 219. 蒋介石的民族主义儒教既是对民族主义的反传统主义的一种浪漫主义偏离，也是对想象中的传统儒教的理性和普遍性特征的浪漫主义偏离，关于这方面的精彩论述，见 Mary Wright, "From Revolution to Restoration: the Transformation of Kuomintang Ideology", *Far Eastern Quarterly*, XIV, No. 4 (Aug. 1955), 515–532, 特别是 520–521 和 525。

195

[23] Van Boven, 147.

[24] 梁启超，《大中华发刊辞》，《饮冰室合集》，文集第12册，文集之三十三，第83–84页。

# 第八章

[1] 萧公权，《中国政治思想史》下册（上海，1946），第424页。

[2] T. K. Chuan, "Philosophy Chronicle", *T'ien Hsia Monthly*, IV, No. 3 (March 1936), 291.

[3] 蔡尚思，《蔡元培学术思想传记》（上海，1951），第267–268页。

[4] Robert K. Sakai, "Ts'ai Yüan-p'ei as a Synthesizer of Western and Chinese Thought", *Papers on China* (油印), III (Harvard University, May 1949), 180.

[5] 蔡尚思，《蔡元培学术思想传记》，第104页。

[6] Sakai, 182–183.

[7] Tai Chin-hsieo, *The Life and Work of Ts'ai Yüan-p'ei,* 未刊博士论文, Harvard University (1952), 42.

[8] 蔡尚思，《蔡元培学术思想传记》，第133–134页。

[9] 关于赵无极，见 "La peinture chinoise contemporaine", catalogue of an exhibition

at the Musée Cernuschi (Paris, 1946); Neste Jacometti, "Zao Wou-ki", *Art Documents*, VII (1951), 3; 及 *Lecture par Henri Michaux de huit lithographies de Zao Wou-ki* (Paris, 1951)。

［10］Feng Yu-lan, "Chinese Philosophy and Its Possible Contribution to a Universal Philosophy", *East and West*, I, No. 4 (Jan. 1951), 215.

［11］叶青，《怎样研究"三民主义"》（台北，1951），第70—77页。

［12］郭湛波，第61页。按照蔡元培的说法（见小野川秀美，「清末の思想と進化論」，『東方學報』第21册，1952年3月，第8頁），曾经在1896年翻译了赫胥黎的《进化论与伦理学》的严复，早年以"尊民叛君，尊今叛古"八字作为个人的座右铭。

［13］亚东图书馆出版的《科学与人生观》上下册（上海，1923年）和杨明斋的《评中西文化观》（北京，1924），或许对一战后反物质主义和反"西方进步"一脉的大量文献做了最好的介绍。

## 第九章

［1］Jacques Maritian, *Religion et culture* (Paris, 1930), 56.

［2］*L'art chrétien chinois*, *Dossiers de la commission synodale* 专号, V, No. 5 (Peiping, May 1932), 411.

［3］Bernard-Maitre, 113.

［4］同上，121。

［5］A China Missionary, "First Thoughts on the Debacle of Christian Missions in China", *African Affairs*, LI, No. 202 (Jan. 1952), 33.

［6］梁启超，《保教非所以尊孔论》，《饮冰室合集》，文集第4册，文集之九，第53页。

［7］Léon Wieger, *Le flot montant* (*Chine modern*, II) (Hsien-hsien, 1921), 9—11.《新青年》和《新潮》分别创刊于1915年和1919年。新潮社创建于1919年12月。

［8］Benjamin I. Schwartz, *Chinese Communism and the Rise of Mao* (Cambridge, 1951), 17—18; Wieger, 10.

［9］福田勝藏，「社會文化篇（教育）」，秀島達雄編，『現代支那講座　第六講：社會・文化』（上海，1939），第4頁。

［10］徐懋庸，《文艺思潮小史》（长春，1949，作者序作于1936年），第101页。

［11］姜书阁，第91—93页。

［12］青木正児，「胡適を中心に渦いている文學革命」，『支那學』第1卷第2號，

1920年10月，第124—125頁。

［13］William Ayers, "The Society for Literary Studies, 1921—1930", *Papers on China*, VIII (Feb. 1953), 51—53.

［14］见 Lu Hsün, "The Diary of a Madman", *Ah Q and Others*, tr. Wang Chi-chen (New York, 1941), 205—219. 这篇小说（《狂人日记》）以悲剧的反讽形式，谴责了古典传统对社会的戕害。传统宣称自己拥有纯正的哲学价值，小说抨击这种说法是一种虚伪，是掩盖罪恶的社会控制的说辞。

［15］Mannheim, 99. 又见第136—137页："柏克对历史发展的特性有一种同情之理解，若不是某个特定的阶层意识到他们的社会地位受到了威胁，他们的世界可能会消逝，这种理解是不可能出现的。"

［16］Chou Ling, *La peinture chinoise contemporaine de style traditional* (Paris, 1949), 9—10.

［17］秦仲文，第188页。

［18］吕凤子，《中国画特有的技术》，《金陵学报》第2卷第1期，1932年5月，第163页。

［19］Judith Burling and Arthur Hart, "Contemporary Chinese Painting", *Magazine of Art*, XLII, No, 6 (Oct. 1949), 218.

［20］Edward Sapir, "Culture, Genuine and Spurious", *Selected Writings of Edward Sapir in Language, Culture, and Personality*, ed. David G. Mandelbaum (Berkeley and Los Angeles, 1949), 321.

［21］Theodore Meyer Greene 在 *The Arts and the Art of Criticism* (Princeton, 1947) 一书第383页对折中主义所下的定义适用于此："折中主义在坏的意义上或许可以界定为彼此格格不入的程式化的因素的任意并置，要不就是在单个的艺术作品中使用彼此差异极大的各种风格的未经消化的方面。"

［22］Kao Weng, "The Art of Painting Is Not Lifeless", *An Exhibition of Paintings by Kao Weng and Chang K'un-i*, Metropolitan Museum of Art (New York, 1944). 可与之比较的是形成于1919年的岭南画派，这个画派试图以传统技法来描绘现代题材（船舶、飞机、桥梁等），从而创造一种新风格。见 Michael Sullivan, "The Traditional Trend in Contemporary Chinese Art", *Oriental Art*, II, No. 3 (Winter 1949—1950), 108, 及 Jen Yu-wen, "Art Chronicle", *T'ien Hisa Monthly*, VI, No. 2 (Feb. 1938), 145。

［23］Burling and Hart, 218. （当然，吴湖帆的这个说法会受到一个相当有效的反制策略——即推举裸体画——的回击。）

［24］Whitehead, *Symbolism, Its Meaning and Effect* (New York, 1927), 88.

［25］Martin Buber, *Moses* (Oxford and London, 1946), 18. 参见 T. S. Eliot, *What is A Classic?* (London, 1945) 第 15 页:"因而,任何民族中文学创造力的持久性,就在于保持更大意义上的传统——不妨说,即体现于过去的文学之中的集体个性——和活着的一代人的原创性之间的无意识的平衡。"又见 D. H. Lawrence 在 "John Galsworthy" (*Selected Essays*〔Harmondsworth, 1950〕, 222) 一文中所做的敏锐的区分:"他们继续按惯例从事,但他们没法把传统保持下去。这完全是两回事。要把传统保持下去,你必须给传统添加点什么……";以及建筑师 Walter Gropius 在 "Tradition and the Center" (*Harvard Alumni Bulletin*, LIII, No. 2〔Oct. 14, 1950〕, 69) 一文中所说的:"人一旦想象他已经找到了'永恒之美',他就又跌回到模仿和停滞那里去了。真正的传统是不断增长的结果。其性质必然是动态而非静态的,从而给人们以源源不竭的刺激"。

［26］Sapir, 321.

［27］Eliot, 15.

# 第十章

［1］Robert Payne, *China Awake* (New York, 1947), 378.

［2］Schwartz, "Marx and Lenin in China", *Far Eastern Survey*, XVIII, No. 15 (July 27, 1949), 178.

［3］Liu Shao-chi, *On the Party* (Peking, 1950), 31.

［4］同上,29。

［5］*A Guide to New China*, 1953 (Peking, 1953), 112.

［6］关于为纪念 1953 年的四位文化名人而发行的邮票的情况,见 *Postage Stamp of the People's Republic of China, 1949-1954*, *China Reconstructs* 附 录, IV (April 1955), 31-32。1952 年的四位文化名人没有发行专门的纪念邮票。

［7］Chou Yang, "The People's New Literature", *The People's New Literature* (Peking, 1950), 105.

［8］同上,105-106。

［9］同上,115-116。

［10］同上,116-117。

［11］*Folk Arts of New China* (Peking, 1954), 18.

［12］Chou Yang, 103.

［13］Chou En-lai, "The People's Liberation War and Problems in Literature and Art", *The People's New Literature*, 32–34.

［14］共产党对太平天国运动一直有极大的兴趣，出版了大量的相关文献，特别是在1950年太平天国运动爆发一百周年的时候。一本典型地体现了共产党观点的粗略的中国现代思想史研究著作，把太平天国运动描述为空想社会主义；见斐民，《中国近代思想发展简史》（上海，1949），第12页。另一部论著提到这些先驱者的完美的直觉以及历史的局限性，见 "Soochow Remembers of the Taipings", *China Reconstructs*, I (Jan.–Feb. 1953), 49–51。

［15］徐懋庸，第98–99页。

［16］钟纪明，《向民间文艺学习》（上海，1950），第2页。

［17］Kwei Chen, "Po Chu-i: Peoples' Poet", *China Reconstructs*, IV (July–Aug. 1953), 31.

［18］Feng Hsüeh-feng, "Lu Hsun, His Life and Thought", *Chinese Literature*, 2 (Spring 1952)，重印于 *Current Background*, 217 (Oct. 30, 1952) (American Consulate General, Hong Kong), 7.

［19］钟纪明，第18–19页。

［20］Mao Tse-tung, "Stalin—Friend of the Chinese People", *People's China*, I, No. 1 (Jan. 1, 1950), 4.

［21］*Postage Stamp of the People's Republic of China, 1949–1954*, 29–31.

［22］见 *The New York Times*, Nov. 14, 1954（香港版日期），其中介绍了政府为推动中草药、针灸等发展，并将所谓"旧民族遗产"与现代医学技术结合起来而发动的运动。

［23］Kuo Mo-jo, "Culture chinoise et occident", *Democratie nouvelle*, V, No. 2 (Feb. 1951), 69.

［24］Kuo Mo-jo, "The United Front in Literature and Art", *People's China*, I, 1( Jan. 1, 1950), 29.

［25］钱端升，《为改造自己更好地服务祖国而学习》，《人民日报》1951年11月6日，Chao Kuo-chün, trans. (Harvard University, 1952: 油印本), 4。

［26］Chou Yang, 104–105. 需要注意的是，那些受过西医训练的反对"祖国医学遗产"（即"民间"传统）的中国医生被说成是受到了"资产阶级意识形态的毒害"；见前揭 *The New York Times*。

［27］李长之，《中国画论体系及其批评》（重庆，1944），第9–13页。

［28］温肇桐，《新中国的新美术》（上海，1950），第1–3页。

199

200

［29］Mao, *Problems of Art and Literature* (New York, 1950), 32.

［30］温肇桐，第1页。

［31］同上，第11—12页。

［32］同上，第2页。

［33］参见Bodde, *Peking Diary* (New York, 1950)第182页中对1949年在北京举办的一次无产阶级画展的描述。

［34］Yeh Chien-yu, "On the Classical Tradition in Chinese Painting", *People's China*, VII (1954), 15, 17. 又见Chou Yang, *China's New Literature and Art* (Peking, 1954), 38。周扬在这里直截了当地把民族遗产和"民间"而非"封建"的过去等同了起来："我们从民族遗产中得到的主要教训就是它的现实主义精神。"① 几年之前，茅盾（与共产党一直关系密切的自然主义作家）把"民族形式"的特点描述为完全真实完整地表现各个阶层的生活；见Amitendranath Tagore, "Wartime Literature of China—Its Trend and Tendencies", *The Visva-Bharati Quarterly*, XVI, No. 2 (Aug.–Oct. 1950), 128。

［35］Chang Jen-hsia, "Flowers-and-Bird Painting", *China Reconstructs*, III (May–June 1953), 51.

［36］对这一点的强调，见同上，51—52。

［37］*Postage Stamp of the People's Republic of China, 1949–1954*, 15—16, 27.

［38］C. P. Fitzgerald, "The Renaissance Movement in China", *Meanjin*, IX, No. 2 (Winter 1950), 107.

［39］Ai Chung-hsin, "Hsü Pei-hung—an Outstanding Painter", *People's China*, III (1954), 36.

［40］Ch'en Yuan, "Chinese Culture in Wartime", *Journal of the Royal Society of Arts*, XCIV, No. 4728 (Oct. 11, 1946), 681—682.

［41］*Folk Arts of New China*, 45. 参见吕骥的音乐评论："中国的新民歌一方面是对中国封建音乐和市民音乐的否定，另一方面是对欧美资本主义音乐的否定。"转引自Clarence Moy, "Communist China's Use of the Yang-ko", *Papers on China*, VI (March 1952), 123。

---

　　①1953年周扬在《为创造更多的优秀的文学艺术作品而奋斗——一九五三年九月二十四日在中国文学艺术工作者第二次代表大会上的报告》中提出，"我们向民族遗产学习，主要就是学习它勇于揭露生活真实的现实主义精神和艺术技巧"，见《周扬文集》第2卷，北京：人民文学出版社，1985年，第255页。

## 结语

[1] Needham, *Science and Civilization in China*, I, 4.

[2] Kobayashi Taichiro, "Hokusai and Degas", *Contemporary Japan*, XV, Nos. 9–12 (Sept. –Dec. 1946), 359–368.

[3] Nagassé Takashiro, *Le paysage dans l'art de Hokuçai* (Paris, 1937), 13–15, 19, 180.

[4] 此语出自御窑厂督陶官年希尧（1726–1736年间任此职），转引自 Soame Jenyns, *Later Chinese Porcelain* (New York, 未注明出版日期), 44。17世纪欧洲透视法传播到中国，皇帝下旨将其应用于两套著名版画的制作中，一套是关于农业的，另一套则是军事和内政题材，关于这方面的情况，见 Paul Pelliot, *Les influences européennes sur l'art chinos au XVIIe et au XVIIIe siècle* (Paris, 1948), 7–8; Pelliot, "Les 'Conquêtes de l'empereur de la Chine' ", *T'oung Pao*, XX (1921), 266–267；以及 Jean Monval, "Les conquêtes de la Chine: une commande de l'empereur de Chine en France au XVIIIe siècle", *La revue de l'art ancien et moderne*, II (1905), 150。18世纪的传教士画家郎世宁将西方技法与中国主流的成规结合了起来，关于中国人对他的评论，参见 Pelliot, "Les 'Conquêtes' ", 186–189。

[5] Pulleyblank 在讨论另外一组联系的时候也提到了这一点，见 Edwin G. Pulleyblank, *Chinese History and World History* (Cambridge, 1955), 9。

[6] 见 Teng and Fairbank, 12，作者在这里引用了一位晚明作家对利玛窦的评论："余甚喜其说为近于儒，而劝世较为亲切，不似释氏动以恍惚支离之语，愚骇庸俗也……" ①

[7] 见 Teng and Fairbank, 34，此处提及魏源1842年曾为康熙用荷兰舰船制服台湾、用耶稣会士制造的火炮平定吴三桂的叛乱以及任命欧洲人担任钦天监的职务等行为申辩；同书第83页还提到，左宗棠在1866年主张引入轮船的时候，同样援引17世纪的这些火炮作为论据。

[8] 顾炎武，第二册，卷二十九，第10页。

[9] 我们在这里说的是边缘性的价值的变化，而不是像用基督教来代替儒教这样的核心价值的变化，没有普遍的社会变革，这种变化通常是绝不可能发生的。

---

① 此语出自谢肇淛，中文原文见谢肇淛《五杂组》，上海：上海古籍出版社，2012年，第76页。

［10］Bodde 注意到了这种相似性，见 Bodde, "Harmony and Conflict in Chinese Philosophy", 72。

［11］在士大夫阶层对儒家社会所承担的社会责任和佛教在思想上对他们的吸引力之间，存在着某种冲突，尤其是在六朝时期。关于对这种冲突的分析，见 Arthur F. Wright, "Fu I and the Rejection of Buddhism", *Journal of the History of Ideas*, XII, No. 1 (Jan. 1951), 31–47。这篇文章还提出了这种冲突在受到佛教影响的儒教和重新复兴的皇权官僚制国家中的表现的问题。

202

［12］见《孟子·滕文公上》，理雅各的译文见 Legge, II, 249–250，原文是："故曰，或劳心，或劳力；劳心者治人，劳力者治于人；治于人者食人，治人者食于人，天下之通义也。"

203

# 参考文献

## A. 中文和日文文献（以首字汉语拼音为序）

八幡關太郎,『支那畫人研究』(東京, 1942)。

板野長八,「康有爲の大同思想」, 仁井田陞編,『近代中國研究』(東京, 1948),
第165-204頁。

本田成之著, 江侠庵译,《经学史论》(上海, 1934)。

戴震,《东原文集》,《安徽丛书》第6期（上海, 1936）。

——.《孟子字义疏证》,《安徽丛书》第6期（上海, 1936）。

蔡尚思,《蔡元培学术思想传记》(上海, 1951)。

——.《中国传统思想总批判》(上海, 1949)。

陈登原,《西学来华时国人之武断态度》,《东方杂志》第27卷第8期, 1930年4月,
第61-76页。

陈恭禄,《中国近代史》(上海, 1935)。

陈澧,《东塾读书记》(上海, 1898)。

《辞海》(上海, 1936)。

董其昌,《画禅室随笔》, 汪汝禄辑（北京, 1840）。

斐民,《中国近代思想发展简史》(上海, 1949)。

冯友兰,《新事论》(长沙, 1940)。

福田勝藏,「社會文化篇（教育）」, 秀島達雄編,『現代支那講座　第六講：社
會・文化』(上海, 1939), 第1-40頁。

戈公振,《中国报学史》(上海, 1927)。

《故宫书画集》(北平, 1930)。

顾炎武,《日知录》(上海, 1933)。

郭湛波，《近五十年中国思想史》（上海，1926）。

和田幹男编，『東洋美術大観』，第12册（東京，1913）。

侯外庐，《近代中国思想学说史》（上海，1947）。

祐曼，《中国美术史》（上海，1950）。

黄宾虹，《古画微》（上海，1931）。

黄宗羲，《明夷待访录》，顾湘辑《小石山房丛书》（1874）。

吉澤忠，「南畫と文人畫」，『國華』第622號，1942年9月，第257−262頁；第624號，1942年11月，第345−350頁；第625號，1942年12月，第376−381頁；第626號，1943年1月，第27−32頁。

翦伯赞等编，《义和团》（上海，1953）。

姜书阁，《桐城文派评述》（上海，1930）。

今關天彭，「沈石田事蹟」，『國華』第457號，1928年12月，第349−354頁；第458號，1929年1月，第15−20頁。

李长之，《中国画论体系及其批评》（重庆，1944）。

梁启超，《保教非所以尊孔论》，《饮冰室合集》（上海，1936），文集第4册。

——.《大中华发刊辞》，《饮冰室合集》，文集第12册。

——.《戴东原生日二百年纪念会缘起》，《饮冰室合集》，文集第14册。

——.《论学术之势力左右世界》，《饮冰室合集》，《文集》第3册。

——.《南海康先生传》，《饮冰室合集》，文集第3册。

——.《清代学术概论》，《饮冰室合集》，专集第9册。

——.《新民说》，《饮冰室合集》，专集第3册。

——.《颜李学派与现代教育思潮》，《饮冰室合集》，文集第14册。

——.《中国近三百年学术史》，《饮冰室合集》，专集第17册。

——.《中国历史研究法》，《饮冰室合集》，专集第16册。

林风眠，《艺术丛谈》（上海，1937）。

铃木虎雄，「股文比法の前驅」，『支那學』第4卷第1號，1926年7月，第27−46頁。

「藍瑛筆飛雪千山圖解」，『國華』第477號，1930年8月，第228頁。

刘思训，《中国美术发达史》（重庆，1946）。

瀧精一，「支那畫の二大潮流」，『國華』第458號，1929年1月，第3−8頁。

——.「沈啓南九段錦畫册に就て」，『國華』第495號，1932年2月，第33−40頁。

卢前，《八股文小史》（上海，1937）。

吕凤子，《中国画特有的技术》，《金陵学报》第2卷第1期，1932年5月，第161−

164頁。

米澤嘉圃，「仇英筆白描賺蘭亭圖」，『國華』第708號，1951年3月，第121–125頁。

《明人书画集》(上海，1921)。

墨友莊主人編，『石涛と八大山人』(神奈川縣，1952)。

内藤湖南，「董其昌蔡文姬像」，『東洋美術』第1號，1929年4月，第64–65頁。

内藤虎次郎（内藤湖南），『清朝書畫譜』(大阪，1917)。

潘天寿，《中国绘画史》(上海，1935)。

齐思和，《魏源与晚清学风》，《燕京学报》第39期，1950年12月，第177–222頁。

钱穆，《中国近三百年学术史》(重庆，1945)。

秦仲文，《中国绘画学史》(北平，1934)。

青木正兒，「胡適を中心に渦いている文學革命」，『支那學』第1卷第1號，1920年9月，第11–26頁；第1卷第2號，1920年10月，第112–130頁；第1卷第3號，1920年11月，第199–219頁。

——.「石涛の畫と畫論と」，『支那學』第1卷第8號，1921年4月，第575–592頁。

——.「仇英唐人詩意畫解」，『國華』第481號，1930年12月，第344–346頁。

全汉昇，《清末反对西化的言论》，《岭南学报》第5卷第3、4期合刊，1936年12月，第122–166頁。

任時先著，山崎達夫譯，『支那教育史』(東京，1940)。

山井湧，「明末清初における経世致用の學」，『東方學論集』(東京，1954)，第136–150頁。

「沈石田筆贈吴寬行書卷解」，『國華』第545號，1936年4月，第113–114頁。

沈宗骞，《芥舟学画编，于海晏编《画论丛刊》(北平，1937)。

「盛茂燁筆山居訪問圖」，『國華』第543號，1936年2月，第53頁。

實藤惠秀，『新中國の儒教批判』(東京，1948)。

史岩，《宋季翰林图画院暨画学史实系年》，《中国文化研究汇刊》(成都)第3卷，1943年9月，第327–360頁。

市古宙三，「義和團の性格」，仁井田陞編，『近代中國研究』(東京，1948)，第245–267頁。

舒新城，《近代中国教育思想史》(上海，1929)。

《思辨录辑要》，张伯行编《正谊堂全书》，左宗棠增刊。

苏洵，《史论上》，《嘉祐集》，《四库备要》(上海，未注明出版日期)本。

谭丕谟，《清代思想史纲》（上海，1940）。

谭嗣同，《仁学》，《谭嗣同全集》（北京，1954）。

唐志契，《绘事微言》（上海，1935）。

滕固，《关于院体画和文人画之史的考察》，《辅仁学志》第2卷第2号，1930年9月，第65—86页。

藤原定，『近代中國思想』（東京，1948）。

田島志一編，『東洋美術大観』，第10冊（東京，1911）；第11冊（東京，1912）。

田内高次，『支那教育学史』（東京，1942）。

田中豊藏，『東洋美術談叢』（東京，1949）。

「圖版解説　惲南田筆花卉册」，『美術研究』第92號，1939年8月，第306—307頁。

「圖版解説　惲南田筆果品清供圖」，『美術研究』第7號，1932年7月，第237頁。

王夫之，《春秋家说》，《船山遗书》（上海，1933）。

「王石谷筆扇面山水圖」，『國華』第614號，1942年1月，第24頁。

「王石谷筆観瀑圖」，『國華』第702號，1950年9月，第305—306頁。

王世贞《艺苑卮言附录》，《弇州山人四部稿》，世经堂刊本（未注明出版日期）。

魏应麒，《中国史学史》（上海，1941）。

温肇桐，《新中国的新美术》（上海，1950）。

吴景贤，《章太炎之民族主义史学》，《东方杂志》第44卷第4号，1948年4月，第38—42页。

吴世昌，《中国文化与现代化问题》（上海，1948）。

相見繁一，『群芳清玩』（東京，1914）。

萧公权，《中国政治思想史》（上海，1946）。

萧一山，《清代通史》（上海，1927）。

——.《曾国藩》（重庆，1944）。

小島祐馬，「六變せる廖平の學説」，『支那學』第2卷第9號，1922年5月，第707—714頁。

小野川秀美，「清末の思想と進化論」，『東方學報』第21冊，1952年3月，第1—36頁。

——.「章炳麟の民族思想」，『東洋史研究』第13卷第3號，1954年8月，第39—58頁；第14卷第3號，1955年11月，第45—58頁。

徐懋庸，《文艺思潮小史》（长春，1949）。

徐沁，《明画录》，《丛书集成》（上海，1926）。

徐世昌，《清儒学案》（天津，1938）。

亚东图书馆，《科学与人生观》（上海，1923年）。

颜元，《存学编》，《畿辅丛书》（1879）。

杨明斋，《评中西文化观》（北京，1924）。

叶青，《怎样研究"三民主义"》（台北，1951）。

一氏義良，『東洋美術史』（東京，1936）。

「伊孚九筆山水圖」，『國華』第174號，1904年11月，第108頁，及图幅5。

伊勢專一郎，「文人画——南畫より文人畫への推移」，『東洋美術』，III，1929年9月，第2—12頁。

——．『支那山水畫史：自顧愷之至荆浩』（京都，1934）。

雲山生，「仇英の畫册に就て」，『國華』第475號，1930年6月，第159—167頁。

恽寿平，《瓯香馆画跋》（《瓯香馆集》卷十一至十二），蒋光煦辑《别下斋丛书》（上海，1923）。

曾国藩，《日记》，《曾文正公全集》（上海，1917）。

——．《圣哲画像记》，《曾文正公全集》。

曾纪泽，《曾侯日记》（上海，1881）。

章炳麟，《国故论衡》，《章氏丛书》（浙江图书馆，1917—1919）。

赵丰田，《晚清五十年经济思想史》，《燕京学报》专号第18种（北平，1939）。

中村不折·小鹿青雲，『支那繪畫史』（東京，1913）。

中山久四郎，「現代支那の孔子教問題について」，『東亞論叢』第2輯（東京，1940），第1—11頁。

钟纪明，《向民间文艺学习》（上海，1950）。

周予同，《经今古文学》（上海，1926）。

朱熹，《朱子全书》，李光地编（1714）。

邹一桂，《小山画谱》，张祥河辑《四铜鼓斋论画集刻》（北京，1909）。

## B. 西文文献

「藍瑛筆夏山雨後圖」，『國華』第232號，1909年9月，第95—96頁（英文）。

「陸治筆蓮花圖」，『國華』第315號，1916年8月，第38頁（英文）。

「王翬筆山水圖」，『國華』第250號，1911年3月，第283—284頁（英文）。

A China Missionary, "First Thoughts on the Debacle of Christian Missions in China", *African Affairs*, LI, No. 202 (Jan. 1952), pp. 33−41.

*A Guide to New China*, 1953 (Peking, 1953).

Aaron, R. I., *The Theory of Universals* (Oxford, 1952).

Abrams, M. H., *The Mirror and the Lamp: Romantic Theory and the Critical Tradition* (New York, 1953).

Ai Chung-hsin(艾中兴), "Hsü Pei-hung(徐悲鸿)—an Outstanding Painter", *People's China*, III (1954), pp. 36−40.

Annan, Noel Gilroy, *Leslie Stephen: His Thoughts and Character in Relation to His Time* (Cambridge, 1952).

Aquinas, Thomas, *Concerning Being and Essence*, tr. George G. Leckie (New York and London, 1937).

Aristotle, *Metaphysics*.

Arnold, Matthew, *Culture and Anarchy* (London, 1920).

——. *Essays in Criticism* (Boston, 1865).

Ayers, William, "The Society for Literary Studies, 1921−1930", *Papers on China* (mimeo.), VIII (Harvard University, Feb. 1953), pp. 34−79.

Ayscough, Florence Wheelock, *Catalogue of Chinese Painting Ancient and Modern by Famous Masters* (Shanghai, n.d.).

Balázs, Etienne, "Les aspects significatifs de la société chinoise", *Asiatische Studien*, VI (1952), pp. 77−87.

Baldwin, James, *Notes of a Native Son* (Boston, 1955).

Bernal, J. D., "A Scientist in China", *The New Statesman and Nation*, XLIX, No. 1255 (March 26, 1955), pp.424−426.

Bernard-Maitre, Henri, *Sagesse chinoise et philosophie chrétienne* (Paris, 1935).

Biggerstaff, Knight, "The T'ung Wen Kuan (同文馆)", *Chinese Social and Political Science Review*, XVIII, No. 3 (Oct. 1934), pp. 307−340.

Bodde, Derk, "Harmony and Conflict in Chinese Philosophy", *Studies in Chinese Thought*, ed. Arthur J. Wright (Chicago, 1953), pp. 19−80.

——. *Peking Diary* (New York, 1950).

Boas, Franz, *The Mind of Primitive Man* (New York, 1938).

Bradley, Kenneth, "Personal Portrait: Sir Andrew Cohen", *London Calling*, No. 745

(Feb. 11, 1954), p. 13.

Britton, Roswell S., *The Chinese Periodical Press, 1800−1912* (Shanghai, 1933).

Borowitz, Albert, *Fiction in Communist China*, mimeo., Centre for International Studies, MIT (Cambridge, 1954).

Bowra, C. M., *The Creative Experiment* (London, 1949).

Broderick, Alan Houghton, *An Outline of Chinese Painting* (London, 1949).

Bronowski, J., *William Blake, 1757−1827* (Harmondsworth, 1954).

Buber, Martin, *Moses* (Oxford and London, 1946).

Bulling, A. and John Ayers, "Chinese Art of the Ming Period in the British Museum", *Oriental Art*, III, No. 2(1950), pp. 79−81.

Burling, Judith and Arthur Hart, "Contemporary Chinese Painting", *Magazine of Art*, XLII, No, 6 (Oct. 1949), pp. 218−220.

Cammann, Schuyler, *China's Dragon Robes* (New York, 1952).

Cassirer, Ernst, *Substance and Function* (Chicago, 1923).

——. *The Myth of the State* (New Haven, 1946).

——. *The Problem of Knowledge* (New Haven, 1950).

Cassirer, H. W., *A Commentary on Kant's "Critique of Judgment"* (London, 1938).

Chan, Albert, *The Decline and Fall of the Ming Dynasty, a Study of the Internal Factors*, MS. (Harvard University, 1953).

Chan Wing-tsit(陈荣捷), *Religious Trends in Modern China* (New York, 1953).

Chang Chung-li(张仲礼), *The Chinese Gentry: Studies on Their Role in Nineteenth-Century Chinese Society* (Seattle, 1955).

Chang Jen-hsia(常任侠), "Flowers−and−Bird Painting", *China Reconstructs*, III (May−June 1953), pp. 50−52.

Chavannes, Edouard and Raphael Petrucci, *La peinture chinoise au Musée Cernuschi, Avril-Juin 1912* (Ars Asiatica, I) (Brussels and Paris, 1914).

Ch'en Yuan(陈源), "Chinese Culture in Wartime", *Journal of the Royal Society of Arts*, XCIV, No. 4728 (Oct. 11, 1946), pp. 674−683.

Ch'i Ssu-ho(齐思和), "Professor Hung on the Ch'un-ch'iu(春秋)", *Yenching Journal of Social Sciences*, I, No. 1 (June 1938), pp. 49−71.

Ch'ien Tuan-sheng(钱端升), "Study [hsüeh-hsi] for the Purpose of Self Reform and Better Service to the Fatherland"(为改造自己更好地服务祖国而学习), *Jen-min jih-pao*(人

民日报）(Peking, Nov. 6, 1951), Chao Kuo-chün(赵国钧), trans. (Harvard University, 1952, mimeo.).

Chou En-lai(周恩来), "The People's Liberation War and Problems in Literature and Art", *The People's New Literature* (Peking, 1950), pp. 13−40.

Chou Ling(周麟), *La peinture chinoise contemporaine de style traditional* (Paris, 1949).

Chou Yang(周扬), *China's New Literature and Art* (Peking, 1954).

——. "The People's New Literature", *The People's New Literature* (Peking, 1950), pp. 89−131.

Chuan, T. K.(全增嘏), "Philosophy Chronicle", *T'ien Hsia*(天下) *Monthly*, IV, No. 3 (March 1936), pp. 287−293.

Clark, Kenneth, *Landscape into Art* (London, 1949).

Cohn, William, *Chinese Painting* (London and New York, 1948).

Collingwood, R. G., *An Autobiography* (Harmondsworth, 1944).

——. *An Essay in Philosophical Method* (Oxford, 1933).

——. *The Idea of History* (Oxford, 1946).

Contag, Victoria, "Das Mallehrbuch für Personen-Malerei des Chieh Tzu Yüan (芥子园)", *T'oung Pao*, XXXIII, No. 1 (1937), pp. 15−90.

——. *Die Beiden Steine* (Braunschweig, 1950).

——. *Die Sechs Berühmten Maler der Ch'ing-Dynastie* (Leipzig, 1940).

——. "Schriftcharakteristeken in der Malerei, dargestellt an Bildern Wang Meng(王蒙)'s und anderer Maler der Südschule", *Ostasiatische Zeitschrift*, XVII, Nos. 1−2 (1941), pp. 46−61.

——. "Tung Ch'i-ch'ang's *Hua Ch'an Shih Sui Pi* und das *Hua Shuo* des Mo Shih-lung"（董其昌的《画禅室随笔》与莫是龙的《画说》）, *Ostasiatische Zeitschrift*, IX, Nos. 3−4 (May−August 1933), pp. 83−97; No. 5 (Oct. 1933), pp. 174−187.

Coomeraswamy, Ananda K., *Figures of Speech or Figures of Thought* (London, 1946).

Copland, Aaron, *Music and Imagination* (Cambridge, 1952).

Crombie, A. C., *Augustine to Galileo* (London, 1952).

Dubose, J. P., "A New Approach to Chinese Painting", *Oriental Art*, III, No. 2 (1950), pp. 50−57.

Dumoulin, Heinrich, *The Development of Chinese Zen after the Sixth Patriarch in the Light of Mumonkan* (New York, 1953).

Duncan, C. S., "The Scientist as a Comic Type", *Modern Philology*, XIV, No. 5 (Sept. 1916), pp. 89−99.

Durkheim, Emile, *Sociology and Philosophy* (London, 1953).

Ecke, Gustav, "Comments on Calligraphies and Painting", *Monumenta Nipponica*, III (1938), pp. 565−578.

Einstein, Albert, "Autobiographical Notes", *Albert Einstein: Philosopher-Scientist*, ed. Paul Arthur Schilpp (Evanston, 1949).

Eliot, T. S., *What is A Classic?* (London, 1945).

Elisséev, Serge, "Sur le paysage à l'encre de Chine du Japon", *Revue des Arts Asiatiques*, 2 (June 1925), pp. 30−38.

Evans, B. Ifor, *Literature and Science* (London, 1954).

Fei Hsiao-tung(费孝通), *China's Gentry: Essays in Rural-Urban Relations* (Chicago, 1953).

Ferguson, John C., *Chinese Painting* (Chicago, 1927).

——. "Wang Ch'uan(王荃)", *Ostasiatische Zeitschrift*, III, No. 1 (April−June 1914), pp. 51−60.

Feng Hsüeh-feng(冯雪峰), "Lu Hsun(鲁迅), His Life and Thought", *Chinese Literature*, 2 (Spring 1952) —reprinted in *Current Background*, 217 (Oct. 30, 1952) (American Consulate General, Hong Kong), pp. 1−14.

Feng Yu-lan(冯友兰), "Chinese Philosophy and Its Possible Contribution to a Universal Philosophy", *East and West*, I, No. 4 (Jan. 1951), pp. 212−217.

Fitzgerald, C. P., "The Renaissance Movement in China", *Meanjin*, IX, No. 2 (Winter 1950), pp. 98−108.

*Folk Arts of New China* (Peking, 1954).

Forbes, Duncan, "James Mill and India", *The Cambridge Journal*, V, No. 1 (Oct. 1951), pp. 19−33.

Freeman, Mansfield, "Yen His Chai(颜习斋), a Seventeenth Century Philosopher", *Journal of the North China Branch of the Royal Asiatic Society*, LVII (1926), pp. 70−91.

Franke, Herbert, "Zur Biographie des Pa-Ta-Shan-Jen", *Asiatica: Festschrift Friedrich Weller* (Leipzig, 1954), pp. 119−130.

Giles, Herbert A. *An Introduction to the History of Chinese Pictorial Art* (London, 1918).

Glatzer, Nahum, ed., *Franz Rosenzweig, His Life and Thought* (Philadelphia, 1953).

Gray, Christopher, *Cubist Aesthetic Theories* (Baltimore, 1953).

*Great Chinese Painters of the Ming and Ch'ing Dynasties* (Wildenstein Galleries, New York, 1949).

Greene, Theodore Meyer, *The Arts and the Art of Criticism* (Princeton, 1947).

Grigaut, Paul L., "Art of the Ming Dynasty", *Archaeology*, V, No. 1 (March 1952), pp. 11−13.

Gropius, Walter, "Tradition and the Center", *Harvard Alumni Bulletin*, LIII, No. 2 (Oct. 14, 1950), pp. 68−71.

Hackney, Louise Wallace and Yau Chang-foo(姚昌复), *A Study of Chinese Paintings in the Collection of Ada Small Moore* (London, New York, and Toronto, 1940).

Hazard, Paul, *European Thought in the Eighteenth Century, from Montesquieu to Lessing* (New Haven, 1954).

Henderson, Lawrence J., *The Order of Nature* (Cambridge, 1917).

Hippolyte, Jean, *Introduction à l'étude de la philosophic de l'histoire de Hégel* (Paris, 1948).

Hirth, Friedrich, *Native Sources for the History of Chinese Pictorial Art* (New York, 1917).

Houghton, Walter E., Jr., "The English Virtuoso in the Seventeenth Century", *Journal of the History of Ideas*, III, No. 1 (Jan. 1942), pp. 51−73; No. 2 (April 1942), pp. 190−219.

Huang Siu-chi (黄秀玑), *Lu Hsiang-shan(陆象山), a Twelfth Chinese Idealist Philosopher* (New Haven, 1944).

Hucker, Charles O., "The '*Tung-lin*(东林)' Movement of the Late Ming Period", *Chinese Thought and Institutions*, ed. John K. Fairbank (Chicago, 1957).

Hummel, Arthur W., ed., *Eminent Chinese of the Ch'ing Period* (Washington, 1943 and 1944).

——. tr., *The Autobiography of a Chinese Historian: Being the Preface to a Symposium on Ancient Chinese History (Ku Shih Pien)* (古史辨自序)(Leiden, 1931).

Jacometti, Neste, "Zao Wou-ki(赵无极)", *Art Documents*, VII (1951), p. 3.

Jaeger, Werner, *Paideia: the Ideals of Greek Culture* (New York, 1943).

Jen Yu-wen(简又文), "Art Chronicle", *T'ien Hisa Monthly*, VI, No. 2 (Feb. 1938), pp. 144−147.

Jenyns, Soame, *Later Chinese Porcelain* (New York, n.d.).

Kao Weng(高翁〔高奇峰〕), "The Art of Painting Is Not Lifeless", *An Exhibition of Paintings by Kao Weng and Chang K'un-i*(张坤仪), Metropolitan Museum of Art (New York, 1944).

Kobayashi Taichiro(小林太市郎), "Hokusai(葛飾北斎) and Degas", *Contemporary Japan*, XV, Nos. 9−12 (Sept. −Dec. 1946), pp. 359−368.

Kuo Mo-jo(郭沫若), "Culture chinoise et occident", *Democratie nouvelle*, V, No. 2 (Feb. 1951), pp. 68−70.

――. "The United Front in Literature and Art", *People's China*, I, 1( Jan. 1, 1950), pp. 11−12, 29−30.

Kwei Chen(陈逵), "Po Chu-i(白居易): Peoples' Poet", *China Reconstructs*, IV (July−Aug. 1953), pp. 31−35.

"La peinture chinoise contemporaine", Musée Cernuschi (Paris, 1946).

Langer, Susanne K., *Philosophy in a New Key* (New York, 1948).

*L'art chrétien chinois*, special number of *Dossiers de la commission synodale*, V, No. 5 (Peiping, May 1932).

Latourette, Kenneth Scott, *A History of Christian Missions in China* (New York, 1929).

Lawrence, D. H., *Selected Essays* (Harmondsworth, 1950).

*Lecture par Henri Michaux de huit lithographies de Zao Wou-ki*(赵无极)(Paris, 1951).

Lehrs, Ernst, *Man or Matter* (London, 1951).

Legge, James, tr., "Chung-yung" (Doctrine of the Mean)(中庸), *The Chinese Classics*, I (Oxford, 1893).

――. tr., "Lun-yü" (Confucian Analects) (论语), *The Chinese Classics*, I.

――. tr., "Mencius" (孟子), *The Chinese Classics*, II (Oxford, 1895).

――. tr., "Ta-hsüeh" (The Great Learning) (大学), *The Chinese Classics*, I.

Levenson, Joseph R., *Liang Ch'i-ch'ao and the Mind of Modern China* (Cambridge, 1953).

Levy, Marion J., Jr., *Family Revolution in Modern China* (Cambridge, 1949).

Lewis, W. Arthur, *The Theory of Economic Growth* (London, 1955).

Lippe, Aschwin, "The Waterfall", *Bulletin of the Metropolitan Museum of Art*, XII (Oct. 1953), pp. 60−67.

Liu Shao-chi(刘少奇), *On the Party* (Peking, 1950).

Lu Hsün(鲁迅), *Ah Q and Others*, tr. Wang Chi-chen(王际真)(New York, 1941).

Luthy, Herbert, "Montaigne, or the Art of Being Truthful", *Encounter*, I, No. 2 (Nov. 1953).

Maimonides, *Guide of the Perplexed*, tr. M. Friedlander (New York, n.d.).

Mannheim, Karl, *Essays on Sociology and Social Psychology* (New York, 1953).

Mao Tse-tung(毛泽东), *Problems of Art and Literature* (New York, 1950).

——. "Stalin—Friend of the Chinese People", *People's China*, I, No. 1 (Jan. 1, 1950), p. 4.

March, Benjamin, *Some Technical Terms of Chinese Painting* (Baltimore, 1935).

Maritian, Jacques, *Religion et culture* (Paris, 1930).

Martin, Kingsley, "Rangoon Reflections", *The New Statesman and Nation*, XLV, No. 1142 (Jan. 24, 1953), pp. 84−85.

*Masterpieces of Chinese Bird and Flower Painting* (Fogg Art Museum, Cambridge, 1951).

McKeon, Richard, "Conflicts of Values in a Community of Cultures", *The Journal of Philosophy*, XLVII, No. 8(April 13, 1950), pp. 197−210.

Meyer, R. W., *Leibnitz and the Seventeenth-Century Revolution* (Cambridge, 1952).

Mills, C. Wright, *White Collar: the American Middle Classes* (New York, 1951).

Monval, Jean, "Les conquêtes de la Chine: une commande de l'empereur de Chine en France au XVIIIe siècle", *La revue de l'art ancien et moderne*, II (1905), pp. 147−160.

Moy, Clarence, "Communist China's Use of the Yang-ko(秧歌)", *Papers on China*, VI (March 1952), pp. 112−148.

Nagassé Takashiro, *Le paysage dans l'art de Hokuçai*(葛飾北斎)(Paris, 1937).

Needham, Joseph, *Science and Civilization in China*, I (Cambridge, 1954).

——. "Thoughts on the Social Relations of Science and Technology in China", *Centaurus*, III (1953), pp.40−48.

Nef, John U., "The Genesis of Industrialism and of Modern Science, 1560−1640", *Essays in Honor of Conyers Read*, ed. Norton Downs (Chicago, 1953).

*New York Times*.

Nivison, David Shepherd, *The Literary and Historical Thought of Chang Hsüeh-ch'eng*(章学诚)*(1738−1801): A Study of His Life and Writing, with Translations of Six Essays from the "Wen-shih t'ung-I*(文史通义)*"*, MS. (Harvard University, 1953).

——. "The Problem of 'Knowledge' and 'Action' in Chinese Thought since Wang Yang-ming( 王阳明 )", *Studies in Chinese Thought*, ed. Arthur J. Wright (Chicago, 1953), pp. 112—145.

*North China Herald*, Shanghai.

Oakeshott, Michael, *Experience and Its Modes* (Cambridge, 1933).

Payne, Robert, *China Awake* (New York, 1947).

Pelliot, Paul, "Les 'Conquêtes de l'empereur de la Chine' ", *T'oung Pao*, XX (1921), pp. 183—274.

——. *Les influences européennes sur l'art chinos au XVIIe et au XVIIIe siècle* (Paris, 1948).

Petrucci, Raphael, tr., *Encyclopedie de la peinture chinoise* (Paris, 1918).

Pevsner, Nikolaus, *Academies of Art* (Cambridge, 1940).

Plato, *Ion*.

*Postage Stamp of the People's Republic of China, 1949—1954*, (Supplement to *China Reconstructs*), IV (April 1955).

Powell, Ralph, *The Rise of Chinese Military Power, 1895—1912* (Princeton, 1955).

Pulleyblank, Edwin G., *Chinese History and World History* (Cambridge, 1955).

Read, Herbert, "Modern Chinese Painting", *A Coat of Many Colours* (London, 1945).

Rienaecker, Victor, "Chinese Art (Sixth Article), Painting—I", *Apollo*, XL, No. 236 (Oct. 1944), pp. 81—84.

——. "Chinese Art (Seventh Artical), Painting—II", *Apollo*, XL, No. 237 (Nov, 1944), pp. 108—113.

Rowley, George, "A Chinese Scroll of the Ming Dynasty: Ming Huang and Yang Kuei—fei Listening to the Music( 《明皇贵妃并笛图》 )", *Worcester Art Museum Annual*, II (1936—1937), pp. 63—79.

Ross, W. D., *Aristotle's Prior and Posterior Analytics* (Oxford, 1949).

K. Sakai, Robert, "Ts'ai Yüan-p'ei( 蔡元培 ) as a Synthesizer of Western and Chinese Thought", *Papers on China* (mimeo.), III (Harvard University, May 1949), pp. 170—192.

Sandor, Paul, *Histoire de la dialectique* (Paris, 1947).

Sapir, Edward, "Culture, Genuine and Spurious", *Selected Writings of Edward Sapir in Language, Culture, and Personality*, ed. David G. Mandelbaum (Berkeley and Los Angeles, 1949), pp. 308—331.

Sarkar, Benoy Kumar, *The Sociology of Races, Cultures, and Human Progress* (Calcutta, 1939).

Sarton, George, *Introduction to the History of Science* (Washington, 1931).

Schenck, Edgar C. "The Hundred Wild Geese", *Honolulu Academy of Arts Annual Bulletin*, I (1939), pp. 3–14.

Schücking, Leyin L., *The Sociology of Literary Taste* (New York, 1944).

Schwartz, Benjamin I., *Chinese Communism and the Rise of Mao* (Cambridge, 1951).

——. "Marx and Lenin in China", *Far Eastern Survey*, XVIII, No. 15 (July 27, 1949), pp. 174–178.

Sirèn, Osvald, *A History of Later Chinese Painting* (London, 1938).

——. "An Important Treatise on Painting from the Beginning of the Eighteenth Century", *T'oung Pao*, XXXIV, No. 3 (1938), pp. 153–164.

——. *Early Chinese Paintings from the A. W. Bahr Collection* (London, 1938).

——. "Shih-t'ao(石涛), Painter, Poet and Theoretician", *Bulletin of the Museum of Far Eastern Antiquities*, XXI (Stockholm, 1949), pp. 31–62.

——. *The Chinese on the Art of Painting* (Peiping, 1936).

"Soochow(苏州) Remembers of the Taipings(太平天国)", *China Reconstructs*, I (Jan.– Feb. 1953), 49–51.

Small, Harold A., ed., *Form and Function, remarks on art by Horatio Greenough* (Berkeley and Los Angeles, 1947).

Soper, Alexander Coburn, *Kuo Jo-hsü(郭若虚)'s "Experiences in Painting"* (《图画见闻录》) (Washington, 1951).

Speiser, Werner, "Ba Da Schan Jen(八大山人)", *Sinica*, VIII, No.2 (March 10, 1933), pp. 46–49.

——. "Eine Landschaft von Wang Hui(王翚) in Köln", *Ostasiatische Zeitschrift*, XVII, Nos. 1–2 (1941), pp. 169–172.

——. "T'ang Yin(唐寅)", *Ostasiatische Zeitschrift*, XI, Nos. 1–2 (Jan.–April 1935), pp. 1–21; Nos. 3–4 (May–Aug. 1935), pp. 96–117.

Spengler, Oswald, *The Decline of the West* (New York, 1934).

Starkman, Miriam Kosh, *Swift's Satire on Learning in "A Tale of a Tub"* (Princeton, 1950).

Sullivan, Michael, "The Traditional Trend in Contemporary Chinese Art", *Oriental Art*,

II, No. 3 (Winter 1949−1950), pp. 105−110.

Swift, Jonathan, *An Account of a Battle between the Ancient and Modern Books in St. James' Library*.

——. *Gulliver's Travels*.

Tagore, Amitendranath, "Wartime Literature of China—Its Trend and Tendencies", *The Visva-Bharati Quarterly*, XVI, No. 2 (Aug. −Oct. 1950), pp. 120−129.

Tai Chin-hsieo, *The Life and Work of Ts'ai Yüan-p'ei*(蔡元培), MS. (Harvard University, 1952).

Teng Ssü-yu (邓嗣禹) and John K. Fairbank, *China's Response to the West* (Cambridge, 1954).

Thorlby, Anthony, "The Poetry of *Four Quartets*", *The Cambridge Journal*, V. No. 5 (Feb. 1952), pp. 280−299.

Tjan Tjoe Som(曾珠森), *Po Hu T'ung*(《白虎通》)*: the Comprehensive Discussions in the White Tiger Hall* (Leiden, 1949).

Tomita Kojiro(富田幸次郎), "Brush-strokes in Far Eastern Painting", *Eastern Art*, III (Philadelphia, 1931), pp. 29−37.

——. and A. Kaiming Chiu(裘开明), "An Album of Landscape and Poems by Shen Chou(沈周) (1427−1509)", *Bulletin of the Museum of Fine Arts* (Boston), XLVI, No. 265 (Oct. 1948), pp. 55−64.

Tretiakov, S., ed., *A Chinese Testament, the Autobiography of Tan Shih-hua*(邓惜华) (New York, 1934).

Valéry, Paul, *Reflections on the World Today* (London, 1951).

Van Boven, Henri, *Histoire de la littérature chinoise moderne* (Peiping, 1946).

von Rosthorn, Arthur, "Malerei und Kunstkritic in China", *Wiener Beiträge zur Kunst-und Kultur-Geschichte*, IV, (1930), pp. 9−26.

Waley, Arthur, "A Chinese Picture", *The Burlington Magazine*, XXX, No. 1 (Jan. 1917), pp. 3−10.

——. *An Introduction to the Study of Chinese Painting* (London, 1923).

——. *Chinese Poems* (London, 1946).

——. *The Analects of Confucius* (London, 1949).

——. *The Life and Times of Po Chü-I, 772−846 A. D.* (New York, 1949).

Wang Fang-chuen (王芳荃), *Chinese Freehand Flower Painting* (Peiping, 1936).

Weber, Max, *The Religion of China* (Glencoe, 1951).

Wenley, A. G., "A Note on the So-called Sung Academy of Painting", *Harvard Journal of Asiatic Studies*, VI, No. 2 (June 1941), pp. 269−272.

Whitehead, Alfred North, *Adventures of Ideas* (New York, 1933).

——. *Modes of Thought* (New York, 1938).

——. *Process and Reality* (New York, 1929).

——. *Science and the Modern World* (New York, 1937).

——. *Symbolism, Its Meaning and Effect* (New York, 1927).

——. *The Aims of Education and other Essays* (New York, 1949).

Wieger, Léon, *Le flot montant* (*Chine modern*, II) (Hsien-hsien, 1921).

Wiley, Margaret L., *The Subtle Knot, Creative Scepticism in Seventeenth Century England* (Cambridge, 1952).

Wilhelm, Hellmut, "The Background of Tseng Kuo-fan's Ideology", *Asiatische Studien*, Nos. 3−4 (1949), pp. 90−100.

——. "The Problem of Within and Without, a Confucian Attempt in Syncretism", *Journal of the History of Ideas*, XII, No. 1 (Jan. 1951), pp. 48−60.

Willey, Basil, *The Seventeenth Century Background* (London, 1950).

Woodbrige, Samuel I., *China's Only Hope* (New York, 1900).

Wright, Arthur F. "Fu I(傅奕) and the Rejection of Buddhism", *Journal of the History of Ideas*, XII, No. 1 (Jan. 1951), pp. 31−47.

Wright, Mary, "From Revolution to Restoration: the Transformation of Kuomintang Ideology", *Far Eastern Quarterly*, XIV, No. 4 (Aug. 1955), pp. 515−532.

Yashiro Yukio (矢代幸雄), "Connoisseurship in Chinese Painting", *Journal of the Royal Society of Arts*, LXXXIV, No. 4399 (Jan. 17, 1936), pp. 262−272.

Yeh Chien-yu(叶浅予), "On the Classical Tradition in Chinese Painting", *People's China*, VII (1954), pp. 15−17.

Young, Edward, "Conjectures on Original Composition", *Criticism: the Foundations of Modern Literary Judgment*, ed. Mark Schorer, Josephine Miles, and Gordon McKenzie (New York, 1948), pp.12−30.

# 第二卷　君主制的衰败问题

献给

理查、尼尼、汤姆和列奥

因为你们给写作增添了时光，给时光增添了欢乐

# 前　言

　　《君主制的衰败问题》是《儒教中国及其现代命运》的第二卷，这本书的第一卷是《思想连续性问题》，并以第三卷《历史意义问题》作结。

　　我本以为通常只有小说家才会注重其作品的完整性，要有核心的人物角色和主导的布局，虽然它们是在"各自独立"的若干卷中呈现的。我想到的不是"长河小说"（roman fleuve），这种小说可能描写的是——比如说——一个家族的岁月变迁，而是那种广阔的全景式的小说，包含着不断切换的场景，同样的人物在同一个时刻出现在不同的视野和情境中。我认为，至少有一些历史主题是可以用这样的方式来处理的。确切地说，一些历史主题要求这么来处理。像"儒教中国及其现代命运"这样的主题——如果它在这样一个标题下面并不显得有一点瓦格纳式的东拼西凑、夸夸其谈和装腔作势的话——不得不反复地被谱写。

　　因而，呈现在读者面前的这本书接续的是《思想连续性问题》，但并不是按照通常的年代顺序——就像"草原年代"后面是"战争年代"那样①——接在它后面的。这两卷的内容在时间上是平行而非连续的。每一卷都应该有其内在的整体性，但我希望它们放在一起

---

　　① 这里指的是美国作家卡尔·桑德堡（Carl Sandburg）的名著《林肯传：草原年代与战争年代》（*Abraham Lincoln: The Prairie Years & the War Years*）。

本身就会产生一种总体的效果。在某一卷中只受到有限的处理、符合其在发展特定思想脉络中所起作用的特定主题，在其他地方得到适合另外语境的扩展。然而，单个主题所处的不同语境尽管出于论述的需要被分隔开来，它们还是应该给整部著作的读者留下相互加强的印象。

　　例如，反儒教的太平天国在第一卷中只是非常浮光掠影地点到为止，主要是用它来衬托与之敌对的曾国藩的儒家融合论，把它看作改信基督教的社会内涵这一问题中的一个因素，以及与正统相对抗的新传统中的一个组成部分。但在第二卷对太平天国与儒教的君主制观念之间的冲突的详细讨论中，它又重新出现了。这个讨论是对儒教中国内部君主制和官僚制之间的张力，对该张力之于儒教中国之为儒教中国的意义，以及该张力之所以松弛和儒教之所以沦落到可有可无的境地的原因，所做的一般性探讨的一部分。

　　这是对应于第一卷中"思想性"阐释的"制度性"阐释。在第一卷中，我是在思想层面上提出儒教中国的现代命运的问题的：在中国历史上如此长的时间里，新观念为何以及如何不得不面对与已有传统相兼容的考验，而在更近的时期，传统又为何以及如何不得不面对与自身就具有说服力的新观念相兼容的考验？在第二卷中，我在制度层面上又提出了这个**同样**的问题：君主制和官僚制为何以及如何如此紧密地与儒教的文化观纠缠在一起，以至于前者的废除和后者的转变致使持儒教文化观的人们变得更加**传统主义**而非**传统**？

　　"儒教"是一个捉摸不定的术语。我郑重地对待它，"儒教中国"在我这里也不是随随便便拿来宽泛地表达"传统中国"的意思。当然，中国远不只有儒教。在第一卷中，我提到了佛教的某些方面，在本卷中，我还会提到法家的一些内容——还不止于此。然而，我的目的不是简单地提供一幅多方面的中国图景；我想，侧重于某一

方面还是必要的。当然我们应该意识到，完全的儒教中国乃是一种
非历史的抽象。但是我们应该在心里记住这种儒教的抽象，而不是
在符合法家观点的论据的重压下将其一笔勾销。我们必须在心里记 vi
住它恰恰是因为在实际的历史中，这种抽象肯定是要打折扣的。于
是我们就可以追问，是什么让它打了折扣？如果孔子被尊为中国的
圣人（最简单地说），是什么冲淡了他的影响？如果一个移动的物体
应该按照它最初的速度和方向运动下去，是什么力量减缓了它的速
度，改变了它的方向？

　　因而，儒教在中国人的世界中绝不是孤零零的，但它也不是简
单地给其他的思想和制度体系留出空间。它们在一个有其自身历史
的系统中相互作用。揭示这一历史的方法之一是抑制"修正主义"
的激情，保留"儒教中国"这一概念——尽管其他脉络也很重要——
看看其他的脉络是如何给若没有它们就会显得纯粹的（或非历史的）
儒教观念和体制带来历史的张力的。


　　除了在一个系统中占据一席之地外，儒教在时间和历史中也有
一个位置。我们要分配给它多大的一个位置呢？这里不仅有一个它
存在的广度问题，也有一个它存在的长度问题。既然孔子差不多生
活在两千五百年之前，一本意在讨论"儒教中国"的书，怎么能在
19世纪上花费大量的笔墨？

　　这是一个具有建设性的问题，因为它提出了正确的告诫：不要
把中国的各个时代混在一起。个性必须得到尊重，绝不要失去对变
化的感觉。但这个问题也可能造成妨碍，如果它站在唯名论一边的
话。这个问题所证明的那个真理——即中国有其自身的历史——会
受到这样一个看法的遮蔽，即填充在这个历史里面的是不连续的原
子化的事物。在两千五百年中不只有一个儒教，但也不只有一个战
国时期作为一个学派存在的儒家。相反，存在多个处于不断变化之

中但仍具有某种真正的持久生命力的儒教。我在这本书中试图把全部的重心放在过程而非静态之上，指出在儒教身上**发生**了什么。但儒教是在诸多时代风貌中显现出来的特征，在许多时间节点上，我都觉得对诸多其他的时间节点略作观察也至关重要。

vii

实际上，一般性的问题不止于此。在顺着汉、宋、明和清这些朝代连接而成的线索之外，还有延伸到法国、德国、俄国和日本等国家的线索。同样，在这里我想要做的不是强加同一性，而是确认相关性。这些是比较，不是类比，对我而言，它们似乎不仅有助于理解中国历史，也有助于理解历史书写的意义，理解今天的这门学科。

至少从 19 世纪开始，全世界的人们都注意到了世界即将统一为一体，不管是对此充满希望还是惊恐，都越来越确信这一点。许多关于这一主题的深刻思索和陈词滥调应运而生。各地的人们都在琢磨普遍的科学技术背后的文化内涵，提出了各种各样的迫切的思想课题。一些人指出有必要建设一种用挑选自各个特定的历史传统中的价值构成的文化，这样某种文化的世界语就会与新的普遍技术协调一致。另外一些人则认为，本质上相互平行的诸历史，拥有本质上相同的文化归宿。然而，我不认为历史能以第一种方式来创造，就好像经由文化遴选委员会，择取东西方之精华就能恰好达到一种综合的平衡一样（参见第一卷）；我也不认为历史是按照第二种方式形成的，沿着某种普遍的——马克思主义或汤因比式的或其他什么——范式向前发展。

事实上，诸如此类的假说正是我在《儒教中国及其现代命运》中想要研究的内容。不过尽管我是把它们当作需要解释的历史论题而非本身客观有效的对历史进程的解释来研究的，我却在某种程度上同意它们背后的前提。因为确实某种可被称之为世界史的事物正在浮现，它并非相互分离的诸文明的历史的叠加而已。中国的历史学家书写中国的过去，就能为这种世界史的形成做出贡献。一位完全摆脱了有关文化"侵略"或文化申辩的任何事实或幻想的历史学家，通过把中国带入一个普遍的话语世界，就为在一个比技术更高的水平上统一世界做出了贡献。这里不应该存在发明综合体或把中国历史强塞入某种西方模型的问题。相反，世界是在对中国历史的理解（不包含对其完整性和个性的侵害）和对西方历史的理解相得益彰的时候形成的。它们彼此属于对方，不是因为它们彼此复制对方（这是虚假的），也不是因为经济扩张或政治纠纷或思想影响使得它们发生了接触（尽管这是真的），而是因为观察者的心灵可以将一方的问题转换（不是移植）为另一方的问题。

中国的官僚制与普鲁士的官僚制并无类同之处，但两者可进行比较（参见第二卷）。当布克哈特也草率地相信巴黎公社社员烧毁卢浮宫的谣言时，他不可能想到故宫；但是想到北京的这座博物馆和中国皇权统治的崩溃的人，一定会想到布克哈特的态度，因为革命与文化（"高级"文化和其他文化）的问题是一个普遍的问题（参见第三卷）。因而，中国的历史并不是仅仅因为异域的魅力或对西方战略的重要性才应该得到研究。它应该研究是因为，人们会发现它在我们想要在其中理解西方的那同一个话语世界中具有意义，但这种研究无须遵循同一个模式。如果我们能够理解这样的意义，那么也许我们就促进了这样的世界的形成。书写历史的行动，自身就是一种历史性的行动。

跟第一卷一样，这一卷在很大程度上也要归功于亚洲研究协会中国思想委员会组织的系列研讨会。我非常感谢芮沃寿，他是该委员会和它组织的关于儒教的系列研讨会的主席。感谢所有的参与者，他们中间许多人的名字会出现在正文或脚注中。他们的学术研究和富于洞察力的评论对我来说一直都是不可或缺的，尽管他们不必为我的使用或误用承担责任。该书的部分内容也曾在1959年费正清主

viii

持的"传统中国中的政治权力"研讨会上发表。我很高兴再次对费正清表示感谢，就像我1939年以来这么多次因为这么多的事情对他表示（或应该表示）感谢一样。在加州大学的同事和学生中，舒尔曼（Franz Schurmann）和孙宝基（Pow-key Sohn）对本卷的写作一直都给予了慷慨的帮助。我的妻子（第一卷就是献给她的）用一支尖尖的蓝色铅笔仔细校阅了书稿。她很宽厚，没有把它打磨到她中意的精致程度，但我还是对她至少扫除了一些行文上的不妥之处心怀感激。

　　我还获得了在帕罗奥多（Palo Alto）行为科学高等研究中心进行研究的资助，以及古根汉姆基金会提供的在牛津大学东方学院和圣安东尼学院访学一年的研究岗位，它们连同加州大学伯克利分校的中国研究中心，都为汇聚到这本书之中的研究、讨论和写作贡献甚巨。它就像是从如此巨大的山岳一般的支持中生出的一只小小的老鼠，尽管如此，我还是希望相关的行政主管和基金会能接受这份深深的谢意。

　　这本书的部分内容曾以不同形式发表于倪德卫（David S. Nivison）和芮沃寿主编的《儒教的运转》（*Confucianism in Action*）(Stanford, 1959)一书和《社会与历史比较研究》（*Comparative Studies in Society and History*）杂志。我要感谢它们的编者和出版商允许我在这里使用这些内容。

J. R. L.

# 第一部分　残迹的意味：最后的儒教与君主制（Ⅰ）

未来的人们啊请你们记住我
我曾在国王灭绝的时代生活
——阿波利奈尔，《烧酒集》[①]



## 第一章　君主制神秘性的丧失

### 1.作为喜剧人物的洪宪皇帝

1914年，袁世凯想要不仅通过威权还要通过神秘感来做一个强人，于是弄出了一点仪式性的东西。他仍然把自己的国家称为民国，把自己称为总统而不是皇帝，但是他想要做一个拥有不同寻常的持久权力的总统，并且寻求某种威严来强化自己的政治安排。因而，他用繁文缛节把他的总统选举法（制定该法是公然为了保证袁世凯可以不断连任下去）装点了一番，增加了一丝悬念：总统私下秘密选定的三位候选人的名字，置于总统府内一处“金匮石室”中的一个“嘉禾金简”之中。金简的钥匙有一把，由总统掌握，石室的钥匙有三把，由总统和他的两名属下掌握。选举前三天，三位候选人的名字被引人注目地提交给一个安全可靠的选举团，总统的名字被

①原文为法文，译文采自阿波利奈尔《烧酒与爱情》，李玉民译，合肥：安徽文艺出版社，1993年，第80页。

用心周到地添加到其温驯的候选人的名单上，如此等等。[1]这是一个费尽心机的计划。

然而，他却从未用过它。他的真实目的是要唤起而不是制造某种神圣性，他的"民国"架子那种滑稽的复杂性——他装模作样的总统身份，他为没完没了的临时议会和临时宪法制定的繁冗的方案——与其说是让民国显得具有合法性，不如说是对它的嘲弄。让民国名誉扫地是一出序曲，好戏应该是一个新王朝的历史。人们常常提到，袁世凯在谈话中总是转向"办共和之成绩如何"的问题。他向进京的各省大吏提出这个问题，[2]意思是很明白的：他们可以随便乃至任意地诋毁民国。而身为民国首脑的袁世凯绝不会怪罪他们。

但当袁世凯于1916年1月1日建立洪宪帝制的时候，共和国的闹剧不过是让位于帝国的闹剧（只持续了几个月的时间）。这或许是不可避免的，它不是袁世凯本人尊严的某种失败的结果，而是总体上中国现代历史状况的结果：旧规范的失效，无法克服的陈腐空气，取清朝而代之的共和国所做的所有尽管有目共睹却徒劳无功的努力，都不能驱散这种空气。歌德笔下的浮士德把他的皇帝的宫廷看作一个被遮掩起来的空洞无物的世界，认为宫廷和狂欢节是一回事。[3]而需要就袁世凯的帝制招牌，需要就中华民国时期所有的君主制残余提出的问题，也就是托马斯·曼笔下的艺术家浮士德对他自己提出的问题："为何几乎所有的东西在我看来都像是对它自身的拙劣模仿？为何我必须认定今天几乎所有的——不——就是所有的艺术方法和规范都只能用来进行拙劣的模仿？"[4]

1916年的帝制不可能受到严肃的对待，因为1912年建立的民国虽然失败了，却并不是一个错误。它的失败在于它在社会层面上毫无意义，革命似乎没有实际的内容。就像伟大的作家鲁迅（1881–1936）对衙门里的守吏无关痛痒的改变所做的辛辣评论说的那样："……在衙门里的人物，穿布衣来的，不上十天也大概换上皮袍子了，天气还并不冷。"[5]①

　　但是民国无论怎么缺少实质，作为象征却是有意义的：仅凭它
终结了几千年的君主制的事实，它就给新思想——中国礼教的溶解
剂——的大行其道提供了方便。袁世凯努力保持他的皇帝身份，实
际上强调的是1911和1912年间并没有发生政治革命，最多只是朝代　　　4
更替之际的传统叛乱。然而，与这种阐释相反的是，他的君主制理
念遭到了一场**正在发生的**革命——思想革命——的冲击。民国尽管
可能没有取得社会上的成就，尽管可能显得像是一个无耻的政治赝
品，但它仍然代表了某种事物，即反传统主义，此时它的对手君主
制也不得不代表某种事物（我们将看到，它是含糊不清的，这一点
很致命），即传统主义。

　　即使在袁世凯短暂的称帝时期，他的很多支持者原则上也不赞
同君主制。他有自己的心腹左右，他们在派系斗争中发挥作用，其
中许多人同意君主制是因为袁世凯而不是他们想要实行它。有几个
人私底下指望着袁世凯，其他人甚至对他本人抱有信心，他们都会
一直追随他。但袁世凯追求帝王荣华，需要比这些僚属更多的东西。
帝制的动力必须来自中国皇帝而非袁世凯，具有时代性的反共和情
绪与传统结合了起来。

　　一开始，革命后唯一可见的君主制运动是声势微弱的复辟清室
的活动。在人们的印象中，袁世凯对这一运动有点纵容；也许这样
会缓和公众对他自己的帝制运动的抵触。[6]后者似乎在1913年就开
始了，这一年他批准设立了清史馆。这个由政府资助的冠冕堂皇的
学术机构在政治上有双重作用。它显示了袁世凯与旧的君主政体之
间的联系，同时它又暗示了清朝的寿终正寝。（袁世凯的皇帝梦做得

---

①原文见鲁迅《范爱农》，《鲁迅全集》第2卷，北京：人民文学出版社，2005年，
第325页。

最热乎的时候，封给清史馆总裁赵尔巽一个新头衔，把他列为"嵩山四友"之一。）[7]

1914年11月，袁世凯指示手下呈上一份请愿书，其中有两点正合他意，一个是吁请严令禁止清室复辟的活动，另一点是列举民国的缺陷。差不多更早一点的一份请愿书也大肆攻击民国的缺陷，但却异想天开地敦促袁世凯还政于清帝，出任其宰辅。袁世凯对这两份请愿书的答复都是"严禁复辟活动"。[8] 1914年12月23日，当袁世凯公开恢复祭天仪式的时候，他把祀天祝版上的署名从"清子臣"改为"代表中华民国国民袁世凯"。[9] 没错，符合民国国体，却使人想起旧规矩。他看重的是这个礼仪而非总统职位。他还没有做好用他自己的皇帝名义来举行典礼的准备，但他已经为典礼本身做好足够的准备了，希望自己最终能得偿所愿，从一个传统的角色爬升到另一个上面。

早在1915年12月，当袁世凯被推戴登基时，他谦和地拒绝了（参政院上书称"我圣主应运而生……民归盛德，全国一心……"，卑躬屈膝地请求他"俯顺民情"）。[10] 他行事周密，迫使逊位的清帝发来表示顺从的咨文（"奉清帝谕，对于改变国体并推戴大总统为皇帝，清皇室极表赞成"）。[11] 袁世凯做的这些姿态，符合源于《尚书》中尧舜传说的"禅让"模式，即一开始不失体面地表示拒绝并放弃权位。当谦逊的态度对他不再构成妨碍的时候，袁世凯接受了推戴（"天下兴亡，匹夫有责，予之爱国，讵在人后"）。[12]——用的是典雅有力的措辞，至少在某种程度上让人们一下子想到了17世纪的顾炎武。[13] 民国官僚制的"呈"让位于庄严古旧的"奏"；古代君主制的"臣"（清朝用这个词在汉族大臣和满族的"奴"之间做出了一个符合儒教的区分）取代了当时通行的官僚政治名词"官"。[14] 1915年最后一天（次年即改元为洪宪元年），袁世凯晋封衍圣公孔令贻为"郡王"，这是汉代设立的后来长期在皇室中使用的一个封建头衔。[15] 除此之外，袁世凯还用种种其他的手段，乞灵于旧的正统。但是，虽然袁皇帝是一个传统主义的皇帝（他只能是这样的皇帝），虽然他遵循古人指示的花样，做足了皇帝的全套功夫，但他却不是（其他任何人也不可能是）一个真正的、传统的皇帝。

### 2.晚清：儒教被重新界定为现代思想的对手

实际上，当1900年庚子国变后满清王朝被迫改弦更张的时候，君主制就走投无路了，袁世凯前面的清王朝预先就决定了袁世凯的君主制是一个非传统的传统主义的君主制。因为清朝在其最后十年处于一种无望的困境中，固守不动是不可能的，必须有所作为才能拯救国家。利用装神弄鬼且排外的义和团这一权宜之计是肯定再也不能尝试了。科学和社会革新是公认的当务之急。必须进行现代化，否则清朝永远逃不掉加深中国灾难的骂名。

然而，如果他们推动现代化，放弃传统的中国道路，他们身为异族统治中国的合法性的唯一依据就会丧失。这种合法性是由民族主义兴起之前的"文化主义"赋予他们的，因为满族总体上拥护中国的大传统。但是随着中国文化变迁必然会传播开来的中国民族主义（参见第一卷），发现外族的征服无论是旧的还是新的都是不可接受的，满族建立的征服王朝完全是不合法的。简而言之，清朝在其最后十年面临着一个令人沮丧的选择。他们可以接着走传统的道路，身处内忧外患的世界，简单地重复历代王朝走向贫弱的覆辙。他们也可以作为雄心勃勃的现代人走下去，至少可以使中国变得富强，加强他们的统治，并由此延长他们传统的天命，但是却会与现代的、由外国的富强之术引发的民族主义发生冲突。很自然，清朝的统治者没有做出一刀两断的选择。两方面最好的东西放在一起从另一个角度来看就是最糟的，在这样一种处境之下，他们既要努力变得足够现代以保卫他们的传统地位，又要变得足够传统以祛除现代主义的诅咒。

这就是为什么20世纪初叶清朝的新政运动是在"体用"精神（中学为体，西学为用）的指导下进行的，这种精神具有诱惑力，但其结果却事与愿违（参见第一卷）。西学意在让中国在物质上变得强大，从而让清朝免于中国王朝衰弱时的惯常结局。中学则意在通过对基本没有受到损害且人们仍然衷心服膺的传统价值的保存，重新确认满族的统治资格，这样满族就可以仍然是满族，而又与中国合为一体。但如果"体"不能真正地保存下来，那么满族就会甚至比汉族中"体"的拥护者处境还要危险。鼓吹"体用"模式的汉人有可能会大失所望，然而他们的后代还会是汉人，即便这些人过的是一种容纳着新思想的生活。但是满族手中的儒教入场券一旦失效的话，他们就只能通过被同化，通过族性的消失才能继续做中国人。充其量他们会被当作博物馆中的古董而存留下来，成为少数供人观瞻的遗迹，散发着贵族气息，却又不合时宜，是一个不属于他们自己的时代的高雅中国文化的精致产物。

因而，清朝于1901年开始实行的新教育政策显现出某种不祥之兆。它们所导向的行动从国族角度来看也许是建设性的，但是从朝代的角度来看却（就像不作为一样）是毁灭性的。在某种程度上，这只是一个稀缺资源如何分配的问题。本来新学是要补充旧学的，但是从一开始，新学就似乎要取而代之。新式学校从哪里来呢？1901年9月14日颁布的一道上谕要求省一级的书院均改设为大学堂。[16] 也就是说，恰恰是"体"所依托的物质前提正在经受着"用"的侵蚀。这反映了一种思想趋势，即那不容置疑的体的空间正在缩小。19世纪40年代，已经出现了轻易地把军事技术的地盘让给西方实用领域的迹象，从那时起，曾经被当作中国之体的事物，越来越多地被削除掉了，为的是努力保卫更深的内核。

这个传统的内核留下来的越少，它作为实质（永远潜藏在单纯 8
的功用之下）的特点就越得要强调。关于新式学校、留学和培养现
代人才的奏折，没有一份最后能不提到四书五经、正史、孝道以及
其他公认的美德，它们是必不可少的首要考虑；**然后**人们才能够潜
心于西学。[17]正因为如此人们才发现1906年发布的一道关于新学制
的谕旨的不同寻常之处——完全脱离了（前一年废除的）科举制度，
这套制度已有上千年的历史，对传统的社会秩序和文化价值具有不
可估量的意义。新学制的主要目标包括培养军事精神、工业精神和
公共精神——如此倾向现代观念——而忠君和尊孔则是过去传下来
的重要遗产。与此同时，清朝似乎是为了加强忠君尊孔这一脉，谕
令将祭孔典礼升格为"大祀"，这是三种祀典①中的最高一级。此前
每年春、秋祭孔的仪式主要由朝廷官员主持，而现在皇帝要在北京
亲自主持祭孔大典。[18]

　　然而，满人对儒教的这种热情（清朝历史上，满人依据某种种
族之外的原则，一直大张旗鼓地把这种热情作为其入主和统治中国
的手段，如果说有什么变化的话，这种热情到最后更加高涨了）只
是加速了儒教的衰竭。因为显然，这种热情是为了达到社会目的而被
"启动"的，是用来扼杀内含民族主义的现代思想所具有的排满的潜
能的。孙中山一派的中国民族主义者认清了这种现代儒教事业的逻
辑。1907年，孙中山在东京的机关报《民报》郑重声言："孔子非满
洲之护符。""虏廷以革命风潮，起于新学，遂尊孔子为上祀。"[19]

　　这样，儒教就被剥夺了几乎是它的最后一点思想内容，大体上
成了抵挡革命的象征。当革命来临时，很明显，政权的变革强有力
地推动了心灵的变革。经典和仪式普遍被弃如敝屣，而旧的儒者则 9
试图通过私人团体集合起来，完全可以称之为反动。[20]因为儒者所

---

　　①即"大祀"、"中祀"和"群祀"。

做的唯一的事就是对抗新异的潮流，他们不再是一个属于他们自己的社会中的天然角色。当被孙中山誉为政治改革普遍进程中的"最新事物"的共和体制，打开了所有其他领域中最新事物的盖子的时候，那些在旧制度中享有既得利益或只是简单地怀着怀旧心情的人们，特别抓着儒教不放，毕竟，儒教本身是从前的事物，而且是赋予从前事物以光辉的东西。

### 3. 民国：儒教与君主制观念的窄化与交织

因而，与共和制对过去之价值的怀疑相对峙，并且哪怕抓住仅有的一点机会都绝对要进行君主制运动的，乃是一个弱化的儒教，它更像是一种情感而非教导。在1915年要求恢复君主制的人们中间，直隶和河南两省的孔社颇为引人注目。[21] 当时严复曾——也许并不公平地——被列为袁世凯的"六君子"之一（戏拟"戊戌六君子"，他们是被袁世凯出卖给慈禧的维新派），[22] 他做了一个宽泛的概括，揭示了新传统主义与当下的联系。这个保守主义的表述是针对当时当地而言，它具有典型的非传统的特征："中之人尊君而崇古"；"西之人尊民崇今"。[23]

这里所说的非传统是指将中国的君主制观念与思想上单纯的传统主义等同起来。这与帝制仍具有生命力的时代是不同的，当时君主制或大权独揽的君主与官僚知识阶层的保守主义之间，往往是相对抗的紧张关系；从一开始，中国传统的官僚机构和君主制之间，就处于一种既相互吸引又相互排斥的矛盾状态之中（见第二部分）。考虑到严复做出这一非传统的假定的当代语境，其表述的独特之处在于那种有意识地回应来自外国的——民主思想和其他思想上的新鲜观念的——严峻挑战的姿态。那些思想具有颠覆性的革命的民族主义者已经把"民"注入现代政治意识之中，而"民"（或者自认为

10

是"民"之代表的他们）不仅已经废黜了旧的君主制，而且有力地深入到新的关于君主制的思考之中——实际上，是让这种思考焕然一新了。

1911 年末，代表孙中山与清政府和谈的伍廷芳（1842–1922）[①]于 12 月 20 日发表声明，大意是新的共和政府将建立在"人民意志"的基础之上。[24] 1912 年 2 月 1 日，清廷命令袁世凯——它最后的代理人——与革命党的"民军"达成协议："民意已明……"[②] 2 月 12 日，第一道宣布退位的诏书，发出了悲哀的放弃权位的声明："人心所向，天命可知。"[25] 这与天意的原则是相矛盾的，对于后者而言，人民的主导和认可是无关紧要的。

而在随后与共和政体相对抗的复辟党人的申辩中，"人民"也无法被驱除出去。有时候在波拿巴主义的意义上，会容留"民意"的存在，就像 1915 年秋天，袁世凯可笑地通过一场完全被操纵的公民投票来复辟君主制时所做的那样；更经常出现的情况是，中国人民的"精神"而非"意愿"被强调为帝制的保障。袁世凯的美国顾问教授撰写的那份著名的备忘录依据的就是这一思路，它于 1915 年 8 月在报纸上公开发表，引发了大量关于"国体"、"国粹"和"国情"的中文文章的写作和印行，这些文章暗示，不是说中国的共和制不成熟，而是它根本不可能建立起来，君主观念是无法从中国人民的精神中抹除的。

---

①伍廷芳是代表南方革命军的和谈代表，其时孙中山尚未回国。

②此处据原文直译，据萧一山《清代通史》：1912 年 2 月 1 日，隆裕太后传谕内阁曰："段奏已悉，朝廷深愿和平解决，该大臣等宜仰体此意，从速布置。"又召袁世凯入内，嘱之曰："诸事听卿裁处，但求能保全余及皇帝之尊荣，亦无他求。"见萧一山编《清代通史》第四册，上海：华东师范大学出版社，2006 年，第 1082 页。

### (a)"民意"

为什么作为政治权威之来源的"人民"观念在中国必须被视为一种本质上现代的观念，因而就特别适合于非传统的共和制，却不适合于一个需要利用真正的传统世系的君主制呢？毕竟，在过去将近半个世纪中，有很多人都提出古代中国就已发展出西方的民主理论。在古代中国，皇权的观念要求（或宣称）将人民的幸福作为检验天子是否实现了天意的试金石。[26]但是这些提法没有弄清楚中国古典思想中何者居于优先地位。诉诸"人民"来取得有效性的现代做法否定了——而不是源于——古老的皇帝裁决权。

说"民意"（vox populi）就是"天意"（vox Dei）并不是用前者来界定后者，而是用前者来取代后者。在这里，就该词的本义而言，不管从哪个层面来看，"天意"（"voice of God"）都失去了它的力量；它成了一种隐喻，只是通过其历史的色彩来强调对一种新的至高无上的权威的承认。在帝制中国，天子只要体现了天意就可以一直拥有天命。[27]天子、天命和天意绝对是最高权力的经典源泉，而当民意总算被儒家思想家引入政治理论的时候，它在合法性的确立过程中纯粹是象征性的，没有实际效果。天是不可能被摆布的。[28]

也就是说，在传统的君主制理论中，民众的不满本身并没有剥夺皇帝诏命的有效性——同样，民众的称许也不具备赋予其合法地位的功能。民众的不满是——就像一场洪水也可能是——天命之失落的**前兆**；它也许预示了皇帝的失德。但是皇帝不会听任洪水肆虐。皇帝应该正确地解读征兆，但他还是要想办法遏制洪水。正因为如此，一场民众叛乱的爆发不见得一定会成功，或者被儒教所接受（实际情形远非如此）。它可能是一种前兆，但它也应该被——也许是合法地——镇压下去。因为那句著名的"造反有理"本身就是一种矛盾的表达。人民起来反抗不是因为他们有什么理论上的法定权利，而是因为实际运作的法律安排让他们走投无路。在反叛者取得胜利以前，他们没有权利，而人民的意志——如果他们声称代表了这一意志的话——不得不等待上天的选择。

如果统治者拥有了天子之名义（"正名"），他就拥有了德，儒家认为这个"德"是他内在固有的东西——"德"在外表现为权力，而在统治者的内在本性中表现为美德（"道义性"），这种"德"不会给人民的生活造成伤害。[29] 但是民众的满意仅出现于古典政治理想中的时候是一件事情：它是对皇帝合法性的某种更高一级的认可的象征；而它在现代世俗民主的氛围中出现的时候则是另外一件事情：它本身就是合法性的来源。

12

正如残余的君主制据说来源于民意，而不是在反映了天意的同时自然顺应了民意一样，残余的儒教也把民意当作它新的正当化理由。"如果我们的议员真的想代表民意，他们就必须把孔教定为国教"①，1917年一位作者发出了这样的请愿，这是洪宪帝制失败后的第一年，对那些专门为儒教申辩的人们来说并不是一个吉利的年份。他接下来写道："天主教反对国教的观念，但三百来万的天主教徒不能代表民意。"[30]② 于是，对这位及其他许多论者而言，历史证据表明群众认同儒教，这一点就构成了儒教权威的基础。袁世凯也是把他的朝代建立在类似的基础上的。

---

①此处是作者对原文的撰述。中文原文为："吾辈既号称代表民意，亦须于民意略一省察。……如其希望而予之孔教，非国民最大之希望者乎？诚能本此以定国教，任彼邪说之横施，我惟决心以自负，夫而后真正之民意彰，即吾之代表之职任亦略尽矣。"

②此处是作者对原文的撰述。中文原文为："顾或者谓天主教民其谓反对国教而请愿者，亦有三百万之多，此独非民意乎？不知教徒未解宪文……冒昧干扰，本无民意之足道。"

### (b)"民魂"

但是，清代之后的君主制观念和儒教之间的联系比这个还要直接，不只是说它们都宣称自己符合民意而已。为儒教请奏（而**非儒家**的奏请）的这位作者在袁世凯惨败之后写了这篇文章，他尴尬地意识到，公众舆论认为孔教卷入了不光彩的复辟活动之中。要调和儒教与象征现代的民国之间的关系是很难的，但他还是尽他之所能地这么做了。他承认袁世凯与儒教关系密切，但把这看作儒者无伤大雅的弱点而非儒教的必然归趋一笔带过了，建议既往不咎。他还指出，基督教各教派也曾祈祷袁世凯成功，并称基督教徒乃是袁世凯最肉麻的吹鼓手，还在其政府中任职。佛教徒和伊斯兰教徒都多次为他造势助威。他承认，袁世凯出于他自己的复辟企图而伪造了"民意"。但是，人民真正的意愿是对儒教的信仰。因而，如果儒教被确立为民国的国教，它将证明自己对巩固这个国家乃是不可或缺的。[31]

简而言之，这位信徒想要把孔教从任何无法避免的政治瓜葛中解放出来，这在当时的情况下是很合理的。当然，努力去撬动皇家的牢笼，把孔夫子从中拯救出来，这在新生的中华民国已不是新鲜事。例如1912年，有位作者为儒教申辩（奇怪的是，他宣称孔子永恒不朽，但又提到了这位圣人的局限性），解释说孔子出生于君主制的时代，他只能尊重这个体制。[32]共和制还是君主制没法确定，但只要中华民族存在，儒教就是永恒的，因为它是中华民族独特的（历史的）一部分，是其精神或精华所在。每一个国家都有一种惟独对其自身而言是自然的生活形式。因而，"吾国之当定孔教为国教……以保国粹"[33]。

正是这种儒教的观念，这种视其为国粹的想法，彻底完成了一开始由清代卫道士造成的对儒教的毁坏。人们所期望的儒教作为

"体"和"用"的结合，已经无法解决维持古人智慧之活力的问题。但当儒教滑落为"国体"（国之体）的时候，这要比只是没法解决保存的问题还要糟糕——这是有待保存之"体"的瓦解。作为"体"，儒教是文明的本质，是绝对的原则。而作为"国体"或某种与之同义的事物，儒教是中国文明的本质，是在一个历史相对主义的世界中一系列价值的集合体（而非绝对的唯一价值）。把儒教看作中国之本体的浪漫主义观念，剥夺了儒教**自身**的本体地位，即一种理性主义的设定：道就是道，不随时间空间而改变，它并不只是中国人独特的生活方式。

早在1905年，科举制度被废除后不久，我们就看到有人呼吁尊重经典以保存国粹。[34] 所有主张儒教为宗教的宣传在这一点上都是一致的。中国的精魂在哪里呢？就在儒教的道、学和教之中。[35] 在1913年的国会上，总统袁世凯曾为此与孙中山的国民党争执不休。袁世凯希望确立孔教的地位，①国民党则表示反对，两者达成妥协。按照天坛宪法草案，信教自由不得受限，而国民教育则以孔子之道为修身大本。[36]

袁世凯很快就将天坛宪法草案束之高阁，随着他的帝制野心日益膨胀，他在孔教问题上偏袒的立场也越发强硬起来。例如，1914年底，总统府下令表彰儒教的"道"与"德"，以为政府执政的根本。袁世凯强调，这些都是数千年历史确证的不可磨灭地属于中国的东西，中国必须保持它的国性，因为每一个能自立的民族都有其精粹，即一种使得它得以形成并维系它的特殊精神。[37]

在袁世凯身边的圈子之外，对孔子的信仰较少沾染个人利益的色彩，但这些地方的孔教运动仍抱着同样的浪漫主义情感。也就是

14

———————
①此处作者论述有误，袁世凯并不赞成立孔教为国教，参见韩华《民初孔教会与国教运动研究》，北京：北京图书馆出版社，2007年，第260—263页。

说，他们迫切希望中国人民信奉其自身的宗教，即孔教（这是中国人的宗教，不是普遍的宗教，对西方并不适合），理由是中国之外的民族——如果他们得到很好的教导的话——也在信奉他们的宗教（这是外国人的宗教，也不是普遍的宗教，对中国并不适合）。这使得儒者承认了非儒教的思想，一种不同的却同样具有终极价值的教义。这些人不会接受基督教带给中国的**启示**；他们必然会抗拒用另外一种普遍的世界观来取代他们自己普遍的世界观。但是他们可以以一种特殊主义的心态来采纳基督教的**模式**，通过把世界看作各种不可化约之忠诚的集合体来维护孔子。基督徒有大教堂，那么让儒者也建一座大教堂，并起身前往——不是罗马，但仍是一座圣城——山东曲阜，孔子的出生地，它应该成为像麦加或耶路撒冷那样的朝圣之地。[38] 基督徒采用公元纪年，于是（自圣人出生时算起）至圣2467年就代表了民国五年或1916年。[39]

但为什么作为"国体"的儒教应该出之以宗教的形式？毕竟，如今不是外国的传教士而是中国的世俗主义者正在发动对儒教真正造成伤害的攻击。应该采取什么样的防卫措施来对付这些敌人，从而让儒教与基督教分庭抗礼呢？然而，当像康有为和他的追随者陈焕章这样的儒者有意去比附宗教的时候，他们是想引起世俗的反传统主义者的注意。因为，只要"儒教"作为一个形容词只是用来修饰中国文化，那么在20世纪初年的艰难时代，它就很难逃过文化批评家们的批评。但如果儒教是一种宗教，就像基督教一样，那么西方现代国家所取得的进步就不再是抽打孔夫子的棍棒了。西方的榜样证明教会可以和国家共存，人们在拜神的同时可以让自己的社会变得富足。就像基督教团体在科学的冲击下存活了下来那样，儒教也能（并且只能）作为一个宗教团体存活下来。

因而，这是一种让儒教脱离中国物质上的贫弱的努力。有时候，早先维新派的主张——虽然乏人问津但并未消灭——又得到了重申：

儒教是力量的源泉，西方之强大在于它几乎暗合《论语》、《春秋》和《孟子》提供的启示：养民、保民、教民。[40]但对民国这个时代更具有特殊意义的是，即便是同样的作者和文本，也可以将这种智慧封存在某种教会组织之中——这样就会让它免遭失败的责难——而不是宣称它能取得社会上的成功。为什么儒教要受到中国之贫弱的牵连？犹太亡了，基督教的神圣罗马帝国亡了，天主教的西班牙、葡萄牙和拉丁美洲，伊斯兰教国家，他们都很弱；然而他们的宗教并没有因为他们国家的无能而遭到排斥。[41]

在这一申辩中人们可以看到后儒教的儒者、传统主义的传统主义者的那种意味深长的相对主义。信仰不是普遍的了，而是经过了必要之修正的事物。这的确是真理——你有你的宗教，我有我的。所有的宗教在其特定的历史语境中都宣称拥有支配生活的权利。儒教在它自身的环境——中国——中当然也主张它的权利。"统中国之历史，亦不过孔教之历史而已。吾爱中国，故爱孔教。……孔教者，中国之代名词。"[42]或者用他们的教主康有为简括的话来说："所谓中国之国魂者何？曰孔子之教而已。"[43]

康有为对孔子和中国之间这种神秘联系的感受，在深度上超过了单纯的策略性联系的程度。确实，他寄望于他的国教来提高道德，因为他相信法律和哲学不足以约束不听话的民众。[44]不过，康有为拟想的国教仅限于中国的宗教，而不是——比如说——基督教，后者也可能跟儒教一样（或者做得还更好一些），宣称能够让人们获得对超自然力量的健全的认识。因为康有为感兴趣的是中国的灵魂，而不是不考虑其文化背景的个人的灵魂。

现在，这种将儒教等同于国家之精神灵魂的看法，让反儒教论者尤其感到焦虑不安。对此加以抨击的手法之一是否认儒教比其他古代思想流派更能代表中国。[45]不过陈独秀虽然提出了这个观点，但他更激烈的主张是完全将国粹的观念一扫而空。中国应该拥有现代人必备之物，而儒教（他于1916年写道）乃化石，对今日之生机构成了致命的威胁。[46]当信奉儒教的宗教家们想要让他们的信条脱离中国贫弱的现实的时候，他们就是在回应这样的攻击；实际上，他们给儒教设计了一个**教会**，来充当动荡不安的现世之中的避风港。

他们断言，宗教是在所有其他努力都失败的时候的力量，而不是失败本身的原因。中国应该维护儒教，维持它过去上千年都具有的生命力，它特别适合人民的心灵，因为如果没有它，民族就会像一条失去舵的船那样倾覆。[47]① 儒教是中国的特性；若失去特性，则国将亡，种将灭。[48]犹太的历史常被引作中国的灵感，墨西哥的历史则被引作警诫：犹太人保存了犹太教，从而在政权倾覆的时候存活了下来，而墨西哥人则被西班牙化，失去了他们自己的宗教，在一个不像样的国家里备受煎熬。[49]一个毁坏其历史宗教的民族会引狼入室。在一篇令人印象深刻的内容眼花缭乱而又精心组织并且还包含了对艺伎不太光明正大的中伤的杰作中，康有为注意到法国大革命中对一个妓女（自然神论者面向公众装模作样弄出来的"理性女神"）的崇拜已经取代了对基督的崇拜，过了"百日"便走到尽头。[50]② 当1905年挪威从瑞典分离出来的时候（另外一篇论文提到），宪法做了许多改动，但一直作为国教的路德教依然保留了下来，成为与民族的过去联结的纽带。这里包含的道德寓意是："有躯壳而无精神为之团结则其人必死，有国土而无国教为之维系则其国永亡。"[51]"况他国多定国教，而况孔子素为吾教，且为吾国现时最适宜之教。"[52]

因此，缺少自己的宗教，国家会灭亡，而如果宗教保持活力，

---

　　①此处中文原文为："中国而无教，则此四百兆之人民，不啻操无舵之舟，飘流于沉茫大海之中，不至于沦胥陷溺不止。"

　　②此处中文原文为："惟法国大革命时，不拜基督而拜一妓，致百日而杀百廿九万人之大祸。"

即便国家灭亡了，民族还能生存下来。这是把儒教从中国面临的现代困境中解救出来的另一个理由（这跟下面这条理由，即宗教可以和进步共存，于是当现代主义者出来声讨作为**文化**的儒教的时候作为**宗教**的儒教就可以脱身还不完全是一回事）。对康有为和他的追随者来说，儒教是应对中国如冰期一般的艰难时代的宗教；而对革命的反传统主义者来说，儒教恰恰是那被凝固起来的东西，而反儒教运动则会消融坚冰。

　　浪漫主义的申辩并非儒教信徒唯一的求助之道。有时候他们似乎也会以一种理性主义的精神来辩解，强调儒教教义不容分说的正确性。于是，在1913年这个特别有利（而又紧张）的一年，我们看到了那种熟悉的表述，即卓越的民国是以孔子为祖先的。一位名叫薛正清的论者把孔子和卢梭及孟德斯鸠相提并论（尽管孔子当然只是"振起"后两者"于数千载之前者"），他宣称"共和"（当代意义上的"共和主义"）是孔子的发明。然而，薛正清传达的信息实际上是特指而非普遍的。因为仅有孔子观念中的真理还不够。中华民国虽然已经成立——尽管已有如此多的掌握真理的外国大师证明其价值——薛正清却担心中华民族能否生存下去，如果它自己的儒教教义衰败下去的话。[53]

　　儒教再次受到比外面的宗教更高的推崇；作为"人道教"，它比外国迷信的"神道教"更先进。[54]① 然而，在民国反传统主义的语境中，这种出于理性信念的表述或许是在用一种特定的形式来表达浪漫主义的特殊主义。它不是那种强调外来实体若嫁接到中国有机体上就会死亡（比如说，对那些不会让孔子为民国张目的人来说，民国毫无希望的处境似乎就是这种情况）的特殊主义。毋宁说，它强调的是中国的有机体会死于外物的侵入，这种侵入确实有可能发生。

18

---

① 此处中文原文为："孔子以道德为宗教，则由神道教而进于人道教。"

结果，那种依赖对普遍标准的诉求的理性论述，可能并没有挑战对国粹的情感，反而是从这种情感中衍生出来的，这样对"我们"的宗教的具体关切就会推动人们去把它确立为一种在普遍的意义上"更好"的宗教。

"**我们**的宗教"：也就是特属于中国、为中国所独有的宗教，只要还有人能被称为中国人。它是一种永久性的主张，一种不可撼动的本质属性，作为一种处理"民意"问题的方式，它比任何民意调查都更可靠。这是民国体制下儒者真正的王牌（也是最后的底牌）。不管他们最后在策略上如何希望与袁世凯撇清关系，这也是君主制的一张牌。中华民族的特殊精神而非天道的普遍理性，成为赋予皇帝以正当性的理由。1916年，一位复辟分子和儒者写道："今之民政，宪章西极，虽循名曲中，实检迹知非。"[55] 从前，共和主义似乎是作为人性的堕落形式遭到儒者的排斥。[56] 现在，是它对中国人人性的违背，让它令民国的反对者感到厌恶。

　　于是，这种在儒教和君主制观念中都出现的新型的浪漫主义的决定论，排除了对价值的自由选择；而不考虑价值的历史起源，在此时此地做自由的选择，乃是疏离传统的前提，是共和革命的必然归宿。没有什么比康有为对反儒教精神的嘲讽更能显出这种决定论的强制性的了，他尖刻地指控这种精神无异于那种不顾一切想要将眼睛染成蓝色，将面孔粉成白色，将头发修饰成金色的愿望。[57] 中国的传统主义变成了一种相对而非绝对的原则，是中国而非全人类的职责所在。如今，必须保存中国过去之遗赠的要求乃是一种心理上的要求，它出于对特定认同所面临的威胁的情感上的认知；而不是像过去那样是出于对中国古典经验的普遍价值的思想上的信念而产生的哲学上的要求。保守主义和君主制结合到了一起，但是当新事物受到排斥是由于中国精神的局限而非它的完满或普遍性的时候，这种保守主义自身就成了新事物。同样具有悖论意味的是，这种利用过去的象征的君主制本身也跟中华民国一样，乃是革命的象征。

　　因为真正传统——而不仅仅是传统主义——的中国君主制的理想是君临世界的君主制，尽管它的中心是一个思想上自足的社会。如今，共和制下民族主义的反传统主义者定义的世界比中国要大。他们眼中的中国社会绝不是思想上自足的社会。与此相反，拥护君主制的传统主义者发现在现代要维持中国文化自诩的普遍性绝无可能，（他们竟以信奉路德教的挪威来证明儒教中国的正当性！）他们只能把中国君主制的理想作为仅适用于中国的君主制保存下来。同时，他们也只能把思想上自足或儒教统治地位之复兴的理想，作为对新观念无动于衷的"民魂"（这对儒教来说也是新鲜事物）保存下来。

　　在文化上，那些仍然想象着儒教中国的人们心胸要比他们的儒教先辈狭窄得多，尽管后者对任何中国之外的事情知道和关心得都更少。[58] 而在政治上，普遍性同样也在消逝。袁世凯不可能成为"天子"，他只可能成为中国的帝王。袁世凯在冬至装模作样地在天坛举行祭天仪式（还考虑在春天亲耕耤田）是一出闹剧——不仅仅是因为他是乘坐着装甲汽车来到天坛的。

20

21

# 第二部分　张力与活力

> 几乎每一个政党都很明白，正是为了它本身自我保存的利益，反对派才不应该失去其所有的力量。
>
> ——尼采《偶像的黄昏》

## 第二章　儒教与君主制：基本的对峙

于是，袁世凯得到了一个面目全非的儒教的支持，他的生命也随之终结了。换句话说，这个面目全非的儒教作为儒教仍然诉诸传统，然而传统主义在哲学上多半已经不再是源于儒教的了。相反，儒教在心理上则源于传统主义：当人民的中国认同似乎受到了西化的共和制的威胁的时候，儒教的"中国性"而非其自身的传统主义教义，让它成为传统主义者尊崇的对象和君权的支柱。因而，就像我们前面已经提到的那样，"民魂"把新的君主制和新的儒教黏合在一起，两者形成一种新型的合作关系，所谓新是指这种关系具有相当简单和单纯的特点，这与西方入侵之前两者间曲折、无常和**紧张**的合作关系形成了对比。因为古典帝制——儒教后来成了为这种帝制服务的最卓越的哲学——是由秦朝（公元前221年）建立在反儒家的法家的原则基础上的，这个悖论从一开始就处于中国历史的核心之中；官僚体制下的知识阶层虽然珍视皇帝的中央集权所带来的社会稳定，但由于其长期积累的倾向的原因，仍然时不时地表现出离心的趋势，从而对王朝构成威胁。古代帝制的这种悖论将儒教时代真正的君主制和对它的拙劣模仿区分了开来，值得我们做细致的考察。

这种矛盾状况，这种儒教与君主制相互之间既吸引又排斥的关系的消失，构成了中国国家能力的削弱。如果说在传统国家表现出极强的持久的适应能力的时代，它的活力或许就在于——在尼采说的那句话的真正意义上——它对张力的容忍程度，那么张力的释放就是官僚君主制的末路。

## 1. 张力的记录

在漫长的帝制中国的历史中，形成了一种儒家文人的类型；而皇帝的形象却不符合这种类型。在他文化和制度上的诸多偏好当中，他对文人的趣味充满敌意。当然在哲学的意义上，文人的趣味相当地广泛，战国时期（公元前403—前221）以降的任何一个时代，儒家的文本都可能被切割成各种各样的思想材料——道家、佛教等等——但是中国历史确实存在着思想上的对峙，并非只有和稀泥而已，那些非儒家观念的相对较为纯粹的精华当中，至少有一部分似乎是倾向皇权的。例如，道教不仅在其鼓动民众"热忱"的形式上，而且在其与经常是和皇帝紧密相联的灵丹妙药的传说的联系上，都和基本上是理性主义的儒者格格不入。佛教也不仅有民众的支持（晚唐以来，它经常充当反士绅也即反儒家的象征），而且还有帝王的赞助，此时它在文人中的名声极低，在最好的情况下也显得可疑。[1]还有什么能比令如此多的皇族历史蒙羞的弑父或弑兄故事，更让讲究伦理关系法则的儒者感到厌恶的呢？儒者鄙视并且常常痛恨宦官，将他们与和尚相提并论，一同视为"坏分子"，而宦官正是皇室下属中特有的成员。儒者面子上瞧不起贸易（佛教却促进了贸易），[2]而贸易正是皇帝的兴趣所在。这种利益源于为儒者所不喜的宫廷社会对奢侈品的需求，它在诸如郑和下西洋（1405—1433）的种种现象中表现得很明显，而儒家历史学家对此只字不提。[3]宦官在商船的

26

监管机构中举足轻重，这遭致官僚的抗议；[4] 还有广州的行商制度 (1757–1839)，其中粤海关的监督（外国人称其为户部〔Hoppo〕）专门由朝廷指派，处于官僚机构常态的控制链之外。[5] 而中国美学的历史也记录了宋代及之后"士大夫画"与"院画"之间的区别（见第一卷）。这种区别也许会因为艺术上的折中主义而变得模糊，但它仍然是很重要的，因为它体现了文人批评家的自我疏离的态度，体现了他对士绅与宫廷风格之间的不调和的敏感。[6]

## 2. 与封建主义的关系

不过，像这样的文化裂痕还远远谈不上多么严重，因为官僚机构和君主制的社会角色毕竟只是相互有冲突，并非不可兼容，而且它们即便在发生冲突的时候也是互补的。换句话说，至少从汉武帝时期（公元前140–前87年）以来，君主和文官在对付封建主义方面就休戚与共（在这一点上他们的利益是互补的），而与此同时双方都倾向于封建主义对对方有害的那一面（因而他们就会发生冲突）。官僚机构对君主制的矛盾态度，以及君主制对官僚机构的矛盾态度，可以通过它们各自对封建主义的矛盾态度来理解：官僚机构至少在某种程度上具有封建主义的动力学而非静力学特征，君主制则相反。

在下述意义上，帝制国家是官僚制的温床（也就是说，皇帝和官员在这个层面上被拉到了一起）。上溯至公元前3世纪，先秦的贵族占用的土地脱离了公共权力——尚未成形的帝制国家——的控制，后者也因而变得无效。然而中国政治的碎片化所预示的那种不稳定状态，削弱了私人性的封建权力本身，而在秦之后的帝国中，取代封建贵族的官僚机构，利用了反封建的国家的权力。作为普遍的征税机构的中央集权国家，从理想上说是可以抑制不稳定状态的，它对寻求权力的官僚机构来说有一个基本的却又暧昧的价值——它提供了某种实实在在的好处，这些好处在供养私人权力的过程中会被侵蚀掉。事实上它们就是反复地被侵蚀掉的。这样的损耗把帝制国家引向进退维谷的（因为它是自我瓦解的）封建性的解体状态，于是帝制国家又重新建立，每次发生这样的事情的时候，这个过程又重新开始了。于是，总是对倚仗皇权的豪强心怀疑虑的官僚机构，想出无数的办法来阻挠土地的私人兼并（中央政府的"限田"之策），这种官僚机构成了一种"封建化"的力量，尽管最后以失败告终。

　　但它从来都不是封建性的。儒家集团需要中央集权国家，跟后者一样，这个集团有着非常严肃的反封建的要求。作为一种类型的儒家思想与封建制对武士精神的崇拜是背道而驰的。战争主要是年轻人的事情，而儒家反对英雄武士的那套规范，转而投向老年人，投向学问而非勇气，投向考察学问的科举制度，将其作为通向权力和声望的理想道路，绕过封建主义根据出身赋予的地位所拥有的法律上的保障。而且科举考试看重的是**传统的**学问，而非原创性的思想，因为年龄的优势不仅意味着学士对武士的优势，还意味着旧对新的优势——这是以前事和榜样为师的原则。这种对前事的尊重听起来似乎很接近封建主义，但在大部分情况下，封建的鼓吹者只有在封建主义快要过时成为众矢之的的时候才会泛泛地祖述传统。[7]

　　然而，儒家这种对封建主义的"静力学"特征的敌视态度也意味着它与君主制之间的紧张关系。在社会层面上，这种紧张关系可以通过君主制对公共权力所遭受的侵蚀的抵抗得到解释，官僚结构以一种动态的方式加剧着这种侵蚀，自身表现出倾向封建主义的姿态；而在思想层面上，这种紧张关系可以通过君主制恰恰偏向于儒家所反对的那些封建特征的态度得到解释。因为在封建体制中，君主毕竟安坐于权力的顶端，如果不考虑封建制汲取中央权力的明显倾向（这也是儒家官僚机构的封建主义面向）的话，中国许多封建团体也都打上了皇权的印记。

28

　　世袭王朝不是像儒者那样的和平主义者，而是像封建主那样好战，总是想要去驾驭儒家所不信任的军事机关。要看到这两者不仅是趣味而且是利益上的分歧，只需要去观察一位汉代的皇帝如何绕过他的文官，把军事大权托付给像外戚这样完全依附于他的人。[8] 儒家的理想是政治权位的非世袭制，它体现在科举制度和有关明君的传说之中，这种理想不适用于世袭的君主制，就像它完全不适用于封建体制一样。或许正是在这种联系中，儒家关于圣君的传说才具有了某种最重要的意义。夏朝之前的尧舜（最贤明的圣人）时代有时候被称为"尧舜禅让时代"；把帝位的放弃与继承加以神圣化的禅让传统，乃是一个把帝位传给异姓的传统。[9]（被儒者投射到过去的）禅让理想除了是儒家反对世袭王朝的情感表达之外还是什么呢？尧舜按照儒家的道德标准而非封建的权利世袭的标准来选择继任者，但正是在他们之后，世袭王朝开始了：这是一种堕落。

　　在儒家的眼中，君主的形象打了一点折扣，不仅是因为他们那种准封建的气味，而且还因为世袭王朝不停地制造出来又不断地受到文人谴责的似是而非的封建体制。清代《明史》的编撰者写道："而为民厉者，莫如皇庄及诸王、勋戚、中官庄田为甚。"[10] 我们应该注意到这里提到了太监（中官）和贵族（勋戚），他们都不属于官僚体制，都只是作为皇权的附庸而获得了某种集团的地位。

　　可以说，就上古之后的全部帝制历史而言，分封制并不代表君主真的想实行封建制，把国家分成若干小国。相反，君主容许的不过是一种影子封建结构——从来不会给它足以威胁到官僚机构的权力——因为国家的官僚集权程度足以抵消这种封建结构。君主愿意这样的封建结构存在是因为官僚集权包含了分裂的种子。受皇权保护的名义上的封建体制——在大多数朝代里，它主要是皇室事务的延伸——具有这样一种特征，即它对皇帝来说是安全的，只要士绅–文人–官僚群体和他站在一边，尽管这种体制的存在表示他意识到了他们有可能背叛他。关于这一点还需要做更多的论述，我后面还会再讨论。

从君主制的角度来看，把家庭放在第一位也有可能受到谴责。儒家的"孝"有可能和"忠"发生不可调和的矛盾，而"忠"是皇帝的要求，从起源上说也是一种封建的观念；[11] 而儒者（特别是宋代的儒者）站在他们的立场上，至少在他们的理想中，倾向于把"忠"道德化，就像他们把其他源于封建的观念道德化一样。他们承认忠诚是一种义务，但他们却想要把他们对忠诚的定义强加给皇帝，而不是对他们自己直截了当地提出愚忠的要求。就像新儒家学者程颢（1032—1085）所说的那样，皇帝必须分辨忠臣和奸臣。[12] 在这一律令背后隐含着儒家对鉴别力的理解。现在责任落到了皇帝身上。忠诚也许不应被界定为对其（也许是不正当的）意愿的无条件的服从。相反，一位真正的儒者的谏言或对该谏言的身体力行体现了忠诚，皇帝应该承认，那些赞同这些明智的谏言的人是忠臣。

### 3. 与法律的关系

当说到法治（它在封建体制中比在儒家社会中更容易被接受）的时候，秦始皇（公元前259—前210）是一个法家，并且是真正的第一个皇帝，是皇帝的原型。因为法典是皇帝制定的，它们的存在本身就隐含了对皇帝的批评，在儒者看来，这就是说皇帝的美德显然并不足以造就一个完美无瑕（不需要法律）的社会秩序。[13] 这与古希腊罗马世界中斯多葛派（他们像儒者一样，强调和谐而非行动）的观点类似，它们证明了对君主实际权力的这种反法律主义的贬低的逻辑。斯多葛派绝不承认当时绝对君权的完全合法性，在这一点上他们又一次跟儒者不谋而合。他们认为，只有圣哲能够实行绝对的王治，而他是通过号召别人模仿他自己来进行统治的（西塞罗《论

法律》及《论共和国》）。由于他自身拥有理性，他便能够不需要成
文法；他就是活的法律。[14]

　　职是之故，孔子在《论语》（《雍也第六》）中提出，如果一位统
治者"博施于民而能济众"，还不能认为他具有"仁"的品质。要发
挥出圣人榜样的内在力量，在孔子看来，这才是仁的技艺。但是在
实际的历史中，许多君主制定了"博施于民"的社会计划，或者至
少宣称自己要"博施于民"，他们受到了许多儒者的谴责。用儒家的
基本术语来说，这些是"用"而非"体"，是不具有根本意义的行动，
是（仅仅在法家的要求下）被迫制定而非在儒家本体之"仁"的推
动下出现的计划。

　　诚然，所有这一切听上去都很高调，怀疑论者看到的可能只是
掩盖物质利益的幌子，只是士绅阶层对君主制下土地占有制的愤恨
之类的东西。但这种看法虽然太过于简单化，显得愤世嫉俗，却反
映了这样一个朴素的事实，即作为社会人的儒者和儒家知识分子是
一体的；他在这两个方面都表现出与君主的距离（但也说明了他在
君主体制中的位置，他在这个太阳系中受到重力作用的牵引）。当
宋代学者陈亮（1143–1194）表示要在平淡无奇的汉唐历史而不是
仅仅在崇高的上古时代中认识圣王的模式时，远比他有影响的朱熹
（1130–1200）对他进行了抨击，恰如其分地强调了"修己"——儒
家著名的二分法中的"内在"一极——对于"外在"一极——"治人"
的重要性。[15] 道德是非理想化的实际的君主无法通过的内在考验，
它超越了由法律构成的外在标准。

## 4.异族征服的因素

　　儒家文人与君主这一对彼此离不开的冤家之间的总体区别，以
及造成他们之间紧张关系的基本条件，就在于他们各自对待传统的

态度。这里我们又得提到处于帝制历史开端的秦始皇，他和差不多处于这一历史末尾的太平天国（1850–1864）的洪秀全天王，似乎是反文人、反传统的成色十足的君主之最纯粹的代表。他们太纯粹了，以至于难以生存下来，太斩钉截铁地不受任何限制了，他们没有磨平无时间性的抽象的君主制的棱角，这原本能够让他们在历史上存活下来；通常情况下，世袭王朝都得做些这种他们不屑做的调整，以应对传统主义的儒教。

但这种调整来自实际的需要，而非中国君主体制自身的天性。人们若从这个角度思考君主制与官僚制的关系，也许就会把众所周知的重点颠倒过来：或许真正的问题不是在何种程度上异族王朝证明自己是可以为中国文人接受的，而是在何种程度上本土王朝证明自己是与他们不相容的。在中国政治社会的复合体中，异族王朝也许原本没有什么特别的，不过是拥有更高权力的本土王朝而已，而族群的分别对于官僚与王朝的关系而言也不是什么特别的问题，不过是加剧了原先就普遍存在的权力分割问题罢了。外来的征服者民族及其首领也许在其内心深处，与文人的理想没有任何文化上的接触。但在某种程度上，汉人的朝廷也都是这样。

对清代儒者来说满人特权所体现的东西，对明代儒者来说可能已经由宦官的特权体现过了。宦官也好，满族也好——只要君主保持某种分寸感，决不让文人面对某种太过陌生的复杂情境——明清两代都是儒者可以容忍的王朝。而太平天国的反满宣传却有可能象征了一种民族主义的憎恶士大夫文化的情绪，一种用种族认同来替代文化上的中国认同的行为。但作为反清的武器而言，这是一种虚假的宣传。因为士绅–文人–儒者显然比其他任何中国人更有可能响应反满的鼓动，既然他们承受了高层官场上满汉地位不相称的不公平待遇，而19世纪的农民却几乎不可能对满族有这样的认识。然而，儒者却忠于清朝的君主。他们并未对满人产生特别的种族上的嫌恶

32

之情，而只是感受到了君主制与官僚团体之间意料之中的紧张，这种紧张远没有太平天国造成的断裂那么创痛深巨。

实际上，正如满族在20世纪的民国几乎立刻就消融了这一现象所表明的，是清王朝让满族得以继续存在，而不是满族让清王朝得以继续存在。因而归根结底，他们的外在性几乎不过就是君主制自身可以接受（尽管也受到责难）的外在性而已。在这方面，元朝（1279—1368）与清朝不同：由于蒙古人建立的王朝比满清王朝更加抵拒和排挤汉族文人，所以它内部的完整性保持得久远得多。蒙古作为一个民族并没有随着元朝的灭亡而消亡。

当然儒者很容易受到排外主义的影响。就像我们在第一卷中看到的那样，儒教坚持以业余理想为中心，抵制专业化，抵制那种仅仅把人作为工具来使用的职业化的训练。儒者反对非人格化，这就是他们为什么即便在（或者说尤其是在）职务教育中也强调人文性的原因：他们要成为目的，而不是手段，不是君主的工具。实际上，对儒者来说，君主对法律的管辖的一个污点就是它的非人格化和抽象的色彩。（不管在什么地方，只要"专家"遭到嫌弃，业余理想受到鼓励，那么处理法律事务的工具似乎就会在技术层面上被弱化。）[16]

如今，对异族特别是少数民族的敌视，往往集中在刻板的模式化观念上，而非人格化和专门功能正是模式化观念的题中应有之义。种族的同化意味着"专门化"意象的崩塌，因为这个群体被打散了，获得了人类事务所有的各种各样的可能性。在中国，就征服王朝拒绝被同化而言，他们限定了其同胞的社会活动范围，给他们指定了专门化的角色。毫无疑问，他们身为异族的身份造成了他们与儒家文人之间的紧张关系，但这种汉族出于种族意识的反感情绪可以简单地用儒教文化上的表述来解释。儒家文人被当作异族王朝统治者的专门工具，这使得他们产生了种族中心主义的情感，但此时这种情感并不只是本地人针对外来者的总体上的歧视心理。这些外来者实际上是在冒犯一种更加精致的意识：反专门化和反专制的意识。

当清朝的满人参加武举考试的时候，那些对"满人学问"嗤之以鼻的汉族学者表达了他们对专门化的驻防制度或模式的厌恶之情。由于与专门的职能联系在一起而显得缺少人情味和人性，这就是满人在汉人眼中可能呈现的形象。但这是文化和政治上的印象，种族不任其咎。种族只是使得下面这一点变得合情合理了，即一个满人似乎就应该完全扮演被掌控的角色。这要归咎于种族。但对满人来说这一点也不是致命的，因为儒者也需要君主，而无论是本土的还是外来的君主，都有这种控制的欲望。

由此看来，前民族主义的文化主义将儒教的任何庇护者（无论其种族背景为何）都合法化了这一常见的论点，可以更精确地表述如下：任何王朝体制（无论其种族背景为何）都不仅同样需要庇护儒教（若未做到这一点就会面临危险），而且也同样需要**赋予其以正当的地位**。不是说异族王朝应该满足人们所期望的最低限度的文化一致性，而是说与人们一般情况下对统治者所期望的和勉强容忍的最大限度相比，异族王朝不应表现出更多的不一致。正是因为这种状况，我们发现儒教自身始终需要君主制，始终接受它的存在，但也始终暗含了对它内在的专横性的限制。　　　　　　　　　　34

# 第三章　儒家官僚制人格的演变

## 1.贵族制、君主制与官僚制：三重奏的三个乐章

自南宋至清末，自13世纪至20世纪，受过训练的儒家官僚都很熟悉"四书"中的《中庸》。中是"天下之大本"，是和谐达到儒家理想中最完美状态的地方，儒家在政治上确实有对这种正中心的形而上学追求。因为官僚文化鼓励对历史的研究，官僚们熟知地方贵族掌权的周代，以及随后以突然转变为彻底的专制而闻名的秦代。儒家官僚制的本事（虽然并不一定是它的成就）正是置身于中央权力和地方权力的两极中间，它对两边都有吸引力，同时又防止自己在价值上完全倒向其中任何一方。如果人们片面地谈起儒家（官僚制）与君主制之间的张力，视其为帝制中国历史上的主要主题，那是因为严格说来，贵族制（包括其特权和世袭的地位）尽管从未寿终正寝，但基本上已经失去了活力。然而贵族制的理想作为儒教意欲（部分是通过事后的抵抗，部分是通过先发制人）驱除的对手，却将官僚制明确地定位在中心的另一侧，就像皇权的现实明确地处在中心的这一侧一样。

考虑一下土地的可转让性这一长期存在的问题。周朝的贵族和后来的君主都至少曾偶尔想要减少土地的流转，前者是出于封建的不平等的心态，后者则是要追求某种反封建的专制的平均主义。[1]大体而言，由拥有私人利益的公务人员组成的官僚体制，反对这样

35

一种一方面极度抵制公共权力另一方面追求公共权力的极度炫耀的表现形式。官僚制基本上捍卫的是土地转让的权利（其必然的结果就是可以通过购买来积累土地），这种权利反对限制权力这一封建主义的前提，正如它反对把追求权力这一君主制的必然要求推至极端一样。按照同样的中庸之道，儒者赞成由不分家的大家族占有财产的制度安排，这是作为哲学家的儒者反复不断鼓吹的"和谐"的社会表现。这种安排一方面既和封建的长子继承制保持了距离，另一方面又和（针对地方权力集中的威胁）集权者的政策保持了同样的距离，后者根据一户家庭成年男性的人数来征收累进的赋税，从而迫使大家族分裂为小家庭。[2]

　　如果考虑文化价值而非经济价值的话，儒者和贵族之间的冲突也同样鲜明。双方都同意士兵很重要，但在其重要性为何的问题上却产生了分歧。儒者毕竟永远是民。在《三国演义》中，当曹操手下的几员干将打了漂亮的胜仗之后，他召来他身边的几个恭顺的"饱学之士"来表演**他们的**才艺。于是他们当场一挥而就，用一些陈腐的儒家的诗章来歌颂他们好战的主公。在这里，以一种儒者平常绝不会称道的文学形式，在汉朝这个"建立"了儒教的第一个官僚制的中央集权王朝衰败的背景下，这一幕嘲弄儒家高雅生活的场景恰如其分地揭示出儒教与军事技能的反价值立场相对抗的关系。[3]①

　　在实行封建制的周代，按照受尊敬的程度，人们被依次分为士（武士）、农、工、商四类。到了公元前500年左右，随着封建制的崩溃，武士阶层逐渐失去权力，低级阶层的地位开始上升。[4]当最高权势最终转移到信奉儒教的官僚阶层手里的时候，四分法依然如故（这是儒者所谓的他们对"封建价值的维持"〔perpetuation of feudal values〕的一个例子，尽管实际上他们重新创造了这些价值），

---

　　①事见《三国演义》第五十六回《曹操大宴铜雀台　孔明三气周公瑾》。

36

但是"士"这一准确划定统治集团的称谓的内涵发生了变化，从武士变成了文士。

恰恰是儒家一方面保留了传统的称谓，以表示对传统的尊重，而在另一方面又将这一称谓"道德化"了（就像孔子把"君"道德化，或者孟子把"公田"的"公"道德化了一样，"公田"在《诗经》中是指"贵族"的田，而在孟子所描绘的井田制中，"公田"变成了"公家"的田）。完全可以说，道德化就是文明化(civilize)。文化——儒者所谓的"文明"(civilization)——实际上就是对民（the civil）的尊崇。"文"和"武"总是成对出现。在20世纪初年，正是到了儒教完结的时候，原先属于儒家的民族主义者梁启超（1873–1929）表达了他对（他所看到的）日本从封建忠诚走向国族忠诚的自我超越的进化过程的仰慕，悲叹儒家消灭了尚武的"士"，让爱好和平的文人夺去了这个称谓。他说"武士道"（日语中现代沙文主义者和中世纪贵族的"武士道"）在春秋时期繁盛一时，到了汉初（儒家势头上升的时候）便萎缩为游侠，很快就消失了。[5]①

然而事实上，贵族制本身作为儒家官僚制不可小视的竞争者而非皇帝的附庸，在宋代（960–1279）以前似乎并没有完全销声匿迹。在这方面——就像在其他方面一样——宋代是中国历史上最重要的分水岭之一。在宋代，无论是官僚制机构还是儒家思想的体系化都高度发达，它们都可谓明确而有效地表明了"文"对"武"的胜利。在之前的唐代（618–907），我们就已经看到科举制度在知识生活和官僚权力之间建立了联系，听到了门第士族的绝响，他们此时已自知处于四面楚歌的境地。例如李德裕（787–850）就痛恨那些通过官僚制渠道崛起的新进的进士。他抗议道，自他祖父登仕以来（当玄

37

---

① 梁启超原文为："由春秋战国之武士道而一变为汉初之游侠，其势之不足以久存，抑章章矣。"

宗末年，8世纪中叶，安史之乱前夕），家里并未有人求取文艺和经典学问，因为这些与技艺及实用并无关系。在他看来，朝廷显官应从公卿中选拔。[6]①

　　在这样的表述中，可以很明显地看到贵族制的窘迫处境。儒家官僚制的威胁似乎由贵族强烈的不满而得到了证实。但更重要的是，正是贵族"官僚化"的自我形象如此清晰地显示了其身份的跌落。他给他自己的定位是一个熟知实际的治国之道的显赫官员——是君主的人，也就是说，不再是一个对独裁者侵犯贵族特权的行径提出贵族所特有的强烈抗议的那种人。实际上，皇权已经如此接近于对自命不凡的古典贵族制的胜利，以至于贵族制、君主制与官僚制的三角关系的模式也发生了重组。

　　在周代即公元前一千年的大部分时间里，**贵族制**一直都是中央集权的障碍。尽管贵族制遭到了专制的秦朝的打击，但从公元3世纪起，在汉代以后王朝权力旁落和连年征战的时期里，它又得到了极大的复兴。在唐王朝的打压下，它站到了**君主制**的一边。**官僚制**作为秦汉及后来唐朝的反封建的君主制的工具，如今与皇权正面相对。在帮助皇权扫清了战场上的对手之后，它让自己成了这片战场上剩下来的唯一的反对力量。君主利用官僚制达到了驯服贵族制这一如此令人满意的效果，而又因为他如今大权独揽而在某种程度上受到官僚制的抵制。儒者在面对贵族制的敌意的威胁的时候，幸有皇帝的庇护才作为一个群体生存下来，而当贵族的威胁消除了的时候，他们就担起了反抗的角色。如今成了君主之爪牙的贵族，越来越像是受豢养之徒，而儒家的官僚却努力要挣脱君主的牢笼。于是一些贵族变得儒家化了，以至于从官僚的角度来看待自己，但又很接近

---

　　①此处中文原文为："然臣祖天宝末以仕进无他伎，勉强随计，一举登第。自后家不置《文选》，盖恶其不根艺实。朝廷显官，须公卿子弟为之。"

38　君主那种把官僚制视为手段的非儒家的理想。与此同时，儒者却染上了几分贵族的色彩，把他们自己视为自足的目的，准备撬开皇帝的铁腕统治。

上面所描述的小步舞曲中包含了一系列的舞步，我会逐一地考察它们。

## 2. 作为君主抑制贵族制的工具的官僚制

封建贵族的地位建立在对本质上属于公共的权力的私人占有，以及对公共职权的私人行使的基础上，这乃是一种常识。反封建的"公权力"属于国家（用韦伯的话来说，国家是在一定的地域内成功地垄断了暴力的合法使用权的共同体），或者说，公权力就是通过征用"自治"和"私人"的行政权属来创立国家的君王。[7] 正如孟德斯鸠直白地指出的，"废除了君主制政权里领主、教士和城市的特权，你马上就会得到一个民众的国家，要不然就是一个专制的政府"[8]。

为贵族体制申辩的保守派总是大肆渲染公权力对等级及其特权的废除与独裁制之间的这种关联。使得专制统治具有任意妄为的特征的，是独裁者能够随意提升或贬黜他的臣民的地位。这样一种最高统治权的无限权力依靠的是王权之下的基本平等，如此在人们中间就不存在必然的区分来破坏全体国民的无限可塑性。[9] 奥威尔曾提及"一种和历史几乎一样古老的观念"，即国王和普通民众结成某种联盟对抗上层阶级的观念。[10] 例如，在德国的农民战争（1525年）中，那种乐于承认真正的权威归神圣罗马帝国的皇帝所有的态度，跟消灭贵族制的激情是一回事。[11]

世界史提供了许多最高统治权与贵族制之间的这种关系模式的清晰例证。在西罗马帝国的晚期，贵族元老院在像瓦伦提尼安一世（364-375年间在位）这样的官僚化的皇帝那里，看到的只是一个无产者对比自己条件好的上等人的痛恨。因为当元老院一派的党羽作为最初的封建主通过庇护逃避国家税收的流亡者并且没收他们的土地建立起了庄园的时候，皇帝却试图用官僚制来打击大领主的这种收取保护费的勾当，以此来保护他的中央权力。皇帝新设立平民保护人（defensor plebis）一职，意在保证贫苦的农民能免费受到法律的保护。瓦伦提尼安一世借助这样的政策，很自然地把元老们推到了幕后，同时给他的官僚机构配备了人手。他只须派出专门的助手——那些只仰仗他的僚属——就能与元老院的寡头政治相抗衡，因为这些僚属是他一手培植的。[12]

如果说有效的君主制是那种通过官僚体制侵蚀了贵族制的君主制，那么虚弱的君主制则代表了集权者无法影响私人权力的失败。因而，皇帝设立的"城市代理人"（vicar of the city）（4至6世纪）职位未能与元老院的"城市行政长官"（prefect of the city）一直抗衡下去，这就反映了瓦伦提尼安一世胜利的隐患以及罗马皇权的衰败。随着元老院的大地主的统治地位越来越不可动摇，开始颠覆皇权的社会秩序，中央政府试图通过把臣民绑定在其家乡和出身上面——即通过冻结社会流动——的方法来维系自己的生存。[13]这是饮鸩止渴。这种虚假的独裁权力的行使，牺牲的是最纯粹的、不受任何干扰的专制统治的权力：即那种笼络它喜欢的人、摧毁阶级屏障的权力。

真正具有普世雄心的君主很自然地会宣称拥有这样的权力。叱咤风云的霍亨斯陶芬王朝的腓特烈二世（1194-1250）制定了《梅尔菲法典》，它被标举为"现代官僚体制的出生证明"。瞬间就爬到统治者的权位上的他，不是用封地（beneficium）而是用职位（officium）来吸引人们为他服务。不可转让和不能继承的职位是他唯一能赐予和收回的东西，闪耀着他的恩典的光辉。他从任何一个等级中提拔官员，关于等级的考量绝不会有损他那无处不在的权柄——他的官僚制——的权力。[14]

　　罗马帝国的皇权观念中渗入了拜占庭的因素，其影响一直延续至腓特烈二世，俄罗斯的沙皇也同样受到这一因素的影响。16世纪，伊凡四世（伊凡雷帝）对陈旧的基辅贵族思想嗤之以鼻，他用忠诚于他的侍从群体禁卫军（Oprichnina）削弱了高贵的波雅尔（boyar）①的地位。禁卫军的选拔不拘阶层，因为伊凡把他所有的臣民都称为"奴隶"。到下个世纪，波雅尔恢复了一定的元气，勉强招架住了罗曼洛夫王朝新政权的打压——保住了他们的社会特权，但失掉了政治权力。[15]我们由此想到同时期法国"太阳王"的举措，他的策略对法国君主制的未来具有决定性的意义，对中国的观察者则是一种刺激。

　　路易十四在投石党的一系列反叛（1648-1653年间亲王和高等法院发动的反王权运动）之后所做的事情是让新人掌握权力，但同时把实际权力和外在荣誉分开。他想要保存一个在政治上被剥夺了实权而在社会上仍享有荣华富贵的贵族阶层，这样听命于国王的官僚阶层作为其政治上的后继者，就会与尊贵的社会地位无缘，这种地位会让它本身染上贵族的派头，从而成为潜在的对手而非工具。路易十四的言辞里面表露的正是这种独裁者的作风："……我没有兴趣去找地位更显赫的人，因为……重要的是公众应该知道，从我挑选出来给我服务的那些人的等级可以看出，我无意与他们分享我的权力。（同样重要的是）他们自身要有自知之明，不应该怀有超出我所容许的范围的非分之想。"[16]路易十四新创立了"地方行政长官"（intendant）的头衔，这些人从贵族手里接管了治理乡村的权限，而贵族要么被授予安慰性的闲职（"睡大觉的修道院院长"〔sleeping abbot〕之类），要么毫无意义地呆在乡村，要么在凡尔赛宫空享荣

①10-17世纪俄罗斯封建大贵族的称号。

华，国王和他的出身资产阶级的大臣们只留了一点战争和外交的事务给伟大的封建主的后代们。[17] 路易十四取得的成就背后是擅长集权的天才黎塞留，在他担任宰相之前，国王要求的是忠诚；在他担任宰相之后，国王要求的是臣服（这是一个微妙的差别）。[18] 圣西门公爵①抱怨说，路易十四的周围无非是"卑鄙的资产阶级"。圣西门本人当然也赞同贵族对绝对主义王权的反抗（尤其是对官僚制国家中的书记官们的反抗，他把这些人描述为吞噬贵族的魔鬼），然而他却将路易十四去世后不久摄政王实行的偏向贵族的"多部会议制"（Polysynodie）的失败，不情愿地归咎于除了在战场上丧命一无所长的贵族的无用。[19] 这正是黎塞留种下的果子：君主至高无上，贵族放荡风流，贵族的自主权烟消云散。[20]

　　这里指的主要是旧的"佩剑贵族"，新的"穿袍贵族"还在发出自己的声音，并领导了 18 世纪贵族制复兴的运动，我后面很快还会提到这一点。但让国王无所不能的最初尝试（尽管以失败告终）仍然意味深长。贵族制仍旧存在，但却毫无活力，徒具装饰性，这种观念在绝对主义的逻辑中发挥着作用。而这一逻辑也适用于其他的地区。

　　在普鲁士，重点与法国有所不同，但三角关系同样存在：君主制、官僚制和贵族制依旧相互对峙。在 18 世纪上半叶，威廉一世想要找的大臣——用他的话说——是普通人（或者实话说，是"汪汪叫的小狗"），他们不像贵族那样专注于荣誉，后者可能会拒绝盲目地服从他。霍亨索伦家族最终采取了缓和的策略，在容克贵族的"私法国家"（由庇护人任命官职的分肥制）和官僚化王朝的"公法国家"（专家任贤制）之间达成了妥协。虽然君主从未将官僚对贵族的攻击

---

①圣西门公爵（Duc de Saint-Simon, 1675–1755），路易十四的教子，在凡尔赛宫长大，其回忆录记录了他对法国宫廷生活的第一手观察。

推至逻辑上的极端，世袭的贵族"军官"和一步登天的王室"官员"仍然是泾渭分明的两种类型，他们各自与君主保持着截然不同的联系。威廉一世的政府和路易十四的政府一样，毫无疑问包含着资产阶级的冲动，这符合旧制度的基本特征。这种特征是由于绝对君主制对贵族制的容留而形成的，贵族的社会特权由此得以保存，而贵族本身在政治上发生了转变。贵族与君主之间的这种民事关系反映了军事关系上的权势转移：从封建贵族对新兴的属于君主的"公共"武装力量的憎恶，到君主对贵族的地位与尊荣的重新塑造，这种重塑是通过他们作为君主的军官集团之成员的新**角色**而表现出来的。由于他们**听命于他**，他们的贵族特权就受到了损害；但由于他们是**军官**，他们就仍然是贵族。[21]

42

　　贵族、官僚和君主之间的这种关系所包含的（这一点在中国跟在西方的例证里面一样确定）是中央集权与既得利益之间的张力。这种利益既包括阻碍君主制兴起或加速其衰落的封建贵族的利益，也包括新的官僚的利益，它是君主为了坚决对抗贵族制而自己制造出来的。解决的办法因地而异，但不管在哪里，这种张力都是令独裁者头疼的事。当秦朝打倒了在地域和行政管辖上都造成分裂的封建等级制，将中华帝国统一起来的时候，当它决心阻挡再封建化的时候，它提出了一个恰如其分的反等级制的口号："父兄有天下，而子弟为匹夫。"[22] 汉代的皇帝果断地实行了一位儒者的建议，削弱了刘姓王公贵族的地位，抽空了他们的力量；这种力量曾经帮助汉朝对抗"异姓"贵族，但当刘姓共同的对手不出所料地被剿灭的时候，它就成了中央权威害怕的对象。[23] 初唐的世袭贵族在其本来的军功环境中盛极一时，后来则被武后（684-705年在位）处心积虑地打倒了，她从"开放"的科举考试制度里面造出了一个忠诚于她的可与贵族相抗衡的文士阶层。[24] 一千年以后，雍正、乾隆和嘉庆三位清朝皇帝，表现出专制君主同样的——这一次是以底层为对象——

拉平社会地位的倾向：他们下令，各地的贱民——山西的"乐户"（刺配的犯人家族的后代），浙江的"堕民"和（同姓通婚的）"九姓渔户"，安徽的"世仆"——都要依法对待，不得与其他社会地位更高的阶层相区别。[25] 这是一种标准的反封建举措，是在实行中央集权的背景下夷平身份壁垒的计划的一部分（就像明治天皇消除日本贱民——"穢多"①的"特殊部落"——在法律上不受保障的状态一样）。

　　然而，雍正和清王朝在宋代开始的大转折的道路上已经走得很远了。在较早的宋代，尽管"外面的封建主"实际上已经消灭殆尽，重心已经决定性地转移到官僚制和专制统治上，但皇帝似乎还能够在他的近亲贵族和官僚下属之间保持暂时的平衡（有时候则左右支绌）。[26] 但是到了清初，皇帝绝无可能居间调停。雍正处在对立两极中的一极的位置上，虽然他身边有一个贵族阶层，这个阶层却听命于他。儒家的官僚阶层是贵族之无害的保证，它形成一个地位群体已经很久了，专制君主不得不破坏其内部的团结。徒具形式的贵族阶层作为对君主的主要威胁，受到官僚阶层的压制，这一点令皇帝感到满意，但贵族阶层又在皇帝的煽动下死灰复燃，转而向扑灭它的官僚阶层烧过去。

### 3.作为君主抑制官僚制的工具的贵族制

　　1368年创建明朝的是一位不逊色于任何人的专制的集权者，不过他还是分封子孙为王，一边密切注视着他们的动向。他不可能让封地滑出他的手掌心，经常派官僚去监督藩王的军队和相互间的联络。这样，他们大概就会一心臣服于中央，失去从事分裂活动的能

---

①明治以前位于士农工商以下，社会上遭歧视的所谓贱民，明治四年（1871）废除该称号。

力，转而成为中央的屏障。明代初年，主要的威胁是蒙古，但君主关心的是防卫任何情况下可能出现的来自入侵者或官员的对皇帝权力的侵犯。分封受中央的**控制**应该不成问题，因而它本身应该不会培育出皇权的对抗者，于是分封就成了朝廷应对来自任何对手的反常力量的措施。[27]

清王朝也拥有自己的贵族阶层，它充当的是应对流动的官僚阶层的压舱石的角色。满族的征服使得明代皇室贵族的庄园和其他的大量土地处于废弃无主的状态。它们一部分被清皇室接收，一部分被赐给了有功勋的军官和随清军入关的人员。1650年，清朝制定了一个将土地分配给从亲王直到奉恩将军的不同等级的封建显贵的正规制度，亲王可分得8所（一所合180亩或约27公顷），奉恩将军可分得60亩。这一标准也适用于后来被晋封的贵族。所有分配的土地都是世袭的，**且不可转让**。[28]

这样一种封建的设想与主流的社会实践如此格格不入，很明显它意在让贵族阶层成为皇室的后盾，以抵挡一般的儒家社会所具有的侵蚀力。然而，为了让贵族本身不会带来损害，王朝运用了科举制度这一儒家之术，以官僚制的方式来控制他们。按照规定，宗人府一年举行四次考试，考察那些尚未分封或尚未成年的贵族子弟射箭和满语的水平；并且在皇帝专门指派的高级官员的监督下，每年冬季的第一个月举行考试，不仅贵族子弟要求赴试，较低等级的贵族（封地在240亩及以下者）也都要参加。[29]

明清两代的这些贵族在制衡日常的官僚体制方面，究竟能起到什么作用呢？他们如此局限于他们自己的圈子里，以至于作为外部世界中的约束力量很难有所作为。与其说他们对儒家的官僚制有正面的抑制作用，不如说他们或许代表了君主的这样一种意图，即把有可能为官僚滥用的一部分权力收回来给自己人用。为了有效地打击官僚的腐败，从而保存君主的权力，君主需要的是御用的为他卖命的臣僚而非吃闲饭的贵族。这些臣僚形成了一个私人性的集团，它仰仗君主来获取荣誉和地位，因而非常接近专制君主对官僚制所抱的理想：一套为他所用的工具。这恰恰也是儒者所抵制的那种理想——贵族制的失势已经使得他们以及**他们的**荣誉不那么依赖皇权了。

　　因而，归根结底，不是"王公"而是太监与一般的满人成了集权者的工具。实际上，早在满人入关一千五百年前，汉代的皇帝就感到有必要组织"第三种力量"——这里指的是宦官——来抗衡儒家集团，学士们很自然地记录下了他们的不满。[30] 他们对唐朝指派宦官来监控藩镇不轨行为的做法倒没有那么反感[31]——后者在儒家圈子里也没有什么人缘。但教训是一样的：为文人所不齿的宦官，被皇帝个人用来保卫他的中央集权。然而（让我们做一个更直接的比较），在清代的宫廷里，即便是对太监较为纵容的慈禧太后主政的时候，太监在数量上也明显少于明代，而且太监受到的限制要比明代严厉得多。[32] 这再次说明了我们之前已经说明的那个观点，即在汉民族建立的明朝和少数民族建立的清朝这两个接续的朝代中，太监和满人的功能是一致的。因为满人本身就足以胜任辅助皇帝的工作，他们作为外来者不得不倚仗任用他们的皇帝，尽管（同时也是由于）文人对此表示不满，皇帝还是（才）任用了他们。

　　那么这种不满的性质是什么呢？尤为特别的是，它具有某种贵族制的味道，正与一个自命不凡的集团对纯粹的依附者的鄙视相称，这些籍籍无名的依附者需要一个君主来保障他们的发达。如果这看上去就像汉朝或唐朝的贵族对儒者本身的不满，那么这并非巧合。随着中国的皇权变得至高无上，老的曾经举足轻重的贵族日益没落，此时儒者的自矜成为君主担心的事情：他们还忠于他吗？而儒者的自矜也使得那些被君主笼络为心腹的新人黯然失色了。

### 4.儒家官僚阶层的反抗

高傲的文人很是鄙视这类君主的心腹，这一点进一步证明君主
需要拥有这些被鄙视之人。也就是说，贵族阶层本身在社会声望方
面已经没那么高贵了，不足以垄断这种声望，因而就将它与官僚的
政治功能分离了开来（就像凡尔赛宫与路易十四的地方行政长官相
分离一样）。相应地，官僚也不那么受皇权的束缚。儒家的官僚让
任何来自精英对手的全力竞争都无功而返（封建贵族阶层的特权已
被剥夺殆尽），在与其他阶层比较时毫无社会压力，他们因而有可能
对自己生出一种贵族式的骄傲感，这种骄傲感不会受到**暴发户**的那
种自我怀疑的破坏——**他们**的圈子是往上爬的人一心想要挤进去的
地方。他们本身虽然是公职人员，却为文化定下了基调，而不用面
对那些非职能人员的鄙视，就像波旁王朝晚期的那些被剥夺了政治
地位的贵族认为地方政府乃是小丑和职员的地盘而对之不屑一顾那
样。[33] 中国的皇帝既不能从一开始就解除官僚阶层身上那种声望与
行政职能的令人生畏的联合，也没法随后用散发着超越官僚阶层的
真正贵族身份的光彩的头衔作为奖赏（以及承担义务之理由）来诱
惑它。

普鲁士的国王们最终采取的就是后面这种做法。既然容克贵
族绝无可能臣服于威廉一世的"汪汪叫的小狗"们，"冯"（von）这
个用来表示贵族身份的称谓就还是足以让暴发户为之垂涎的珍贵之
物——而国王既拥有足以赐予该称谓的专制权力，又还没有专制到
足以消除对该称谓的需要或抹去该称谓的荣光。官僚的"上升贵族"
开始与封建的"没落贵族"汇合，后者如今不得不加入到官僚的事
业中来，甚至最终不得不基于"**教养**"（Bildung）这一新的文化纽带
与普通人融为一体。**教养**是致力于内在的道德和知识修养的一种不
可名状但却深刻的情感，它损害了君主自命为主人并把工具的特

征强加给官僚的能力。旧的贵族在某种程度上被降格为官僚，但还保存乃至传播了某种对中央权力的贵族式的反抗精神；而新的官僚制的贵族尽管出身于王权和反贵族的背景，却开始反对王室的独裁和政府职务中的竞争。就像康德在柯尼斯堡的一位同事于1799年评论的那样："普鲁士国家远远算不上是无限的君主制，它不过是几乎不加遮掩的贵族制——这种贵族制是用官僚制的公开形式来统治国家的。"[34]

儒者的反抗走的是另一条道路。在普鲁士某种程度上存在着贵族阶层向官僚阶层的下移。但在这个（拿破仑入侵以前的）过程的终点出现的混杂形式——某种知识化的贵族观念——却跟中国的那种混合物非常相像。如果我们把这个过程看作向贵族阶层的进化而非贵族阶层的下移，我们或许可以反过来（即便是更生硬地）把这种混杂形式解读为"贵族化的知识分子气质"，不过普鲁士提供的类比当然还是很有说服力的。后来从政的威廉·冯·洪堡（Wilhelm von Humboldt）在1789年及之后谈到"个人自我之形成"（"man bildet sich"），较之于实用的知识，他更看重自由、反专制的自主性以及普遍的文化修养。他对那些以工作为生并且是为了物质的目标而工作的市侩嗤之以鼻，肯定那些自身就具有价值的事物和心灵状态，肯定那些超拔于物之上的人们，肯定目的而非手段。[35]某种融入了同样反职业的、人文主义业余理想的精神的儒家**"教养"**观念，也同样包含着与专制政治的紧张关系。

**教养**和儒家的修养所追求的，乃是获取和确证某种并非君主赐予的声望。在毫不留情的专制政体中，政府的雇员是最容易受到伤害的人群，在法律身份和社会地位上完全没有保障。[36]但一个没有受过职业训练的儒家官僚却并不单单是"雇员"。他有可能被草草勒令去职甚至处决，或者两袖清风地退隐，但是他的尊严和社会地位却不会受到损害；因为固定的官位被看作某种品质（很高的文化修

47

养而不仅仅是职业的才干）的标志，是否具备这种品质与做不做官无关。是儒者把这种品质带到了官职之中，而非官职（作为君主的赏赐）把它带给了儒者。如果君主不具有赐予声望的唯一权力，他就不能用威胁不赐给这种声望的手段来制伏他的官僚阶层。

因而，真正贵族阶层的没落使得儒家的官僚阶层获得了它的某种品质。然而尽管官僚与君主之间的关系充满紧张，他们却需要君主制充当中央权力的保障，这种权力必须存在以供他们挥霍和享用。君主制所处的这种暧昧的位置，或许可以从官话（首都——从明初到民国中期实际上就是北京——的标准语）所处的暧昧地位中看出来。在帝制时期，官话的地位一点也不稳固，因为随着北方语音越来越快地发生变化，官话已经失去了中部和南方方言中仍然保存的那些古代特征。对于中央集权的这个语言工具，人们有理由报之以挑剔的——也可以说是贵族式的——有所保留的眼光。[37] 然而，老于世故的学士们毕竟深陷于官僚体制，而官话从作为官场上的通用语的实用语言，逐渐发展出它自己的贵族腔调。它不完全是一门少数幸运者的语言——也不是说有数百万的普通人会去学着说这种语言——而是说它表现出行会（当然是一个骄傲的行会）语言的特征，超越了普通方言的地区性联系。

所以，儒者既为又不为君主服务，与君主保持着若即若离的关系，他们似乎会左右逢源。而君主也同样模棱两可。因为他需要他们来实现他的集权，反过来为了保护这种集权，他又不得不控制他们那可怕的胃口。因此，即便在藐视儒家的趣味的时候，皇帝也会不动声色地投其所好。例如，1403年永乐皇帝篡夺皇位之后，他让史官诬谤被他赶下台的侄子包庇和尚与太监。令人惊讶的是，热衷于招揽和尚和太监的实际上正是永乐皇帝自己。[38] 这个独裁者意识到用外人来培植个人势力的用处，它可以用来制衡他既需要战胜又需要维持的正统力量。因而，永乐皇帝就不能赤裸裸地用和尚和太监来对抗儒者；他只能放纵这些反儒家的小团体，然后用儒者的说辞来掩饰其存在。

这就是在君主与官僚的张力中君主这一边的表现。他也许厌恶儒家的等级色彩，就像他厌恶贵族制的等级色彩一样，但如果他不能满足儒者对自由和地位的那种准贵族式的嗜好的话，他就会有最后像秦朝那样被官僚和民众推翻的危险。而在儒者这边，他们也不得不承认如果他们对抗中央太过得意的话，他们就有可能把他们自己连同国家都交给一群像曹操那样的残暴之徒。这就是为什么君主有可能既是专制的法家和军人，同时又是儒者的庇护者；官僚有可能既是贵族式的儒家和反战者，同时又是君主的代理人；这也就是为什么大体而言，儒教不仅与君主制保持着紧张关系，而且在其自身内部也保持着紧张。

49

50

# 第四章　儒家内部的基本对抗

## 1.内与外

史华慈指出儒家思想里面有一种矛盾心态，总是在"内"与"外"的关切之间摇摆不定，尽管从理论上说，这两种关切本质上是共生的。"内"与"外"被认为是相互关联的，于是（用大家熟知的话来说）"修身"（或"修己"）与"平天下"在理想状态下就结合为一种观念。修身与平天下必须彼此都意味着对方；如果有真正的**圣人**（圣是内在完美的品质）的话，他应该以适当的方式在这个世界上建立可见的功业，就像真正的王那样。[1]然而，作为史家的儒者认识到，大部分的统治者都是有缺陷的"王"（或者不正当地冒用"王"之名义的人），而至少有一位圣人——即孔子本人——乃是有名的"素王"。伟大的开创性的历史学家司马迁（公元前145–前90？）在无权无势却值得追怀的孔子与有权有势却被人遗忘（或毫无影响）的君主之间，做了一个经典的对比。[2]①

这使得儒家的历史思考带上了很强的悲剧意味。知与行（另外一种内外二分法）应该合一，但"时"——神秘的"时"——却经常硬把它们分开。"孔子有德无位"[3]：那些在儒家的意义上有知识

①中文原文见《史记·孔子世家》："天下君王至于贤人众矣，当时则荣，没则已焉。孔子布衣，传十余世，学者宗之。"

的人却无法行动。或者说他们作为儒家的官僚，在居于可以行动的最高地位却没有**知识**的君主之下，就不**应该**行动。一位新儒家诗人的诗句透露了其中消息："人生丧乱世，无君欲谁仕……"[4]①

在"新儒学"第一个伟大人物韩愈（768−824）那里，这一观念已经初露端倪。这位唐代学者利用孟子的权威来鼓励儒家独立于朝廷的要求之外，同时要鄙视趋炎附势、为朝廷所操纵的毫无原则的官僚。[5]这种向"内"一极的转向成为新儒学的特征之一——看看朱熹隐约表达的对君主制的指摘就知道了，他坚持把圣王的时代与随后的时代区分开来[6]——但内外之间的矛盾从未被消除。在诸如恢复井田制这样的问题上，儒者中间乃至个体的心灵内部都存在着冲突（参见第三卷）。因为他们对努力实现善治负有外部的社会义务，这一义务与君主在抑制私人土地兼并上的利益不谋而合；同时他们还负有一种内在的道德义务，从而为以平等主义的精神将土地从像官僚群体自身那样贪得无厌的占有者手中夺取过来所需要的那种力量提供支援。

## 2.私与公

说（像朱熹那样）井田制不可能得到恢复，差不多就等于说外部世界——帝王统治的领域——糟糕透顶，没法在不施加强力的情况下接受完美的制度。就儒家趋向内在道德的方面而言，运用外部的强力（这就证明皇帝缺少圣人所表现出来的那种美德）一定会让这一努力的价值大打折扣。但是就儒家对外部社会负有伦理义务这一取向而言，这种寂寂无为的失败主义也是不合适的。比如说，对王安石（1021−1086）来说，情形就是如此。他当然是儒家，但是

_____
① 中文原文见刘因《和饮酒二十首》之一。

他正好又是那种典型的主张中央集权的站在皇帝立场上的强人，行动——当然是皇帝旨令下的行动——乃是首要之事。对那些保卫受到这种行动之威胁的物质利益——也就是"公"的国家想要压制的"私"的利益——的人们（大多数是官僚或与官僚联系紧密的人）来说，对中央权力加以道德的指责是很有用的。当韩愈痛斥朝中的溜须拍马之徒的时候，他是在谴责这些人对地位而非道德的追求，尽管如此，地位却可以用道德来实现它的目的。像韩愈这样的无可指摘的道德英雄，却为自我放纵的物质主义者提供了他们可以盗取的高雅品行的宝库，至为高洁的反专制情感的贮藏所。或许这就是为什么他能够像其他一些正统性实际上很可疑的独特人物那样，最终载入儒家的历史，而又显得如此异乎寻常地正统。

　　因而，虽然划出了界限，但这些界限却非常模糊和曲折，在中央权力的问题上，儒家就像官僚制一样横跨着两边。朱熹表彰了著名的改革家范仲淹（989–1052），但表扬的是他的道德性（这是儒家批评皇帝时的基本主题），并不特别看重他的改革行动（君主常常发觉这种行动符合他们的利益，因为它强化了中央的权力机构）。[7]

### 3. 家庭与宗族

　　范仲淹在另外一种能力上也表现出众，这种能力也能放到官僚制–君主制的问题框架里面来讨论。我们这里要讨论的是宗族财产和礼仪组织的体制，范仲淹对于这一体制的塑造至关重要。皇帝对宗族规范发挥着影响，这种影响很自然地体现出法家的特点；[8]国家愿意推动宗族组织的发展，这是合乎情理的，因为扶助宗族就意味着超越家庭。这种意愿关注的是某种特定形式的集体性，它也许会阻止原子化家庭制度的形成，这些原子化的家庭会跨越阶级流动，因而就有可能解体，形成某种不正常的社会结合体。君主制的基本倾向是把社会拉平（就像我们在集权者所怀有的那种均分土地的长久理想中所看到的那样），于是它就寻求用上下团结一心的宗族观念——也即阶级的**无意识**——来抑制水平层面上社会裂痕的出现。

然而，如果宗族成为放大的家庭，任何高度的宗族社会自治都似乎有可能出于私人权力的目的，构成对国家的冲击，于是宗族本身就要屈从于皇帝的管制。[9] 原以为家庭原初封建的潜能会在无阶级的宗族中被削弱，然而宗族本来就有它自己的力量，这是它从组成它的家庭中汲取汇集的力量，这些家庭被重新划分以便让国家能够稳定地进行统治。实际上，宋代以后的国家就开始通过用家庭来抑制宗族和用宗族来抑制家庭这种不无矛盾的做法，来打倒潜在的私人势力。而儒家的情绪也能在这两种实践中得到安顿。

当宗族的领袖在忠诚于宗族的情感驱动下，采取措施来缓解国家对宗族中较为卑微的族人的压力的时候，一般而言宗族就是在通过把士绅阶层得到的好处扩散到整个社会体系中而为中央权威服务，即便它在特定情况下会反抗这一权威。这符合君主反贵族的意图，符合他防止官僚及其附属固化为一个准贵族阶层的意愿。这样他就把官僚和宗族领袖拉拢到他身边，至少不至于让他们反对他。因为取代宗族团结的另外一种可能性就是秘密会社的结党活动，这会把较低阶层的异议分子联合起来对抗国家，从而切断宗族的世系。无论是热衷于和谐的儒家领袖还是君主，不管他们彼此之间的关系有多紧张，都不可能容许这种情况的出现。[10] 考虑到秘密会社意味着潜在的叛乱，而叛乱则意味着果断地（因而也是令人头疼地）致力于某种目标，模棱两可的意图实际上正是与其对应的维持秩序的一方很自然地表现出来的东西。因为模棱两可的态度不过就是放弃一意孤行，这种态度对于中国的君主制和官僚制具有根本的意义，它内在于两者之中的每一方，同时又指向另外一方（如果不是指向民间的、毫不含糊的阶级暴力的话）。

## 4.个性与学术

宗族组织的一个重要功能是把教育的机会，以及由此产生的在国家科举考试中获取具有社会价值的成功的机会扩展到更广阔的范围。君主专制的中央集权在两个历史层面上，会很自然地对这一点产生兴趣，首先是因为科举考试的观念与反皇权的封建前提是不相容的，这是让中央集权感到满意的；其次是因为一旦科举制度牢固地确立起来，君主就不得不防备潜在的具有分裂性的固化权力阶级的发展，这一阶级只须掌握科举制度就可以永久地维持自身的存在，这是中央集权需要警惕的。962年，出于对结党的恐惧，宋太祖禁止中式的考生和考官相互之间使用"座主"和"门生"这样的称谓。[11]清代的雍正皇帝是彻底而又自觉地实行专制统治的独裁者，他对这一点感到特别紧张。他对派系政治忧心忡忡，他不想官员之间的关系过分紧密，总是对同年中式的考生、考生和他们的考官之间拉关系和关照的行为，对他们之间的同僚情谊，以及其他诸如此类的纽带和盟友关系疑虑重重。[12]18世纪一位视功名胜于一切的士人很漂亮地应对了这种疑虑，并且证实了它的合理性，他表现出精打细算的奴性，（据说）有意不结交朋友以便把自己直接推荐给皇帝。[13]

从儒家官僚制的角度来看，它也对科举制度抱着既看重又怀疑的态度。在许多方面这一制度都体现了儒者生活世界中最具有特色的部分，其中的一个方面就在于它对非文人阶层——准确地说是像宦官和武人那样为皇帝所控制的那一类人——构成的挑战。后者——比如说在清代——常常能够作为新人渗入官僚阶层，并在资历上与文人形成竞争关系——在缺少经典修养和文学趣味的情况下，通过军功升迁伤害到儒家的自尊。[14]于是，身居文职的儒者就必须一直强调，这些考试赋予了他们一种特别的声望。

但如果科举制度的运作带有冷冰冰的、非人格化的纯粹性，没

有给"个性"（在实践中，它经常被等同于家世）的崭露头角留出空
间，儒家的等级意识就因而有可能为想要拉平所有臣民的君主所无
视。明初的科举法令就直接针对旧的官僚世家，因为皇帝意在抑制
这种对等级制的偏好，努力把机会留给出身平民的竞争者。[15] 皇帝
想要遏制的正是对地位差异敏感的感觉和情绪，它使得儒家沾染上
了贵族的色彩。当科举制度作为儒家的流动渠道在唐代正式形成的
时候，贵族（例如我们前面提到的李德裕）出于对"个性"的捍卫
而表示抗议。家世显赫之人主张直接的荐举，而新人需要的是公正
的考试。[16] 在唐代，科举的问题是贵族和儒者之间的问题，此时这
些集团还在相互竞争，而在这之后它就成了儒家内部的问题。

　　致力于科举制度研究的倪德卫（David Nivison）在他那篇脍炙
人口的论文《抗议陈规和抗议的陈规》（"Protest against Conventions
and Conventions of Protest"）中，把握到了儒家立场的矛盾之处（及
其——也可以这么想——活力所在，它并非无关紧要）。[17] 这种抗
议基本上针对的是对自发性（spontaneity）的刻板的压制。那么，为
什么自发性应该成为儒家的价值？我们在第一卷中探讨了这个问
题，其中涉及对中国文人画（我们注意到它与宫廷画家及皇家画院
之间的明显对立）的讨论，而正是以倪德卫先生那种得出悖论的方
式，我自己创造出了拗口的"学者的反学院主义"的说法。[18] 如果
说文人画的美学在思想上的衍生物属于新儒学，[19] 这种说法更像是
我自己对绘画与儒家之间的密切关系所做的社会学论述在哲学上的
推论——这一论述强调的是官僚的**反职业**倾向。作为职业人士，官
员只是公务员，是皇帝的工具。但作为业余人士，官员则是自由的
人，不是中央权威如此热衷于培养的服务于组织的高级官僚，而"自
发性"乃是儒家获得这种珍贵的无所依傍的品格的关键所在。

　　如果说希腊教育的目标是培养文雅的业余人士，而"东方"教
育（如埃及的教育）的目标则是让职业文书团体的地位永久化，[20]

55

56

那么儒者就是希腊人。然而他们也是"东方人",至少有一点点是,这里有一个矛盾,因为与希腊的教育(paideia)不同,儒家的教育最终导向了官僚制。然而还得指出(话又说回来):这种官僚制不是"埃及式的"文书官僚制,而是一种官僚在其中可以主导社会,或至少官僚本身与咄咄逼人的君主之间关系紧张的体制。

已经有人注意到,北宋时期设立皇家画院,其目的本质上是与给路易十四的统治增光添彩的法兰西学院(Académie Française)相一致的,很多特征也是一样的。[21] 与路易王室的这种相似性,揭示了君主将其臣属变为工具的那种意志;儒家对画院的批评则揭示了中国文人的反抗。这种反抗绝不是象征性的,因为反学院的美学成为"士大夫"(official)——在这个词的双重意义上——的美学:是官僚而非君主为中国人的价值确立了典范。

然而反学院却成了学院化的东西,对陈规的抗议成了陈规,因为归根结底,正是那崇尚博雅的反专业的学问——这种学问强调的是高雅文化和道德个性——的科举制度,使得这种学问**有用**,尽管并不实用。于是,人们**就会**不可避免地让他们的课业指向某种本身并不是目的的目的,从他们自己的立场来看,这种目的应该受到谴责,因为它所造成的是死记硬背的、没有自发性的、易受操纵的禄吏——即皇权机器中的**小人**,而非具有内在独立性的修身之士。因而也就难怪,儒家真的会产生某种恐惧,生怕在一架类似法家的非个人的模式化考试的机器里面,道德个性会变得无足轻重。尽管科举制度确实是儒教文明的显著标志,是儒者享有显赫的社会地位的必要条件,儒家道德却是在种种规避科举考试的模式中表现出自身来的。

原始儒家提出的基本要求(就这些要求把"个性"和"文化"提升到世系和军令之上而言,它们是反封建的),走向了一种考试制度,鉴于这种制度从培养预备官僚的考虑出发,把文化提升到个性之上，它似乎违反了儒家的基本要求。毕竟，学问可以加以制度化考试的检验，道德却不行。既然人们会认为这个制度把儒家在理想上看作不可分割的东西——好的个性和高等的文化——分裂了开来，不承认这种分裂之可能性的反科举考试的儒者就谴责这种考试所培养的"文化"，认为它是僵化刻板的。"或问：'科举之学，亦坏人心术。近来学者唯读诗文，事剽窃，更不曾理会修身行己是何事。'"[22]①

有一条绕开科举制度的不完全可靠的道路，一般认为它和"个性"紧密相关，这就是恩荫的特权，经由这条道路，功勋卓著的官僚可以让他们的子孙更容易地进入官场。这里出现了继承的因素，它有点像贵族制，但仍带有儒家"家庭"的特征，不过它毕竟给儒家那种反封建的选贤任能的观念带来了某种不好的影响。恩荫的特权特别是跟征服王朝联系在一起。[23]在分析儒教和君主制之间基本的对抗的时候，我们曾提到在儒家理想的世界中，本土王朝和征服王朝都是异类。两者只有程度而非性质上的差别。②我们可以换句话来说明这一点：如果说就其与儒教的紧张关系而言，本土王朝和外来王朝同样地格格不入（或者程度要稍轻一点），那么在造成儒教内部的紧张方面，外来王朝和本土王朝同样地本土化（或者程度要更甚一点）。

## 5.先例与法规

科举制度的这种兼具儒法（文人和帝王）两面的含混状态，不过是"先例"的含混状态的翻版，从不同的角度来看，"先例"既可

①中文原文见张九成《心传录》卷上，见《张九成集》第4册，杭州：浙江古籍出版社，2013年，第1139页。
②见本卷第二章第四节。

以体现儒家的价值也可以体现法家的价值。真正的威权（如果可以这么同义反复地说的话）根本上是不受任何事物——包括先例——制约的。焚书坑儒的暴君秦始皇深知这一点。因而，儒者以其传统主义者的身份对抗着法家的君主制，就像贵族元老院为了捍卫罗马的传统对抗瓦伦提尼安一世一样。[24] 然而**法规**（也即法家意义上的先例）的建立，却是非自发的、受控制的官僚制的关键所在；强调"法"的正是君主及其手下维护中央集权的人们。而有非常充分的理由受到儒家尊重的先例，也有可能对儒教产生颠覆性的作用。对儒者来说，具有类似可能性的科举制度，既是可疑的，又是不可或缺的。

## 6. 自由与监督

对君主来说也同样如此。就君主与他的（又不是他的）儒者在科举问题上都无处不在而言，他和他们都处于普遍的官僚体系结构之中，好像一只手给出去和拿回来的东西，都用另一只手再拿回来和给出去。例如在清代，我们看到皇帝被迫在独裁者的两个目标之间做出选择，一个是政治安全，一个是行政效率。一个人会被分派好几个官职，好几个官职来完成一项职能（很少对它加以精确的界定）。[25] 这当然会让君主感到满意，让官僚很难站稳脚跟。但这种安排不可能发展出"现代的"官僚制，即中央权力在理想的情况下所要求的理性化的专家团体。毋宁说它倒是与那种业余全能的文人理想相吻合。然而，君主把他的官僚制弄成这个样子，正符合他自身的利益。这种利益若不是抑制官僚对他的抵抗又是什么呢？而这种抵抗不正是通过那种业余的独立的个性类型——君主的统治既设法极力扼制又设法固化这种个性类型——来实行的么？

# 第五章　儒教与君主制：专制控制的限度

## 1.道德主义

如果说科举文化日趋刻板僵化，陈腐无趣，儒家则既对其程式化负有责任，又对此充满疑虑。皇帝的态度也同样是矛盾的。君主是集权者，他可能会谴责刻板僵化的事物，认为它们妨碍了他手下官员的效率。但是作为集权者，他也需要他手下的官员服从他，为此他很乐意让刻板僵化的制度对"内在的"自发性施加压力，这种自发性是可能会对他构成制约的"内在的"道德主义的标志。

我们前面已经涉及儒家用道德限制权力的主题，权力是君主很自然地为自己保留的特权，而道德实际上是儒家约束君权的方法。姑且不论朝代更替（它与官僚的任命不同）的性质，在中国，皇室的合法性是不可能取决于任何有关文化成就的官方考试的，而不得不从官僚测试中排除出去的道德，必须留在儒家对君主的评估之中。早期对王朝"亡国之君"的刻板观念表明，儒家对握有"天命"——并因而从一开始就置身于道德的等级序列中——的君主的尊重，如何为对君主的责难提供了基础，[1] 同时也为儒家的自我保存提供了基础，因为喷向王朝的道德怒火为保护官僚的利益体制提供了屏障。

我们已经注意到，真正属于儒家的那种对满足"民"之需要的关切，并没有"民主"的含义，不管是帝政主义的（Caesarist）民主还是其他什么形式的民主。相反，儒家根本上拒绝多数统治，以及它所包含的完全是非个人的、数学式的抽象性格。但如果数量最多的人不能统治，那么权力最大的人就会得到统治权，而对儒家来说，粗暴的权力并不比非个人化的数字更让人愉快。然而与毫无表情的大众不同，个人有道德的可能性，于是儒者便甘心依附于皇帝。王朝正常运行的时候，他们给其君主披上了一层道德的面纱；这会掩盖实际的统治基础，即赤裸裸的权力（这在情感上对儒者有利，在政治上则对君主有利）。而当儒者虚伪地——甚至是卑躬屈膝地——赋予皇帝以道德的时候，他们似乎实际上成了他的玩物。但正是这种道德，或者是那种认为皇帝需要道德而且他们也能评判道德的假定，构成了他们的独立性（independence）的标志，或者评价放低一点来说，构成了他们和皇帝之间相互依赖（co-dependence）的标志。

## 2.忠诚

然而，在后来的中国历史中，我们面对的问题已经不再是对"亡国之君"的评价问题了。当然自宋代以来，儒家就极力强调对本朝皇帝的忠诚，这种忠诚要求旧臣不得出仕新朝。[2] 这似乎很难与人们对"天命"的反应，对末代皇帝的道德憎恶，以及对实际上取旧朝而代之的皇室的承认相协调。难道我们应该得出结论，说皇帝事实上是无可指责的，而官僚其实到头来只是工具吗？但儒者从来没有完全把君主孜孜以求的定义"忠"的权利让渡给君主。在明代最终修订完成的小说《东周列国志》的一个片段中，我们可以一瞥儒家那种反对将忠诚简单地等同于顺从的态度。当一位大臣未能劝服**他的君王**放他一位朋友一条生路时，他自杀了，以此表达他对君王的更高的忠诚。他是这样劝说君王的："君是友非，则当逆友而顺

君；友是君非，则当违君而顺友。"[3] ①

儒家不赞成把对一个被推翻的王朝的忠诚转移到其后继者身上，这乃是一种重塑——而非破坏——官僚作为目的而不是手段的自我形象的方式，不是手段就是说受的不是专业性的教育，因而也就不是职业化的、受规章约束的人员。君臣关系是一种**个人**关系，它在儒教中占据着非常重要的地位，于是臣的忠诚并不意味着皇上可以任意地处置他，而是意味着臣**是**一个人，而不是一件东西——不是不断运转的官僚机器中的一个齿轮，不管为其提供动力的是什么样的法家式的王朝。儒家拒绝服役（不像道家那样隐退）是要确认，公职是一种如此高级的理想，它绝不能因为不体面的状况而受到损害。要紧的是荣誉，而不是来自被罢黜的君主（和去世的君主）的压力。

著名的画家、书法家和宋代宗室赵孟頫后来出仕元朝。批评他不忠的儒者当然不承认那种（元朝皇帝所拥有的）强令他人仕的专断权利。17世纪清朝拒绝入仕的遗老——明遗民——未曾受到胁迫或明显的骚扰，他们并没有绑在死去的皇帝身上；他们是对活着的皇帝敬而远之。权威来自经典（《尚书》、《论语》和《孟子》）：榜样是伯夷，他宁肯饿死也不愿背叛商朝转而效忠周朝。它告诫人们不要屈服，要保持道德上的自由。

### 3.恐怖

我们发现有大量的官员以令人恐惧的方式被赐死，尤其是在明代（特别是在明初和明末的时候）。有时候这伴随着自我贬损，臣

---

① 原文见《东周列国志》第一回，是左儒劝说周宣王的话，见冯梦龙改编《东周列国志》，上海：上海古籍出版社，2012年，第5页。

子甚至在他最后的痛苦时刻，仍然声明自己效忠于折磨他的君主：
"……身归君父……"[4]① 绝对专制主义所达到的这种屈服，是伴随
着儒者脊梁的断裂而来的张力的断裂吗？

很难说这是社会层面上的还是心理上的迹象。在欧洲集中营中
令人绝望的现代环境下所做的观察，揭示出受害者和施暴者之间可
能存在着病态的依恋情感。不过，即便这种屈从性的痛悔——而非
反抗——的奇观被赋予完全社会层面上的意义，它也并非无可争议
的权力的决定性表征。首先有一条，"君父"不只意味着在最大限度
地行使不受限制的权威所造成的压力下，可怜巴巴地陷入孩子气的
状态之中。一般认为，自宋代至明代，君主制的绝对主义确实在发
展，但这种孝的语言的出现与这一进程却没有什么关系。它在唐代
就已经存在了，或许是新精英在与贵族制斗争的关键阶段，用来表
达他们与君主的亲密关系："当时臣子谓其君父为圣人。"[5]

但更重要的是，父亲和儿子之间有一种**个人**的关联。确实，它
是一种包含了从属关系的**关系**（甚至连身体都可以奉献出来）。但是
工具没有人类的关系，它们是被使用的；物品不是从属于人，它们
是被占有的。那位处于绝境中的儒家官员，无论他的内在品性或实
际上的无助状态是什么样子，仍然是以人文主义文化的语言在说话。
尽管他的君主抛弃了他并且虐待他，他自己却完全不会成为一个工
具或一件物品；他会认一个父亲，而不是一位占有他的独裁者。他
是无价的，当他出仕和死去的时候，他并没有被买卖和糟践。他有
价值。就算君主终结了他的生命，他也不能终结作为他自身之目的
的儒家高贵人格（虽然比他的君王要低一些）的自我形象。

---

① 中文原文见左光斗1625年去世前在狱中给他儿子写的信，见左宰辑《左忠毅
公年谱》卷下，《四库全书存目丛书·史部》第87册，济南：齐鲁书社，1996年，第
210页。

## 4.权力的馅饼

然而，好听的话不能当饭吃。毫不夸张地说，在明代的朝廷上，官员经常遭到羞辱，还有其他一些明白无误的证据表明，皇权的加强是宋朝留给后来朝代的一份遗产。但明朝帝制的情况比看上去的要复杂。如果说明代是一个专制主义高涨的时代，一个君主享有特权的时代，那么它同时也是一个传统主义高涨的时代，是一个文化上保守的儒者特别受到优待的时代。我们前面提到过，传统主义并不有利于不受限制的皇权。相反，传统主义提出了某种思想上的要求，而追逐其绝对地位的专制主义一直都需要抑制这种要求。

因而，这里似乎存在着某种对抗，甚至是不兼容性。但就君主制和儒家官僚制的同时增强而言，却没有什么不兼容的。我们不必从一套包含着相互排斥的选项的组合的角度来思考问题，就好像人们应该把后来的王朝天下概括为皇帝在国家中独大而官僚什么也不是似的。这种假设也不完全是误导，因为它相当正确地指出，在西方入侵以前，最后只有官僚和君主是真正的对手，早就消亡殆尽的贵族和从未登上舞台的资本家都算不上。贵族在宋代就已经没落了，商人虽崭露头角，却在官僚的掌握之中。这些群体显然都确实没有什么权力。但如果我们问谁从他们那里获益，谁阻碍了他们的发展，那么我们会发现官僚和君主完全一样，都是阻碍者。儒家官僚从贵族那里学到并且表现出了傲慢的做派，一直用这种态度来对付商人。在宋明两代，他们在自负和实际的重要性两方面发展的程度，至少不逊于君主。

简而言之，在宋代，君主和官僚切走了权力馅饼中较大的两块，最后其他的食客被推到一旁，靠一点碎渣过活。毫无疑问，皇权滋养了它的专制主义。然而，即便官僚感觉到这种专制主义的分量，他们也因为自己另外所拥有的专制主义的分量而欢欣鼓舞。宋代（及

63

之后的元代、明代和清初）的中央集权者把都城变成了真正的政治中心；他们削减了地方势力，特别是军事力量。除了北宋自己，之后没有哪个朝代是由节度使这种不安分的独立的地方军阀建立起来的。这对皇帝的利益来说是有好处的，对官僚也产生了深刻的影响，他们的个人地位变得更加不稳定了。但是这对他们的利益来说也同样有好处，他们可以看到那些想要篡夺他们本身作为文官的势力的武人受到了抑制。即使官员个人被贬黜，他还可以靠他的身家财产东山再起。

　　这就是为什么北宋的儒者虽然写作时怀抱着一种貌似法家的对国家富强的关切，却并没有显得那么首尾不一。他们不一定是被操纵的木偶，为皇上代劳一切而不顾及旧的正直为臣的儒家传统。如今，当儒家官僚制（就像君主制一样）在国家中的权力日益增长的时候，一个更强有力的国家就意味着完整的人有着更大的分量。

## 5. "太极"

　　沿着这样的思路，我们可以解释另外一个悖论。宋代的某些儒者，特别是伟大的历史学家司马光（1019–1086），较之早先的儒者，确确实实把皇帝看得更重要。然而，他又是王安石这个受到皇帝强有力支持的主张中央集权的活动家的对手之一。我们要问的不是为何王安石有敌人（原因很多很复杂），而是这种敌意是如何与抬升皇帝的意愿相适应的。答案也许是这样：首先，儒者是伴随而非对抗着君主地位的上升而得势的：他们都乐于削弱共同的对手。但第二，"得势"也意味着他们意识到需要保护他们自己，需要去抵抗王安石，抵抗任何有可能以专制君主对他们地位的侵犯的形式出现的东西。对他们欠独裁者的好处，他们用敬畏偿还了。但正因为他们看重自己得到的好处，他们才珍视它，提防着所有的外来者，包括给他们好处的人。

如果说在政治层面上，新儒学一点也不卑躬屈膝于皇权之下，那么在形而上学上，它也绝不能被归入赞成专制的范畴。我们在宋代哲学的"太极"（"supreme ultimate"）和宋代政治观念中的最高统治者（supreme ruler）之间，能建立起什么联系呢？太极是诸规范的规范，诸形式的形式；它是内在的，非个人的，被动的，具有逻辑上的优先性，却不具有创造的优先性，不具有至高无上的君主所拥有的行动力。我们后面会看到，19世纪的太平军攻击儒教，抬出他们所标榜的真正至高无上的绝对的君主的时候，他们至高无上的"上帝"（而非"太极"）既不是非个人和被动的，也不是内在的，而是他们自己眼中的耶和华（Lord of Hosts）。诚然，在泛泛的心理联想的层面上，宋代思想上的等级体系——容许某个事物处于顶端的位置——也许会导致对人的等级制度的强化。然而，撇开心理因素不谈，如果说在太极和皇权控制的范围之间存在着什么系统的联系的话，这种联系也属于儒家政治思想中最清静无为的一脉，它以最为内在的、反权力的态度强调天子必须拥有的美德。

因而，也许皇帝对新儒家的理学这一宋代理性主义的正统和法定地位的确认，有时候被过度诠释了。无须用它来证明君主最终让他们的意图获得了儒家完美的合理化解释，也无须用它来证明儒家的体制最终成了完全被占有的附属品。皇帝之所以允准新儒学的垄断地位，不是因为这种哲学本身取悦了君主，而是因为就其自身而言（即在思想而非政治的层面上），它给人留下的印象之深刻足以让它成为正统：在思想上是有可能把它确定为正统并接受它的这一地位的。我们在这里不应太过政治化，以为仅仅是皇帝的诏令让它成为正统。皇帝欣赏理学，把它当作才智卓越的思想家献给他的政治上有用的礼物就足够了。之所以有用，是因为思想正统会养成思想上的顺从，其副产品就是政治上的顺从。之所以有用，还因为君主

65

对正统学问的确认，给了学者们一个回报，用这种资助来换取他们的忠心支持。而如果学者有支持可以提供，有权力可以出卖来换取他的回报，那说明君主还是没能垄断一切。并非只有一个人在国家中独大。

简而言之，在早期现代中国的历史（从宋代到清代）中，中央专制主义的发展，并没有妨碍（有关它的描述也没有遮蔽）儒者官僚地位的不断增强。在掠夺贵族的利益方面，他们和君主达成了很多共识。而且，他们跟君主一样（甚至更有甚之）从不断增长的商业财富中攫取或勒索好处，随着商行的发展而壮大。他们不是可怜虫；他们仍然处在一个跟有可能把他们变成可怜虫的权力相抗衡的位置上。明代皇帝对倒霉的官员和士绅实行恐怖手段的图景需要用另外一幅图景来平衡，也许自信的士绅–业余者的"吴文化"就构成了这样的一幅图景，[6]它是精致的人文主义的顶峰，并未在恐怖的淫威下衰败，而且它也同样是典型的明代产物。

## 6. 普天之下

就像王朝对忠诚看似绝对的要求完全有可能是含混暧昧的一样，在皇帝面前俯伏跪拜的有名的"叩头"之礼也不能简单地看作儒家官僚制"彻底臣服的重大象征"[7]。叩头的姿势把**儒家**的皇权概念以戏剧化的方式呈现了出来，这一概念如此远远超出了法家式君主自己的要求，以至于它自相矛盾地暗示了儒家的臣服绝非是彻底的。这种卑躬屈膝的行动认定的是一位具有无限高的地位的君主，他之所以有如此高的地位是因为他的"天命"使他成为天在地上的代理人。地上就是"天下"的一切。儒者很早就用这样的构想来支持他们自己的权威，当时佛教对这一权威的政治基础构成了威胁，对其普遍性提出了挑战。起初，善辩的中国僧人宣称自己居于此世而不属于此世。

而对儒者来说，任何生活在这个世界上的人都身处帝国（也即"天下"）之中，因而也就臣服于"天命"的拥有者（及其官僚）。[8]

　　然而，学者们有时候把法家——秦代帝制王朝体制的建立者属于这个主张法制的流派——看作"现实主义者"，并不是毫无来由的。身为使用武力夺取和掌握权力的人（其"德"的光鲜外表是儒家赋予的，它在意识形态上对皇帝既有用又可疑，这是另外一种内在的张力），王朝的统治者很实际，他们很乐意把他们的世界界定为他们的诏令所能通行之处，而非当下的**整个**世界。这会驱使他们去远征西藏或土耳克斯坦（Turkestan）之类的地方。但至少军事力量要能够抵达这些地方。超出这个范围的话，君主可以把纯粹属于形而上学的力量的宣示留给儒家代言人。

　　也许这就是为什么在1731年中国使团前往莫斯科并在俄国女沙皇面前行叩头礼之后，对这一饶有趣味的行为的记录只保留在俄语文献中，而不见于任何中文记载。[9]儒家的记录者隐瞒此事是不是因为对一个处于他们体制之外的君主行这样的礼节，与他们的（不一定是他们君主的）普遍王权的观念是相冲突的？为什么在中国拥有毫不含糊的绝对权力的令人敬畏的雍正皇帝，在一件事关他的尊严的事情上，似乎会给他的使团以比儒家的积极分子所愿意给出的更多的自由？是因为儒者不能而中国的君主却能批准一个中国人在俄国行叩头礼，而这件事会让一个俄国人在中国行叩头礼的行为（或其他什么礼节）的**儒家**含义变得不确定了吗？这种儒家含义包括两层意思。首先，就其将儒者的君主等同于世界的君主而言，它意味着对中国文化普遍的至高无上的价值的确认（这是典型的儒家而非君主制的原理）。其次，它把对君主的道德责任的提醒，包含在"天命"这个概念（这个概念把对权力的垄断和叩头这一卑躬屈节的合宜姿态正当化了）之中。"朝贡国"对中国皇帝的效忠提升了皇帝的声望——但却是以儒家所劝诫的方式提升的。因为这样一种对中国宗主权的承认，恰恰由于往往无法通过军事力量获得，就可以被理解为一种"德治"（"dominion through virtue"）的戏剧化呈现，而儒教视"德治"为其不可剥夺的权利，并不把它授予某个具体的朝代。

68

雍正皇帝可以在中国推行并笑纳叩头礼，这是对他所行使的权力的投其所好的承认，而他是在实际上所能指望的范围内行使这一权力。但当他向国外派出一个使团的时候，他就可以随心所欲地走出儒者给他派定的那种身份，那种普遍性的角色，这跟他自己对权力的理解是一致的。而儒者对叩头礼的设想，使得它不仅是讨好皇帝的行为，还潜在地具有约束性。毫无疑问，在他自己的领土上，雍正皇帝很乐意把叩头礼当作完全臣服的象征来接受。但这一礼仪不仅符合王朝的喜好，也满足了官僚的心意，因为儒者给君主的阐释添加了内容，在哲学（而非物质）的层面上赋予君主某种远远超出其领土范围的权威，并且正是通过对他的权力的大肆吹捧，宣告了他们自己作为这一权力的仲裁者在道德上的完满。尼采曾经提出，人们若服从而不是抑制他们的权力意志，就会自缚手脚[10]——或者向自己叩头？

## 7.朋党

雍正皇帝完全明白，像叩头这样象征性的礼仪不会确保他跟顺从的官僚能完全和平相处。他是通过把这种关系中的矛盾公开化而认识到这一点的。我们已经看到，他试图保护科举体制免受他所理解的结党行为的损害。他所害怕的是潜在的联合，是准贵族们拉帮结派对抗他的权威，于是他专门挑出一位宋代的名臣来鞭尸。1724年撰写的《御制朋党论》是他对欧阳修写于1004年的《朋党论》的回应，后者为有益的朋党关系做了辩护。雍正皇帝指出，即使是尽孝的义务也必须让位于公务的要求。[11]他没有称呼自己是"君父"，这个比喻仍然属于儒家话语的范围。他不是要在儒家的孝道和皇帝的要求之间架起一座隐含的桥梁，而是以一种令人不快的直白的态度，切断两者的联系。

雍正皇帝的理想是一种独裁制，在这种独裁制里面，官僚围拢在一个单一的中心即皇帝身边，官僚与官僚之间没有个人的联系。不会出现那种胆大妄为到敢发出文人"公意"的声音的群体。他在1726 年宣称，颁布诏令时，他唯一考虑的是它符合理性，符合时势的需要，而丝毫不会顾及任何团体的偏好。他在攻击官僚结党行为的时候，把"公意"贬损为"奸邪小人掩己之非，歪曲天下之公判"①的表现。通过所有这些论述，他得出了一个绝对专制的假定，即他是依据《论语》（《泰伯第八》）中的著名原则而行事："民可使由之，不可使知之。"[12] 对官僚来说，恐怕没有比这个更屈辱的了。因为怀抱着等级思想的儒者以这种态度谈论"民"是一回事，而皇帝暗示官僚本身就是"民"从而将所有人拉平的行为却是另一回事。

因而，雍正皇帝赢得了更多依靠法律而非道德影响力的名声也就不奇怪了。他迷恋的是效率，这是一个属于统治者和工程师的词；不管是属于两者中的哪一个（两个都一样），它都与儒家的调子不合拍。不光是调子，手段上也是如此。雍正皇帝表现得有效率（很可能超过其他任何一个清朝统治者）主要是因为他对腐败的抑制，以及他充满警觉地实行监控。[13]

雍正皇帝试图让地方官员明白他身上的重担。在一道坦诚得令人感动的谕旨中，他告诉他们在他处理朝政的宫殿门口挂着一块牌匾，上书"为君难"三个字。柱子的两边悬挂者一副楹联："惟以一人治天下；岂为天下奉一人。"[14] 其中的感情似乎是儒家的，然而尽

---

① 中文原文见宫崎市定《雍正帝——中国的独裁君主》，孙晓莹译，北京：社会科学文献出版社，2016 年，第 82 页。

管包含着以自我牺牲的精神恪尽职守的意义，重点却在"一人"上面。他明白他处在至高无上而又孤独的位置上。

70

### 8.德性、权力与无能为力

然而他也知道，要付出怎样的努力才能到达这个位置，这种努力对抗的是儒家的官僚制。即便是他以及他那盛气凌人的乾纲独断的儿子乾隆皇帝（1736–1796年在位），尽管在权力的天平上明显倾向于皇权而远离官僚，也仍然讲的是儒家的政治语言。乾隆皇帝嘲笑了君主"深居高处，自修其德"①的想法。[15]他有嘲笑的权力，但他仍然不得不用这种权力来对付道德主义的君主观念。

也许他也发现了某种制约因素，为了他自身的利益，他需要这种因素。官僚是在叩头礼中找到这种因素的，他们通过自我贬抑来夸大自己的重要性，而此时他们悄悄地保留了他们身为儒家的评判权利（他们头磕得越厉害就越是如此）。同样，当君主承认了他们的权利及其包含的对他的权力之全能性构成的损害时，他就满足了一个至关重要的条件，使得他能够掌握他所葆有的充足的权力。这是大师身上的镣铐：他身上的德性负担是**他**以及他的同僚对手强加的桎梏吗？因为一位德性无懈可击的君主可能是无法约束的。但他也有可能只不过是一个象征，永远是好国王乔治（Good King George）②，而他的大臣们则负责一切——也许会搞得一团糟，受到指责，但**他们**对此负责。

在中国，儒者坚持认为（不管这种声音多么微弱）皇帝的德性

①中文原文见乾隆《书程颐论经筵劄子后》，见钱穆《中国近三百年学术史》，北京：商务印书馆，1997年，自序第2页。

②指英国国王乔治四世（1820–1830年间在位），被称为"英格兰第一绅士"，典出萨克雷《名利场》第四十八章。

与历史上发生的事情有关，也会由于这些历史事实而受到质疑，正是这种主张把皇帝限制在权力的舞台上（同时又给这个舞台筑上了围墙）。他没有被提升到那个他无能为力的领域，提升到那个上天的高度，在那里只有官僚——在行政和道德的双重意义上——才负有真正的责任。

## 9.国家与皇室

于是，乾隆皇帝紧紧地抓住权力不放。具有悖论意味的是，他是通过接受一个儒家在其中总是潜在地有可能对他加以责难的世界而做到这一点的。而更具有悖论意味的是，他又是通过堂而皇之地拒绝去考虑儒家对他加以责难的任何迹象而做到这一点的。他代表了权力（它恰恰就是儒者努力要制约的东西），由此他始终如一地在做的事就是给典型的儒家判断增添一个皇帝的变量。就像我们已经看到的那样，那些反对恢复井田制（经典中所描绘的土地合作共有的体制，带有公益精神的味道）的文人放弃了对这一制度的幻想——尽管他们承认它很完美——是因为在三皇五帝之后，皇帝的德性已经堕落了。这些批评者认为，职是之故，能让井田制重生的只有那不被接受的权力的力量，而非道德的那种只是被容许存在却又不可能实现的力量。[16] 不过，乾隆皇帝则志得意满地提出了他本人怀疑井田制的理由：这是**今人**（更不用说君主了，当然这里没有自我控告的意思）日趋吝啬的本性使然——"谁肯先公后私？"[17]

而当别人好像都是在保护公共利益的时候，谁又愿意说他自己的利益是私人利益呢？雍正皇帝费尽心机地把私人的、反国家的利益归结到官僚身上："朕待天下臣工总惟大公无我一语耳。"[18] ① 这显

---

① 中文原文见宫崎市定《雍正帝——中国的独裁君主》，第99页。

然是把国家和个人财产对立了起来，与此同时这位身处反封建制度
普遍模式之中的中央集权的君主，却将他自己对权力的征服等同于
公共利益的出现。尽管中国的王朝终结了封建制，它们却并没有创
立现代国家——这里只是说儒家官僚制从未成为那种协助欧洲君主
在现代掌权的职业化的专家官僚制。儒者保持了他们的独立，染上
了贵族的气派，以至于他们把君主侵占权利的行为看作本身是私人
而非公共的行为。那些最极端的儒家批评家（如17世纪的学者黄宗
羲）攻击道，正是君王把天下看作**他的**产业，化公为私。[19]黄宗羲
的同时代人唐甄表达得最激烈："周秦以后，君将豪杰，皆鼓刀之屠
人；父老妇子，皆其羊豕也！"[20]①

不管人们怎么解释"公共"利益与皇帝私人利益的融合——看
72　作皇帝的掠夺也好，看作国家对私人掠夺者的限制也罢——具体的
朝代（清朝是其中之一）最终会宣称，严格地说，所有的土地都归
皇帝所有。清朝的长期原则是"宫府一体"（宫廷与政府是一回事）。
但这只是口头的说法，它不过是在形式上把全部的权力归于皇室而
已。实际上，正如19世纪初年的《嘉庆会典》所指出的那样，政府
的土地和皇室的土地之间还是存在区别的。诸如"屯田"、"牧地"、
"学田"等类型属于政府的土地。皇室的地产——君主作为"私人"
的利益——有自己的名称，即"庄田"。[21]正如清代的土地一般都
是可以转让的，因而并不是真正地属于皇帝或国家所有（这取决于
人们对君主所扮演的侵入性角色的解释）那样，政府与皇室的土地
之间的这种区别，也表明私人产权是实际存在的。无论是君主还是
儒者，都不能令人信服地一味主张是他们的对手把一己之"私"强
加到中国人的天下之上，或证实他们自己明确无疑地代表了"公"。

---

① 原文见唐甄《潜书（附诗文录）》下篇《止杀》，北京：中华书局，2009年，
第198页。

　　这是中国的君主和中国的官僚这一对伙伴之间的紧张关系，最后只有太平天国（1850–1864）才开始解决它。在后传统时代来临之前，代表了中央权力的君主极力反对官僚私人势力的做大，而对抗这些压力的儒家官僚则把这些压力解释为君主化天下为私，从而丧失了为公众谋福祉的道德关怀的举动。　　　73

# 第三部分　张力线的断裂

## 第六章　官僚制长期不为社会革命所动：儒教的作用

### 1.君主与人民

皇帝与官僚之间的紧张关系不是旧秩序的弱点，而是其力量所在。当旧秩序走向末路，当儒教不再意味着与君主制的冲突以及联合的时候，儒教作为中国人的世界中独特的智慧也就衰落了。随着儒教的衰落，官僚制也首次一路滑落（或者说对人数多得令人绝望的民众来说，看上去是如此）为彻底的寄生物。而一个寄生的统治阶级则会激起革命。

传统中国的君主制从这个过程里面得不到什么好处。不管对破坏官僚的独立性怀有什么样的陈旧的兴趣，它与官僚制的关系是如此密切，以至于它不可能对后者的毁灭幸灾乐祸。君主反复地想要夷平他用来对付封建贵族制的官僚制中潜藏的贵族因素，但他从来不会认为自己和那些自下而上反抗官僚制的叛乱分子在利益上是一致的。例如，就君主对待道教的传统态度而言，他们一方面表现出对官僚之下的民众的同情，而在另一方面，又承认儒教与君主制同呼吸共命运。

众所周知，以宗教形式出现的、令世故的儒家官僚感到不快的道教非常流行，尤其是当社会秩序（儒家特别珍视的状态）受到威胁的时候。君主也会时不时地对正式的有教义的（超出其一般的美学内涵的）道教表现出某种兴趣，而儒者却非常讨厌它——实际上，这正是儒家与君主之间紧张关系的诸多表现之一。例如在8世纪的唐代，有一位皇帝修建了许多崇奉老子的道观和一座修习道教的学校，学校以道家的"五经"为课程，与儒家的"五经"相匹敌。[1] 因为在某种意义上，道教跟法家一样，很符合皇帝反儒家的利益。就像法家的手段意味着对儒家官僚作风的限制一样，道教（及其效法自然的教义，这种教义对儒家那种对自然行为加以定型化的约束的体制是一种令人愉快的矫正）也吸引着渴望逃脱儒教之限制的皇帝。毕竟，即便是在君主骑在儒家官僚头上作威作福的时候，儒教也几乎让君主陷入人们指望他实行的礼法之中而喘不过气来。

　　但如果说君主有可能接受道教"经典"侵入儒家科举课业中的话，那么他们却不可能接受道教掀起的叛乱。儒家挟"天命"之威约束皇帝，使得叛乱成为皇室道德败坏的征兆，而非民众与皇室结成对抗文人的战线的迹象，而文人作为一个类型整体上却安然渡过了风暴，如果说他们作为个人并非总能如此的话。因而，比如说清朝就花费了很大气力将道教及其他各种教派置于政府的监管之下。有一些律令基本上是符合儒家的偏见的，例如，1740年颁布的一道谕旨就禁止独生子出家为道士，又如《大清律例》中有一条强调，道士要行祭祖之礼。[2] 但毫无疑问，清政府本身是瞧不起道教的，这从以下事实中可以看出来：1754年它提到道教（以及佛教）可能与地位低下的不法之"匪"存在联系；它还称道士欺骗人民，有伤风化；它还对道士及道观的资产、道观的数量和占有的土地加以控制。诸如明清两代的道禄司这样的机构是用来控制道士，而不是皇室用来奖掖道教和表示对它的同情的。[3]

　　简而言之，封建时代之后和太平天国之前的中国君主，从来没有与民众的事业发生如此紧密的联系，以至于他们会平心静气地对待民众的暴力，有意用其来扼制他们的文人对手；毋宁说，使得文

78

人成为他们的对手的，归根结底是文人那种通过煽动民众暴乱而卷入皇室事务的倾向。（若皇室自身煽动民众——就像秦朝和隋朝的皇帝那样——官僚最不可能成为君主的对手，最可能成为他的工具。）在儒教的时代，中国的大众和君主之间缺少人们可以在大革命之前的欧洲看到的那种亲密关系。例如，1381年约翰·鲍尔（John Ball）领导的农民起义，就是出于对英国国王之仁慈和全能的信念。[4] 当1789年的巴黎群众转而反对保皇党人的时候，这对几百年来都市平民支持"教会和国王"的暴动传统是一种新颖的、革命性的背离。[5]

## 2."寄生虫"效应

最终葬送了法国国王的是认为他会实行"王权论"（thése royale）理想、削弱贵族阶层和破坏封建纽带的那种陈旧的流行印象的衰退。相反，人们普遍确信，国王的利益和贵族的利益不再能够区别开来，于是他就成了一场针对贵族的革命的目标，成了许多寄生虫中间的一个。1790年米拉博（Mirabeau）给路易十六写信，大意说他应该放松下来享受革命，此时他指的是中央集权者的那些旧目标（"难道不要对最高法院，对三级会议省〔pays d'état〕①，对无所不能的教士阶层，对特权和贵族做点什么吗？在平等的基础上形成的单一阶级的公民这种现代观念当然会让黎塞留高兴，因为这种表面上的平等有助于权力的实施"）。[6] 唉，可怜的路易——这一分析在抽象层面上的说服力（它本应让国王高高兴兴地站在反贵族的中央集权的一边），在历史的层面上瓦解了。革命有这么多的事情要做这一事实（米拉博："连续几任国王的独裁统治都不可能做到革命的这一年为改善国王的权威而做的事情"）[7] 表明君主早已失去了推行其政策的权

---

　　① 指法国在旧制度下拥有三级会议这种地方自治机构的省份。

力，但却与贵族达成了和解，这种和解使得国王连同贵族一起成了革命的对象。在国民公会面前为路易辩护的人不是国家主义的资产阶级，而是早先曾为其财产挺身而出对抗王权的贵族。[8]

在18世纪，贵族从路易十四治下的苦日子中喘过气来，但是他们权势的恢复是以让路易十六变得无能为代价的，结果后者又让他们再次败落。他们在1787年开始的"贵族革命"中取得了"胜利"，这场革命在两年后达到了高潮，此时国王不得不召开三级会议，而贵族在其中则占据了主导地位。三级会议信奉"贵族论"（thèse nobiliaire），要求的是孟德斯鸠意义上的自由——即王权的削弱。但此时想要实现过去的投石党的愿景已经太晚了，很久以前更有力量的路易十四就已经粉碎了这些愿景。在真正的法国革命来临之际，贵族在榨干王权的同时，自身特权的渠道也干涸了。[9]在路易十四统治的时候，他当然没有彻底毁掉贵族，但他榨取得如此之狠，使他们成为他本人权势的如此有分量的一部分，以至于当他们从他的后代那里攫取权势的时候，他们也就是在掠夺他们自己。

法国君主和贵族之间的和解的致命之处在于，这种和解是通过先是剥夺全体贵族的权力，继而任其变得显赫浮夸而达成的，于是就没有力量能将这两者结合起来，从而与国王展开真正的竞争。凡尔赛宫的诱惑，远离本地的危险，加上国王手下大臣和地方行政长官的权力，极大地削弱了贵族在这个国家中的领导权。于是，虽然国王通过剥夺贵族在地方生活和政府中的传统地位而铺就了革命的道路，但他却没能扫除贵族（这是革命的目标）；相反，他本人似乎负责让贵族继续存在，为了他自己的目的而将贵族和他本人绑在一起，让贵族变得毫无用处，只会消费，因而较以往任何时候都更让人怒火中烧。[10]他剥夺了贵族的地位，然后又给他们提供经济上的支持，这样他就让自己成了所有这些贵族里面最显赫和最自私的领主，而不是公众的保护人。一旦贵族融入到他的利益之中，他也就融入到他们的利益以及名誉之中了。

当贵族从路易十四时期的低谷中崛起的时候，他们所恢复的政治职能（甚至侵入到监察部门）多半成了赞助而非服务的职能。贵族（这里指的是宫廷贵族，而非偏僻外省的贵族）乐意与富裕的资产阶级通婚，就这种乐意的程度而言，享受的愿望腐蚀了旧贵族孤芳自赏的骄傲，这是那些堂堂正正地自负为社会上令人瞩目的行动者的人们——而非仅仅是显而易见的食客——的骄傲。最后，贵族享受的愿望还使得君主为增强国家实力而向他们征税的意图落空了。贵族庄园毫不费力获得的收入得到了保护而不用上缴，这一点令人嫉妒。[11]

研究旧制度的历史学家托克维尔和泰纳，过分地夸大了王权对贵族权力的打击。他们自己也都接受了"贵族论"的观点，在他们的笔下，路易十四之后贵族卷土重来这件事几乎就好像没有发生似的，就好像专制的王权和官僚体制对自由的打击已经使得贵族永远沦落到低三下四的处境一样。[12]然而，尽管他们的观点是扭曲的，尽管总体而言18世纪贵族阶层并不弱，但其力量却是妨碍性的力量，是侵蚀任何形式的中央权威的力量，而不是重新让地方生活获得活力，或者在他们中的大多数人选择居住的巴黎和凡尔赛宫发挥建设性作用的那种力量。他们身为绅士的名声——国王也一样，他是第一个绅士——变成了寄生虫的名声。当西耶斯（Sieyès）在他那本著名的革命小册子《第三等级是什么》（*What Is The Third Estate?*）中，称特权者的命令**毫无作用**的时候，[13]他至少证实了贵族软弱无能这一主观印象。

### 3. 智识劳动的重要性

法国革命时的局势与革命之前的中国有什么差别呢？两个国家

中力量的集结似乎很类似：一位君主和贵族（或者在某些方面被看作是贵族的阶层）的关系如此密切，以至于反抗这个特权阶级的起义也得把他牵扯进来。从这些起义各自的结果来看，我们知道两者存在着某种差异，也就是说，1789年以后法国的君主和贵族再也不像以前那样了，而中国的君主和官僚却不断地恢复他们固有的地位。之所以如此，是因为有一个关键的因素把法国和中国的局势区分了开来，使得前者最终走上了革命的道路，而后者却总是陷入叛乱之中：中国的贵族在儒家官僚的对照下显得如此黯淡，以至于他们——不管多么不中用——作为引发敌意的焦点，没法与法国贵族相比；而儒家官僚作为**可见的**贵族，虽然更接近法国贵族的地位，却从来没有被王权败坏，从来没有变成装腔作势的纨绔子弟（至少法国公众不会这样看他们）。即便是在经济和政治上看上去像是最纯粹的剥削者和最碌碌无为的时候，儒家官僚也从来没有放弃最后的责任，即思想的责任，这种责任将潜在的寄生虫与职能领域联系在一起。

中国的农民或许会在孟子那句名言（《孟子·滕文公上》）的重担下呻吟："或劳心，或劳力。劳心者治人，劳力者治于人。治于人者食人，治人者食于人。"但只要治理者确实"劳心"，只要他们保持其职业的徽记——即作为**整个**社会的智识的儒家智识，他们作为统治阶级就永远不会变成完全意义上的寄生虫。中国的农民可能会反抗他们，但在"寄生虫"一词更贴切的法国，到来的是革命。因为法国的贵族不仅在经济上实行剥削，在政治上毫无作用，他们还处处表现出在思想上倒向资产阶级启蒙哲学家的**新**智识的迹象。法国的贵族开始带上了明白无误的寄生虫的耻辱痕迹，带上了思想上缴械的标记，而中国的贵族则不然。在法国，劳力和劳心的事情都是由其他人来做的。一个沦落到只会空谈的集团，如何能够抵挡另一个如此善于谈论的集团的魅惑？

1635年，法兰西学院的建立已经预示甚至促成了法国贵族这种思想上的黯淡状态。这是主张中央集权的黎塞留的功业，正如米拉博所认为的那样，革命发展了他的宏图。黎塞留为学院确立的基本原则是平等。不管是什么样的特权都不应带来品级的晋升，在黎塞留治下，也没有哪个大领主是学院的成员。黎塞留本人也没有参与学院的事务，他让自己居于学院院士保护者的地位，而不是做他们的同事。[14]拉丁文在学院中的显赫地位被法语取代了，后者既是通俗语言，也是民族语言，它在这两方面都是反封建的。法语的民族性还表现在它为法国思想和宗教上的统一所做的努力上；黎塞留批准了一些笛卡尔信徒和新教徒成为学院最初的成员。[15]伏尔泰是"王权论"的重要拥护者，他反对侵犯王室的特权，但他对如何向这个知识机构描述代表贵族声音的最高法院却态度明确。他说，从学院成立以来，贵族们就顽固地反对所有有益的创新。[16]

这就是给路易十四增光添彩的法兰西学院（一个恰好用来攻击贵族权力的工具）。就像在中国一样，我们在这里看到思想上的成就赢得了尊严。但在法国，这却最终让贵族变成了纯粹的寄生虫的样子，他们不仅脱离了实际的公务，而且拱手把思想的职能让给了外人。[17]在中国，局内人仍然是知识分子。很简单，使得作为准贵族的中国官僚阶层生存下来不致沦入寄生状态的是这样一个事实，即不像法国真正的贵族，中国的官僚阶层并没有被打倒然后再保存下来，相反，它一直与王权保持着距离（张力），以官僚的身份**任职**，以儒者的身份**思考**，从来没有只是在案牍劳心的生活中，在看似光鲜的无能为力的状态中蹉跎浮沉。即便是在法国，寄生虫的图景也有点夸张；然而，尽管它也许只是漫画，却流传了开来。它似乎是可信的——这也是事实——即使其中虚构的片段使它不值得完全相信。

18世纪中国和法国的思想史的区别在各自编制百科全书上付出的巨大努力中表现了出来。人们只须引用启蒙哲学家狄德罗关于（同时也是出自）法国《百科全书》的论述（"今天……我们开始摆脱权威和传统的束缚，为的是坚持理性的法则……我们敢于对亚里士多德和柏拉图是否绝不会犯错提出质疑……世界久已在等待一个理性的时代，在这个时代里，人们不再从古典作家而是从自然中寻求法则"[18]），就可以看到他距离《图书集成》（清朝的百科全书）和《四库全书》的世界是多么遥远。中国的这些著作的风格是传统的，没有表现出理性主义的"现代"特征；毋庸置疑，这些18世纪中国最重要的思想成就出自官员之手，是"体制"的产物。在中国，尚没有对手，没有具有诱惑力的党派，以他们的思想并通过**他们的**思考，来证明体制中人是寄生虫。

有一些儒家的文人在这些18世纪的文献工程中看到了寄生性的幽灵。考证（细致的文本研究）是与这些工程联系在一起的盛行一时的潮流，而考证本身是非政治的，就像曾遭到清初汉学家严厉批评的宋学的形而上学一样。据说在满洲入关之前，经济剥削就已经榨干了明朝的百姓，耗尽了国力，而清静无为的新儒家学者却没有做任何事情来矫正这种剥削。经世致用曾经是汉学的主张（或者说后来的公羊学派的主张，这一学派以汉学所恢复的某一相对被忽视的饶有意味的文本而得名）。提出这一主张是为了保持官僚机构的运转。但文本考证虽然本身是非形而上学的，却也丧失了对过度的形而上学的矫正功能。[19]

不过，无论人们认为这种矫正是多么必要，（那些确曾追求这种矫正的人）对这种矫正的追求仍是在儒家传统内部进行的。只要那些近乎儒家寄生虫的人物是按照儒家改良主义的标准而受到谴责的，他们就不是从革命者所发现的同时代的思想活力中完全脱离出来的纯粹的寄生虫。公羊学的改良主义者魏源（1794—1857）写道："君子以道为乐，则但见欲之苦焉；小人以欲为乐，则但见道之苦焉。"[20]毫无疑问，魏源把他同时代的大多数同辈文人看作小人，但他仍然在他们面前高举儒家古老的君子理想，试图复兴传统的智慧。

　　然而，太平天国在魏源去世前就已经做出他们的选择，抛弃了旧的标准，并且以他们所提出的既反儒家又非改良主义的挑战，宣称不是君子被小人取而代之，而是君子的头衔不再受人尊敬了。

　　依照儒家的标准，出于儒家的动机，实际的王侯（princes）——诸如明代皇室中的贵族成员之类——有可能会被视为寄生虫，但当"君子"（"princely men"）受到鄙视（就像太平天国愿意表现出的那样）的时候，儒者自身也就陷入绝境了。太平天国不再承认，"劳心者"心中所想的事情有那么引人入胜，足以赋予他们的劳动以尊严。失去了这种尊严的保证，就只剩下剥削这层意义了。

　　太平天国的控告在本质上还不足以给文人贴上寄生虫的标签。文人拒绝这种污名化，儒教作为整个社会的智慧还活跃了最后一段时间，这就是19世纪末的公羊学改良运动。魏源怀抱的拯救儒者的希望在经历了太平天国对全体儒者（君子连同小人）的摈弃之后一度存留了下来。然而，破坏已经造成了。虽然在太平天国时期，他们没有让儒教作为整个社会的智慧的终结（以及儒家官僚由此沦为寄生虫）成为定局，却促使儒教终结了它与中国传统的君主制之间的张力，促使它失去了它的特色和活力之所在，并且让它在一种未曾有过的致命的苍白无力的状态下，将拥护它的官僚们置于寄生虫的困境之中。具有原始革命色彩的太平天国的反叛者把儒教的帝国秩序拽出了叛乱的轨道，给即将出现的真正的革命者扫清了道路。

# 第七章　官僚制的脆弱之处：思想上的受攻击点

## 1.太平天国对儒家当权者的抨击的新鲜之处

为什么这次叛乱与其他所有的叛乱都不同？在所有其他的叛乱中，反叛者所持有的这种非儒家的信条——它们有道教或佛教的寓意——并没有对作为整个社会的智慧的儒教构成真正正面的挑战；但太平天国信奉的伪基督教正是这样一种挑战。在道教或佛教的叛乱中，这种信条在充满暴力的时代具有千禧年主义的性质，也就是说，在想象"末世"的弥赛亚的意义上，它是反社会和反历史的，而没有触动作为日常社会历史的统治思想的儒教。当社会从暴力的漩涡中挣脱出来的时候，儒家与君主制达成的制度安排继续支配着历史，而道教和佛教在它们与汉代黄巾军或清代白莲教所感受到的那种几乎可称之为"弥赛亚之阵痛"的事物的短暂联合以失败告终之后，又恢复了它们在持续不断的王朝史中不起眼的地位。确实，拜上帝教作为对儒家社会上层的一种挑战，作为从后者的思想世界中的一种脱离（此时这个世界的社会分化已经尖锐到无法挽回的程度），与之前非儒家的运动一样带有象征性。然而，即便有这一共同的特性，拜上帝教却是一个新的开端。

首先，基督教与儒教之间存在着真正的剧烈的断裂，而佛教和道教则不然，因为在"正常的"中国，佛教和道教比基督教大体上更重要。也就是说，在中国，佛教和道教**在叛乱之外**广泛存在。不管在社会关系紧张的时候它们会怎么被利用，它们都不只是非理性的存在。但打上太平天国印记的基督教却纯粹是叛乱滋生和培养出来的，除了作为某种暴力的文化伴生物，它在中国社会中并不存在。基督教给中国的叛乱涂抹上了新色彩，这种新跟时间的先后无关，跟基督教作为儒教的替代性选择比其他替代性选择更晚进入中国这一事实无关；这种新是性质上的新。太平天国的叛乱者作为"基督徒"明确地拒绝他们唾手可得的、已经在和平时期存在并且是仅有的可以潜在地转变为反抗的能量的东西：道教或佛教。他们反而选择了某种只在剧烈动荡时期而非和平时期存活过的事物。1864年太平天国垮台后拜上帝教的命运证明了这一点。如果这种宗教确实具有某种相对于与之相联系的政治和社会政权（就像道教和佛教总是与政权联系在一起一样）的独立性的话，那么我们应该可以在太平天国之后中国一个世纪的历史中发现它的蛛丝马迹。然而，无论基督教最近这一百年在中国产生了怎样的影响，太平天国的宗教似乎没有留下任何基础。它消失了。然而就像犹太教和东正教的历史所表明的那样，当与某种政治秩序相联系的宗教见证了这一秩序的毁灭时，并不一定会出现这种情况。

　　如果说由于道教和佛教在正常年代被容许存在，在叛乱时期则表现出千禧年主义的性质，它们对儒教的挑战变得温和了，那么太平天国的越轨则是一贯的：正如拜上帝教在正常年代不存在一样，它在叛乱中表现出的特征同样是一种新的特质。太平天国的教义并没有因为充斥着对历史终结的千禧年主义的热情而将历史丢给儒教。相反，它通过诉诸自身对历史的创造来直接攻击儒教。它能做到这一点，是由于它确立了一个在前提上完全是非儒家的君主制，即一个建立在超验的宗教概念基础上的君主制，这种宗教概念与儒家对内在性的强调是完全对立的。内在的德性而非超验的权力乃是儒家的君主制理想。因而太平天国对内在性的否定（同时也是对官僚制智慧的拒斥)，就成了对正处在对抗君主之自负的位置上的儒教的否定。

因而，比起佛教或道教，太平天国的宗教是对儒教之不满的更鲜明的象征，也正是这种宗教包含了与儒教确实更不相容的基本内容。当时的儒者深信这一点，没有哪次叛乱受到比它更多的抵抗了。忠于清朝的重臣和大儒曾国藩（1811–1872）认为与太平天国相比，一向受到蔑视的晚明叛贼李自成（1606–1645）和张献忠（1606–1647）都算是相对清白和正统的了，他指控太平天国攻击道教和佛教的信徒——通常情况下，后两者本身就是嫌疑分子。[1]

当李自成于1642年称帝的时候，他取"十八子"这三个汉字（有预言称，将有"十八子"夺取帝位），将其合成一个"李"字，即他的姓。[2]这是中国典型的谶语。但是当太平天国的洪秀全（1814–1864）宣称自己是新的三位一体中的"天弟"（耶稣为"天兄"），并因而是"天王"的时候，他那神秘的被恩选的地位则来自外国的意象系统。然而，在儒家看来，这种基本概念的异域性不仅在于它来自中国之外这样一个事实。正如按照最完满的儒家理想的检验标准，中国本土的王朝都包含着某种在隐喻的意义上属于异质的东西那样，中国本土的太平天国起义者的观念也是异质的，不仅仅是在起源方面。

让曾国藩这样的文人官僚如此感到不安的这种意识形态的核心，乃是对儒家君主制的前提的亵渎。这再好不过地暴露出这些前提——连同它们所意味的与儒教生命力之间的张力——的首要重要性。

## 2.儒家内在性学说的关键特质

对儒家来说，在圣人孔子并未做过王的情况下，什么样的君主能够心安理得地居于最显赫的地位呢？儒家并不轻视君主的身份，

89

但世人视之为王"位"的东西，那些外在的象征其权位的东西（那意味的是历史中的王，而非理想的王的概念），却没有什么珍贵的，此时真正为王的是无冕的孔子，即"素王"。[3]"素王"含有"王道"（儒家理想中隐秘的为王之"道"）和"王位"（君主对可见的权位的宣示）可能分离的意思。正是对这种君主须**可见**的自然倾向加以抑制的冲动，强化了儒教的一些最重要的概念。

不管在什么地方，富丽堂皇的表象总是不可避免地依附于君主。君主作为社会的最高领袖，作为一个不会被仔细检视是否具有人性弱点的人（因为在这种情况下，他可能通不过测试），要求被当作某种超于人之上的、与神性相联系的事物来接受；君王的威严就是某种神圣的光环在社会中可见的反映。

但是富丽堂皇的表象意味的是一种特殊的神性——超验——概念。它使得君主卓然不群，同样也体现了某种实际上属于"他者"而又确实是权力的神圣权力，这种结合让人想到了造物主。在中世纪基督教的某种理论中，国王在某种意义上被神化了（就像罗马皇帝的圣化〔consecratio〕就是他的神化〔apotheosis〕一样），上帝和国王之间内在的差异（上帝"依据自然"而具有的超验性高于他"依据神恩"而赋予其神性的国王）正是在**权力**这个关键的范畴中变得模糊起来的：国王的权力就是上帝的权力。[4]在尘世跟在尘世之外一样，光荣属于王国和权力；欢声雷动和歌颂武威的惯常形式，先后曾服务于罗马皇帝、基督教上帝和基督教君主。[5]"……归上帝"和"……归恺撒"的命令不只是区分了精神界和现世，它包含的类比的意义跟区分的意义一样多，因为**都**必须"归"——交——到上帝和恺撒那里。因而王权就反映了最高权力。"作为尘世之人，恺撒就像普通人一样，但就他掌握的权力而言，他却有着上帝的地位……"[6]

然而，造物主（就像尚武价值）与儒家思想是不相容的，文人阶层公开表明了这一点。无论我们在中国传统宗教中能找到多少超验的情感，或者怀疑在经典中，在深埋于注疏下面的某一层或许无法恢复的意义中可能有多少这种超验的情感，文人的儒教——当然是指发展到文官官僚体制已经成熟的宋代的儒教——明确地致力于追求内在性。直到19世纪，基督徒、西方人和太平天国才开始仔细考虑经典中模模糊糊的中文的"上帝"概念，把它看作一种超验的至高无上的力量。传统儒家的神圣之物都是和"天"紧密联系在一起的，"天"之"命"赋予统治者以合法性，要求他们追求德性（而非权力），以和谐（而非革新）为目的。"天"和"上帝"的起源不同。"上帝"是一个商代的概念；"天"则是随着周人的征服而出现的概念，周人传播了"天命"学说，从而把他们取商而代之的行动神圣化了。[7] 我们千万不要只因为——比如说——在犹太教中，从超验的角度看，天（hashamayim 等）经常用作神（Deity）的转喻，就依据外在的字面上的联系，而误以为儒家的"天"的概念等同于超验的上帝。[8] 不是"天"的某种假定的确切内涵构成了宗教的特征，而是宗教的特征赋予"天"以某种内涵。

　　有学者最近提出，战国时期，在儒教最开始出现的时代和地区，"皇天上帝"中"皇"演变成了它的同音字，即"黄帝"的"黄"。[9] 曾经代表上天的事物变成了一个假想的历史上的君主，后来又成了儒家理想中的"五帝"中的第一位。从语源学的角度看，这可以说代表了儒家关注重点的转移，从天上转到了地上的政治领域——从对超验的权力的想象转变为对作为典范的君主的想象。有意味的是，毫不留情地反对儒家的秦始皇，这位所有皇帝中间最咄咄逼人的有权势的君主，宣布他（作为一个反传统主义的实权人物）超过了古代的"三皇五帝"，称自己是"皇帝"[10]：这个词取自儒家之前的时代，带有超验的寓意。

　　在哲学的意义上，没有造物主就意味着没有"起初"，也就没有

91

进步的时间概念来威胁儒教的中正平和，或者打破与之相随的历史思想的绝对品格（这种历史思想更倾向于范式和典范而非过程与相对性）。在政治理论上就必然会推出儒家关于散发着德性光辉的皇帝的理想，这个皇帝在类比的意义上反映了他与社会的和谐关系，而不是在逻辑上干预社会以改变它；他应该以悲天悯人的态度让永恒的宇宙平稳运行，这个宇宙从来不是被创造出来的，也永远不会被某种伪装成超验的尘世统治者的行动与革新所惊扰。于是汉代儒教便用"五行"学说，赋予置身于自然历程与人类事件彼此连锁感应的宇宙天地之中的皇帝以循环往复的角色。[11] 一直以来，这与超验主义的体系是多么地不同啊！例如，犹太教设定了一个从未生也永远不会死的造物主，因而它在发展过程中就与自然的循环的宇宙论永远形成了鲜明的对比；而大卫王的偶像崇拜功能（建立在表现自然之神的死亡与新生的仪式戏剧之模式的基础上）则被严厉地压制下去了。[12]

　　《说文》曾引用《左传》中的经典语句"政以正民"①，表示统治的"政"和表示"纠正"的"正"同出一源。皇帝的任务是统治，其定义是"纠正"人民的越轨行为与错误。[13] 这里的假定包含了一种永恒的模式："正"是恢复与这种模式的一致性的过程。宋代的新儒家学者程颢在给皇帝的上书中，把尧舜之道看作完善五伦、达到天理之正的实践。[14]② 这从根本上说乃是一个沉默不语者，一个隐居的圣贤的任务（内在的事物总是隐匿起来的，从不惊人耳目）。这一观念正好与现实生活中皇帝作为引人注目的焦点的自然位置相冲突：请注意——比如说——乾隆皇帝以儒家的态度表达的对他1751年南巡所受接待的谦逊的期待，以及他实际上对地方官以浮华奢侈之礼

---

　　① 见《左传·桓公二年》。
　　② 中文原文为"得天理之正，极人伦之至者，尧舜之道也"。

接驾的推动。[15] 沉默和隐居的观念，也与皇帝行使改变世界的权力而非固守成规的自然倾向相冲突。

在上帝超越于人类经验的情况下，通常认为人本身在道德上是有限的，而国王则必定会使用强力（比如在基督教教父的思想中，堕落带来罪恶和社会混乱，从而需要强有力的权威；[16] 又如在迈蒙尼德的哲学中，人与超验的上帝之间的距离是通过上帝揭橥的法则所提供的救赎之桥来量度的，而国王就是那些接受立法者的指令，有权实施这些指令并强迫人民服从的人）。[17] 但是汉代的大儒董仲舒（生活于公元前2世纪），从人性本善不会堕落的前提出发，得出的结论是需要一个**道德**的权威，他是一个榜样而非使用强力的人，他的天命不是他拥有上帝一般的权力的认证，而是他具有魅力的证明。人民是善良的，因而就好像可以被（礼乐）施以神力，进入天所意味的和谐状态之中。天子通过他的存在而非行动——作为圣贤而非无法无天的统治者——来运用或吹送神力，使草民俯伏于天的内在秩序。这就是他存在的目的。人的本性是可以达到至善的，但若任其自然，却达不到至善的境地——"于是为之立王以善之。……苟性已善，则王者受命，尚何任也？"[18]①

因而，儒者所理解的君主制乃是一种别具中国特色的事物。但如果我们看不到君主制中潜在的普遍性的因素，我们就很难理解他们对君主制的理解。儒者到底在做什么呢？他们在对抗不受约束的君主制可能带来的后果，要知道这些后果是什么（因而也就是要知道中国历史的特性），人们应该像留意中国历史一样去留意其他国家的历史。如果说比较历史研究会得出宗教、国王和官僚制之间关系的某种一致性的话，那么在某一个国家（中国）的历史中，这些关系也会是有意义的，而不是偶然和空泛的。

93

---

① 前文中文原文为"天生民性，有善质而未能善"。

文献和图像资料表明，在中世纪欧洲的政治神学中，以基督为中心的君主制和以上帝为中心的君主制之间形成了一种有趣的差别。9世纪加洛林王朝君主的画像反映了上帝和作为上帝代理人的国王之间有一种直接的关系；基督是缺席的。但受到长达一个世纪甚至更久的以基督为中心的修道院虔敬心态的影响，此后的王权概念是"礼拜仪式性的"（典范的），以圣子而非圣父为中心，也就是说，以哥特时代的基督——一个令人感到亲切的人的形象——为中心，而非以源于君士坦丁王朝的几乎居于父之地位的傲慢庄严的基督为中心。在这之后，当基督统治的礼拜仪式性的王权概念衰落下去的时候，继之而起的理论又成了神学以及法律的王权概念。[19] 就像我们在中国（以及后面在拜占庭帝国）看到的那样，我们又一次看到了非儒家的大权在握的皇帝对法律的认同。"如所周知，全能的上帝指派国王管理人民……他可以用恐怖的手段，强迫人民服从他，也可以用服务于正当生活的法律来制服他们"，一位12世纪主张皇帝高于教皇的作者写道，他将上帝置于基督之上（"就像头脑支配身体一样"），认为国王类似于上帝，他还以坚定不移地站在皇帝立场上的态度引用圣保罗的话（《新约·罗马书》13：1）："在上有权柄的，人人当顺服他；因为没有权柄不是出于神的，凡掌权的都是神所命的。"[20]① 这是刻意的标榜，是对至高无上的皇权的强烈追求，它给国王的头戴上了神圣的光环，使得对付"国王的魔鬼"的国王触摸礼②——其功效源于作为治愈疾病的药方的上帝神力——在法国如此地倾向于发展为"高卢主义"（Gallican）③，而对于教皇则是如此傲慢

①中文引自新标点和合本《圣经》。

②中世纪和早期现代时期，传说国王的触摸具有一种疗效，可以治愈被称作"国王的魔鬼"的瘰疬病。参见马克·布洛赫《国王神迹：英法王权所谓超自然性研究》，张绪山译，北京：商务印书馆，2018年。

③1682年至1790年间法国天主教会的理论，主张君主的权力独立于教皇的权力，各教区应置于教皇和君主的联合控制之下。

地提出挑战和表示厌恶。[21]

这些与宗教发生的不同关联的政治含义是什么？答案似乎是这样的：无论君士坦丁曾经受到过什么样的压力，作为一个改宗者，查理曼大帝把他所获得的基督（不是圣父）的新形象当作天国中与尘世上的皇帝相对应的原型，而又无须强调早已被接受的基督的神性观念，就能获得超过他应有之地位的权力。查理曼大帝是一个集权者，他通过由廷臣严格地组织起来的（尽管是昙花一现的）官僚阶层来强有力地行使他的实际（尽管是转瞬即逝的）权力，在人们看来，他是**行动着的**上帝、作为造物主的上帝的形象，而非基督的形象，是能动者而非受动者的形象。"他在彼拉多手下受难"①，弥撒如此宣示基督的命运：基督受难。受难就是成为行动的对象；只有上帝是行动者。确实，不是作为基督的国王（它根本上是一种修道院式的即沉思的而非积极能动的概念）而是作为上帝（或者更准确地说，是作为上帝的同类）的国王才是查理曼大帝的恰当形象，在积极努力地破除所有尘世的羁绊方面，他是一个理想的君主。就受难这个词最深层的意义而言，它服务于内在性，但权力反映了超越于经验之上的至高地位。

这并不是说对一个超验的、创世的上帝的信仰肯定来自保皇党人之类。要知道约翰·弥尔顿相信上帝和人民而非国王才是权威的源泉。不过有趣的是，当弥尔顿把查理一世描绘为被控告的对象而非执法的统治者的时候，他有点像是在用儒家的口吻说话。查理被打败、囚禁乃至送上审判台的事实，对弥尔顿来说是一种启示，是查理要被除掉这一上帝意志[22]——一个儒者会说，是失掉了天命——的表现。然而，在现代带来的溃败来临之前，没有哪个儒者希望他的皇帝被拥有主权的人民所取代。弥尔顿毕竟不是这种儒家，他

①原文为拉丁文，出自《尼西亚信经》（*The Nicene Creed*）。

崇拜的是一个不同的天，因而他接受的也是一个不同的主权者。

因而，上帝不一定会赋予国王以合法性，上帝的观念也不一定会让王权被普遍接受。但反过来的逻辑还是成立的：国王需要上帝，当国王寻求权力的时候，上帝的权力（只要神圣的崇拜依然通行，这种权力就存在）是他们利用的主要资源。

在超验主义最为严格、偶像崇拜被绝对禁止的情况下，君主的观念基本上是不受欢迎的：如果上帝是王，就不应该出现国王敷衍应付上帝的情况（参见《旧约·撒母耳记上》8：4—7所载扫罗被立为以色列王之前的记述）。因为王权必定会造成这种局面——《旧约·申命记》17：16—20记载，摩西出于对上帝独一无二的地位的尊重，小心谨慎地指示王须受诸多限制，[23] 塞维尼夫人（Mme. de Sévigné）提到路易十四——奢华的嗜好者和化身——的时候，把他和上帝相提并论，她说这话的态度让人以为是上帝而非国王才是模仿者。[24] 亚历山大的犹太人斐洛（Philo Judeaus of Alexandria）（这里没有讽刺的意思）像撒母耳不得不接受君主制那样接受了它，他把国王看作一种神圣的幻影（"因为尘世间没有比他地位更高的事物了"），国王在世界上掌管法律，而上帝是永恒的王和人类君主的模范。[25] 古罗马硬币上奥古斯都那理想化的、非个人化的头像表达了"守护神"（genius）或"神意"（numen）的观念（奥古斯都超越寻常的意志，和他那普济天下非同凡人的神力），即希腊语中"神灵"（daimon）——也就是被认为在日常生活中能有效地发挥作用的"神"（theos）——的观念：统治者形象的非个人性反映了古希腊-罗马帝国早期宗教对神的力量（而非神的人格）的强调。[26] 在中世纪的伊斯兰世界，统治者是"神在世间的影子"；哈里发或伊玛目是"安拉的代理人或安拉的影子，他模仿立法者以完善他的统治"。[27] 在早期现代欧洲，不受统治者应具有美德这一要求羁绊的君主赐予恩典，就像上帝一样（加尔文的理论）。[28] 对4世纪拜占庭帝国的哲学家提米斯狄乌斯（Themistius）来说，统治者的基本素质——像神那样仁爱（*philanthropia*）——使得皇帝像上帝一样，上帝宽宏世人的特权也是皇帝的特权，表明上帝和皇帝都超越于他们赐予世界的事物——正义的法典——之上。[29] 对于在拜占庭帝国占据统治地位的基督教来说，这是臣服于皇帝权威的基础；而对在中国占据统治地位但却完全不同的儒教来说，我们发现，皇帝与成文法之间的这种联系以及其中所蕴含的超验意义却是冲突的温床。

撒母耳曾对国王行使权力真正意味着什么这一点发出可怕的警告（《旧约·撒母耳记上》8：11–18），从这个警告的角度来看，拜占庭帝国那种积极的"仁爱"乃是一种用来掩盖君主的真实潜质的神话。从同样的角度来看，儒家圣贤般的消极无为的理想也是一个神话：王不会一直隐藏自己。这两种神话之间的差异在于，拜占庭帝国的神话与皇帝那种自然形成的超越众人之上的自负态度相一致，并且强化了皇帝的大权；而儒家的神话则与皇权的特征格格不入，且以谏言的面目出现在皇权面前。拜占庭人把帝国的政府看作天堂中上帝的统治在地上的翻版。[30] 儒者那里没有天上有上帝以及他从天上发出自主的声音的观念。如果说君主制不可避免地会走向那种超验的模式，儒者却反对这种模式。他们不会用斐洛之前《申命记》的那种希伯来人的方式（它出自一种彻底的超验主义，希腊人的化身观念也没有损害它）谴责它，但却会纠正它，尽他们所能地使之悄无声息。

也许一位中国皇帝最接近儒者所推荐的道家神秘的清静无为思想[31] 的方式，就在于他的无能，而这经常伴随以社会的崩溃。但可以确定的是，在这种情况下，儒家不会赞成这种局面。相反，皇帝的德性会遭到贬抑（通常是从有利于后朝安全的角度），因为他显然没有履行作为天命持有者的象征性责任。而这种贬抑可能恰恰是以对无为的批评的形式出现的，这种无为被**公开地**贴上"道家"的标

签，从而成为儒家指责的合适的对象。[32] 显然，中国的皇帝受到了
诸多制约，掌权的时候有实际上的不合作，死后则至少会遭到道德
上的责难。

我在前面已经暗示（在讨论"民意"的时候），这些道德上的责
难——无论对错与否——都不是"中国政治思想固有的民主性"的
证明。但还需要强调的是，内在论的"天命"学说确实体现了与皇
帝的冲突（拜占庭帝国的基督徒官吏是专制君主手下面目模糊的一
群人，中国的儒者则远非如此），尽管体现的是官僚制而非民主制与
皇帝的冲突。（同样，在中世纪欧洲教权与皇权之间的紧张关系中，
君主制所面临的道德挑战——这一挑战有意忽略了圣保罗对"实际
掌权者"的完全而公开的背书，它成了为君主制申辩的文本基础——
乃是来自基督教会而非民主制的挑战。[33]）官僚历史学家出于他们
的儒教道德主义观念，把社会衰败的症候归咎于皇帝，但这些症候
实际上是官僚制自身正常运作的结果。

儒者必须要有一个皇帝来充当道德的体现（在社会的层面上，
就是官员需要一个国家），但皇帝却有可能受到这个道德体系（他处
在这个体系的顶点）的指控，替那些糟践这个他们所需要的国家的
官僚们受过。"天命"理论不是人民的保障，并未缓和绝对主义的统
治，但在士绅–文人阶层与皇帝在操纵国家上形成的既合作又冲突的
关系中，它却成了他们的挡箭牌。

我在这里并不想暗示说存在任何系统的犬儒主义或有意识的阴
谋，要去愚弄人民和绑架皇帝。这是一个现实世界的逻辑的陈述，
不是关于这个世界的领袖人物的冷静超然和逻辑缜密的假定。我们
在儒家政治秩序中看到的是一种内在的一致性——某种不依赖于理
性诡计的玩弄或其他什么闹剧的东西——一种思想理论和知识分子
社会关怀上的一致性。一个不顾一切地反对革命而又诱发革命的保
守的社会集团，赞成的是一种近乎完美的恰到好处的学说：它让对

社会体系的运作的解释具有内在的道德性而不是外在的社会性，这样它就把这个体系变成了一个神圣不可侵犯的和在思想上无法触动的东西。历代王朝是儒者用来转移社会风暴之怒火的避雷针，它们经受了"革命"（天命之更替），但官僚制却一直在延续，没有受到革命的影响。

　　然而，它却遭受了叛乱。独具儒家形式的中国官僚制，最终遇上了1850年太平天国起义的爆发，这是它遇上的最后一次叛乱——说最后是因为这次叛乱终于包含了革命的种子。儒家与君主制之间的所有张力，两者在利益和趣味上的所有冲突，在思想上都集中在儒家的天的概念上，这个概念（在它包含的所有意义上）界定了天子的意义。要在这里否定儒者，就需在社会层面的敌视上增加思想层面的拒斥，从而构造出那致命的寄生的概念。"法国"的革命在中国成为可能。

　　当然，太平天国的兴起并不是为了修正某个定义。他们的痛苦是社会层面上的，我们可以把这场叛乱的意识形态形式看作正在发生的事情——惊天动地的质的改变——的标志，而非这一改变的第一动因。然而，它也是某种动因之一。当推论的结果一致的时候，实际的后果也就合流了。尽管内在的天与超验的天的冲突发生在很高的层面上，但这种冲突并非只是虚无缥缈的"上层建筑"中的伪事件（pseudo-event）。中国历史的基础发生了变动。儒教与君主制将要改变它们在中国扮演的角色以及它们对待对方的态度，而态度的改变——从彼此较量到互相拥抱——决定了角色的改变。儒教和君主制从表现充溢着紧张的活力的普遍理性，转而立足于一种特殊的却又衰飒的中国情感。

98

99

# 第八章 太平天国对儒家之"天"的冲击

16世纪的一位德国人详细描述了俄国沙皇的绝对权威,称俄国人把他们对沙皇意志的卑屈臣服看作是对上帝意志的臣服。[1]当太平天国的天王洪秀全当上了我们这里所说的君王的时候,他也把对君王的服从看作是对上帝意志的服从,而他正像任何一位披着神圣外衣的外国专制君主一样,与儒家关键的理性主义的"天"的学说格格不入。当他拒绝和当时某些一道反抗清王朝的叛乱者建立联系的时候,他这么做不仅仅是因为他本身作为一个野心勃勃的君主,几乎不可能抱有他们那种恢复明朝的热情。[2]太平天国的君主观念与传统类型的叛乱者习以为常的观念实在是相距甚远。

## 1. "传统的"叛乱者:与太平天国在观念上的分歧

19世纪50年代有一段时间,谣传有一位叫天德皇帝的神秘人物,他引起了一些入迷地观察着这个四分五裂的中国的外国人的注意。一些人把他和洪秀全弄混了,但事实上关于"天德"的告示来自天地会的圈子,它又称三合会,还有其他一些名号;[3]而洪秀全很早就断绝了和他们一道起事的念头。因为三合会对清朝体制的攻击不过是要确认儒教作为中国社会之智慧的地位,而太平天国则对之嗤之以鼻。例如,太平天国对孝就看得很轻。他们几乎不可能把三合会的如下呼吁看作反满修辞的话语而接受下来:"助仇人以攻本国，是率其子弟攻其父母也。"[4]

秘密会社反复痛斥满人"鬻官卖爵"（"比商鞅酷民而更甚"），从而置儒家学说的正当要求于不顾。[5]也就是说，满人等同于儒家眼中的恶人（古代的"法家"商鞅），儒者也是寄生虫的受害者之一。但太平天国在指控寄生虫的时候也点了儒者自己的名字，于是这个指控就变得更加彻底，因为它的打击面更大。当有学问的儒者不是受伤害者而是毫无价值的施害者的时候，被控告的就不只是清王朝，而是整个正统体制。而当被应用于君主制的儒学公然被取代的时候，就不只是清王朝还有明朝或其他类似的朝代都被当作毫无价值的东西而被摈弃了。因为"天德"的"天"乃是新儒家学者非人格化的宇宙和谐状态：一则告示如此写道，"大明天德皇帝体天行仁"（在新儒学著名的"体用"二分法中，"行"等于"用"）[6]。"天"是他的"体"——这种关于君主与宇宙和谐状态之间关系的"内在"概念绝不是太平天国的"天"的概念，后者关涉的是一位超验的上帝，他的"天命"是从上苍发出的人格化的旨令，而不是儒家非人格化的遴选统治者的标志。"天王"洪秀全不是"天之王"（不像冒充明代皇帝的人想当的"天子"，即"天之子"），他是"天上的王"，是一个从天上的上帝那里接受指令的统治者，他不是与作为"体"的天结合在一起，而是与其分道扬镳了。

"天王"这个词不是太平天国首先提出来的。顾炎武（1613–1682）曾经把它当作周代的一个古典词汇来讨论。但只有在太平天国那里，"天王"作为宣称要实行普世统治的人所使用的词汇才跟"天子"针锋相对。[7]

## 2. 太平天国的"天"与权力的超验氛围

洪秀全从未认为，清王朝已经失去了天命。他从来没有提出这

101

种传统叛乱者的主张，是因为他从未想过自己的地位要由天命来加以合法化。不是"天"而是"天帝"才是他的权威的来源，当"天命"一词出现在太平天国文书中的时候，"天"是上帝的转喻，而"命"是《圣经》意义上的命令，而非儒家意义上的不受时间影响的模式。

　　关于这个转喻，只需注意到以下事实就够了：当洪仁玕（太平天国的干王）要求臣民"敬天爱人"的时候，他显然是在引用耶稣的话，[8] 而耶稣尊敬的对象也就是太平天国反复所说的他们的"天父"。太平天国宣称："我天王奉天父上帝之命。"[9] 显然，在这样的表述中，太平天国的"天命"这个复合词是一个缩略语：在"天"和"命"之间夹着天父上帝。

　　还有一点也很明显，正如"天"对太平天国来说意味着上帝，那个把时间带入到不受时间影响的状态之中的上帝一样，"命"对他们来说也不同于儒家不受时间影响的"命"。天王是怎样奉"天父上帝之命"的呢？"奉"是一个动词，意味着从更上一级接收某物，而儒家文本中的皇帝几乎从来不奉他的天命，而是"承"或（通常情况下）"受"之。汉代的大儒董仲舒规定："唯天子受命于天，天下受命于天子。"[10] 如此承受和传达的"命"是一种命令的标记（我们已经看到，董仲舒给皇帝分派的角色是通过树立只有他能树立的榜样来整顿人们的心灵）。但洪秀全是"奉天命**下凡**"（而儒家的"天命"不是一种**去做某事**的命令，而且天命的所有者当然已经是在凡间了）；这里的"奉天命"跟下面这句话里的"奉上帝之命"有同样的意义："奉上帝之命，灭妖之族……"[11] 当太平天国的"天父"要求人们接受他本人、耶稣（"天兄"）和洪秀全（"天王"和"天弟"）的时候，他以下面这种相当奇特的方式来为后者政治上的最高地位背书："他出一言是天命，尔等要遵。"[12]

　　这就是上帝要人们听从"天王"和"天命"的命令，因为上帝是通过他的小儿子"天王"来传达他的"天命"的。儒家"天命"的

"命"绝不会像这里被"遵"的"天命"那样——就像说出天命的"天"在这里实际上只能是太平天国的"天父"那样——被支配。当孔子反问道"天何言哉"的时候，他接着就把"天"等同于不受时间影响的宇宙模式。[13]因而儒家的天"命"永远存在，变化的只是有资格持有它的人。但太平天国的"命"是在时间中被赋予的，是从上天发出而又被下界遵守的。太平天国的"真道书"有三：《旧遗诏圣书》（《旧约》）、《新遗诏圣书》（《新约》）以及《真天命诏书》；而儒家的书都是妖书邪说，应该尽行焚除。[14]或者简单地说，太平天国的"真天命"必须和儒家的理解划清界限——洪秀全不是因为清王朝失去了"天命"而接受它的——因为，假如那就是太平天国的观点，他们就会诉诸儒家经书的认可而不是抬出一部经典来取代它们。人们也许会把这个反儒家的政权说成是"真天命"[15]，但是它的君主却不像儒家的君主，他永远不会承受这个天命。

　　因而，把上帝说的话奉为神圣的乃是一部新的经典。如果说孔子因为天不言而宁肯不言的话，那么洪秀全则在尘世间僭取了一个人格化的天的言辞和权力。"尔知天父无所不能，无所不在，无所不知么？……知得……"[16]太平天国的一部教义问答书如此写道。上帝能不断地制造变化，他拥有无限的不竭的力量，君长是"能子"，即他的孩子们，他给他们披上了权力的外衣。[17]儒家的词汇里没有"能子"，在儒家的词汇中，"德"正构成了外部物质力量的对立面，它是理想的君主之"力"。而"天王"从天那里得到的不是德而是力。上帝高于他的儿子们——只有上帝被称为"上"，只有上帝被称为"帝"（与此形成对照的是，所有正规王朝的皇帝本人都被称为"帝"），只有上帝和耶稣是"圣"，洪秀全只是"主"。[18]于是超验的上帝通过下界的天王来传递他的权威。服从他就是服侍上帝和耶稣。[19]洪秀全的族弟和副手洪仁玕区分了传统的贵族头衔（公、侯、伯、子、男）和太平天国的职衔，称后者远胜于前者。他说，这是

103

因为传统的等级取自于家族体制的命名法（实际上，它们既是表示亲属关系的术语，也是政治术语），而这种安排会造成混乱，又比较粗野。然而太平天国的术语都有"天"打头——都城是"天京"，士兵是"天兵"，官员是"天官"——因为"天王"的权威源于"天父"。[20]

### 3.《圣经》作为经书之接替者的意义

这些"天官"要通过考试制度选拔出来为太平天国任职，由于采用这种传统的办法，太平天国放宽了他们对传统文献的限制。据说上帝已经承认，孔孟有很多优点，同样有神圣的情感和理性，而且四书五经在经过**官方修订**并指出其虚假之处后，可以作为补充的文本重新供应试者研读。但基本的文本是《旧约》、《新约》和《真约》，《真约》是指太平天国颁发的诏书和法令。[21]

104

清朝情报机关关于这种考试制度的一份报告指出，考试的文章仍采用八股文的形式，诗歌则是清朝常用的试帖诗（五言八句）的形式。不过，题目都取自伪书。例如，湖北一次考试的首题是"真神独一皇上帝"，次题是"皇上帝乃真皇帝"。诗题则涉及道成肉身和耶稣受难。[22]（原文即为"伪书"。人们也许会顺便注意到，凡是太平天国文书中以"天"打头的词，清朝的报告都把"天"换成了"伪"——"伪京"、"伪兵"、"伪官"等——其规律性和仪式化的冲击力，与英国或美国军事隐语中表示残杀或火并的粗话如出一辙。）

传统形式的保留——考试制度本身以及试题的形式——有没有让内容上的转变变得毫无价值呢？要这么说就是要否认此前整个中国历史上儒家内容的意义，让任何思想内容本身都变得无关紧要，就好像它只是在抽象的意义上作为思想之重要性的象征而存在，而不是作为严肃的思想实质发挥作用。但是当太平天国把考试的题材从儒家改为《圣经》的时候，真正重要的事情发生了；这并非"仅仅形式上"的改变。因为正如太平天国的"天命"突破了儒家君主制观念的限制一样,太平天国的考试制度也要求官员忠于君主的意识形态,忠于那些使得他具有合法性的书籍。而儒家科举考试制度奉为经典的那些书籍,则赋予那些身居高位的**官员以合法性(并以他们的方式赋予君主以合法性)**,这些书籍同样要求皇帝的忠诚,要求君主忠诚于官员的意识形态,由此确认了这些官员的崇高地位,确认了他们免于为皇帝所占有的自由。

8世纪的唐代皇帝把道教的"五经"列为学者修习的课程,毫无疑问,这位皇帝表现出某种在科举考试的领域脱离儒家权威的独立性。但是道教"五经"这一设计本身显然是对儒家经典所享有的声望的一种礼赞,而且从来没有人想过,要用这些小心翼翼地拿出来跟儒家经典竞争的道教经典来取代前者。然而,这正是太平天国的"三约"要做的事。太平天国的考试制度绝不是要确认儒者和太平军之间的连续性,而是标志着与过去的断裂,标志着对儒家智慧的取代。

105

### 4.太平天国与儒家的关系

在太平天国对儒家批评得最严厉的那些文献中,孔子因为欺骗人类而在上帝面前接受质疑和鞭笞。他的书被不公平地拿来跟太平天国的经典做比较,后者据说是上帝传下来的,没有任何错误。[23]这样一种彻底反儒家的调子并没有持续下去。不过,从儒家文献中选择性地借用的材料只是用来丰富那些反传统的表述。太平天国承认"天下一家"、"四海皆兄弟"这些表述古已有之,但同时又宣称这是他们自己的表述。然而这些短语虽然表现出充分(尽管又很特别)的儒家色彩,却被援引来支持他们的基督异教:"尔等肉身是尔凡肉父母所生,尔等灵魂是上帝所生。"[24]在这里,借助于这种灵肉关系的暗示，我们看到了（就像在洪仁玕对太平天国的等级制和经典的等级制所作的区分中那样）对家庭的贬低。

于是，儒家普遍主义的表述遭到了扭曲，用来服务于一种完全不同的基督教的普遍主义（前面所引的经典短语出自一篇题为"谕救一切天生天养"的公告中）。太平天国的一位预言者宣称上帝的爱和他所召唤出的极乐天堂是所有人都可享有的，所有人都可以通过遵守他的诫律而成为他的子女，这位预言者接下来宣布："天下凡间，不论中国、番国、男人、妇人……"[25] 这是一种"不论犹太人希腊人"的神学，而对历史和文化具有强烈意识的儒者——他们自身的普遍主义是和中国文化以普世自居的态度紧紧地联系在一起的——几乎不可能接受这种反历史的、保罗式的普遍主义，以及它对文化意义的轻视。

这里有些词汇也是儒者的词汇——天下、番国——但是语言却是新的。因为尽管太平天国可以得出"天下犹一家，中国犹一人"的结论，[26] 儒者却必定会否定天下所有的种族都平等的看法，把"番国"照字面理解为确实劣于"中国"的野蛮人的国家。但是太平天国把"番"变成了一个隐喻，用"外国"这个中性的内涵代替了表示劣于中国的"野蛮"的原始意义。"皇上帝六日造成天地山海人物以来，中国番国俱是同行这条大路，但西洋各番国行这条大路到底，中国行这条大路，近一二千年则差入鬼路，致被阎罗妖所捉。"[27] 在这里，背离最高价值的是**中国**，而"番"却可以没有冒犯的意思，因为"番国"一直忠诚于这种价值。

已经有人注意到，[28]"太平"这个复合词来自于一个在洪秀全的家乡被广泛研究的文本，即《公羊传》，它是贯穿了从魏源这样的学者到其最后阶段的康有为学派的儒教改良运动的关键文献。就像公羊学派的改革家坚持认为中国已经放弃了它真正的古代智慧一样，太平天国也强调在远古时期只有一条"真道"，所有的人都崇奉皇上帝，他们还从经典中撷拾提到"上帝"的文字。[29] 但可以想见，只有公羊学派而非太平天国是要维持儒家的智慧。这些改革家仍然是十足的儒家，他们的普遍主义是从中国开始的；世界所要遵循的历史模式，只有先知式的孔子看清楚了。与此相反，太平天国则把这种历史模式看作普天下所有人共享的启示。对康有为来说，中国已经背离了真理，这个真理是一种在历史中向前发展的观念，它是中国的圣人提出来的，西方只是体现了它。对太平天国来说，中国背离的真理是西方人既**知道**又接受的真理。太平天国强调的不是中国对普遍真理的特定的接受，而是中国对普遍性的背弃。他们通过把中国抬举为最新启示的发生地，通过把当时的中国人提升到一种新的普遍的三位一体的地位上，让中国重新恢复了至高无上的感觉。[30] 孔子这位旧的大师不是他们的圣人，儒教也不是他们所预见的中国的智慧。

### 5.太平天国的平等主义

因而，尽管公羊学派的影响也许可以让太平天国的注意力转向《礼记》的《礼运》篇（这是公羊学派另一个特别偏爱的经典文本），其效果却不是儒家的，而是以太平天国最纯粹的君主制形式表现出来的强制性的拉平。一份太平天国的文件把所有的男子称为兄弟，把所有的女子称为姐妹，接下来直接引用了《礼记》中的"大道之行也，天下为公"。[31] 同样是这份详细论述"公"的文件，把平等解释为源于（完全是非儒家的）上帝普世性的父爱，[32] 另一份文件宣称天父不希望出现不均的现象，它接下来写道，"天下皆是天父上主皇上帝一大家，天下人人不受私"[33]。我们已经很清楚地指出，这种均平的情感是与传统的自上而下的"五伦"和"五常"背道而驰的。[34]

一份递交给曾国藩的关于太平天国的情报注意到异端之"教"在中国历史上的悠久传统，以及它们与阶级骚乱之间的关系。最近的例子是天主教在官方的压制下，把名字中的"教"改成了"会"。英夷得到安抚后，东南沿海地区的刁民变得越来越暴虐。洪秀全等人结成了某种帮会，一开始叫"上帝会"，后来改为"添弟会"（这两个复合词发音相近，"天地会"——三合会的别名——中的"天地"一词，没有出现在这份记载中，但考虑到太平天国与秘密会社之间的纠葛，它们的谐音当然是很有意味的）。新入会者不必在意资历，因此他们以后都是"兄弟"。[35]

这里，太平天国用这种内容可彼此替换的伊索寓言式的语言，把反儒教的对先验上帝的接受与反等级（因而也是反儒教的）的社会制度等同了起来。而这又与对君主至高无上地位的情感上的认同联系在一起，这种地位让人们想起君主制与等级制和内在论的儒教之间的传统张力。太平天国的一首歌谣唱道："人……能知敬天，胜于孝亲。"[36] 我们在这里几乎听到了雍正皇帝反对宋儒欧阳修的声音，他强调官员"以其身致之于君，而尚不能为父母有"。[37] 我们又一次在洪仁玕对"朋党"的攻击中听到了他的声音，"朋党"正是雍正皇帝攻击的目标。太平天国就像清朝一样，不容许"朋党"的存在，因为"官"是依附于朝廷的，就像官僚致力于服务公共利益而非私人利益一样，他们决不能在自己中间拉帮结派。因为君主对待他的大臣就像将军对待他的下属一样：如果部下联合起来，他们就会损害君主的权力。[38]

然而，太平天国并不承认清朝的皇帝把权力和公共利益统一了起来。太平天国的一份文书宣称上帝拥有天下，对满族则严加斥责："天下者，上帝之天下，非胡虏之天下也。"[39] 在太平天国看来，清朝以及任何一个如此儒家化以至于不可能承认"大地属于主"的朝代都是"私"而非"公"的。太平军不是单纯的君主主义者，对抗着一个仍然影响到他们的儒家官僚制，就像他们不是单纯的儒者，在对抗一个仍然庇护过他们的君主制一样。这场反对作为寄生虫的儒者的叛乱，同时也是一场对抗皇权体制亦即传统君主制的叛乱，无论这种君主制与同样的儒者之间存在着什么样的公与私的紧张关系，它都永远无法以太平天国的那种精神，把这些儒者当作提供死掉的智慧的纯粹私人来打倒——说他们**纯粹**是私人正是因为他们提供的智慧已经死掉了。

### 6.太平天国的独特冲击在心理上造成的反响

　　面对共同的敌人，儒教和君主制保持了它们的关系，但却失去了它们之间的张力；双方一道遭受的攻击使得它们的利益融为一体，因而就改变了它们的特性。在新的特性中，儒教和皇权体制都有的**与中国的联系**在根本上得到了强调——中国的事物与外来的教义和体制完全不同，后者在现代中国日渐增长的影响力在太平天国那里已露出端倪。文化上属于异端的太平天国是"内部的野蛮人"，必须以**全体**中国人的儒家文化的名义把他们镇压下去；儒教不能被仅仅认作一个阶级的武器。而文化上异质的西方人则是外部的野蛮人，必须以全体**中国人**的儒家文化的名义抵抗他们。实际上已经不可能再把儒家文化构想为"天下"——既是"帝国"又是整个世界——的文化。

　　因为在内部太平天国必须受到重视这个事实就意味着在外部西方国家已经不再真的是野蛮人了（这正是太平天国用"番"这个字来比喻道德上中性的"外国人"的时候想要表达的意思）。也就是说，西方人已经不能再被看作过去那种意义上的野蛮人了，这些野蛮人也许冥顽不化，但可以想见，他们仍旧仰慕儒家文化，尽管有远离中央的不便，他们仍有希望变成中国人。相反，西方人是真正的对

110

手，很明显，他们能够提供文化上——甚至是中国文化——的替代性选择；因为他们让太平天国——**进而让儒者**——在文化上显得暧昧。于是，对中国身份的要求——而非对普遍性的占有——开始主导中国思想和制度的世界。在耗尽了所有的张力之后，20世纪中国的儒教在一种"国魂"的传统主义之中与君主制纠缠在一起，它与它渴望回到的原初的充满张力的传统分道扬镳了。

必须重申的是：儒教与君主制之间的张力消失了，是因为太平天国刺中了这种张力在儒教身上表现出来的地方（"天"）。正是这一点使得太平天国成为无可救药的敌人。太平天国的宗教以其对儒家"天命"之内在性的超验主义的攻击，恰恰在儒教宣称其享有特殊的自由的方面，在儒家官僚拒绝承认君主有把他当作工具的权利的方面否定了儒教；儒家的"天"属于一种标举业余性的文化。但是太平天国的"天"抹除了业余理想，这种抹除表现为两种方式。因为太平天国的基督教预示了科学的到来，这就在文化上构成了对儒家的业余爱好者的威胁，就像太平天国的基督教在政治上（用它的与"天"相对的"上帝"）构成了对儒家的业余爱好者的威胁一样。科学的价值（参见第一卷）是专业性、非个人和反传统主义的——所有这些都与儒教的旨趣格格不入。因而，不仅在权力方面，而且在文化基调方面，太平天国的宗教都冲撞着儒教。这种宗教被撞碎了，但它产生了不小的影响。

在20世纪，反儒教的科学的鼓吹者往往也是反基督教的。基督教被看作科学的对立面，对他们来说它似乎是某种需要卸掉的压舱物，在儒教作为科学的牺牲品也被弃之不顾的时候，扔掉它可以恢复民族心理上的平衡。然而，对毫不留情地反儒教的太平天国来说，基督教似乎是与科学联手对抗儒家文化，而不是与儒教一道成为科学的牺牲品。洪仁玕抨击了偶像崇拜和与之相关的迷信活动，他把基督教拿出来当作解药。他摈弃对木头石头的崇奉①，理由是这种崇拜与如下这般执迷不悟的看法有关："有病时不谓血气不和，而谓妖邪作祟。"[40] 这种医学理论很古怪，但其前提是自然主义的。于是，因为偶像崇拜的迷信似乎成了它们共同的敌人（"敌人的敌人……"），超验主义的宗教就把（某种）科学推荐给了太平天国。而基督教支持之下的科学或其他任何形式的科学，都与儒教格格不入——就像打着（某种）基督教旗号的太平天国版的君主制与它格格不入一样。

对科学的兴趣意味着对西方技术的兴趣。这反过来又意味着太平天国对西方技术（连同宗教主题）的认可可能会引入儒教价值的替代品，而不只是物质上的补充。这就说明了晚近的儒家在儒教的**中国性**上面所投入的巨大的心力，这种中国性是永恒且无法抹除的，不容许被替代，即便是在——当然是在——儒家自强派本身对西方做出某些让步的时候。不是单单西方本身造成了儒教本质的改变，而是透过太平天国意识形态的暗黑玻璃观察到的隔着一层的西方造成了这样的改变。因为那就表明了中华世界内部存在着来自背叛者的威胁，同时也使得真正的儒教信徒的激情（尽管它扭曲了真正的儒教信条）高涨起来。

简而言之，当太平天国攻击儒家的官僚制，认为它不只是在社会层面上腐败，在思想上也空洞无物的时候，这种攻击是从一个自我确认的前提开始的。因为太平天国是以一种同样对儒者嗤之以鼻的心态来背叛清朝的（单就这种背叛行为而言，儒者也会考虑）。因为太平天国不是来自外国的侵略者而是中国人，儒教就变成**只是**中国的了，就像君主制一样——两者的处境太相似了，它们如今只能在一个比儒教设想的世界更狭窄的世界中相依为命。

--------

①见《旧约·申命记》28：36。

112

　　如果说儒教被迫接受这种处境，即失去了它作为中国社会的创造性智慧的地位，但同时仍然维持着与高层官僚士大夫的关系，那么它成了什么呢？无论它以前曾经是什么，太平天国的视野把它变成了太平天国所看到的东西，即一种意识形态，它作为普遍观念的特征让步于它的阶级属性的观念。儒教受到了这场叛乱的拖累，后者使得它看上去像是士绅阶层统治地位的文化外衣，妨碍了反传统主义的、民族主义的平权论者。对儒教进行阶级分析乃是共产主义者从太平天国那里继承来的一份遗产。

　　太平天国作为传统的反叛者在当时取胜的机会，由于他们所具有的原始革命的新异性而被毁掉了；儒者仍然葆有足够的活力，使得他们与太平天国运动的格格不入对后者构成了致命的因素。但是由于这种格格不入让儒教所付出的代价，儒教的活力最后也耗尽了，革命随之而至。这个结果的尘埃落定，差不多花了一个世纪的时间。1860年代的"同治中兴"让君主制和儒家官僚制看到了希望，但它仍然是"传统的"。它还不像拿破仑倒台（以及路易十八去世）之后法国极端保皇派（Ultras）中世纪式的复辟——或中华民国时期的复辟——那样是传统主义的流产的"中兴"。[41]① 这场叛乱的极端暴力，它给社会造成的可怕的创伤，一开始让儒家的前途显得黯淡无光。正因为太平天国如此无情地挑战了儒教，后者才还能被看作一副解药，被看作文明年深日久浓缩而成的精华，在经过充满混乱的沉疴年代之后又重新被吞服下去。某些时候，儒教的益处在于它**不是**某些东西——太平天国和洋人的东西。而在另外一些时候，儒教有那么一点益处是因为它是某些东西——让人感到亲切的中国的而非西方的东西。

　　但是一种思想体系最终必须要得到思想上的认可。儒教必须要

---

① 此处"复辟"和"中兴"英文原文均为restoration。

有富于意义的功能，而不只是令人愉快的联想。已经奄奄一息的儒教，被共产主义的革命者击垮了，他们步武太平天国，从历史上把儒教贬黜为属于一个阶级的东西，这样就在思想上剥夺了它的普遍权威。共产党的学说并不归功于太平天国，它直接源于马克思主义。但这种学说反映了太平天国的主张。它之所以能如此是因为太平天国已经做了足够的破坏工作，从而使得这种分析看上去言之成理。当新社会分派工作的时候，儒者连劳心的活也干不了了。太平天国的控诉为新社会对他们的控告创造了基础。

### 7.儒教与官僚制功能的分离

自1860年以降，儒教与西方融合的主张开始填充到思想生活中来。尽管这些主张出现于改革者而非反儒教的革命者的阵营，它们还是极大地削弱了儒教的权威——尽管（同时也是由于）融合论者强调儒学是中国人生命的核心。当儒教作为整体变成"内"和"体"，变成"西"学应该"补充"的中学的时候，旧的"内"与"外"之间的张力就从儒教内部消失了。[42]

正是这种让儒教在思想上变得平淡无奇，让儒教完全成为内在的东西而非内外合一的整体的转变，使得儒教在社会上失去了效用。它越来越成为一种感伤主义者迷恋的对象，某种远离官僚制运作的领域的东西，于是它不仅失去了儒教内部的张力，也因此失去了与君主制之间的外部的张力。儒教与官僚体系之间的关系（只要帝制中国还在持续，这种关系就会持续下去）包含的内容变成了官僚对从外部来捍卫儒教的关切。这与它们之间原本的关系完全不同，在两者原本的关系里面，人们认定官僚制的功能是从儒教自身中推导出来的。

随着儒教权威在更广阔的世界里的弱化，儒教内部孔子的权威得到了提升。这种提升同样虚弱无力。作为最后一个儒家学派，公羊学派试图为改革者提供儒家的社会匡正方案，而太平天国在这里给出的则是革命和异端的药方。结果公羊学派端出的是这样一个孔子，他如此神秘地富于预见性，而在指导实际的国家治理上又如此地无用，以至于该学派的支持者不出所料地失去了他们与官僚制之间的纽带，以政治上毫无作为的幻想家的面目收场。他们缺少那种过去儒家与君主制之间的张力底下的制度性的根基。廖平（1852–1932）以公羊学先知式的口气，把他的"太平世"想象为人们可以飞身凌云的时代，[43] 他给抱着地面上的经典不放、"介入"社会并卷入政治的儒家传统，画上了一个恰到好处而又毫无用处的句号。官僚制在晚清和民国时期还在延续——尽管一路磕磕绊绊——但和儒教的关系却越来越小了。

　　1905 年科举考试制度被废除了，此时儒家的学问确实变得纯粹了，对以常规的方式选拔官员来说已经没有用处了。但儒教需要这种参与到官僚体制之中去的杂质，需要科举考试的纽带，即便冒着被公式化和死记硬背的风险。当然，布衣学者的观念也不新鲜。但在早先的时代，可以想见，主动退隐常常仍是一种政治行动。在韩愈式的那种健康的儒家传统中，退隐的意义在于通过弃权来批评政府，并以此来改进政府。但在 20 世纪，甚至在君主制垮台之前（这也是它垮台之后就不会再起来的明确信号），不做官的儒者抱着他的学问，而还在做官的儒者则用他的业余时间来做学问。这不只是不参与而已——这是儒家的知与行、儒家知识（"体"）与官僚行动（"用"）之间的纽带的终结。旧的秩序不会再恢复了。丧失了行动的出口，知识本身也不再是以前的知识了。

　　后儒教的共产主义专政体制拥有官僚制的工具；但是当儒教还是活的智慧的时候，儒家的官僚制从来都不是死的工具。共产党的干部只是一个职员，随时可以被替换（列宁：《国家与革命》），[44] 而不是"不器"的君子(《论语》)。当然,从事实来看,这两种标榜式的说法听上去都有一点虚伪。毕竟,儒家的官僚经常被用作工具,被轻易替换;共产党的官僚也不得不努力保持他们的谦逊不致失落。但这些不是唯一的事实。官僚的标榜也是事实,而且他们不会容许他们的特质变得模糊不清。共产党人和儒者不是一回事。太平军(以及其他的现代人)也留下了他们的印记。

如今,中国的官僚制不可能以过去儒家的那种暧昧的方式以自己为中心。在汉代,儒教是被国家"尊"起来的。现在被尊的是马克思主义——但不是出于**谦让**的精神而被尊崇的。因为现在国家拥有了过去准法家的君主所没有的东西,即集权的技术手段。现代技术在政治上增强了旧的混合物中的法家成分,同样的技术在文化上则分解掉了它的儒家成分。

在当代的舞台上,由于政府所掌握的新技术,没有什么诸如贵族之类的私人权力能与国家主权相匹敌,后者为机要中枢和既享有特权又受到约束的官僚体制提供了框架,对两者都发挥着辐射作用。新的官僚制不像旧的官僚制——新官僚制的职业性的科学主义与旧官僚制的非专业性的人文主义大相径庭——它几乎不可能沉湎于自身作为人类欲求的快乐和目标的角色。

# 第四部分 意味的残迹：最后的儒教 与君主制（Ⅱ）

## 第九章 时代错置的形成

### 1.革命的名与实

没有儒教的官僚制——没有官僚制的儒教——儒教的思想内涵发生了深刻的改变。当一个思想流派脱离其熟悉的母体仍然存活的时候，这证明了它的活力还是它的空虚？布克哈特在论及拜占庭帝国崩溃后的东正教——后者是如此紧密地和前者联系在一起——的时候，提出了这个问题，留待后人解答。[1]对儒教来说，答案似乎没有那么不确定。因为革命最后介入到现代中国的历史之中，终结了官僚制长期不为"革命"——旧的君主体制之天命的更换——所动的历史。儒家语言的字面意义发生了动摇。

当革命（revolution）在1911至1912年间爆发并建立了民国的时候，参与其中的人把它称为"革命"。但它还是那个旧词汇吗？可以说，它似乎更像是对现代日语中"革命"（kokumei）一词的回译，后者在比喻的意义上，用表示"天命"的字来传达革命的观念。在日本它只能是比喻，因为日本的君主政体理论强调的是血统而非上天的选择，是世系的资格而非道德的条件，它从来都不是儒家的。

儒家神话中原生的英雄是人，而非神或神的后裔；而日本神话是从太阳女神以及她的日本武士后代开始的。因而当一位中国君主仿效拥有独立谱系的圣王的榜样时，他就是合法的；而日本君主则当他遗传了赋予他那一支世系以不朽地位的神性的时候，才是合法的，**他的**命是不可取消的。汉代大儒董仲舒"王者有改制之**名**，无易道之**实**"[2]这句话，只有在中国才能被真正地理解。也就是说，是真正永恒的道——而不是任何特定的王族——支撑着王权。

约瑟夫·德·迈斯特（Joseph de Maistre）是法国复辟时期的保皇党人，并且主张教皇拥有绝对的权力，他持一种完全非儒家式的超验的宗教立场：国王通过教皇与上帝联系在一起，上帝委托教皇来教育君主。德·迈斯特像日本人而非中国人那样信赖家系。他又主张一种听起来像是儒家的观点，认为要取得统治权必须是王室中人。然而，德·迈斯特心中没有儒家的正名的观念，没有中国人的这种想法：即只是在**政治上**合法的王有可能在道德上是不合法的。他像日本人那样，把政治合法性看作核心问题，相信王室的品质取决于其血统[3]：任何取代一位出身正当的君主的权力的力量都是革命的力量，这里的革命与合法的"革命"（"天命的更换"）无关。因而，虽然中国的儒者可以平静地考虑天命的更换，把它看作保持合法性的方式，它却无法与诸如欧洲或日本的君主体制相协调，在后者那里，内在的天的概念的道德主义，遇到先在地获得恩典的那些人的继承而来的权利就黯淡无光了。在日本出版的最受尊崇的明人著作中的一部（谢肇淛〔1593年进士〕的《五杂组》，分天、地、人、物、事五部），删去了引用《孟子》的段落；一位现代学者解释说，对日本的国家形态来说，"革命"的概念被认为是不合适的。[4]（值得注意的是，在明代的中国，《孟子》也曾被删减——删减者是开国之君洪武皇帝，他也对道德主义的约束怀抱着一位君主的厌恶之情。[5]）

因而，"革命"在日本的词汇里自然没有一席之地，只要其字面上的儒家的意义——这在日本毫无意义——是它的唯一意义。但是当现代日本在借鉴外国方面从受中国影响转向受西方影响，从而扩

120

大了她的词汇以容纳西方观念的时候，"革命"这个复合词就获得了
剧烈的政治断裂的意味，这种意味之充分，足以赋予它革命的意义。
现代中国人随之也扩大了他们的词汇，在现代日语中发现了以汉字
形式出现的现代词汇的宝库。当他们想要表达革命的意义的时候，
他们从日语中借用了"革命"这个词，并且同样将它的字面意义转
换为比喻的意义。1895 年孙中山在神户的一份报纸上读到别人把他
称为"革命党"，一下子领悟了这个旧词汇的新意义，只有在这个时
候他才接受自己作为"革命党"领袖的形象："（我们）看见'中国
革命党孙逸仙'等字样……我们从前的心理，以为要做皇帝才叫'革
命'，我们的行动只算造反而已。自从见了这张报纸以后，就有'革
命党'三字的影象印在脑中了。"[6]

　　不仅是赞同革命的孙中山，就连自居为传统主义者的人们也通
过他们对"革命"一词的使用，承认它已经被现代人拿走了。1913 年，
共和大潮兴起之后，康有为的一位追随者把"革命"与克伦威尔、
法国大革命，以及比利时、意大利和瑞士的叛乱联系起来，并以一
种儒家的嫌恶态度指出在这些"革命"里，子弟攻击他们的父兄。[7]
同年，康有为本人对"革命"一词比喻意义的转变甚至给予了更加
有趣的承认。他写道，"汤武革命"（即从夏到商和从商到周的天命的
更换）在中国是一件寻常的事情。它是要改变一个王朝的天命，即
"革一朝之命"，这与"革""中国数千年之命"大相径庭！如今，随
着民国的建立，出现了文化上的"革命"，即推翻历史和政治的原
则、法律、习俗、道德以及国魂，这是巨大的灾难。[8]康有为也许
还可以加上——按照他自己的用法——推翻传统的意义。因为他接
受了"革命"现在的用法，以一种悲哀的穷途末路的语气，把它用
于某种不同于王朝之德性的事物——即国家特有之"体"身上。

　　并不只有"革命"一词改变了它的内涵。孙中山也接受"党"
（"革命党"的"党"）的意义，此时他既是在字面的意义也是在比喻

的意义上谈论革命。因为在旧的君主制的世界中，"党"的内涵实际上是反意识形态的。"朋党"——个人的派系或小团体——这个词组很难被拆散。但"党"现在作为"政党"，是服务于那些想要打破旧共识的人们的现代政治载体（或者说它被希望扮演这样的角色），它已经是一个被改变了的概念——就像其同类"革命"一样，后者的转变恰恰将其完全变成了对转变的呼吁。

"革命"这个词组并没有完全丧失它与过去的关联，它的历史深度还是被承认的。然而正是这种承认把一个古代儒家的概念简化为某种古怪和"某一时代"的东西。对一个现代人来说，说宣统皇帝1911年"失去天命"就是力求用有意识的时代错置来达到影射的效果。曾经严肃的儒家内容变成了修辞。

事实很简单，当"革命"推翻了清朝的时候，它是汉人驱逐满人，而非一个朝代取代另一个朝代——由此，它是在革命而非"天命"的连续性上，用民国取代了帝国。还有什么比清末革命党人的口号"反清复汉"[9]表现得更倾向共和、更革命的呢？既不是"反满复汉"——它在更传统的时代会表现为一直就有的族群对立，也不是"反清复明"——它表现为一种类似的王朝之间的抗衡。与这些口号都不同，在"反清复汉"这个口号中，"清"（一个朝代）代表了"满"（一个民族），它的中国王朝的名分——虽然是在文化上赢得的——并不能使得它免于汉族反君主主义者出于对种族–民族的强调而对它发起的攻击。

激烈排满的章炳麟尽管文化上持保守主义态度（参见第一卷），却是一个反对清朝的共和主义者。他在孙中山的机关报《民报》（第16号）上写道："夫排满即排强种矣，排清主即排强权矣。"[10]君主制已经没有指望了；由于它最后的拥护者孱弱无力，它的神秘性正在丧失。

杨度是袁世凯的"六君子"中最重要的人物，他曾经抛弃康有

122

为支持清朝的保皇会，但并没有转向共和主义。杨度找到了一位"真命天子"[11]，但是为时已晚。难以置信的是，他找到的是袁世凯。而洪宪皇帝袁世凯把清朝丢掉的德性捡起来戴在自己身上，拒绝承认共和主义者"革命"的反传统意旨，他是一个不合时宜的人物，一出闹剧的演员，一件被重新拿出来的过时的玩意儿。在给他的荣耀唱的下面这曲赞歌中，不仅有错误的陈述，也有拙劣的模仿："……方今百姓，盛歌元首之德，股肱贞良，庶事康宁。"[12]

这是一种饥不择食的生存状态，它不得不如此。这位迟到的君主只能回到神圣的过去之中，而不幸的是，在那个过去里面找不到他那种招牌的传统主义和支持他的儒家，儒家对君主制的支持无论如何都不会如此地直接。在早先中国人的心态中，异族王朝尽管显然无法融入汉民族的"精神"之中，但仍然一直有成为正统的可能性，在这样一种心态中，怎么会有"民魂"——现代君主主义者和儒者的传统主义基础——的位置呢？而儒家文人的传统主义和本质上是法家的反传统主义的世袭君主制——无论它属于汉人还是异族——之间的旧的张力又在哪里呢？在帝国的鼎盛时期，儒家的一些理念虽然出于适应皇权的需要而在实践上有所牺牲，但在效力上仍然作为对皇权的约束而暗暗地发挥着作用，而这个论断加以必要的修正后，反过来也同样成立。如今，革命党人偶尔自己也会用过去儒家一些特定的例子来反对皇权的虚骄自负；例如尧舜曾经是与单纯的帝王血统相对的儒家美德的展现，他们现在可以以反对世袭王朝的形象而成为民主主义者的骄傲。[13] 因而，在经历了这样一场革命性的政权交接之后，残存的儒家君主主义者（而不是那些对君主制抱失败主义的态度并试图在民国找到一席之地的儒者）不得不放弃这一类的道德检查。[14] 如今旧的张力得到了释放。然而这种释放带来的只是寿终正寝，此时幽灵一般的君主制和幽灵一般的儒教逐渐最终消融为一体，最后它们彼此互不打扰，但几乎也不为存活下去而操劳。

## 2.形式与内容

因而，中华民国表面上的空洞对君主制毫无用处。君主制的象征意义已经完全被消耗殆尽，这本身就提醒我们民国的新形式不只是形式，同时也是内容。民国是真正的新事物，是中国历史上独一无二的存在，无论人们会怎样以怀疑的态度说起清朝体制只是更换了名目，实际上遗留了下来。[15]

1918年，一位儒者试图为孔子在民国争得正当的地位，他依据的是这样一种主张，即变化的只是名字。他以一种宽慰的心情注意到，君臣关系只是给国家安排一个元首的普遍方案。大皇帝也好，大总统也好，有什么关系呢？在民国治下，永恒的儒家人伦也仍然有发挥作用的空间。[16]但这里的论证是循环论证：国家的形式是无关紧要的，民国和帝国都一样，因为唯一要紧的是儒教的内容，这个内容构成了无关紧要的形式的基础。或者说，儒教是核心就因为它是核心；如果人们知道儒教失势了，儒者就很难再主张变化的"只是形式"了。

君主制的体制跟儒家的哲学（或宗教）一样重要。当君主制在字面的意义上失了势，它在比喻的意义上也恢复不了其地位了。民国初年不应该被看作只是跟在帝国岁月之后的一段军阀主政的尾声，然后是蒋介石的南京国民政府充当秦朝或隋朝那样的失败政权的角色，统一了帝国并为之后一个更持久的王朝铺平了道路。[17]如果说按照传统的标准，洪宪运动只是在形式上是君主制（因为它的正当性依据和引发的联想都是新的），那么民国在"除形式外的所有方面"都不可能是君主制。

革命迅速堕落为派系政治这一点使得民国看上去毫无意义。但是对意义的期待尽管以失望收场，却仍然提供了意义。它表明，派

124

系支配的世界，那公认的众所熟知的儒家政治的世界，说到底是不可接受的——不再只是对皇帝而言不可接受，而且是对出身下层的新人来说不可接受。因为新的文化——民国是它的象征——正在溶解人们熟悉的儒教；出现了新的政治秩序，即便这种秩序只是在遭到破坏时才受到尊重。

对跟"内容"相比较而言的"形式"的意义的极端贬低（这种贬低涉及这样一种看法，即在中国历史中这个单单形式上的民国时期，事情"实际上"一如既往），既是一种陈腐的观点，也是误导性的。如果说形式有什么"单单"（mereness）的地方，那也不在于它在变化时的无足轻重，而在于它无法在维持自身同一性的时候保持住一个具体的内容。那改变君主制之内容的力量，同样也让民国不止于表面之新。**越保持原样，越会改变**①：如果说袁世凯作为一个皇帝是拙劣的模仿者，那他作为总统并非"实质上"是皇帝。

袁世凯统治时期，恢复用"臣"来指代"官"，这一举措真正涉及的是什么呢？这里当然有一个简单的事实，即臣与君主制的亲缘性："君"与"臣"是一对经典组合，在诸如《左传》的"六顺"、"十礼"及《礼记》的"十义"、"七教"等著名的名目中都可以找到这种关系；[18] 而"王"和"臣"也牢固地结合在一起，就像《春秋》和《左传》因为它们各自公认的作者而牢固地结合在一起一样，其中孔子被称为"素王"，左丘明则被称为"素臣"。[19] 但这里的"臣"有某种比单纯字面上的联系更为深刻的意义。它不仅与君主制有关，而且与儒教帝制中国的文化气息有关，因而民国不再使用它（以及随后袁世凯又努力恢复它）这一点就象征了社会和思想气氛的真正变化。

袁世凯想要取代的民国用来指称官员的"官"这个词也非常古老，但在民国建立以前儒家官僚制的世界中，它的意义与"臣"完

---

① 此处原文为法语。

全不同。"官"表示的是具有技术的、职能的和非个人性能力的官僚。它与个人的文化尊严和个性没有关系。例如，明代税制中与"民田"区分开的"官田"[20]，就不是作为个人的"官员的田"，而是"公家的田"，即与私人田地相对的公共田地。"官"意味着国家机器，而"民"在这里则指私有部门。如果"民"和"官"作为人的类型来对举的话，"官"就成了"臣"。

因为"臣"突出的特质（这让"臣"变成了一个"更庄严"的词）是个人的身份地位，它不包含技术和职业的内涵。界定他的不是任务而是个人的纽带："忠臣不事二君。"[21]一个官员就其工作而言是"官"，是某种类似工具的东西，是一种手段，而就其地位来说则是"臣"，是一种目的。

正如我们已经看到的那样，儒家文化的一个突出的、无处不在的价值就是它的反职业主义。儒家个人教养的理想是一种人文主义的业余主义，而儒家教育在反职业的古典主义方面，也许在世界上享有最高的地位，这种教育相应地发展出一种帝国的官僚体系，在这个体系内，人际关系远比抽象的工作网络重要（就像在一般的儒家社会中，人际关系远比法律关系重要一样）。在这些方面——这一点绝非偶然——它不同于现代工业化的西方的官僚制，而且至少在观念上，也不同于中华民国的官僚制。把清代的幕僚或幕友与民国的科长秘书做一番比较，也许能更清楚地说明这一点。清代和民国的所有这些头衔，都是用于行政首脑的私人秘书和顾问。他们的角色本质上并没有什么不同，但他们与各自长官的关系以及他们的法律地位却有很大的差别：民国的秘书顾问是正式的官吏；而在清朝，这一类的人物则属于官员的朋友，职能上不是部属，或者说不受公家的俸禄。[22]就像张謇——一位有现代思想的实业家（后来成了袁世凯的支持者，尽管他是出于老交情而非复古心态，并且是怀着不安做出这样的决定的）——以讽刺的口吻评论的那样，从省级到地

126

方，清代所有的官员都能自己任命助手，就像汉代和唐代的"幕职"那样，任用熟人来进行治理。[23]①

　　民国对"官"的强调以及对"臣"的排斥，标志着它对一个职业化的、反文人的世界的明确的现代追求，在这个世界中，科学、工业和进步的观念（所有这些都具有非个人的因而也是非儒家的含义）都被要求放置到首位来考虑。这不仅是优先选择哪一项的问题。一段时间以来，这个世界确实已经在改变和接管中国，不仅制造了反传统主义者，也改变了传统主义者。"臣"作为文明的主人和产物，是有很高教养的非专业化的自由人，他把"工作"，把政府的"事务"（当然，这些即便在旧制度中也是必要的，但却多少有些让人讨厌，它们更像是需要付出的代价，而非通过声望而赢得的奖赏）贬低到"官"的范畴，但这样的"臣"是那无法挽回的过去的人物了。从"官"和"臣"的帝国到"官"的民国，意味着真正的改变。

　　帝国在"革命"中解体了。"革命"本身失去了它的传统上的字面意义，被比作现代的革命，它解放了人们的心灵，使他们意识到中国文明的内容在发生变化。中国的帝国形式变成了不合时宜的事物。"臣"作为其中之一，其意义也发生了像"革命"那样的变化，而正是"革命"毁掉了真正属于它的世界。

　　因为——我们之前已经提到——"臣"不仅与"官"并举，而且在清朝也与"奴"并举。"奴"是用来指满族官员的词，它把他们和满族君主的清朝联系在一起，而中国皇帝的清朝则把儒家"臣"的身份留给了汉族的官员，这种身份代表了大臣与君主之间的那种经典意义上的高贵关系。然而，革命党的共和主义却扩大了"奴"这个词的应用范围，并且由此也就标志了"臣"的世界的消灭。教条

127

---

①此处中文原文为："张謇《变法平议》亦云：'各督抚司道府州县得自辟吏佐治，如汉唐幕职。'"

主义的共和主义者剥夺了"奴"一词字面上的专门含义（这一含义一直是用在满族官员身上的，他们在法律的意义上是"奴"，尽管他们用这个词似乎只是出于礼仪），使得它在比喻的意义上能够用来表示九五之尊的所有臣民。正如民国的部长伍廷芳在1912年发给蒙古王公的一封安抚性电文中所说的，所有人——汉、满、蒙、回、藏——在清朝统治下都经受了奴隶之苦，而在一个伟大的共和国内，所有人都是兄弟。[24] 于是，站在共和主义者的立场上来看，为"臣"就不是把自己和奴隶区分开来，而是做奴隶。因为没有哪个"臣"是没有"王"或"君"的，没有哪个儒家士绅置身于王权之外——至少在理念上是如此，无论在现实情况下这种王权与儒家之间的关系可能会有多么紧张。（儒者**本就**需要帝国，即便他们憎恶秦始皇。）作为天命之更换的"革命"原本是要在一个继续存在下去的帝国官僚体制中取消"奴"（满族官员）而保留"臣"（汉族官员）的地位。但是现代革命意义上的"革命"——它不只是在形式上反对帝制——回过来头来把"臣"和"奴"混为一谈，把它们全都取消了，仅此就宣告了帝国的终结。

　　然而，就像一些同时代人在今天看到了与陈旧的君主制的过去的类似之处那样，袁世凯的同时代人在袁世凯的一生中也看到了同样的东西。（这里关键的是同样的问题：在变化的形式背后，内容有没有变？）1914年，一位日本的观察家酒卷真一郎把袁世凯看作王莽，他置身于与西汉崩溃相似的形势中。有谣言称，袁世凯与光绪皇帝1908年的死有牵连，就像王莽卷入谋杀汉平帝的罪行之中一样。此后，袁世凯运用手腕把权力从光绪的年幼继承者那里转移到自己手里，这跟王莽与汉平帝的继承者的故事如出一辙。简而言之，袁世凯的"中华民国"与惯常的王朝历史之间的关系，跟王莽的"新国"与这一历史的关系是一样的。[25]

　　忠于清朝的遗老也是这么想的——袁世凯要么是王莽，要么是

128

曹操，这取决于他们咒骂他的时候是用西汉还是用东汉做类比。袁世凯本人也意识到了公众很有兴趣去做这种阴险的类比。1911年末，袁世凯以其对历史的敏感，带着某种怨恨公开承认任何一个中国人肯定都知道的汉朝典故，为此他立誓自己会保护"孤儿寡母"（溥仪和他的太后母亲）：大家都知道这是指西汉末年幼帝及其母后的不幸命运。他后来强调说（同时又极力扑灭提早出现的关于他最终的野心的谣言）当革命爆发时清政府愿意让位给他，但他不是那种背叛仁义之道的人。[26]

1911年11月，摄政王辞职后，受袁世凯操纵的两个亲信（其中之一是他的结拜兄弟徐世昌，他曾经受过袁世凯的叔祖父袁甲三的保荐）成为军谘大臣。[27]关于袁世凯将要踢开清朝称帝自为的怀疑声日渐高涨。1912年1月下旬孙中山就表达过这样的暗示，当时袁世凯正在独立于南京国民党的美妙处境中，筹划在北京建立一个政府，孙中山担心北京这座城市与帝制之间的联系。[28]1月20日孙中山表示："没有人知道这个临时政府将要采用君主制还是共和制。"1月28日，在孙中山的授意下，伍廷芳亦云："袁世凯不仅会给民国带来特别的损害，而且事实上也是清帝的敌人。"[29]尽管袁世凯在1912年2月清帝退位的时候表示君主制将永不复行于中国，给清王朝画上了圆满的句号[30]（孙中山本人也轻快地宣判了帝制的死刑，他把总统的职位让给袁世凯的时候也表达了同样的信念[31]），然而到了1913年，孙中山确信袁世凯专横傲慢，就是想当皇帝。那年夏天爆发的江西起义被称为"二次革命"，这个名词正传达了反君主制的意味。7月18日，孙中山向各方发出一系列带有煽动性的通电，宣布将袁世凯开除出民国，直接归入中国的专制君主之列。孙中山说，公仆应该受到人民的认可。即便在君主立宪体制中也是如此，更不用说在共和体制中了。[32]

129

### 3.残余的君主制和日本人支持的意图

然而，尽管当时有人出于学究气或好辩的冲动，把袁世凯的民国说成一种君主制政权，袁世凯本人却很清楚他的民国不是他的帝国——他在情感上知道这一点，这种情感停留在对皇帝精致浮华之虚饰的渴望的层次上；他在思想上也知道这一点，这种思想停留在谋略的层次上，意识到了有必要去改变他的支持基础。带有反传统主义含义的民族主义，是民国让人感到有一点儿新鲜的地方。在1915年"二十一条"引发的危机中，袁世凯至少表面上拥护反对日本的国族大业，身为总统的袁世凯此时获得了他一生中最坚实的来自公众的拥戴。但是在这之后，他立刻就开始谋划当皇帝，并且试着获取日本的支持。这种努力是合乎逻辑的。他要寻求某种可以代替民族主义者的支持的东西。因为虽然对作为民族主义的总统的袁世凯来说，这样的支持一直都在，但这种支持肯定不会留给一个传统主义的皇帝。

袁世凯没能从日本人那里得到有用的帮助。毕竟，他最早是在19世纪80年代和90年代初的朝鲜，以中国利益的主要捍卫者的形象而受到日本人的关注的。后来，人们认为他挑拨西方人（或参与他们的博弈）来对付日本。因而，他当日本外交上的对手已经太久了，不可能一夜之间在这方面恢复自己的名誉。而他称帝的机会又是如此渺茫，不可能让他最终转变成一个被保护者的恰当人选，这一点很快就变得很明显了。考虑到日本在中国的目标，以及袁世凯这么多年来作为中国强人的声望和自我标榜，日本的领导人很自然地发现他们对袁世凯惯常的敌意很难被打破。当然，中国的反袁力量有可能走向反国家的地方主义割据，就这一点而言，关照和培养袁世凯的反对者，对日本来说至少看上去很合理。[33]

因而，1913年二次革命爆发时，日本的"志愿者"——包括"退职军官"——会与南方的反袁力量接触,[34]而且北京的一家日本报纸在治外法权的保护下会公开反对袁世凯称帝,[35]就并不让人感到惊讶了。1915年末至1916年初,日本政府好几次单独或与其他列强一道劝告袁世凯至少暂缓称帝。像黑龙会这样的沙龙主义团体看到袁世凯蓄意阻挠"二十一条"的交涉,看到他为了得到国内的好感而做虚假的宣传,看到他高调的"仇日亲美"的情绪,尤为痛恨。那些"东亚原则"的代言人没有放过对袁世凯背离儒家伦理的行为的指控,这种背离表现为对清廷捅刀子,违反自己的承诺,把前途押在革命党身上。[36]这些人不想让袁世凯搭传统的便车。对于某种特定类型的日本理想主义者来说,袁世凯作为强人看上去是不道德的。而从更加实际的角度来评价的话,袁世凯则显得碍手碍脚。

　　然而,身为皇帝的袁世凯由于丧失了具有现代眼光的民族主义者的支持,实际上很有可能变成中国的弱人。他有可能会被实行扩张主义政策的日本所利用,因为他需要援助以便他自己有足够的力量可以生存下去,且一旦得以生存还能够承认他所欠的债务。日本支持中国的君主制至少会让日本得到一个势力较小的协助者,小到需要日本来保护它在中国的事业,而不会大到可以用中国的独立来威胁日本的程度。那些认为中国没有活力缺少民族情感(1916年许多日本人就是这么看的,后来会这么看的人要少些)的日本人,或许会觉得这种对中国的君主政体的关切是不必要的,并且会讨厌袁世凯那种洋洋自得的蔑视这些反民族主义的中国美德的态度。[37]但是当中国的民族主义被动员起来反对身为皇帝的袁世凯,而且这种动员表现的是民族主义的反传统主义的面向,是民族主义对自由思想和开放前景——那是君主主义者的历史主义所否认的东西——的认可的时候,少数日本人终于认识到中国民族主义很快就会走向成熟。他们意识到,这种民族主义一定会起来反抗日本,尽管日本在促成它的诞生上居功至伟。最终,他们转向支持袁世凯。

著名的军事领袖和元老山县有朋从一开始就把中华民国看作对日本计划的一个威胁，他选定袁世凯，认为他可以为日本所用，充当民国的敌人。因为在山县有朋看来，在反对中国君主制的革命中出现的民族主义对日本来说是一个坏消息，而在袁世凯恢复君主制的企图中，则包含了反民族主义的可能性。种族上的团结，以及一个反民族主义的中国（袁皇帝的中国？）和日本支持者结成的纽带，将会界定世界政治真正重大的议题：即与白种人的竞争，而不是亚洲种族内部民族间的紧张关系的问题。[38]

不过，在日本和在中国一样，局势都仍然对袁世凯不利。然而，洪宪运动却成了日本在华存在和日本对中国文化的影响的转折点。日本从中国激进分子和民族主义者的学校，变成了中国最根深蒂固的传统主义的庙堂。

很长时间以来，日本的"强国"模范一直鼓舞着中国的新思想家们；在思想上，日本人对儒教权威的愚民作用的公然抨击比中国人早了几十年。例如，1884年，日高真实就庆幸束缚学者思想的儒教不管怎么说只局限于东方，这样科学在西方就不会同样遭到扼杀。他说，儒教带给世界的损害比它带来的帮助要大得多。要是儒教不曾被眷顾和发展，东方文化或许已经超过了西方文化。[39]即便那些不可能走得如此之远的中国思想家（如年轻时的康有为，他会嘲笑孔子的大多数继承者，但却对孔子本人不吝赞词），也寄望于进步的日本而非传统主义的日本，视其为中国的榜样。

然而，就在日本因为在中国到处活动而成为民族主义者——这些民族主义者是日本以自己为榜样而培养起来的——的目标的时候，中国的君主主义者和儒者通过传统主义的精神而融为一体，并反过来转而与日本勾结在一起，而"亚洲"的日本——非新兴的西方——也转过来找到了他们。后来康有为钦慕在日本人们在家里就记诵《论语》，儒学在全国受到尊崇。[40]当袁世凯支持孔教会和尊孔会等儒教团体的时候，日本也出现了它们的分会。[41]在日本人的资助下，有一个中国人（在1928年！）顽固地发表反对民国的言论，其中提到"本朝之儒学"，称儒教为"万世准则，为治天下者所莫能废"，把无君无臣抱着怀疑心态的现代人的状态看作野蛮人的境遇。[42]

在20世纪30年代的"满洲国"，这位作者同样的观点表达得更为露骨。日本人在"满洲国"支持清朝的复兴，这一事业将许多反民族主义者吸引到君主制和儒教这边来。很多人进入到这个既旧又新的王朝制国家的政府中任职，这个国家把"王道"当作它宏伟的儒家纲领。[43]"王道"明显是为了反对孙中山和国民党的三民主义而提出来的，日本人和"满洲国"人把后者看作是西方的东西而加以诋毁。[44]

但是这些中国官员的处境损害了传统儒家人格的完整性。因为他们的传统主义人格使得他们成为日本人操纵的傀儡，而不是在与君主制活泼泼的紧张关系中（在双重的意义上，就像旧的儒家官僚那样）为自我服务的人。还有一些因素也让"满洲国"的儒教变成了非传统的东西。当日本的满洲政策实质上是工业现代化的时候，"满洲国"除了作为文化上"本真"和政治上"安全"的旧中国的象征还能是什么呢？[45]"满洲国"的存在是为了用现代工业来给民族主义的日本输送能量，同时用反现代主义的吸引力来削弱国民党统治的中国的力量。

于是在这里中国人的情感就出现了分裂，反日的民族主义者走向一极，而亲日的传统主义者则走向另一极；君主主义的残余不过是后者的翻版。同一个历史环境对两者都有利。现代主义的民族主义是对儒家文化所遭受的重击的反应，该文化在其核心的对普遍价值的诉求方面饱受摧残。传统主义的保守主义通过把儒家文化重新界定为本质上属于中国的非普遍的国粹，接受了这种状况。这是真正的同时代人之间的对话，无论其中一派的中国人在另外一派看来是多么的不成熟或多么的陈腐。

日本是这两派都寻求的参照点。正是日本这个新近跻身于"西方"对手之列的东方国家——不是英国，也不是美国或其他国家——让中国清楚地意识到中国从一个文明收缩为了一个国家。日本曾经鼓舞了中国的现代主义者，给他们指明了一条反抗西方的道路。但是当日本自身成了西方军械库里最锐利——比毒蛇的牙还要锐利——的刺刀的时候，中国文化就不只是受到外部的重击；它还承受着倒戈——一种意义深远的文化上的跌落——带来的伤害。

因为中国文化对日本——中国在政治上从来没有真正地侵犯过这个国家——的早期影响，使得中国文化成为超民族的东西，从传统的眼光来看，这是很正常的。但如今的"现代"日本，已经不再是容受中国影响的容器，而是西方影响的载体，它只是大量地利用而非浸淫于中国传统文化。当文化在日本人的手里不过是"西方"式侵略的工具的时候，它在中国人的眼中几乎就只是民族性的东西了。一些中国人用民族主义来补偿他们那更具有民族性的儒家遗产所遭受的损害，对这些人来说，那种反民族主义的对儒教的支持只是给了它最后的一击。另一方面，另一些中国人则觉得反儒教才是祸根，对他们来说，民族上的敌人却是文化上的朋友。具有悖论意味的是，打压儒教使之成为新传统主义者培植的有机植物的新日本，成了支撑它的唯一力量；尽管日本在支撑它的同时，又在对它施加新的打击。

因而，在中国与儒教共生的已失去生命力的君主制，最终委身于外国的支持。这在1915年日本对袁世凯的暧昧态度中已经初见端倪，而于日本在东北对清室的复兴中达到了顶峰。当民族主义同时意味着文化上的反传统主义和政治上的反日情绪的时候，中国君主制的事业能够得到日本的支持看上去是非常合理的事情；因为被困

在文化上的传统主义之中的当代中国君主制把自己托付给了反民族
主义，相应地也就把自己托付给了至少是消极亲日的政治环境。

# 结语：日本和中国的君主制的神秘性

特别具有讽刺意味的是，中国的君主主义不仅以破产并被日本接管告终，而且早就在孤注一掷地寻求效仿日本模式的举动中表现出惶恐不安的情状。早在庚子事变之后清末新政运动时期，一直到1911年，清朝及其支持者就已经开始强调清朝会在它不得不拥抱的无数的变化当中永存下去，他们的方法是不断重复"万世一系"这个歌颂日本皇室的说法。[1]它很难适用于中国，因为中国拥有很长的非封建统治的历史，在这段历史中，天命不一定是通过继承而获得的。

正是中国官僚制和日本封建制这两个前现代社会之间的这种差别，说明了中国君主制和日本君主制的不同命运。在现代日本，君主制从来不是拙劣的模仿，君位的神秘性一直在加强而不是被驱散（这里暂不考虑第二次世界大战造成的影响）。因为与中国不同，在日本，一个后封建的政权可以援引前封建的先例来反对中间的封建时期。也就是说，19世纪的日本革命可以以奈良（8世纪）和明治（19世纪）法理上的君权的名义来反对德川幕府事实上的封建统治：现代化可以和古老神话的制造结合起来。但是在中国，现代与过去事物的决裂恰恰是与一种法理上的状况的决裂，这种状况亦即——概括而言，依照传统的说法——一个王朝制和官僚制的政权，而现代化要求打破神话。我们只需要比较一下早期现代两种同时出现的现象，一边是中国的"汉学"，它对伪物的考辨，以及它根本上所具有的革命和共和的内涵；另一边是日本的"纯神道"，它对伪物的杜撰，以及它根本上所具有的革命但却是君主制的内涵。日本人可以将前封建的形式与后封建的内容结合起来，日本君主制的强化与现代化是兼容的。然而中国君主制的强化——或单纯的重建——与现代化却是不相容的。正如我们已经看到的，袁世凯重建君主制的努力确实包含了反现代主义的反击的意图。

日语中的"国体"——常常用来指单个国家的政权形态——是一个古老的政治词汇，而又广泛通用于现代时期和民族主义的君主体制之中。但是它对应的用同样的汉字表示的中文词汇"国体"，只是那些日本特有而在中国显得具有异国风味的诸多词汇中的一个，这些词汇被大量引入中国，用来援助中国的君主主义，然而这个君主主义却完全没有现代日本所具有的有利于君主制的环境。"国体"这个词就像——比如说——"宗教"一样让人感到陌生。就像传统主义的君主主义者选择"国体"一样，一位传统主义的儒者在为"孔教"——即作为宗教的儒教——代言的时候，选择了源于日语的复合词"宗教"来界定它；实际上，他让人们注意到了这样一个事实，即在这样的语境中，汉语中常用的"教"字显得很突兀。[2]就"国体"一词本身而言，谁对它感到最自在是很明显的。如果中国的新传统主义者开始称扬它，努力用它来对抗民族主义的共和主义者，那么按照中国的君主主义者与日本的帝国主义者相亲和的逻辑，日本的反（中国）民族主义者也会这么做。日本著名的扩张主义思想家北一辉（1882–1937）最看不起孙中山一开始主张的美国总统制模式。他说，这套模式对中国很有害，因为中国的"国体"（kokutai）完全不同于美国的"国体"。[3]"国体"显然是某种"被给定"的东西，而不是用来试验的对象。

在洪宪帝制运动进行的时候，梁启超（1873–1929）看到了这种差别和它的意义。1915年，袁世凯的儿子劝诱梁启超接受君主制的

"国体"，说是只有在这种国体中才能看到"国情"，梁启超断然回绝。梁启超说，他更愿意谈"政体"，谈政府运作的实际问题，而非国家权威的安置这一更形而上学更"根本"的问题。[4]这种"国体"和"政体"（seitai）之间的区分，首先是由日本人加藤弘之1874年在他的《国体新论》中提出来的。[5]日语中的"国体"是一个活的词汇，而汉语中的"国体"则是生造出来的。[6]要用活的语言来说，就得说洪宪帝制是要复兴中国的"国体"。但中国人又怎能在中国**复兴**一个新的来自外国的舶来品呢？这个传统从未加以命名而民族主义者又很难接受的传统的"国家体制"是个什么东西呢？这是一个悖论，它让袁世凯成了一个拙劣的模仿者。

袁世凯希望得到梁启超的支持，因为毕竟梁启超在1911年之前都一直反对孙中山的共和主义。梁启超为什么会不欢迎恢复君主制呢？况且这种恢复不一定要通过清朝的复辟而是以古老的承认天命之更换的方式来实现。当然，1911年之前梁启超对清朝的辩护更多的是对君主制（理想的君主立宪制）而非对满族掌权者的辩护。他只是反对排满而已。

然而，让袁世凯的希望（既包括对梁启超的较小的希望，也包括对君主制的更大的希望）落空的，正是这样一个原本以为给人带来希望的事实，即梁启超对清朝的支持缺少任何实实在在的承诺——这当然是在1908年光绪皇帝去世之后的事情，这位皇帝是如此悲哀地与过去的维新事业联系在一起。尽管缺少实际的承诺，梁启超还是支持清朝，这就意味着不可能再设想王朝之间的更替了。这是因为君主制的神秘性已经失去了生命力。如果说为了抵挡共和制和无政府状态，君主制似乎是必要条件，那么现存的王朝就必须一直存在下去。已经建立起来的体制的惯性是君主制唯一的资源；如果清室丢掉了天命，那么不管是满族人、蒙古人、突厥人还是汉人——无论他们在过去的中国运势如何——都不可能再把它捡起来。

138

严复在民国治下比梁启超更倾向君主制，在许多方面都算是袁世凯的人，然而在1915年，他也觉得袁世凯不是时之骄子，不是这个时代的皇帝。1917年，严复毫不含糊地支持只撑了两个星期旋即流产的清室复辟。然而，他还是希望1915年和1917年的形势能够结合起来：清朝末代的溥仪来当皇帝，袁世凯来当总理大臣。[7] 他说的是什么意思呢？也就是说，袁世凯的才干之出色，足以让他获得统治的资格。而他的威望，他身上的光环却不对。新的想当皇帝的人——无论他多么有才干——不可能再像皇帝那样统治了。只有老的皇帝（虽然在这里是一个年轻人）才有可能令人信服地赢得大众不稳定的拥戴，把君主制的调子一直弹奏下去。

因为帝王确实走到了末路，不管是纯粹出自王室的"王"还是儒家理想的圣贤式的"素王"。君主主义和儒教曾经以它们各自的方式从属于彼此又一起走向枯竭，它们如今以一种新的方式被混为一谈，这种新的方式无法激起旧的回应。当民国"未来的主人"定下了调子的时候，他们不仅自己主动放弃了传统主义，而且还把那些从未加入他们行列的人的传统主义转变为怀旧的情绪——这种怀旧是对过去的渴望，而非带来生机的生命之流本身。

# 注　释

## 第一章

[1] *North China Herald*, CXIV, No. 2474 (Jan. 9, 1915), 87.

[2] 陶菊隐，《近代轶闻》（上海，1940），第1页。

[3] *Faust*, Part II, Act 1, Scene 3.

[4] Thomas Mann, *Doctor Faustus* (New York, 1948), 134.

[5] Lu Hsün, "Morning Flowers Gathered in the Evening", 引自 Huang Sung–k'ang, *Lu Hsün and the new Culture Movement of Modern China* (Amsterdam, 1957), 40。

[6] 葛生能久，『日支交渉外史』（東京，1938），第119頁。

[7] Thurston Griggs, "The *Ch'ing Shih Kao*: A Bibliographical Summary", *Harvard Journal of Asiatic Studies*, XVIII, Nos. 1−2 (June 1955), 115. Franklin W. Houn, *Central Government in China, 1912−1928; an Institutional Study*(Madison, 1957), 113.

[8] 高劳，《帝制运动始末记》（上海，1923），第2页；楊幼炯（森山喬譯），『支那政黨史』（東京，1940），第70頁。

[9] 陶菊隐，《北洋军阀统治时期史话》（北京，1957−1958），第2册，第28页（以下简称《北洋军阀》）。

[10] 高劳，第17页。

[11] 同上，第19页。

[12] 同上，第18页。

[13] 顾炎武，《日知录》，黄汝成集释（1834），卷十三，第5b−6a页。

[14] 高劳，第20−21页。

[15] 同上，第22页。

[16] 朱寿朋编，《光绪朝东华续录》（上海，1909），卷一六九，第1a页。

140　　［17］见《光绪朝东华续录》，卷一七一，第16a页；卷一八四，第10a页。

　　［18］关于朝臣所上奏折中提及的这些目标，见《光绪朝东华续录》，卷一九九，第12b页；① 关于皇帝的谕令，见《光绪朝东华续录》，卷二〇三，第16b页；今關寿麿，『宋元明清儒學年表』（東京，1920），第216頁（中文）；服部宇之吉，『孔子及孔子教』（東京，1926），第119、371頁。

　　［19］无俚，《孔子非满洲之护符》，《民报》第11号，1907年1月30日，第81页。

　　［20］见李天怀，《尊孔说》，《中国学报》第7期，1913年5月，第27页。

　　［21］高劳，第7页。

　　［22］陶菊隐，《六君子传》（上海，1946），第2页。1915年夏，严复列名于筹安会的宣言书，他后来强调这并未得到他的允许。尽管他当时没有发布声明取消列名（可能觉得这样会有失慎重），他却以生病为由，拒绝参与该社团的活动。然而，严复后来却因与筹安会这种看上去貌似存在的联系而名誉受损，因为1909年当袁世凯被清政府开缺回籍的时候严复曾称赞过他，而且自从袁世凯就任民国总统之后，他与严复一度关系密切，曾聘严复为北大校长，并委派他担任若干政府职务。参见杨荫深，《中国文学家列传》（上海，1939），第488–489页；及左舜生，《万竹楼随笔》（香港，1953），第36–38页。后来成为中国共产党第一任总书记的陈独秀直截了当地认为严复赞同袁世凯祭天，后来赞同他称帝。见福井康順，『現代中國思想』（東京，1955），第67、106–107页。但陈志让（Jerome Ch'en）则指出，犹豫不决的严复是出于（经由筹安会创办人杨度）来自袁世凯的压力而被迫列名于筹安会的，见 *Yuan Shih-k'ai: Brutus assumes the Purple* (London, 1961), 205–206。

　　［23］周振甫，《严复思想转变之剖析》，《学林》第3期，1941年1月，第117页。

141　　［24］酒卷贞一郎，『支那分割論：附・袁世凱』（東京，1914），第183頁。

　　［25］同上，第228–229頁。

　　［26］例见『清國行政法：臨時臺灣舊慣調查會第一部報告』，第1卷修訂（東京，1914），第1册，第46頁。

　　［27］参见董仲舒，《春秋繁露》（上海，1929），卷十，第1b页："受命之君，天意之所予也。故号为天子者，宜视天如父……"（Vincent Shih, *The Ideology of the T'ai-p'ing T'ien-kuo*〔手稿〕亦曾引用此段文字。）

　　［28］原富男，『中華思想の根蔕と儒學の優位』（東京，1947），第183頁对注［16］

---

　　①1906年关于新学制的上谕原文云："兹据该部（按：学部）所陈忠君尊孔与尚公尚武尚实五端，尚为握要。……著照所议办理。"

中所引的权威文献做了一个恰当的修正，强调在中国古典思想中，"天意"是独立和自足的。也就是说，它并非源于"民意"，当然也不能在现代的比喻意义上，被简化为后者在修辞上的对应物。

[29] 相良克明，「德の語の意義と其の變遷」，津田左右吉編輯，『東洋思想研究第一』（東京，1937），第290–291頁。

[30] 王谢家，《中华民国宪法宜专章定孔教为国教并许人民信教自由修正案》，卷一，第4–5页，《孔教问题》，《宗圣学报》第18号附册（太原，1917）。

[31] 同上，第1–3页。

[32] 江瀚，《孔学发微》，《中国学报》第1期，1912年11月，第4页。

[33] 王谢家，第10页。

[34]《光绪朝东华续录》，卷一九七，第1b页。

[35] 宋育仁，《孔学综合政教古今统系流别论》，《中国学报》第9期，1913年7月，第2页；康有为，《中国学报题词》，《中国学报》第6期，1913年4月，第7页；以及《中国学会报题词》，《不忍》第2册，1913年3月，"教说"栏，第2页。

[36] 實藤惠秀，『日本文化の支那への影響』（東京，1940），第228頁；福井康順，第96頁。

[37]《大总统告令》（1914年9月25日），《教育公报》第5卷（1915年6月20日），"命令"，第1页；《大总统告令》（1914年11月3日），《教育公报》第7卷（1915年8月），"命令"，第1页。

[38] Henri Bernard-Maitre, *Sagesse chinoise et philosophie chrétienne* (Paris, 1935), 211；福井康順，第101–102页。

[39] 可参见孔教会的机关刊物《宗圣学报》。

[40] 陈焕章，《孔教论节录》（太原，1918），第1b页（又见第7b页，作者在此处为孔子**表面上的**尊君开脱，称在今文经学的公羊学脉络中，孔子是主张民主的）。陈焕章是孔教事业中一个非常重要的杂志主编和作家，他在中国完成教育后，又赴美在哥伦比亚大学和芝加哥大学留学。1912年他是创立孔教会的元老之一。参见今關寿麿，第217–218頁。

[41] 陈焕章，第1a页。

[42] 同上，第2a页。

[43] 康有为，《中国学报题词》，第5页。

[44] Tse-tsung Chow, "The Anti-Confucian Movement in Early Republican China", *The Confucian Persuasion*, ed. Arthur F. Wright (Stanford, 1960), 297.

［45］陈独秀，《宪法与孔教》，《独秀文存》（上海，1937），第104-105页。

［46］同上，第103页。

［47］夏德渥，《湖南安化教育界全体请定孔教为国教书》，第4页，《孔教问题》，《宗圣学报》第17号附册（太原，1916）。

［48］陈焕章，第16b页。

143　［49］同上，第16b页；康有为，《孔教会序》，《不忍》第1册，1913年3月，"教说"栏，第5页；康有为，《复教育部书》，《不忍》第4册，1913年5月，"教说"栏，第5-6页；康有为，《中国学报题词》，第3-4页。

［50］康有为，《康南海致总统总理书》，第2页，《孔教问题》，《宗圣学报》第17号附册（太原，1916）。

［51］《湖北公民黎大钧等上参众两院请定国教书》，第4-5页，《孔教问题》，《宗圣学报》第18号附册（太原，1917）。

［52］王谢家，第1页。

［53］薛正清，《孔子共和学说》，《中国学报》第7期，1913年5月，第11-12、20、23页。

［54］李文治，《请定孔教为国教第二次意见书》，第2-3页，《孔教问题》，《宗圣学报》第18号附册（太原，1917）。

［55］刘师培，《君政复古论》（中），《中国学报》复刊第2册，1916年2月，第3页。

［56］17世纪耶稣会士的报告中提到了荷兰共和国的建立，儒者对此做出了这样的反应，参见福井康顺，第1页。

［57］康有为，《中国学报题词》，第13页。

［58］参见D. W. Brogan, "The 'Nouvelle Revue Française' ", *Encounter* (March 1959), 66："……这是法国人对法国心灵的审查，这个心灵之内向，几乎就好像它是1680年左右生长出来的心灵一样……但是1680年的法国在大多数思想和行动的领域都在欧洲占据着统治地位。而在《新法兰西评论》（*Nouvelle Revue Française*）的全盛期，法国却没有这样的地位。因而，在一个不再是超国族文化的中心的国家里，以国族为中心的文化必定是偏狭的……"

## 第二章

［1］例如，可参考 Jacques Gernet, *Les aspects économiques du Bouddhisme dans la société chinoise du Ve au Xe siècle* (Saigon, 1956), 293-294页及以下有关利用佛教来支

持皇权的论述。更晚时期的材料，可以举出明代皇帝对佛教的沉迷。永乐年间，儒家学者支持永乐皇帝（1403–1424年间在位），指责（他所推翻的）前代皇帝偏袒佛教徒，尽管如此，永乐皇帝本人也与曾帮助他篡位的和尚保持着关系。见第三章。

144

[2] 关于佛教徒对贸易和资本形成的贡献，见Gernet，尤其是第138–190页。

[3] J. J. L. Duyvendak, *China's Discovery of Africa* (London, 1949), 27–28.

[4] 关于明代的情况，见Charles Whitman Macsherry, "Impairment of the Ming Tributary System as Exhibited in Trade Involving Fukien", 未刊博士论文, University of California, 1957。

[5] 因为"户部"是由"内廷"（皇帝）而非"外廷"（一般的官僚机构）任命的，见William Frederick Mayers, *The Chinese Government* (Shanghai, 1886), 40；"户部"是直接向皇帝而非通过正常的渠道递送奏折的，见『清國行政法』，第5卷（東京，1911），第311–312页。

[6] 见本书第一卷第二章"明代和清初社会中的业余理想：来自绘画的证据"，第15–43页。有趣的是，一位共产主义的批评家为了将文人传统划为"敌人"，把院画抽出来（尤其称赞了宋徽宗），视其为共产主义所支持的"现实主义"艺术的反儒教先驱。见Chang Jen-hsia, "Flowers-and-Bird Painting", *China Reconstructs*, III (May–June 1953), 51。

[7] 参见Joseph R. Strayer, "Feudalism in Western Europe", *Feudalism in History*, ed. Rushton Coulborn (Princeton, 1956), 23。

[8] Pan Ku, *The History of the Former Han Dynasty*, tr. Homer H. Dubs, Vol. Two (Baltimore, 1944), 292. 正如孙宝基(Pow-key Sohn)在"The Theory and Practice of Land-systems in Korea in Comparison with China" (University of California, 1956, 手稿)一文中指出的，高丽军人对文官利益集团所取得的胜利，在挫败朝鲜发展私有财产制的趋势上，起到了很大的作用；它反过来推动了朝鲜回到严格的国家所有制和国家分配制。值得注意的是，中国唐朝和其他朝代的统治者有时候会支持这种体制，而桀骜不驯的文官机构却打破了它。

[9] 手塚良道，『儒教道德に於ける君臣思想』（東京，1925），第112页；宫川尚志，「禅讓による王朝革命の特質」，『東方學』第21輯，1955年10月，第50页。

145

[10]《明史·食货志》，卷七十七，第11a–11b页，转引自Shih（手稿）。

[11] 正如施友忠（Vincent Shih）所指出的，太平天国打出了"移孝作忠"的口号。在我看来，太平天国似乎体现了中国历史上某种对纯粹君主制精神（除其他事物外）的坚持，即对一种不受限制的、拒绝与官僚制理想相妥协的专制精神的坚持。不

难理解，太平天国是一个明确排斥儒家文人的政权，它试图根除传统官僚体制内部公私诉求之间冲突的可能性。

［12］Carsun Chang, *The Development of Neo-Confucian Thought* (New York, 1957), 203.

［13］参见 R. H. van Gulik, tr., *T'ang-Yin-Pi-Shih*, *"Parallel Cases from under the Pear-Tree"* (Leiden, 1956), vii, 其中有一句经常被引用的关于学者士大夫的表述——"不读法典"("One does not read the Code")，并论述了它对有关理想国家和理想统治者的理论的影响。①

［14］Louis Delatte, *Les traits de la royanuté d'Ecphante, Diotegène, et Sthénidas* (Liege and Paris, 1942), 140−142.

［15］庄司荘一，「陳亮の學」，『東洋の文化と社會』第4輯（1955），第98−100頁。

［16］参见 J. Walter Jones, *The Law and Legal Theory of the Greeks* (Oxford, 1956), 292−293。

## 第三章

［1］关于君主对"限田"和"均田"的兴趣，参见 Joseph R. Levenson, "Ill Wind in the Well−field: the Erosion of the Confucian Ground of Controversy", *The Confucian Persuasion*, ed. Arthur F. Wright (Stanford, 1960), 268−287; 及本书第三卷。

［2］仁井田陞，『中國の農村家族』（東京，1952），第105−106頁。

［3］C. H. Brewitt-Taylor, tr., *The Romance of the Three Kingdoms* (Shanghai, 1925), I, 581−582.

［4］清水盛光，「舊支那に於ける專制權力の基礎」，『滿鐵調查月報』第17卷第2號，1937年2月，第9頁。

［5］梁启超，《中国之武士道》，《饮冰室合集》（上海，1936），《专集》第6册，专集之二十四，第60−61页。

［6］钱穆，《国史大纲》（上海，1940），上册，第354页。科举考试制度成熟于宋代，它增强了君主制的绝对主义对于贵族特权的优势，科举制度相关文献的概述，见 Wolfgang Franke, *The Reform and Abolition of the Traditional Chinese Examination System*

---

①查今本《棠阴比事》，并无有关"不读法典"的论述，待考。

(Cambridge, Mass., 1960), 2—7。

[7] Max Weber, "Poliltics as a Vocation", *From Max Weber: Essays in Sociology*, ed. H. H. Gerth and C. Wright Mills (New York, 1946), 78, 82.

[8] Montesquieu, *The Spirit of the Laws*, tr. Thomas Nugent (New York, 1949), I, 16.

[9] 类似的分析及其应用，见 L. A. Fallers, "Despotism, Status Culture and Social Mobility in an African Kingdom", *Comparative Studies in Society and History*, II, No. 1 (Oct. 1959), 11—32。

[10] George Orwell, *The English People* (London, 1947), 25.

[11] Leonard Krieger, *The German Idea of Freedom: History of a Political Tradition* (Boston, 1957), 16—17.

[12] Andrew Alföldi, *A Conflict of Ideas in the Late Roman Empire: the Clash between the Senate and Valentinian I* (Oxford, 1952), 51—57.

[13] William G. Sinnigen, "The Vicarius Urbis Romae and the Urban Prefecture", *Historia*, VIII, No. 1 (Jan. 1959), 112; William Gurnee Sinnigen, *The Officium of the Urban Prefecture During the Later Roman Empire* (Rome, 1957), 5.

[14] Ernst Kantorowicz, *Frederick the Second (1194—1250)* (London, 1931), 227—238, 519.

[15] Robert Lee Wolff, "The Three Romes: the Migration of an Ideology and the Making of an Autocrat", *Daedalus* (Spring 1959), 302—303; George Vernadsky, *A History of Russia* (New Haven, 1951), 66—68, 78.

[16] G. d'Avenel, *La noblesse française sous Richelieu* (Paris, 1901), 342; Franklin T. Ford, *Robe and Sword: the Regrouping of the French Aristocracy after Louis XIV* (Cambridge, Mass., 1953), 6—7.

[17] Alexis de Tocqueville, *The Old Régime and the French Revolution* (New York, 1955), 26—28, 58; Hippolyte Adolphe Taine, *The Ancient Régime* (New York, 1931), I, 36—37, 43—44; Elinor G. Barber, *The Bourgeoisie in 18th Century France* (Princeton, 1955), 128. Lucy Norton, tr., *Saint-Simon at Versailles* (New York, 1958).

[18] d'Avenel, 11.

[19] Georges Lefebvre, *The Coming of the French Revolution, 1789* (Princeton, 1947), 16; Alfred Cobban, *A History of Modern France: I, Old Régime and Revolution, 1715—1799* (Harmondsworth, 1957), 20—21.

[20] Franz Neumann, "Montesquieu", *The Democratic and Authoritarian State:*

147

Essays in Political and Legal Theory (Glencoe, 1957), 106; Peter Gay, Voltaire's Politics: the Poet as Realist (Princeton, 1959), 90−91.

［21］Wolfgang H. Kraus, "Authority, Progress, and Colonialism", Nomos I: Authority, ed. Carl J. Friedrich (Cambridge, 1958), 148; Hans Rosenberg, Bureaucracy, Aristocracy, and Autocracy: the Prussian Experience, 1660−1815 (Cambridge, 1958), 43−75; Otto Hintze, "Staatsverfassung und Heeresverfassung", Staat und Verfassung: Gesammelte Abhandlungen zur Allgemeinen Verfassungsgeschichte (Leipzig, 1941), 61−62.

［22］吕思勉,《中国通史》(出版地不详, 1941), 下册, 第390页。

［23］同上, 下册, 第397页。

［24］Edwin G. Pulleyblank, The Background of the Rebellion of An Lu-shan (London, New York, and Toronto, 1955), 47−48.

［25］宫崎市定,『雍正帝：中國の獨裁君主』(東京, 1950), 第24頁。宫崎把对这四类人的处理措施（而不是只有前面两种, 还有后面雍正皇帝并未提到的两种）都归到雍正皇帝名下。

［26］参见Jacque Gernet, Daily Life in China on the Eve of the Mongol Invasion, 1250−1276 (New York, 1962), 75。

［27］David B. Chan, "The Problem of the Princes as Faced by the Ming Emperor Hui (1399−1402)", Oriens, XI, No. 1−2 (1958), 184−185; C. T. Hu, "The Ning Wang Revolt: Sociology of a Ming Rebellion", 手稿, 1959年亚洲研究年会上宣读。

［28］『清國行政法』, 第1卷, 第1册, 第119頁。

［29］同上, 第1卷, 第122頁。

［30］参见公元166年襄楷的奏书, 见E. Zürcher, The Buddhist Conquest of China: the Spread and Adaptation of Buddhism in Early Medieval China (Leiden, 1959), I, 37。

［31］Howard S. Levy, Biography of Huang Ch'ao (Berkerly and Los Angeles, 1955), 54.

［32］内藤虎次郎,『清朝史通論』(東京, 1944), 第31−32頁。

［33］Taine, I, 37, 43−44.

［34］Rosenberg, 139, 151−152, 186−188, 201.

［35］W. H. Bruford, "The Idea of 'Bildung' in Wilhelm von Humboldt's Letters", The Era of Goethe: Essays Presented to James Boyd (Oxford. 1959), 21, 32, 34, 38, 45.

［36］参见Fritz Morstein Marx, The Administration State: an Introduction to Bureaucracy (Chicago, 1957), 164。

〔37〕Chao Yuen Ren, "What is Correct Chinese?", *Journal of the American Oriental Society*, LXXXI, No. 3 (Aug. –Sept. 1961), 171–172.

〔38〕David B. Chan, "The Role of the Monk Tao-Yen in the Usurpation of the Prince of Yen (1398–1402)", *Sinologica*, VI, No. 2 (1959), 95–96.

# 第四章

〔1〕Benjamin Schwartz, "Some Polarities in Confucian Thought", *Confucianism in Action*, ed. David S. Nivison and Arthur F. Wright (Stanford, 1959), 50–63.

〔2〕Burton Watson, *Ssu-ma Ch'ien. Grand Historian of China* (New York, 1958), 173–174.

〔3〕章学诚（1738—1801）承认对于实现圣人之行的智慧来说，"时"是变幻莫测的；转引自野村浩一，「清末公羊学派の形成と康有為学の歴史的意義-1」,『国家学会雜誌』第71卷第7号，1958年，第22頁。

〔4〕Frederick Mote, "Confucian Eremitism in the Yuan Period", *The Confucian Persuasion*, 225.

〔5〕W. Theodore de Bary, "A Reappraissal of Neo-Confucianism", *Studies in Chinese Thought,* ed. Arthur F. Wright (Chicago, 1953), 86–87.

〔6〕朱熹和陈亮之间的论争再次反映了"修身"与"平天下"的两极对立，参见本书第二章。

〔7〕关于朱熹对范仲淹的评论，见James T. C. Liu, "Some Classifications of Bureaucrats in Chinese Historiography", *Confucianism in Action*, 173。关于下文所讨论的范仲淹在宗族财产上的举措，见Denis Twitchett, "The Fan Clan's Charitable Estates, 1050–1710", 同上，100–108。

〔8〕见Hui-chen Wang Liu, "An Analysis of Chinese Clan Rules: Confucian Theories in Action", 同上，72–77。

〔9〕关于18世纪国家对宗族既放纵又限制的矛盾态度的例证，见同上，75–76。又见Maurice Freedman, "The Family in China, Past and Present", *Pacific Affairs*, XXXIV, No. 4 (Winter 1961–1962), 325。

〔10〕关于士绅在宗族和国家之间的暧昧位置，以及宗族和秘密会社基于不同的亲属概念而形成的竞争关系，见Maurice Freedman, *Lineage Organization in Southeastern China* (London, 1958), 123–125。

149

［11］荒木敏一，「宋代に於ける殿試成立の事情」，『東亞人文學報』3(2)，1943年10月，第223−224頁。

［12］宫崎市定，第96−97頁。

［13］Arthur Waley, *Yuan Mei, Eighteenth Century Chinese Poet* (New York, 1956), 57; 及受其影响的 Robert M. Marsh, "Bureaucratic Constraints on Nepotism in the Ch'ing Period", *Journal of Asian Studies*, XIX, No. 2(Feb. 1960), 121。

［14］Marsh, 126.

［15］Ping-ti Ho, "Aspects of Social Mobility in China, 1368−1911", *Comparative Studies in Society and History*, I, No. 4 (June 1959), 345.

［16］见 E. G. Pulleyblank, "Neo-Confucianism and Neo-Legalism in T'ang Intellectual Life, 755−805", *The Confucian Persuasion*, 93。

［17］见 *The Confucian Persuasion*。

［18］"The Amateur Ideal in Ming and Early Ch'ing China: Evidence from Painting", *Chinese Thought and Institutions*, ed. John K. Fairbank (Chicago, 1957), 325−334; and *Confucian China and Its Modern Fate*, I, 22−34.

［19］参见 James F. Cahill, "Confucian Elements in the Theory of Painting", *The Confucian Persuasion*, 115−140。

［20］Moese Hadas, *Hellenistic Culture: Fusion and Diffusion* (New York, 1959), 68.

［21］Alexander Soper, "Standards of Quality in Northern Sung Painting", *Archives of the Chinese Art Society of America*, XI (1957), 9.

［22］见17世纪对较早一部著作的征引，转引自 Franke, 22。

［23］Karl A. Wittfogel and Feng Chia-sheng, *History of Chinese Society: Liao (907−1125)* (Philadelphia, 1949), 456−463.

［24］Alföldi, 51.

［25］Kung-chuan Hsiao, *Rural China: Imperial Control in the Nineteenth Century* (Seattle, 1960), 4, 8.

## 第五章

［1］见 Arthur F. Wright, "Sui Yang-ti: Personality and Stereotype", *The Confucian Persuasion*, 47−49, 59−65。

［2］见 Mote, 208, 220, 229−240。

［3］Joshua Liao, "The Empire Breaker", *The Orient*, 10 (May 1951), 27.

［4］Charles O. Hucker, "Confucianism and the Chinese Censorial System", *Confucianism in Action*, 208.

［5］陈寅恪，《唐代政治史述论稿》（上海，1947），第26页。引用的是13世纪对司马光《资治通鉴》的一条评注。

［6］见第一卷，第二章。

［7］这是魏特夫（Karl A. Wittfogel）的定义，见 Karl A. Wittfogel, *Oriental Despotism: A Comparative Study of Total Power* (New Haven, 1957), 153。

［8］Leon Hurvitz, " 'Render unto Caesar' in Early Chinese Buddhism", *Sino-Indian Studies: Liebenthal Festschrift*, ed. Kshitis Roy (Visvabharati, 1957), 81.

［9］Mark Mancall, "China's First Mission to Russia, 1729−1731", *Papers on China*, IX (Harvard University, August 1955), 87, 99. Mancall就为何现在找不到中文对这一事件的记载提出了若干猜想（见102页），它们都有道理，但都没有触及儒家和皇帝对王权的看法可能不同这一点。

［10］*The Dawn*, 转引自 Walter Kaufmann, *Nietzsche* (New York, 1956), 164。

［11］David S. Nivison, "Ho-shen and His Accusers, Ideology and Political Behavior in the Eighteenth Century", *Confucianism in Action*, 227. 又见 Marsh, 131−132, 作者在这里谈到，皇帝所支持的中央官僚机构要求，清代官员对皇权的义务要优先于儒家所规定的家族和朋友的纽带。

［12］宫崎市定，第76−80页。

［13］Ping-ti Ho, *Studies on the Population of China, 1368−1953* (Cambridge, Mass., 1959), 215.

［14］宫崎市定，第92页。

［15］Nivison, "Ho-shen and His Accusers", 231.

［16］Levenson, "Ill Wind in the Well-field", 270−271, 又见第三卷。

［17］陈伯瀛，《中国田制丛考》（上海，1935），第240页。

［18］宫崎市定，第97页。

［19］W. T. de Bary, "Chinese Despotism and the Confucian Ideal: a Seventeenth-Century View", *Chinese Thought and Institutions*, 171; Joseph R. Levenson, *Confucian China and Its Modern Fate*, I, 100−101.

［20］清水盛光，第13页。

［21］『清國行政法』，第1卷，第1册，第48、139−141頁。Lien-sheng Yang, "Notes

151

on Dr. Swann's 'Food and Money in Ancient China' ", *Studies in Chinese Institutional History* (Cambridge, Mass., 1961), 89−90, 讨论了汉代以来大多数主要的朝代里，皇帝的财富和帝国的财富之间至少是名义上的区别。19世纪清代的官僚等人群抱怨皇帝，特别喜欢把两者混为一谈。

## 第六章

［1］Robert des Rotours, *La traité des examens, traduit de la Nouvelle Histoire des T'ang* (Paris, 1932), 172−173.

［2］『清國行政法』，第4卷（東京，1911），第82、89頁。

［3］同上，第93−106页。

［4］Norman Cohn, *The Pursuit of the Millennium* (London, 1957).

［5］George Rude, *The Crowd in the French Revolution* (Oxford, 1959), 227.

［6］de Tocqueville, 8.

［7］同上，第8页。

［8］例如托克维尔的祖先Lamoignon de Malesherbes，参见Richard Herr, *Tocqueville and the Old Régime*(Princeton, 1962), 88。

［9］Georges Lefebvre, *Etudes sur la Revolution française* (Paris, 1954), 322−323; Lefebvre, *The Coming of the French Revolution, 1789*, 3.

［10］过时的贵族是受益者，但被剥夺了曾经是他们的正当性之所在的职能，关于对他们日益增长的憎恨，以及国王在其中扮演的角色，参见de Tocqueville, 30; Taine, I, 26, 36, 40, 43−44, 77−80, 85; Cobban, 108, 253; 以及Joseph Schumpeter, "The Sociology of Imperialism", *"Imperialism" and "Social Classes"* (New York, 1955), 57−58。Ford指出，在路易十四取得了对贵族的支配权之后，最高法院中的穿袍贵族是剩下来最接近实际行使职能的贵族阶层（这一阶层也相应地受到17世纪"佩剑"贵族的鄙视，被看作是在"勇敢"贵族的勋阶之外发家的暴发户）的人，而这些贵族也变得越来越脱离实际职能了，转而在一般的捍卫特权的事务中扮演领导者的角色，见201, 251。

　　［11］Lefebvre, *The Coming of the French Revolution, 1789*, 17; Barber, 102; R. R. Palmer, "Georges Lefebvre: The Peasants and the French Revolution", *Journal of Modern History*, XXXI, No. 4 (Dec. 1959), 339.

［12］Herr, 120; Gay, 8; Douglas Dakin, *Turgot and the Ancient Régime in France* (London, 1939), 27−31.

［13］Lefebvre, *The Coming of the French Revolution, 1789*, 61.

［14］Barber, 136; d' Avenel, 286—287.

［15］Gabriel Hanotaux and Le Duc de la Force, *Histoire du Cardinal de Richelieu* (Paris, 1899), VI, 306, 322.

［16］Gay, 318.

［17］在黎塞留时期的贵族中间可以看到这种无知，而与此同时知识的世界却吸引着资产阶级。关于对这种无知的描述，见 d' Avenel, 282—286。

［18］Denis Diderot, "The Encyclopaedia", *"Rameau's Nephew", and other Works*, tr. Jacques Barzun and Ralph H. Bowen (New York, 1956), 301—302.

［19］野村浩一，第9—13页。

［20］魏源，《古微堂集》（1878）（淮南书局编），卷二，第22b—23a页。

## 第七章

［1］Eugene Powers Boardman, *Christian Influence Upon the Ideology of the Taiping Rebellion, 1851—1864*(Madison, 1952), 124—125.

［2］Henri Maspéro, *Etudes historiques* (Paris, 1950), 214—215.

［3］根据董仲舒（公元前2世纪）的说法，孔子原则上承受了"天命"；见 Fung Yu-lan, *A History of Chinese Philosophy*, Vol. II (Princeton, 1953), 63, 71, 129。关于作为素王的孔子，见杜预（222—285），《春秋左传序》，参见《辞海》第2册，第61页。

［4］出自约克（York）的"无名诺曼人（Norman Anonymous）"（约1100年），见 Ernst H. Kantorowicz, *The King's Two Bodies: a Study in Mediaeval Political Theology* (Princeton, 1957), 47—48, 63。

［5］Ernst H. Kantorowicz, *Laudes Regiae: A Study in Liturgical Acclamations and Mediaeval Ruler Worship*(Berkeley and Los Angeles, 1946), 13—31.

［6］出自中世纪俄罗斯的年代记，它继承了神化权力的拜占庭传统，转引自 Michael Cherniavsky, *Tsar and People: Studies in Russian Myths* (New Haven and London, 1961), 12。

153

［7］杜而未，《中国古代宗教研究》（台北，1959），84—88，106—110。

［8］A. Marmorstein, *The Old Rabbinic Doctrine of God* (London, 1927), I, 105—107.

［9］戸田豊三郎，「五行説成立に関する一考察」，『支那学研究』第12号，1955年，第44頁。

［10］服部宇之吉，第231頁。

［11］Fung Yu-lan, *A History of Chinese Philosophy*, Vol. 1 (Peiping, 1937), 162–163.

［12］Salo Wittmayer Baron, *A Social and Religious History of the Jews* (New York, 1952), I, 第1章（特别是4–8页）；E. I. J. Rosenthal, "Some Aspects of the Hebrew Monarchy", *The Journal of Jewish Studies*, IX, Nos. 1 and 2 (1958), 18.

［13］原富男，第233頁。

［14］程颢，《论王霸札子》，《二程文集》（长沙，1941），第4页。

［15］Waley, 54–55.

［16］Ewart Lewis, *Medieval Political Ideas* (New York, 1954), I, 142–143.

［17］Mosis Maimonides, *Guide of the Perplexed*, tr. M. Friedländer (New York, 出版时间不详) II, 190.

［18］杨幼炯，《中国政治思想史》（上海，1937），第181–183页；董仲舒，第19b页。

［19］Kantorowicz, *The King's Two Bodies*, 61–78, 87–93 等各处；*Laudes Regiae*, 145–146.

［20］Hugh of Fleury, "Tractatus de Regia Potestate et Sacerdotali"（约1102年），转引自 Lewis, I, 166–168。

［21］Marc Bloch, *Les rois thaumaturges* (Strasbourg, 1924), 20, 140–144, 215.

［22］J. W. N. Watkins, "Milton's Vision of a Reformed England", *The Listener*, LXI, No. 1556 (Jan. 22, 1959), 169.

［23］Guglielmo Ferrero, *The Principles of Power* (New York, 1942), 150, 作者在此处注意到，当摩西规定王"不可为自己加添马匹"、"也不可为自己多积金银"的时候，他就谴责了中世纪以来西方所设想的君主制。

［24］Ford, 9. 这正是 M. J. Shakhnovich 对圣经一神论的起源所做的唯物主义解释，见 M. J. Shakhnovich, *Reaktsionnaia sushchnost' Iudaizma: Kratkii ocherk proiokhozhdeniia iklas-sovoi sushchnosti iudeskoi religii*（犹太教的反动本质：犹太宗教之起源与阶级性概述）(Moscow, Leningrad, 1960)。参见 *Judaism*, XI, No. 1 (Winter 1962), 74页的书评。

［25］Harry Austryn Wolfson, *Philo: Foundations of Religious Philosophy in Judaism, Christianity and Islam* (Cambridge, Mass., 1947), II, 331, 334–337, 381–382.

［26］Michael Grant, *From Imperium to Auctoritas: a Historical Study of Aes Coinage in the Roman Empire, 49 B.C.–A.D. 14* (Cambridge, 1946), 356–359.

［27］Erwin I. J. Rosenthal, *Political Thought in Mediaeval Islam: an Introductory*

*Outline* (Cambridge, 1958), 43, 219.

[28] Zevedei Barbu, *Problems of Historical Psychology* (New York, 1960), 68; Lucien Febvre, *Au coeur religieux du XVIe siècle* (Paris, 1957), 264–265.

[29] Norman H. Baynes, *Byzantine Studies and Other Essays* (London, 1955), 55–57.

[30] 同上，168。

[31] "素王"是真正的圣贤，是对看得见的当前掌权的君王的一种隐含的批评，它出现于道家的《庄子》；见《辞海》第2册，第61页；又见井上源吾，「儒家と伯夷盗跖説話」，『支那学研究』第13号，1955年9月，第21页，作者在这里通过"素王"的概念看到了儒家公羊学对庄子的影响。当我们把道家说成是政治上的无政府主义的时候，我们就把它和**原本的**儒教等同了起来，后者影响了重行动的儒教，但两者并不完全一样。历史中可见的被实行的儒教是官僚的信条，这些官僚当然不是无政府主义者。但道家对俗世事务的拒绝（正如隐士所为，他们嘲笑重行动的儒家所信奉的儒法合一的价值，但他们通过把这个世界独自丢给儒者以及历朝的统治者，也确认了这些价值的有效性），使得儒者用以批评皇帝的儒道合一的理论原则得到了戏剧性的表现。

[32] 参见Howard S. Levy, tr., *Biography of An Lu-shan* (Berkeley and Los Angeles, 1960), 19, 其中提到《旧唐书》对8世纪饱受叛乱之苦的唐玄宗的批评，说他信奉"无为"的道家学说。

[33] 参见Manegold of Lautenbach（最伟大的反对皇帝的教皇格里高利七世的一位拥趸），"Ad Gebehardum Liber"（约1085年），转引自Lewis I, 165："因此，那照管所有人也统治所有人的人应该以最伟大的美德的恩典来照耀别人，这一点就是必然的了……然而当那被选定来压制邪恶小人保卫正人君子的人开始助长于他们不利的罪恶的时候……他就理所当然地应该从托付给他的尊贵的地位上跌落下来，人民就摆脱他的统治和支配而得到自由，这一点不是很明显的吗？……" 155

# 第八章

[1] Wolff, 304.

[2] 1853年，一份叛乱者写给清朝皇帝的公告抨击后者的祖先于1644年背叛了"明朝的好政府"①，并且把声称拥有统治权的叛乱者称为明光宗（1620–1621年在位）②

---

① 中文原文为"窃夺神器"。
② 此处有误，明光宗1620年在位仅一个月即驾崩。

的第七世孙[①]。见《天地会诏书》，金毓黻等编《太平天国史料》（北京，1955年），第256页。"Passing Events in China (from Dr. China D. J. MacGowan's Note Book)", *North China Herald*（以下简称NCH）, No. 159 (Aug. 13, 1853), 7.

[3] 见《太平天国》，向达等编（上海，1952），第1册，卷首插图及说明。《北华捷报》（*North China Herald*）最初给人一种印象，以为"天德"与洪秀全是一个人，见 "Proclamation of One of the Insurgent Chiefs", NCH, No. 137 (March, 12, 1835), 126。但是在当年的晚些时候，一位实地报道的记者注意到，不久之前南京被太平军攻陷后，没有再看到以"天德"皇帝名义发布的公告，据说太平军否认了他的存在。这位记者猜想存在着两派，一派拥护明朝为正统，以"天德"或"皇帝"的名义发言，另一派是太平天国的叛乱者，他们认为用"帝"这个词来指称君主是一种亵渎，因为他们专用它来指上帝。见 "Passing Events in China", 7。

"天德"本人是洪大全。在清朝的官方文献中，他被认为是"天德"，并且和洪秀全一道统治着太平天国；见 Teng Ssu-yü, ed. *Eminent Chinese of the Ch'ing Period* (Washington, 1943), I, 363。洪大全实际上是天地会封的"天德王"，参见郭廷以，《太平天国史日志》（上海，1946），下册，附录，第37页。

[4]《徐建杰告示》，《太平天国》，第2册，第893页。

[5]《顺天皇帝诏》，《太平天国史料》，第255页；《天德王贴柳州告示》，《太平天国》，第2册，第891页；《天地会诏书》，第256页；"Passing Events in China", 7；"Proclamation of One of the Insurgent Chiefs", 126。

[6]《黄威告示》，《太平天国》，第2册，第898页。

[7] 顾炎武，《日知录》（遂初堂刻本，1695年），卷四，第8a页。

[8]《钦定士阶条例》，《太平天国》，第2册，第551页。

[9]《贬妖穴为罪隶论》，《太平天国》，第1册，第293页。

[10] 杨幼炯，第181页。

[11]《太平天国》，第1册，第267、269页。

[12]《天命诏旨书》，《太平天国》，第1册，第59–61页；"The Book of Celestial Decrees and Declarations of the Imperial Will", NCH, No. 148 (May 28, 1853), 172。

[13] 见《论语·阳货》："子曰：'予欲无言。'子贡曰：'子如不言，则小子何述焉？'子曰：'天何言哉？四时行焉，百物生言，天何言哉？'""天父"对"天王"说的话，见《天父下凡诏书》，《太平天国》，第1册，第9页；又见NCH, No. 149 (June 4,

---

① 此处有误，中文原文称叛乱者为"弘光皇帝七世之孙"。

1853), 175。

[14]《诏书盖玺颁行论》，《太平天国》，第1册，第313页。

[15] 见"真天命太平天国……"，《杨秀清萧朝贵会衔诰谕》，《太平天国》，第2册，第691页；NCH, No. 151 (June 18, 1853), 182。

[16]《天父下凡诏书》，第10页；NCH, No. 149, 175。

[17]《天理要论》，《太平天国》，第1册，第345—348页各处；《天条书》，《太平天国》，第1册，第73页（"The Book of Religious Precepts of the T'hae-ping Dynasty", NCH, No.146〔May 14, 1853〕, 163）。《北华捷报》(NCH) 上的文章只有几个段落与《天条书》相对应。

[18]《天命诏旨书》，第67页；NCH, No. 148, 172。

[19]《太平救世歌》，《太平天国》，第1册，第242—243页；NCH, No. 178 (Dec. 24, 1853), 83。

[20]《钦定英杰归真》，《太平天国》，第2册，第574—575页。

[21]《钦定士阶条例》，《太平天国》，第2册，第546、552、561页。

[22]《贼情汇纂》，《太平天国》，第3册，第112页。

[23]《太平天日》，《太平天国》，第2册，第635—636页。

[24]《颁行诏书》，《太平天国》，第1册，第164页。

[25]《天条书》，第74页。

[26]《建天京于金陵论》，第261页。

[27]《天条书》，第73页。关于这一观点的另一个版本的英译，见NCH, No. 146 (May 14, 1853), 163。

[28] 简又文之后持这种看法的是Boardman，见Boardman, 116。

[29]《天情道理书》，《太平天国》，第1册，第360页。

[30] 西方人谴责了这种说法，认为它亵渎了上帝，见Boardman, 4。

[31]《太平诏书》，《太平天国》，第1册，第92页；NCH, No. 150 (June 11, 1853), 180; James Legge, the Li Ki, Books I—X, Sacred Books of the East, ed. F. Max Müller (Oxford, 1885), 364。

[32]《太平诏书》，第88页；NCH, Nos. 150—180。应该指出的是，在这样一种关联中，太平天国主张的是所有人都——而不是只有君王——可以崇拜上帝，这与儒家公认的惟有皇帝才能祭天的规定形成了醒目的对比。见《天条书》，第73页；NCH, No. 146, 163。

[33]《天朝田亩制度》，《太平天国》，第1册，第321页。

[34] 野村浩一，「清末公羊学派の形成と康有為学の歴史的意義－2」，『国家学会雑誌』第72巻第1号（1958），第33页。

[35]《贼情汇纂》，第249页。

[36]《太平救世歌》，第244页；NCH, No. 181 (Jan. 14, 1854), 95。

[37] 见第五章，注[11]。

[38] 洪仁玕，《资政新篇》，《太平天国》，第2册，第524页。

[39]《颁行诏书》，第161页；NCH, No. 152 (June 25, 1853), 187页翻译了这一部分的文本，但写的是，"帝国属于中国人［也就是说，莫名其妙地用'中国人'替换了'上帝'］，而不是鞑靼人……"。

[40]《钦定英杰归真》，第592页。

[41] 关于法国大革命后对君主制的展望（在差不多是一种情绪化的氛围中，这种展望似乎包含了对中国王权的嘲弄），见缪塞（Alfred de Musset）对浪漫的复辟心态的著名反思。他在《一个世纪儿的忏悔》中写道："拿破仑……模仿国王来摧毁国王……在他失败之后，人们听到了一声巨响：那是圣赫勒拿岛的石头掉到旧世界上的声音。"见 La Confession d'un enfant du siècle (Paris, 1862), 10。①

[42] 在张之洞的思想中，"中学"即"内学"，而"内学"相当于"体用"二元论中的"体"，参见福井康顺，第58−59页。

[43] Fung, II, 716; 以及本书第三卷。

[44] 列宁的观点由于其在中国的运用而被以肯定的态度加以引用，这种运用包含了干部的体力劳动，以保证体力劳动与脑力劳动的（完全非儒家的）平等或融合，见 Li Fang, "Cadres et Intellectuals 'XIAFANG' ", Démocratie Nouvelle (May 1959), 43（来自《红旗》社论，1959年3月16日）。

## 第九章

[1] Jacob Burckhardt, Force and Freedom (Weltgeschichtliche Betrachtnngen) (New York, 1955), 181.

[2] 董仲舒，卷一，第5a页。

[3] Joseph de Maistre, Du Pape (Paris, 出版时间不详), 315.

---

① 此处译文引自缪塞《一个世纪儿的忏悔》，梁均译，北京：人民文学出版社，1994年，第10页。

　　[4] 小島祐馬，「支那思想：社會經濟思想」，『東洋思潮』（東京，1936），第 23—24页。

　　[5] Hucker, 199.

　　[6] 陈少白，《兴中会革命史要》，《辛亥革命》（上海，1957），第1册，第32页。

　　[7] 薛正清，第19页。

　　[8] 康有为，《中国学报题词》，第4页。

　　[9] 冯自由，《社会主义与中国》（香港，1920），第50页。

　　[10] 胡绳武、金冲及，《辛亥革命时期章炳麟的政治思想》，《历史研究》第4期，1961年，第5页。

　　[11] 陶菊隐，《北洋军阀统治时期史话》，第2册，第112页。

　　[12] 刘师培，《君政复古论》（上），《中国学报》复刊第1册，1916年1月，第3a页。

　　[13] 例如孙中山对尧舜的论述（"名义上虽然是用君权，实际上是行民权"），他又根据孔子和孟子对尧舜的称赞而称他们"主张民权"；参见郭湛波（神谷正男譯），『現代中國思想史』（東京，1940），第108页。

　　[14] 例如王谢家《中华民国宪法宜专章定孔教为国教并许人民信教自由修正案》卷二（《孔教问题》，《宗圣学报》第18号附册）承认儒教大量使用君主制的语言，但是，"试问革命二字，出何经传"？当然，康有为及其维新团体已经建立起了儒教的"民权"论述，这一论述又被像王谢家这样的人不断更新。王谢家在这里适应民国的环境，在引用康有为以前作的《礼运注》中一些段落的时候没有提及他的名字，刘大群（见本卷第一章注［51］）亦然（《孔教问题》，第1—2页）。在这个"民国"版的儒教论述中，儒教的稀薄是很明显的，这不仅从它那高度具体而严格的选择性中可以看出来，还可以从它显然已被剥夺了权威这一事实中看出来。儒教非但不再指导政体，它的捍卫者对它的阐释反而必须要让它符合一个建立在别的权威基础上的政体。实际上，"试问革命二字，出何经传"这个反问不是暗示说民国是儒教国家，而是说西方的标准甚至侵入到儒教之中：现代意义上的"革命"是经由日本来自西方政治语汇的概念。

　　[15] 关于清朝和民国初年名目上的一致性，参见陶菊隐，《北洋军阀统治时期史话》，第2册，第26—27页；还可参考热诚拥护民国的刘伯明的观点，见《共和国民之精神》，《学衡》第10期，1922年10月，第1页；尽管承认自己的失望之情，他还是指出民国只有十年的试验期，与"专制时期"相比不过一与三百之比。他说，民主不只是一种政府的形式，还是精神的表现。

　　[16] 陈焕章，第7a页。

159

160

[17] 参见長野朗，『支那は何處へ行く？』（東京，1927），第141—143頁，其中提到直系和奉系竞相卷入复辟运动之中。

[18] 手塚良道，第17—19頁。

[19] 杜预，见本卷第七章注［3］。

[20]《明史》，卷七十七，第4a页，转引自孙宝基（手稿）。

[21] 手塚良道，第130頁。注意"君"与"臣"之间的关联（"臣"只出现在这种或与之等同的关联中）总是用"伦"来表述；见《礼记》、《孟子》等书各处。

[22] 张纯明，《清代的幕制》，《岭南学报》第2卷第2期，1950年，第33—37页。

[23] 同上，第47页。

[24] 酒卷貞一郎，第210頁。

[25] 同上，第54—55頁。

[26] 陶菊隐，《北洋军阀统治时期史话》，第2册，第90、97页；Jerome Ch'en, 117。

[27] 酒卷貞一郎，第139頁。

[28] 郭斌佳，《民国二次革命史》（续），《国立武汉大学文哲季刊》第4卷第4期，1935年，第843页。

[29] 酒卷貞一郎，第214—215頁。1913年夏天，孙中山的朋友黄兴试图劝服张勋将军参与反袁事业，他宣称："世凯不仅民国之大憝，且为清室之贼臣。"见郭斌佳，《民国二次革命史》，《国立武汉大学文哲季刊》第4卷第3期，第650页。

[30] 李鼎声，《中国近代史》（上海，1933），第312页。

[31] 酒卷貞一郎，第235頁。

[32] 郭斌佳，《民国二次革命史》（续），第842页。

[33] 不过，一些来自最具有侵略性的团体的日本人有意认真考虑全盘接管中国的计划，而不是仅仅通过地方行动和集团操纵来侵犯中国，他们反对袁世凯称帝恰恰是因为它似乎肯定会招致国内的反抗和内部的混乱；参见葛生能久，第123页。也许他们觉得这会耗费掉日本原本想要得到的资源。但是这种直截了当的征服的想法并不成熟。

[34] 郭斌佳，《民国二次革命史》，《国立武汉大学文哲季刊》第4卷第3期，第637页。

[35] Lin Yutang, *A History of the Press and Public Opinion in China* (Chicago, 1936), 117.

[36] 葛生能久，第119、123—124、127—130頁。

161

［37］例如，一位反袁的日本观察家就对中国的民族感情持极端怀疑的态度，见酒卷贞一郎，第277—283页。

［38］德富猪一郎，『公爵山縣有朋傳』（東京，1933），下卷，第779、923、924頁。

［39］實藤惠秀，第237—238頁。

［40］康有为，《中国学报题词》，第6页。

［41］福井康順，第98頁。

［42］罗振玉，《本朝学术源流概略》，《辽居杂著乙编》，卷三（辽东，1933），第1a、2a—2b、5b、45a—46a页。

［43］关于"王道"的整套论述（道、天、尧、舜），见 Mo Shen, *Japan in Manchuria: an Analytical Study of Treaties and Documents* (Manila, 1960), 402–403; 中山優，『對支政策の本流：日本・東洋及今日の世紀』（東京，1937），第139—140頁。

［44］高田真治，『支那思想と現代』（東京，1940），第52、88頁。

［45］关于伪满洲国教育既传统又现代的不同面向，见 Warren W. Smith, jr., *Confucianism in Modern Japan: a Study of Conservatism in Japanese Intellectual History* (Tokyo, 1959), 187–190; F. C. Jones, *Manchuria Since 1931* (London, 1949), 46; K. K. Kawakami, *Manchukuo, Child of Conflict* (New York, 1933), 116–117。

## 结语

［1］见1908年起草的宪法草案《宪法大纲》。1911年末武昌起义爆发后，犹豫不决的第二十镇统制张绍曾（驻扎沈阳）向清廷提出改革方案，其中一条重申了"万世一系"一语；见酒卷贞一郎，第132—133页（原书将张绍曾的"曾"字误印为"曹"）。

［2］陈焕章，《孔教论》（上海，1912），第1页。

［3］北一辉，『支那革命外史』（東京，1941），第22、312—313頁。

［4］陶菊隐，《近代轶闻》（上海，1940），第2页；《北洋军阀统治时期史话》，第2册，第97页。

［5］平凡社，『政治学事典』（東京，1957），第449頁。

［6］古代——如《穀梁传》中——也用过"国体"一词，其含义较为模糊，与现代君主主义者无关，在此后的文献中偶尔见及，亦平淡无奇。君主主义者的"国体"一词融入了来自日本的新鲜元素，就像共和主义者的"革命"一样。

［7］王栻，《严复传》（上海，1957），第93—94页。

162

163

# 参考文献

## A. 中文和日文文献（以首字汉语拼音为序）

北一辉，『支那革命外史』（東京，1941）。

長野朗，『支那は何處へ行く？』（東京，1927）。

陈伯瀛，《中国田制丛考》（上海，1935）。

陈独秀，《宪法与国家》，《独秀文存》（上海，1937），第103–12页。

陈焕章，《孔教论》（上海，1912）。

——.《孔教论节录》（太原，1918）。

陈少白，《兴中会革命史要》，《辛亥革命》（上海，1957），第1册。

陈寅恪，《唐代政治史述论稿》（上海，1947）。

《颁行诏书》，向达等编《太平天国》（上海，1952），第1册，第157–67页。

《贬妖穴为罪隶论》，向达等编《太平天国》（上海，1952），第1册，第281–299页。

程颢，《论王霸札子》，《二程文集》（长沙，1941）。

《大总统告令》（1914年9月25日），《教育公报》第5卷（1915年6月20日），"命令"，第1–2页。

《大总统告令》（1914年11月3日），《教育公报》第7卷（1915年8月），"命令"，第1–2页。

德富猪一郎，『公爵山縣有朋傳』（東京，1933），下卷。

董仲舒，《春秋繁露》（上海，1929）。

杜而未，《中国古代宗教研究》（台北，1959）。

冯自由，《社会主义与中国》（香港，1920）。

服部宇之吉，『孔子及孔子教』（東京，1926）。

福井康順，『現代中國思想』（東京，1955）。

高劳，《帝制运动始末记》（上海，1923）。

高田真治，『支那思想と現代』（東京，1940）。

葛生能久，『日支交渉外史』（東京，1938）。

宮川尚志，「禅讓による王朝革命の特質」，『東方學』第21輯，1955年10月。

宮崎市定，『雍正帝：中國の獨裁君主』（東京，1950）。

顾炎武，《日知录》，黄汝成集释（1834）。

——.《日知录》（遂初堂刻本，1695年）。

郭斌佳，《民国二次革命史》，《国立武汉大学文哲季刊》第4卷第3—4期，1935年。

郭廷以，《太平天国史日志》（上海，1946）。

郭湛波（神谷正男譯），『現代中國思想史』（東京，1940）。

洪仁玕，《资政新篇》，向达等编《太平天国》（上海，1952），第2册，第522—541页。

胡绳武、金冲及，《辛亥革命时期章炳麟的政治思想》，《历史研究》第4期，1961年，第1—20页。

《湖北公民刘大群上参众两院请定国教书》，《孔教问题》，《宗圣学报》第18号附册（太原，1917）。

戸田豊三郎，「五行説成立に関する一考察」，『支那学研究』第12号，1955年，第38—45頁。

荒木敏一，「宋代に於ける殿試成立の事情」，『東亞人文學報』3(2)，1943年10月，第214—238頁。

《黄威告示》，向达等编《太平天国》（上海，1952），第2册，第897—898页。

《建天京于金陵论》，向达等编《太平天国》（上海，1952），第1册，第249—280页。

江瀚，《孔学发微》，《中国学报》第1期，1912年11月。

今關壽麿，『宋元明清儒學年表』（東京，1920）（中文）。

井上源吾，「儒家と伯夷盗跖説話」，『支那学研究』第13号，1955年9月，第13—22頁。

酒卷貞一郎，『支那分割論：附・袁世凱』（東京，1914）。

康有为，《复教育部书》，《不忍》第4册，1913年5月，"教说"栏，第1—9页。

——.《康南海致总统总理书》，《孔教问题》，《宗圣学报》第17号附册（太原，1916）。

——.《孔教会序》，《不忍》第1册，1913年3月，"教说"栏，第1—10页。

——.《中国学报题词》，《中国学报》第6期，1913年4月。

——.《中国学会报题词》,《不忍》第2册,1913年3月,"教说"栏,第1–8页。

李鼎声,《中国近代史》(上海,1933)。

李天怀,《尊孔说》,《中国学报》第7期,1913年5月。

李文治,《请定孔教为国教第二次意见书》,《孔教问题》,《宗圣学报》第18号附册（太原,1917)。

梁启超,《中国之武士道》,《饮冰室合集》(上海,1936),《专集》第6册,专集之二十四,第1–61页。

刘伯明,《共和国民之精神》,《学衡》第10期,1922年10月,第1–6页。

刘师培,《君政复古论》(上、中),《中国学报》复刊第1册,1916年1月;第2册,1916年2月。

罗振玉,《本朝学术源流概略》,《辽居杂著乙编》,卷三（辽东,1933)。

吕思勉,《中国通史》(出版地不详,1941)。

内藤虎次郎,『清朝史通論』(東京,1944)。

平凡社,『政治学事典』(東京,1957)。

钱穆,《国史大纲》(上海,1940)。

《钦定士阶条例》,向达等编《太平天国》(上海,1952),第2册,第543–562页。

《钦定英杰归真》,向达等编《太平天国》(上海,1952),第2册,第563–594页。

『清國行政法:臨時臺灣舊慣調查會第一部報告』,第1卷修訂（東京,1914),第4卷（東京,1911),第5卷（東京,1911)。

清水盛光,「舊支那に於ける專制權力の基礎」,『滿鐵調查月報』第17卷第2號,1937年2月,第1–60頁。

仁井田陞,『中國の農村家族』(東京,1952)。

實藤惠秀,『日本文化の支那への影響』(東京,1940)。

手塚良道,『儒教道德に於ける君臣思想』(東京,1925)。

《顺天皇帝诏》,金毓黻等《太平天国史料》(北京,1955年),第255–256页。

宋育仁,《孔学综合政教古今统系流别论》,《中国学报》第9期,1913年7月。

《太平救世歌》,向达等编《太平天国》(上海,1952),第1册,第237–247页。

《太平天日》,向达等编《太平天国》(上海,1952),第2册,第629–650页。

《太平诏书》,向达等编《太平天国》(上海,1952),第1册,第85–99页。

陶菊隐,《北洋军阀统治时期史话》,第1–4册（北京,1957);第5册（北京,1958)。

——.《六君子传》(上海,1946)。

——.《近代轶闻》(上海，1940)。

《天朝田亩制度》，向达等编《太平天国》(上海，1952)，第1册，第319—326页。

《天德王贴柳州告示》，向达等编《太平天国》(上海，1952)，第2册，第891—892页。

《天地会诏书》，金毓黻等编《太平天国史料》(北京，1955年)，第256—257页。

《天父下凡诏书》，向达等编《太平天国》(上海，1952)，第1册，第7—20页。

《天理要论》，向达等编《太平天国》(上海，1952)，第1册，第327—352页。

《天命诏旨书》，向达等编《太平天国》(上海，1952)，第1册，第57—70页。

《天情道理书》，向达等编《太平天国》(上海，1952)，第1册，第353—406页。

《天条书》，向达等编《太平天国》(上海，1952)，第1册，第71—83页。

王栻，《严复传》(上海，1957)。

王谢家，《中华民国宪法宣专章定孔教为国教并许人民信教自由修正案》，《孔教问题》，《宗圣学报》第18号附册（太原，1917)。

魏源，《古微堂集》(1878)(淮南书局编)。

无俚，《孔子非满洲之护符》，《民报》第11号，1907年1月30日。

夏德渥，《湖南安化教育界全体请定孔教为国教书》，《孔教问题》，《宗圣学报》第17号附册（太原，1916)。

小島祐馬，「支那思想：社會經濟思想」，『東洋思潮』(東京，1936)。

相良克明，「德の言の意義とその變遷」，津田左右吉編輯，『東洋思想研究 第1』(東京，1937)。

《徐建杰告示》，向达等编《太平天国》(上海，1952)，第2册，第892—893页。

薛正清，《孔子共和学说》，《中国学报》第7期，1913年5月。

《杨秀清萧朝贵会衔诰谕》，向达等编《太平天国》(上海，1952)，第2册，第691—692页。

杨荫深，《中国文学家列传》(上海，1939)。

杨幼炯，《中国政治思想史》(上海，1937)。

楊幼炯（森山喬譯），『支那政黨史』(東京，1940)。

野村浩一，「清末公羊学派の形成と康有為学の歴史的意義−1」，『国家学会雑誌』第71卷第7号，1958年，第1−61頁；「清末公羊学派の形成と康有為学の歴史的意義−2」，『国家学会雑誌』第72卷第1号，1958年，第33−64頁。

原富男，『中華思想の根蒂と儒學の優位』(東京，1947)。

《贼情汇纂》，向达等编《太平天国》(上海，1952)，第3册，第23—348页。

张纯明，《清代的幕制》，《岭南学报》第2卷第2期，1950年，第29−50页。

《诏书盖玺颁行论》，向达等编《太平天国》（上海，1952），第1册，第301−317页。

中山優，『對支政策の本流：日本・東洋及び今日の世紀』（東京，1937）。

周振甫，《严复思想转变之剖析》，《学林》第3期，1941年1月。

朱寿朋编，《光绪朝东华续录》（上海，1909）。

庄司荘一，「陳亮の學」，『東洋の文化と社會』第4輯（1955），第82−100頁。

左舜生，《万竹楼随笔》（香港，1953）。


## B. 西文文献


Alföldi, Andrew, *A Conflict of Ideas in the Late Roman Empire: the Clash between the Senate and Valentinian I* (Oxford, 1952).

Barber, Elinor G., *The Bourgeoisie in 18th Century France* (Princeton, 1955).

Barbu, Zevedei, *Problems of Historical Psychology* (New York, 1960).

Baron, Salo Wittmayer, *A Social and Religious History of the Jews*, Volume One (New York, 1952).

Baynes, Norman H., *Byzantine Studies and Other Essays* (London, 1955).

Bernard-Maitre, Henri, *Sagesse chinoise et philosophie chrétienne* (Paris, 1935).

Bloch, Marc, *Les rois thaumaturges* (Strasbourg, 1924).

Boardman, Eugene Powers, *Christian Influence Upon the Ideology of the Taiping Rebellion, 1851−1864* (Madison, 1952).

Brewitt−Taylor, C. H., tr., *The Romance of the Three Kingdoms* (Shanghai, 1925).

Brogan, D. W., "The 'Nouvelle Revue Française' ", *Encounter* (March 1959), pp. 66−68.

Bruford, W. H., "The Idea of 'Bildung' in Wilhelm von Humboldt's Letters", *The Era of Goethe: Essays Presented to James Boyd* (Oxford. 1959), pp. 17−46.

Burckhardt, Jacob, *Force and Freedom* (Weltgeschichtliche Betrachtnngen) (New York, 1955).

Cahill, James F., "Confucian Elements in the Theory of Painting", *The Confucian Persuasion*, ed. Arthur F. Wright (Stanford, 1960), pp. 115−140.

Chan, David B., "The Problem of the Princes as Faced by the Ming Emperor Hui (明惠帝)(1399−1402)", *Oriens*, XI, No. 1−2 (1958), pp. 183−193.

——. "The Role of the Monk Tao-Yen (道衍) in the Usurpation of the Prince of Yen (1398−1402)", *Sinologica*, VI, No. 2 (1959), pp. 83−100.

Chang, Carsun(张君劢), *The Development of Neo-Confucian Thought* (New York, 1957).

Chang Jen-hsia(常任侠), "Flowers-and-Bird Painting", *China Reconstructs*, III (May–June 1953).

Chao Yuen Ren (赵元任), "What is Correct Chinese?", *Journal of the American Oriental Society*, LXXXI, No. 3 (Aug. –Sept. 1961), pp. 171−177.

Ch'en , Jerome(陈志让), *Yuan Shih-k'ai*(袁世凯)*: Brutus assumes the Purple* (London, 1961).

Cherniavsky, Michael, *Tsar and People: Studies in Russian Myths* (New Haven and London, 1961).

Chow Tse-tsung(周策纵), "The Anti-Confucian Movement in Early Republican China", *The Confucian Persuasion*, ed. Arthur F. Wright (Stanford, 1960).

Cobban, Alfred, *A History of Modern France: I,* Old *Régime and Revolution, 1715−1799* (Harmondsworth, 1957).

Cohn, Norman, *The Pursuit of the Millennium* (London, 1957).

Dakin, Douglas, *Turgot and the Ancient Régime in France* (London, 1939).

d'Avenel, G., *La noblesse française sous Richelieu* (Paris, 1901).

de Bary, W. Theodore, "A Reappraissal of Neo-Confucianism", *Studies in Chinese Thought,* ed. Arthur F. Wright (Chicago, 1953), pp. 81−111.

——. "Chinese Despotism and the Confucian Ideal: a Seventeenth-Century View", *Chinese Thought and Institutions*, ed. John K. Faribank (Chicago, 1957), pp. 163−203.

Delatte, Louis, *Les traits de la royanuté d'Ecphante, Diotegène, et Sthénidas* (Liege and Paris, 1942).

de Maistre, Joseph, *Du Pape* (Paris, n.d.).

de Musset, Alfred, *La Confession d'un enfant du siècle* (Paris, 1862).

des Robert, Rotours, *La traité des examens, traduit de la Nouvelle Histoire des T'ang* (Paris, 1932).

de Tocqueville, Alexis, *The Old Régime and the French Revolution* (New York, 1955).

Diderot, Denis, "The Encyclopaedia", *"Rameau's Nephew", and other Works*, tr. Jacques Barzun and Ralph H. Bowen (New York, 1956), pp. 291−323.

Duyvendak, J. J. L., *China's Discovery of Africa* (London, 1949).

Fallers, L. A., "Despotism, Status Culture and Social Mobility in an African Kingdom", *Comparative Studies in Society and History*, II, No. 1 (Oct. 1959), pp. 11−32.

Febvre, Lucien, *Au coeur religieux du XVIe siècle* (Paris, 1957).

Ferrero, Guglielmo, *The Principles of Power* (New York, 1942).

Ford, Franklin T., *Robe and Sword: the Regrouping of the French Aristocracy after Louis XIV* (Cambridge, Mass., 1953).

Franke, Wolfgang, *The Reform and Abolition of the Traditional Chinese Examination System* (Cambridge, Mass., 1960).

Freedman, Maurice, *Lineage Organization in Southeastern China* (London, 1958).

——. "The Family in China, Past and Present", *Pacific Affairs*, XXXIV, No. 4 (Winter 1961−1962), pp. 323−336.

Fung Yu-lan(冯友兰), *A History of Chinese Philosophy: the Period of the Philosophers* (from the Beginnings to *circa* 100. B. C.), tr. Derk Bodde (Peiping, 1937).

——. *A History of Chinese Philosophy, Volume Two, The Period of Classical Learning*, tr. Derk Bodde (Princeton, 1953).

Gay, Peter, *Voltaire's Politics: the Poet as Realist* (Princeton, 1959).

Gernet, Jacques, *Daily Life in China on the Eve of the Mongol Invasion, 1250−1276* (New York, 1962).

*Les aspects économiques du Bouddhisme dans la société chinoise du Ve au Xe siècle* (Saigon, 1956).

Grant, Michael, *From Imperium to Auctoritas: a Historical Study of Aes Coinage in the Roman Empire, 49 B.C.−A.D. 14* (Cambridge, 1946).

Griggs, Thurston, "The *Ch'ing Shih Kao*(清史稿): a Bibliographical Summary", *Harvard Journal of Asiatic Studies*, XVIII, Nos. 1−2 (June 1955), pp.105−123.

Hadas, Moses, Hellenistic Culture: Fusion and Diffusion (New York, 1959).

Hanotaux, Gabriel, and Le Duc de la Force, *Histoire du Cardinal de Richelieu* (Paris, 1899).

Herr, Richard, *Tocqueville and the Old Régime* (Princeton, 1962).

Hintze, Otto, *Staat und Verfassung* (Leipzig, 1941).

Ho Ping-ti(何炳棣), "Aspects of Social Mobility in China, 1368−1911", *Comparative Studies in Society and History*, I, No. 4 (June 1959), pp. 330−359.

——. *Studies on the Population of China, 1368−1953* (Cambridge, Mass., 1959).

Houn, Franklin W., *Central Government in China, 1912–1928; an Institutional Study* (Madison, 1957).

Hsiao Kung-chuan(萧公权), *Rural China: Imperial Control in the Nineteenth Century* (Seattle, 1960).

Hu, C. T., "The Ning Wang (宁王) Revolt: Sociology of a Ming Rebellion" (Association for Asian Studies, 1959, MS.).

Huang Sung-k'ang (黄颂康), *Lu Hsün(鲁迅) and the new Culture Movement of Modern China* (Amsterdam, 1957).

Hucker, Charles O., "Confucianism and the Chinese Censorial System", *Confucianism in Action*, ed. David S. Nivison and Arthur F. Wright (Stanford, 1959), pp. 182–208.

Hurvitz, Leon, "'Render unto Caesar' in Early Chinese Buddhism", *Sino-Indian Studies: Liebenthal Festschrift*, ed. Kshitis Roy (Visvabharati, 1957).

Jones, F. C., *Manchuria Since 1931* (London, 1949).

Jones, J. Walter, *The Law and Legal Theory of the Greeks* (Oxford, 1956).

Kantorowicz, Ernst, *Frederick the Second (1194–1250)* (London, 1931).

——. *Laudes Regiae: a Study in Liturgical Acclamations and Mediaeval Ruler Worship* (Berkeley and Los Angeles, 1946).

——. *The King's Two Bodies: a Study in Mediaeval Political Theology* (Princeton, 1957).

Kaufmann, Walter, *Nietzsche* (New York, 1956).

Kawakami, K. K., *Manchukuo, Child of Conflict* (New York, 1933).

Kraus, Wolfgang H., "Authority, Progress, and Colonialism", *Nomos I: Authority*, ed. Carl J. Friedrich (Cambridge, 1958), pp. 145–156.

Krieger, Leonard, *The German Idea of Freedom: History of a Political Tradition* (Boston, 1957).

Lefebvre, Georges, *Etudes sur la Revolution française* (Paris, 1954).

——. *The Coming of the French Revolution, 1789* (Princeton, 1947).

Legge, James, *the Li Ki* (礼记), Books I–X, *Sacred Books of the East*, ed. F. Max Müller (Oxford, 1885).

Levenson, Joseph R., "Ill Wind in the Well-field: the Erosion of the Confucian Ground of Controversy", *The Confucian Persuasion*, ed. Arthur F. Wright (Stanford, 1960), pp. 268–287.

Levy, Howard S., *Biography of An Lu-shan*(安禄山) (Berkeley and Los Angeles, 1960).

——. *Biography of Huang Ch'ao*(黄巢) (Berkerly and Los Angeles, 1955).

Lewis, Ewart, *Medieval Political Ideas* (New York, 1954).

Li Fang, "Cadres et Intellectuals 'XIAFANG(下放)' ", *Démocratie Nouvelle* (May 1959), pp. 43－44.

Liao, Joshua, "The Empire Breaker", *The Orient*, 10 (May 1951).

Lin Yutang(林语堂), *A History of the Press and Public Opinion in China* (Chicago, 1936).

Liu, Hui-chen Wang (刘王惠箴), "An Analysis of Chinese Clan Rules: Confucian Theories in Action", *Confucianism in Action*, ed. David S. Nivison and Arthur F. Wright (Stanford, 1959), pp. 63－96.

Liu, James T. C. (刘子健), "Some Classifications of Bureaucrats in Chinese Historiography", *Confucianism in Action*, ed. David S. Nivison and Arthur F. Wright (Stanford, 1959), pp. 165－181.

Macsherry, Charles Whitman, "Impairment of the Ming Tributary System as Exhibited in Trade Involving Fukien(福建)", (学位论文, University of California, 1957).

Maimonides, Mosis, *Guide of the Perplexed*, tr. M. Friedländer (New York, n.d.).

Mancall, Mark, "China's First Mission to Russia, 1729－1731", *Papers on China*, IX (Harvard University, August 1955), pp. 75－110.

Mann, Thomas, *Doctor Faustus* (New York, 1948).

Marmorstein, A., *The Old Rabbinic Doctrine of God* (London, 1927).

Marsh, Robert M., "Bureaucratic Constraints on Nepotism in the Ch'ing Period", *Journal of Asian Studies*, XIX, No. 2(Feb. 1960), pp. 117－133.

Marx, Fritz Morstein, *The Administration State: an Introduction to Bureaucracy* (Chicago, 1957).

Maspéro, Henri, "Comment tombe une dynastie chinoise: la chute des Ming", *Etudes historiques* (Paris, 1950).

Mayers, William Frederick, *The Chinese Government* (Shanghai, 1886).

Mo Shen, *Japan in Manchuria: an Analytical Study of Treaties and Documents* (Manila, 1960).

Montesquieu, *The Spirit of the Laws*, tr. Thomas Nugent (New York, 1949).

Mote, Frederick W., "Confucian Eremitism in the Yuan Period", *The Confucian*

*Persuasion*, ed. Arthur F. Wright (Stanford, 1960), pp. 202—240.

Neumann, Franz, "Montesquieu", *The Democratic and Authoritarian State: Essays in Political and Legal Theory* (Glencoe, III, 1957), pp. 96—148.

Nivison, David S., "Ho-shen (和珅) and His Accusers, Ideology and Political Behavior in the Eighteenth Century", *Confucianism in Action*, ed. David S. Nivison and Arthur F. Wright (Stanford, 1959), pp. 209—243.

*North China Herald*, Shanghai.

Norton, Lucy, tr., *Saint-Simon at Versailles* (New York, 1958).

Orwell, George, *The English People* (London, 1947).

Palmer, R. R., "Georges Lefebvre: The Peasants and the French Revolution", *Journal of Modern History*, XXXI, No. 4 (Dec, 1959), pp. 329—342.

Pan Ku(班固), *The History of the Former Han Dynasty*, tr. Homer H. Dubs, Vol. Two (Baltimore, 1944).

"Passing Events in China (from Dr. China D. J. MacGowan's Note Book)", *North China Herald*, No. 159 (Aug. 13, 1853), p. 7.

"Proclamation of One of the Insurgent Chiefs", *North China Herald*, No. 137 (March 12, 1835), pp. 126—127.

Pulleyblank, Edwin G., "Neo-Confucianism and Neo-Legalism in T'ang Intellectual Life, 755—805", *The Confucian Persuasion*, ed. Arthur F. Wright (Stanford, 1960), pp. 77—114.

——. *The Background of the Rebellion of An Lu-shan* (安禄山) (London, New York, and Toronto, 1955).

Rosenberg, Hans, *Bureaucracy, Aristocracy, and Autocracy: the Prussian Experience, 1660—1815* (Cambridge, 1958).

Rosenthal, E. I. J., *Political Thought in Mediaeval Islam: an Introductory Outline* (Cambridge, 1958).

——. "Some Aspects of the Hebrew Monarchy", *The Journal of Jewish Studies*, IX, Nos. 1 and 2 (1958), pp. 1—18.

Rude, George, *The Crowd in the French Revolution* (Oxford, 1959).

Schumpeter, Joseph, "The Sociology of Imperialism", *"Imperialism" and "Social Classes"* (New York, 1955), pp. 1—98.

Schwartz, Benjamin, "Some Polarities in Confucian Thought", *Confucianism in Action*, ed. David S. Nivison and Arthur F. Wright (Stanford, 1959), pp. 50−63.

Shih, Vincent(施友忠), *The Ideology of the T'ai-p'ing T'ien-kuo*(太平天国) (University of Washington, MS.).

Sinnigen, William G., *The Officium of the Urban Prefecture During the Later Roman Empire* (Rome, 1957).

──. "The Vicarius Urbis Romae and the Urban Prefecture", *Historia*, VIII, No. 1 (Jan. 1959), pp. 97−112.

Smith, Warren W., jr., *Confucianism in Modern Japan: a Study of Conservatism in Japanese Intellectual History* (Tokyo, 1959).

Sohn, Pow-key(孙宝基), "The Theory and Practice of Land-systems in Korea in Comparison with China" (University of California, 1956, MS.).

Soper, Alexander, "Standards of Quality in Northern Sung Painting", *Archives of the Chinese Art Society of America*, XI (1957), pp. 8−15.

Strayer, Joseph R., "Feudalism in Western Europe", *Feudalism in History*, ed. Rushton Coulborn (Princeton, 1956), pp. 15−25.

Taine, Hippolyte Adolphe, *The Ancient Régime* (New York, 1931).

Teng Ssu-yü(邓嗣禹), ed. *Eminent Chinese of the Ch'ing Period* (Washington, 1943), I, pp. 361−367.

"The Book of Celestial Decrees and Declarations of the Imperial Will", *North China Herald*, No. 148 (May 28, 1853), p. 172.

"The Book of Religious Precepts of the T'hae-ping Dynasty", *North China Herald*, No.146 (May 14, 1853), p. 163.

Twitchett, Denis, "The Fan Clan's Charitable Estates(范氏义庄), 1050−1710", *Confucianism in Action*, ed. David S. Nivison and Arthur F. Wright (Stanford, 1959), pp. 97−133.

van Gulik, R. H., tr., *T'ang-Yin-Pi-Shih*(棠阴比事), *"Parallel Cases from under the Pear-Tree"* (Leiden, 1956).

Vernadsky, George, *A History of Russia* (New Haven, 1951).

Waley, Arthur, *Yuan Mei* (袁枚), *Eighteenth Century Chinese Poet* (New York, 1956).

Watkins, J. W. N., "Milton's Vision of a Reformed England", *The Listener*, LXI, No. 1556 (Jan. 22, 1959), pp. 168−169, 172.

Watson, Burton, *Ssu-ma Ch'ien*(司马迁). *Grand Historian of China* (New York, 1958).

Weber, Max, "Poliltics as a Vocation", *From Max Weber: Essays in Sociology*, ed. H. H.

Gerth and C. Wright Mills (New York, 1946), pp. 77−128.

Wittfogel, Karl A., *Oriental Despotism: A Comparative Study of Total Power* (New Haven, 1957).

Wittfogel, Karl A., and Feng Chia-sheng (冯家昇), *History of Chinese Society: Liao (907−1125)* (Philadelphia, 1949).

Wolff, Robert Lee, "The Three Romes: the Migration of an Ideology and the Making of an Autocrat", *Daedalus* (Spring 1959), pp. 291−311.

Wolfson, Harry Austryn, *Philo: Foundations of Religious Philosophy in Judaism, Christianity and Islam* (Cambridge, Mass., 1947).

Wright, Arthur F., "Sui Yang-ti (隋炀帝): Personality and Stereotype", *The Confucian Persuasion,* ed. Arthur F. Wright (Stanford, 1960), pp. 47−76.

Yang Lien-sheng (杨联陞), "Notes on Dr. Swann's 'Food and Money in Ancient China' ", *Studies in Chinese Institutional History* (Cambridge, Mass., 1961), pp. 85−118.

Zürcher, E., *The Buddhist Conquest of China: the Spread and Adaptation of Buddhism in Early Medieval China* (Leiden, 1959).

# 第三卷　历史意义问题

献给
我的父亲和母亲

# 前　言

　　《儒教中国及其现代命运》以继《君主制的衰败问题》和《思想连续性问题》之后而来的《历史意义问题》告终。在本书中，我并不认为中国与其过去的联系已告终结。过去对最近的中国当然有历史意义。但"历史意义/重要性"（historical significance）一词意味深长地暧昧模糊。第三卷收束前两卷中的主题，讨论的就是这种暧昧。

　　人们对中国的过去在当今中国的表现已经给予了大量关注；思想论调与之前五四一代的反传统主义似乎大相径庭。但简单地得出结论说中国人在走了一段文化失败主义的歧路后回到了肯定"中国"的论述上来将是不负责任的。人们不得不追问，为什么这两代人的论调不同。我认为这种差异并不意味着中国的过去要求一种始终如一的不变的忠诚，而是意味着不同时代的人面临着不同的压力，拥有不同的视野来表达他们的忠诚。

　　有两种解释看上去很极端，并不足以处理中国现代史的问题。一个是"东方专制主义"观念，暗示中国不受历史进程影响。另外一种观点则认为，西方的入侵对于设定中国历史进程的目标并没有起到什么作用。

　　人们已经恢复了对他们不再怨恨的事物所怀的平常之心。但是他们不再怨恨的是那些似乎已经安放在历史之中的事物；因而他们恢复的不是过去，而是那些已经成为过去的事物。而当他们一开始产生怨恨的时候，这种怨恨并非不借助任何外力而仅仅由于中国的影响才产生的。

　　在第二卷中，我试图给儒教在其鼎盛期和衰耗期都具有的核心地位提供一个中国历史的制度语境。在第一卷的结尾，我用"语言和词汇"的比喻来表达这种衰耗的意义：中国文化在语言上的变化，而不只是其传统词汇的丰富。第三卷则指出这一比喻和另外一个比喻——"博物馆"——之间的联系。"语言和词汇"应用于革新，"博物馆"则应用于保存。革新和保存可能会产生张力，对中国文化这样有活力的文化来说，现在的这种张力也许跟另外一种语言——之前漫长时间里的儒家语言——的世界中的那种张力（参见第一卷）一样有活力。

　　我要再次感谢中国思想委员会和行为科学高等研究中心为讨论本卷大部分内容提供了机会。在我完成这部书稿的最后一年的时间里，我获得了古根汉姆基金会提供的研究岗位，领受了圣安东尼学院和牛津大学东方学院的好意，对此我也心存感激。在为这项研究确立书目文献的基础方面，我得到了 Joseph Chen、Robert Krompart、孙宝基（Pow-key Sohn）和 George Yu 的大力协助。我的妻子审阅了全文，扫除了埋藏其中的隐患；她理应获得孔子荣誉奖章。

　　这本书是由加州大学伯克利分校国际研究院通过其中国研究中心出版的。在准备各卷的所有阶段，我都得到了来自该研究院和中心的物质与思想上的支持，对此我深表谢意。

　　第三卷的部分内容曾以不同形式在下列著作和期刊中发表过：《儒教的信念》（*The Confucian Persuasion*），芮沃寿（Arthur F. Wright）编，斯坦福大学出版社1960年出版；《儒教的人格》（*The Confucian Personalities*），芮沃寿、杜希德（Denis Twitchett）编，斯坦福大学出版社1962年出版；《第欧根尼》（*Diogenes*）；《调查》（*Survey*）；《中国季刊》（*The China Quarterly*）以及《亚洲研究杂志》

（*Journal of Asian Studies*）。我要感谢它们的编者和出版商允许我在这里使用这些内容。

J. R. L.　　vi

# 第一部分　脱离历史

## 第一章　微弱的生命：廖平与儒教和历史的分离

"没有儒教的官僚制——没有官僚制的儒教——儒教的思想内容发生了深刻的改变……"因为君主制为儒家官僚制提供了合适的环境，而19世纪饱受困扰的君主制于1912年被推翻，它成了一个残余的观念。民国治下的儒教也是一个残迹。在合作与猜疑中纠缠了上千年之久和这么多朝代的君主制与儒教，彼此把对方拉下了台。当儒教失去了它的制度语境的时候，思想上的连续性也危在旦夕。那个沉没中的伟大传统即将离人们而去。

离开历史就是进入历史。生成未来的儒教，变成了过去的事物。它被许多人铭记和热爱，但只以碎片的形式存留。它的意义体现在历史方面。

任何人要书写儒教中国在经历其现代命运之前的历史，都会把这一历史的大部分内容用来讲述儒教伟大的生命力。然而，在近代的历史中，产生伟大的条件葬送在了儒者手里——至少伟大与否有待决定，在这里成就是可以衡量的。例如廖平（1852–1932）实际上就是一个并不重要的儒者。

然而，一个小儒的简短一生却能够讲述——或开启——现代历史的大部分内容。廖平的生涯乏善可陈，他的著作充满了旧式儒家所厌恶的"空言"。为何他如此地不重要？人们无须否认这个问题的合理性，而只须回答它，就能够恢复廖平的重要性。因为就像他生活于其中并穷尽的儒教传统，廖平是通过走出历史而获得历史意

义的。如果说廖平是一个没有说服力的儒者，很大程度上脱离行动，
与他所处时代的大部分的真正问题脱节，那么有一个真正的问题正
是在廖平的含混晦涩中呈现出来的。

依照正统儒家的任何标准，让廖平的思想体系变得奇妙不凡的
正是它与任何可以想到的行动都毫无关系，他的波澜不惊的一生，
恰恰是他的思想理所当然的对应物。在他之前，儒家思想经由与官
僚制的纽带，经由与政治这个儒教的生命所在——也就是说，与仁
爱的儒者所创造和书写的那种儒教的历史——的亲密关系，保持了
长久的活力。行动和思想的密切互动是儒教的本质。但是到了廖平
去世的 1932 年，没有人能感受到儒教的生命。儒教跟政治已经毫无
关系（尽管儒教还有可能成为一个政治议题）。廖平是最后一个儒家
学派的最后一个思想家，他那贫乏无趣的官宦生涯证明儒教已经被
逐出历史。那也是他通过把历史从他的儒家思想关切中放逐出去而
在他的思想中反复说明的东西。

## 1. 生平

廖平把儒教的基本内容不是塑造成了历史而是塑造成了预言：
孔子是一个预言家，廖平也是。孔子在他生活的时代当然要被看作
一个强有力——哪怕也是一个温和的——人物，但是在廖平这个处
于儒教没落期的人身上，我们看到的是一个旁观者而非行动者。当
然他是一个在他自己的家乡并没有受到过多尊崇的预言家：1900 年
（当时他已成年）出版的他出生地的方志在廖姓的条目下只是简单地
记载道："国朝平，进士，官教授"[1]。

人们所能看到的廖平主要就是这样一副教书先生式的苍白形象。
廖平 1852 年出生于一户较为贫穷的家庭（他母亲出身于仕途稍显赫
的世家），尽管他父亲是一个小药商，他的兄弟也都走上了经商的道

路，他却献身于学问的事业。廖平给他的书斋取名为"三鱼堂"，以纪念其学者生涯的开端：他小时候有一天把捕到的并不算多的三条鱼送给了村里的塾师，得到了入塾读书的资格。人们把他看作一个出众的孩子。

不管怎么说，我们没有再听说过他在池塘和小河边懒散地虚度时光。他沉迷于书籍中，开始投到像王闿运（1833-1916）这样的学问大得多的老师门下。王闿运是一名公羊学家，他在成都的尊经书院（廖平后来也在那儿教书）教过廖平，但他从未着意提及廖平和他的师生关系。实际上，对玄想高蹈之学不耐烦的保守派学者叶德辉（1864-1927）曾经记录了一则关于廖王关系的带有一点挖苦意味的传言：据说王闿运称廖平"深思而不好学"[1]。

19世纪80年代，当廖平正按部就班地参加一系列科举考试的时候，当时的两广总督张之洞让廖平做他的幕僚，待他极为随和，并聘请他在自己1887年创建的广雅书院中担任分校。正是在这一时期，他认识了康有为，并且影响了康有为《新学伪经考》一书的撰写（一说康有为此书剽窃自廖平），该书是戊戌维新最重要的文献之一（参见第一卷）。

廖平中进士后，被任用为知县，但他很快就请求改任教职，并得到批准。1898年，他出任老家四川省绥定府教授[2]，与实际政治活动完全脱离了关系，当时戊戌维新运动在短暂地兴起之后便被镇压下去了，而这场运动与他的儒学研究有着如此密切的关联。四川学政知道康有为这个慈禧太后深恶痛绝的敌人在儒学思想方面是从廖平那里得到了启发，于是指控廖平对经书大逆不道，将他革职并交由地方官员管束。但廖平显然是一个无害的人，新任浙江巡抚仰慕

5

---

[1] 中文原文见叶德辉《叶吏部答友人书》，载《翼教丛编》。
[2] 此处作者有误，廖平任绥定府教授是在1902年。

他的才学，甚至有意聘请廖平在他治下的一所学校担任校长。[①]

辛亥革命后，廖平曾主持成都的国学院数年之久。他避世不出的名声日隆，引起了日本赫赫有名的历史学家内藤湖南的注意，内藤1915年在京都大学任教，他注意到廖平隐居四川的山林之中，无意外出。有过一次例外，廖平曾于1913年前往北京在当地的儒学社团中演讲，但到了1919年，廖平决意退隐，这一年他得了中风，右边身体处于偏瘫状态。廖平继续用左手写作，靠他的长女整理手稿。1932年10月6日，他在一次乡间旅行途中去世。[2]

## 2.原创性问题

这碗清汤寡水有什么东西可以咀嚼吗？廖平和康有为的关系往里面加了点料。

康有为从未直面对他的指责（他宣称是"巧合"），但廖平提出了控告；梁启超虽有时与康有为意见相左，但始终对康有为执弟子礼甚恭，他也承认这种指控是有根据的；中国和日本的学者得出了一致的结论：康有为的《新学伪经考》（1891）——他的第一部毁誉参半并因此广为流行的重要著作——乃是有意识且周密地剽窃自《辟刘篇》，而他的《孔子改制考》（1897）则窃取了《知圣篇》的论题和观点。这两部论著合在一起，即为廖平1886年完成的书稿《今古学考》。[②] 按照指控，康有为是在广东，于沈曾植的家中看到了廖平的著作，于是前往求见。表面上看来，康有为似乎并未为廖平的玄奥学说所动，他还警告廖平不要发表这些结论，它们会给他带来传授异端邪说的罪名。次年，康有为出版了他的《新学伪经考》，廖平

6

---

①查张远东、熊泽文编著《廖平先生年谱长编》，并无此事，不知作者何据。
②此处作者有误，《今古学考》成书在《辟刘篇》和《知圣篇》之前。

称其"倚马成书，真绝伦也"①。[3]

这是一位儒者对其原创性被践踏发出的哀叹，它包含了一种垂死没落的调子。原创性本身从来就不是儒家的美德，敏感地执着于宣称你自己而非你的对手开辟了全新的路径，这与旧式儒家论争的原则背道而驰。廖平始终看重他的优先发明权；他自己的思想史——包括精心结撰的"六变"说——总结了他的革新求变的信条。他主张任何学者为学都应十年一"大变"，三年一"小变"。若不能小变则为"庸才"，不能大变则为"弃才"。[4]

这一对革新的呼吁，这个声称康有为窃取了廖平因发表新见而理应享有的名声的断言，都不过是言辞而已。是康有为——不管他是不是剽窃者——选择通过创造历史来直面现实的困境。康有为采纳了这些视孔子为改革者的论断，并且把它们和现实的现代改革运动联系起来，把它们包括在行动中，为现代中国释放出正统儒家实现其抱负的最后一丝机会。但是廖平这个空谈原创性的人，只是一个传统的科举士子，小心翼翼地平稳通过旧的通道，于1889年得到了那些颟顸守旧且显然与世无争的主考官们充满陈词滥调的赞语："自铸伟词……兼取群书……洞明古训……择精语详文……是善读书人……非专己守残者。"[5]1898年康有为差点因为他从廖平的假说里面得出来的东西而送命，同一年廖平却害怕牵连其中（为此受到梁启超的鄙视，尽管梁启超承认他是思想上的先驱），宣称他无意去解释他在这场政争中的立场。[6]

一旦廖平宣布他自己超脱于这场政争，就没有什么东西能限制他向越来越高蹈的方向飞升，逐渐远离孔子所属的行动与历史的领域，而依凭于甚至比最热的空气还要轻的言辞。1916年廖平处于他自称的第四个阶段，处理"天"与"人"的问题。他将轻与清归于天，

---

①此处作者将"绝伦"英译为 breaking the tie of ethics，有意无意曲解了原文。

重与浊归于地。[7] 天是他的目标。在廖平与康有为观点一致的早些时候，这个问题仍然是用相对平常的历史的方式提出来的：廖平和康有为所信奉的今文传统中的孔子，被当作智慧的源泉，与古文传统中的周公形成对抗的关系。但最终廖平摆脱了重与浊，来到了虚无缥缈的幻境。在末世来临的时刻，所有人都将飞升上天，尘世的衣食之需将脱卸净尽。[8]

　　廖平思想千禧年主义的性质表达得再清楚不过了。它与儒教基本观点之间的距离也很清楚，因为儒教首先致力于文明秩序和历史，它与千禧年主义不可能发生什么关系，它仍旧要从其众多的可能性中选择一种来实现。儒教恰恰代表了与千禧年主义对末世的向往和对制度的颠覆相反的事物。

　　因而，有可能成为廖平信徒的人不断地从他升向星辰的天梯上跌落下来也就不足为奇了。当廖平从"尊孔"转向"崇孔"的时候，[9] 他那些心怀疑虑的追随者就逐渐转向了反宗教的反儒的立场——例如，廖平在四川的学生吴虞（1872–1949）就转而投向北京大学的陈独秀（1879–1942），[10] 廖平身边的小圈子很快就消散了。

## 3.从典范到预言

　　当孔子受到尊敬时，他是一个政治人物，一个历史人物，他要人们（儒家理想类型的国家治理者）从他那里学会如何创造历史——应该运用什么样的原则，做出什么样的判断，不管是在最遥远的将来还是在经典记载的过去。（经由受尊敬的孔子之手**传下来**的）经书揭示了历史的典范，也即永恒的行动模式。汉代的儒者董仲舒直言："吾按《春秋》而观成败。"[11] 过程是无关紧要的，时间的流逝并不能将真理相对化。但是当孔子被崇拜的时候，他是一位圣人，是宣示天意的先知，是超验的、超历史的人物，他预先告知人们时间流

8

向的终点。廖平想象的孔子把未来的一切都写进了《易经》中，把后人遵循的所有法则都写进了《诗经》里，在这两部书中，孔子所创建的宗教得到了详细的阐述。[12]（由受崇拜的孔子**创造**的）经书庄严地记载了对历史的预言，也即对尚未看到的行动的暗示。正如廖平在1894年所言，经书经孔子之手而为之一**新**，新的经书并非旧的历史。[13]① 典范性的经书——传统主义的古文经学家（对他们来说，知与行是一回事）的经书——是历史，是可见的事件的记录，这些记录让本质得以显现。今文学派的预言性的经书则是打开历史的钥匙，而非历史本身。

廖平早年对广为接受的古文经的攻击，使得他明确地从宗教而非历史的观点来看待孔子。廖平意在揭示"新学伪经"——借用康有为把廖平的指控改换后的说法——以此来建立孔子所创造的"真"经（今文经）。但是这就相当于承认今文经是孔子伪造出来的；也就是说，孔子本人可能跟据说是古文经的伪造者刘歆（卒于23年）一样，把自己的文字当作古人的著述。当然，廖平并没有将两者相提并论的意图，因而孔子必须是真正的超人；如果他只是普通人，他就只能是刘歆那样的理论家，在廖平看来，这样的理论家会被所谓"新朝"（9–23）的创建者王莽所收买。如果刘歆和孔子不是根本上无法相提并论，前者是一个不诚实的历史学家，后者是一个纯粹的、受到上天启示的预言家，那么两个"伪造者"，两个掩盖自己著作权的人，又如何能够区分开来呢？如果说六经非史，那是因为它们在古文经中是虚构的东西，而在今文经中则是对未来之面纱的奇迹般的揭示。

经书从典范向预言的转变在一代人的时间里——从像薛福成（1838–1894）这样务实的官僚对经的使用到脱离实践的廖平对经的

---

① 中文原文为"六艺皆新经，非旧史"。

幻想——就可以看出来。在1875年的一封奏折中，薛福成以一位负责任的、投身于政治行动的儒者公认的传统方式，把古代的模式引为当代的借鉴。他写道："昔者乐毅伐齐，必先联赵；诸葛守蜀，首尚和吴。盖有所备，必有所亲，其势然也。"（即历史是现实情况的记录，而非过程。）他的结论是："洋人之至我中国，专恃合纵连横"（"合纵连横"一语源自先秦的《战国策》，指的是冲突中的战国诸雄面对秦国威胁时采用的外交策略）。接下来薛福成讨论了"方今有约之国，以英、法、俄、美、德五国为最强"，其中英国乃是中国的死敌。他特别将美国看作潜在的盟友，因为他认为美国希望抗衡欧洲列强，而中国的衰弱会增强欧洲的力量。[14]

1879年，薛福成又提醒人们注意日本通过采用西方的物质技术正跻身于列强。他建议中国也采取同样的行动以警告日本。"日本闻中国之有备也，亦必知难而退，或者器未至而彼先退也。此古人先声后实之妙用也。"[15]（"先声后实"，指一开始用欺骗性的宣传壮大声势，最后达到自己的目的。）这里用的"先声后实"一语很契合当时的形势，它最初源自经书《左传·昭公二十一年》，为《史记·淮阴侯列传》所袭用，稍加变化后出现于《汉书·韩信传》中。

因而，薛福成以理性主义的方式往前推进，在古代文本中寻找相似的事例。而另一方面，廖平则以神秘的方式在他的研究中寻找隐喻。以历史的态度构建一个论点——例如，"古代郑国在帝国中的境遇就**像**现代中国在更大的世界中的境遇一样"，和以未卜先知的口吻提出论点"古代郑国的境遇就**是**现代中国的境遇"，这两者有天壤之别（这是实际行动充满意义与毫无意义之间的差别）。[16]对一位负责任的儒者——即便是像薛福成这样晚近的通达的儒者——来说，古代是有用处的。而对于像廖平这样的沉湎于梦想的儒者——既在思想上不负责任，又对政治行动不负责任，而政治行动则是完美的儒家的分内之事——来说，古代则服务于天启般的信念。未来之事

**必定**会发生，因为经典文献提供的不是自由选择行动的指示，而是对行动所意味之事的决定论般的启示。

于是，在廖平看来，现代中国置身于国际丛林的困境，在《公羊传》里（据说是）孔子所说的"拨乱世"一语中早有**预示**。[17]孔子早有所见，以神秘的方式传达了他的见解。因为孔子的《春秋》——《公羊》是理解它的关键——本身就开启了未来，此时古代"大同"的理想得以实现，大道最终由"不同"进而为相同，所有的人都彼此相同，人也与鬼神相同。[18]为了在正统儒者看作周代历史的经书中看到世界的预言，廖平将《周礼》重新列入经典（早年他曾经不承认该书经的地位，参见注［8］）。但如今他认为"周"字不是指特定的朝代，而是意指"周全"，这是"周"字的另外一个义项。[19]这是将特定的历史扩散到预示性和普遍性的迷雾之中的另一个例子。

## 4.从预言到终结

薛福成像任何一位出仕的儒者一样，向经书追问"我们要做什么"；而廖平作为一个从事功领域中被挤出来的儒者，把这个问题实际上砍削成"我们是什么（或在哪里）"。旧的儒家阶层总是把"空言"——行动或历史基本内容的反面——看作一种耻辱，廖平却公然不无歆羡地将之归诸孔子。

廖平的孔子在讲述其偶像——比如说文王——的事迹时，有某种神秘的讯息要传达，这种讯息包裹在虚假的、隐喻性的外部"历史"的表面之下。因为孔子作为"素王"被限定在内部的知识领域，无法进入外部的实践活动的领域，他用特定的"空言"来表述自己的知识，也就是说，这些言辞记述的不是它们看上去记述的东西——过去和公开的政治——而是未来隐秘的前景。对廖平来说，素王的观念就是六经要表达的观念。[20]

标榜自己有原创性的廖平向康有为夸口说，在他自己的著作中"无字不新"（也就是说，廖平是第一个揭示隐含的意义的人），但同时也"无义非旧"。[21]因而，廖平实际上是以一种悖论的方式效仿把正统观念**传下来**的孔子。但是当廖平骄傲地传承他那"创造性的"孔子的"空言"的时候，他也把"空言"的正统意义的诅咒带到了他自己的时代。他自己是空言的代言人，与他身处的时代的历史毫无关联。廖平没有把他的东西传给任何人。

也许有人会说（廖平自己确曾说过），他似乎把"空言"传给了康有为。然而康有为绝无意于脱离行动，他领导了戊戌维新运动。这难道不正是将廖平的儒教付诸行动的一个例子吗？儒教与历史、与对事件进程之影响的分离，是否正是儒教与作为智慧之核心的历史的分离的题中应有之义呢？或者换句话说，廖平虚度的一生是否正是其空言的对应物，而不仅仅是一种巧合呢？

若把廖平置于中国历史中来看待，重要的是看在康有为的手里"预示性"的儒教发生了什么。廖平置身于公共事务之外，也正因为这种内向的倾向，他才会产生越来越奇幻的想法，背离他曾经与康有为和梁启超共同信奉的儒家今文学或公羊学。这三个人走向了三条不同的道路。

梁启超超越了今文学，走向了后儒家（非儒家）的思考。[22]而康有为则坚持他的主张，但他不再从内部发展这些主张——也就是说，（按照他的标准）把政治"儒教化"的努力失败之后，他不是像廖平那样发展出更精致更玄妙的思维，而是选择坚守政治的志业。但现在这项志业是要将儒教"政治化"，将保存儒教变成一项政治议题，默认儒教不再主导政治事务这一事实。儒教不再是政治的灵魂，而成了政治争论的焦点，这种政治在各个方面都是围绕非儒教的、真正现代的目标而展开的。康有为在儒教中国的世界曾经是一个激

12

进分子，但在这个后儒教的国家，在属于世界一部分的中国——在这里，儒教的机会在于它是中国的"国体"(national essence)（参见第二卷）——他成了一个反对激进的人。康有为在1898年想要发展出主张激进主义的儒家理论，来对抗传统的支持保守主义的儒家观点，结果失败了。而民国建立后，在其反传统主义的氛围下，康有为最终转而从保守主义的角度为儒教声辩。意味深长的是，过去他曾经把区分"伪"经与"真"经看作世界上最重要的事情，如今他不加区分地捍卫所有的经书。

早年康有为跟廖平还是同道中人的时候，曾试图通过宣称孔子对新奇事物的权威，把这些事物说成是中国固有的。孔子是需要去遵从的人，是创造历史和改变国家的人。但是当君主制崩溃后，新的体制彻头彻尾来自外国；它的支持者不是乞灵于孔子的权威，而是弃之如敝屣。于是康有为加入到那些以新的方式守旧的人群之中。如今孔子是有待拯救的人，因为他是民族历史上的人物，而且就是这历史的体现。中国的山川、树木、昆虫都体现在孔子的教导之中。[23]那些过去一度可以被看作代表了"儒教之进步"的事物，只是对西方的没有灵魂的模仿而已。于是康有为从"国体"(national essence)中发展出浪漫主义和相对主义的论述，一套**现代的**论述，而不是从普遍有效性衍生出的理性主义的儒教论述。如果孔子不是中国连续性的守护者，不是主宰变化的圣人，而是变化的受害者，那么就必须捍卫孔子来抵挡这种变化。

为其他事业服务的其他论述响彻了20世纪。孔子从历史舞台上的导演，降格成康有为那里的配角——并不比廖平那里退出舞台的孔子好到哪里去。在这两种情况下，儒教的名声和儒者的生平都是对应的。在政治上越无能为力，在思想上就越浮夸：廖平"飞升"的乌托邦信条，对一个从历史中脱离和被放逐出来的、生活于官僚制和儒教不再携手并进的时代的人来说，是再合适不过了。沉浸于冥想中的廖平并没有"导致"儒教失去活力，他以某种方式对此做出了反应，这种方式正是儒教失去活力的例证。就像朱熹（1130–1200）评论佛教的玄想时说过的那样，人们也许会说，这样的儒教——**任何一种**现代的儒教——都是无"用"之"体"，是脱离了现实运作的本质。而当儒教的解决方案不再有效，儒教的智慧不再有吸引力——就像它在处理现代问题时出现的那种情况——虔诚的儒者就不是公共生活中发挥作用的能动者了。

廖平就是如此，而康有为在赋予其理念以政治生命的改革努力失败以后，自己在政治上也逐渐陷入了两头不靠的状态。直到最后，他理想中的儒教都没有发展到廖平那样的否定行动的幻想的极端——康有为从来没有变成像廖平那样的政治上毫不起眼的人物——但它也是一种消极被动的、不再有促进行动作用的儒教，它成了作为某种历史遗迹而有待保护的对象，而不是强有力的形塑历史的力量。

14

廖平在乌托邦思想方面超过了康有为，在康有为去世之后他继续写作，就像在他去世之前一样。廖平是最后一个把儒教作为主要思想材料来研究的人。由此，他建构了具有最纯粹的形式的平庸生命和高蹈儒学。他脱离了历史这条主线，剥夺了历史过去曾具有的儒教的意义。正是在这里体现了他作为时代镜像的典型特征。

因为在廖平的时代，儒教只剩下历史意义，而当历史还处于儒教之中的时候，历史意义从来就不是儒教的属性。廖平秉持"六经非史"的信条，由此他推进了让经成为历史的建构，尽管这种历史是非儒教的、相对主义意义上的历史。于是经书是如此明显地成为"历史"，以至于廖平对它们投注的热诚的活泼泼的期望，让他成了一个古怪的人，一个在有生之年就已成为历史遗迹的人。一个很久以前宣称自己有原创性（originality）的人，最后被公认为是一个确实与众不同（origin）的人：一个怪人，一个不合时宜的人。历史从他身边流过，把他心爱的经书送进了他不屑一顾的过去的坟场。

15

# 第二章 "井田"中的风往哪个方向吹：
## 儒家论辩基础的削弱

> 蔽芾甘棠，勿翦勿败，召伯所憩。
>
> ——《诗经》，庞德译[1]①
>
> 方里而井，井九百亩，其中为公田。八家皆私百亩，同养公田。
>
> ——《孟子·滕文公上》[2]

当廖平和年轻的康有为将经书用作预言时，他们就将这些经书从它们原本预示的未来中抽离了出来。他们自己解读经书的方式已然告成。他们把它们当作必须遵守的权威来解读。无论他们如何令正统的儒者——这些儒者在略有差异的经典中读出了不同的信息——侧目，这种诉诸经书之权威的做法却是十足传统的。"今文"还是"古文"，这个儒教内部最后的争论，对反传统主义者来说是无关紧要的，他们在儒教之外寻求中国的出路。

这些人另有解读经书的方式。廖平寻求通向终极智慧的钥匙；康有为开始也是寻求智慧，然后转向了"国体"（national essence）。

---

① 原诗见《诗经·召南·甘棠》。庞德的译文直译作："不要砍伐那梨树/不要毁坏那树荫/那是召公曾经休憩的地方/天啊，我多么希望他还在为我们决断是非"。据《史记·燕召公世家》："召公巡行乡邑，有棠树，决狱政事其下，自侯伯至庶人，各得其所，无失职者。"

他们似乎在去世之前就已经过时了。后儒教的儒者带着各种历史理论走上前台，这些理论把经书定位为历史文献，而不是郑重其事地把经书当作做出历史评判的法官。因为这些新人从古代文本中寻找的不是智慧，不是本质，而是"科学研究"的原始材料。[3] 这是一种非儒教的历史观念，它让儒家之经成为来自一个新设想的过去的新文本。

因而，儒教与历史的分离不只是儒者退出历史，以及（儒教意义上的）历史从他们的思想中隐退的问题。像"井田"论这样的旧的儒家话题仍旧被讨论——但是在历史意义上，一切都彻底地改变了。

### 1.从字面意义到隐喻

1919年对中国的自由思想家来说是一个经典年份，这一年的五四运动将矛头对准了整个旧的真理体系，"孟子"也引起了广泛的争论。胡汉民（1879-1936）在一篇杂志文章中认定井田制在古代存在过，公元前4世纪，孟子最早描述和赞扬了这种土地所有制。1920年初，胡适（1891-1962）在同一份杂志上发表了回应文章，否认井田制实际存在过。胡汉民再次提出反驳，跟他一道的还有廖仲恺（1877-1925）等人。事实上，怀疑者并未取得最后的胜利：井田制在中共历史学家的著作中——不是作为寓言，而是作为某种历史事实——经常出现。然而，很难说这就意味着马克思主义者在重走过去光荣的老路，意味着儒教经受住了现代的考验。相反，这种考验的出现恰恰能够从井田观念的存留中看出来。因为这一观念在几百年的时间里只有儒教所赋予的字面上的意义，不过是孟子描述、赞扬和让他的继承者感到处理起来很头疼的一种社会制度，如今它变成了隐喻。它**代表**了某种完全非儒教的事物、价值或社会理论。井田在20世纪发生的这种转变，是由所有那些以各种方式捍卫其历史

16

17

性的人们——不管是传统主义者、激进的理想主义者还是唯物主义者——促成的。

《孟子》中有关井田制的记述，以及《周礼》中对这一记述的加工（后者表面上早于《孟子》，实际上更晚，衍生自前者），在已有叙述中是最完整谨严的。孟子的土地单位之所以称为"井"，是因为该土地单位铺展开来的形状很规则，就像"井"这个字，包括八家各自的田地以及他们共有的第九块田。在《周礼》中，九"夫"（原指农夫，这里指耕作的单位）构成一"井"，深四尺广四尺的"沟"将"井"与"井"间隔开来；方十"井"为"成"，"成"与"成"之间是深八尺广八尺的"洫"。这样的模式以严整的规律扩建为更大的地块和更宽更深的水道。[4] 没有比这描述得更精确清晰更实在的设计了。同样，也没有比它更容易受到胡适一派的攻击的了，在后者看来，它显然是儒家构造出来的和谐理念，没有一丝一毫的社会历史的现实的味道。胡适说，它不过是"托古改制"的一个例子。[5] 就像一位持类似看法的学者后来所评论的那样，历史上没有井田：它只是一种社会思想，一种愿景和理念。[6]

然而，胡适眼中井田论的弱点，在他的对手看来正是其长处——这只能说明他们全都是现代人。因为，事实上几乎所有人都不取井田的字面意义，而胡适对井田字面意义上的实际存在的否认，被对其理想性的洋洋自得的肯定抵消了；然而，在这种理想主义的特性里面存在着一种微妙的错位，即重心从理想（"什么是最好的"）移到了理念（"在形形色色的表象下面真实的东西**是**什么"）上。也就是说，那些反对胡适的论者，将井田制从它在过去单一民族历史中的特定位置上抽离了出来，把它变成了普遍性的东西。在井田制的捍卫者的眼中，它变成了一种类型。

对一些人——较情绪化的激进分子，也包括一些传统主义者——来说，井田制变成了某种社会主义的神圣基础。对另一些

18

人——大多数是持发展眼光的思想家——来说，它是一种形式，其内容代表了超越民族普遍历史的一个阶段。无论是哪一种情况，井田都不再是锚定在历史时空中的它的本来面目了，而成了一种自由流动的隐喻，指向某种含义尚不明确的事物。当井田被解读为"人类的社会主义目标"、"原始社会主义"或"封建主义"的时候，这是对古代文本的现代**翻译**，其精神与埃兹拉·庞德给数千年前的中国古诗加上雷穆斯叔叔（Uncle Remus）① 口语的调子并无二致。庞德暗示，时间、地点、习语——个别的历史环境——这些都不过是现象，掩盖了为其他时间和地点的人们所不知的本体的永恒性。孟子的文辞也被从历史中抽离了出来，变成了隐喻，指涉各色未经言明的理想内容。

## 2. 井田与儒教改良主义

胡适认为井田制不过是幻想，而那些拒绝接受他的怀疑论的人们，却指责他实际上太拘泥于字面了。这一观点包含了某种有趣的辩证法，因为胡适的对手虽然在捍卫经的地位，但显然与胡适攻击的那种传统的经学观点相距甚远。他们通过谴责拘泥于字面的做法，以他们自己的方式把井田保存在历史中。然而前现代的儒者对孟子的话乃是照单全收，正是从字面上来理解他对井田的描述的。

在从汉代到清代差不多两千年的历史中，一直都有官员和学者提出要回到井田制，也有人否认这种回归的可能性。然而，没有哪个自命为正统的儒者——不管他后来怎么看待井田的前景——会否认在这里（就像在别处一样）经书就是历史。韩婴（活跃于公元前

---

① 雷穆斯叔叔（Uncle Remus）是19世纪末流行于美国南方黑人中间的一系列民间故事、歌曲等口头文学中的虚构主人公。

150年前后）完全接受了孟子对"井"上（不仅是在八家共有的田地上，而且是在他们社会关系的所有方面）互助场景的田园牧歌式的描绘，并且把它用作评判一代不如一代的后人的标准，就像儒者使用经典中圣贤的历史时惯常所做的那样。[7] 由此，字面上的井田就变成了对不那么值得称赞的时代的一种持久的批评；尽管对某些儒者来说，它是道德悲观主义的理由，而对另外一些人来说，它是对那种想要回头攀陟崇高之境的道德热情的挑战。

在比较这些含义的时候，我们最好能避免心理上的臆测。毫无疑问，中国思想家具有各自不同的气质，有些思想家更乐观些。但是这些气质很难被透彻地领悟，只会转移我们的注意力。纵观儒教支配下的整个王朝史，会看到一个较易理解且切中肯綮的、由一系列选项构成的框架。它是用哲学和政治术语——内与外、官僚制和君主制（参见第二卷）——来表述的，而探讨井田的种种视角也完全可以从这些对立的两极来观察。

在"内部"压力占主导地位的情况下，强力实行井田制（因为不得不对土地强制实行再分配）的政治行动完全不可能被接受。强力是对美德的否定，而运用强力的政权乃是理应建立在美德基础上的君主制政权，它会因为这种行动而蒙羞。而在"外部"压力占先的情况下，儒者则致力于实现社会和谐。他们肯定要考虑《孟子》和《周礼》的主旨，力求在某种程度上实实在在地接近平等主义的井田制（这与君主想要拉平所有臣民的兴趣相一致）。要么是外部世界——君主的世界——太过腐败，不足以支撑一个完美的制度，除非是用腐败的方式来强行建立这个制度；于是，井田就只能留给历史。要么是（这同样是儒家的信念）圣人的井田理想必须实现，经书也必须被铸造为历史，行动——自然是帝王的行动——不得不被提上日程。所有这些儒者都在认真严肃地对待经书的文辞。[8]

苏洵（1009-1066）并不把经书的文辞当作隐喻来思考，他认为

"沟洫"的复杂性乃是井田制未能复兴的因素之一。[9] 朱熹（1130－
1200）抨击了那种认为经书产生之后至少有一些君主曾经像圣王那样
统治的观点。[10] 马端临（约1254－1323）哀悼"三代"的失落，三
代是实行井田制的英雄时代，是夏、商和周的古典时代，其时"无
甚贫富之民"。[11] 这些人是相信井田制已经无可挽回地消逝的主要
人物。但是王莽（公元前45－公元23年）和王安石（1021－1086）——
一个想要当皇帝，一个深受皇帝器重——却是热衷于井田制的积极
分子，比起他们内在的形而上学来，他们的外在行动要受人瞩目得
多。公元9年，王莽谴责秦朝"坏圣制，废井田"，宣布恢复井田
制，将土地收归公有（皇家所有），不可通过买卖或遗赠来分割。男
性成员少于八口的家庭，占有的田地不得超过一"井"。他还威胁将
反对他的井田制的人驱逐出境，并在某种程度上付诸实行。[12]① 王安
石则以诗歌的形式表达了井田制有可能成为革除弊政的药方的看法：
"……入粟至公卿。我尝不忍此，愿见井地平。"[13]② 两位王氏都成了
悲观主义者攻击的主要目标。

　　王安石把《周礼》当作政治改革的模本；井田随之也被看作神
圣不可侵犯之物。[14] 王安石把自我投射到《周礼》上的这种做法，
让那些痛恨他的文人开始怀疑《周礼》的真实性，直到朱熹重新确
认了它的真实性为止。[15] 怀疑者当然是正确的，但是怀疑的理由在
胡适和现代人看来却是错误的。

　　他们批评的主要不是文本，而是集权，尽管有点吞吞吐吐；因
为作为儒家文人，他们也有"外部"压力，而作为儒家官僚，他们
也需要一个国家，但同时却要抵抗国家干预他们积累个人财富的倾

---

　　①中文原文见《汉书·王莽传》："莽曰：'……今更名天下田曰"王田"，奴婢曰
"私属"，皆不得卖买。其男口不盈八，而田过一井者，分余田予九族邻里乡党。故无
田，今当受田者，如制度。敢有非井田圣制，无法惑众者，投诸四裔……'"
　　②中文原文见王安石《发廪》一诗。

向。在这种紧张的状态下，很自然会有一些儒者想要把《周礼》从经典中开除出去，因此也就解除了一部容易被像王安石这样的实干家加以阐释利用的经书的威胁，这样他们的日子就会好过一些。（有意味的是，到了19世纪，太平天国最激进和最倾向中央集权的领袖之一洪仁玕，对《周礼》十分尊崇。[16]）朱熹鄙视这种破坏《周礼》名誉的权宜之计，他承认《周礼》的权威地位有点麻烦，直截了当地强调内优先于外，道德和形而上学优先于政治行动。这与那种认为不光是《周礼》，《孟子》——尤其是《孟子》——也是一个真实而权威的文本的观点是一致的。这种观点因而必须把井田的理想包括进来，但可悲的是，由于圣贤时代以降的社会堕落，它后来又放弃了这种理想；要恢复井田制，必须使用无法接受的强力。

　　有一些17世纪的学者认为朱熹的理学及其非经验的理性形而上学，对"内部"的观念关注太多，对实际的事物关注太少。很自然，他们在井田的问题上与朱熹分道扬镳了。黄宗羲（1610–1695）坚信井田制可以恢复。[17]在朱熹看来，当统治者做不到道德上完美无缺的时候，井田制是无法实现的，但顾炎武（1613–1682）则以一种不那么求全责备的态度鼓吹井田制。跟孟子一样，他引用《诗经》中"雨我公田，遂及我私"的诗句，将其看作天下（帝国）与家之间关系的象征。顾炎武说，圣王明白天下是第一位的，但也明白人的本性中有私的冲动。然而圣王绝不会拔除这种冲动，反而对其表示同情，通过井田制来授分田地，从而将天下之公与私合为一体。[18]①

　　颜元（1635–1704）是另一位重实行而轻哲学思辨的儒者，他认为在今日推行井田制是他应尽的义务。为了照原样恢复井田制，他提出了详细的方案，包括各种各样的测量数据。因为在他看来，井

---

① 中文原文见《日知录》卷三《言私其豵》："自天下为家，各亲其亲，各子其子，而人之有私，固情之所不能免矣，故先王弗为之禁。非惟弗禁，且从而恤之。建国亲侯，胙土命氏，画井分田，合天下之私以成天下之公，此所以为王政也。"

田制是王道的关键。他认为,如果顺富人之心而牺牲人情,使得一人享有众人之劳动果实而仍不餍足,就违背了礼的要求。"况一人而数十百顷,或数十百人而不一顷,为父母者,使一子富而诸子贫,可乎?"[19]他同意朱熹的看法,即井田是上古三代的最高成就,三代所确立的贤良的标准,后来的朝代无一能企及。然而,对颜元来说,井田制的破坏导致或构成了这种衰落,这是可以逆转的,井田制是可以恢复的。但另一方面,对朱熹来说,井田的终结乃是衰败的一种征象,并不是衰败这个可以补救的事实本身。[20]苏洵为一个失去井田的世界感到悲伤,颜元对此完全能够感同身受:"贫民耕而不免于饥,富民坐而饱以嬉"[21]。但苏洵跟朱熹一样,认为那逝去的古代已然无可挽回地逝去(而且对朱熹来说,井田制的目标并不是社会平等,而是恰当的区分)。[22]

实际上,悲观主义者当然是正确的。只要思想家明确地站在儒家的立场上,并且从字面上来理解井田制(而不是在隐喻的意义上把它理解为某种事物的精神),这个制度就不可能变成法律。它要么在那些试图将其普遍化的人——例如王莽——那里立刻遭到惨败,要么在一个无视它的社会的一个小角落里成为一个摆设。这就是1724年在直隶省的两个县里建立起来的短命的"八旗井田",它是为了解决清朝日益增长的寄生性的旗人人口的生计问题而做的一种尝试性努力。户部和内务府名下的约2000亩土地被分配给50户满人家庭、10户蒙古家庭和40户汉人家庭。这里面有私田,此外8户家庭还要共同耕作一块公田。《大清会典》称,这一制度将在直隶全省推行。1729年又有两个县实行这一制度,但是公田的理念以失败告终,1736年乾隆皇帝废除了尚在襁褓之中的井田制。[23]

那么,那些既承认井田制具有首要性又承认它毫无实现的希望的人们所能倚仗的又是什么呢?朱熹比大多数人更悲观,或者说更清高,他认为在圣人时代过去之后,即便是接近井田制也是做不到

22

的。[24]然而，在井田制的问题上跟他观点一样的马端临和苏洵，却准备去尝试实行与井田制尽可能相近的制度。如果说在井田的时代没有太穷或太富的人，那么皇帝和他的官员仍应确保消除这种两极分化。[25]应当实行"限田"的政策，平均分配土地，抑制兼并，"不用井田之制，而获井田之利"[26]。

23

　　中国历史上"限田"（或经常谈到的"均田"，因为限制就是为了防止不均衡）的鼓吹者们总是把他们的努力看作至少是对井田制的一种微弱的再现。像张载（1020-1077）和王安石这样的井田制的拥趸实际上是把"均平"认定为井田制的本质，[27]而那些抱负没那么高的政治家也可以呼吁实行"均田"，将其当作"井田"的某种补偿和衍生物。[28]如果说那些严肃认真地把井田制当作实际事务来对待的当权者容易被安上冷酷无情的罪名（而有类似信念的纯粹学者则常常被认为华而不实），那么有时候"均田"则会满足儒者"内""外"两方面的取向，他既能表达对帝国的关切，同时又可以对皇帝提出含蓄的批评。

　　这种批评依存于这样一种信念，即"均田"次于井田，后者之所以不可行是因为皇帝道德上的不完美。然而，这种批评肯定会表达得比较委婉，而且"均田"很大程度上符合皇帝而非官僚的利益。也就是说，是皇帝——以及他的依靠有效的中央集权来实行统治的王朝——最关心抑制土地所有者的权力；因为后者有可能吸干国家的财富，致使流离失所的农民揭竿而起。寓井田之意于"均田"之中的试验，对君主而言乃是很自然的权宜之计。那么，为什么我们会看到实行高度的君主专制的秦朝总是被指责破坏了井田制，进而（就像在其他方面一样）激起儒家正义感的愤怒之情呢？[29]

　　事实表面上看是如此。先秦时期——即儒者后来认为实行井田制的时代——是一个政治权力碎片化和限制土地转让的封建时期。秦朝确立了土地自由买卖的权利（这确实会颠覆任何一种把土地划

分为规整的固定份额来分配的井田制），由此秦朝将至关重要的课税 24
的权力推广到了全境，并把这种普遍税收的理念传给了后世的朝代。
但是为了保持这种好不容易从之前的封建时期获取的权力，各个朝
代时常也会诉诸土地均分的政策；它们试图通过侵犯财产权来拯救
帝国的体制，这个体制是把它们的安全放在首要地位的。因而，尝
试实行带有井田制色彩的"均田"制，是为了防止由于私人兼并而
回到以前井田制下（即先秦时期）土地在国家的名义下不能买卖因
而也就无法被国家课税的状况。[30]

　　各个朝代需要的是井田的诗意，是它的社会公平的色彩。井田
美化了它们在"均田"上所做的努力，这些努力的目的是防止已经
消失的井田制的真相重新显现，这个真相就是封建制对公共权力的
剥夺。在"均田"压力下受到伤害的儒家地主，谴责"均田"是类
似于秦政或法家的政策，他们由此想起了臭名昭著的井田制的废除
者。不管是作为国家的借口，还是被士绅阶层当作抹黑国家权力的
手段，井田都变成了政治的最高理想。《明史》记录了一位学者毫
不含糊的观点，他说为了天下的长治久安，必须实行井田制，不得
已而"限田"，又不得已而"均税"。[31]① 到了清末，当外来的理想
持续地受到关注的时候，它在很大程度上表现为井田——此时它所
包含的经典意义已经非常微弱了——而不是有充分文献依据的"均
田"，中国思想家把后者等同于西方的平均主义。也许正是井田那飘
忽不定的历史地位使得它具有如此强的适应性。当从历史的角度和
实际情形来看井田制不可能只是它自身的时候，它就成了一个再好
不过的隐喻，比如说，"社会主义"的精华。

---

　　①中文原文见《明史·海瑞传》："欲天下治安，必行井田；不得已而限田，又不
得已而均税"。

### 3.社会主义—井田论的陈词滥调

井田作为一个具有指称效力的术语的弱化，是从19世纪末20世纪初康有为的今文儒学那里开始的。康有为和他的追随者对古代的井田制做了具体的论述。例如，康有为在一篇以他特有的方式对孔子大唱赞歌的文章中（他把孔子的成就夸大到超过传统的评价的程度），认为孔子发明了将土地分配给每一个人的井田制，从而让奴隶制在古代中国失去了立足之地。[32] 但是，不管像康有为这样的现代思想家如何表述他们的前提，他们都是在进行一种全新的儒教阐释，一项旨在保持孔子的重要性的工作。对焦虑不安的中国知识分子来说，西方观念和价值的吸引力变得越来越难以抵抗，如果儒者不能让孔子与西方的权威相协调，那么孔子就会面临被遗忘的处境。对朱熹和颜元来说，井田的价值是不言自明和独特的，在这一点上他们并无区别，尽管在其更早的语境中他们在井田问题上的看法相左。然而，如今井田不得不成为与外国的重要价值享有共同特征乃至相同的东西。梁启超在1899年说，"中国古代井田制度，正与近世之社会主义同一立脚点"[33]，甚至在对儒教怀着深切而又不拘一格的信念的烈士谭嗣同那里，也会看到他把井田制本身当作打开现代世界之门的钥匙。"故尽改民主以行井田之法，则地球之政，可合而为一"，井田能"均贫富"，于是谭嗣同动情地写道，"西人深赞中国井田之法"。[34]

这里，灵感仍然来自中国的制度。一种预言的氛围以完美的今文学的方式笼罩着它，就好像那秘不示人但却一直存在的真正意义，如今已经明白无误了。(在位于漫长的王朝史之开端的汉初，就跟在其末端的清末一样，今文思想家都采用了一种比基本上属于正统的古文学派的文本主义者更隐晦的方式来对待经书。)然而，它的意义并非仅仅来自充满活力的本土视野，还来自外国的视野：井田是其

25

诗意的表象。"西人深赞……"——这句话出自一位今文学的儒者，这不正是热情拥抱普遍性的迹象吗？它似乎承认了是欧洲在决定什么可以算普遍的。

直到晚近的同治年间（1862–1874），还有学者泥古不化地追问，怎么能指望一井的八户家庭每户都只有一个儿子，这样井田制才不会因土地的无限划分而陷入绝境呢？[35]① 然而，在一代人的时间里，井田制的经典概念在其文字细节方面就不再引人关注了。井田制的内涵依需要而定，不是跟儒家推行的问题相关，而是跟适应西方的问题相关。

总体而言，康有为的今文学派是儒教历史脉络的终结，显示了原原本本依赖儒家原始文献的那种状态的最后余绪。1898年谭嗣同被反动集团杀害，当时康有为领导了产生了政治影响的百日维新运动，然后是政变，维新体制被推翻，康有为随后流亡海外。儒教改良主义也被扼杀了，从那时起直到毛泽东时代，中国思想中的主要权威都是外来的。井田因而也不再激发政治上的见解，而只是给某种新的、看上去重要的事物增添一种熟悉的外观而已。社会主义可能有点让人兴奋，就像有时候它在孙中山及其某些追随者那里引起的反应那般，社会主义也可能缺少吸引力，但不管是哪种情况，在1900年以来连篇累牍的评论中，社会主义都侵犯了孟子，消解了他的字面意思，把井田变成了一个情感性的隐喻。事实证明，陈词滥调鼓励重复。在一遍又一遍地沾沾自喜地用井田来影射社会主义的过程中，社会主义就被认定属于（优先于西方的）中国所有。

①中文原文为："授田之法，八家子孙，世世皆止一人乎？一人数子，一子受田，余子将安置之？复授以田，则同井异井，井井各有八家，八家复多生息，闲田既尽，又将何如？"

26

## 4.失而复得的乐园：从经书的独特性到历史中的共同命运

若将这些社会主义—井田论的老生常谈浓缩成一剂药量，就能完全产生催眠的效果。（我已经攒了几粒药片，参见注释。[36]）但是对1920年的胡适来说，他读到的这一派的著作不是历史文献的一部分，而大体上是活的思想，其效果就是让人恼火了。首先，他认为科学的现代人（现代的就是科学的；胡适有他自己的陈词滥调）不应该围着孟子团团转，而应该严厉地质疑他。人们不应该一开始就毕恭毕敬地对待经书，简单地假定历史事实必须符合经书；他们应该冷静地看待文本，努力去搞清楚经书是符合事实，还是为了意识形态的原因而扭曲事实。[37]另外，胡适出于同样的科学精神，怀疑这些关于井田的长篇大论阻碍了对社会主义的讨论；它们意味着臣服于经典权威的态度仍旧阴魂不散。科学要求两件事：纠正权威和摆脱权威。他不相信井田制曾经存在过，而且他认为即便它存在过，也不应该以这种或那种方式影响有关社会主义的结论。[38]

他在他那篇讨论井田的主要文章（实际上集合若干发表的通信而成）的结尾，涉及论辩中一个有趣的部分，其中提出井田制是共产主义制度，因为"原始社会"是共产主义社会。他不承认一个政治上有组织的民族能有一直延续到所谓秦朝废除井田制的时期这么一整段漫长的历史，却还处于"原始社会"。[39]这是一个很好的论题，其他人展开了讨论，[40]但就在井田问题作为后儒教氛围下的问题真正开始令人兴味盎然的时候，胡适却退出了论争。

也就是说，胡适从未分析过这场争论。他在根本上坚持他的观点——正如十五年后一位论者所描述的，胡适只是否认旧的"儒家"的井田学说："胡先生只是考证古书，而不是研究历史，他……只有消极的怀疑，而无积极的解释。"[41]简而言之，胡适满足于指出这样一个事实，即没有人能证明孟子和他后继者著作中的井田制真的照

27

其字面意义存在过。但大多数争论者却忙于从比较历史学的资料中建构一个隐喻的井田制概念，从而改换了他论证的基础。当胡适回顾历史，把井田制看作现代假说的例证时，他是在一个几乎空无一人的讲堂里演讲。他的真正的对手本身却置身于外面的现代世界之中，他们所谓的井田制完全不为他对经书的攻击所动，这让胡适困惑不已。

最直率的反对声来自胡汉民的唯物主义一派。胡汉民很早就放弃了那种将井田与社会主义理念轻易地等同起来的做法。事实上，作为一个持严肃的反共立场的国民党理论家，他无意给社会主义贴金；而那些将井田和社会主义拉到一起的人们则往往有这样的意图。[42]

他明确表示，"近世社会主义，大半是因工业大革命（而起）"。当然，他接下来说，"社会主义"通常都带有自由平等的色彩；类似的想法在历史上很常见，于是人们就搬来希腊的城邦、基督教或中国的古代，把它们当作社会主义的源泉。但是古代的方法不能应用于现在，欧洲近代社会主义的主张也不能应用于中国。胡汉民想要说的，无非是人道主义的观念和目标差不多是中外古今所共有的。[43]

因而，后来胡汉民从未将井田融入到未来政策的论述中，即便是在论及像孙中山的"平均地权"这样会引来陈词滥调（孙中山本人当时的论述也属此类）的主题时也是如此。[44] 在有关过去的论述里，胡汉民坚持将井田牢固地定格在过去之中。他的历史唯物主义要求他这么做。胡汉民始终将观念与历史语境联系起来；他不会同意永恒的真理或错误乃是唯一的思想论题这样的观点。因此，在他看来，想象井田制等同于现代社会主义或共产主义是一种非历史的、乌托邦的想法。胡汉民欣赏马克思的结论，即共产主义社会必定诞生自资本主义，这与柏拉图和自欧文、圣西门以来的所有乌托邦思想家都相左。[45] 发现社会主义的是马克思，不是孟子。

但是井田的重新发现跟马克思也有一点点关系。在讨论井田制的崩溃问题时，胡汉民采用的是一种马克思主义者或许会认为过于马尔萨斯式而加以批评的思路。[46]他的井田论基本上是某种社会进化论，并非源于马克思或只限于马克思主义者，但其在当时的说服力很大程度上要归功于马克思强大的影响力。因为胡汉民把井田解读为"原始共产主义社会"[47]，这个术语包含了比经典和中国人赋予井田的意义更多的意义。一大批学者涌入这个突破口，打算把井田的标签贴到世界历史的某个阶段上。

29

他们中间并非所有人都支持"原始共产主义"说。孟子（《孟子·滕文公上》）曾引用《诗经》中的诗句："雨我公田，遂及我私。""私"显然指"私人"，但被放在首位的"公田"是指"公共的田地"吗？还是"王公的田地"？然而，这些胡汉民之后的历史分期论者不管选择哪个答案，都超出了经典权威的范围。虽然他们反对胡适，但他们也不会让孟子感到高兴。对他们来说——对胡汉民来说也是一样——井田并非某种令人向往的理想。孟子不是圣人，但孟子钟爱的制度或许可以被严肃地看作某种普遍事物的中国版本。井田必须被记住；它让人们似乎有可能依据中国的著名文献来证明一个普遍的历史阶段。圣王虽已离去，但井田保留了下来，通过另外的脉络显现出自己的光彩。[48]

在现代文化中，基督教也经历了升沉起伏（尽管没有经受儒教那样的衰败）；和基督教做一番比较，也许可以说明胡汉民预示了儒教会有什么样的未来。基督教宣称它享有至高无上的宗教价值，数百年来，位于这一立场之核心的一直是特定的启示。但近年来弗雷泽关于"金枝"类型的比较人类学研究开始强调神话与礼仪模式的普遍性（如死亡和复活形象的无处不在等），于是基督教的剧情就似乎成了一直被当作异教而遭到贬抑的诸多传统中的一种。有一种方法可以将这种变化容纳到基督教的视野中，但只有通过基督教信念的明显转变才能做到，即让基督教从一种具有历史独特性的理念转变为一种普遍的观念，一种源于深层心理状态的原型。这样基督教作为某种在原初和**神话的意义上**就是真实（就像俄狄浦斯的故事据说也是真实的一样）的事物的地位才有可能得到保证。它不会跟它那些明显的复制品混淆起来。

30

　　然而，从理性主义的反对到神秘主义的确认这样一种自我感觉良好的转变也许华而不实的成分更多，盖棺论定的意味较少。当然，人们可以满足于某种神圣王权的普遍模式在基督教的神话中得以实现的说法，但这里始终存在着相似性的认识所带来的起源问题，它从未被荣格式的原初永恒哲学（*ur*-perennial philosophy）的自吹自擂真正地打发掉。古代近东神话和仪式的模式在基督教的救赎论中得到反映，是因为它们神秘且永久地在其中得以实现，还是因为它们在日常和历史的意义上启发了后者呢？当基督教被看作"普遍观念"的时候，它的真理性既有可能得到证明，也有可能被动摇。[49]

　　我们已经提及井田制曾经被当作具有独特价值的儒教的一个理想的部分而被接受下来，它又被许多现代人当作普遍的观念而挽救了回来，由于它在海外的相似物而在中国得到认可。这种认可同样是以信念的转变为代价而获得的，这种转变的结果是儒教也被类似的比较人类学研究削弱了。因为儒教中国实际上乃是那唯一的大写的文化的巅峰，对各种具体的文化都一视同仁，它的制度当然也不会是什么化身，不会是普遍事物的纯粹的地方版本。儒者眼中的井田是独一无二的。对他们来说，孟子真实地记录了一个特定的事件的进程。但如果孟子并非如此，而只是被调到能够接收到元历史的电波的位置上，那么传统的历史就会发生奇妙的变化。如果给井田担保的是"模式"，那么即便现代人可能会得出结论说古代中国已经知道这种儒教的经验，井田也失去其传统意义了。

　　对中国的反传统主义者来说，这是对井田失去其传统意义的补偿；他们很高兴自己能够不受对他们在井田问题上的坚定看法的攻击的影响，这种攻击是（就像胡适所做的那样）指向那些他们欣然放弃的旧的关联的。与那些仍然虔诚的基督徒——对他们来说，模式化的思考很有可能是一把双刃剑——不同，后儒教的儒者没留下什么儒教的把柄，他们内心里没什么可害怕的。基督徒为了证实道成肉身或基督复活而依赖相似物与普遍性，他们不得不感到忧虑，不管这种忧虑多么轻微：《圣经》的地位变得有点暧昧不明了。但为了证实井田的存在而依赖相似物与普遍性的中国人，却可以心平气和地无忧无虑：对他们来说，经书的地位不仅没有暧昧之处，反而极为清晰和令人满意。经书已经不再是经典了（见第一卷中对顾颉刚与章炳麟、康有为的比较），而是普遍历史的中国分支的文献资料。

### 5.情绪化的激进主义

　　胡适陷入了一个多少有点尴尬的境地。这里既有科学评论家批评他因拘泥于孟子的字面意思而生出的过时的幻想，又有见多识广的善于反驳的论者（长年）围着他团团转，释放出一堆名词的迷雾，包括俄国的"村社（mirs）"、德国的"农村公社（marks）"、日本的"庄园"、法国的"领地（demesnes）"和英格兰的"采邑（manors）"，还有印加帝国和威尔士的某种事物，所有这些都包裹了一个他从未想到的"井田"。[50] 不过这场让人晕头转向的论争也含有某种程度的合法性，站在胡适的立场上来看，廖仲恺的情绪化而激进的理想主义肯定要比胡汉民那至少具有内在一致性的历史唯物主义让人恼火得多。胡汉民发现的井田作为一种历史观念，在历史的某一个阶段上，既为中国所固有，同时在几乎其他所有地方也都能看到，因而他很乐意把它留在历史中，而不是把它树立为给现时代指明方向的灯塔。但廖仲恺展现了一种几乎绝无仅有的思想上的双重进路。

唯物主义设定了一个古代的井田时代，随着历史的发展它必然会被取代，廖仲恺运用了这种唯物主义，但同时又断定井田同样适用于人类最终也是最好的前景——社会主义。其他人为了把井田确立为仅具有历史意义、并无规范性意义的原始共产主义或封建的观念而提出的设想，廖仲恺则拿来转而为他自己的非历史的理想化的目标服务。

廖仲恺是一位社会主义的热烈支持者，而绝非马克思主义所称的"科学的社会主义者"，他怀抱着一种现代理想，并且以一种早已形成套路的老掉牙的方式，找到了这种理想在中国的早期范本。他想要确信井田的存在，想看到一种跨越时代的中国范本。在已经发表的他跟胡适就这个重大问题展开讨论的通信中，他几乎是在恳求胡适不要打破他的幻觉。胡适说没有圣诞老人，胡汉民说有，当然这两者是矛盾的，尽管圣诞老人的名字是一样的。胡适否认的是一种幸福和谐的模式。胡汉民确认的是一个大家共享却很少满意的铁器时代。廖仲恺用胡适来反对胡汉民，然后悄悄地用他自己幻想的喜气洋洋的景象替换了过时的古代图景。"原始共产主义"在某种意义上比孟子笔下田园牧歌式的定居社区（到处是桑树，妇女养蚕，每户家庭养五窝鸡，两圈母猪①）更可信，它让廖仲恺确信，井田确实是存在的。接着"原始"——至少是那个相对主义的唯物主义者的"原始"，那个在初级或最早的发展阶段意义上的"原始"——就悄悄地不见了，一种卢梭主义式的"原始"悄悄地取代了它。井田成了脱离历史的自然的真正的价值，成了现代西方世界的真正价值（摆脱生存斗争，互相帮助和无限的满足感）的原型。

然后，廖仲恺就顺着被认可的土地集体所有和集体使用的历

32

---

①此处当本《孟子·梁惠王上》："五亩之宅，树之以桑，五十者可以衣帛矣。鸡豚狗彘之畜，无失其时，七十者可以食肉矣。"

史进程一路下来，来自经书的熟悉的经文（特别是《诗经》中那句聚讼纷纭的"雨我公田"，对社会主义者廖仲恺来说，"公田"不是指"王公的田地"）指示着这一进程的一个方面，马克思、梅因 (Maine)①、拉弗勒 (Émile de Laveleye)②、基佐 (Guizot)③、维诺格拉多夫（Vinogradoff）④ 和亨利·乔治（Henry George）⑤ 则指示着这一进程的另一个方面。每一个民族最初的体制都是土地公有，井田制标志着从田园时代向农业时代的过渡。想一想原始的德国。思考一下盎格鲁-撒克逊时期的英国。再好好琢磨一下古代意大利、威尔士、爪哇以及俄国的村社。[51]

　　廖仲恺所使用的大部分文献——特别是拉弗勒的《论财产及其原始形式》（*De la propriété et de ses forms primitives*, Paris, 1874) ——都是带有倾向性的。这种倾向就是通过提及早期的（也即自然的、基本的）公社制度来质疑当代的不平等。[52]这也是廖仲恺论争的目的，他陷入他那既带有乌托邦色彩又基于历史的大杂烩中动弹不得。季融五向他发出了不耐烦的忠告：共产主义是共产主义，均田概念是均田概念，它们绝不应混为一谈。部落社会中的土地公有不是"共产主义的最终实现"。[53]另外一位作者抨击了半瓶醋的西化主张，至少从侧面打击了廖仲恺。他嘲笑说当中国人想象袁世凯代表了美国的总统制、段祺瑞代表了法国的内阁制或周代的井田代表了马克思主义的共产主义的时候，他们是在歪曲西方的观念。[54]

33

---

　　①梅因（Sir Henry James Sumner Maine, 1822–1888），英国法律史学家。
　　②拉弗勒（Émile Louis Victor de Laveleye, 1822–1892），比利时经济学家。
　　③基佐（François Pierre Guillaume Guizot, 1787–1874），法国政治家和历史学家。
　　④维诺格拉多夫（Sir Paul Gavrilovitch Vinogradoff, 1854–1925），英国俄裔历史学家。
　　⑤亨利·乔治（Henry George, 1839–1897），美国经济学家。

## 6. 胡适、胡汉民和廖仲恺的同时代性

20世纪20年代围绕井田的论争中的三种主要观点都是现代的。那么概而言之，它们彼此之间存在着怎样的关联呢？

胡适必定会提出井田制是否存在的问题，因为他之所以宣称井田制不存在，是为了揭示出井田制不过是儒家的乌托邦想象的面目。当经书被剥夺了历史的可信度，就有可能在现代实用主义的基础上来解放思想，做出决定，而不必有任何须遵循毫无异议的传统的压力。但是一旦提出了这个问题，它就会引来与胡适的论题无关的回答，于是论争中就到处可见这样的回答，这些回答在胡适看来并不承认他所挑战的儒教权威，而只是断定社会中某种事物存在的合理性，而这种事物可能是孟子创造出来的幽灵。因而胡汉民在接受井田制或某种类似物的存在的同时，并没有表现出胡适所看到的那种亟亟于认定井田制的真实性的态度。胡适的反儒教学术与一种后儒教学术恰成对照，也就是说，在后者那里，几乎不会涉及儒教理念的有效性的问题。

另一方面，胡适与廖仲恺之间有一种更紧张的对抗关系。廖仲恺对待孟子的态度就好像孟子对他来说极为重要。也就是说，他对待井田制的态度就好像它不只是体现了中国历史早期阶段的特点（虽然他确实也这么认为），还以一种隐喻的方式活在当下。他显然把它看作一种隐喻，一个其精神内容与现代理念并无二致的概念，尽管形式——物质载体不一样：当涉及中国所需要的实际药方的时候，廖仲恺的主要关切是工业化和那种他希望会保护这种工业化不受外国人阻碍的民族主义。[55] 井田作为一种土地分配制度的任何字面上的意义都与此无关。

在这种情况下，胡适和廖仲恺就像注经者和解经者。注经者和解经者都不会从字面上理解文本，但他们处理文本的方式不同。注

34

经者有一种超然和不置可否的思想气质，倾向于把文本中的晦涩或
不可理解之处看作文本可能遭到破坏的迹象。解经者则感觉受到了
文本的挑战，在其问题的驱动下，从中抽绎出某种只在文辞中得到
部分揭示的真理，某种有可能以其他文辞的形式来表述的真理或本
质内容。孟子的注经者追问的是他说了什么，看到的是不可靠的历
史。孟子的解经者追问的是他的意思是什么，看到的是指向马克思
的预言。[56]

　　也许，如果将廖仲恺的解释与拉比对希伯来《圣经》的解释
作一番比较的话，廖仲恺与经典传统之间的关系会更清楚一些。编
集《密西拿》①的拉比"坦拿"（tannaim）和编集《塔木德》的拉
比"阿摩拉"（amoraim）认定，潜心修习《托拉》②的学者揭示的
任何真理，摩西在西奈山上都理所当然地已经知晓了。拉比们认
为，口传的传统从一开始就已经包含在《圣经》的启示之中，他们
坚信这些传统可以通过"解经学"的重新阐释——即严密的推理
方法——得到重建，就像古代和中世纪的"希勒尔解经准则七条"
（Seven modes of Hillel）、拉比以实玛利（Rabbi Ishmael）解经准则
十三条或拉比以利以谢（Rabbi Eliezer）的解经准则三十二条中所运
用的方法那样。[57]

　　因而，拉比传授的犹太教教义将后来的价值与原初的启示联
系了起来，这种启示赋予后来的价值以绝对的有效性。儒教没有这
样的启示（就像它没有那种无限和超验的上帝一样，该上帝从与有
限的人类隔着鸿沟的远远的那一边指导众生，制定法律：参见第二
卷），这是儒教的特征。较之正统学者，康有为的"今文"激进主义
会把儒教带到距离宗教更近的地位上，更接近拉比解经的态度；（合

---

　　① 《密西拿》是犹太教口传律法集《塔木德》的前半部分和条文部分。
　　② 《托拉》是希伯来《圣经》的第一部分"律法书"，又称"摩西五经"。

适版本中的）儒教经文被赋予一种牵强的权威，从中演绎出现代的具体情形。但廖仲恺早就不受"今文"学的影响了，他通过援引孟子和井田来证明社会主义的"有效性"的做法，是一个完全不同的方案。这里不存在对文本的"解经学"的阐释。社会主义只是**如此这般地**有望成为"中国的"、受到认可的事物，而并非从古代的绝对权威那里抽绎出来的事物。这是情绪化的修辞，而非严密的推理。权威是从前往后追溯出来的，而非从后往前发生作用。

与廖仲恺在社会主义和井田制之间建立起来的这种联系类似的，不是拉比对《圣经》启示从后往前的引申，而是马克思从前往后的现代修辞学式的演绎，就像后者在心照不宣地提及"犹太弥撒亚主义"或"对社会公正的先知式的激情"时所做的那样。如果这种类比让我们暂时完全置身于西方场景之中的话，我们也许能将后儒教时代对信守经书的异议看作这种类比的真正特性。因为没有人能比马克思更直率地否定拉比传统了；或许我们可以容许他在这一点上做他自己的法官，不必对他强调内容上的真正变化提出一个"纯粹形式"的抗辩。对待廖仲恺我们则应采取专断的态度，不得不拒绝让他做他自己的法官：他看待自己跟过去的关系，就像其他一些人如此情绪化和如此表面化地看待马克思那样。但廖仲恺是一个偏爱工业化和同情社会主义的现代人，这些偏爱和同情确实超出了对经典中的井田的依恋之情，后者仅仅在形式上发生了变化。他的思想与马克思的思想类似——而不像《塔木德》的编著者和研究者的思想——其引证的前例都不是来自他们各自古代传统的经典。

## 7.保守主义形态的变化

我们很容易接受这样的观点，即廖仲恺作为著名的国民党左派激进分子，应当超越儒教传统，即便他看上去似乎忠实于孟子。或

36

许不那么明显但同样不容置疑的是，五四时期及之后出现的中国保守主义者同样是一种新现象。正如我们已经看到的那样，胡汉民虽然在政治上属于国民党右派，但并没有沉溺于儒教，同时也明显地疏离于马克思主义。当他说马克思主义"不新"的时候，他跟别的这么说的保守主义者态度并不一样，对后者来说，井田预示了马克思的出现。胡汉民在这里没有提及井田制，他只是说自马克思发展出他的理论以来又过去了七十年，言下之意是历史的进展已经把他甩在了身后。当胡汉民说马克思主义"不够"的时候，他也不是站在中国人的立场上说这一外来的学说永远不可能让中国人信服。相反，他谈及马克思对（胡汉民所赞成的）科学方法的贡献，但又提到马克思所受的环境的限制使得他的结论在科学上并不完备——他只研究了经济过程的某一个阶段（胡汉民说），其经济材料只来自欧洲一两个国家。[58]

那么，别的保守主义者——那些明确地反对现代化的保守主义者——又怎么样呢？他们谈起工业制度的时候带着十足的厌恶的口吻，[59]谈起井田制的时候则表现出旧信徒的那种拘泥于字面含义的态度。他们使用传统词汇毫不难为情，不会像廖仲恺那样求助于社会科学的语言。他们默默地引用《孟子》和《周礼》，以完全是原教旨主义的方式将井田追溯到古代的圣王，并且叫出他们的名字，并没有意识到他们是在把神话当作历史。[60]胡适可能永远也不会写到这些东西。

那么这是一个错误的结论吗？表面上看，这些传统主义者对文本的探讨是如此地拘泥于字面，但他们对井田制的论述所带有的隐喻意味毫不逊色于廖仲恺。井田制对后者来说就是社会主义。传统主义者对此深信不疑。他们也将井田制与社会主义联系在一起，最终井田的重要性不是体现在其传统字面意义的本来面目上，而是体现为某种受到致命威胁的传统生活方式的传统主义的（现代）象征。

当他们同意社会主义有其中国先例的时候，他们当然不是在像六朝的道教徒宣扬佛教那样宣扬社会主义，这些道教徒宣称佛祖的佛教知识都是从老子那里学来的。现代的传统主义者提醒人们注意中国人的信念准则，不是为了鼓励新思想，而是为了将它排除在外；他们意在展示背叛自身文化的荒谬性。他们所要做的是把井田（在某种程度上也包括"均田"）推举为原始社会主义（和更高级的）阶段中平等与和谐的担保者，它因而也让那些浅薄的"新文化"追求者永远蒙羞。[61]

因此，这些保守主义者并不是关心井田本身。它代表了中国传统文化，中国人对这种文化负有义务。这些旧事物的捍卫者在以"国体"（national essence）的、非儒教的方式来这样培育传统的时候，距离现代观点并不遥远。当他们用井田—社会主义的论述让真正的激进分子摸不着头脑的时候，他们说的是激进分子的语言。但是在君主制下，当像王安石这样的主张集权的官僚向保守主义者宣传井田的时候，他们说的是保守主义者的语言。井田因而是一种大家意见一致的寓言（*fable convenue*）。这些旧的传统的保守主义者也许会指责他们的敌人以伪善的态度援引传统，指责他们完全是披着忠于儒教的外衣，想要达到实际上反儒教的目的。然而，没有人会否认他们确实援引了井田的传统。

但是现代的激进分子也能指责**他们的**敌人——新的、传统主义的保守主义者——以伪善的态度援引激进主义，披着与社会主义志同道合的外衣，利用井田来达到反社会主义的目的。保守主义者之所以新，在于战略形势的变化：与王安石的处于有利位置的对手不同，现代的传统主义者并没有制定游戏的规则。他们不再是那些拥有当下仍有效的伟大观念的人，这些观念的声望是连他们的对手也不得不承认的。孟子的井田也许是一个寓言——很多现代人都说它是寓言——但大家对它肯定没有达成一致的意见。

另外一些转向更实际的政治活动的现代保守主义者跟这些人一样，也是新人物。表面上是旧的，但那同样是一种错觉。例如，蒋介石（1887–1975）也以一种伪传统的方式来对待井田。具体而言，他的传统乃是对井田持悲观主义态度的人的传统，这些人——例如朱熹——认为尝试实行井田制会造成极大的破坏。蒋介石写（或者只是署名发表）过一篇讨论土地所有制的文章，声称依据史实（公元9年王莽下令推行井田制遭到失败等）可证明强制性地均分土地必定会失败。[62] 但这也不是真正的传统的观点；这里并没有朱熹或苏洵那种认为应当恢复理想的制度的看法中所包含的沉痛感。蒋介石重复了一个早就得出的反对实行井田的实用主义结论，但却未曾顾及赋予它以儒家的悲剧感的那些前提——"内"与"外"构成的坐标。对蒋介石来说——对那些更喜欢思考的新保守主义者来说也一样——井田代表了某种事物，在后者那里是中国文化，在他那里则是社会失范。井田的字面意义早就被掩盖起来了。

### 8. 马克思主义者听到的儒教之声

蒋介石所谴责的社会失范降临到了他的头上。然而，胜利的共产主义者把历史解释为进步，无意通过古代的制度来看待他们运动的"精神"。蒋介石也许会让自己跟儒家中颜元及其他类似热心于恢复井田制的乐观主义者的敌人站在一边，但共产主义者离颜元就像蒋介石离朱熹那么远，这符合辩证法。共产主义者对颜元的评价虽然总体上比较友好（颜元被看作他那个时代的"进步"人物，亲近民众，具有爱国情怀），但并不重视他在井田问题上的观点；共产党的传记作家写道，这种恢复"封建制"的热情是一个巨大的错误，是违反社会发展规律的过失，与新兴的资本主义和工人阶级的世界格格不入。[63] 而王莽作为历史上井田制最坚定的鼓吹者，同时也是

儒者和国民党一致加以最严厉的谴责的一位人物，也没有给另一位
共产党的学者留下太好的印象，尽管他有这些名声。他把王莽看作
一位自私的掠夺者，并且轻蔑地否定胡适称王莽是"社会主义皇帝"
的说法。因为在他看来，胡适将王莽这个篡位者跟社会主义绑在一
起，目的是诬蔑社会主义。[64]

　　考虑到这些前提，共产主义者也截然不同于廖仲恺那类情绪
化的激进分子。廖仲恺的遗孀在1957年出版于北京的一部回忆录
里，忠实地记述了廖仲恺对20年代初期他在广州认识的那些共产党
员——毛泽东（1893–1976）、周恩来（1898–1976）、李大钊（1889–
1927）等人——的亲近感，尽管如此，她只能说他接近那个圈子，而
非其中的一员。[65] 1961年，在官方的支持下，廖仲恺的著作选集于
广州出版。当时正值辛亥革命五十周年。共产党在纪念廖仲恺时提
出，这是一场"进步的"但却远远不够彻底的革命。[66] 他在事实上
不是一个共产主义者，他对井田制的看法表明他在理论上、在解释
历史的方式上也不是一个共产主义者。

　　廖仲恺曾经谈到自秦朝统一中国至西方入侵大约两千二百年的
时间里中国社会和中国价值的稳定性。他承认在周代从土地公有的
井田制向封建的土地私有制转变期间发生过重大的社会和经济变化，
但在封建制被秦汉的集权体制终结之后，中国就建立起了一种稳定
性，在自给自足的经济中保持着一种僵化的均衡状态。这种停滞状
态被西方打破了。"帝国资本主义之侵实为万恶之源。"[67]

　　描绘了这样一幅中国历史图景的廖仲恺，仍旧可以是十足的国
民党员，但中国的共产主义者还说了些别的东西。在攻击帝国主义
方面，共产主义者不输给任何人。然而，在他们看来，廖仲恺对帝
国主义的看法似乎言过其实了。这看上去像是淡化国内的罪恶——
即"封建主义者"的剥削——的必然结果，而共产主义者并不认为
随着古典时代的终结，这些"封建主义者"就寿终正寝了。毋宁说，

既是革命者又是中国人的共产主义者，在寻求把拒绝儒教中国和抵抗现代西方两者结合起来的合适位置的时候，需要"封建剥削"；它是用来跟外国的剥削相平衡的东西。廖仲恺的反帝国主义（反西方主义的一种）就其本身而言当然完全没问题。一个人若不具有这种立场，虽然还有可能是革命者，但却会疏离于中国。然而，一个人若仅仅反对帝国主义，他可能呆在中国很舒服，但太舒服了，他就会疏离于现代革命。

因而，当廖仲恺把秦朝胜利之后封建主义的历史切除出去的时候，他也就切掉了共产主义者所叙述的中国历史的核心部分，这一叙述恰恰是由那种平衡性构成的：中国是通过**普遍的阶段独立地**向前发展的，因而即便没有外国资本主义的影响，没有鸦片战争及其后果，本土的资本主义也仍然会（像在西方那样，从封建主义中）生长出来。而像廖仲恺所持的那样一种理论似乎中止了历史的进程，它很自然地（对共产主义者来说，则是令人无法接受地）包含了这样一种观点，即井田制是由于本质上的同一性而跟社会主义永久地联系在一起。这跟共产主义者对井田制在历史进程中所处位置的看法相距甚远，在他们看来，井田制只是通过某一介于两者中间的时间线索才跟社会主义联系在一起。

因为井田制在共产主义者的历史叙述中有它自己的位置，大陆学者很少有人把它当作孟子的幻想而不屑一顾。[68] 要知道，最早大力鼓吹这一观点的是胡适，这件事就让大家对它避之唯恐不及，因为胡适已经决定自绝于幸福。更重要的是，虽然共产主义者内心深处明白他们和像胡适这样的五四自由主义者在反传统主义（用共产主义者的话来说，即"反封建主义"）方面志趣相同，但与之并行的反帝国主义的诉求在他们那里也举足轻重；因此胡适对儒教权威的反感，虽然单独来看没有哪个共产主义者认为不合理，但还是被归到殖民主义的名目之下，被看作纯粹是向文化侵略投降的表现。胡适的态度非但没有被当作反儒教而受到赞许，反而被当作反共产主义受到谴责。于是共产主义者公开谴责胡适20年代最初参与论争时所作的《井田辩》一文，斥之为反科学的有"反动毒害"的"狂论"。这篇文章质疑土地公有的均产制度，否认中国原始共产主义制度的存在，以此来否定社会发展的客观规律性和攻击共产主义。[69]

41

在这种情况下，人们也许会疑惑，50年代某些文化人是否会将他们的火力对准时任文化部副部长的郭沫若。多年以前，郭沫若在其《中国古代社会研究》（上海，1930）一书中，公开表示自己在井田问题上赞同胡适的观点。[70]对胡适态度严厉的孙力行，也没有忘记用同样攻击性的语言指出郭沫若以前因为发现有关井田的文献证据真伪难辨，也犯过类似的错误。解放以后，孙力行指出（也许是暗讽郭氏的投机？），郭沫若撤回了他的怀疑；解放以后，历史学家掌握了社会发展的规律。[71]

这就是说（既是出于一般的共产主义的原因，也是出于中国共产主义运动的具体的原因），历史作为进步而有规律的发展过程，已经成为一种法则，而很早以前就几乎进入所有古史论争之中的井田制问题，如今隐没在历史分期问题之中。井田制确实存在过，但它标志着周代属于奴隶社会还是封建社会呢？[72]

这就是井田的处境，它被卷入其中的那个问题关心的实际上是别的东西。它的那种召唤力对上千年来的儒者和几十年来情绪化的知识分子来说曾经是如此地鲜活，如今似乎已荡然无存，以至于中国人可以漠然地将井田制等同于那种在《资本论》中被归于古代波兰和罗马尼亚的原始土地公有制，显然这种制度很难成为处于文明之中心的中国人的选择。[73]对井田本身还残留的热情，似乎是来自对胡适的嫌恶之情，有一位追着胡适不放的论者是如此地热衷于这场追捕，以至于陷入一片丛林之中而迷失了方向。他说，井田制肯定存在过，因为我们从《周礼》可以得知它与"沟洫"灌溉系统的

42　联系。而马克思（他继续论证道）已经指出水利工程在古代东方农业社会中的高度重要性。[74]

　　孙力行要小心了。当我们发现他靠近这些魏特夫式的泥潭时，我们可能会摇头表示遗憾。[75] 然而，尽管这个例子或许不同寻常，但这里还是有一个细节完全可以被我们拿来当作检验中国共产主义者的标准：《周礼》提到了井田与灌溉之间的关联——但具有经典地位的是马克思，而不是宣称灌溉系统在古代肯定存在过的《周礼》。而在马克思和毛泽东负责决断的地方，已经没有了召公——也没有孟子和孔子——的决断之地。梨树已经被砍倒了（*Les poiriers sont*

43　*coupés*）。①

---

① 此处作者是化用法国小说家爱德华·迪雅尔丹（Édouard Dujardin, 1861–1949）的一部著名小说《月桂树被砍倒了》（*Les lauriers sont coupés*）的标题。"梨树"暗指召公，见本章开头译注①。

# 第二部分 进入历史

## 第三章 从中国共产主义者对过去的研究看他们的处境

在共产主义者对中国历史的叙述中，井田丧失了它在儒教中的意义。共产主义者对儒教一般命运的看法又具有什么样的意义呢？

海外有一种理论——部分带有情绪化的色彩（中国"永远是中国"，这已经成了陈词滥调），部分出于对中国社会中潜藏的动力的怀疑态度——认为中国的共产主义者并不是真正的新人。他是中央集权国家中居于统治地位而又致力于公共事务的官僚阶层的一部分，并且有一套经典需要信奉，由此他扮演了儒者扮演了上千年的角色。有一件事似乎可以支持这种看法，那就是儒者和共产主义者同样地专注于历史研究。但是马克思主义历史思想的核心关切当然是各个历史阶段的线性发展，而儒家思想通常关心的不是过程而是永久性，是对儒家道德世界的恒定理想的说明。共产主义者的进步观念类似于廖平和康有为的观念，既是与传统的儒家概念的决裂，同时又是解释这种决裂的一种方式。

换句话说，可以断言，中国传统文明在现代并没有得到复兴，而是解体了。知识阶层虽然因此失去了其儒家特征，但很自然地对 任何由此推出的中国历史山穷水尽或完全被导向西方潮流的判断抱有反感。由此，许多知识分子开始对共产主义者的历史观产生兴趣。因为这种历史观并没有强求忠诚于被认为已经过时的体制的意味，却仍然有可能保持与中国的过去的连续性；与此同时，它还保证中

国的发展与西方历史并驾齐驱，而并非只是在现代紧张不安地相互
对抗。不管在哪里，共产主义的历史前提都是持发展的观点。并不
是说是共产主义的专政在中国建立了这些前提，而是说这些前提在
中国特别具有的那种吸引力帮助确立了这种专政。

### 1. 对等与分期

　　这就是为什么在20世纪50年代，按照普遍的马克思主义观点对
历史进行分期似乎成了共产党历史学家最喜欢做的事情。在世界范
围内，他们把分期看作让资本主义和共产主义的历史学家为之论战
的重大理论问题。[1]就中国自身而言，这个问题引起了他们的极大
关注。井田的情况只是一个特别的例子。在专题著作中，在讨论历
史教学问题的三种主要的期刊（都是北京的月刊）上，以及在学术
杂志上，调整原始社会、奴隶社会、封建社会和资本主义社会的分
界问题成了讨论最多的话题。1956年12月，北京大学组织了一次研讨
会，对尚钺的新书《中国历史纲要》进行批判；讨论集中在有关从奴
隶社会向封建社会和从封建社会向资本主义社会的转变的观点上。[2]
在一本以"中国历史纲要"为题的书中，这些论题会被单独拎出来，
由此可见在这些与会者看来是什么构成了中国历史的基本内容。

　　具有悖论意味的是，这种借助于分期将中国历史与西方历史等
量齐观进而否认中国有任何高度个性化特征的激情，是与强调所有
的转变根本上都内在于中国的看法结合在一起的。没有人会认为公
元前第二个千年外来部族的征服开启了商代的奴隶社会，也没有人
会认为周朝的征服者带来了一种商朝不可能具有的封建主义。最重要
的是，绝不能认为资本主义依赖于现代西方的入侵。"资本主义萌芽"
的问题被翻来覆去地谈了无数遍，每一次都会引用毛泽东1939年的
论断，即早在鸦片战争之前中国本土的资本主义就开始生长了，即便

没有外国资本主义的影响，中国的资本主义也仍旧会发展起来。[3] 明末清初 (16-19 世纪)<sup>①</sup> 的纺织业、采矿业和造船业——按照马克思的观点，这些是萌芽期资本主义的特征——以及制瓷业和其他手工业、海外贸易、都市化、劳动分工等等，开始得到频繁的考察，而清初那些观点相对而言不那么正统的知识分子——如颜元、李塨和汉学的考证家——被认为反映了新兴的原始资本主义的社会力量的兴起。中国**自身的**历史以一种**并非它自己的**方式在发展。这是共产主义者基本的历史观点（就像我们在廖仲恺那里注意到的那样），在这里主语和谓语有相同的分量；所有这些建立起了中国和欧洲之间的对等关系。

　　是不是只有商朝是奴隶社会，还是商朝与它之前的夏朝（有趣的是，夏朝是儒家传统的"第一个朝代"，尽管考古学上还没有确定这一点）都是奴隶社会，还是商朝和它之后的西周——或者甚至一直到东周、秦朝和汉朝——都是奴隶社会，这个问题是可以公开讨论的。很显然，人们不见得非要同意那些大人物——比如说范文澜或郭沫若——的关于奴隶社会从哪儿开始或者到哪儿算结束的观点。[4] 当毛泽东容许"人民内部矛盾"（区别于危险的反革命主张）的时候，他说的主要是政治、社会和经济上的紧张关系。[5] 但从思想上来看，这也属于他说的那种情况。翦伯赞是一位杰出的共产主义历史学家，他承认可以就这个或那个历史阶段存在于何时提出疑问；批评家抓住他这句话不放，拒绝接受他对汉代农业的奴隶制基础的发现。[6] 然而，当翦伯赞接下来说不可能存在一个历史阶段**是否**存在的问题的时候，似乎并没有人提出异议。"奴隶社会是人类社会必经的阶段"：这是一个绝对的要求。从奴隶社会到封建社会的次序——不管人们在确定具体时间方面看法多么不同——本身是毫无争议的，这一点也得到了明确的强调。[7]

①原文如此。

历史分期讨论被发起的时候，它给作为"宏大理论"的马克思主义增添了活力，并没有对它构成威胁。在给定的范围内容许有异见及与之相应的情绪，所有这些都包含在体制之内。这一讨论让这个体制比起那种让人透不过气来的无孔不入的全盘威权主义来，更加具有真正的包容性。在这里，知识分子可以在纷繁复杂的规则内部获得"自由"。他们绝不应在这种有益身心的活动中冒头，但他们可以在其中徜徉。除了作为一种在具有约束性的马克思主义的框架中保持活力的运动之外，这种活动很难说有多少严肃性。但是如果说各历史时期富于弹性的边界有助于让马克思主义在中国落地生根的话，那么这种分期的严格次序（且不考虑"东方专制主义"这个恼人的捣蛋鬼）则在很大程度上让马克思主义获得了它在中国所具有的那种明显的吸引力。

中西历史平行发展，遵循相同的内部动力原则（尽管短时期内当然会有差异），这是当时文献中反复说明却不会去争论的信条。梁漱溟（1893—1988）是中国民主同盟的创建者，也是长期从事比较文化研究的理论家，他在1951年重申了他的非马克思主义的信仰，公然强调中国历史独一无二，是无阶级的历史，并非从汉代到近代都是封建社会。在经历了第一波的讨伐之后，他写了《敬答赐教的几位先生》作为回应，指出论题似乎已成定论："例如沈先生①一文……在'旧日中国是不是封建社会？'那问题标出后，开头便是一句'是封建社会'的答案；接着便是'众所周知'如何如何。"[8]梁漱溟对对方的调子把握得很准确。后来许多贬损性的文章里的抨击完全是人身攻击。而最接近讨论他关于封建主义的观点的人，则凭着封建主义一词本身的威力，称他本人是封建残余。[9]

50　　　"封建主义"是被准许用来指称从古代到近代——用毛泽东的说

---

①指沈铭。

法，是自周朝和秦朝以降大概三千年的时间——的中国社会的标签。然而，尽管使用这一术语是一项严格的纪律要求，它的定义却极为松散。共产主义者在这个术语中寻求的必定是（与欧洲相平行的）过程的含义，因为封建主义应用的范围是如此地广泛——这个阶段内部还包含了诸多阶段——以至于它很难起到分析的作用。它几乎表达不了任何具体的社会特征。

也就是说，毛泽东将三千年的历史界定为"封建"，并不意味着这三千年像人们以为的那样具有同质性。毛泽东会说"周朝和秦朝以来的封建社会"，其他人也会跟着这么说，[10] ① 但是把这些时代——周朝和秦朝——含括在一起的是这个形容词，而**不是**对社会的实际描述。因为著名的秦始皇在公元前221年统一了整个国家，这个国家（经由其他人之手）为儒家官僚制提供了崭新的空间。毛泽东知道这一点，其他人也知道这一点，他们实际上也把这些时代描述为极为不同的时代，只有一个先在的假定才能让他们用封建的标签把那些缝隙弥合起来。

很长一段时期内中国都是封建体制，但对毛泽东和其追随者来说，秦以前的封建制是贵族自治的封建制，而秦以后的封建制则是专制的中央集权的封建制。在这个晦涩的表述下面埋藏着某种对根本性转变的清晰认识。"秦始皇统一中国以后，中国从此成为统一的封建国家。"[11] 那么，在秦朝夺取天下之前，公元前4世纪秦国的著名大臣"商君"完成了什么样的功业呢？他"彻底消除领主贵族在经济上的割据形势"[12]；他代表了"建立郡县制的阶段"[13] ②，也就

---

①此处据本书直译，与毛泽东原文有出入，杨培之引用的毛泽东原文为"如果说，秦以前的一个时代是诸侯割据称雄的封建国家，那么，自秦始皇统一中国以后，就建立了专制主义的中央集权的封建国家；同时，在某种程度上仍旧保留着封建割据的状态"。

②侯外庐原文为"郡县的制度是由春秋到战国逐渐发生并发展起来的，到秦商鞅便用法令正式改革"。

是说，在这个阶段，理性化的地方政府是由中央任命的官员而不再是地方的权贵来掌管。范文澜（1893–1969）描述了秦国征服六国所产生的影响，那些用来表示量变的词汇似乎已经不够用了——秦朝和汉朝的伟大皇帝实现了统一，削弱了封建贵族，确立了郡县的行政体制，组织了宏大的公共工程，规范统一了度量衡、文字和法律制度。然而所有这些集权的措施虽然几乎没有封建的含义——如果"封建"这个术语有什么含义的话——却还是归结到"封建主义"上来。因为在这里范文澜明确拒绝与西方类比。他认为在法国大革命以前的欧洲，通向中央集权的君主制的是早期资本主义。但即便带着最深的玫瑰色的眼镜去找，他也很难在一千八百年来的中国这边发现资本主义，所以秦帝国和汉帝国必须是封建制，"代表了地主阶级"。[14] 或者说，它之所以是封建制的原因在于，作为封建制国家它代表了地主的利益，而这种利益（其他一切暂且不谈）又使得它符合封建制的条件。或者再说一次，如果它处于资本主义之前和奴隶制之后，那么它不是封建的还能是什么呢？

如果说封建主义这种超乎寻常地漫长的历史在思想上令人感到尴尬，那么就必须对它做出解释。有一位历史学家以一种出其不意的方式做出了解释。他说，俄国的发展正是以相反的原因而引起人们的惊叹。对于一个在公元9世纪才开始出现、19世纪中叶进入资本主义、1917年达到社会主义、如今则接近共产主义的国家来说，每一个阶段的时间长度都短得耐人寻味。因而，俄国社会发展的速度超过了英国、法国和其他西方国家。而希腊和罗马的奴隶社会无论是在绝对的意义上还是在相对的意义上，都比这些其他的地区经历了更长的时间。所以，中国的情况有什么好奇怪的呢？人们可以简单地说，比起其他国家来，中国封建社会的时间要长一些。[15]

## 2.对等与现代化

当共产主义的历史学家将他们的视线转向相对晚近的时期的时候，他们讨论封建主义的那种科学的超脱的态度就往往被参与的热情一扫而空了，"封建"成了一种带有感情色彩的说法。许多历史学家对鸦片战争以来的短暂历史也做了分期。他们中的大多数人用经典教科书上的主题——鸦片战争、太平天国、甲午战争、戊戌维新、义和团、辛亥革命、五四运动——作为标志，恰好对应外国侵略、人民运动、封建制的延续、旧民主主义革命和新民主主义革命。[16]

但是这个缩小的现代尺度上的分期却有一个与总的分期完全不同的特点。比如说，不会有人认为西方一定要有跟现代中国这些次一级的阶段相对应的阶段。类似的情况还有，虽然在大的格局上中国和西方都分得了资本主义时代，但帝国主义作为"资本主义的最后阶段"却为西方所独有，而中国只是其受害者。尽管关于新兴的资产阶级和新生的无产阶级有大量的讨论，共产主义的历史学家却很难从具体的现代历程中获得对平行发展——至少对与西方的平行发展——的确信。如果说有什么确信的话，中国的近代史，它的革命历程，倒是有可能为其他民族——寻求解放的**非**西方民族——提供平行的案例。因而，就最近的过去、现在和未来的连续体而言，关注点不在于西方为中国提供的模式，而在于中国为那些长期受西方剥削的国家提供的模式。他们"想从这里（按：指中国的历史与现实）求得解决他们本身问题的钥匙"[17]。

然而，尽管在处理近代史（可以理解，这是一个特别的敏感的领域）的路径上存在着这种不同，历史学家的兴趣却是一样的。当封建主义更多是中国的污点而非普遍存在的社会形态，当帝国主义更多是西方的罪行而非普遍的发展阶段的时候，人们仍然可以以马克思主义者的禀赋来使用这些原料，调制出获得与西方平起平坐的信心的感觉。

近代史中有什么东西曾经损害过这种信心吗？显然，危机（参见第一卷）源自文化中国的屈服，这种屈服一开始是在政治和经济领域，后来也扩展到思想领域。顽固的传统主义无法接受儒教在外来价值标准面前的败退，折中主义的申辩也无法掩盖这种败退。此前新的观念不得不面对能否与既有的传统共存的考验，如今中国的传统则面对着能否与自身就有说服力的观念共存的考验。

53　　但是这个传统是儒教传统——或者用共产主义者的词汇来说，是封建传统。于是一个中国人可以通过把它看作属于阶级而非国家的传统，来切断自己跟这个注定要消亡的传统的联系。他可以认定这个国家是"人民中国"，对地主的封建文化完全持不置可否的态度，因而对它的崩溃也就漠不关心。这就是西方与儒教之间不平衡关系的一面。

然而，这种关系的另一面则承载着西方思想影响的主导地位，它必须得到纠正。借助于一个反封建的"人民"来抛弃儒教这种简单的做法绝不可能恢复自尊自重所要求的那种均衡。不过，在这种关系的中心有一个稳定的点。因为西方并非处于居高临下旁若无人的地位，而是有可能被当作帝国主义者而遭受挫败，而中国最近这一百年的历史——它所经受的所有侵略和革命——也有可能以一种辩证的方式来思考，这给人以极大的安慰。

我们在关于井田的论述中已经看到了这种内涵：共产主义者既反封建又反帝国主义，他们夹在被拒斥的儒教中国和被抵抗的现代西方之间，在两者的综合中安顿自己的位置。从历史上看，1919年反传统的五四运动一直是一个伟大的传统。但人们会听到这样的说法，即它的进步思想一定要与它的反动思想——如胡适和蔡元培的观点——区分开来。[18] 这些人是自由主义知识分子，而中国的自由主义在文化上似乎失去了平衡，倒向了欧洲和美国。而另一方面，共产主义恰好处在垂死的儒教和从一开始就让儒者感到难堪的非共产主义的西方之间的中点的位置上。这样共产主义者便可以谴责自由主义是文化上的殖民主义，尽管在冷酷无情地审视过去的儒教方面他们和自由主义者不相上下。如果说反帝国主义还不足以成就一个共产主义者（看看廖仲恺的局限性），那么反封建主义也同样不够。一个人需要用反帝国主义来补充反封建主义，才能成为共产主义者。

这一点在文化方面也能看出来。第一次世界大战后，西方风格的"新文学"或许看上去是革命性的。但是在共产主义者的眼中，极而言之，它根本就不通俗。人们认为它具有学院化、排他性和高度美学化的特点。因而，就其西化（"帝国主义"）的形式而言，它拥有跟没落期封建士大夫的传统文学本质上一样的内容。[19] 抵抗西方的情形就是如此，现在再来看对儒教标准的拒斥。

54

毛泽东可以继续用古典风格写诗——在洁净的人，凡物都洁净。① 但一般而言，共产主义诗人不得采用古代文学形式和外国形式。他们被引导去采用中国民歌的"适中"形式。[20]

历史书写也有它的适中形式。因为贯穿于中国共产党对近代史的整个叙述之中的红线，是控诉封建的中国与外国的帝国主义不出所料地勾结起来，联手对付起来反抗他们的中国人民。这个"双重敌人"在所有共产主义历史学家的著作中随处可见，其中一位写道，在19世纪60年代，"外国资本主义就和曾国藩、左宗棠、李鸿章等所代表的封建地主实力派，在共同镇压中国人民的基础上相结合"[21]。还有人写道，在1900年代，"满清政府与帝国主义的勾结越发紧密，帝国主义与封建主义这两座大山更加沉重地压在中国人民头上"[22]，而在辛亥革命中，"反帝反封建的革命任务并没有完成，这是失败"[23]。

———————————

① 语出《新约·提多书》1:15，此处用和合本译文。

这些平庸的历史学家所做的简单化的论述，在范文澜或华岗的近代史研究中也可以很容易地找到。它们遍布所有新出版的内容丰富的多卷本近代史资料集的前言部分，这些资料集涉及诸如鸦片战争、太平天国、捻军、回民起义、中法战争、中日甲午战争、戊戌维新、义和团、辛亥革命等核心论题。

因而，社会抗议和爱国主义被认为属于一个整体，它们存在于人民群众之中，因为封建压迫者首先无能，然后是不愿抵抗外国的压力。如果说帝国主义者激怒了中国的民族主义，而在国内迫切需要援助的封建主义者则默许了帝国主义者的暴行，那么他们共同的敌人——人民——就代表了绝对的道义。受制于这种观念，共产主义历史学家经常会背离马克思主义的历史相对主义观点。也就是说，尽管共产主义者非常强调太平天国（以及中国历史上其他的农民暴动）的历史局限性，[24] 比如说指责这些运动内部的腐败以及最终"脱离了群众"，所有这些都是因为缺少无产阶级，但还是有大量不那么专业化的文献，将太平天国人物看作冲突范式中"我们这边"的人。李自成（在较早的有关明朝覆灭的记述中被称为"李匪"）和其他反抗王朝的起义军领袖也可作如是观。

### 3. 民众与非民众的主题

共产主义历史观的这一变体——在这里，人民被认为永远与非人民相对立——突出了某些特定的主题。封建的中国是文人的中国，或者说是通过规范性的思想表述呈现出来的中国。而人民的中国则是物质文化的中国——至少人民的生活方式和他们使用的器物对新的知识阶层来说是非常合适的主题。因为儒教的死亡使得这个知识阶层成为唯一的继承者，他们从非文人的过去中追寻另外一条谱系；马克思主义的历史主义也让失去儒教的损失变得更容易承受了，它基于自身所提供的前提，也确认了这种新的研究路向的正当性。历史分期论者的唯物主义预设与针对此前的统治阶级、"上层建筑"即儒教的建造者的偏见完全一致。针对后者对文化的强调，共产主义的历史学家极为看重对有形的实物的研究，研究对象包括从令人激动的考古发掘中获得的人造物，中国的武器及其历史，甚至还有像商代的施肥这样家常的事情。很显然，其目的不是出于对古物的兴趣，而是要研究古代社会的发展；这就要求发掘那些反映古代劳动者生活的材料。而将这些研究与当代的发展联系起来，指出考古发现与当前的经济建设同步展开，也没有什么不对。[25]

或许正是这种对过去历史的可靠的物质遗存的重视，容许人们大张旗鼓地纪念王国维（1877–1927）。王国维是一位伟大的考古学家和金石学家，他对清室怀有恋恋不忘的忠诚，后来在绝望中自沉于颐和园的昆明湖。他原本可以很容易地被归入可鄙的"封建"余孽之列，然而，一位共产党的评论家在悼念学术界的这一损失的时候，只是顺便且得体地提及王国维的"早死"，并且对他去世前的精神状态表示体谅。[26]

如果说物质文化总是可以用来谴责"唯心主义"——共产主义者直截了当地断定它是文人士大夫的缺陷——因而是一个令人愉快的主题，那么自然科学就更是如此，更受青睐。中国古代的发明或对未来的设想——如不同形式的罗盘、地震仪、测距仪、浑天仪等——都被自豪地宣传为民族的成就。中医药知识在历史和实际应用两方面都得到专门的整理，以丰富西方医学。[27]在共产主义运动的早期，在它取得胜利并与全中国紧密联系在一起，由此在处理与中国的过去的关系方面要求某种程度上的妥帖周到之前，道教一直受到严厉的批评，被（比如说，共产党最欣赏的作家鲁迅〔1881–1936〕）视为迷信，被看作纯粹用来逃避现实的指南。然而在这之后，道教与原始科学的亲缘关系——就像道教炼丹术在冶金学中扮演的

56

角色表现出来的那样——开始让历史学家们忙碌起来。这是一个建构中的人民传统。因为在儒家士大夫传统中如此受到轻视的科学，自然被默认属于"人民"所有。

　　实际上，共产主义者的胜利对于他们对中国历史记载的评估所产生的特殊影响，还需要仔细思量。不光是"人民"，还有经过认证的文人士大夫，那些为一代又一代的儒者所景仰的伟大人物，都被请入共产党的万神殿中，至少可供瞻仰。司马迁——汉代和整个伟大传统上的"太史公"——因其现实主义（在共产主义者的评判中，这是具有高度合法性的品质）而受到称赞，并在文献目录中备受关注；[28] 宋代的司马光一度被共产主义者扫入正统史家的垃圾堆，1957年被看作"杰出的伟大的历史家"，被认为具有历史关乎客观事实这一至关重要的认识的历史学家而又请了回来。[29] 甚至康有为这位儒教改革运动的"现代圣人"，19世纪90年代身为君主立宪派的激进分子，此后直到1927年去世都一直是一个王国维那样的保皇党人——甚至是这位1911年以前还被孙中山看作改良派的墙头草而遭到他的抨击，早在去世之前就被大多数共和派视为落伍人物而被唾弃的康有为，也得到了宽恕，撇清了他与反革命势力的关系，（由于他提出的儒家的社会发展阶段学说而）被承认是一位"进步"人物。[30] 旧秩序最终的毁灭性的崩溃让它的敌人某种程度上不必再攻击过去的著名人物，不必再把他们看作仍阻碍社会发展的儒教秩序的活着的代言人。随着这场斗争事实上的告终，同时也根据社会发展阶段的理论，司马光和其他拥有他那样的传统声望的人，似乎可以被相对化了，被放回到他们自己的时代，不再承受绝对的谴责。最重要的例子是孔子这个个案，它最充分地揭示了这种处理方式的含义。我们将在下一章讨论这个话题。

　　就较近时期的情况而言，像康有为这样幸免于难得到拯救的人并不多。在对民国时期的研究中，论辩的调子听起来要比宽泛的理论的调子更高一些，这一时期共产主义者自身也卷入到行动当中，或者说至少他们还在努力地求取生存。对那些时代更近的不愿意合作的非共产主义者，一般会给予梁漱溟那样的待遇。至于更早的人物，像一度是政治强人后来又想当皇帝、在1916年他有可能反对共产党之前就死掉了的袁世凯，就没有什么好脸色了。共产主义者当然不信佛，然而他们还是把蒋介石看作袁世凯的转世化身；至少在批判的基调上，恐怕不会有著作超过陈伯达早期写的盖棺论定之作《窃国大盗袁世凯》(1946)[31]。

共产党对蒋介石和国民党进行了大量的抨击，但还有一种可能的情况，即他们还是希望淡化像改良派的自由主义者会做出的那种纯粹揭人隐私的反国民党行为。当共产主义的历史学家将目光从国内的对手转向国外的对手的时候，他们似乎对抹黑美国而非日本或英国更感兴趣，而且他们回到以前的历史中去找任何有可能用得上的材料。鸦片战争史料集的编纂者虽然迫于文件档案的性质而对英国加以最多分量的谴责，但仍强调美国在这场侵略中也脱不了干系。同样的观点也见于同一套丛书中的中日甲午战争史料集。[32]一本题为《辛亥革命前的群众斗争》的书论述的是义和团运动后的"群众爱国斗争"(而"清朝政府"则在"卖国")，却很用心地详细描述1905年抵制美货的"反美爱国运动"。[33]而在指责胡适在处理世界历史方面是一个反动的唯心主义者的时候，则把他追溯到威廉·詹姆斯和杜威身上，前者是"美帝国'实用主义'的创始人"，后者则据说用唯心主义多元论反对马克思主义的一元论的唯物主义。[34]

共产党有关外国史的出版物也没有超出这种关心中国的基本态度多少。四川大学的一个历史小组研究了1945至1950年间美国的对华政策，以及"某些美国资产阶级御用学者的中国问题编著"(不过，该小组确实也考察了"资产阶级史学家"对北美独立战争的歪曲与伪造)。[35]反帝国主义以及1957年印度民族起义一百周年纪念，

58

催生了有关印度民族起义的几篇文章和译文，来自外交政策方面的要求（至少在喜马拉雅边界爆发冲突之前）使得有关中印交往的宏大而陈旧的话题经久不衰；不过纯粹的宗教故事随着不那么发达但却更合时宜的商业交流的话题的出现而有所改变。20世纪的俄国革命自然引人关注。日本对中国的研究一直都是全方位的，然而反过来中国对日本的研究却很少，主要限于中日关系和日本的激进主义。因为真正关心的是"中国几千年来的悠久历史"——虽然不是独一无二，但却自成一体。马克思列宁主义应该表现出中国的特征，而不再以西方为中心。[36] 共产主义的历史学家确实沉浸于中国的历史分期问题之中，他们偶尔才会潜下心来讨论诸如古代巴比伦社会、中世纪欧洲的税收制度以及英国的工业革命这样杂七杂八的问题。

59

常言道：家乃心之所系，在建国后第一个十年左右的时间里，共产主义中国的历史学家们的心灵与情感无所旁骛。毛泽东已经为中国近代史定下了律条：帝国主义侵略中国，反对中国的独立，阻碍本土资本主义的发展。剩下的都是评注。然而，对大陆历史学家现在如此坚信的东西，局外人也必须发表他们的意见。人们或许会认为，这么多中国人对他们的现代价值观念的自主生成抱有如此强烈的信念，确实是因为这种自主性受到了质疑。因为中国共产主义走上历史前台，正是**由于**外国的入侵——这种入侵冲破了旧的文明，为建立新的秩序提供了动力——并不是说，尽管外敌入侵，中国共产主义仍会按照历史发展不可避免的进程走上历史前台。马克思主义思维如体操般精妙是有光荣传统的。我想毛泽东的想法应该颠倒过来理解：中国历史并**不是**作为它自身的历史（至少在近代是如此）但却**正是**以它自己的方式发展的。

制造出中国共产主义历史学家的历史，并不是这些历史学家觉得他们能够制造出的历史；他们所考察的过去的事件所构成的历史，与他们所从事的历史考察无法完全一致。

60

# 第四章 孔子在共产主义中国的位置

> 自从成立了一个专门的委员会来保护曲阜的古建筑和遗迹以来，事实上整个地区都跟委员会一样关注这片圣人的遗迹了……
> ——《泰晤士报》(*The Times*)，伦敦（1961年7月31日），第9版

迄今为止，中国的共产主义历史编纂学似乎是非儒教的。但事实上，似乎只有把它当作儒教历史编纂学的唯一继承者才能够理解它。像井田这样的儒教论题可以仍旧是历史学家的主题，但他们处理这一论题的目的却是新的。孔子本人有可能仍旧引起今人的关注，显然，甚至容许人们称赞他。这是否证明对井田的重新评价是错误的呢？难道共产主义革命终究是一种幻觉？

就中国共产主义者的态度而言，到20世纪60年代初期，孔子似乎"卷土重来"了。之前在20年代，革命者当然非常乐意看到他被时代淘汰，甚至后来在建国后第一个十年左右的时间里，还有很多人难以接受这位代表了陈旧的智慧的圣人。实际上，整个50年代和60年代初期，"蔑视旧时代"和"保存民族遗产"两者一直在互相打架，或许我们不应该太过认真地纠缠于"赞成"和"反对"的潮流，从我们这个时代回望，这些潮流就显得很短暂了，如果还能认出来的话。从历史的角度看，重要的似乎是后来共产主义者在评价孔子时可供选择的论述的范围，而不是那些一连串的小变化。因为所有

61 的可能性都同样是现代的，它们在一个新中国的视野内部都是言之成理和一以贯之的，这个本质上反儒教的视野甚至也影响到那些支持孔子的人们。

在辛亥革命后的民国初期，试图打倒孔子的严阵以待的激进的反传统主义者和决心要保护孔子的浪漫主义的保守主义者，都同样是非传统的（参见第二卷）。而在1949年成立的人民共和国里，激进分子的继承者已将那场斗争留在了身后，将他们的敌人打倒在地，他们有可能将浪漫主义的特征引入到他们自己的气质当中，以民族遗产的名义纪念孔子的诞辰。但祝福孔子生日快乐的共产主义者高声欢唱，只是要把他送到历史里面安葬。

### 1. 儒教精神的不朽？

一个重要的老问题：儒教是一种宗教吗？当然，在共产主义时代，儒教的问题与佛教的问题完全不同；并不存在可在统计学意义上评估其状况的有组织的儒教团体。[1] 实际上，在一战前当有人试图把儒教设想为一种教会的时候，儒教正处于它的最低谷。就共产党的政策而言，作为宗教的儒教是一个过时的话题。引人关注的是其他问题。首先，共产主义中包含儒教的成分吗？其次（在这里更为重要），如何看待孔子本人、他当下的声誉及其意义？

一直有观察者带着一种对悖论的兴趣，认为新政权在"精神"和实际内容上是旧制度的永恒复归，无论在表面形式上发生了怎样的革命。这种看法隐含了一种现实而非过程意义上的连续性的观点；过去与现在不是通过时间顺序而是通过实质联系在一起的。从这个观点出发，完全可以说（或多或少）共产主义中国和儒教中国制度上都是官僚和集权体制，思想上都尊奉教条和权威，心理上都对人们施加约束并提出过高的要求。对那些犹豫要不要把儒教和共产主义硬拉到一起的人们来说，还可以给毛泽东时代的中国贴上"法家"的标签。这样，"汉学决定论"（sinological determinism）的原则或许还能站得住，一个理想型的中国还能够抵挡住破坏性的历史思考而保存下来；把毛泽东看作秦始皇，儒教就还会作为替代性选择或伴随物暗藏其中，就像在尊奉法家的秦始皇或后来的专制王朝君主统治的时代那样。

　　如果说在这样一种永恒的本体性的连续性中，中国"永远是中国"，那么孔子在共产主义中国的位置就是预先决定好的，经验性的考察就毫无意义，或者因小题大做而产生误导性。然而，哪怕只是出于对历史的虔敬之心（或者不用那么冠冕堂皇的说法，为了守住他的饭碗），一位历史学家也必须认定变革的真实性，在这里就是不是去考虑附着于现代共产主义者纯粹肉身之中的幽灵般的孔子的理念，而是去考虑那些在共产党体制下著书立说的人们心中的孔子的观念。罗根泽（1933年出版的《古史辨》第四册和1938年出版的《古史辨》第六册的编者，《古史辨》是对经典正统历史观加以现代批评的著名论文集）是这些人中的一位，他在讨论孔子的时候提出了一个看上去有可能将儒教融入到马克思主义之中的观点。隐藏在这种表象背后的东西是什么呢？

　　罗根泽注意到孔子对诗的看法，他评论说孔子的兴趣基本上是哲学的而非文学的。孔子知道诗具有抒情性和表现力，但他想给诗强加上正统道德的标准，因为他是从实用而非美学的角度来评价诗歌的。罗根泽提到孔子"断章取义"的做法，这在儒家文献中已成为一种传统的方法。例如，《中庸》对《诗经》的引用就是这样的，即从中抽取道德箴言。对孔子来说，文学乃是工具，修辞上的考虑本身是无足轻重的。因而，尽管他的"辞达而已矣"的学说对文学批评的发展有深远的影响，其目的却非"修辞"而在"正名"。[2]

　　现在来看，毫无疑问，不仅罗根泽讨论的对象对文学持一种功

62

63　　利的而非"美学"的观念，他自己的领袖也是如此。毛泽东和孔子一样，都将文学视为某种精神的载体。然而，这并非儒教假说的共产主义翻版（或回归）。

　　20世纪20年代，创造社这个最初带有强烈的西方式唯美主义色彩的社团，后来转而投身于马克思主义。[3] 这似乎像是回到了儒家的"文以载道"的信条。但共产主义者无法接受早期创造社的唯美主义这种态度，并不只是又提出一种意识形态要求——像儒家那样要求文学服务于伦理道德——而已。创造社后来投身于马克思主义的精神，跟它早期献身于美学的精神一样，都距离儒家的前提很远。事实上，正是儒教——包括其前提和所有内容——的衰竭，使得唯美主义失去了它原来的目标。因而，"为艺术而艺术"尽管是一句反对有活力的儒教的激进口号，最终对共产主义者的思维方式来说却似乎成了多余的东西，甚至在**后**儒教时代成了反革命的东西。

　　大概三十年后，罗根泽也同样远离了那种简单地用马克思主义的主题来改写儒教主题的做法。毋宁说，当罗根泽谈到孔子给《诗经》"加上"正邪标准的时候，他（在那个关键的年代算是相当晚了）意在除去这些诗歌身上的儒教的外衣，通过恢复它们自然的诗的品质，揭示它们真正的"民众的"本色。他希望把一部经书从仅仅与儒教发生的关联中拯救出来，进而使它有资格获得共产主义者授予的荣誉，由此把它保护下来。

## 2.儒家内容在知识生活中所占分量的萎缩

　　但共产主义为什么要操心这种抢救的事情呢？难道革命者（一旦我们严肃地把他们看作革命者）不是应该废除旧的通行思想而不是转化它吗？至少从量的角度来看，毫无疑问，过去关心的儒学问题如今得到的关注相比之下是微乎其微了。1958年，郭沫若以一种明快

的直截了当的现代语调说，古代研究只能占用中国人很少的精力。[4]　　64

即便如此，在接下来的两年时间里，还是出台了一个注解经典和其他早期文献并将其翻译为现代汉语出版的宏大计划。[5] 但随着纸张短缺的日趋严重（1961年春以来这种情况肯定属实，而在1960年它就被认为是出版物出口量急剧下降的原因），古代文献首先被下马。[6] 这并不奇怪，因为1960年上海的出版社——我们可以认为它们具有代表性——就在宣称"学习（西方）科技"、"赶上（西方）科技"和"超过（西方）科技"的必要性。[7] 共产党在教育体制中格外注重发展的是科学和技术——而非经典的文学和艺术——这一对。

因而，过去曾经是儒家专利的知识教育，如今充满了一种儒家极为陌生的精神。一方面是科学和技术，而另一方面，特别是在1958年以后，某种形式的物质生产和体力劳动被引入到课程中，公开宣称其目标是驯化知识分子，并破除儒家任何残余的有关"高等生活"及其自然享有声望之权利的信念。[8]

### 3. 去儒教化的儒教问题：（A）通向现在的里程碑

在一个反经典教育成为基调的社会中，经书还能有什么用处呢？在看不到儒家学者的共产主义中国，研究儒教的学者仍然有用武之地。他们的主要目标不是歌颂古代，而是说明一种过程理论。[9]

因而，经书不再拥有文本上的权威；它们绝没有为历史评价提供标准，自身反而受到审查以评估其历史意义。它们所拥有的权威是历史研究的对象而非前提。

这里有很多将恶徒变成英雄的历史修正主义的例子。但是在涉及经书的地方，受到明显修正的是模式而不是是非功过的评价。确实，郭沫若可以给《尚书》视之为"亡国之君"典型的殷纣王翻案，　　65给他平反。但是当郭沫若说殷纣王确实很有能力，说他为中华民族的扩张和统一立下了功劳的时候，[10] 郭沫若就把他列入了中国历史进步的史册之中；而正是这种注重进步的取向而非洗白污名的行为，让郭沫若脱离了儒教的潮流。在共产主义者利用经书表达历史观点的实践中，主导性的观念是马克思主义的过程，而非——无论怎样重新评价——道德主义的绝对律令。

### （a）从原始社会到奴隶社会

因而，历史教师应该用经书来阐明历史阶段，例如，"在讲到原始公社制社会逐渐崩溃和奴隶制社会逐渐形成的时候，用一段'礼记''礼运篇'的话（从'大道之行也'到'是为小康'）"（"大道之行也，天下为公……"）。[11] 对19世纪的革新者和平等主义者、太平军以及康有为的维新派来说，这一段很亲切。[12] 但这些群体（虽然大体而言，他们对待经书的态度差别很大）引用《礼记》是为了经书所能提供的效力；而共产主义者援引同样的文本则是把它们看作说明性而非典范性的文字——是为了证明一种理论的正确性，而不是证明一种价值的真实性。

事实上，一些共产主义者不仅把他们的现代先驱者对《礼运篇》的引用看作是对权威的依赖，对《礼运篇》本身也作如是观。因为《礼运篇》认为"大道之行也"这一段话是孔子说的，尽管它实际上是在孔子去世差不多两百年后才出现的。[13] 当时有一位任蜩同志似乎不加批判地接受了这段话出自孔子的说法，引来了严厉的批评。[14] 然而，虽然攻击他的批评者否认孔子有任何"消灭差别"的意图，但任蜩其实并不是要把孔子抬高到超越其时代的地位，认为他证明了社会主义的有效性，或者社会主义证明了孔子的有效性，以此来表彰孔子。任蜩指出，孔子（就像尊崇孔子"大同"思想的康有为一样）有一种模模糊糊的"空想"社会主义思想，这种思想在他生活的时代是行不通的。因此，由于找不到通向其目标的明

确道路，他就回头转向了原始共产主义。于是在那里，"大道之行
也"……[15]——或者说，他回到了《礼运篇》，它是原始共产主义
这个已被取代的历史阶段的反射。

### （b）从奴隶社会到封建社会

下一个转折——从奴隶社会到封建社会——也是如此：就其阶
级基础而言，儒家的"仁"据说是进步的。当封建土地所有制成为
普遍模式，大多数奴隶获得解放的时候，"仁"就随着新的生产关系
的出现而出现了。"仁"是和"礼"紧密地联系在一起的。在这种解
读中，从"仁"推出的一个反奴隶制的结论就是"礼"延伸到普通
人身上了（在这里，孔子跟《周礼》完全不一样）。当孔子授徒讲学
的时候，封建地主阶级还很弱小。这就是尽管他确实代表了进步力
量，他还是不得不以"复古"的形式来鼓吹革新的原因。[16]但进步
确实存在，它在文本上反映在从《易经》到《易传》（对《易经》的
评注，它大体包括在作为《易经》附录的"十翼"中）的时间顺序上。
因为这些文本被分别等同于周初宗教性的唯心主义（"天道"）和战
国时期唯物主义的自然主义。[17]

因而，由于唯物主义是比唯心主义更高的思想发展阶段，自然
主义也比宗教更高级，所以战国时期孔子学说向日趋显赫的地位发
展——在"发展"（advance）这个词基于历史的意义上——就确实是
一种发展。因为正如两位作者对《论语》的阐释所言，孔子的"仁"
的概念既是反贵族的，又是反宗教的。"仁"作为"君子"的特定标
志，以个人品质取代血统来区分"君子"与"小人"，由此就削弱了
贵族。"仁"意味着"尚贤"，这一点也同样是进步的，表现在"仁"
的人文主义的不可知论（humanist agnosticism）方面，当费尔巴哈谈
到欧洲封建主义向资本主义的发展——宗教的衰弱是这一发展的反
映——的时候，他称赞的正是孔子的这一面。[18]

　　事实证明这是一个流行的主题。18世纪欧洲的辩证法是马克思主义者特别喜闻乐见的东西，当时耶稣会士出于他们自身的宗教目的而称赞孔子，结果最后发现他掉过头来反对他们。对反封建的资产阶级来说，哲学就是唯物主义和不可知论，法国和德国的世俗主义者用哲学来对抗宗教的时候也援引孔子。信奉唯心主义的德国人用孔子来发动一场哲学革命。但唯物主义者主导的法国则发动了伟大的资产阶级政治革命，他们也发现了孔子契合他们的观点。[19]

　　中国的评论者在此表达这种观点的时候，既不是在表彰资本主义本身，也不是暗示说在中国的语境中孔子是支持资本主义的。他只是在一般的意义上推崇进步，而非特意对资本主义表示认可。他认为儒家的人文主义在一般的意义上是进步的，它在欧洲适应于脱离封建主义的进步，在中国则适应于进入封建主义的进步。其他人欣赏孔子也是因为人文主义和唯物主义，他们有时候会努力去找这两种思想。例如，一位学者认为《论语·八佾》中的话（"祭神如神在"）说的是"神与祖先的灵魂只是存在于想象之中"。有一些段落表明孔子倾向于非推理的直接感知，倾向于在教化人民之前先让他们富起来，作者引用它们，认为其中包含了唯物主义——他是在几种不同的意义上使用这个词的——的观点。反对财富过分集中和盘剥穷人的孔子，接受了人们都渴望让自己富裕起来的事实。他知道，贫穷是社会动荡的原因。[20]

　　这看上去很难说有什么特别惊人或深刻的地方。但至少——在共产主义评论家看来这正是其优点——它不是道德说教。孔子要获得拯救，就必须从他那里找到唯物主义这唯一的可取之处。因此孔子对知"天道"（《论语·公冶长》）的怀疑，就值得大书特书了。《春秋》中记载的人物经常以一种迷信的态度来指称这个"道"，但《左传》（附于《春秋》的最重要的经"传"）却以唯物主义的态度对它提出了质疑，《左传·昭公十八年》云："天道远，人道迩……"[21]

就像《论语》和《左传》为进步的历程贡献了人文主义一样,《诗经》(我们已经认为它是"民众的")据说也开创了一个伟大的现实主义传统,反映了新生的封建社会所释放出来的巨大的创造力。[22]从现代对封建主义的攻击中我们非常清楚地知道,封建主义本身并没有赢得共产主义者的好感。就像资本主义在欧洲的情况那样,由于封建主义涉及儒家的不可知论的精神,因而值得赞扬的是它所代表的发展阶段,而不是它本身。经书是用来记录发展的,并因为展现了发展而受到赞扬。

因而,共产主义者有可能表现出来的对作为社会进化的创造性表达的儒家经籍的尊重,通常并不会延伸到儒家的经学上。可以说偶尔某位从事经学研究的学者也会有很多值得学习的地方;比如汉朝的大臣贾谊(公元前200-前168年)就受到了称赞,他写了一篇著名的文章批评秦朝单靠权力来统治天下。这种称赞绝不意味着共产主义者通过对儒家的同情而使自己认同过去,它很可能更多反映的是对那种指控共产党是"法家"的说法的应激性反应,这种说法是一种充满敌意的将党等同于过去的方式。贾谊的价值是什么?它不是什么绝对的东西,而是相对于过程而言。就他本人而言,他必然是不完美的:他无法逃脱时间和空间的局限性。他的价值在于他前进的方向。

他生活的时代(这种观点认为)正当封建社会发生巨变的时期,贾谊要为一个新的封建政府构建方略,他代表了新兴的平民地主阶级的利益。他有现实主义的眼光(很好),特别关注(非常好)秦朝和当代(汉初)史——在他自己生活的年代,就是现代史。[23]因而,共产主义者的好感是对现代的关心,在过去的种种人物和事件当中,他们关心的是推进现代化的力量。

而过去,在大多数情况下,经典时代本身结束以后的儒家经学被看作中国封建文化的主线和封建君主制的支柱。与奴隶社会的封

建化迥然不同的封建社会并没有内在的价值。汉武帝（公元前140–
前86年间在位）把儒家从"百家"中挑选出来给予特别的尊崇，把
他们的文本确立为权威。于是，经书成为封建地主阶级官僚士大夫
的专利。如今经学研究的目的之一是揭示过去的经学研究是如何为
封建利益服务的。[24] 宋代的"理学"——举一个经学中引人瞩目的
学派为例——束缚思想，强迫背诵经文，阻挠科学发展；而"汉奸
曾国藩"（1811–1872）大力支持理学绝非偶然。[25]

### （c）从儒教社会到马克思主义社会

简而言之，马克思主义处理经书的方式，既不是**必须**谴责它们
是封建事物（有些人确实这么做了），也不是称赞它们（以儒家的口
吻）是永恒的事物。它们是被超越它们之上的心灵世界检视的对象；
它们自身并不（像它们过去那样）支配这个心灵世界。一个共产党
的《孟子》研究小组是这样表达他们的这种态度的：他们（传统知
识分子）把《孟子》用作载体——朱熹用它来承载他的新儒学思想，
戴震（1724–1777）用它来纠正朱熹，康有为则以儒家今文学派改革
家的身份来对待它，所有这些人都是召唤古代来给他们的革新背书。
但**我们**是运用马列主义的工具对《孟子》加以分析的批判。[26]

当然，这就意味着对《孟子》所做的马克思主义的评注传达的
是马克思主义。在这个意义上，它差不多也就是朱熹、戴震和康有
为所做的事情。然而，虽然这些宋代和清代的注疏家实际上可能并
没有一直在做他们声称在做的事情，即对孟子或孔子做出真正可靠
的阐释，但他们还是假装在做这件事，他们只有这么做，自己的观
点才会受到认可。不管他们的解释多么独出心裁，不管他们在其对
手的眼中是多么地古怪，这些早期的学者都必须确保儒家经典的权
威得到了充分的维护，这是为了让他们自己感到满意，同样也是为
了让其他任何人感到满意。但是马克思主义者却仔细考察儒家的权

威，把它看作有待分析（而非偶像化）的标本，还原它在历史中的
位置——这是一个在流动不居的过去中的位置，而非一个与世长存
的判断的永恒的位置。

　　这就是共产主义者将之前对儒家文本所做的激进诠释颠倒过来
并不难理解的原因。有一点或许看上去不同寻常，即共产主义中国
的当代学者竟会接受传统儒家对《左传》的看法：它确实是左丘明
编撰的对《春秋》(孔子本人的著作)的评注。[27]然而，尽管有这种
现象，几十年的"疑古"并非劳而无功。因为孔子的主要观点——
所谓"正名"——被认为完全且只能是封建的。虽然孔子在某些方
面表现出令人赞许的唯物主义的态度，而且在将历史引入中国教育
方面具有无可比拟的重要性，但他距离西汉的太史公司马迁仍有一
步之遥。即便孔子没有（像人们经常宣传的那样）将历史看作从圣
贤的古代那里无可挽回地堕落的结果，他也确曾把历史看作永恒的
摇摆（用孟子的话来说，即"一治一乱"），而司马迁却具有一种历
史过程的意识。

　　于是，在对孔子的这种叙述中，出现了对进步的另外一种宣示
（实际上，在当时，看到进步**就是**进步），而非旧的尚未褪色的长青
之物的凯旋。如果说进步贯穿于孔子的思想（就像他在《春秋》中
表现出来的那样，这不是第一部以"春秋"为名的著作，但却是第
一部涉及"天下"而非单独一国的著作），它也超越了他。因此，一
名共产主义者就有可能在不失去其现代认同的条件下，同意正统儒
者对《左传》与《春秋》之间的联系的看法。他们在公羊学派的谬
误上达成了一致；这种谬误就在于否认那种联系，目的是提出公羊
学的那种似是而非的论据来证明孔子是彻底的进步人物。同样的观
点，不同的立场；同样的描述产生不同的效果。因为在共产主义理
论中，进步至关重要，而对正统儒者来说它却无足轻重。对正统儒
者来说，公羊学的孔子是荒谬的，因为令他们满意的是，孔子一点

也不进步。而对共产主义者来说，公羊学的孔子之所以荒谬是因为孔子还不够进步，这一点令他们感到遗憾。在共产党时代，当经书领域中破坏偶像产生的兴奋感逐渐消失的时候——因为不再神圣的偶像更难吸引人们来破坏它们——旧的传统组合（如《春秋》和《左传》，它们以令人尊敬的方式联系在一起）一点也说明不了孔子的复兴。

　　因而，对孔子的赞扬（例如，称赞孔子看到了"意识形态"与"现实"之间的真实联系）[28] 就往往表现出居高临下的态度，而不是门生弟子的景仰之情。孔子不可能确保这种真实性，他只是用来装点讨论的。一个人或许可以通过引用经书来强调一个论点，但合法性是源于马克思（列宁、毛泽东），而不是从孔子那里流衍出来的。在我们举的例子里，"意识形态"与"现实"是"文"与"道"，后者是耀眼的经典术语，但在这里它们显然被用作隐喻，没有人会误解作者的意图。没有什么比隐喻的滑动——原文的本义变成修辞性的典故——更能说明这种价值被贬黜到过去，被贬黜为历史意义的命运了。

　　当共产党的"百万诗篇采集者"（1958）从事所谓的"采风"活动时，他们让我们想起了那个给孔子钟爱的经典著作《诗经》增光添彩的传统。[29] 但是字面上的直接类比是站不住脚的，因为原来的"采风"揭示了封建国家中的苦难，而共产党的"采风"——这一点毫无疑问——放出来的只是欢乐的赞歌和对统一国家表示感恩的心曲。不可能容许历史重新上演，这个以一种"装点"的方式让人们想到孔子的经典语词，意在巩固毛泽东的地位。

### 4. 去儒教化的儒教问题：（B）来自过去的墓碑

　　这就表明，当共产主义中国的作家们表现出对孔子的某种赞赏时，他们并不是在重复传统上对孔子的仰慕之情。因此，当另一些当代作家看上去似乎在顽固地坚持反孔立场的时候，这也不是党出现精神分裂的迹象。因为这是马克思主义的世界能够容纳的那种争论。如果有人想要把孔子的著作说成是反动的（认为他害怕未来，总体上是"反人民"的），[30] 这种阐释的眼光当然会跟"进步的"眼光发生冲突，但是这两种眼光的持有者仍然拥有一个共同的假设，即历史是经由一系列阶段有规律地向前发展的，不管人们认为孔子喜欢哪个阶段，或者他看上去适合哪个阶段。这种争论没有什么意思，如同那个更一般的有关奴隶社会何时结束以及封建社会何时开始的争论一样。就像我们已经看到的那样，在一个大家就这些社会在中国依照这种次序发展的历史现实达成共识的框架内部，关于它们的分界可以有若干种观点。

　　然而，即便人们承认共产党内相对来说肯定孔子的那一派意见完全可以看作共产主义而非儒家的观点，为什么会出现这种意见呢？为什么它既不同于传统的保守主义，又不同于传统（20世纪初期）的激进主义呢？它能够与对孔子的敌意共存这样一个事实，丝毫也不能解释它怎么会存在。有一件事着实令人兴奋，那就是在经历了"文艺复兴"和"新潮"中对孔子的所有尖酸刻薄的攻击之后，在所有早期激进的知识分子团体出现之后，我们发现1958年中国大陆的一位学者引用了这么一句漂亮的古语："金鸡一鸣天下晓"。孔子在这里不是可怜的封建的乌鸦，而是"金鸡"。他刺激了学术的发展，将其散播到新的非贵族的群体中，从而造成了"百家争鸣"的局面。"这在中国思想史和教育史上有很大的意义。后来读书人把孔子奉为大祖师……"[31]

### （a）从阶级到民族

　　就共产主义者和孔子的关系而言，早期和后期之间的巨大差别乃是社会联系与民族联系之间的差别。在共产主义者眼中，孔子一开始只是旧社会统治者的偶像；对这些封建统治者（或他们的半封建半殖民地的后继者）来说，如果他们宣称孔子体现了"国体"
(national essence)，那么这只是一种反动的编造，目的是为了躲避会
把旧事物一扫而光的阶级斗争。陈独秀把儒教看作反革命的封建主
义者的精神武器。李大钊贬斥儒教是几千年前就已腐烂的果实，是
君主专制的象征，在现代中国为狡猾的奸雄所利用。共产主义者认
为，去世后的孙中山需要马上被抢救出来，搬到"世界公园"里跟
马克思和列宁一道纪念；而国民党右派却想要带着他逃到"孔庙"里，
为的是把革命镇压下去。① 确实，孔子在反共事业中不堪重负，这
一点毫无疑问。1928年，一位讲演者在纪念孔子（同时还有尧、舜、
文王和武王）的时候，喋喋不休地谈起礼义、修身、平天下……谈
起共产党猖獗，代表的是杀人放火，父不父，子不子——（说得好听
一点）不遵孔训。[32]

　　于是，只因其传统特性就陷入重重困境之中的孔子，又因为传
统主义者想要复兴他的努力而受到了进一步的损害。一开始，在民
国初年，以儒家的"修身"和"读经"为内容的旧式初等教育暂时
停止实行。儒学文本被留给大学教育，那里鼓励的是一种超然的精
神——学习**关于**某事物而非该事物**本身**的知识，做出判断而非沉浸
其中。这一发展让倡议将儒教列为国粹和国教的康有为愤愤不平。
然而，到了1915年，以其帝制运动赢得保守主义者好感的袁世凯，
在小学中又恢复了旧的课程。1923年，"修身"又再次被取消，取而
代之的是现代毫无特色的"公民与卫生"，而随着带有儒教气味的
文言文让位于小学和中学里的语体文，"读经"也消失了。[33] 但是当

---

　　① 据金绍先《戴季陶与南京国民政府的高等文官考试》："戴季陶说，中山先生是
继承文武周公孔子的圣人，自己则'谦'称为贤人，故又名传贤。当时，有过一幅讽
刺漫画：世界革命公园内竖有马克思、恩格斯、列宁、孙中山的立像，戴硬把中山立
像从世界公园背往孔庙里去了，真是维妙维肖。"见江苏省政协文史资料委员会编《江
苏文史资料集萃（综合卷）》，《江苏文史资料》编辑部，1995年，第318页。

蒋介石转而尊崇旧的伦理道德，用他的"三民主义教育"来实现其建立反共产主义的中国的目标时，孔子又再次出现在学校的课堂上。1942年1月，陈立夫指示将农业定为民族生活的基础，《春秋》和《礼记》定为伦理教育的核心。[34]（二十年后在台湾，孔子仍然被用来反对"外来的革命"。[35]）

不难想象，共产主义者会怎样理解孔子的这种境遇。只要有日本人对孔子的扶持造成的祸害，就足以让孔子的真相大白于天下了。共产主义者控告说，反动的"卖国贼""复古、尊孔"。而掠夺成性的买主——日本的法西斯——则将他们自己的"孔子王道"强行灌输到被占领的中国各地。[36] 1933年长城上贴出了一张刺目的宣传画，上面写着："尧舜再现大满洲！"[37]圣王所行之处，圣人必定追随。

这清楚地说明了两件事情。首先，孔子必定为共产主义者所憎恶，只要他看上去是在为当代中国某个阶级或日本人的事业服务：对共产主义者来说，两者绝不是一直都能区分开来的。但其次，共产主义者在为**民族**事业奋斗之前，就能将孔子民族化，把他从当前的社会关系中解放出来，从现在起就让他脱离历史——所用的手段是（在另一种意义上）将他重新放回到历史中，把他当作具有**历史**重要性的人物搁到过去里！

因为恰恰是他们国内外的敌人**利用**孔子这个事实表明捍卫孔子并非他们的真正目的；如果这些敌人完全跟共产主义者一样，真正关心的是当前的利益，那么他们所利用的孔子就正像共产主义者所希望的那样，是一个过时的人物。一个不再是攻击目标的过时的人物，可以估量其作为纪念碑的价值。

时间的消逝可以掩埋争论的战场，使它完全成为"历史"。1924年，伟大的孟加拉诗人泰戈尔由于他对"亚洲精神"的呼吁，在中国被当作反唯物主义者而遭到公开的抨击。而在1957年，人民文学出版社却可以承诺给他出版九卷本的文集，列入计划中的"世界经典"丛书中。[38] 显然，他的唯心主义现在不是有活性的毒素，而只是一种历史标本，被体面地束之高阁了。可以想见，若中印关系恶化，就会重新考虑这个出版计划了。但是这意味着他现在与印度这个敌国的联系，使得人们对他的地位产生了偏见。他在20年代的中国与所谓的反对进步的"帝国主义"和"封建主义"敌人的**历史**联系，到了50年代已经不再让人反感了；到后来泰戈尔似乎变得无害了，成了可以接受的堪称伟大的亚洲人，一个没有太多过错却仍遭到帝国主义者严重侵犯的民族的象征。作为胜利者的共产主义者以培育文化为己任，乐于充当他的赞助人。他们以同样的精神和更大的热情，也能够赞助孔子。

### （b）从活物到博物馆

宣传"人民传统"反对"士大夫"（儒家）传统[39]与恢复孔子的地位并不矛盾。巴黎公社时期，伟大的历史学家布克哈特（Jakob Burckhardt）曾轻易地相信卢浮宫及其所有藏品被付之一炬的谣言，那是他料想之中的事；[40] 对布克哈特来说，在权威遭到破坏的时代的开端，艺术和文化的宝库似乎注定会毁灭。来自底层的革命者除了毁掉这些旧的高级文化的产物——他们自身屈辱命运的象征——还会做些什么呢？

但是布克哈特或许还记得，最初法国的革命者是把贝叶挂毯（Bayeux Tapestry）① 当作国宝来保护的，尽管它作为贵族荣华富贵的遗迹，就像与它相关的事物一样，曾经面临被毁掉的危险。[41] 布克哈特（以其卓越的洞察力和宽广的同情心）也许会将这一教训应用于对孔子命运的展望中："人民"在不放弃对"他者的文化"承载者

---

① 贝叶挂毯是完成于11世纪的一件刺绣品，描画了诺曼征服的战斗场景，因发现于贝叶大教堂而得名。

的敌意的情况下，可以想象把这种文化掌握在自己手里。就像列宁格勒的艾尔米塔什博物馆（"The Hermitage"）一样，遍布中国的宫殿、坛庙和各种遗迹——所有在**绝对**的意义上让共产主义者漠然置之的事物——都被挪用和"相对化"，以实物形式得到保存，如此而已。[42] 就像这些实物一样，孔子在道德上也没有必要被打倒；他可以被保存，加以防腐处理，毫无生气地躺在玻璃柜里，而不是在一场文化浩劫中被剥夺了生命。简而言之，他有可能得到恢复，但不是像某种真正复兴的儒教（或某种本身属于儒教的共产主义）可能恢复成的那样，而是像博物馆管理员恢复的那样，这个管理员对"时期"的钟爱表明他的藏品已经不属于任何活的文化。还有什么比这个（新的大众与旧的精英之间的对立）更蛮横然而又更具有催眠作用呢？革命者以一种**隐喻**的方式，把旧事物打发到过去而不是在现在把它们炸毁，犯下了布克哈特并未真正预料到的那种破坏的罪行。当共产主义者宣称他们代表了整个民族的时候，这位来自其上层且一度很有势力的部分的古代导师被波澜不惊地接管了，从此寿终正寝。没有人会在国家美术馆大声说话，不管他站在画框的哪一边。

76

　　于是，在新的体制下，孔子有可能和这个或那个阶级联系在一起，但这是就他**只是在他当时的时代**被归到某个阶级而言。不管是把他归到"奴隶"社会还是"封建"社会，都只是就周代晚期而言。这样，他就能够通过置身于民族的历史之中，或者（这是一回事）通过**暂时**被去阶级化——即脱离历史行动——而属于这个现代的民族。因而，"把他的名字确立为一种象征的封建制度已经一去不复返了，但孔子本人的名字却为中国人民所尊重和敬爱，将来也永远是这样"[43]。另外一位同样出于现在的景仰之情而将孔子从过去中抽离出来的作者，也认为孔子的实际影响发生在过去："我本人不是儒家，但坦率地说，我认为他教的东西属于历史，这一点是无法改变的。"[44] 一位传记作者谴责严复在一战后把孔子用作打击西方文明的棍子。对共产主义者来说，这是用"国体"（national essence）这个反历史的概念来诅咒现代化。他说孔子的学说代表了封建时代的意识形态，既救不了现代的中国，也救不了现代的世界。但是这位论者攻击的是严复这位已经去世的传主，而不是早就作古的孔子。他承认孔子的思想**在历史**上有其伟大的地位和作用。[45]

原封不动地接受孔子的影响是错误的；对现在来说，他只能是一个古人。因此，即便是普遍受到肯定的太平天国领袖洪秀全，也会因为他年轻时被儒家教育灌输的"传统封建迷信"而受到批评。[46]但跨过时间的鸿沟承认孔子的某种民族祖先的地位却是对的，因为这意味着文化的连续性或活力。因而，一位主张拼音化的文字改革家会保存孔子和以他为主导的文化，防止其湮灭，尽管承载这种文化的文字被认定是要废弃的。[47]历史学家陈伯达（1904—1989）坦承"今天的中国是历史的中国的一个发展"，他引用的是毛泽东1938年的论述："我们是马克思主义的历史主义者，我们不应当割断历史。从孔夫子到孙中山，我们应当给以总结，承继这一份珍贵的遗产。"[48]①

陈伯达接下来表示要"厚今薄古"，他明确指出，回过头来探索过去不是为了过去本身，而是为了现在。抛向过去的绳索是用来维持连续性而非捆住手脚的。那么，对陈伯达来说，将共产主义者对现代的热情与早期反传统主义者的热情区分开来的是什么呢？这些反传统主义者具有资产阶级的世界观，喊出了类似于"冲决网罗"和"打倒孔家店"的口号。这些人表现出资产阶级改良主义的意识，他们缺少的是对待古代思想和文化的科学的客观态度。他们中的一些人试图在表面上调和古今；或者自身走向极端，将新与旧绝对地

---

① 毛泽东原文见《中国共产党在民族战争中的地位》，收入《毛泽东选集》第2卷。

割裂开来。需要一种新的学问，共产主义者可以提供它：它既不是经学，不是宋代的新儒学，不是清代的考证学，也不是清末维新派的学问。它必须是集以前各种类型的学术之大成，并且超越一切前人之成就的学问。[49]

**集大成**——既非不屑一顾，也非起死回生。因为前者会给人留下中国脱离本民族传统沦为"文化帝国主义"之牺牲品的印象，而后者则会让她无法实现现代化，成为封建主义的遗迹。宏伟目标是**既要是**现代的，**又要是**中国的，一百年来改革者和革命者奋力追求的就是这两者的结合，他们对似乎陷入停滞的中国和充满活力的西方都恼怒不已。在表面上的陈词滥调（"新的笔法形式不意味着我们可以不顾传统。新技法必须从旧技法中生长出来，因为只有这样它才能够保持中国的风格"）[50]背后，是对认同的艰辛寻求。因而，无论共产主义者如何敌视反动派对孔子的利用，他们都同样痛恨他们眼中的自由派、资产阶级和亲西方者对孔子的滥用。顾颉刚（1893–1980）在给他1935年出版的一部有关汉代学术的著作的新版（1954年）所作序言中，责备自己过去一笔抹杀了汉代的儒家思想——这个错误源于他未能掌握历史唯物主义。[51]另一位作者没有自揭伤疤，而是把这个过错推到其他人身上，指控中国的资产阶级盲目崇拜西方文化，看不起中国文化，尽管毛泽东已经作出了"今天的中国是历史的中国的一个发展"的论断。[52]

于是，孔子被从（封建社会的）偶像化和（资产阶级的）破坏这两种出于其阶级立场的偏颇行为中拯救了出来，有可能被树立为民族的纪念碑，不受崇奉，但也不会坍塌。实际上，从辩证法的角度来看，现代亲西方的资产阶级对孔子的鄙视，跟前现代的封建阶级对孔子的崇敬相互抵销了。共产主义者把历史推向一种无阶级的综合的集大成的状态，让孔子光荣地隐退到博物馆的寂静之中。共产主义中国兴建博物馆的行为恰恰以一种具体的方式清楚地说明了这一点。

78

　　因为西安的孔庙得到了修复，里面建了一所历史博物馆。曲阜的孔庙、孔墓（以及周边建筑）被重新粉刷油饰，得到保护。[53] 1962 年 4 月，在传统的祭扫墓地的清明节来临之际，大批游客涌向这里，在一种官方营造的集市的氛围中，沿着从孔林到孔庙的路线列队行进。[54]（曾经有人提议，将孔林定为作为宗教的儒教的麦加和耶路撒冷。[55]）这种崇敬的行为（与某种"封建"认同相一致，但不会与之混淆）[56] 传达出共产主义者在防止物质遗迹遭到破坏时的综合意识。旧社会的产物也许会（在过去就是）被看作反传统主义的合适的打击对象，是共产主义者应该攻击的社会类型的令人恼怒的象征，然而，它们在被共产主义者取而代之的那个社会里却无人照管，遭到劫掠，并未受到悉心的呵护。[57] 这种疏忽加上外国的掠夺，作为旧社会的文化罪行而备受关注，掩盖了最初造成这些遗迹的那个更早的社会的不公。如果说有什么不同的话，那就是前共产主义社会的疏忽让这些遗迹成为历史，这给它们打上了**非同时代性**的印记。当代社会的马克思主义的历史主义则把它所"恢复"的孔子相对化到一个遥远的社会发展阶段，并且通过那种将艺术从任何活的事物中分离开来的博物馆的手段来为了当下而保存他，此时这种历史主义不过是在确认前一个社会的行为（或疏于照管的不作为）。在 30 年代的国民党时代，最后完全为共产党所接纳的小说家老舍在一部讽刺幻想小说中，以辛辣的笔调描绘了两种被看作结合在一起的事物：执着于一个垂死的文化的保守主义精神，以及在物质上保存这种文化的努力的失败。因为"猫城"中的博物馆空空如也，它所有的藏品都卖给了外国人。[58]

　　因而，当代对孔子的任何攻击尽管对共产主义中国的某些作家而言仍是某种仪式化的操演，在意识形态上却是多余的。当然，有时候在面对当前那些令人跃跃欲试的任务时，对纯历史的不耐烦情绪仍会流露出来。一位记者在表扬曲阜的一家合作社的时候，宣称在经历了差不多两千年的贫困之后，三年内孔子家乡的人民终于提高了他们的经济和文化生活水平；这显示了社会主义相对于儒家经典的优越性。涌到孔庙和孔林参观的人们不妨顺道去看看这家合作社。[59]

但这种批评是温和的。人们完全可以对孔子的历史地位持揶揄和有保留的态度，这只是因为它一直被当作一个历史问题。共产主义者知道他们要对付的是活着的人，那些跟他们自己一样属于现代和后儒教时代的非共产主义者，不是那些从过去的戏台上搬来的假人（他们倒是会拿来它们的衣服，作为他们的"民族遗产"来展示）。现在重要的是谁拥有科学声望的问题。正如我们已经指出的，科学确立了与儒教完全不同的价值，在这一点上儒教几乎不可能构成挑战。但是并不能轻易地剥夺非共产主义形态的反传统主义拥有科学声望的权利。攻击一位生物学家以达尔文而非米丘林[60]为自己的理论基础，与其说是出于中国中心主义的狭隘心理而发出的批评，不如说是典型的对"右派"的谴责。儒家的文士可能在那方面也很狭隘，但对他们的记忆已经如此模糊，他们中间没有人在去世后享有那些就因为是在西方接受训练的科学家而被看作新人的人的声誉。这些新人现在也成了旧人（那些儒者则成了死人），如今"后资产阶级"的科学家才是新人。

80

在渴求技术的中国，科学家不那么受意识形态理论家的困扰了，但在这片土地上一直都能听到对"又红又专"越红越好的要求，[61]以后肯定还会听到。已经有人提出了这样的问题，即在这种要求和儒家对完全接受儒家学说的通人而非专家的偏爱之间是否有可能存在某种类似性。[62]如果存在这种类似性的话，那么就完全可以认为，儒家精神在某种意义上是不朽的。然而，"又红又专"的公式或许更能证明相反的观点：科学专长和专业知识是不可或缺的，绝不逊于一般的知识。正是因为前者是不可或缺的，掌握它才如此重要；绝不能认为它独立于或并非来自马克思主义的观点。共产主义者必须拥有科学，否则**他们**就会显得不是不可或缺的了。

　　一个必须拥有和掌握科学的中国人的世界，也正是孔子只可能被掌握的世界。他不可能获得自由并占据支配地位。在科学无处不在（甚至渗透到描述社会体制的词藻中）的地方，孔子被安放到玻璃柜中锁了起来。现在照看孔子的是博物馆的管理员（curators）而非创造者（creators）。与儒者的孔子不同，共产主义者的孔子必须被安葬后才能受到尊崇。孔子现在不再是对传统主义者的刺激——因为这些人已经被镇压下去了——他可以安心进入历史了。

81

　　但不是进入"历史的垃圾堆"。他们存放孔子的博物馆可以是价值和灵感的贮存地。"博物馆化"（museumified）不是"木乃伊化"（mummified）。然而，被"博物馆化"的孔子不会说话；当他不再参与决断的时候，他也就不怎么会卷入到阶级斗争的喧嚣之中。当人们把波提切利<sup>①</sup>的画作挂在墙上，使其远离他所受赞助的社会语境的时候，人们既不是要把他隔离起来，也不是要引用他的话来替当代的陪审团做出最后的裁决。总的来说，批评家称他是大师。他们也称他代表了15世纪（quattrocento）。对许多革命者来说，孔子在今天也仍然是智者，而且他的赞助人越是没有活力，他就可能显得越发有智慧。但孔子也是周朝人。

　　20世纪第一波革命差不多已经毁掉了孔子，似乎也连带毁掉了一种珍贵的连续性，一种历史同一性。许多学派试图将这些事物重新组合在一起。共产主义者自身也参与到对失落的时间的追寻中去，并且在思想上提出了他们自己的对策：通过把孔子推回到历史之中，把失落的时间找回来，把孔子找回来。从孔子之道到被重新掌握的

82　　过去，这是一段漫长的旅程。

---

　　①波提切利（Sandro Botticelli, 1446–1510），文艺复兴时期意大利画家。

# 第三部分　历史意义/重要性

> "时间，"他说，"是最好的审查官：
> 甚至军队和枪炮的秘密调动，
> 也成为历史，不再让人担心。"
>
> ——罗伯特·格雷夫斯（Robert Graves），《审查官》（The Censor）　

# 第五章　理论与历史

## 1.理论

在普鲁斯特的《序曲》和《贡布雷》①中，主题的片断碎裂，混合、摇荡着形成新的主题；直到最后，一支长长的一气呵成的曲调，从孕育它又宣告其到来的饱满的音色中摆荡出来，汇入《去斯万家那边》和伟大的追寻主题之中。可惜的是，那种音乐或任何跟它相似的事物，与这里对近代中国史的叙述无缘。然而，这里也有一个主题，在之前的叙述中它被多次引用，让人满怀期待——等待着（像读者一样）揭晓。

无论是在中文还是在英文中，语调都很重要。我们可以把人类

---

①普鲁斯特的小说《追寻逝去的时光》第一部《去斯万家那边》中的章节，通行的中译本中，第一部分为三个部分——"贡布雷"、"斯万的爱情"和"地方与地名：地名"，"贡布雷"又分为两章。而在部分英译本中，"贡布雷"的两章中，第一章又被称为"序曲"，第二章被称为"贡布雷"。

历史上的某个事物描述为具有（真正的）历史重要性，或者是（只）具有历史意义。区别在于，前者是对时间中积累的成果的某种经验性判断，后者是对此时此刻之贫瘠的某种规范性判断。

　　"历史意义/重要性"（historical significance）这个短语的含混性是优点而非缺陷。抵抗那种追求精确的分类学热情，抵抗那种喜欢抠字眼的人用一个短语严格对应一个概念的做法，这对历史学家来说既是一种思想上的要求，也是一种道德上的要求。因为作为一个完整的人，他确实要满足思想和道德上的要求——他必须知道他站在流沙之上，但他必须采取一个立场——而"历史意义/重要性"中内在的张力，那种中立性的分析和带有倾向性的评价之间的紧张感，必须得到承认并被保持下来，如果人们创造的历史和人们书写的历史想要接近一致的话。

### （a）含混在思想上的意义

　　历史理解不应将视野局限在字面意思上。例如，中文文本中的"德"字表示什么呢？在儒家和道家思想在中国占据显要地位的上千年的历史中，"德"意味着围绕"美德"或（美德之）"权力"等概念而形成的一组意义。但是当痛恨"德"深深地植根于其中的旧思想文化的陈独秀召唤"科学先生"和"民主先生"来根除这一文化的时候，他的"民主先生"被称为"德先生"，"德"这个古老的字眼被抽空其儒家的实质，驯化为纯粹的（而且是一门外国语言中的）声音符号，服务于反儒教的目的。[1] 然而，它过去引起的种种联想仍然存在，这一点非常重要，因为它们使得这个字不再具有活力，这恰好符合它所引起的种种新的联想。美德和权力转移到了一种反传统主义的伦理手里。与此同时，旧的"德"连同旧的文化被宣布只具有**历史**意义——也就是说，对现代人来说已是陈迹——而又具有真正的历史**重要性**，具有如此特征的"德"被选取出来，恰好确认了它是从字面意义向隐喻转移的过程的出发点。

历史过程就体现在这种从字面意义到隐喻的转变之中。就像某些评论家评论的那样，当1949年毛泽东取代蒋介石成为中国大陆的领导者的时候，蒋介石就"失去了天命"。"天命"的说法过去是有它的本义的，即儒家关于王朝更替的一种有效力的假说。然而时间的流逝让它成了古旧的用语，成了一种带有特定历史气息的隐喻，这种气息会让人们想起时间的流逝来。人们在思考中国历史的时候，几乎不可能意识不到儒家政治理论曾经在历史上是多么地重要；而几乎没有比充分体会"历史意义/重要性"之意义——不仅是"真正的""历史重要性"，而且也是"只具有""历史意义"——更能让人们确定无疑地抓住这种政治理论已被取代的事实的了。正是历史意识让人们的耳朵适应了"天命"那不断变化的回音：从现钱的叮叮当当声，到丧钟的鸣响。

因而，言辞在时间中不会静止不动。道德主义的历史理论（像儒家的褒贬学说）或唯心主义的反历史理论（如柏拉图的理论）聚焦于无时间性的模式或存在物，因此沉浸于绝对的原则。但是对过程、生成的关切用运动的语言——相对主义的语言——取代了固定的语言。绝对主义是站在现在立场上的狭隘主义，它将属于某人自己的时代与无时间性混淆了起来，将合理的范畴与理性的范畴混淆了起来。当一个人用他自己的标准来评判其他时代，不承认他本人并非历史发展的顶点而只是最近的来者，只拥有他的研究对象所拥有的那些事物——观念、美学和道德——的时候，他就会产生这种混淆。这些观念、美学或道德在他自己的时代或许是合理的、令人愉快和值得称赞的，但作为跨越历史的绝对原则不一定就是理性的、美好的或必然的。没有人掌握规范之上的规范。

例如，是什么让一部传记具有历史意义呢？它必须是站在相对主义的立场上写出来的，理性主义者常常以一种挑剔的眼光将这种立场归因于知识的历史模式。反历史的理性主义者制造出本身就具有理性的真理和一致性的标准。但是严格意义上的历史学家是以不偏不倚的语气提问的，他们不是问某事物是不是真的或好的，而是问它是为何、在哪里、出于什么目的而发生或被表达出来的。因此，一位具有历史感的传记作家就不会仅仅从理性的（非时间和抽象的）角度来评价传主思想可能表现出的不稳定性。他会进而分析，为什么即便如此，这种思想并不荒谬（这种指责与更大的历史问题无关），反而却是合理的——尽管或者正因为它在理性上并不完美。后面这个问题才是跟历史密切相关的问题：合理性是与传主的时代而非传记作家提出的问题（传主的思想就是对这些问题的回答）联系在一起的。在历史中，相对主义是一切。

### （b）含混在道德上的意义

但是历史并不是一切。对每一代人来说，现在都是珍贵的。确实，历史学家是通过痛切地接受他们共同具有的相对性来面对他们的研究对象的，但是他们都还有另外一个共同点，即那种坚持他们自己的信念的特权。人们经常会提到历史相对主义所意味的那种道德困境：如果解释看上去就像是开脱，面前就会出现一个深渊。或者就像尼采在美学层面上谈论价值的时候，以讽刺的笔调对其解体所做的描述那样："人们大概会觉得，这个声音与那个不同，这个作用与那个两样；可是这奇异生疏之感越来越失掉，对任何事物都毫无过分的惊奇，最后一切都满意——人们随后也许就把这个算作历史感，历史的教育。"[2]①

或者，我们可以加上一句（不是反驳），对某种事物——至少是

---

① 此处中译文引自尼采《历史对于人生的利弊》（姚可崑译，北京：商务印书馆，2000年，第47页），略有改动。

对其本身——感到**不**满意，有时候可能正是历史感的结果。自己完全沉溺于——比如说——14世纪音乐的经验而意识不到它的另外的历史可能性、它的历史**位置**，这似乎是不可能的。这不只是因为尼采意义上的历史扰动了价值的哲学基础。历史意识在心理学层面上也扰动了对价值的认知。

　　然而，我们不必把历史和价值如此直接地对立起来。放弃标准，远不是为了获得历史洞见而需要付出的代价，反而会阻碍我们获得这种洞见。也就是说，有不只一种方法来摆脱相对主义。

　　其中的一种就是我们前面提到的反历史的方法，当过去不符合人们自己的标准时，就将其评价为傻瓜和骗子制造的产物。（例如，20世纪初许多没有历史思维的评论家批评为中国官僚体制服务的传统科举考试的时候，采用的就是这种方法。这些评论家秉持现代世界的专业标准，从他们自己的立场出发，把实际上代表了一种非专业化文化之业余理想的胜利的事物，解释为不正常的现象：参见第一卷。）但是还有另外一种完全历史化的方法，实际上它对历史解释来说是不可或缺的，即认真地对待自己所处的时代，同时保留宣示自己的立场而不只是在时间中游荡的道德要求。因为历史学家自身所处的时代就是他置身于其研究对象的世界之外的阿基米德基点。通过尽他所能地做出判断（而**不是**出于思想上的相对主义的考虑，否认他自己有遽下判断的权利），他自觉地提出了具有历史重要性的问题。为什么堪与他自己那代人相比较的一代人，应该用与他自己的词汇并不类似的词汇来评价？为什么（既然他出于道德上的绝对主义的考虑，也不应该否认他的研究对象有权利实践他们所属的文化的价值，而不是追求却又达不到他所属的文化的价值）更早时期的人们像他一样值得被认真对待，却又与他的标准相距甚远？他必须清楚地表达出他自己的标准，为的是发现他的研究对象的原理，通过提出那些如果他缺少自己的信念就永远也不可能认识到的问题，

88

去发现是什么让更早的一代人背离后来历史学家的理性标准成为一件合理的事情。只有那些公正地对待现在的人，才能真正地领会公正地对待过去的相对主义。认识到自身标准的历史相对性，跟放弃标准并不是一回事，也不一定就会导致后者。目的是保持真诚（以求得真理），即便真理不可能获知。[3]

　　因而，相对主义对历史理解至关重要，但这是一种依赖而非消除当代对规范的接受的相对主义。如果说为了保持正当的相对主义立场而采取绝对主义的立场是正当的这种说法，看上去完全是有意制造悖论和违反理性的话，那或许是因为理性主义对历史知识来说是不够的。就像我们在一开始指出的那样，表述这种知识的基本语汇，历史学家的陈述的对象所具有的那种特征——历史意义/重要性——内在地就含有某种悖论或含混性。因为一方面，许多事物在不区分价值的情况下都被赋予了历史意义，我们可以说《儒林外史》和《红楼梦》这两部18世纪的中国小说具有同样的历史意义。它们都为现代读者提供了有关18世纪中国及之前的历史进程的诸多知识。但另一方面，我们敢说《红楼梦》——这时所有的价值中立都消失了——是一部艺术杰作。对历史的了解，对它所描写的社会的风俗的了解，可以让现代人和外国人更容易接近它，但这些不过是注释者的帮手：它直接对我们说话。不考虑历史学家的职责的话，《红楼梦》的历史地位只是细枝末节，与欣赏的感受无关。尽管它产生于遥远的时代和国度，我们却并不是**因为**这个事实才读它的。现在我们说《儒林外史》有历史意义，并不是要将它与《红楼梦》等量齐观——两部小说都对历史学家的解释有所助益——而是要将它与《红楼梦》，与后者不止于历史意义的美学意义区分开来。《儒林外史》"只"具有历史意义。这是一个相对主义的说法，但传达的是价值评判的声音。

　　于是历史学家通过以其含混的方式来放弃判断，就获得了一个点铁成金的机会。他对历史意义加以公平的分配，对不同的量级给以同等的**历史**尊重。由此，他就有可能将糟粕（依据其当代的评价标准——这些标准他并**没有**放弃）转化为历史杰作的金子。历史学家的任务，他那黄金般珍贵的机会，就是把看上去没有价值的事物变成无价之宝。也许他的理解在形诸著作的时候，会让那些被未经历史判断中和的价值判断所忽略的作品和时代，成为值得纪念之物。于是，这样的历史学家绝不是虚无主义意义上的相对主义者，他试图在此时此地，从并无**历史**重要性可言的东西中创造出某种事物。他的创造力使之具有了历史**重要性**，而他自己的这种创造性的行为，通过让自身接受判断而证明了判断是有意义的，不可与徒劳之举混为一谈。

　　因为创造与价值是一体的。判断一部作品具有很高的价值，就是表彰它的创造者，并且坚持将创造者自身当时的标准看作衡量的尺度；否定一部作品，认为它在当代没有意义或只有微不足道的意义，就等于说是"历史"创造和决定了它，从而让任何评价都显得多余。某种事物沦落为只有历史意义，不被承认拥有超越它的那种帮助解释其时代的功能的品质，它就只能被其时代所解释了，因为人们在它身上看不到那理应得到表彰的超历史的技艺。正是在这里，历史意义和相对主义联系在了一起；随着个人因素的流逝，"历史"就成了创造者，隐含的决定论阻止了价值的渗入。

　　当马克思主义者说出他们对伦理价值的态度时，很明显这跟他们根本上的历史主义决定论的立场有点儿不协调。按照劳动价值理论，资本主义因为剥夺了工人的社会产品而受到谴责：这是一个从规范的立场上做出的判断。已经有人指出，在心理学的意义上，这是对社会主义所提出的要求的一种伦理上的支撑，以防止利润率下降的历史主义法则瓦解。[4] 但是这种支撑并不是逻辑上的支持，而人类对不公正的感知也并非决定论**理论上的**盟友。在历史主义的决定论的理论中，价值仍然是被排除在外的。

当马克思和恩格斯表现得最为历史主义，强调历史发展阶段有其无法改变的次序的时候，他们在对过去的判断上就最接近纯粹的相对主义。当"进步"是最高的赞语的时候，"反动"（逆历史潮流而动）就成了唯一的在任何情况下都可使用的贬义词。也就是说，他们作为"进步主义者"而非像伏尔泰那样的道德主义的社会向善论者，绝不可能安于对"中世纪的教士伎俩"的道德上的厌恶；他们会**解释**而非控诉作为生产模式的一种功能的宗教机构，这种生产模式是历史发展某一阶段的特色。而且，"没有古代的奴隶制，就没有现代的社会主义"[5]①。由此，什么地方他们看上去道德激情最高涨，要么在这些地方他们作为热情澎湃的**当代人**，为早期资本主义的征服所耗费的人类代价而震惊，要么在这些地方他们看不到历史的发展，因而其历史主义观点显得有些尴尬："古代的公社，在它继续存在的地方，在数千年中曾经是从印度到俄国的最野蛮的国家形式即东方专制制度的基础。"[6]② 由于这种"国家形式"处于过程之外（否则它怎么会"继续存在"），于是彻头彻尾的谴责就挣脱了决定论的思想框架。（或许，在正统马克思主义的传统中，"东方专制主义"受到犹豫不决的粗略的对待，部分原因就在于此。）

91　　　或许，这种决定论与价值之间的紧张，也正是赋予阿克顿的那句被滥用的话以一点意义的东西："权力导致腐败，绝对的权力绝对导致腐败"——它表达了这样一条真理，即（与相对主义相伴生的）历史主义是与非道德紧密联系在一起的。因为真正令人印象深刻的权力，乃是一个复杂到足以承受历史研究之重的社会的馈赠，而权力的拥有者——当然包括绝对权力的拥有者——正是通过他那种相

---

① 此处中译文引自恩格斯《反杜林论》，《马克思恩格斯选集》第3卷，北京：人民出版社，1972年，第220页。

② 此处中译文引自恩格斯《反杜林论》，《马克思恩格斯选集》第3卷，第220页。

信自己能随意影响他自身所处环境的命运的信念（无论这种信念多么虚幻），有可能将他的决定与历史的必然进程等同起来。

然而——概而言之——将研究过程的历史学家吸引过来的那种相对主义，并不会指责他们损害了他们自己的价值。承认除了历史之外没有创造者（这就会招致这样的损害），和肯定创造性的价值，以至于相对主义的"历史意义"事实上获得规范性的意义，这两者之间存在着天壤之别。因为这意味着在那些若非历史学家的功劳就只具有时间性、无关紧要和被埋没掉的事物与那些（相对地）永久存留的事物之间——依照某些标准——做出区分。这并不是那种在尼采的意义上让当代人变得无力的相对主义和历史意识。毋宁说，它能够将人们从被过去的死人所支配的无力感中解放出来。在近代中国史中，它一直发挥着这样的作用，我们已经从这段历史中提取出了一些细节来充实历史意义的理论。现在是让理论回到历史的时候了。

## 2.历史

### （a）含混在道德上的意义

戴震是18世纪一位"原–西方"（proto-Western）的中国思想家，他在他生活的时代只有很小的影响。然而，他却被20世纪20年代的中国思想家重新发现，并受到他们的颂扬。[7] 在哪个层面的意义上他具有历史意义/重要性？

这种在我们所说的第一层意义上的对戴震历史重要性的日后肯定，只是在第二层意义上确认了他的历史意义。戴震的现代仰慕者在承认戴震的观念本身具有形式上的哲学重要性的时候，也凸显了他的观念在中国思想史上并没有实际的重要性这样一个事实。某个时代的中国思想家会忽视后面的时代看重的思想（这一点对思想史

92

家来说具有启发性，但对思想的分析者来说却是无关紧要的），在这种情况下，戴震观念的历史重要性事实上就在于它们在历史上**无足轻重**的地位。因为只有当对戴震而言产生任何客观影响都为时已晚，只有当中国的思想生活被另外的来自西方的权威所塑造的时候，戴震才会被赋予重要性。20世纪的中国人崇敬他，并不是真的因为他在思想上对他们很重要——说服他们做"现代"人的是西方思想——而只是因为在戴震所处的历史语境中，他一点都不重要。倘若他那时就很重要，对于未来具有历史的**重要性**，那么中国年轻的现代主义者就会从过去继承他们的价值，因而就不会感到有必要去发掘一位中国的先驱者，来缓解他们那种脱离中国传统文明的漂泊感。那些不言自明的继承者没有必要如此努力地去建构一位祖先。戴震只具有**历史的**重要性。那种漂泊意味着屈从于外来的而非他的思想影响，只有这种外来的思想影响，才会让辨认出像戴震这样的具有某种重要性的人物成为思想上有可能（因而情感上有必要）的事情。

　　然而，这些现代人是按照他们自己的标准来尊敬戴震，并赋予他一种与"纯粹的历史价值"完全相反的价值的。他们试图将一种历史性的中国表述抬高到超越历史意义的水平上，因为他们以及他们的许多同时代人总体上越来越不愿去关注历史性的中国表述。他们很不情愿地接受了这样的看法，即在他们自身所处的时代，他们必须对未经重建的中国文化做出严厉的评判。他们没有办法打消这样的怀疑——这种怀疑达到了令人不安的程度——即从中国历史上传到他们手里的那些价值只具有历史意义，在现代已经过时，对创造力是一种损害。

　　因而，鲁迅这位在这个反传统主义的世纪里最冷峻最有力量的中国作家，觉得中国所有新的事物都来自外国。他把中国遭遇到的困境归咎于中国自身，而不是外敌。他将儒家著名的古典美德"仁义道德"视为"吃人"的东西，看到旧式人物仍然令人憎恶地活着，甚至他们的党羽也挂起了"新招牌"[8]① (就像尼采笔下的"纪念的历史"的拥趸，他们隐秘的格言是："让这些死人埋葬生者"[9]②)。

> 张三李四是同时人。张三记了古典来做古文；李四又记了古典，去读张三做的古文。我想：古典是古人的时事，要晓得那时的事，所以免不了翻着古典；现在两位既然同时，何妨老实说出，一目了然，省却你也记古典，我也记古典的工夫呢？[10]③
>
> 有些外人，很希望中国永是一个大古董以供他们的赏鉴，这虽然可恶，却还不奇，因为他们究竟是外人。而中国竟也有自己还不够，并且要率领了少年，赤子，共成一个大古董以供他们的赏鉴者，则真不知是生着怎样的心肝。[11]④

这是一种对传统的嘲弄，因而也是一种苦涩的价值判断，它是以对过去在当下的绝对存在的不满的形式表达出来的，而这个过去应该只有相对的——或者说——**历史的**意义：让它成为研究的对象好了，但不要成为当下行动的基础。尽管可以将古物爱好者描述为某种对历史事实而非对历史感兴趣的人，但"古董"这个概念就隐含了历史感，一种对古董与当代生活之间的差别兴味盎然的感觉。感到自己或自己的文化是古董，就是把自我看作一种手段，看作某种给观察者提供精致的刺激的事物，某种被用过的因而过时的东西。

当旧文化被当作窒息生命的死物而受到控诉时，这种控诉是道德性的，意味着"具有历史意义"是价值领域中的婉辞，而非从相

---

① 中文原文见鲁迅《现今的新文学的概观》，收入《三闲集》。
② 此处中译文引自尼采《历史对于人生的利弊》，姚可崑译，第17页。
③ 中文原文见鲁迅《随感录·四十七》，收入《热风》。
④ 中文原文见鲁迅《忽然想到》(五、六)，收入《华盖集》。

94 对主义角度对过程的认知。它是对传统文化的绝望的攻击，这种文化被认为实在是存在得太久了，没有变成别的或现代的事物，这是一个悲剧。

　　然而，鲁迅如此决绝地批评的这种传统文化实际上处在变化的过程中；它已经变成传统主义的文化。那些把新事物当作外国事物来抵抗的人，是在以一种新的方式坚持旧事物，他们发展出一种从"国体"（national essence）出发的本质上属于浪漫主义（相对主义）的论述，而不是从普遍有效性出发的理性主义论述。正像我们在与康有为相关的事物中所看到的那样，这些论述不再是简单的为保守主义申辩的儒家论述，而是为儒教申辩的保守主义论述——这个变化是儒教行将就木的标志。也正是这种行将就木、虽生如死的状态，让儒教的攻击者如此斗志昂扬。

　　近代的儒者和对他们充满敌意的同时代人都同样是现代人，他们以共生的方式结合在一起，而正是"历史意义/重要性"这样一个含混而又单一的短语，既把他们联系在一起又将他们区分了开来。传统主义的儒者和反传统的批判者一起违背了儒教的传统假定，这些假定完全是反相对主义的。儒者一直在研究过去，但坚信过去永远具有当代性并和现世联系在一起，坚信中国古代经典的固定标准和次序具有绝对的适用性。然而如今现代儒者则将儒教相对化了，使之仅限于中国历史本身，而现代的反儒者也将儒教相对化，使之仅限于早期历史。那种将历史当作通过例证进行哲学教导之事的传统感情，被作为有机生命的传统主义的"历史"和作为一场人们应当努力从中醒来的噩梦的反传统主义的"历史"共同驱散了。

　　但出于同样的原因，同样现代的传统主义儒者和反儒者本身却存在着真正的冲突。激进分子试图打破旧观念和体制的束缚，他们思考的对象是"只不过"具有历史意义的事物，因而就贬低历史的

95 价值；然而，浪漫主义的保守主义者绝不会贬低历史的价值，对他

们来说，理性或实用主义"只不过"如此。从一种弥散的、普遍化的中国激进主义向马克思主义的演化，以马克思主义的历史主义（很难说它是对历史的价值的贬低）的思考方式来看，或许可以解释为"历史重要性"从规范性运用向相对主义运用的转变。人们从逃避历史转向了书写历史：这恰恰提供了遁逃薮。把那些旧的大写的价值变成仅限于一时一地而非拥有永久性和普适性的价值，就是让理解来帮忙安抚情绪。一位现代的反传统主义者可以把他无法接受的东西打发给历史，在他的理解中，这个历史是一路发展而非空降到现在的。马克思主义的历史编纂学及其分期法提供了一种解脱感。它的决定论让这些激进分子得以从拒绝的激情中超脱出来；它对历史过程之不可避免的认识，为他们提供了接班的保证。当旧的价值（以及被赋予价值的旧人——包括孔子及其他人）变成历史学家的研究对象的时候，它们就不再高高在上了。

当历史已被重新打造，且能够看到它被打造的时候，这种从规范性的"历史重要性"向相对主义的"历史意义"的转变就完成了。当被憎恨的传统主义对手似乎只具有历史意义——也就是说完全崩溃——的时候，旧秩序的那些活着的、实际上占据优势地位的拥护者也就不复存在了。掌握了权力的反传统主义者能够做为掌握权力而奋斗的反传统主义者做不到的事情：采取被他们击败的敌人的相对主义观点，从带着仇恨抨击旧事物转向冷静地解释它们。当鲁迅猛烈攻击传统的中医，但又承认明代的一部药学著作有其可资利用的贡献时，他所期待的就是这一点。他呼吁年轻人取代老年人——然后对老年人表示感谢，只要他们欣然赴死，填平了年轻人前进道路上的深渊。[12]① 从绝对到相对，从热情到超然，从道德立场转向

---

① 中文原文见鲁迅《经验》，收入《南腔北调集》；《随感录·四十九》，收入《热风》。

知识立场，这就是激进分子的转变，它改变了"历史意义"的基调。恰恰通过这种毁坏儒教历史前提的行动——它对于中国历史的连续性具有如此决定性的意义——他们正好对这一连续性进行了持续不断地修补。

96

### （b）含混在思想上的意义

具有现代历史观的保守主义者，把他们的"国体"（national essence）咒语（隐藏了其反传统的面向）当作他们用来对付公开的反传统潮流的最后的自我毁灭性法术，他们陷入到绝望的相对主义之中。而他们的对手——如鲁迅——从一开始就把责任推给了传统，正是传统的了无生气滋生出绝望的情绪，他们说，作为现代人，他们拒绝承认历史的权利。然而，这些反传统主义者知道，他们不只是现代人，还是现代中国人，他们是在厌恶之情高涨——而绝非思想上超脱——的时候明白这一点的，这表明他们与他们渴望摆脱的那些羁绊、与历史紧紧地绑在一起。他们有他们自己的绝望，不只是为他们的胜利遭到挫折或出现问题而苦恼，还要为想尽一切办法取得这种胜利而苦恼。

在这种情况下，他们在"历史意义／重要性"层面对传统价值的评估就从规范性的一极趋向于相对主义的一极，这是一种对绝望予以补偿的相对主义。实际上，他们对手的崩溃把这些新人们从攻击的冲动中解放了出来，或者说容许乃至要求他们将攻击的矛头转向活着的敌人，他们现在能够看出来这些敌人跟他们自己一样现代。[13]当某位历史上有名的儒教代言人表明他知道如何赴死（或至少知道如何在死后安息长眠）的时候，他就可以被不偏不倚地归入他自己的时代（就像井田的观念被归入孔子生活的时代一样），为了现代中国而在历史上被安顿下来，即便这个中国在精神上距离旧中国已经非常遥远了。

　　这是一个通过将情感问题（毫不留情地表达价值立场的痛苦亟待缓解的问题）知识化来解决它的方案；这是一个通过将绝对判断相对化来消除其威力的方案。中国早先的各项成就都各就各位，作为共产主义祖国值得尊敬的过去而受到欢迎，不必再充当当前革命的对象。当革命从整体上打碎了传统的时候，碎片就可以被回收来为当下的思考提供材料，就可以从过去中挑选出一些事物来，这个过去作为**历史**（在被取代的意义上）被如此真实地摆放出来，它几乎对解剖和分析毫无抵抗之力。相对主义的历史——它接纳有历史**意义**的事物，而不是驱除在**历史上**有重要性的事物——是对价值进行消毒的甜药，或者是处理将它们切除出去时留下的伤口所用的烧灼物。这些价值已经成为历史，不再让人担心。时间是审查官。

　　所以共产党政权修复了荒废已久的旧满清王朝在北京的皇宫紫禁城，以及明代皇帝们的陵墓，特别注意历史风貌和格局的保存。"一个以人民的名义治理国家并打着反帝国主义旗号的共产党政府，自己花了一大笔钱，对永乐皇帝这个一意专制的独裁者、北京城的建立者的陵墓，进行了最彻底和完美的修缮，这实在是一件非常奇怪的事情。"[14]所有这一切很奇怪吗？宣称要在国家树立现代价值和态度的革命者却以"中国古代的科学"自豪，是一件奇怪的事情吗？[15]

　　那在后的将要在前。①"古代科学"会受到现代共产主义者的保护并不奇怪。我们已经看到"民众"主题对共产主义历史学家的重要性，而中国的科学——仅就其为儒教"封建主义者"所压制的程度而言——具有人民性。它最初主要是跟在民众中流行的道教紧密联系在一起的，而激进分子之前是把这种道教当作旧社会的赘疣来抹杀的。但共产主义者战胜"封建"（或"半封建半殖民地"）社会使得他们有可能也有必要来缓和这样的调子。一旦旧社会上下各级

---

　　①语出《新约·马太福音》20:16，此处用和合本译文。

统治者的控制权被打倒，努力去打倒这种控制权的激情就会冷却下来，旧的观念就会被相对化而归入历史。感染了现代道教的那种溃败恰恰使得道教变成了对**历史**复兴而言可以接受的事物，如今它身上腐败的部分已经被切除，对现在不会产生影响。道教的评论者在道教里面逐渐发现的与其说是令人沮丧的清静无为，不如说是令人兴奋的反抗行动；不只是迷信的法术，还有科学的种子，有些还结出了果实。对道教的宗教热情如此嗤之以鼻的儒教，同时也是科学的绊脚石，这是完全顺理成章的。而共产主义将儒教的鄙视转化为自身的包容，也是顺理成章的。

　　然而，包容是某种高高在上的施舍。道教绝无可能重新获得它宣称享有的崇高地位。因为科学——这个恢复道教声誉的救命符——是在反传统主义的语境中成为共产主义者的理念的，这种反传统主义既反儒教也反道教。共产主义者首先必须得觉得他们已经成功地镇压了道教，它现在已是过去之物了，然后它才能够在民族成就的展览馆中占据一席之地，而且是以其**早期**的科学形态占据**早期**的一席之地，马克思主义者则负责收尾。当道教（以及中国过去的其他产物）可以被归档存入一座得到精心照管的博物馆的时候，共产主义者就可以拥有活着的现在了。只有当人们从历史中——即从道教宣称其能影响未来的主张中——祛除了道教的法力的时候，它才能被放回到历史中；这样它就真正地回去了，回到了中国人民的过去中一个无害的光荣的位置上。考虑到这些因素，对"古代科学"的歌颂与共产主义者对未来的追求是完全一致的。

　　简而言之，马克思主义的相对主义充其量让道教成为某个历史阶段中的进步力量。而在当下它则是过时的东西，对道教现在提出的任何以绝对价值为依据让自己被接受的要求，现政权都压制下去了。共产党的政策完全符合它的解释：给当代的道教徒发铲子，让他们来挖历史上他们自己的坟墓。道教协会于是应运而生。它是用来做什么的呢？1961年它决定编纂道教的历史。[16]它负责管理道教遗迹，于是不再有活动因而也不再是骗子的巢穴的道观，就不再是"封建的"了，这里的"封建"是道德表述中的那种用法；这些道观只是在"科学的历史"的术语系统中是封建的。一座道观不是丢脸的地方，而是一处古迹。共产党不是劝说群众去捣毁声名狼藉的场所，而是鼓动他们去保护遗迹。那对道教来说也是很沉重的打击了。

而1912年那些宣称要——在隐喻的意义上——"复明"，即恢复满人建立的征服王朝清朝之前本土汉人的统治的共和主义者，会听任明朝的皇陵破败下去，这件事也并不奇怪。除了社会风气浇薄的因素之外，这些早期的共和主义者是真正"投身于"反对君主制的事业之中，就像反对一个看得见的当代的敌人一样；这个君主制的遗迹是某种在当下仍具有刺激性的事物的象征。但共产主义者可以在另一种隐喻的意义上"复明"，就像博物馆的保管者修复文物一样。早期激进分子对他们似乎成了博物馆的栖居者这件事感到沮丧，而共产主义者摆脱了这种沮丧的情绪。他们的修复行动就是解脱的表现，表明他们认识到了君主制的死灭，它的死灭是如此彻底，以至于它的那些遗迹可以被相对化到历史意义的层面上。

当然，或许有人会提出，毛泽东对永乐皇帝宽宏大量，是因为一位开明的领导者会对另一位惺惺相惜。中国的新政权只是另一个王朝吗？昨天会永远重现吗？共产主义者——如果考虑到他们对过程的关注，以及他们明显取代了儒者的事实——会落入儒教永恒的历史模式之中吗？

语调很重要：答案显然是不。无论中国共产党人赢得的是什么，那都不是"天命"。

## 3.结论

儒教最终退入历史，那是因为此时历史已经超越了儒教。固有的经学作为从经典的历史记录中预测一般情况下人们在任何时候如何创造历史的活动，已经失效了。外来的经学趁虚而入，它预测的是一个特定的民族在某个主导进程中的某个特定阶段是如何创造历史的。这是"新"史家顾颉刚的学问，他说他要做的事情是"把古书的本身问题弄明白"，以回应五四时期反儒教的"整理国故"的要求。[17] 儒教成为知识探索的对象（而非其条件），要不然就是情感系恋的对象，一座引发（而不是灌输）对过去的崇敬之情的历史纪念碑。正是在与现代西方工业世界的碰撞中，中国人要么完全抖落了以儒教为必要条件的传统主义，要么实际上确认了自己作为传统主义者——但却是一种非传统的类型——的身份。

### （a）争论与活力

当孔子在他去世几百年后最终成为中国智慧的至圣先师的时候，他证明了周代晚期社会的思想活力，那是培育了他的天才的土壤。他是不是也证明了汉代及以后的社会缺少活力呢？那时他所享有的崇高地位——即对他的天才的承认本身——想必是阻碍了任何强有力的思想挑战吧。首先我们必须指出，这种假设是站不住的：道教、（后来的）佛教和法家一直在挑战儒教（同时也影响儒教），前两者的挑战是公开的，后者则更加隐蔽（也就是说，没有成立组织，没有明确的信众团体），而儒教自身也发展出不同的面向。这种假设在中国是从20世纪初年开始的，当时"进步的观念"已经进入中国人的世界，把进步构想为斗争结果的社会达尔文主义思潮已经产生了非常重要的影响。不过，不管现代人对这种对儒教历史的过度简化负有什么责任，即便从汉代及汉代之后儒者自身的立场来看，周代晚期的中国也被看作思想上的发源地而引人注目，当时儒家的原则在激烈的论争氛围中脱颖而出，胜过了其他思想流派。

争论与活力的关系是什么呢？说它们肯定有什么关系是不是简单的同义反复呢？我们是不是只是在说有活动就有生命，而争论就是活动呢？或者我们是不是恰恰在争论的**结果**——即周代晚期的"百家争鸣"确立了儒家长期持续地受到认可的地位这一事实——中看到活力的呢？儒教长期的生命力归功于它的性格，而它的性格则归功于原初的论争环境。

儒教在思想性格上是一种"中道"。儒者——主要是那些与汉代及汉代以后的王朝国家的官僚制建立起如此紧密关系的知识分子——在社会性格上居于贵族和专制君主之间（参见第二卷）。我们完全可以假定，儒教的"中"的性质使得它特别适宜于长久生存，使得它在后面经久不衰的官僚社会中保持了**活力**；而当我们以儒家在周代晚期的各个对手为背景来看待它的时候，它的"中"的一面就很清晰地呈现出来了。

道教所有的路径都指向唯我主义：自我是道家最重要的关切——或者更确切地说，是对自我的放逐，是本我从致命的、趋向死亡的自我意识中获得的解放与拯救。这种对自我的放逐不是墨家的普遍之爱所要求的那种对自我的放逐；后者是利他主义而非唯我主义。儒家处于两者之间，它要求的是"等差之爱"，关心的是具体的、有边界的人际关系，既反对墨家那种对全社会一视同仁的态度，也反对道家那种超越任何社会关系之上的清静无为的立场。儒家代表的是"近处"，处于道家个人的"此地"和墨家普遍的"远方"之间的中间状态。正是在这个意义上，中国人家庭内部的凝聚力和文化上区别对待的态度（不是自我，不是世界，而是**家庭**与**文化**）成为典型的儒家世界观中密不可分的部分。

但是，法家比墨家更接近"外部的"、社会的一极，与处于"内

101

部的"、反社会的一极的道家恰相反对，从而突出了儒家折中于"内外"的中间位置（如"内圣外王"）。儒家经典《大学》——《礼记》中相对独立的一篇——将"修身"与"平天下"两个概念、个人的美德与社会的治理密不可分地联系在一起。儒家的理想是通过统治者德性之光的普照，在被统治者中间建立起社会秩序。然而，法家则是单向度地追求"平天下"（没有儒家那种对修身的关切与之相配合），追求社会秩序，于是这种秩序将一切都归结为随时可调用或威胁使用的专制权力，而绝不会归结为德性，归结为既非通过强力也非通过法律而是通过榜样实行的统治。而道家作为哲学上的无政府主义者则走到了另一面，他们为了自我最根本的德性而反对政府，反对社会秩序，这个自我既不受法家专制权力的操纵者的损害，也不受儒家那种人为的、不自然的、有**社会**影响的教育的提供者的损害。

　　对道家来说，自然——更不用说人性——是善的；因而教育作为一种从外部人为涂饰的光泽，只会伤害自然的本性。而对法家来说，人性是恶的，因而只有强力才能控制它。但对儒者来说，人性或者是善的（孟子一派），因此**可以接受**教育；或者是恶的（荀子一派），因此**需要**教育。不管是哪种情况，儒家的这种含混性（对应于那种内外——道家"内部"与法家"外部"——之间的含混性）仍然是一种中间性的主张，其中教育处于道家欣悦虚静的心境和法家对强力而非学问的信任之间的位置。

　　有时候人们说道家与法家背道而驰又殊途同归，在某种意义上，就它们共同的唯我主义特征而言确实如此，一个是孤独的统治者的专横的唯我主义（国家中的唯我主义），一个是孤独的隐士的无政府的唯我主义（自然中的唯我主义）。这种共同的唯我主义使得它们都厌恶儒家社会与思想上的规训，这种规训对无政府主义和专制主义都构成了一种约束。尽管历史一直是儒家的研究对象，诉诸历史也是儒家最喜欢用的论辩手段，但与儒家分庭抗礼的道家和法家却都对历史不屑一顾。对推崇"无为"的道家来说，历史是令人厌倦的关于行动的故事，而行动是人对自然状态的损害；对法家来说，诉诸历史亦即先例则是对权力的不受欢迎的掣肘（因为任何掣肘都是不受欢迎的），这是对统治者自由行动的完美状态的损害。

实际上，法家开出的药方主要是政治性的，而道家开出的药方则彻头彻尾是非政治的，后者作为一种**建设性**的力量，拥有的主要是文化内涵（尽管道家可能会被用于政治上的破坏）。只有儒家是普世性的，在这个意义上，儒家是可贵的中庸之道。它的观念遍及政治（像法家那样）和想象（像道家那样）两个领域。在古典时期以后的帝制官僚体制中，儒家和法家一起塑造了政治中国，而儒家和道家（加上后来的佛教）则一起塑造了文化中国。那个共同的关系项、中间的道路，那个稳定性内在要求的平衡的支点，是**儒家**。

稳定除了是生存下去的能力即一种活力外还能是什么呢？历史学家似乎有一种浪漫主义的癖好，即把"健康"归于追求和斗争的时代，而将成就和胜利作为致命的感染一笔勾销。对儒教中国而言，真正致命的感染要迟至19和20世纪才出现，而且来自外物。

### （b）反儒教和伪儒教：历史意识的变化

当中国——甚至在中国人的眼中——不再是世界的中央或中央王国，或者更准确地说，不再是世界本身的时候，儒教也就不再具有核心的价值和活力了。作为一个国家，中国面对而不是包含着世界，甚至有被包含进去的可能。中国文明所经历的现代巨变，历史意识上的变化（即儒教的削弱），同时伴随着对兰克所说的那种幽灵——"征服世界的西方的精神"[18]——的意识的增强。因为兰克所说的精神正在征服西方，此时历史似乎正在证实他的推断，即西方已经为自己赢得了一个位置，从这个位置出发，世界历史和欧洲历史可以被看作一个统一的实体。这个结论也跟中国密切相关：中国已经失去了那个可以将世界历史和中国历史看作一个统一的实体的位置，这个统一的实体即"天下"，它指的是"帝国"和世界。

　　这是鲜明的对比。在欧洲历史上，我们看到了基督教超验的神学观和进化的历史感，然后是现代的各种世俗弥赛亚主义，在它们的视野（就像兰克的视野那样）里，欧洲内部的时间上的进步，最终发展为欧洲之外的空间上的进步。在中国的历史上，我们找到了孔子，对他来说，"天不言"只是反映了宇宙的和谐，这种和谐为社会提供了模板，它曾经包裹在古代的历史事实之中。我们必须意识到儒教的内在性和面向过去的取向与超验和进化的观念完全相反。没有比基督教、佛教（弥勒佛崇拜）或民间道教的弥赛亚式的目标和末世论的体系更让规范性的儒家感到厌恶的了。历史的意义不在文化的终点而在圣贤的古训中。

　　现代中国对西方和儒家观念的融合，最终屈从于西方普世主义的全力扩张，在激进分子的群体中，人们逐渐乐于倾听外国人的声音且不会依照任何儒家标准来考虑其合法性。于是当外部环境不再是儒教的世界而变成中国这个国家的时候，当革新者是儒教权威的控诉者而不是援引这一权威的融合论者的时候，反对反传统主义的人们就以一种新的方式来推崇孔子：孔子和孔子的教义代表了"国体"（national essence）而不是超国家的真理。传统主义带上了相对主义色彩，它所保护的价值是相对于单一的有机的历史而言的。靠历史、靠诉诸历史之独特性来保护自己的儒教，与那个以理性主义的方式把历史铸造为通过范例来教导的哲学的儒教，有着天壤之别。名已经彻底不正了。

　　但并不是只有这些传统主义者采取守势，也并不是只有他们采取相对主义立场。事实证明，简单明快的中国反传统主义在情感上是要付出很大代价的，因为西方太具有侵略性了。因而，朴素的、非马克思主义的五四反传统主义者对共产主义者来说或许是不可或缺的前驱者，他们既是前驱者也是意料之中的受害者。在动手将那些过时的破坏者——鲁迅笔下"吃人"的人，儒教所有的偶像——清理干净这件事上，他们或许也是不可或缺的。但对自由主义者来说，这是一场惨胜，一次执心自食的疗救；马克思主义者摘走了果实。因为自我破坏的阵痛与创造性的阵痛是混合在一起的。这是当态度决绝的毁谤者一旦成功地发动袭击之后，马克思主义的历史相对主义能够振振有词地宣布取得胜利——以治愈战斗造成的创伤——的一个很重要的原因。对旧事物（即中国人自己）的激情澎湃而又令人不安的苛责或许看上去是必要的，但对大多数中国知识分子而言又是不够的；自我必须获得某种重新的安顿。马克思主义的历史主义于是脱颖而出，它让知识分子能够把当下仍有市场的旧价值迅速地打发掉，但却是以相对冷静和镇定的方式，没有反传统主义的先驱者的那种激情，这些先驱者认为他们面对的是一种活生生的罪恶。这就是为什么掌权的马克思主义革命者对待中国的过去的态度，显得要比五四时期未掌权的革命者——无论他们是不是马克思主义者——那一代更温和。共产主义者可以努力做到两者兼顾，一方面从他们自己的时代出发杀死过去，另一方面又能以相对主义的方式将过去安放到历史中，这是中国自己的历史，而非汇入西方历史中的历史。为了变得仁慈先得杀伐。仁慈是一种安慰，是对杀伐之痛苦的缓解；在共同经历了五四的战斗之后，是列宁和马克思两位老练的医生而非杜威博士提供了止痛药。

　　中国人新的历史意识在重创儒教的过程中，对中国人的历史连续感构成了威胁：这是当**西方**的历史连续性似乎为世界提供了它的现代思想架构的时候中国所面对的那种威胁。但这种历史意识不管具有怎样的破坏性，却以两种方式理顺了纠缠不清的连续性。就其激进的一面而言，它用一系列据称有普遍性（而不是西方独有）的

105

历史阶段将中国的过去贯穿了起来。就其保守的一面而言，它从中国历史中读出了一种独特的精神，这种精神完全有可能不受这种解读本身所体现的那种堕落的影响。历史要么把中国整合入世界，要么把中国从世界隔离开来。但是无论是在哪一种解读中，后儒教的马克思主义的解读也好，后儒教的"儒家"解读也好，中国自身都不是一个世界了，否则中国就会变得什么也不是。

因而在20世纪的中国，我们看到的是对欧洲的扩张和扩张性形势的一种复杂的回应。对来自外国的新观念的回应发生在一个孕育着思想争论的新环境之中。因为说中国现代的传统主义者和反传统主义者都是新人，他们结合在一起，都被他们的相对主义割断了与旧的占主导地位的儒教的联系，就是用赫尔德的范畴来看待他们：他们是一体的——因为赫尔德的视野在反理性主义这一点上构成了一个整体，但又分道扬镳，就像赫尔德的历史主义分成保守主义的历史主义和革命的历史主义这两个分支一样。

赫尔德的重要性在于他提出的下述观点（参见第一卷）：每一个民族和每一个时代所拥有的幸福的核心都在其内部。[19]赫尔德将**民族**与**时代**及它们独特的精神（genius）结合在一起，而浪漫主义的保守主义者和马克思主义的革命者则将其分开。前者强调的是民族的精神，由此坚定了他们自己的传统主义立场；如果他们给时代精神以同样的地位就不可能坚守这样的立场了，因为那样的话他们作为现代人就不能承诺（像中国现代的传统主义者那样）去捍卫"国体"（national essence）——某种从过去的历史中提炼出来的事物——了。而对马克思主义者来说，他们承认时代精神（或"生产方式"）的存在，因而他们的历史思考模式是一种进化的、反传统主义的模式。他们很自然地完全拒斥民族精神的浪漫主义色彩，认为各民族会向着共同的前景发展。但浪漫主义的保守主义者和马克思主义的革命者确实使用了同样的资源。因为当赫尔德称赞与种种规则和精妙技

法的理论相对立的民间精神是真诗的创造者的时候，[20] 他提出的
"人民"同时满足了两派的要求。共产主义者可以把他们用作革命的
理由和力量。保守主义者可以用他们来塑造他们的基本"精神"。而
自由主义者则夹在中间不知所措。

　　因为在欧洲，最早的自由主义也从理性主义立场转向了相
对主义立场。起初，对严格的功利主义类型的自由主义（如密尔
〔James Mill〕的《英属印度史》〔*History of British India*〕中所呈现的
那种自由主义）来说，似乎是可以通过传教让世界上那些"不进步"
的地区皈依基督教的；现代西方会带来新生。但是到了20世纪初期，
大体上持自由主义态度的人们（如写《中国佬约翰来书》〔*Letters
from John Chinaman*〕的迪金森〔G. Lowes Dickinson〕）已经没有兴
趣将一种文化强加到另一种文化身上。这也对马克思主义而非自由
主义在现代中国的领导地位的形成起到了作用。后面这种类型的自
由主义只会强化而非取代儒教的文化传统，而中国的革命者对那种
类型的相对主义的宽容并没有兴趣。时间上属于中国的过去的儒教
是可以容忍的；空间上处于中国此地的儒教则不会被接受。然而，
马克思主义恢复了早期自由主义者的观点，即被继承的传统是可以
被改变的。但马克思主义一派的历史主义者可以假定是时代而非种
族决定了社会的状态。于是他们获得了自由主义一度也很熟悉的那
种活力，但是当自由主义者一开始的那种去摆布外国的文化、去把
别人变成跟他们自己一样的热情中似乎隐含了种族上的自命不凡的
态度，且这种态度越来越明显地成为一种道德上的病态的时候，他
们就失去了这种活力。革命者占有了时代，传统主义者占有了种族，
夹在他们中间的自由主义者沉寂下去了。

　　在这两个彼此联系又相互对立的阵营中，都能看到赫尔德的身
影，在欧洲如此，在中国亦然。儒者在根本上是反相对主义的，也
是反历史主义的（尽管他们极为强调从历史的角度来思考问题），他

们与这两派都格格不入。当世界（从中国的角度来看）是中国人的世界的时候，儒教文明就是抽象意义上的文明，而不是与世界上其他文明共处的**某一个**文明。但是当世界（甚至从中国的角度来看）似乎成了欧洲的世界（这个世界应该就是"现代"世界，也就是说欧洲代表了历史上的**进步**阶段）的时候，儒教生存的机会就寄托在中国的"国体"（national essence）上了，而"国体"是一个浪漫主义的非儒教的概念。

为什么儒教会萎缩到如此不正常的田地？为什么是欧洲而非中国能够一直维持自己差不多等同于整个世界的历史创造者的形象——至少在文化方面，且不考虑政治上的衰退？

作为对上述问题的部分回答，我自己的看法（参见第一卷）是儒教文明是业余性的顶峰，而现代的时代精神（无论好坏）则主张专业化。现代世界已经失去了儒教的"中"的性格；儒教不再是诸种可能性的折中，而是处于边缘地位的、与从新的权力核心生成的新精神相对立的一面。儒家的教育在反职业化的古典主义的世界中或许居于至高无上的地位，它想要创造一种非专业性的自由人（请黑格尔原谅），具有高度的文化修养，免于以非个人的方式卷入到纯粹支配性的体制之中。与此相应的是，中国文官的官僚制从文人士大夫科举考试的那本质上属于美学的、属于目的而非手段的文化内容的反射中取得了它特别的光彩，从而阻碍了专门知识方向上的发展。在这种情况下，儒教对专业化的轻视隐含了对科学、对理性化和抽象的法律主义的经济网络、对历史进步观念的轻视（和放逐），所有这些在西方都必定会导向专业化，形成微妙的网络，并且让西方成为中国的颠覆性的力量。传统主义者孔子在汉代的信徒，曾经把孔子作为革新者的成就加以整理，他们确立了他作为一种新的、几乎永恒的后封建时代官僚文化的主导精神的地位。从那时候起，真正的儒者从来不必进行斯威夫特的古今之间的书籍之战。当古今之争在中国出现的时候，已经是后儒教的时代了，它最后才在中国上演是因为它首先要在欧洲经过一番测试，而斯威夫特输掉了这场战争。

109

# 结　语

在做了一番周全的总结之后，让我们用一个结论性的结语，来做一番直率的总结。

## 1. 类比的失败：共产主义中国与儒教中国

这不是跟斯威夫特的比赛，整个的路程也并非回到了原点。五四运动滋养了共产主义运动，在五四时期的中国，人们可以对外国的政治压力感到气愤，然而又远离传统的排外主义（这种排外主义与五四时期那种文化上的自我指责不可能相协调）。这里可以推导出一个结论：在五四时期的中国，人们可以对外国的文化压力感到气愤，也就是说，对反儒教的"新青年"，连同其提倡的"德先生"和"赛先生"以及其他所有的事物感到气愤，然而又远离传统的儒教。

不久以前，大多数儒家文人还在抵制在科学和技术中采用西方的程式，也就是说，抵制现代科学的那种放诸四海而皆准的自我标榜。但是到了五四时期，儒教的同情者早就不会设想去反对这种科学在物质和地理层面上向中国的传播了。论争的基础已经无可挽回地从中国的领域转向心灵的领域了。论争已经变成了关于"科学与人生观"（参见第一卷）的论争，而保守主义者所抵制的——他们唯一能够抵制的——是科学的那种放诸思想而皆准的自我标榜。早些年的时候，那些接受科学的新事物的文人通常是将它们归入对中

"体"之补充的西"用"之列的。但在五四之后，传统主义者基本上是在为抽象意义上的"体"，为**任何**对抗咄咄逼人的唯物主义的"精神"而战。

在19世纪90年代，张之洞是这样（此外还有其他的方式）来表述"体用"的二分法的："**旧**学为体，**新**学为用。"[1] 他仍然生活在一个完全属于儒家的**旧**优于**新**的心灵世界之中；由此，至少可以说，中学被再次确认具有与西学相平等的地位。但是在五四和共产党时代，新事物作为时间进程的表征受到中国的珍视，中国可以像其他任何国家一样正当地拥有它。张之洞所用的那种表述只会让中国陷入困境，除此之外毫无用处。

当共产主义者代表新事物来反对旧事物的时候，他们的与"西方"相对立的"东方"意味着一个新的东方，而不是"古代的东方"。他们说的是冷战的语言，而不是儒教的语言。指出儒教和马克思主义都是无所不包的系统是完全合理的，但是说两者之间的旅程只是一段熟悉的路程却是误导。从基督教到马克思主义可以说是这样一段熟悉的路程。因而，中国的马克思主义或许是对无所不包的系统的普遍向往的一个特殊的例子，而不是某种中国独有的对圣人之不朽性的揭示。

如果说有一种看法故意要去混淆中国历史上共产主义时代的意义，那么这种看法就是共产主义者由于某种原因并不是真正的革命者，形式当然发生了改变，但内容还是跟以前一样。沿着这一思路，新的"冷战"对"西方"的界定就会滑入旧的西方文化世界的窠臼。而且，按照这一思路，也许可以承认五四运动曾经是一个朝向西方的革命性的转向，但是"反西方"的共产主义又把人们永久地带回到中国，一个仍旧不屈不挠地支撑着"东方"的中国。于是，五四就只是一次脱轨，是一种偶像崇拜和另一种偶像崇拜、一种奴隶性和另一种奴隶性之间的往复运动。这就是胡适这段评论的主旨：

110

"孔丘、朱熹的奴隶减少了，却添上了一班马克思、克洛泡特金的奴隶。"[2]① 这是在通过指出中国的新动向与传统的态度之间的**一致性**来解释这些新动向（实际上是把它们打发掉）。它否认了历史的意义，就好像历史只是表象，而表象是骗人的。

它们确实会骗人——如果人们忽略了历史的语境，而将相似性看作不变性的话。

儒者和共产主义者用官僚制的管制手段抑制了私有企业吗？这样的话就什么也没变——除了崇尚奋斗的官僚化的共产主义者意在推动历史，而向后看的官僚化的儒者则制造了那种似乎不得不被推动的历史。

在国家"衰退"的地方，儒家的清静无为的圣君会感到自在吗？[3]这样的话就什么也没变——除了马克思主义者是从理论的预设中演绎出他们的乌托邦，而儒者则是在实际存在的、与历史上的君主关系紧张的处境中坚守着他们的乌托邦理想。

1892年，有关外国人在人群中散播有毒的虱子的谣言不是在东北快速传播吗？[4] 于是，朝鲜战争期间关于细菌战的指控就是传统的针对外国人的诬谤，② 中国的新太阳底下并无新鲜事——除了之前同情义和团的排外的控诉在国内才有可能听到，而在当代的历史中，这样的控诉是向全世界发布的，它**可能**包含了某种真实，这种挥之不去的感觉在世界范围内是不可能被消除的，还有可能被利用。因为到了20世纪50年代，人们对极限的暴力已经很熟悉，而细菌战看上去在性质上与原子弹看似完全合理（由于其已然载入史册）的使用并没有真正的区别。

当英国的代表来到北京与共产主义中国建立外交关系的时候，

---

① 中文原文见胡适《我的歧路》，《胡适文存二集》。
② 列文森听信了美国冷战时期的反华宣传，故有此不实之辞。

他受到了跟马戛尔尼勋爵和阿美士德勋爵（Lord Amherst）① 在清廷所受到的同样的高傲的冷遇吗？这样的话就什么也没变——除了认识在性质上不同以外。中国现在知道英国了，正在世界政治上发出自己的声音，而不是像中国就是世界那样采取政治行动。提及"马戛尔尼"只能是一种隐喻，就像说蒋介石"失去了天命"一样。

112

## 2.碎片与整体

然而，残留物的表象绝不只是一种错觉而已。旧建筑的砖块仍旧到处可见，但建筑本身已经不在了。碎片可以存留下来是因为它们符合现代的趣味，而不是因为它们（比起那些被遗忘的碎片）必须传递一个无往而不胜的传统的本质。而趣味作为文化的语言不可能被解释成是由碎片创造出来的。毋宁说，这种语言在词汇方面变得丰富了。我们已经看到（见第一卷）欧洲和前现代的中国只是通过思想传播来接触对方，它们只是扩展了各自文化的词汇；而在19和20世纪，当西方造成中国社会的颠覆而不只是思想上的传播的时候，中国文化的语言改变了。同样，当中国过去思想上的创造物被剥夺了它们与社会的原初的关联的时候，这些携带着心智而非社会的创造物，就有可能作为对词汇的丰富传到现代中国，而不会改变语言。

因此如果文人水墨画在共产主义中国仍旧留存的话，这并不意味着整个水墨画艺术和文人的世界还存留着。就像几百年前这种"文人画"曾经在失去了与中国社会的联系的情况下传播到一个非常不同的日本社会中那样，它也已经流传到一个非常不同的中国社会之中，或许就像文艺复兴时期的罗马跟古代罗马那样不同，虽然米开

---

①1816年，英国派前印度总督阿美士德勋爵（Lord Amherst）出使清廷。

朗基罗和贝尔尼尼（Bernini）① 从古典时期取得他们词汇的片断。当然，古希腊人和罗马人以及他们珍视的许多事物都在文艺复兴时期出现过。索福克勒斯至今仍在舞台上搬演。但希腊和希腊化文化已定格在历史中。当然孔子也会在共产主义中国出现，此时他是一系列历史角色中的一个——也许是一个主角，但当然是历史上的主角。

　　于是我们再次穿过十字转门，从外面的现在的世界进入到博物馆中。对博物馆思维来说，展品可以具有"历史"意义，指向一个既不会吸引也不会威胁到人们的过去。[5] 或者它们可以具有"审美"意义，可以用价值而非历史的眼光去看待；这样它们就会被从过去中抽离出来放到现在，被从一个总体的文化中切割出来，参与到一个新的文化之中。在这种情况下，（只）具有历史意义的东西就是那些被切下来不要的东西，即环境，那些艺术品在被创造出来的时候与其他事物的联系。

　　这就是为什么早期基督徒会打碎异教的神像，几百年后梵蒂冈博物馆却会收藏阿波罗像。这些神不再表示当代斗争中的现实的对手。它们具有历史意义，或者就它们中间最好的那部分而言，具有审美意义——只是审美的对象，是来自一个被征服的消逝的总体的碎片。这也就是为什么孔庙会在共产主义中国得到修复，尽管自宋代至清代，这座孔庙曾经是儒家学术的中心，而儒家学术在共产主义的评价体系中是大打折扣的：被修复的孔庙成了休闲娱乐的中心，那里可以看电影，看戏，玩游戏，还有关着猴子、蟒蛇、豹子（以及——在隐喻的层面上——孔子）的笼子。[6] 共产主义者保护了南宋悲剧英雄岳飞的故事中的奸人的雕像。在很长时间里这些雕像都是爱国者投掷石块的目标。但是"这些雕像……具有历史价值"[7]——这就是说，

① 吉安·洛伦索·贝尔尼尼(Gian Lorenzo Bernini，1598–1680)，文艺复兴时期意大利雕塑家、建筑家、画家。

它们是"艺术",是用来招揽游客参观博物馆的,它们不再活在它们之前的总体语境之中,那是一个没有墙壁阻隔的自然的世界。

因为艺术的特征之一就是疏离,就是把一件物品从它可能会在那里被使用的习以为常的环境中抽离出来,搬到一个它可能会在那里被以审美的方式凝视的专门的保护场所。[8] 如果它(就像里面有蟒蛇的孔庙)被用于与原本的意图完全格格不入的目的,它仍然只是审美的对象,疏离于它正常的功能。当一位共产主义者谴责制造俑来给死者殉葬这种行为背后的信念(是迷信),但又称赞这些俑代表了"古代艺术的优秀传统"的时候,他在做什么呢?[9] 他是通过将过去放到博物馆里面来建立自己与这个(整体性的)过去的联系。这正是马尔罗(Malraux)①眼中的那种博物馆:那是一种在不了解现代欧洲文明的地方从未存在过的博物馆;它"会让艺术品脱离它们原初的功能,甚至会将肖像转化为'图片'";它"消除了……圣人和救世主的意义";它"不仅将艺术品从其语境中分离出来,而且还让它与那些跟它构成竞争甚至敌对关系的艺术品栖居一处"。[10] 这也正是库马拉斯瓦米(Coomaraswamy)②眼中的那种博物馆:它主要展示古代和外国的艺术品,"……因为它们不再符合我们时刻意识到的自己的任何需要",它绝不应该展示活着的艺术家的作品,因为这些作品通常并非只是"为了展示"才创造出来的;它不是为那种"主要是为了使用而铸造铜像而非将其当作用于博物馆陈列的壁炉台装饰物"的雕塑家建造的;它通过其展示的艺术品揭示的"不是某种已经**获得**的事物,而是这样一件事实,即我们知道某种事物已经失

114

———————
　　①安德烈·马尔罗(André Malraux,1901–1976),法国作家。1958–1969年间任法国文化部长。1961年创建的马尔罗现代艺术博物馆(Musée d'art moderne André-Malraux)即以他的名字命名。
　　②阿兰达·库马拉斯瓦米(Ananda Coomaraswamy,1877–1947),斯里兰卡哲学家和艺术史家,他是最早将古代印度艺术介绍到西方的学者。

去了，我们会很乐意保存它的记忆"。[11] 孔子，以及最近的中国尚存的那些传统的价值，就活在——以言辞的形式——这些一连串的有关博物馆的洞见的每一句话中。

## 3. 类比的失败：共产主义中国与共产主义俄国

那座博物馆也来到了俄国，把来自苏维埃想要取代的旧时代的生活片断，转变成来自一个具有历史意义的过去的供展览的小工艺品。恢复撒马尔罕美丽的清真寺，并不是要恢复毛拉的地位，而是要把他们赶走，让他们远离具有审美价值的"国宝"。或者更准确地说，让他们留下来但改变他们的位置。他们的职业正在消逝但还没有化为乌有，于是他们也就开始脱离虔诚的世界，进入到如画的风景世界之中。扎戈尔斯克 (Zagorsk)① 的东正教神学院仍旧可以运行，但却是以自身脱离其功能的方式运行的。宗教物品和宗教人员都被保留下来供人观看；"不得触碰偶像"似乎在比喻的意义上被引申为"不得供养信众"。而且"不得触碰偶像"似乎是革命的偶像破坏论的延伸而非逆转。

但是俄国人和中国人——特别是明确表达他们对价值的肯定或拒斥态度的知识分子——是从不同的出发点走上他们的革命道路的。俄国是欧洲的一部分；中国则自成一体。

我们在中国共产主义者的历史编纂学中，已经看到了那种要表明以共产主义为归宿的中国历史与西方历史相平行的努力。而另一方面，在俄国，共产主义者并没有把俄国的历史看作与西方相平行的历史，而是将其看作西方历史中领导整个西方走向共产主义归宿的那个部分。无论斯拉夫派会在俄国和西方之间做出怎样的区分，[12]

---

①莫斯科卫星城之一，在莫斯科东北71公里处。

列宁领导下的马克思主义者都把欧洲的过去看作他们的过去（这是毛泽东永远也做不到也不会去做的事情）。法国大革命是历史上的先驱，而不是与另一个历史中某个事件（如中国的辛亥革命）相类比的事件。

作为经济上落后的国家（与远为发达的西方相比），共产主义之前的中国和俄国或许看上去很相似。因而，按照经典的马克思主义的标准，它们都不适合进行社会主义革命。但由于俄国的知识阶层能够（而中国人却不能）把他们的祖国当作"西方"的一部分来看待，俄国的马克思主义者就能够利用理论上的必然性来创造有利的条件；他们可以认为他们的国家特别**适合**进行社会主义革命，就是因为它在工业上很薄弱。因为他们可以把他们自己看作西方的革命者，正运用战术上的智慧攻击广阔战线上最脆弱的环节，即资产阶级的西方中资产阶级力量最弱的部分。于是他们就会为最终的共产主义化做出贡献，这不只是他们那个资本主义发展滞后的祖国的共产主义化，更是资本主义发展成熟因而具有社会主义潜力的西方世界的共产主义化。

因此，俄国的知识阶层主要是一个西方的知识阶层，它实际上是一个由西方观念的影响创造出来的阶层。但中国"文艺复兴"的知识阶层即五四"新青年"的特征是西方化——这意味着一种明显不同的心理状态。[13] 五四一代是一个最初由中国的观念创造出来且影响波及海外的知识阶层的最新一脉。如今这个知识阶层不得不将**它的**世界转变为一个国家（参见第一卷），而马克思主义的吸引力就在于它为失落的儒教文明的价值提供了补偿，而不是（像它在俄国的吸引力那样）为这个知识阶层所认同的某种文明提供了归宿。

当19世纪初俄国知识阶层出现的时候，它感到特别痛心的是这个民族的过去似乎空无一物。跟20世纪中国的知识阶层一样，俄国的知识阶层在很大程度上也成了历史主义者。德国浪漫派的观念让

116

俄国思想家确信，他们的民族有自己的精神，无论这种精神在理性主义的价值尺度上地位多么低下。然而，这种低下的地位（由于空无一物的过去）总是可以被时代的精神抹除的。俄国可以通过在革命的高潮中进入历史而拥有未来。

但是要有高潮就得有潮流，而潮流就是欧洲。恰恰因为他们作为俄国人强烈批评俄国的过去，他们就不得不展望一个把欧洲抛在身后的未来；他们不得不与欧洲的历史紧密相连。即便是那些作为马克思主义者之对手的、表现出特别的"俄国"倾向的革命者，也需要把欧洲的其他部分放在心上来激发他们的"俄国精神"。

尽管他们也成了历史主义者，但所有这些都不适用于中国的知识分子。他们的过去里面没有"第三罗马"，所以他们不可能——他们的过去并非空无一物，而是充满了内容，所以他们也不必——试图去乘着欧洲的历史浪潮前进。他们悲叹的是他们的现在，而非他们的过去。他们中间的激进分子期待革命来消融巨大的冰山；这座冰山冻住了，但却正从它自身那壮观的底座上漂流而去。由于他们的过去要比俄国的过去辉煌得多，他们的现在就更加危险，而在一个西方占据霸权的世界中，他们的未来也更加难以看作**他们自己的**未来。

因为对俄国过去的文化的控诉，对绵延至现在的过去的控诉，事实上已经与一种高级的现代文学汇合为一体，这种文学既是俄国的文学，也是欧洲和世界的文学，没有俄国人会为之感到文化上的自卑。但是对中国现在的文化的控诉却没有那种堪与之比拟的缓和其自身之严酷性的效果。于是在中国，马克思主义作为解决文化疲敝的困境的药方，真的成了某种天降神兵（deux ex machina）；而在俄国，马克思主义的解决方案却像是从剧情的逻辑中生发出来的。

中国的剧情作为悲剧性的历史，是儒教中国日渐衰弱最后只剩下历史意义的过程。标志之一就是"汉学"代表了西方人对儒教文明的全部兴趣。而在另一方面，中国人是经由来自西方的资料才满足了他们对所有其他学科的兴趣，这些学科构成了（最广泛意义上的）科学，它们并没有历史的边界。根本的追求是对抽象意义上的知识而非西方思想中的知识的追求。在一个可以定期召开"东方学大会"的世界里，召开"西方学大会"的主意无异于天方夜谭。

它确实是天方夜谭，但并不是玩笑。不是玩笑，首先是因为中国确实曾经能够设想"夷务专家"这个名头，就像现代西方设想其"中国专家"一样；那时候中国仍然可以被看作——至少在国内——某种世界，像启蒙哲人那样的欧洲人曾涉及这个世界，不是出于"汉学"的心态，而是为了寻求普遍性问题的答案。它不是玩笑，还因为它绝不是什么可笑的事情。例如，鲁迅（他代表的不止他一个）不会把他自己看作一件取悦他人的古董。他也不可能眼睁睁地看着中国成为一座巨大的博物馆。历史必须重头来过，博物馆必须交给死去的人们，成为把活着的人解放出来的场所，而不是埋葬现代那些行尸走肉的陵墓。

### 4.政治与前景

如果说这种解放导致了1949年的解放，我们就遇到了一个完全是毛泽东意义上的"矛盾"。事实上发生了什么呢？

1956年5月，当毛泽东号召百家争鸣的时候，那种特别沉重的压在中国知识分子身上的、要求绝对服从和统一的魔咒，似乎就要被解除了。例如，文学上社会主义现实主义的垄断地位被废除了；自然科学被宣布不具有阶级性。但总的来说，知识分子经过六年冷酷的规训，谨慎地噤口不言。毛泽东坚定不移，他用《关于正确处理人民内部矛盾的问题》讲话（1957年2月27日）为温和的独立观点的表达提供了基础。毛泽东区分了人民内部矛盾和敌我矛盾，进

118

而指出前者应该使之公开化。他提出，国家政策执行中的缺点是确实存在的，这一类矛盾不是对抗性的，可以在不使用强制的方式的情况下得到解决。为此需要采用批评的方法。

4月30日发布了关于纠正官僚作风和工作方法的指示。官僚主义、主观主义和宗派主义与"国民党作风"都要被根除，要鼓励以座谈会和小组会的形式检查和揭发这些问题。这一次，经过了最初的谨言慎行之后，至少一部分公众发出了他们的声音。5月到6月初，几乎听不到官方的反驳，于是批评的声浪越来越大。接下来在6月8日，中共中央机关报《人民日报》发表了社论，宣称某些右派分子已经暴露出他们自己亲西方的面目，企图推翻共产党和社会主义。反右运动拉开了帷幕，凡是批评者热情高涨据理力争的地方，斥责便接踵而至。下面是一个战战兢兢的被愤怒之神捏在手中的低声下气的罪人的洗心革面的陈词：

> 当前全国人民要求给我这个右派分子以严正的处分，这是理所当然的，我愿意接受。我恨自己的丑恶，要把旧的反动的我彻底打垮，不再让他还魂，我要同全国人民一道来参加反右派分子的严肃斗争，包括对我自己的斗争在内。伟大的中国共产党过去救了我，今天党又重新救我一次，我希望在党和毛主席的领导和教育下，获得新的生命，使我重新回到爱党爱国爱社会主义的立场……[14]①

历史就像小说一样。

我们从寒流来临前这短短几周大鸣大放的时间里中国报刊上所获得的记载，是对新政权诸多方面的指责。人们谴责党员干部是经

---

① 中文原文见章伯钧《向人民低头认罪》，《人民日报》1957年7月16日，第3版。

济上的寄生虫、挑拨离间的警察、制造浪费和效率低下的坏分子，和思想上的正直品性与创造力的扭曲者。这些记载告诉我们的，不仅关乎中国共产主义秩序的历史，也关乎这种秩序在中国历史上的地位，它是什么呢？人们有可能从中得出两个结论，其中没有一个是站得住的。首先，人们可能会假定，共产主义的官僚制只是旧的儒家官僚制的伪装。作为历史悠久的"东方专制主义"国家，中国还是原来的中国。有些人指责官僚中的裙带关系，指责他们信奉"'民可使由之，不可使知之'的儒家哲学"，像这样一些指控或许说明了这一点。但其次，另外一些指控则将官僚制和知识阶层区分了开来（在传统中国两者是分不开的），这些指控似乎想说的是，虽然发生了革命，但知识阶层却没有卷入其中，因为这个阶层保持了与传统文人的连续性。[15]①

　　然而，无论共产主义者与古代秦朝反儒家的"法家"可能有怎样的相似性，现代知识阶层显然是后儒家时代的产物，在价值和功能上与旧文人相距甚远。对共产主义者的幻灭，验证的不是具有历史意义的中国保守主义价值的活力，而是这些价值的死灭。中国历史上并不存在那种共产主义者很容易做工作的静态的知识阶层团体。确实，共产党把一些观念强加给了知识分子，但共产党获得这种居高临下的权力是有原因的，而这些原因是直接作用于知识分子的。纵览本书各卷，我们已经看到了其中的一部分原因，它们抵消了自由主义者实现其目标的机会。传统的族裔中心的文化主义不得不退场，但取而代之的那种简单的为"西方"站台的立场也非常虚弱。无论阻碍秉持自由主义的现代主义者的是什么，它都加速了共产主义者的时代的到来，此时马克思主义已经成为（通过和过去绑在一

119

---

　　①此处删略一句引文，中文原文见《杨时展写给毛主席的"万言书"（摘要）》，《长江日报》1957年7月13日，第3版。杨时展当时是中南财经学院会计系教授。

起）与过去决裂的官方路径。

但是"资产阶级知识分子"虽然受到党的抨击，也已经与过去决裂了。如果说他们生活在一个知识分子在其中是工具、只是被统治者利用（因而受其侵扰）的国家中，那么那个把知识分子当作目的的国家——儒教国家——正是被像他们那样的知识分子抛弃的。他们不是中国社会中永久性的因素了，他们无所作为，其在新中国的命运完全由国家的指示来决定。

即便是新政权的反对者也绝没有简单地把它看作异类，反而有可能在道德上投入其中。共产党坚持不懈地宣称其在物质上的成功或许会遭到嘲笑，但如果这些宣传最终得到了承认，压力和紧张就会随之进入到反对者的心中。这里不仅有压迫自由主义情感的外来压力，还有对自由主义情感的真诚的质疑。一个令人不安的疑问会涌上心头：是不是这些情感是空虚的，而物质上的成就才是"真实"的？这种内在的分裂似乎证实了共产主义者对"资产阶级唯我主义"的指控——这种分裂表现为这样一种感觉，即也许对中国来说是好的东西，对我来说是地狱。必须认真对待"思想改造"的心理学内涵。因为知识分子并非置身于体制之外，反抗或屈服于强力；他们的性格有助于说明这个体制的存在，而且也受到体制运作的影响。

因此，在"百花运动"时期，毛泽东似乎对他掌控知识分子颇有信心。他确信中国人民根本上是一体的，这种统一性在20世纪30年代就已开始显现，并体现在统一战线的政策中。具有悖论意味的是，"百花运动"揭示了统一战线内部存在着一个不安分的"民主联盟"，这证明毛泽东提出的前提是正确的，但他的结论却是错误的。

也就是说，后来被描述为"高校风暴"的现象，证明而不是质疑了共产党所取得的胜利的广阔程度。旧的儒家智慧的行将就木（连同其背后的社会原因）曾导致共产党的胜利，如今这种智慧已经彻底死亡，反对它的联盟，包括中国所有的新人物，非共产主义的民族主义者和共产主义者都在内，不必再继续保存下去了。由于"百花运动"中批评共产主义的人们跟共产主义者一样远离旧中国，他们对共产主义者的敌意就不可能用复辟的态度表达出来。虽然旧事物似乎还顽强地存在，这种对共产主义者的敌意却受到了抑制：如果共产主义者和自由主义者都能够承认他们之间的鸿沟，那么那个曾使他们融合为一个短期内拥有共同利益的团体的共同敌人就不得不寿终正寝了。

121

　　毛泽东相信，"对抗性"的矛盾已经由共产党的胜利解决了，剩下来的只有"非对抗性"的矛盾，在"大鸣大放"的氛围中，这些不重要的紧张关系会缓和下来。从毛泽东所用的比喻来看，他不大可能只是有意设置一个陷阱。为什么他会对批评者的恶意感到如此的惊讶？

　　要解释这一点，我们或许需要反过来看待毛泽东的矛盾理论。在共同利益的语境中，"非对抗性"的矛盾存在于共产党取得胜利**之前**而非之后，存在于所有对国民党和传统不满的人们当中。正是共产党的胜利本身打开了通向新的、现代的对抗性的道路。因为胜利在反对国民党的阵营中制造了裂痕，虽然不大（与新旧之间的巨大鸿沟相比），却清晰可见，无法弥合。

　　传统主义是界定现代自由主义的主要参照，但现代自由主义发展乏力，迫使它与共产主义达成某种协定。在新的参照所提供的定义能够在新的历史阶段恢复现代的非共产主义思想获得某种可能的行动场域的信心之前，传统主义必须被——共产党的胜利——镇压下去。人们必然会苦涩地注意到，这种可能性只是形而上学意义上的；实际上的限制——如果说有什么不同的话——更加严酷。但"内在的"生存能力恢复了，即便是在"外在的"压抑升级的时候。

　　这种压抑——共产主义对规则和表达的垄断——就是我们现在

所看到的一切。某种新的非共产主义的种子（当然不是旧的）何时或是否会开花结果还看不清。1963年初没有哪位作者说他能看到，也没有哪位历史学家需要去勾画未来。现在还不是动手写作《共产主义中国及其现代命运》的时候。

但无论历史会向什么何处发展，这种发展的总体条件已经确定下来了。

中国会有中国的过去，就像俄国有俄国的过去，英国有英国的过去一样：都过去了。也就是说，中国的过去会被铭记，来自它的价值世界的碎片会受到珍视。再激进的西方化也不会终结中国的历史意义。

然而，共同的科技的传播尽管有可能会在物质上毁掉这个世界，实际上也有可能创造出那种黑格尔式的幻想，即世界精神。于是，中国不同于俄国和英国，就不是像儒教文明不同于基督教文明那样，而是像各自保持其历史**个性**的民族，彼此不同，而又共存于一个单独的多姿多彩、超民族的文明之中那样。

也许在中国还可以感受到（或再次感受到）孔子的圣哲，就像在欧洲感受到苏格拉底的圣哲一样。但儒教文明会跟希腊文明一样成为"历史"，而中国现代文化会跟任何文化一样是世界性的，就像如今以通行的平装本的形式触及"孔子的智慧"①的西方文化那样。在真正的世界历史中，当过去所有的成就都放在没有墙的博物馆之中的时候，每一个人的过去都是其他人的过去；这其中包含了完全非儒教的意味，即传统感的丧失。"对今天的我们来说，传统感并不强，与其说是因为我们没有传统，不如说是因为我们把如此之多的传统混杂在一起……"[16]

---

①此处应指林语堂用英文撰写的《孔子的智慧》（*The Wisdom of Confucius*）一书，1938年由兰登书屋（Random House）出版，在西方世界广受欢迎。

　　"对有教养的法国人来说，秦始皇的形象应该跟亚历山大大帝的形象一样熟悉……"[17] 也就是说，所有的过去都是"我们的"。对有教养的中国人来说同样的原则也适用，因此所有的过去也是"他们的"。或者说，作为单一历史之基础的"我们的"和"他们的"之间的区别本身，正在成为过去。因而，"中国传统文化应该会消失，就像埃及的传统文化那时候已经消失一样"，这种可能性有多大呢？这不是杞人忧天。但是，将中国与死去的埃及区分开来，并不是要赋予**儒教**中国和古代价值以不朽的性质。没有什么证据证明这一点，尤其是大家都承认，即便是革命者也"尊崇考古学"和"各种版本的经典"，他们"并没有否定过去的遗产"。如果说博物馆不是盛放木乃伊的容器，它还是装着某种静物画——这幅画向生活在一个可以互相交换展品的、世界主义的世界之中的所有（持有允许入境的护照和签证的）前来观看的人们开放。

　　古埃及文化——木乃伊什么的——也都填满了博物馆，但是博物馆馆长是外国人（包括说阿拉伯语而不使用象形文字的现代埃及人）。法老和孔子之间的差别就在这里。中国人发明出他们自己的处理中国传统文化的博物馆方案，由此在不排除变化的情况下保持了他们的连续性。他们的现代革命——反对这个世界以加入这个世界，反对他们的过去从而让它继续属于他们，但仍旧是过去——是一个漫长的通过自身的努力来建造他们的博物馆的过程。他们必须做出他们自己的历史解释，向过去抛出一条新的绳索，紧紧地抓住它，与此同时却向完全相反的方向前进。

　　有一则来自另外一种文化的寓言，给我们提供了有关历史书写如何延续历史的若干启发。通过叙述过去或展示其遗产来保存过去，并不是要让过去不朽。但过去确实保存下来了。当文化通过变得具有历史意义而发生改变的时候，历史记忆就成了对遗忘的某种补偿。

123

中国现代史上已经出现了如此之多的遗忘。当前那种保存过去的强烈要求，那种历史的情怀，并没有掩盖这一点。如果这种遗忘，这种具体的记忆行为，确实是因为在我们这个不断展开的世界主义的世界——连同它对中国的革命性的冲击——之中，"我们（他们，以及每一个人）把如此之多的传统混杂在一起"才发生的话，那么用一则哈西德教派（Hasidim）①的传说来结束一部中国故事就没有什么不妥了：

　　当巴尔·谢姆（Baal Shem）面临一项艰巨任务的时候，他会去树林里的某处，生起柴火，沉思祷告——他要做的事情就完成了。过了一代人，当梅瑟利兹的"教士"（"Maggid" of Meseritz）面临同样的任务的时候，他会去树林里同样的地方，说：我们不能再生火了，但是我们仍然可以祷告——他想要做的事情也成了现实。再过一代人，萨索夫的拉比摩西·莱布（Rabbi Moshe Leib of Sassov）也得执行这个任务。他也来到树林里，说：我们不能再生火了，我们现在也不知道祷告时要做些什么隐秘的沉思，但是我们确实知道树林里进行所有这些活动的位置——那肯定就够了；确实就够了。又过了一代人，当里辛的拉比以色列（Rabbi Israel of Rishin）被请来执行这项任务的时候，他坐在他的城堡里的金椅上，说：我们不能生火了，我们也不能祷告了，我们也不记得地方了，但是我们能说出来它是怎么完成的。[18]

――――――――

　　①哈西德教派是犹太教中的一支，18世纪兴起于东欧，以严格信奉犹太教正统教义著称。

# 注　释

## 第一章

[1] 吴嘉谟，《井研志》(出版地不详，1900)，第23卷，第7a页。

[2] 这些传记资料来自廖平，《履历》，《四益馆经学丛书》(成都，1886)，第14册，第1a–2b页；杨家骆，《民国名人图鉴》(南京，1937)，第1册，第1卷，第12–13页；小野川秀美，『清末政治思想研究』(京都，1960)，第155页；杨荫深，《中国学术家列传》(上海，1939)，第482页；森本竹城，『清朝儒學史概説』(東京，1931)，第322–323页；小島祐馬，「廖平の學」，『藝文』第8卷第5號，1917年5月，第426页；清水信良，『近世中國思想史』(東京，1950)，第422页；福井康順，『現代中國思想』(東京，1955)，第24页；内藤虎次郎，『清朝史通論』(東京，1944)，第162–163页；廖平，《中外比较改良编序》，《四益馆丛书》(成都，1921)，第8册，第25a页。

[3] 小島祐馬，第435–436页；福井康順，第23页；Liang Ch'i-ch'ao (Immanuel C. Y. Hsü, tr.), *Intellectual Trends of the Ch'ing Period* (Cambridge, Mass., 1959), 92；杨家骆，第1卷，第13页；杨荫深，第482页；内藤虎次郎，第162–163页；清水信良，第442页；橋川時雄，『中國文化界人物總鑑』(北京，1940)，第661–612页；森本竹城，第323、332页；Fung Yu-lan (Derk Bodde, tr.), *A History of Chinese Philosophy: Volume Two, The Period of Classical Learning* (Princeton, 1953), 709；Kung-ch'üan Hsiao, "Kang yu-wei and Confucianism", *Monumental Serica*, XVIII (1959), 126–131；钱穆，《中国近三百年学术史》(台北，1957)，第2卷，第642–646页。

廖平著作《古学考》(初版于1894年)(北平，1935)的编者张西堂驳斥了有关康有为的不公正的看法，他提出的理由——廖平的著作在康有为的著作之后出版，而且廖平似乎有两处提到康有为的见解自成一说——并不足以下定论。见序，第1页；第19、29页；跋，第2页。

［4］小岛祐马，第444页。

［5］《会试朱卷》，《四益馆经学丛书》，第14册，第1a—1b页。

［6］Liang, 92；钱穆，第2卷，第651页。

［7］刘师培，《致廖季平论天人书》，《中国学报》复刊第2册，1916年2月，第1a页。

［8］关于廖平思想变化的详细叙述，可参见Fung, 705—719，以及小岛祐马的两篇文章，其中一篇见上引，『藝文』第8卷第5號，1917年5月，另一篇是「六變せる廖平の學説」，『支那學』第2卷第9號，1922年5月，第707—714页。关于早期廖平（为康有为所利用的《今古学考》的作者）对今文经、古文经各自侧重点的差异——两者分别侧重孔子和周公、晚年的孔子与年轻时的孔子、《礼记·王制》与《周礼》、《春秋》与《周礼》、主张变革和主张追随周代的传统、主张孔子对经书的著作权和孔子对旧史的传承——的区分，参见宇野哲人，马福辰译，《中国近世儒学史》（台北，1957），下册，第431—434页。

［9］福井康顺，第9页。

［10］同上，第29、116页。

［11］董仲舒，《春秋繁露》，载张之纯编《诸子精华录》（上海，1924），第4卷，第3b页。

［12］廖平，《论诗序》，《中国学报》复刊第4册，1916年4月，第1a—2b页。在《覆刘申叔书》（《中国学报》复刊第2册，1916年2月）一文中，廖平写道，"其体为《诗》，其用为《易》"，见第1a页。

［13］钱穆，第2卷，第644页。

［14］薛福成，《庸庵文编》，《庸庵全集》（1884—1898），第1册，第1卷，第20a—20b页。

［15］薛福成，《筹洋刍议》，《庸庵全集》，第15册，第13a—16b页，尤见第15a页。

［16］又称秦就是英国，鲁就是日本云云，见小岛祐马，「廖平の學」，第437—438页。

［17］廖平，《与康长素书》，《中国学报》第8期，1913年6月，第19页。

［18］廖平，《大同学说》，同上，第1—2、10—11页；小岛祐马，「廖平の學」，第438页。

［19］小岛祐马，「廖平の學」，第436—437页。

［20］"空言"恰好就是"素王"的合适的媒介，见上，第434页。

［21］廖平，《与康长素书》，第19页。

［22］见Joseph R. Levenson, *Liang Ch'i-ch'ao and the Mind of Modern China* (London,

1959)。

[23] 康有为,《中国学报题词》,《中国学报》第6期, 1913年4月, 第3页。

## 第二章

[1] Ezra Pound, *The Classic Anthology Defined by Confucius* (Cambridge, Mass., 1955), 8.

[2] James Legge, tr., *The Chinese Classics*, Vol. II (*The Works of Mencius*) (Oxford, 1895), 245.

[3] 参见内野熊一郎,「民國初·中期の經學觀」,『日本中國學會報』第9集 (1957), 第1–9頁。

[4] 关于沟洫制, 参见《周礼》(四部丛刊本)(上海, 1942), 第6册, 卷十二, 第18b页, 以及 Edouard Biot, tr., *Le Tcheou-li ou Rites des Tcheou* (Paris, 1851), II, 566。

朱熹确实认为《周礼》区分了井田制和沟洫制。他说, 当时是反对他的浙江的永嘉学派(与他自己主要关心"心性"不同, 该学派更关注"礼乐"的问题)在讨论土地问题的时候将这两种制度混为一谈; 参见朱熹《礼一: 周礼》,《朱子全书》, 李光地编 (1714), 第17册, 卷三十七, 第12b页。 关于对井田与沟洫之间联系的怀疑的现代表述, 见田崎仁义,『支那古代經濟思想及制度』(東京, 1925), 第495–511页。但尽管朱熹是把这个议题当作一个当代论争的话题来处理, 否认两者之间的关联, 井田和沟洫在儒家学术——例如宋代苏洵和马端临的著作——中通常还是被联系在一起, 见苏洵,《田制》,《三苏文集》(上海, 1912), 第1册, 卷六, 第6a页; 马端临,《文献通考》(浙江书局, 1896), 第2册, 卷一, 第4a–9a、33b–34b、36b–37a页。苏洵和马端临的论著分别作于朱熹之前和之后。

[5] 胡适,《井田辩》,《胡适文存》(上海, 1927), 第249页。关于当时对胡适所提出的井田问题的评论, 见 P. Demiéville, review of "Hou Che wen ts'ouen", 4 volumes (1921), *Bulletin de l'Ecole Française d'Extrême-Orient*, XXIII (1923), 494–499。

[6] 高耘晖,《周代土地制度与井田》,《食货》第1卷第7期, 1935年3月1日, 第12页。参见丁道谦,《由历史变动律说到中国田制的"循环"》,《食货》第5卷第3期, 1937年2月1日, 第46页, 该文从现代人的角度评论了经常被引用的司马迁(公元前140–前95)关于秦国信奉法家的大臣商鞅(公元前390? –前338)废除了井田制的论断; 丁道谦认为秦国从未实行过井田制, 无论是在形式上还是在实质上。他区分了作为制度的井田(从未存在过)和作为社会政治概念的井田, 在秦国提到井田的

言论中只能看到后者。

［7］James Robert Hightower, tr., *Han Shih Wai Chuan: Han Ying's Illustrations of the Didactic Application of the Classic of Songs* (Cambridge, Mass., 1952), 138−139.

［8］见 W. Theodore de Bary, "A Reappraisal of Neo-Confucianism", *Studies in Chinese Thought*, ed. Arthur F. Wright (Chicago, 1953), 103−104, and Carsun Chang, *The Development of Neo-Confucianism Thought* (New York, 1957), 188, 其中谈到遵循孟子对井田的规范性描述（张载与王安石的立场）与厌恶强制（程颢〔1032−1085〕、程颐〔1033−1107〕和朱熹的立场）两者之间的紧张。

［9］苏洵，第1册，卷六，第6a页。

［10］庄司荘一,「陳亮の學」,『東洋の文化と社會』第4輯（1955），第98页。

［11］马端临，第1册，序，第5a−5b页；又见 Chen Huan-chang, *The Economic Principles of Confucius and His School* (New York, 1911), II, 528.

［12］C. Martin Wilbur（译自《汉书》）, *Slavery in China During the Former Han Dynasty, 206 B.C.−A.D. 25* (Chicago, 1943), 452−453.

［13］H. R. Williamson, *Wang An Shih: A Chinese Statesman and Educationalist of the Sung Dynasty* (London, 1935), I, 27.

［14］参见王安石,《周官新义》（上海，1937），第1册，第84页（源自《周礼》第2册，卷三，第23a−23b页；Biot, I, 226−227），在此王安石详细阐述了从"九夫为井"到"四井为邑"的行政单位的金字塔结构,《周礼》其他地方也提到了这种结构。见上注〔3〕。

［15］Williamson, II, 301. 见《朱子全书》，第15册，卷三十七，第10a页，朱熹在这里反驳了胡姓父子①认为是王莽命令刘歆（死于23年）撰写了《周礼》的看法。朱熹重新确认了《周礼》是由周公传下来的正统信条。

［16］洪仁玕,《资政新篇》，向达等编《太平天国》（上海，1952），第2册，第524页。

［17］de Bary, W. T.,*Chinese Thought and Institutions*, ed. John K. Fairbank (Chicago, 1957), 188−189.

［18］顾炎武,《日知录》（上海，1933），第1册，卷三，第12页；《孟子·滕文公上》(Legge, 242)。

［19］颜元,《存性编》,《颜李丛书》（1923），第4册，第1b−4b页。李塨（1659−

---

　　①指胡寅、胡洪。

1733）在关于恢复井田制的问题上明显认同他的导师和同僚颜元的观点；见李塨，《阅史郄视》（上海，1937），卷四，第47–48页。

　　[20] 颜元，《习斋记余》（上海，1936），卷一，第10页。

　　[21] 苏洵，第1册，卷六，第5页。

　　[22] 见朱熹，《孟子集注》，《四书章句集注》（上海，1935），卷五，第67页，朱熹在这里评论了《孟子·滕文公上》（Legge, 244）中"请野九一而助，国中什一使自赋"这句话。朱熹说："此分田制禄之常法，所以治野人使养君子也。"这里朱熹关心的主要是不用辛苦劳动的士人，井田正是一种为他提供完全合理的保障的规范化的制度。参见《孟子·滕文公上》（Legge, 249–250）："'劳心者治人，劳力者治于人。治于人者食人，治人者食于人。'天下之通义也。"朱熹在评论《孟子·滕文公上》第三章的结尾（"公事毕，然后敢治私事，所以**别野人也**"）（Legge, 245）时，强调"公田"为君子提供了俸禄，"先公后私，所以别君子野人之分也"。

　　[23]『清國行政法：臨時臺灣舊慣調查會第一部報告』，第2卷（神户，1910），第232頁。

　　这种建立兵农合一的井田制的努力，在王安石那里已有先例。1070年，他创建了一种以井田的形式承担集体责任的军事体制。按照陶希圣的说法，王安石认为井田制和他的"农兵"制是不可分割地联系在一起的。见陶希圣，《王安石的社会思想与经济政策》，《社会科学季刊》第5卷第3期，1935年9月，第126页。

　　现代有论者表达了对井田制坚定的信心，坚持认为雍正推行井田制不仅仅是儒家的复古行为，更是救治社会弊病的一种合理的具体措施，它之所以失败不是因为井田制原本就毫无希望，而是因为旗人在阶级特征上的缺陷。见魏建猷，《清雍正朝试行井田制的考察》，《史学年报》第1卷第5期，1933年8月，第125–126页。

　　[24] 陈焕章，第2册，第526页。

　　[25] 马端临，第2册，卷一，第39a页，作者此处引用了另一位宋代学者的话，并表示赞同他的观点。①

　　[26] 苏洵，第1册，卷六，第6a页。

　　[27] 张载像王安石一样相信《周礼》的可行性，认为"治天下不由井地，终无由得平"，他对"井地"的界定"周道止是均平"，见钱穆，《国史大纲》，下卷，第

---

①此处马端临引用的是叶适《民事下》中的观点，中文原文为："故臣以为儒者复井田之学可罢，而俗吏抑兼并富人之意可损。因时power智，观世立法。诚使制度定于上，十年之后无甚富甚贫之民，兼并不抑而自已，使天下速得生养之利，此天子与其群臣当汲汲为之。"

130

131

415页；丁道谦，第49页（引《宋史·张载传》）。王安石在论及《周礼》中的"井田"时，将"均平"的目标作为他强调的重点，见王安石，第1册，第98页。

[28] 例如，董仲舒上书汉武帝曰："古井田法虽难卒行，宜少近古；限民名田，以澹不足"，见 Nancy Lee Swann, *Food and Money in Ancient China: Han Shu 24* (Princeton, 1950), 183；[①]汉哀帝（公元前6年至公元1年）时亦有人上书主张"均田"："古之圣王，莫不设井田，然后治乃可平……"，见邓初民，《土地国有问题》，《东方杂志》第20卷第19号，1923年10月10日，第14页。现代也有学者将"均田"与井田结合在一起，认为"均田"最初是一种税收制度，对后人来说包含了"拉平"的意味，而井田则纯粹是贵族对农奴的封建剥削，他批评他的同时代人犯了一个在他看来似乎被普遍接受的错误，即将井田描述为儒教平等主义的"均田"的原型，参见梁园东，《古代均田制度的真相》，《申报月刊》第4卷第5号，1935年5月15日，第65-66页；梁园东，《井田制非土地制度说》，《经济学季刊》第6卷第3期，1935年11月，第51-53页。

[29] 几乎所有有关井田历史的讨论都指责公元前4世纪的大臣商鞅废除了这项制度，见上注[6]。颜元则将责任归于公元前221年统一中国的秦始皇。

[30] 关于20世纪20年代有关井田的讨论中对"均田"作为土地私有制的伴生物的强调，见胡汉民，《胡汉民先生答胡适之先生的信》，1920，载朱执信等，《井田制度有无之研究》（上海，1930），第45页；刘大钧，《中国古代田制研究》，《清华学报》第3卷第1期，1926年7月，第685页；梁园东，《井田制非土地制度说》，第51页。有论者得出井田制等同于封建制的结论，随着秦朝建立起普遍的土地可转让的制度和完成统一天下的事业，封建制不得不退出历史舞台，因而秦始皇——他的胜利与这些政策密不可分——不可能复兴井田制（这是作者提出来的假设性的愿景），因为这种复兴将不得不发生在与井田制之前的、必需的社会环境相隔绝的环境中；参见胡范若，《中国井田制沿革考》，《科学》第10卷第1期，1925年5月，第139-40页。另一方面，共产主义者不是将"均田"等同于后井田时代的土地私有制，而是恰恰将其等同于据说是被土地私有制的扩张所毁坏的井田制，参见范义田，《西周的社会性质——封建社会》，《中国古史分期问题论丛》（北京，1957），第234页。

[31]《明史》卷二二六，转引自陈伯瀛，《中国田制丛考》（上海，1935），第233页。

[32] Laurence G. Thompson, tr., *Ta T'ung Shu: the One-World Philosophy of K'ang Yu-wei* (London, 1958), 137 and 211. 康有为的一位弟子对奴隶制发表了本质上相同的

---

① 中文原文见《汉书·食货志》。

观点，见陈焕章，第2册，第374页（尽管他以更传统的方式将井田制归功于圣王和周公；同上，第1册，第82页）。顺便提一下，陈焕章的这部著作尽管最初是作为哥伦比亚大学的论文以英文写成的，却由于一位日本学者将其出版列入他编撰的儒教历史大事年表中，而完全被看作第一手材料；见今關寿麿，『宋元明清儒學年表』（東京，1920），第217页（中文）。

　　［33］梁启超，《中国之社会主义》，《饮冰室合集》（上海，1936），《专集》第2册，专集之二，第102页。

　　［34］谭嗣同，《仁学》，《谭嗣同全集》（北京，1954），第69页。

　　［35］王侃，《巴山七种》，转引自陈伯瀛，第18页。

　　［36］(a) 胡汉民在孙中山的支持下，在《民报》（1906）上发表文章，称社会主义在中国很容易实现，因为中国古代的井田制在中国人的心目中早就是社会主义的模范了，转引自 Robert A. Scalapino and Harold Schiffrin, "Early Socialist Currents in the Chinese Revolutionary Movement: Sun Yat-sen versus Liang Ch'i-ch'ao", *Journal of Asian Studies*, XVIII, No. 3 (May 1959), 326。[1]

　　(b) 孙中山认为井田制（"中国古时最好的土地制度"）跟他自己的平均地权的社会主义原则本质上是一致的——"同其意而异其法"，见陈正谟，《平均地权与中国历代土地问题》，《中山文化教育馆季刊》秋季号（第4卷第3号），第889—890、911页。注意"意/法"这一中文修辞中并不新鲜的二分法，总是意味着"法"的单薄，这里的"法"作为"方法"，相当于经验层面上可观察到历史事件；而"意"作为"原则"，则恰恰是这个隐喻所预示的本质所在。

　　(c) 1906年，梁启超在《新民丛报》上以居高临下的口气提到孙中山，说他并不明白他的"社会主义"只是井田，而不是真实的事物（Scalapino and Schiffrin）。[2] 此时梁启超已不再是今文学的儒者，反对他自己早先为最新的事物寻求古典先例的做法。但是到1916年梁启超又回到了这种无聊的行为上："井田之法，殆渊源于甚古……今世欧美所谓社会主义者，持论颇类是，而我国则二千年前发明之。"见梁启超，《论中国财政学之不发达之原因及古代财政学说之一斑》，《饮冰室合集》，《文集》第12册，文集之三十三，第92—93页。

　　(d) 1907年黄兴提议为同盟会设计一面革命旗，旗上绘"井"字以代表社会主

---

　　[1] 胡汉民文为《民报之六大主义》，载《民报》第3号，1906年4月5日。
　　[2] 中文原文见梁启超《杂答某报》："吾观此而益疑孙文之社会革命论，除复反于古昔井田时代之社会，无他途也。"见《新民丛报》第4年第14号，1906年9月3日，第44页。

义，尽管孙中山并不赞成这一建议。见 Chün-tu Hsüeh, *Huang Hsing and the Chinese Revolution* (Stanford, 1961), 50—51。

（e）国民党的坚定的老党员冯自由虽然承认今天讨论的社会主义来自现代欧洲思想，但仍认为"上古时代的古圣名王所行的"井田制度，是中国早期的社会主义；见冯自由，《社会主义与中国》（香港，1920），第2页。

（f）"近代社会主义虽起自欧洲，但这种思想却在古代的中国，早有其萌芽……十七十八世纪的西方传教士把中国古代思想带入欧洲，也许是产生社会主义思想的原因之一……孟子的思想精神既然如此，他当然对于后世的社会主义者起着很大的启示作用。"见冷定庵《社会主义思想史》（香港，1956），第9—13页。

［37］胡适呼吁以科学的态度对待井田，见胡适，第248—249页。他指出中国古代的封建制度（应该与欧洲和日本的封建制度进行比较）并非孟子和《周礼》所描述的那样。他认为，对一个具有现代科学的心智的人来说，提出证据的责任在于古人；他所做的与其说是证明有关井田的叙述是虚假的，不如说是（再次）拒绝接受《诗经》所提供的那种肯定性的证据，认为它们太无足轻重了（265页）。孟子本人也没有提供证据（269页）。而《公羊传》、《穀梁传》、何休的注释、《春秋》、《周礼·王制》（所有用来证实井田制的文献资料）都是晚出的，都依赖于已经被污染的共同的原始史料，要么就是被简单而粗暴地误用到这个问题上，见第271—272、278—281页。

［38］胡适对那些把孟子对井田的描述与共产主义扯到一起的人很是不屑（且不论文本的历史可信度的问题），见同上，第270页。

［39］同上，第281页。

［40］即《井田制度有无之研究》附录（一）第83页所载的讨论，季融五在这里同意胡适的看法，也对进入周朝时已拥有漫长的历史经验的中国人还没有发展出私人土地所有制这一点表示怀疑。

另外可见高耘晖，第13页，作者在这里指出不可能两者兼顾：如果《诗经》被引用来证明井田制的存在（因为每一个为井田制的存在辩护的人都像孟子那样引用了《诗经》），而井田又等同于"原始共产主义"，我们就必须指出《诗经》反映的是一个显然经过漫长的演化发展到成熟阶段的文化。它很难代表那个必须以原始共产主义作为其应有特征的粗陋的文化。

［41］高耘晖，第12页。

［42］一战后持坚定的反共态度的梁启超也没有回到他之前偶尔将井田和社会主义放到一起的做法上（如他在上注［36］中所做的那样）。他称井田问题是一个过时的题目，跟周朝有关，跟现代毫无关系；见梁启超，《续论市民与银行》，《饮冰室合

集》，《文集》第13册，文集之三十七，第40页。

关于胡汉民作为孙中山"三民主义"之独特性、"三民主义"与共产主义的不同及相对于对方的优越性的代言人的角色，参见胡汉民，《平均地权的真义及土地法原则的来源》，载时希圣编《胡汉民言行录》，第三篇，第119-121页；胡汉民，《三民主义之认识》，黄埔中央军事政治学校特别党部编《蒋胡最近言论集》（广州？，1927），下集，第1-12页，特别是第5-6页，在这里三民主义被解释为彼此相互界定的原则，并因此而优于另外三种被构想出来的主义，即国家主义、无政府主义和共产主义。

[43] 胡汉民，《唯物史观与伦理之研究》（上海，1925），第155-156页。

[44] 胡汉民，《平均地权的真义及土地法原则的来源》，第117-128页。孙中山1921年曾强调井田制的原则与他"平均地权"的想法是一致的，见萧铮，《平均地权真诠》，《地政月刊》第1卷第1期，1933年1月，第10页。

[45] 胡汉民，《三民主义的连环性》（上海，1928），第65-66页。

[46] 胡汉民在《唯物史观与伦理之研究》第74页讨论了人口这一关键因素；他的讨论建立在韩非子思想的基础上（他是从非常马尔萨斯式的角度来引用韩非子的，强调人口自然增长的几何速率）。胡汉民也考虑到了货物交易的发展和商人相对于农民的势力等因素。

[47] 同上，第73页。

[48] 西方对古代中国的研究自然没有受到围绕井田制展开的辩论的情绪化色彩的影响，因而相较于破坏一篇文本文字上的权威而言，更直接地关心历史的建构问题，而这些研究也倾向于这种观点，也把孟子笔下的井田看作一种隐喻。见 P. Demiéville，上注 [5]，以及 Henri Maspero, *La Chine antique* (Paris, 1927), 108-110。还有一些学者认同马伯乐（Maspero）的观点，如戴闻达（J. J. L. Duyvendak）在 *The Book of Lord Shang: A Classic of the Chinese School of Law* (London, 1928) 第41-44页中就拒绝像胡适那样把井田看作纯粹的乌托邦而不屑一顾。他们把井田制看作在个人占有土地有可能出现之前的刀耕火种的时代依附者与有权势者之间形成的一种制度。马伯乐和戴闻达认为，一旦家庭在分配得比较明确的土地上过上了较为安定的生活，个人获取对土地的占有权的倾向就开始出现了。

根据 T'oung Pao, XXIX, Nos.1-3 (1932) 第203-204页上的一则通告，有一部 M. Kokin 和 G. Papayan 合著的严肃的俄语著作 *"Czin-Tyan", agrarnyi stroi drevnego Kitaya*（古代中国农业的井田制）(Leningrad, 1930) 也非常接近 Maspero 的看法。

关于现代早期日本学者对这一问题的研究，见桥本增吉，「支那古代田制考」，『東洋學報』第12卷第1號，1922年，第1-45頁；第12卷第4號，1922年，第481-

494頁；第15卷第1號，1925年，第64–104頁。桥本将中国各派与日本不同学派的阐释联系在一起：胡汉民、廖仲恺和朱执信属于加藤繁一派，认为井田制是在土地私有制发生之前的制度；胡适和季融五属于服部宇之吉一派，对孟子持批判的态度。见（上），第15页。

［49］关于这个问题，见 S. G. F. Brandon, "The Myth and Ritual Position Critically Considered", *Myth, Ritual, and Kingship: Essays on the Theory and Practice of Kingship in the Ancient Near East and in Israel*, ed. S. H. Hooke (Oxford, 1958), 280。

［50］以下是1949年以前的一些例子（共产党的官方学术将在下文讨论）：

（a）一些论者把井田看作"原始共产主义"、"公共村社"或"自然社会主义"（井田时代的特征被界定为人口少，没有经济交易，没有自由竞争，没有资本，土地所有制要么以部落或村庄为基础，要么根本不存在这一观念；井田制在社会组织和技术发展上类似于早期的"公有制"〔Gemeineigentum〕或其他地方的集体组织体制；井田制是由于在本体论的意义上有必要在过去真实的历史中找到某种可用来说明孟子的井田观念的事物而建构起来的；井田制不应受到胡适的全盘怀疑），可依次参见潘力山，《社会主义与社会政策》，《东方杂志》第21卷第16号，1924年8月25日，第20页；倪今生，《井田新证别论》，《食货》第5卷第5期，1937年3月1日，第22、25页；张霄鸣，《中国历代耕地问题》（上海，1932），第20–22、365页；朱僱，《井田制度有无问题之经济史上的观察》，《东方杂志》第31卷第1号，1934年1月1日，第187–190页；余精一，《井田制度新考》，《东方杂志》第31卷第14号，1934年6月16日，第163–165、168–172页；郑行巽，《井田考》（上），《经济学季刊》第5卷第2期，1934年8月，第58–59、61页；徐中舒，《井田制度探源》，《中国文化研究汇刊》第4卷上册，1944年9月，第153–154页。所有这些研究——就像后面的研究一样——经常会概述20年代及其后的其他研究。

（b）另一些论者则把井田看作封建性或类似于封建主义的制度（"公田"是"王公的田地"，而不是像后来那些犯了时代错误的人所理解的那样是"公共的田地"；井田制被儒者理想化了，但也大体上勾勒出了此后实际存在的封建制度的面貌；井田制是以土地耕作中的奴役关系为基础的——农民是贵族王公的"牛马"——而不是以平均主义或"土地公有"为基础的；井田制可能是商代公社在周代封建环境下残留的遗迹；《周礼》提到了分封采邑的活动；与日本的相似性；作为徭役的"互助"），参见杨联陞对李剑农《中国经济史稿》的概述，载 Lien-sheng Yang, "Notes on Dr. Swann's 'Food and Money in Ancient China' ", *Studies in Chinese Institutional History* (Cambridge, Mass., 1961), 93–94; 牛夕，《自商至汉初社会组织之探讨》，《清华周刊》第35卷第2

期，1921年3月，第84—85页；刘大钧，第683页；赵琳，《井田制度的研究》，《史地丛刊》第1辑，1933年，第7—9、17页；吕振羽，《西周时代的中国社会》，《中山文化教育馆季刊》春季号（第2卷第1期），1935年，第120—126页；汪诒荪，《中国社会经济史上均田制度的研究》，《东方杂志》第33卷第14号，1936年7月16日，第53—54页；高耘晖，第12、15—17页；许宏烋，《秦汉社会之土地制度与农业生产》，《食货》第3卷第7期，1936年3月1日，第13页；齐思和，《孟子井田说辨》，《燕京学报》第35期，1948年12月，第107、120—121、127页；邵君朴，《井地制度考》，《岭南学报》第9卷第2期，1949年6月，第199—200页。最后这项研究（第200页）和卫聚贤《井田的材料》（《学艺》第14卷第4期，1935年5月15日）一文（第17页）是诸多研究中为数不多的在原本属于文本考论的内容中注入历史地理因素的论著，这种考论旨在证明井田制某种现实的土地安排的封建起源；这两项研究提到当下某些村落的地形特征——其围田和河道的规整性，暗示这些特征具有持久性，尽管从古代封建制以来土地使用权在经济方面已经发生了很大变化。

139

[51] 廖仲恺，《答胡适之论井田书》，《廖仲恺集》（太原，192 ?），第87—93页。

[52] Harold J. E. Peake, "Village Community", *Encyclopaedia of the Social Sciences* (New York, 1935), XV, 253—254.

[53]《井田制度有无之研究》附录（一），第103页。

[54] 坚瓠，《"欧化"的中国》，《东方杂志》第20卷第4号，1923年2月25日，第1页。

[55] 廖仲恺，《中国实业的现状及产业落后的原因》，《中国国民党实业讲演集》（上海，1924），第54页。

[56] 关于注经者与解经者之间的这种区别，见 Arthur A. Cohen, *Martin Buber* (New York, 1957), 60; 又见 Bernard M. Casper, *An Introduction to Jewish Bible Commentary* (New York and London, 1960), 113。

[57] Salo W. Baron and Joseph L. Blau, *Judaism: Postbiblical and Talmudic Period* (New York, 1954), 101—102.

[58] 胡汉民，《三民主义之认识》，第7页。

[59] 例如徐世昌，《欧战后之中国：经济与教育》（上海，1920），第58—59页；徐世昌称赞了"我国立国精神"，这种精神在"道"与"德"两方面建立在农业与教育的基础上，已经为中国人坚守了上千年，在世界上无与伦比。他把工商业看作"诱人"之物，然"其根底实甚薄弱"；它们与农业形成竞争关系，就像"实用教育"与"道德"培育形成竞争关系一样。但欧洲的发达也只是最近一二百年的事，而中国文

化却开发很早，蕴藏丰富。徐世昌很反感吹捧科学和物质效用而贬抑"道德"，以及把农业当作与"封建"相关的事物而加以诋毁。他说，他只知道古人崇奉道德，重视农业。[①]

［60］有论者称井田制是三代"黄金时代"的土地制度，它是由黄帝创建的，大禹治水后又加以重建云云，见上，第56页；邹卓立，《社会主义平议》，《学衡》第12期，1922年12月，第6页；邓初民，《土地国有问题》，《东方杂志》第20卷第19号，1923年10月10日，第13—14页；向乃祺，《自马克思农业理论之发展论到我国土地问题》，《社会科学季刊》第5卷第1—2期，1930年1月—6月，第15页。

人们很难将这些有关井田制起源与性质的描述与像钱塘（1735—1790）《溉亭述古录》中那样的传统描述区分开来，见钱塘，《溉亭述古录》，《皇清经解》（1829），第195册，卷七一八，第1a页。陈兆焜《中国古代田赋兴革论略》（《社会科学季刊》新第2卷第2期，1943年夏）第1—2页将黄帝创建井田制的神话等同于历史（引自杜佑〔735—812〕的《通典》），它体现了中国历史从狩猎、游牧阶段进而向农业阶段的转变，对土地进行划界是农业阶段的新要求。

［61］徐世昌，第58页；邹卓立，第1、6、10页；邓初民，第16页；向乃祺，第14—15页。

［62］Chiang Kai-shek, *"China's Destiny" and "Chinsese Economic Theory"*, ed. Philip Jaffe (New York, 1947). 这里提到的文章是后者（"Chinsese Economic Theory"），发表于1943年。

［63］杨培之，《颜习斋与李恕谷》（武汉，1956年），第84—85页。

［64］李鼎芳，《王莽》（上海，1957），第50、52页。胡适论"中国的社会主义皇

---

① 此处与中文原文的意思不尽相合，兹录中文原文相关段落如下："如前所述，上则教养兼施，下则耕读并重，培本植基，历数十世而无斁，此实我国立国精神之所毕寄，国家大本之所由系也。顾或谓吾国教化，因其侧重道德，故形而上学虽寰中无比，而一切实用学术之发达，大抵悉落人后。又谓吾国产业，因其注重务农，故农产之富，虽艳闻于世，而一切商工诸业之开展，其根底实甚薄弱。值此科学昌明之世，物质效用之秋，吾何可以德育自满，农业自封乎？此说甚是，吾无间然者也。惟须知先民之所以崇德重农者，不过欲为端本固蒂之谋，特加注重焉耳。非谓实用学术之可以不讲，工商诸业之可以不顾也。其散见于古籍中者，声光医化，历代各有所发凡；采矿冶金，地藏亦早知启发。其进步之速，系统之立，纲目之举，类别之细，不若欧美近一二百年之盛而已矣。诚以我国文化开发之早，民族研究性之富，各种学术，自不难连类而阐明。"

帝"的文章发表于1922年和1928年。①

[65] 何香凝，《回忆孙中山和廖仲恺》（北京，1957），第33页。当她写这本书的时候，身为廖仲恺遗孀的她本人虽然很接近共产党，但并未入党，其身份是大陆民主党派"中国国民党革命委员会"的副主席。

[66]《廖仲恺文集》（广州，1961）。同时还配套出版了《朱执信文集》。

[67] 廖仲恺，《农民运动所当注意之要点》，郑兀编《党国先进言论集》（长沙，1938），第144页。

[68] 李亚农是少数持这一看法的大陆学者之一，见李亚农，《中国的奴隶制与封建制》（北京，1954），第144页。

[69] 孙力行，《批判胡适的"井田辩"及其他》，《胡适思想批判》第6辑（北京，1955），第160—164。与之类似的是，有论者强调，否定井田制只是孟子的乌托邦想象这一看法是科学（正是"社会发展客观规律"）的要求，见高亨，《周代地租制度考》，《中国古史分期问题论丛》，第30页。

[70] 郭沫若运用与胡适相似的论证批驳了井田制实际存在的观点，他以丰富的且看上去很可信的青铜器铭文材料作为证据，提出了周代有可能实行的是授田制的观点，见 Wolfram Eberhard, "Zur Landwirtschaft der Han-Zeit", *Mitteilungen des Seminars für Orientalische Sprachen zu Berlin*, XXXV, Part I (Ostasiatische Studien) (1932), 81。

[71] 孙力行，第166—167页。

[72] 关于这个问题的文献已经非常丰富了。孙力行（第166—167页）记述了大多数学者的共识，即中国古代存在过某种"土地公有的均产制度"（而且似乎归根结底，要么把这种制度称为井田制，要么井田制指的就是别的东西）。高亨（第63—64页）的结论是周代属于封建时代，但（第29页）他认为井田制可以与先秦时期任何可能的社会形态相适应。不过在这个问题上大体存在着两种解释，(a) 这种制度是农村公社的一种制度，(b) 这种制度是一种封建的庄园制。如果是 (a) 的情况，那么周代就是奴隶社会（依据B. K. 尼科尔斯基〔B. K. Nikorsky〕的《原始社会史》的权威，该书指出农村公社是在第一个阶级社会即奴隶社会中残留的原始社会的余波）；如果是 (b) 的情况，那么周代就是封建社会。

郭沫若在《奴隶制时代》（上海，1952）第23页援引《史记》对商鞅之影响力——

①即《王莽——一千九百年前的一个社会主义者》，原载《读书杂志》第1期，1922年9月3日，收入《胡适文存》二集，1928年发表的是该文修订后的英文版 "Wang Mang, the Socialist Emperor of Nineteenth Centuries Ago"，载 *Journal of the North China Branch of the Royal AsiaticSociety*, LIX, 1928, 218—230。

即公元前350年秦孝公用商鞅"坏井田，开阡陌"——的著名描述，将其看作史实，从而表明他已转而接受井田制的存在。在《十批判书》（北京，1954）第324页，郭沫若称商鞅时代的秦国社会处于从奴隶社会向封建社会转变的过渡阶段。由此可见郭沫若最终是在奴隶社会的语境中来认识井田制的；见冉昭德，《试论商鞅变法的性质》，《历史研究》1957年第6期，第44页，以及 Lien-sheng Yang, 100–103。同样，侯外庐也在《论中国封建制的形成及其法典化》（《历史研究》1956年第8期，第24页）中把秦孝公废除井田制（见上文）称为封建因素的"萌芽"，从而将井田制、周代社会与奴隶制联系在一起。

另外一些论者——如范文澜——对商鞅（以及井田制）的解释则不同，他们将商鞅的时代视为从一种封建制向另一种封建制转变的过渡阶段；见冉昭德，第43页。与杨向奎《试论先秦时代齐国的经济制度》（《中国古史分期问题论丛》，第88页）一文的观点接近，王玉哲在《有关西周社会性质的几个问题》（《历史研究》1957年第5期，第87–88页）一文中注意到《诗经》和《孟子》中"公田"与"私田"的著名区分，乃是"初期封建社会的土地制度的特征"，因而不应该轻轻放过。然而他又进而注意到（这个看法并不新鲜，见上注［50］），《诗经》中的"公"指的不是财物归于集体意义上的"公"，而是财物归于贵族这一统治阶级意义上的"公"。实际上，按照陈孟麟的看法，"私田"和"公田"都是贵族的土地，他的奴隶社会理论不是建立在"农村公社"的基础上，而是建立在对奴役性的土地占有制度的怀疑的基础上。商朝灭亡后，在分封土地的过程中，统治者家族保留给自己的王室领地就被界定为"公田"；把这一分类的原则贯彻到整个体制中，在次一级的土地分封过程中，当依次被分封的较低级贵族的土地被高一级贵族保留下来作为直属的领地时，这块土地就成为"公田"。见陈孟麟，《关于西周社会性质问题》，《中国古史分期问题论丛》，第208页。

对共产主义者的论述来说，必须认定封建主义——无论对它开始的日期容许有什么样的争论——直到最近才被取代，因而很自然，在这样的论述里就不会像在冯友兰《中国哲学史》里的论述那样，对这个语义的问题作出解释，见 Fung Yu-lan, *A History of Chinese Philosophy: the Period of the Philosophers (from the Beginnings to circa 100 B.C.,* tr. Derk Bodde (Peiping, 1937), 118–119（中文版1931年初版于上海）。冯友兰认为原有的井田制是为了贵族的利益而设计出来的，而孟子则以儒家典型的以述为作的方式，将井田制转变为"含有社会主义性质的经济制度"，"公"的含义从"贵族"转变为"公共"。

［73］何兹全，《关于中国古代社会的几个问题》，《中国古史分期问题论丛》，第135–136页。

[74] 孙力行，第162页。

[75] 这里指的是专制的"水利社会"的理论，一般认为它适用于中国历史上的大部分时期。共产主义中国非常排斥这一理论，它是由魏特夫（Karl A. Wittfogel）在其《东方专制主义》(*Oriental Despotism: a Comparative Study of Total Power*〔New Heaven, 1957〕) 一书及其他论著中煞费苦心地提出来的。

## 第三章

[1]《斯德哥尔摩第十一次国际历史学家大会上的论战》，《人民日报》1961年2月26日，第5版。

[2] 北京大学历史系中国古代史教研室，《〈中国历史纲要〉讨论会记录》，《历史研究》1957年第4期，第43—77页。

[3] 毛泽东，《中国革命与中国共产党》(香港，1949)；具体可见侯外庐，《中国早期启蒙思想史》(北京，1956)，意味深长的是，书名明显用当时通行的中文词汇来指代法国知识分子的18世纪。关于这个问题的复杂性，见 Albert Feuerwerker, "Chinese History in Marxist Dress", *American Historical Review*, LXVI, No.2 (Jan. 1961), 327–330。

[4] 中山大学历史系，《对范文澜中国通史简编修订本第一编的意见》，《历史研究》1955年第1期，第111–114页。又见吴大琨、赵光贤、王玉哲对范文澜著作的批评，见《历史研究》1954年第6期，第45—71页。

[5] A. Doak Barnett, *Communist China and Asia: Challenge to American Policy* (New York, 1960), 30.

[6] 翦伯赞，《关于两汉的官私奴婢问题》，《历史研究》1954年第4期，第1页；王思治、杜文凯、王汝丰，《关于两汉社会性质问题的探讨——兼评翦伯赞先生的"关于两汉的官私奴婢问题"》，《历史研究》1955年第1期，第19—46页。

[7] 徐中舒，《论西周是封建制社会——兼论殷代社会性质》，《历史研究》1957年第5期，第55页；杨伟立、魏君弟，《汉代是奴隶社会还是封建社会？——读王思治、杜文凯、王汝丰三同志"关于两汉社会性质问题探讨"之后》，《历史研究》1956年第2期，第31—49页。

[8] Liang Sou-ming, "Changes I have Undergone in the Past Two Years"(《两年来我有了哪些转变》)，译自《光明日报》1951年11月2日；"Reply to Some of My Critics"(《敬答赐教的几位先生》)，译自《光明日报》1952年1月10日，in *Current Background*, No. 185 (Hong Kong: American Consulate-General), June 16, 1952。

[9] 例如可见刘大年和侯外庐评论梁漱溟的文章，分别发表于《历史研究》1955年第5期第1—27页、《历史研究》1956年第1期第6—29页。①

[10] 如杨培之，第80页。杨培之逐字引用且并未标明出处（这证明它具有公开的真理地位，而不只是一位权威的意见）的这篇毛泽东的文章，是《中国革命与中国共产党》（见上注［3］）。

[11] 范文澜，《试论中国自秦汉时成为统一国家的原因》，《历史研究》1954年第3期，第15页。

[12] 杨宽，《商鞅变法》（上海，1955），第63页。

[13] 侯外庐，《中国古代社会史论》（北京，1955），第89页。

[14] 范文澜，第19—21页。

[15] 吕振羽，《史学研究论文集》（上海，1954年），第107页。

[16] 见《中国近代史分期问题讨论集》（北京，1957），该书是《历史研究》1954—1957年发表的相关文章的汇集。

[17] 郭沫若，《开展历史研究，迎接文化建设高潮》，《历史研究》1954年第1期，第3页。

[18] 见第一卷，第141页。

[19] Jaroslav Prusek, "The Importance of Tradition in Chinese Literature", *Archiv Orientalni*, XXVI, No.2 (1958), 218—219.

[20] Patria Guillermaz, *La Poésie chinoise contemporaine* (Paris, 1962), 15.

[21] 邵循正，《辛亥革命前五十年间外国侵略者和中国买办化军阀、官僚势力的关系》，《历史研究》1954年第4期，第53页。关于19世纪后半叶外国"资本主义侵略者"与国内的封建势力的媾和，又见胡绳，《中国近代历史的分期问题》，《历史研究》1954年第1期，第11页，以及郭沫若，《开展历史研究，迎接文化建设高潮》，第2页。

[22] 丁原英，《一九一〇年长沙群众的"抢米"风潮》，《中国科学院历史所第三所集刊》1954年第1期，第198页。

[23] 李时岳，《辛亥革命时期两湖地区的革命运动》（北京，1957），第29页。李时岳在概述了有关原始社会、奴隶社会、封建社会和资本主义"萌芽"——它们都在中国**独立地**发展出来了——的常识之后，强调了毛泽东有关帝国主义破坏了封建主义

---

① 刘大年文题为《从封建土地制度问题上看梁漱溟思想的反动本质》，侯外庐文题为《批判梁漱溟反动的历史观点及其复古主义》。

必然解体的进程的权威观点。见第4页及以下。

[24] Feuerwerker, 325–326.

[25] 夏鼐，《十年来的中国考古新发现》，《光明日报》1959年10月15日，第3版。

[26] 张舜徽，《中国史论文集》（武汉，1956年），第163–164页。

[27] 例如可见任继愈，《中国古代医学和哲学的关系》，《历史研究》1956年第5
期，第59–74页；《新华半月刊》第145期，1958年12月，第106–107页；Ling Yang,
"Integrating Chinese and Western Medicine", *Peking Review*, No. 43 (Dec. 23, 1958), 21–
23; Gerald Clark, *Impatient Giant: Red China Today* (New York, 1959), 130; *Professional
Manpower and Education in Communist China*(Washington, 1961), 137;*Communist China
Digest*, No. 26 (Oct. 18, 1960), 92–93; *Survey of China Mainland Press*, No. 2475 (April
13, 1961), 18。

巴金和其他一些作者还发展出一条不同的思路，见 Pa Chin and others, *A Battle for
Life: a full record of how the life of steel worker, Chiu Tsai-kang, was saved in the Shanghai
Kwangtze Hospital* (Peking, 1959)。①在这本书的前言第6页，西医被称为"资产阶级"
医学，它的权威性将被人民的中医撼动，后者是社会主义的、群众合作的医学，并不
只是世代传承下来的丰富知识。

[28] 季镇淮，《司马迁》（上海，1955），第128页。又见 Hou Wai-lu, "Ssuma Chien:
Great Ancient Historian", *People's China*, No. 12 (June 16, 1956), 36–40, 及郑权中，《史记
选讲》（北京，1959），第10–11页。

[29] 陈千钧，《论〈资治通鉴〉》，《历史研究》1957年第7期，第40页。

[30] 宋云彬，《康有为》（北京，1955）。

[31] 陈伯达，《窃国大盗袁世凯》（北京，1954年再版）。

[32] 齐思和等编，《鸦片战争》（上海，1954）；邵循正等编，《中日战争》（上海，
1956）。

[33] 李竹然，《辛亥革命前的群众斗争》（北京，1957）。

[34] 齐思和，《批判胡适派对于世界史的反动唯心观点》，《历史研究》1956年第
6期，第23–41页。

[35] 唐嘉弘，《四川大学历史系的教学和研究工作》，《历史研究》1956年第2期，
第50页。

---

①该书中文版即巴金1958年创作的报告文学《一场挽救生命的战斗》，中国青年
出版社1958年出版。

［36］Donald S. Zagoria, "Khrushchev's Attack on Albania and Sino-Soviet Relations", *The China Quarterly*, No. 8 (Oct. ‒Dec. 1961), 4.

147

## 第四章

［1］参见 Holmes Welch, "Buddhism under the Communists", *The China Quarterly*, No. 6 (April‒June 1961), 1‒14。

［2］罗根泽，《中国文学批评史》（上海，1957），第39、48‒49页。

［3］Chow Tse-tsung, *The May Fourth Movement: Intellectual Revolution in Modern China* (Cambridge, Mass., 1960), 284‒287, 309‒310.

［4］郭沫若，《关于厚今薄古问题》，《人民日报》1958年6月11日，第7版。关于"当下对中国所有的历史编纂学的压力"，见 Albert Feuerwerker and S. Cheng, *Chinese Communist Studies of Modern Chinese History* (Cambridge, Mass., 1961), 4。

［5］*Daily Report: Foreign Radio Broadcasts*, No. 248 (Dec. 22, 1960), BBB, 10‒11.

［6］CCS Report (July 1961).

［7］*Weekly Report on Communist China*, No. 28 (June 3, 1960), 26.

［8］Orleans, 18.

［9］关于对经书作为史料在共产党的历史分期中的用途的描述与分析，见（本卷第二、三章及）Feuerwerker, 336‒340, 及 Feuerwerker and Cheng, 2‒9, 21‒26, 209‒213。

［10］郭沫若，《关于目前历史研究中的几个问题》，《新建设》1959年第4期，第5页。

［11］王芝九、宋国柱，《中学历史教师手册》，（上海，1958），第56页。

［12］冯友兰的论文在"原始共产主义"的语境中提到了这一点，见冯友兰，《康有为的思想》，载《中国近代思想史论文集》（上海，1958），第120页。

［13］中国科学院哲学研究所中国哲学史组编，《中国大同思想资料》（北京，1959），第1页。支持这一立场的观点，见古棣，《孔子和"大同"思想》，《光明日报》1961年5月24日，第2版。

［14］古棣在上文（第2版）中提到任蜩的文章，见任蜩，《孔子礼运大同思想》，《光明日报》1961年5月12日，第4版。古棣认为孔子与"大同"的乌托邦思想没有关系。他在文中强调《论语》大体上是研究孔子思想的可靠资料，其中找不到一点"大同"思想的苗头；古棣还拒不承认中国科学院历史研究所编的资料集（见注［13］）摘引的《论语》中的两则话体现了"大同"思想，理由是《论语》里面包含了非乌托

148

邦的阶级区隔（即"人"与"民"的区分）。

[15] 任蜎，第4版。

[16] 钟肇鹏，《从"仁"和"礼"看孔子思想的阶级性》，《光明日报》1961年12月12日，第3版；刘泽华，《试论孔子的富民思想》，《光明日报》1962年6月22日，第4版。

[17] 王明，《〈易经〉和〈易传〉的思想体系问题》，《光明日报》1961年6月23日，第4版。

[18] 关锋、林聿时，《论孔子的"仁"和"礼"》，《人民日报》1961年7月23日，第5版。"仁"作为"礼"的人文主义基础，将思想从原始迷信和神权思想中解放了出来，关于这一观点，又见嵇文甫，《春秋战国思想史话》（北京，1958），第20—22页；以及《中南地区史学界在广州举行学术讨论会》，《光明日报》1961年5月19日，第2版。

[19] 朱谦之，《十七八世纪西方哲学家的孔子观》，《人民日报》1962年3月9日，第5版。

[20] 张岱年，《中国唯物主义思想简史》（北京，1957），第22页；李守庸，《关于孔子的"均"的经济思想探讨》，《光明日报》1962年3月12日，第4版；刘泽华，第4版。

[21] 张岱年，第20页。有一种更谨慎的论述认为孔子处于唯物主义与唯心主义之间，因为他对是否相信"天道"或"性"不置可否，参见郭绍虞，《中国古典文学理论批评史》（北京，1959），第28页。

[22] 人民文学出版社编辑部编，《诗经研究论文集》（北京，1959），第1页；Yu Kuan-ying, "China's Earliest Anthology of Poetry", *Chinese Literature*, 1962, No. 3, 109, 111。关于孔子承认《诗经》的现实主义的说法，见郭绍虞，第16页。

[23] 《探讨贾谊思想和〈新书〉真伪问题》，《人民日报》1961年10月5日，第7版。

[24] 周予同、汤志钧，《王莽改制与经学中的今古文学问题》，《光明日报》1961年5月16日，第2版；《周予同汤志钧探讨中国经学问题》，《人民日报》1961年5月31日，第7版。

[25] 徐仑，《什么是封建社会》（上海，1954），第69页。

[26] 兰州大学中文系孟子译注小组编，《孟子译注》（北京，1960），第13页；类似的观点可见《中国人民大学哲学系讨论孟子评价问题》，《光明日报》1961年7月28日，第1版。侯外庐也呼吁运用马列主义对从孔夫子到孙中山的思想史进行科学的研

149

究，见《侯外庐谈如何对待中国哲学史遗产》，《光明日报》1961年5月6日，第1版。

[27] 关于本段及下段提及的这一观点和其他看法，见束世澂，《孔子〈春秋〉》，《历史研究》1962年第1期，第47—50、55、57页。

[28] 太史简，《文与道》，《人民日报》1962年1月21日，第5版。

[29] S. H. Chen, "Multiplicity in Uniformity; Poetry and the Great Leap Forward", *The China Quarterly*, No. 3 (July–Sept. 1960), 5.

[30] 例如：关于孔子（a）喜欢旧事物，确切地说是喜欢灌输保守主义思想，见朱东润编，《左传选》（上海，1956），第8页。（b）站在处于衰落之中的奴隶主阶级一边，或（用经书）作为反动的封建阶级反对人民的工具，参见《中南地区史学界在广州举行学术讨论会》（上注 [18]），第2版；"Of Confucius, Fung Yu-lan and Others", *China News Analysis*, No. 398 (Nov. 24, 1961), 3, 5, 7; *Communist China Digest*, No. 17 (June 6, 1960), 83；任继愈，《何启、胡礼垣的改良主义思想》，《中国近代思想史论文集》（上海，1958），第86页。（c）作为唯心主义者和宗教家，助长了反唯物主义、反科学的思想的发展，通过"天道"学说及其内含的社会命运决定于外部力量的观念，散播了传统的迷信思想，参见陈伯达，《批判的继承和新的探索》，《红旗》1959年第13期，第44页；郭绍虞，第19页；关锋、林聿时，《论孔子》，《哲学研究》第4期，1961年7月25日，第54—56页（关于这篇文章以及其他思路类似的文章中的一些观点的概述，见 "Of Confucius, Fung Yu-lan and Others", 5）；Feng Yuan-chun, *A Short History of Classical Chinese Literature* (Peking, 1958), 39；阿·阿·彼得洛夫（A. A. Petrov）著、李时译，《王充——中国古代的唯物主义者和启蒙思想家》（北京，1956），第iii、73—75页。（d）作为改良主义者，虽然基本上是保守的，却力图调和阶级矛盾，防止穷人起来反抗统治阶级，见河南大学历史系编《中国通史资料选辑》（开封，1953），第40页；关锋、林聿时，《论孔子》，第46—47页；关锋、林聿时，《论孔子的"仁"和"礼"》，第5版。

重要的是，在许多这类文献中（例如最后一条，可将其与上注 [18] 中所引文献的主旨进行比较），对孔子的批评和尊敬是结合在一起的，经常会提到孔子思想中**既有**唯心主义成分，**也有**唯物主义成分，**既是**保守的，**又是**进步的，等等。参见 "Review of Reviews", *China News Analysis*, No. 410 (March 2, 1962), 3，其中概述了另外一篇有关孔子和"仁"与"礼"的文章，该文承认孔子至少有其相对的价值，虽然同时也提到了他（作为统治阶级一员）的局限性；而在《徐中舒论孔子政治思想》（《光明日报》1961年12月13日第1版）中，孔子虽然像他的弟子（其中没有农民）一样依附于贵族，但仍有进步的一面，尽管他基本上是在努力维持封建的君臣等级体制和西周的宗法家族组织。

［31］嵇文甫，第16—17页。又见杜守素，《先秦诸子思想》（出版地时间不详），第6页；张岱年，第20页，其中称孔子不仅仅是儒家学派的创始人，同时也是中国教育史上第一位主张公开教学的教育家。另外一些作者也强调了孔子作为实行有教无类的教育的先驱者的地位，在他身上体现了钻研和求知的精神，这方面的记述参见"Of Confucius, Fung Yu-lan and Others", 2—3；也有作者对孔子的尊敬较为勉强，认为他在当时有一定的进步性，依据是他"广收门徒，传授知识"，见Feng Yuan-chun, 26—27。

［32］Huang Sung-k'ang, *Lu Hsün and the New Culture Movement of Modern China* (Amsterdam, 1957), 10；张俊彦，《李大钊与新文化运动》，《历史研究》1959年第8期，第3—4页；Mary Clabaugh Wright, *The Last Strand of Chinese Conservatism: the Tung-chih Restoration, 1862—1874* (Stanford, 1957), 304；《鲁涤平演说辞》，《世界曙光之中华文化》（长沙，1928），第99页。

［33］教育部编，《第二次中国教育年鉴》（上海，1948），第205—206、209页；Hsiao Kung-chüan, 101。

［34］同上，5，8，12，355。

［35］参见《世界日报》，旧金山（1962年4月14日），第1版，其中提到蒋介石称赞"孔孟学会"在纪念孔孟方面做出的努力，鼓励所有人学习圣人，恢复中华伦理，继而扫荡共产主义。

［36］吴玉章，《中国历史教程绪论》（上海，1950），序第1页，第8页。另外，从外部也能看到亲儒家与反民族（或反儒家与反法西斯）这两种立场之间恰好存在着某种关联，参见Ezran Pound, *Impact: Essays on Ignorance and the decline of American Civilization* (Chicago, 1960), 139；其中写道："霍西女士（Lady Hosie）在最近重印的一本书的前言中告诉我们，四书已经沦落为大学中的学习科目，不再是中国学校里的主要课程。她的这篇文章写于1937年，这一年这种不同寻常的愚蠢行为很自然地导致了日本侵略的后果。如果中国已经到了这步田地，那么遭到侵略是很自然的事，而一些中国人会非常自然地认为（事实上他们就是这么认为的），这种侵略应该受到欢迎。"

152

［37］中山久四郎，「滿洲國と儒教の新使命」，『斯文』第15編第8號，1933年8月，第1—12頁。

［38］*Chinese Literature* (1958), No.1, 162.

［39］缪钺，《讲授中国历史对于文化部分如何处理》，《光明日报》1961年5月30日，第2—3版。这篇文章提到了毛泽东和列宁对这"两种文化"的看法。

［40］Alexander Dru, ed., *The Letters of Jacob Burckhardt* (New York, 1955), 24.

［41］Franke Rede Fowke, *The Bayeux Tapestry: A History and Description* (London, 1913), 6—7.

［42］相关的例证见 *Communist China Digest*, No. 8 (Jan. 15, 1960), 15, and No. 20 (July 26, 1960), 8；*Survey of China Mainland Press*, No. 2471 (April 7, 1961), 16, and No. 2483 (April 26, 1961), 14—15；*Glimpse of China* (Peking, 1958)；*Guide to Hangchow* (出版地时间不详)；以及下注［53］。1932年鲁迅痛斥"帝国主义及其侍从们"："列宁格勒，墨斯科的图书馆和博物馆，不是都没有被炸掉么？"，见 "We Can No Longer Be Duped", *Selected Works of Lu Hsun*, III (Peking, 1959), 153。①

［43］*"Of Confucius, Fung Yu-lan and Others"*, 2.

［44］同上，5。

［45］王栻，《严复传》（上海，1957），第96页。

［46］《河南史学界讨论洪秀全的思想与儒家的关系问题》，《光明日报》1961年6月1日，第1版。

［47］倪海曙，《论语选译》（上海，1954），第1—2页。

［48］陈伯达，第37页。毛泽东的评论见 "The Role of the Chinese Communist Party in the National War", *Selected Works of Mao Tse-tung* (London, 1954), II, 259—260。按照这个思路来论述毛泽东的（"向人民学习，向古人学习"），还可见 Tang Su-shih, "A Brief Discussion of Comrade Mao Tse-tung's Contribution to Marxist Literary Style", translated in *Communist China Digest*, No. 17 (June 6, 1960), 84—85。②

［49］陈伯达，第37—38页。

［50］Hua Hsia, "The Paintings of Shih Lu", *Chinese Literature* (Jan. 1962), 96.

［51］顾颉刚，《秦汉的方士与儒生》（上海，1955），第15页。

［52］黎澍，《毛泽东同志的〈改造我们的学习〉和中国历史科学》，《人民日报》1961年7月8日，第7版。

［53］Joseph Needham, "An Archaelogical Study-tour in China, 1958", *Antiquity*, XXXIII, No. 130 (June 1959), 116—117.

［54］《人民日报》1962年4月8日，第2版；《华侨日报》，纽约（1962年4月16日），第1版；《世界日报》1962年4月24日，第1版。最后一篇报道引用了香港方面

①鲁迅原文见《我们不再受骗了》，收入《南腔北调集》。
②该文中文版见唐漱石《略论毛泽东同志对马克思主义文风的贡献》，《吉林大学人文科学学报》1959年第3期。

的推测，大意是说由于春耕的种子短缺，毛泽东宁愿将人们的注意力转移到儒家与春天的联系上来。(这个分析似乎并不是很有说服力。)

［55］陈焕章，《孔教论》(上海，1912)，第27页。

［56］参见 *Glimpse of China*："孔子(公元前551－前469年)是中国古代著名的思想家。他的学说在封建社会中占有主导地位。各地都建有供奉他的祠庙。他的家乡曲阜的孔庙是其中最大的一座，保存了大量珍贵的文物和遗迹。"

［57］关于这种对文物古迹的忽视给人们留下的印象，参见 K. M. Panikkar, *In Two Chinas: Memoirs of a Diplomat* (London, 1955), 34, 99–100。

［58］Cyril Birch, "Lao She: the Humourist in his Humour", *The China Quarterly*, No. 8 (Oct.–Dec. 1961), 48–49. 民国初年，逊帝溥仪掌管皇宫财产(直到1924年)的时候，宫中收藏的大量文物流失了出去，参见那志良，《故宫博物院三十年之经过》(香港，1957)，第2页。

［59］《中国农村的社会主义高潮》(北京，1956)，第475页。

［60］Roderick MacFarquhar, *The Hundrend Flowers Campaign and the Chinese Intellectuals* (New York, 1960), 90.

154

［61］参见 Franklin W. Houn, *To Change a Nation: Propaganda and Indoctrination in Communist China*(Glencoe, III: Free Press, 1961), 7。

［62］Mary C. Wright, *The China Quarterly*, No. 6 (April–June 1961), 179.

## 第五章

［1］福井康順，第115頁。

［2］Friedrich Nietzsche, *The Use and Abuse of History* (New York, 1957), 45.

［3］参见 Isaiah Berlin, "History and Theory: the Concept of Scientific History", *History and Theory*, I, No. 1 (1960)："这样一种运用想象力把我们自己投射到过去中去的行为，这种通过只能是我们自己的概念和范畴来把握并不完全跟我们一样的概念和范畴的努力，是一件连我们是不是开始去完成都永远没法确定，然而却不容许放弃的任务……历史阐释没什么重要的，除非它试图去回答这样的问题，即如果我们把个人或社会的行动与言辞当作既跟我们不完全相像又没有不同到无法被纳入我们共同的过去之中的程度的那些人的行动与言辞，世界在这些个人或社会的眼中会必定呈现出什么样子。"

［4］Lewis S. Feuer, "Marxism as History", *Survey*, No. 41 (April 1962), 182.

［5］Friedrich Engels, *Herrn Eugen Dührings Umwälzung der Wissenschaft* (Berlin, 1954), 221.

［6］同上，221。参见吕振羽，《史学研究论文集》，第108页，其中提到毛泽东对中国摆脱封建社会的过程非常之缓慢的原因的分析。毛泽东充满道德激情地谈到地主的极端残酷加深了农民的贫困，使他们丧失力量，从而阻碍了生产力的发展。这里我们再次看到了这样的公式：过程的观念越弱，道德相对主义的色彩就越淡。

［7］见梁启超，《戴东原生日二百年纪念会缘起》，《饮冰室合集》，《文集》第14册，文集之四十，第38—40页。

［8］见 Lu Hsun, "Some Thoughts on Our New Literature", *Selected Works*, III, 46; Harriet C. Mills, "Lu Hsün and the Communist Party", *The China Quarterly*, No. 4 (Oct.−Dec. 1960), 24; Lu Hsun, "A Madman's Diary", *Selected Works*, I (Peking, 1956), 8−21。[①]

［9］Nietzsche, 17.

［10］Lu Hsun, "Random Thoughts (47)", *Selected Works*, II (Peking, 1957), 39.

［11］Lu Hsun, "Sudden Notions (6)", *Selected Works*, II, 121−123.

［12］鲁迅，《对于〈新潮〉一部分的意见》，《鲁迅三十年集》（出版地不详，1947），第3册，第28页；Lu Hsun, "Experience", *Selected Works*, III, 271; Lu Hsun, "Random Thoughts (49)", *Selected Works*, II, 42。

［13］1927年（蒋介石发动右翼政变之后），鲁迅宣布放弃他过去对旧势力的指控和对"救救孩子"的呼吁，因为现在那些杀害青年的似乎大多数也是青年，参见 Huang, 121。

［14］C. P. Fitzgerald, *Flood Tide in China* (London, 1958), 20−21.

［15］关于这种发展所引起的惊讶，见 Suzanne Labin, *The Anthill: the Human Condition in Communist China* (New York, 1960), 113。

［16］"Popular Beliefs—Taoism—Christianity", *China News Analysis*, No. 439 (Sept. 28, 1962), 4−5.

［17］顾颉刚，《古史辨》第3册（上海，1931），第5页。可参考正统犹太教的拉比赫希（Samson Raphael Hirsch）对19世纪德国的"犹太教科学"（Wissenschaft des Judentums）的敏锐反应："事实上这种学问并不想践行犹太教"，因为它"将科学与信仰和生活分离了开来"，见 Louis Jacobs, *Jewish Values*(London, 1960), 29。

［18］Gerhard Masur, "Distinctive Traits of Western Civilization: Through the Eyes of

---

① 中文原文见鲁迅《狂人日记》。

Western Historians", *American Historical Review*, LXVII, No. 3 (April 1962), 600.

［19］同上，596。

［20］Erich Auerbach, "Vico and Aesthetic Historicism", *Scenes from the Drama of European Literature*(New York, 1959), 185.

## 结语

［1］藤原定,「清末思想の潮流」,『近代支那思想』, 實藤惠秀編（東京，1942），第77頁。

［2］Chow, 242.

［3］1958年8月中共做出了这样的承诺和预言，即国家的功能将限于保护祖国免受外敌入侵，它在国内将不会发挥作用；参见Barnett, 26。[①]

［4］Paul A. Varg, *Missionaries, Chinese, and Diplomats: the American Protestant Missionary Movement in China, 1890−1952* (Princeton, 1958), 38.

［5］参见Kurt W. Marek在 *Yestermorrow: Notes on Man's Progress* (New York, 1961)一书第85页提出的现代艺术的**反**博物馆的观念，即博物馆最初的也是唯一正当的功能是储存过去的证物。

［6］Li Tien, "Gay Life on the Chinhuai", *China Reconstructs*, XII, No. 1 (Jan. 1963), 40.

［7］*Guide to Hangchow*, 49.

［8］参见Marek, 88−89。

［9］Lo Shu-tzu, "Terracotta Tomb Figures", *Chinese Literature*, No. 2 (Feb. 1962), 105.

［10］André Malraux, *The Voices of Silence* (New York, 1953), 13−14.

［11］Ananda K. Coomaraswamy, *Why Exhibit Works of Art?: Colletes Essays on the traditional or "normal" view of Art* (London, 1943), 7−8, 69, 99.

［12］参见Wlodzimierz Baczkowski, "Perspective I: World Histroy", *Bear and Dragon*,

---

① 8月29日，中共中央政治局扩大会议通过《中共中央关于在农村建立人民公社问题的决议》。此前，毛泽东在决议稿上加写了一段话，其中写道："国家职能只是为了对付外部敌人的侵略，对内已经不起作用了，在这种时候，我国社会就将进入各尽所能，各取所需的共产主义时代。"见《毛泽东年谱（1949−1976）》第三卷，北京：中央文献出版社，2013年，第424页。

ed. James Burnham (New York, 1960), 10–11。在这里，作者用斯拉夫派偏爱亚洲的精神倾向来证明沙俄和苏俄与儒教中国及共产主义中国之间存在社会亲缘关系的"东方专制主义"理论。

［13］见 Mary C. Wright, *Comparative Studies in Society and History*, IV, No. 2 (Jan. 1962), 247–248。作者在这里评论道，俄国革命是从内部发生的革命，这与中国革命形成了对比。她指出，革命之前的俄国文化是欧洲文化的分支，它不同于19世纪上层阶级的文化，但这种差别并不比爱尔兰、南意大利或希腊文化与这种上层阶级文化之间的差别更大。俄国应该看作最后一个努力实现现代化的主要的西方国家，而不是第一个这么做的非西方国家。

［14］MacFarquhar, 288.

［15］同上，95。

［16］Richard McKeon, "Moses Maimonides, the Philosopher", *Essays on Maimonides*, ed., Salo Wittmayer Baron (New York, 1941), 8.

［17］关于这句话和这一段引用的其他语句，见 Paul Demiéville, *Aspects de la Chine: Langue, histoire, religions, philosophie, littérature, arts* (Paris, 1959), I, 9。

［18］Gershom G. Scholem, *Major Trends in Jewish Mysticism* (New York, 1946), 349.

# 参考文献

## A. 中文和日文文献（以首字汉语拼音为序）

阿·阿·彼得洛夫（A. A. Petrov）著、李时译，《王充——中国古代的唯物主义者和启蒙思想家》（北京，1956）。

北京大学历史系中国古代史教研室，《〈中国历史纲要〉讨论会记录》，《历史研究》1957年第4期，第43–77页。

陈伯达，《批判的继承和新的探索》，《红旗》1959年第13期，第36–49页。

——.《窃国大盗袁世凯》（北京，1954年）。

陈伯瀛，《中国田制丛考》（上海，1935）。

陈焕章，《孔教论》（上海，1912）。

陈孟麟，《关于西周社会性质问题》，《中国古史分期问题论丛》（北京，1957），第196–215页。

陈千钧，《论〈资治通鉴〉》，《历史研究》1957年第7期，第27–40页。

陈正谟，《平均地权与中国历代土地问题》，《中山文化教育馆季刊》第4卷第3号，1937年秋，第889–911页。

陈兆焜，《中国古代田赋兴革论略》，《社会科学季刊》新第2卷第2期，1943年夏，第1–12页。

丁道谦，《由历史变动律说到中国田制的"循环"》，《食货》第5卷第3期，1937年2月1日，第41–51页。

丁原英，《一九一〇年长沙群众的"抢米"风潮》，《中国科学院历史所第三所集刊》1954年第1期。

邓初民，《土地国有问题》，《东方杂志》第20卷第19号，1923年10月10日，第13–20页。

董仲舒，《春秋繁露》，载张之纯编《诸子精华录》（上海，1924），第4卷。

杜守素，《先秦诸子思想》（出版地时间不详）。

范文澜，《试论中国自秦汉时成为统一国家的原因》，《历史研究》1954年第3期。

范义田，《西周的社会性质——封建社会》，《中国古史分期问题论丛》（北京，1957），第217–254页。

冯友兰，《康有为的思想》，载《中国近代思想史论文集》（上海，1958），第110–127页。

冯自由，《社会主义与中国》（香港，1920）。

福井康順，『現代中國思想』（東京，1955）。

高亨，《周代地租制度考》，《中国古史分期问题论丛》（北京，1957），第26–64页。

高耘晖，《周代土地制度与井田》，《食货》第1卷第7期，1935年3月1日，第10–20页；《食货》第1卷第12期，1935年5月16日，第1–7页。

古棣，《孔子和"大同"思想》，《光明日报》1961年5月24日，第2版。

顾颉刚，《古史辨》第3册（上海，1931）。

——.《秦汉的方士与儒生》（上海，1955）。

顾炎武，《日知录》（上海，1933）。

关锋、林聿时，《论孔子》，《哲学研究》第4期，1961年7月25日，第42–70页。

——.《论孔子的"仁"和"礼"》，《人民日报》1961年7月23日，第5版。

郭沫若，《关于厚今薄古问题》，《人民日报》1958年6月11日，第7版。

——.《关于目前历史研究中的几个问题》，《新建设》1959年第4期，第1–5页。

——.《开展历史研究，迎接文化建设高潮》，《历史研究》1954年第1期，第1–4页。

——.《奴隶制时代》（上海，1952）。

——.《十批判书》（北京，1954）。

郭绍虞，《中国古典文学理论批评史》（北京，1959）。

何香凝，《回忆孙中山和廖仲恺》（北京，1957）。

何兹全，《关于中国古代社会的几个问题》，《中国古史分期问题论丛》（北京，1957），第117–169页。

河南大学历史系编，《中国通史资料选辑》（开封，1953）。

《河南史学界讨论洪秀全的思想与儒家的关系问题》，《光明日报》1961年6月1日，第1版。

洪仁玕，《资政新篇》，向达等编《太平天国》（上海，1952），第2册，第522–541页。

侯外庐，《论中国封建制的形成及其法典化》，《历史研究》1956年第8期。

——.《中国古代社会史论》（北京，1955）。

——.《中国早期启蒙思想史》（北京，1956）。

《侯外庐谈如何对待中国哲学史遗产》，《光明日报》1961年5月6日，第1版。

胡范若，《中国井田制沿革考》，《科学》第10卷第1期，1925年5月，第132—140页。

胡汉民，《胡汉民先生答胡适之先生的信》，载朱执信等，《井田制度有无之研究》（上海，1930），第37—46页。

——.《平均地权的真义及土地法原则的来源》，载时希圣编《胡汉民言行录》，第三篇，第117—128页。

——.《三民主义的连环性》（上海，1928）。

——.《三民主义之认识》，黄埔中央军事政治学校特别党部编《蒋胡最近言论集》（广州？，1927），下集，第1—12页。

——.《唯物史观与伦理之研究》（上海，1925）。

胡绳，《中国近代历史的分期问题》，《历史研究》1954年第1期，第5—15页。

胡适，《井田辩》，《胡适文存》（上海，1927），第247—284页。

《华侨日报》，纽约（1962年4月16日）。

《会试朱卷》，《四益馆经学丛书》，第14册。

嵇文甫，《春秋战国思想史话》（北京，1958）。

季镇淮，《司马迁》（上海，1955）。

坚瓠，《"欧化"的中国》，《东方杂志》第20卷第4号，1923年2月25日，第1页。

翦伯赞，《关于两汉的官私奴婢问题》，《历史研究》1954年第4期，第1—24页．

教育部编，《第二次中国教育年鉴》（上海，1948）。

今關寿麿，『宋元明清儒學年表』（東京，1920）（中文）。

康有为，《中国学报题词》，《中国学报》第6期，1913年4月。

兰州大学中文系孟子译注小组编，《孟子译注》（北京，1960）。

冷定庵，《社会主义思想史》（香港，1956）。

黎澍，《毛泽东同志的〈改造我们的学习〉和中国历史科学》，《人民日报》1961年7月8日，第7版。

李鼎芳，《王莽》（上海，1957）。

李塨，《阅史郄视》（上海，1937）。

李时岳，《辛亥革命时期两湖地区的革命运动》（北京，1957）。

李守庸，《关于孔子的"均"的经济思想探讨》，《光明日报》1962年3月12日，第4版。

　　李亚农，《中国的奴隶制与封建制》(北京，1954)。

　　李竹然，《辛亥革命前的群众斗争》(北京，1957)。

　　梁启超，《戴东原生日二百年纪念会缘起》，《饮冰室合集》(上海，1936)，《文集》第14册，文集之四十，第38—40页。

　　——．《论中国财政学之不发达之原因及古代财政学说之一斑》，《饮冰室合集》，《文集》第12册，文集之三十三，第90—94页。

　　——．《续论市民与银行》，《饮冰室合集》，《文集》第13册，文集之三十七，第34—41页。

　　——．《中国之社会主义》，《饮冰室合集》，《专集》第2册，专集之二，第101—102页。

　　梁园东，《古代均田制度的真相》，《申报月刊》第4卷第5号，1935年5月15日，第65—73页。

　　——．《井田制非土地制度说》，《经济学季刊》第6卷第3期，1935年11月，第51—56页。

　　廖平，《大同学说》，《中国学报》第8期，1913年6月。

　　——．《覆刘申叔书》，《中国学报》复刊第2册，1916年2月。

　　——．《古学考》(北平，1935)。

　　——．《论诗序》，《中国学报》复刊第4册，1916年4月。

　　——．《履历》，《四益馆经学丛书》(成都，1886)，第14册。

　　——．《与康长素书》，《中国学报》第8期，1913年6月。

　　——．《中外比较改良编序》，《四益馆丛书》(成都，1921)，第8册，第25a—25b页。

　　廖仲恺，《答胡适之论井田书》，《廖仲恺集》(太原，192 ?)，第85—93页。

　　——．《农民运动所当注意之要点》，郑兀编《党国先进言论集》(长沙，1938)，第142—149页。

　　——．《中国实业的现状及产业落后的原因》，《中国国民党实业讲演集》(上海，1924)，第32—54页。

　　《廖仲恺文集》(广州，1961)。

　　刘大钧，《中国古代田制研究》，《清华学报》第3卷第1期，1926年7月，第679—685页。

　　刘师培，《致廖季平论天人书》，《中国学报》复刊第2册，1916年2月。

　　刘泽华，《试论孔子的富民思想》，《光明日报》1962年6月22日，第4版。

《鲁涤平演说辞》，《世界曙光之中华文化》（长沙，1928）。

鲁迅，《对于〈新潮〉一部分的意见》，《鲁迅三十年集》（出版地不详，1947），第3册，第28–29页。

罗根泽，《中国文学批评史》（上海，1957）。

吕振羽，《史学研究论文集》（上海，1954年）。

——.《西周时代的中国社会》，《中山文化教育馆季刊》第2卷第1期，1935年春，第113–132页。

马端临，《文献通考》（浙江书局，1896）。

毛泽东，《中国革命与中国共产党》（香港，1949）。

缪钺，《讲授中国历史对于文化部分如何处理》，《光明日报》1961年5月30日，第2–3版。

那志良，《故宫博物院三十年之经过》（香港，1957）。

内藤虎次郎，『清朝史通論』（東京，1944）。

内野熊一郎，「民國初・中期の經學觀」，『日本中國學會報』第9集（1957），第1–9頁。

倪海曙，《论语选译》（上海，1954）。

倪今生，《井田新证别论》，《食货》第5卷第5期，1937年3月1日，第22–25页。

牛夕，《自商至汉初社会组织之探讨》，《清华周刊》第35卷第2期，1921年3月，第76–92页。

潘力山，《社会主义与社会政策》，《东方杂志》第21卷第16号，1924年8月25日，第19–29页。

齐思和，《孟子井田说辨》，《燕京学报》第35期，1948年12月，第101–127页。

——.《批判胡适派对于世界史的反动唯心观点》，《历史研究》1956年第6期，第23–41页。

齐思和等编，《鸦片战争》（上海，1954）。

钱穆，《国史大纲》（重庆，1944）。

——.《中国近三百年学术史》（台北，1957）。

钱塘，《溉亭述古录》，《皇清经解》（1829），第195册，卷七一七至七一八。

橋本增吉，「支那古代田制考」，『東洋學報』第12卷第1號，1922年，第1–45頁；第12卷第4號，1922年，第481–494頁；第15卷第1號，1925年，第64–104頁。

橋川時雄，『中國文化界人物總鑑』（北京，1940）。

『清國行政法：臨時臺灣舊慣調查會第一部報告』，第2卷（神户，1910）。

清水信良，『近世中國思想史』（東京，1950）。

冉昭德，《试论商鞅变法的性质》，《历史研究》1957年第6期，第43-63页。

人民文学出版社编辑部编，《诗经研究论文集》（北京，1959）。

任继愈，《何启、胡礼垣的改良主义思想》，《中国近代思想史论文集》（上海，1958），第75-91页。

——.《中国古代医学和哲学的关系》，《历史研究》1956年第5期，第59-74页。

任蜩，《孔子礼运大同思想》，《光明日报》1961年5月12日，第4版。

森本竹城，『清朝儒學史概説』（東京，1931）。

邵君朴，《井地制度考》，《岭南学报》第9卷第2期，1949年6月，第175-200页。

邵循正，《辛亥革命前五十年间外国侵略者和中国买办化军阀、官僚势力的关系》，《历史研究》1954年第4期。

邵循正等编，《中日战争》（上海，1956）。

《世界日报》，旧金山（1962年4月14日、24日），第1版。

束世澂，《孔子〈春秋〉》，《历史研究》1962年第1期，第46-57页。

《斯德哥尔摩第十一次国际历史学家大会上的论战》，《人民日报》1961年2月26日，第5版。

宋云彬，《康有为》（北京，1955）。

苏洵，《田制》，《三苏文集》（上海，1912），第1册，卷六，第4b-6a页。

孙力行，《批判胡适的"井田辩"及其他》，《胡适思想批判》第6辑（北京，1955），第160-167页。

太史简，《文与道》，《人民日报》1962年1月21日，第5版。

谭嗣同，《仁学》，《谭嗣同全集》（北京，1954）。

《探讨贾谊思想和〈新书〉真伪问题》，《人民日报》1961年10月5日，第7版。

唐嘉弘，《四川大学历史系的教学和研究工作》，《历史研究》1956年第2期，第50页。

陶希圣，《王安石的社会思想与经济政策》，《社会科学季刊》第5卷第3期，1935年9月，第103-126页。

藤原定，「清末思想の潮流」，『近代支那思想』，實藤惠秀编（東京，1942），第54-97頁。

田崎仁義，『支那古代經濟思想及制度』（東京，1925）。

汪诒苏，《中国社会经济史上均田制度的研究》，《东方杂志》第33卷第14号，1936年7月16日，第53-61页。

王安石，《周官新义》（上海，1937）。

王明，《〈易经〉和〈易传〉的思想体系问题》，《光明日报》1961年6月23日，第4版。

王栻，《严复传》（上海，1957）。

王思治、杜文凯、王汝丰，《关于两汉社会性质问题的探讨——兼评翦伯赞先生的"关于两汉的官私奴婢问题"》，《历史研究》1955年第1期，第19—46页。

王玉哲，《有关西周社会性质的几个问题》，《历史研究》1957年第5期，第79—101页。

王芝九、宋国柱，《中学历史教师手册》，（上海，1958）。

卫聚贤，《井田的材料》，《学艺》第14卷第4期，1935年5月15日，第113—126页。

魏建猷，《清雍正朝试行井田制的考察》，《史学年报》第1卷第5期，1933年8月，第113—126页。

吴嘉谟，《井研志》（出版地不详，1900）。

吴玉章，《中国历史教程绪论》（上海，1950）。

夏鼐，《十年来的中国考古新发现》，《光明日报》1959年10月15日，第3版。

向乃祺，《自马克思农业理论之发展论到我国土地问题》，《社会科学季刊》第5卷第1—2期，1930年1月—6月，第1—32页。

萧铮，《平均地权真诠》，《地政月刊》第1卷第1期，1933年1月，第3—28页。

小岛祐馬，「廖平の學」，『藝文』第8卷第5號，1917年5月，第426—446頁。

——.「六變せる廖平の學説」，『支那學』第2卷第9號，1922年5月，第707—714頁。

小野川秀美，『清末政治思想研究』（京都，1960）。

《新华半月刊》第145期，1958年12月。

徐仑，《什么是封建社会》（上海，1954）。

徐世昌，《欧战后之中国：经济与教育》（上海，1920）。

徐中舒，《井田制度探源》，《中国文化研究汇刊》第4卷上册，1944年9月，第121—156页。

——.《论西周是封建制社会——兼论殷代社会性质》，《历史研究》1957年第5期，第55—78页。

《徐中舒论孔子政治思想》，《光明日报》1961年12月13日第1版。

许宏燃，《秦汉社会之土地制度与农业生产》，《食货》第3卷第7期，1936年3月1日，第10—29页。

薛福成，《筹洋刍议》，《庸庵全集》，第15册。

——.《庸庵文编》,《庸庵全集》(1884–1898), 第1–4册。

颜元,《存性编》,《颜李丛书》(1923), 第4册, 第1a–14a页。

——.《习斋记余》(上海, 1936)。

杨家骆,《民国名人图鉴》(南京, 1937)。

杨宽,《商鞅变法》(上海, 1955)。

杨培之,《颜习斋与李恕谷》(武汉, 1956年)。

杨伟立、魏君弟,《汉代是奴隶社会还是封建社会? ——读王思治、杜文凯、王汝丰三同志"关于两汉社会性质问题探讨"之后》,《历史研究》1956年第2期, 第31–49页。

杨向奎,《试论先秦时代齐国的经济制度》,《中国古史分期问题论丛》(北京, 1957), 第83–116页。

杨荫深,《中国学术家列传》(上海, 1939)。

余精一,《井田制度新考》,《东方杂志》第31卷第14号, 1934年6月16日, 第163–175页。

宇野哲人, 马福辰译,《中国近世儒学史》(台北, 1957)。

张岱年,《中国唯物主义思想简史》(北京, 1957)。

张俊彦,《李大钊与新文化运动》,《历史研究》1959年第8期, 第1–19页。

张舜徽,《中国史论文集》(武汉, 1956年)。

张霄鸣,《中国历代耕地问题》(上海, 1932)。

赵琳,《井田制度的研究》,《史地丛刊》第1辑, 1933年, 第1–17页。

郑权中,《史记选讲》(北京, 1959)。

郑行巽,《井田考》(上),《经济学季刊》第5卷第2期, 1934年8月, 第57–62页。

中国科学院哲学研究所中国哲学史组编,《中国大同思想资料》(北京, 1959)。

《中国农村的社会主义高潮》(北京, 1956)。

《中国人民大学哲学系讨论孟子评价问题》,《光明日报》1961年7月28日, 第1版。

《中南地区史学界在广州举行学术讨论会》,《光明日报》1961年5月19日, 第2版。

中山大学历史系,《对范文澜中国通史简编修订本第一编的意见》,《历史研究》1955年第1期, 第111–114页。

中山久四郎,「滿洲國と儒教の新使命」,『斯文』第15编第8號, 1933年8月, 第1–12頁。

钟肇鹏,《从"仁"和"礼"看孔子思想的阶级性》,《光明日报》1961年12月12日, 第3版。

《周礼》（四部丛刊本）（上海，1942）。

周予同、汤志钧，《王莽改制与经学中的今古文学问题》，《光明日报》1961年5月16日，第2版。

《周予同汤志钧探讨中国经学问题》，《人民日报》1961年5月31日，第7版。

朱东润编，《左传选》（上海，1956）。

朱谦之，《十七八世纪西方哲学家的孔子观》，《人民日报》1962年3月9日，第5版。

朱熹，《礼一：周礼》，《朱子全书》，李光地编（1714），第17册，卷三十七，第9b-27b页。

——.《孟子集注》，《四书章句集注》（上海，1935）。

朱偰，《井田制度有无问题之经济史上的观察》，《东方杂志》第31卷第1号，1934年1月1日，第183-191页

庄司荘一，「陳亮の學」，『東洋の文化と社會』第4輯（1955），第82-100頁。

邹卓立，《社会主义平议》，《学衡》第12期，1922年12月，第1-11页。

## B. 西文文献

Auerbach, Erich, "Vico and Aesthetic Historicism", *Scenes from the Drama of European Literature* (New York, 1959), pp. 183-200.

Baczkowski, Wlodzimierz, "Perspective I: World Histroy", *Bear and Dragon*, ed. James Burnham (New York, 1960), pp. 9-13.

Berlin, Isaiah, "History and Theory: the Concept of Scientific History", *History and Theory*, I, No. 1 (1960), pp. 1-31.

Barnett, A. Doak, *Communist China and Asia: Challenge to American Policy* (New York, 1960).

Baron, Salo W. and Blau, Joseph L., *Judaism: Postbiblical and Talmudic Period* (New York, 1954).

Biot, Edouard, tr., *Le Tcheou-li*(周礼) *ou Rites des Tcheou*(周) (Paris, 1851).

Birch, Cyril, "Lao She(老舍): the Humourist in his Humour", *The China Quarterly*, No. 8 (Oct.-Dec. 1961), pp. 45-62.

Brandon, S. G. F., "The Myth and Ritual Position Critically Considered", *Myth, Ritual, and Kingship: Essays on the Theory and Practice of Kingship in the Ancient Near East and in Israel*, ed. S. H. Hooke (Oxford, 1958), pp. 261-291.

Casper, Bernard M., *An Introduction to Jewish Bible Commentary* (New York and London, 1960).

Chang, Carsun(张君劢), *The Development of Neo-Confucianism Thought* (New York, 1957).

Chen Huan-chang(陈焕章), *The Economic Principles of Confucius and His School* (New York, 1911).

Chen, S. H. (陈世骧), "Multiplicity in Uniformity; Poetry and the Great Leap Forward", *The China Quarterly*, No. 3 (July-Sept. 1960), pp. 1-15.

Chiang Kai-shek (蒋介石), *"China's Destiny" and "Chinsese Economic Theory"*, ed. Philip Jaffe (New York, 1947).

*Chinese Literature* (1958), No.1.

Chow Tse-tsung (周策纵), *The May Fourth Movement: Intellectual Revolution in Modern China* (Cambridge, Mass., 1960).

Clark, Gerald, *Impatient Giant: Red China Today* (New York, 1959).

Cohen, Arthur A., *Martin Buber* (New York, 1957).

*Communist China Digest*, No. 8 (Jan 15, 1960); No. 17 (June 6, 1960); No. 20 (July 26, 1960); No. 26 (Oct. 18, 1960).

Coomaraswamy, Ananda K., *Why Exhibit Works of Art?: Collectes Essays on the traditional or "normal" view of Art* (London, 1943).

*Daily Report: Foreign Radio Broadcasts*, No. 248 (Dec. 22, 1960).

de Bary, W. Theodore, "A Reappraisal of Neo-Confucianism", *Studies in Chinese Thought*, ed. Arthur F. Wright (Chicago, 1953), pp. 81-111.

——. "Chinese Despotism and the Confucian Ideal: A Seventeenth-century View", *Chinese Thought and Institutions*, ed. John K. Fairbank (Chicago, 1957), pp. 163-203.

Demiéville, Paul, "Présentation", *Aspects de la Chine: Langue, histoire, religions, philosophie, littérature, arts* (Paris, 1959), pp. 7-10.

——. Review of "Hou Che wen ts'ouen(胡适文存)", 4 volumes (1921), *Bulletin de l'Ecole Française d'Extrême-Orient*, XXIII (1923), pp.489-499.

Dru, Alexander, ed., *The Letters of Jacob Burckhardt* (New York, 1955).

Duyvendak, J. J. L., *The Book of Lord Shang: A Classic of the Chinese School of Law* (London, 1928).

Eberhard, Wolfram, "Zur Landwirtschaft der Han-Zeit", *Mitteilungen des Seminars für*

*Orientalische Sprachen zu Berlin*, XXXV, Part I (Ostasiatische Studien) (1932), pp.74–105.

Engels, Friedrich, *Herrn Eugen Dührings Umwälzung der Wissenschaft* (Berlin, 1954).

Feng Yuan-chun (冯沅君), *A Short History of Classical Chinese Literature* (Peking, 1958).

Feuer, Lewis S., "Marxism as History", *Survey*, No. 41 (April 1962), pp. 176–185.

Feuerwerker, Albert, "Chinese History in Marxist Dress", *American Historical Review*, LXVI, No.2 (Jan. 1961), 327–353.

Feuerwerker, Albert and Cheng, S(郑共)., *Chinese Communist Studies of Modern Chinese History* (Cambridge, Mass., 1961).

Fitzgerald, C. P., *Flood Tide in China* (London, 1958).

Fowke, Franke Rede, *The Bayeux Tapestry: A History and Description* (London, 1913).

Fung Yu-lan(冯友兰), *A History of Chinese Philosophy: the Period of the Philosophers (from the Beginnings to circa 100 B.C.*, tr. Derk Bodde (Peiping, 1937).

——. *A History of Chinese Philosophy: Volume Two, The Period of Classical Learning*, tr. Derk Bodde (Princeton, 1953).

*Glimpse of China* (Peking, 1958).

*Guide to Hangchow* (出版地时间不详).

Guillermaz, Patria, *La Poésie chinoise contemporaine* (Paris, 1962).

Hightower, James Robert, tr., *Han Shih Wai Chuan*(韩诗外传)*: Han Ying*(韩婴)*'s Illustrations of the Didactic Application of the Classic of Songs* (Cambridge, Mass., 1952).

Hou Wai-lu(侯外庐), "Ssuma Chien(司马迁): Great Ancient Historian", *People's China*, No. 12 (June 16, 1956), pp. 36–40.

Houn, Franklin W., *To Change a Nation: Propaganda and Indoctrination in Communist China* (Glencoe, III., 1961).

Hsiao Kung-ch'üan(萧公权), "Kang yu-wei(康有为) and Confucianism", *Monumental Serica*, XVIII (1959), pp. 96–212.

Hsüeh Chün-tu(薛君度), *Huang Hsing*(黄兴) *and the Chinese Revolution* (Stanford, 1961).

Hua Hsia (华夏), "The Paintings of Shih Lu(石鲁)", *Chinese Literature* (Jan. 1962), pp. 91–97.

Huang Sung-k'ang(黄颂康), *Lu Hsün*(鲁迅) *and the New Culture Movement of Modern China* (Amsterdam, 1957).

Jacobs, Louis, *Jewish Values* (London, 1960)。

Labin, Suzanne, *The Anthill: the Human Condition in Communist China* (New York, 1960).

Legge, James, tr., *The Chinese Classics*, Vol. II (*The Works of Mencius*) (Oxford, 1895).

Levenson, Joseph R., *Liang Ch'i-ch'ao*(梁启超) *and the Mind of Modern China* (Cambridge, Mass., 1953).

Li Tien, "Gay Life on the Chinhuai", *China Reconstructs*, XII, No. 1 (Jan. 1963), pp. 40−42.

Liang Ch'i-ch'ao(梁启超), *Intellectual Trends of the Ch'ing Period*, tr. Immanuel C. Y. Hsü(徐中约) (Cambridge, Mass., 1959).

Ling Yang, "Integrating Chinese and Western Medicine", *Peking Review*, No. 43 (Dec. 23, 1958), pp. 21−23.

Lo Shu-tzu(罗淑子), "Terracotta Tomb Figures", *Chinese Literature*, No. 2 (Feb. 1962), pp. 98−105.

Lu Hsun(鲁迅), "A Madman's Diary", *Selected Works of Lu Hsun*, I (Peking, 1956), pp. 8−21.

——. "Experience", *Selected Works of Lu Hsun*, III (Peking, 1959), pp. 271−273.

——. "Random Thoughts (47)", *Selected Works of Lu Hsun*, II (Peking, 1957), pp. 39−40.

——. "Random Thoughts (49)", *Selected Works of Lu Hsun*, II, pp. 41−42.

——. "Some Thoughts on Our New Literature", *Selected Works of Lu Hsun*, III, pp. 44−49.

——. "Sudden Notions (6)", *Selected Works of Lu Hsun*, II, pp. 121−123.

——. "We Can No Longer Be Duped", *Selected Works of Lu Hsun*, III, pp. 153−155.

MacFarquhar, Roderick, *The Hundrend Flowers Campaign and the Chinese Intellectuals* (New York, 1960).

Malraux, André, *The Voices of Silence* (New York, 1953).

Mao Tse-tung(毛泽东), "The Role of the Chinese Communist Party in the National War", *Selected Works of Mao Tse-tung* (London, 1954), II, pp. 244−261.

Marek, Kurt W., *Yestermorrow: Notes on Man's Progress* (New York, 1961).

Maspero, Henri, *La Chine antique* (Paris, 1927).

Masur, Gerhard, "Distinctive Traits of Western Civilization: Through the Eyes of

Western Historians", *American Historical Review*, LXVII, No. 3 (April 1962), pp. 591−608.

McKeon, Richard, "Moses Maimonides, the Philosopher", *Essays on Maimonides*, ed., Salo Wittmayer Baron (New York, 1941), pp. 2−8.

Mills, Harriet C., "Lu Hsün and the Communist Party", *The China Quarterly*, No. 4 (Oct.−Dec. 1960), pp. 17−27.

Needham, Joseph, "An Archaelogical Study-tour in China, 1958", *Antiquity*, XXXIII, No. 130 (June 1959), pp. 113−119.

Nietzsche, Friedrich, *The Use and Abuse of History* (New York, 1957).

"Of Confucius, Fung Yu-lan(冯友兰) and Others", *China News Analysis*, No. 398 (Nov. 24, 1961), pp. 1−7.

Orleans, Leo A., *Professional Manpower and Education in Communist China* (Washington, 1961).

Pa Chin(巴金) and others, *A Battle for Life: a full record of how the life of steel worker, Chiu Tsai-kang(丘财康), was saved in the Shanghai Kwangtze Hospital*(广慈医院) (Peking, 1956).

Panikkar, K. M., *In Two Chinas: Memoirs of a Diplomat* (London, 1955).

Peake, Harold J. E., "Village Community", *Encyclopaedia of the Social Sciences* (New York, 1935), XV, 253−254.

"Popular Beliefs—Taoism—Christianity", *China News Analysis*, No. 439 (Sept. 28, 1962).

Pound, Ezra, *Impact: Essays on Ignorance and the decline of American Civilization* (Chicago, 1960).

——. *The Classic Anthology Defined by Confucius* (Cambridge, Mass., 1955).

Prusek, Jaroslav, "The Importance of Tradition in Chinese Literature", *Archiv Orientalni*, XXVI, No.2 (1958), pp. 212−222.

"Review of Reviews", *China News Analysis*, No. 410 (March 2, 1962), pp. 1−7.

Scalapino, Robert A. and Schiffrin, Harold, "Early Socialist Currents in the Chinese Revolutionary Movement: Sun Yat-sen(孙中山) versus Liang Ch'i-ch'ao(梁启超)", *Journal of Asian Studies*, XVIII, No. 3 (May 1959), pp. 321−342.

Scholem, Gershom G., *Major Trends in Jewish Mysticism* (New York, 1946).

*Survey of China Mainland Press*, No. 2471 (April 7, 1961); No. 2475 (April 13, 1961); No. 2483 (April 26, 1961).

Swann, Nancy Lee, *Food and Money in Ancient China: Han Shu*(汉书) *24* (Princeton, 1950).

"The Case of Liang Shu-ming(梁漱溟)", *Current Background*, No. 185 (Hong Kong: American Consulate-General), June 16, 1952.

Thompson, Laurence G., tr., *Ta T'ung Shu*(大同书)*: the One-World Philosophy of K'ang Yu-wei*(康有为) (London, 1958).

Varg, Paul A., *Missionaries, Chinese, and Diplomats: the American Protestant Missionary Movement in China, 1890−1952* (Princeton, 1958).

*Weekly Report on Communist China*, No. 28 (June 3, 1960).

Welch, Holmes, "Buddhism under the Communists", *The China Quarterly*, No. 6 (April−June 1961), pp. 1−14.

Wilbur, C. Martin, *Slavery in China During the Former Han Dynasty, 206 B.C.−A.D. 25* (Chicago, 1943).

Williamson, H. R., *Wang An Shih*(王安石)*: A Chinese Statesman and Educationalist of the Sung Dynasty* (London, 1935).

Wittfogel, Karl A., *Oriental Despotism: A Comparative Study of Total Power* (New Heaven, 1957).

Wright, Mary C., "Revolution from Without? (A Commentary on 'Imperial Russia at the Turn of the Century: the Cultural Slope and the Revolution from Without', by Theodore Von Laue)", *Comparative Studies in Society and History*, IV, No. 2 (Jan. 1962), pp.247−252.

——. *The Last Strand of Chinese Conservatism: the Tung-chih*(同治) *Restoration, 1862−1874* (Stanford, 1957).

——. "The Pre-Revolutionary Intellectuals of China and Russia", *The China Quarterly*, No. 6 (April−June 1961), pp. 175−179.

Yang Lien-sheng(杨联陞), "Notes on Dr. Swann's 'Food and Money in Ancient China'", *Studies in Chinese Institutional History* (Cambridge, Mass., 1961), pp. 85−118.

Yu Kuan-ying(余冠英), "China's Earliest Anthology of Poetry", *Chinese Literature*, No. 3 (March 1962), pp. 99−111.

Zagoria, Donald S., "Khrushchev's Attack on Albania and Sino-Soviet Relations", *The China Quarterly*, No. 8 (Oct. −Dec. 1961), pp. 1−19.

# 索　引

（以汉字拼音为序，页码为原书页码，即本书边码）

# 译后记

　　翻译此书的缘起是三年多前我写的一篇批评文章。当时我读郑大华、任菁合译的译本（广西师范大学出版社2009年版），感觉滞碍难懂处不少。后来找来英文原版，对照之下才发现中译本错漏颇多，于是给《上海书评》写了一篇文章，指摘其错误与疏漏之处（原题《翻译岂能如此任性地偷工减料》，见2016年1月10日《上海书评》，网络版见：https://book.douban.com/review/7729481/）。该文发表后不久，中华书局的李世文先生来信，约我重译这本书。我想给别人挑错容易，若自己动手来译，未必能达到理想的水平，反而贻人口实，加上当时俗务缠身，拟推却此事。世文先生又来信多加鼓励，并许以三年的时间，可以从容翻译打磨。考虑到列文森的这部经典著作确实值得一个新的更完善的中译本，我便答应下来，自2016年3月17日开始动笔，2018年7月12日完成全部初稿的翻译，2019年2月1日完成初校，5月27日完成二校。三年多的时间，我想我已尽自己所能，给中文学界提供该书一个完整而可读的译本。

　　这里需要交代的是若干核心概念的译法。Confucianism及其形容词形式Confucian在汉语中并无固定的译语，列文森本人也未对这个核心概念做出明确的界定，但书中有一处，在Confucianism一词后面夹注了汉语"*ju-chiao*"（见第一卷，第56页），可见列文森本人是认可"儒教"与Confucianism之间的对应关系的。"儒教中国及其现代命运"也早已成为该书的通用译名。比较麻烦的是，即使是在汉语语境中，"儒教"一词也是众说纷纭，难以准确界定其内涵，因其牵涉儒教是否是宗教这一聚讼纷纭的问题。就我对列文森的阅读和理解而言，至少在本书语境中，"儒教"一词并无明显的宗教含义，"教"更多指向"教化"之义。即便列文森在将儒教与基督教对举或比较的时候，也更多侧重两者作为两种不同的价值体系的内涵，至于涉及民国初年康有为等人将儒教宗教化的孔教运动的部分，则属于特定历史时期的实践，与"儒教"自身语义上的界定无关。因此，书中Confucianism及其形容词形式Confucian，主要用来指称中国古代文明的主流价值体系，凡是这些地方均译为"儒教"。有关民国初年孔教运动的部分段落中，依据当时的历史语境，则酌情译为"孔教"。但是，在另外一些地方，Confucianism及其形容词形式Confucian更多指向传统中国社会中的某种主流的思想学说和社会力量，我以为译为"儒家"或"儒学"更合适。当然这两种内涵并不总是能够区分得很清楚，译者亦只是根据语境大致推断。读者只须记得，中译本中凡是出现"儒教"、"儒家"或"儒学"的地方，原文均为Confucianism或其形容词形式Confucian。另外，考虑到汉语"儒家"一词的多义性，为避免混淆起见，书中专门指称具体的人的Confucianist(s)一词，统一译为"儒者"。个别复合词或短语，则做适当变通，如neo-Confucianist(s)译为"新儒家学者"，great Confucianist译为"大儒"等等。

另外一个出现次数较少但也同样重要而棘手的词是nation，我一般根据具体的语境译作"国"、"国族"或"国家"，而nationalism则约定俗成地译作"民族主义"。

正如我在导言中所说，列文森的论学文体和风格迥异于专业化的论著，充满隐喻、双关、对仗等修辞手法。而他的学术视野又如此广博，书中征引日文、德文、法文文献的地方不胜枚举。尤其是还原中文引文及文献信息和日文文献信息的工作，十分繁难，所花费的时间和精力不亚于翻译本身。这些都是对译者的巨大挑战，我只能说自己已尽力做到最好，若还有疏失之处，则只好归咎于本人才力的限制，也不必辩解了。

　　尽管充满艰辛，但翻译列文森这样的大家，是对自己思想与语言的磨砺，也触发了很多思考，这些收获必将滋养我未来的学术，我也希望这个译本能够引导更多的读者进入列文森宽广而深邃的精神世界。在翻译的过程中，李世文先生给我以充分的信任和包容，从未催问我的进度，使我得以安心修订译稿；业师北京大学中文系陈平原教授一直关心我的翻译工作，令我深受感动；此外，山口早苗、宋声泉、崔文东、陈玲玲、杨震等好友，在文献查核和日文德文等语言方面给我提供了很多帮助，在此一并致以诚挚的谢意。

2019年6月25日于京北风雅园

11月25日改定于哈佛旅次

2021年1月4日校改于京北风雅园

2022年6月30日改定于燕东园

2023年3月11日再改定于燕东园